Die Bibel

Die Bibel

in Auswahl

nach der Übersetzung Martin Luthers
mit Bildern von Thomas Zacharias

Deutsche Bibelgesellschaft

Diese Auswahlbibel wurde erarbeitet von
Helmut Anselm (München),
Karl-Friedrich Haag (Erlangen),
Markus Hartenstein (Stuttgart),
Walter Zwanzger (Heilsbronn).

Bibeltext nach der Übersetzung Martin Luthers
in der revidierten Fassung,
die 1984 von der Evangelischen Kirche in Deutschland
und ihren Gliedkirchen
im Einvernehmen mit den Bibelgesellschaften
angenommen und zum kirchlichen Gebrauch
empfohlen wurde.

ISBN 3-438-01592-7

Gestaltung: Thomas Zacharias
Satz: Maier Fotosatz, Aichtal
Reproduktion: Hugo Matthaes, Stuttgart
Druck: Wilhelm Röck, Weinsberg
Bindearbeit: Biblia-Druck, Stuttgart

Printed in Germany

EINFÜHRUNG

»Die Bibel oder die Heilige Schrift ist wie ein sehr großer weiter Wald, darinnen viel und allerlei Bäume stehen, davon man kann mancherlei Obst und Früchte abbrechen. Denn man hat in der Bibel reichen Trost, Lehre, Unterricht, Vermahnung, Warnung, Verheißung und Drohung. Aber es ist kein Baum in diesem Walde, daran ich nicht geklopft und ein paar Äpfel oder Birnen davon gebrochen und abgeschüttelt habe.«

Martin Luther
(Weimarer Ausgabe, Tischreden Bd. 1, Nr. 674)

Diese Bibelausgabe enthält eine *Auswahl* aus den Büchern des Alten und Neuen Testaments. Natürlich ist eine solche Ausgabe ein gewagtes Unterfangen. Wer auswählt, handelt – bei allem Verantwortungsbewußtsein – subjektiv. Jede Kürzung führt zu einem Verlust. Eine allseits befriedigende Lösung kann es nicht geben.

Dennoch haben wir diesen oft mühevollen Weg beschritten, in der Hoffnung, daß dadurch der Zugang zu den biblischen Texten und ihrer Botschaft erleichtert wird.

Die Auswahl hat zur Folge, daß wir auf einige Bücher der Bibel ganz verzichten (sie sind jedoch im Inhaltsverzeichnis genannt) und andere deutlich kürzen mußten. Um der besseren Lesbarkeit willen haben wir manchmal auch in einzelnen Versen Kürzungen vorgenommen. Doch blieb vor allem bei den Evangelien ein großer Textbestand erhalten. So wurden das Markus-Evangelium und die Passionsberichte der übrigen Evangelien vollständig aufgenommen (das Markus-Evangelium in seinem ursprünglichen Textumfang ohne die in späterer Überlieferung hinzugefügten Verse aus anderen Evangelien).

Die in der Auswahlbibel enthaltenen Texte haben wir häufig zu neuen Sinnabschnitten zusammengefaßt, wobei die Absatzgliederung dazu helfen soll, den Inhalt besser zu erfassen.

Die Auswahlbibel folgt der *Übersetzung Martin Luthers* in der überarbeiteten Fassung von 1984. Die sprachliche Kraft der Lutherbibel wurde von keiner anderen Übersetzung erreicht. Bei keiner Übersetzung ist aber auch der Unterschied zur heutigen Alltagssprache so deutlich zu spüren. Es ist daher keineswegs selbstverständlich, bei einer gekürzten Bibelausgabe den Text Martin Luthers zu wählen. Doch hat dies Gründe: Bereits in ihrer sprachlichen Gestalt macht die

Luther-Übersetzung auf das Besondere der biblischen Botschaft aufmerksam; sie zeigt, daß sich die »Sprache des Glaubens« nicht einfach mit der Alltagssprache deckt. Vor allem aber kann sie Menschen verschiedenen Alters und unterschiedlicher Herkunft zusammenführen und zu einer Gemeinschaft verbinden.

Für Leser, denen das Deutsch der Lutherbibel fremd ist, geben wir im Anhang ausführliche Wort- und Sacherklärungen. Daneben haben wir die *Überschriften* der traditionellen Lutherbibel neu gestaltet. Sie sind nicht in erster Linie als Inhaltsangabe gedacht, sondern dienen in unterschiedlicher Weise der Erschließung des Textes.

Im Alten Testament hat in der Lutherbibel das Wort »Herr« immer dann die Form »HERR«, wenn im hebräischen Text der Gottesname gebraucht wird (s. dazu die Worterklärung »HERR« im Anhang).

Einen besonderen Charakter erhält diese Bibel durch die *Bilder von Thomas Zacharias*. Die eigens für diese Ausgabe geschaffenen 121 Radierungen sind nicht einfach Illustrationen. Hier werden Erfahrungen aus der Gegenwart weitergegeben, Fragen gestellt, Gespräche angeregt, Antworten versucht. Die Bilder sind offen für die Phantasie des Betrachters. Sie zwingen ihm keine Deutungen auf, sondern laden ihn dazu ein, durch eigenes Sehen in die Bibel hineinzufinden und für sich selbst neue Entdeckungen zu machen. Wer möchte, kann sich dabei von den knappen Hinweisen zu den Bildern am Schluß des Buches (Seite 627–633) helfen lassen.

Wer sich eingehender mit den Bildern von Thomas Zacharias beschäftigen will, sei auf das Buch »Radierungen zur Bibel von Thomas Zacharias. Bilder und Bildbetrachtungen« hingewiesen, das gleichzeitig mit dieser Bibel im Verlag der Deutschen Bibelgesellschaft erscheint. In ihm werden zu 63 Bildern dieser Auswahlbibel Erschließungswege angeboten.

Helmut Anselm
Karl Friedrich Haag
Markus Hartenstein
Walter Zwanzger

Thomas Zacharias, geboren 1930, ist seit 1966 Professor für Kunsterziehung und Leiter einer Klasse an der Akademie der Bildenden Künste München. Die Schwerpunkte seiner künstlerischen Arbeit sind Druckgrafik, Künstlerbücher, Zeichnung, Collage. In der religionspädagogischen Öffentlichkeit wurde er durch die »Farbholzschnitte zur Bibel«, 1966, bekannt. Er ist Verfasser zahlreicher Publikationen zur Kunstgeschichte und Kunstvermittlung, darunter das Buch »Blick der Moderne – Einführung in ihre Kunst« (1984), sowie von Kinder- und Jugendbüchern.

INHALT

Altes Testament

Neues Testament

Anhang

Die *kursiv* (in Schrägschrift) gedruckten Bücher sind nicht in diese Auswahl aufgenommen worden.

ALPHABETISCHES INHALTSVERZEICHNIS

Abkürzungen

Mk Markus
Mt Matthäus
Lk Lukas
Joh Johannes

Das
Alte Testament

1,3

DAS ERSTE BUCH MOSE

Unsere Welt – ein Werk Gottes

Die Schöpfung

1 Am Anfang schuf Gott Himmel und Erde. 2Und die Erde war wüst
und leer, und es war finster auf der Tiefe; und der Geist Gottes
schwebte auf dem Wasser.
3Und Gott sprach: Es werde Licht! Und es ward Licht. 4Und Gott
sah, daß das Licht gut war. Da schied Gott das Licht von der Finster-
nis 5und nannte das Licht Tag und die Finsternis Nacht. Da ward aus
Abend und Morgen der erste Tag.
6Und Gott sprach: Es werde eine Feste zwischen den Wassern, die
da scheide zwischen den Wassern. 7Da machte Gott die Feste und
schied das Wasser unter der Feste von dem Wasser über der Feste.
Und es geschah so. 8Und Gott nannte die Feste Himmel. Da ward aus
Abend und Morgen der zweite Tag.
9Und Gott sprach: Es sammle sich das Wasser unter dem Himmel
an besondere Orte, daß man das Trockene sehe. Und es geschah so.
10Und Gott nannte das Trockene Erde, und die Sammlung der Wasser
nannte er Meer. Und Gott sah, daß es gut war. 11Und Gott sprach: Es
lasse die Erde aufgehen Gras und Kraut, das Samen bringe, und
fruchtbare Bäume auf Erden, die ein jeder nach seiner Art Früchte tra-
gen, in denen ihr Same ist. Und es geschah so. 12Und die Erde ließ
aufgehen Gras und Kraut, das Samen bringt, ein jedes nach seiner Art,
und Bäume, die da Früchte tragen, in denen ihr Same ist, ein jeder
nach seiner Art. Und Gott sah, daß es gut war. 13Da ward aus Abend
und Morgen der dritte Tag.
14Und Gott sprach: Es werden Lichter an der Feste des Himmels,
die da scheiden Tag und Nacht und geben Zeichen, Zeiten, Tage und
Jahre 15und seien Lichter an der Feste des Himmels, daß sie scheinen
auf die Erde. Und es geschah so. 16Und Gott machte zwei große Lich-
ter: ein großes Licht, das den Tag regiere, und ein kleines Licht, das
die Nacht regiere, dazu auch die Sterne. 17Und Gott setzte sie an die
Feste des Himmels, daß sie schienen auf die Erde 18und den Tag und
die Nacht regierten und schieden Licht und Finsternis. Und Gott sah,
daß es gut war. 19Da ward aus Abend und Morgen der vierte Tag.
20Und Gott sprach: Es wimmle das Wasser von lebendigem Getier,
und Vögel sollen fliegen auf Erden unter der Feste des Himmels.

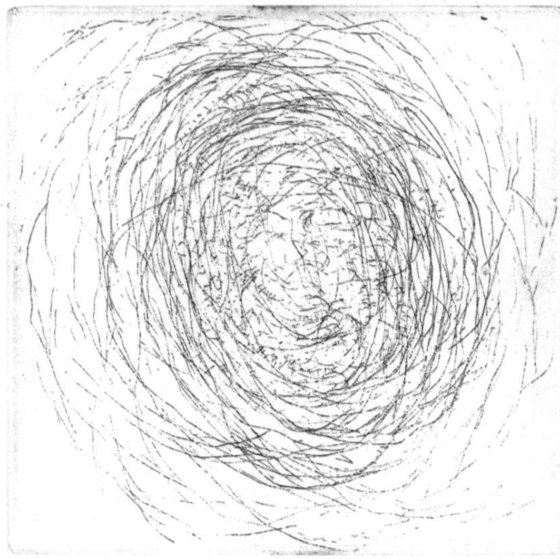

1,27

21Und Gott schuf große Walfische und alles Getier, das da lebt und
webt, davon das Wasser wimmelt, ein jedes nach seiner Art, und alle
gefiederten Vögel, einen jeden nach seiner Art. Und Gott sah, daß es
gut war. 22Und Gott segnete sie und sprach: Seid fruchtbar und meh-
ret euch und erfüllet das Wasser im Meer, und die Vögel sollen sich
mehren auf Erden. 23Da ward aus Abend und Morgen der fünfte Tag.

24Und Gott sprach: Die Erde bringe hervor lebendiges Getier, ein
jedes nach seiner Art: Vieh, Gewürm und Tiere des Feldes, ein jedes
nach seiner Art. Und es geschah so. 25Und Gott machte die Tiere des
Feldes, ein jedes nach seiner Art, und das Vieh nach seiner Art und
alles Gewürm des Erdbodens nach seiner Art. Und Gott sah, daß es
gut war.

26Und Gott sprach: Lasset uns Menschen machen, ein Bild, das
uns gleich sei, die da herrschen über die Fische im Meer und über die
Vögel unter dem Himmel und über das Vieh und über alle Tiere des
Feldes und über alles Gewürm, das auf Erden kriecht. 27Und Gott
schuf den Menschen zu seinem Bilde, zum Bilde Gottes schuf er ihn;
und schuf sie als Mann und Weib. 28Und Gott segnete sie und sprach

1,27

zu ihnen: Seid fruchtbar und mehret euch und füllet die Erde und
machet sie euch untertan und herrschet über die Fische im Meer und
über die Vögel unter dem Himmel und über das Vieh und über alles
Getier, das auf Erden kriecht. 29 Und Gott sprach: Sehet da, ich habe
euch gegeben alle Pflanzen, die Samen bringen, auf der ganzen Erde,
und alle Bäume mit Früchten, die Samen bringen, zu eurer Speise.
30 Aber allen Tieren auf Erden und allen Vögeln unter dem Himmel
und allem Gewürm, das auf Erden lebt, habe ich alles grüne Kraut zur
Nahrung gegeben. Und es geschah so. 31 Und Gott sah an alles, was er
gemacht hatte, und siehe, es war sehr gut. Da ward aus Abend und
Morgen der sechste Tag.

2 So wurden vollendet Himmel und Erde mit ihrem ganzen Heer.
2 Und so vollendete Gott am siebenten Tage seine Werke, die er
machte, und ruhte am siebenten Tage von allen seinen Werken, die er
gemacht hatte. 3 Und Gott segnete den siebenten Tag und heiligte ihn,
weil er an ihm ruhte von allen seinen Werken, die Gott geschaffen
und gemacht hatte.

4 So sind Himmel und Erde geworden, als sie geschaffen wurden.

2,18/3

Gottes Werk – ein Paradies

Es war zu der Zeit, da Gott der HERR Erde und Himmel machte. [5]Und
alle die Sträucher auf dem Felde waren noch nicht auf Erden, und all
das Kraut auf dem Felde war noch nicht gewachsen; denn Gott der
HERR hatte noch nicht regnen lassen auf Erden, und kein Mensch war
da, der das Land bebaute; [6]aber ein Nebel stieg auf von der Erde und
feuchtete alles Land. [7]Da machte Gott der HERR den Menschen aus
Erde vom Acker und blies ihm den Odem des Lebens in seine Nase.
Und so ward der Mensch ein lebendiges Wesen.

[8]Und Gott der HERR pflanzte einen Garten in Eden gegen Osten
hin und setzte den Menschen hinein, den er gemacht hatte. [9]Und Gott
der HERR ließ aufwachsen aus der Erde allerlei Bäume, verlockend
anzusehen und gut zu essen, und den Baum des Lebens mitten im
Garten und den Baum der Erkenntnis des Guten und Bösen. [10]Und es
ging aus von Eden ein Strom, den Garten zu bewässern.

[15]Und Gott der HERR nahm den Menschen und setzte ihn in den
Garten Eden, daß er ihn bebaute und bewahrte. [16]Und Gott der HERR
gebot dem Menschen und sprach: Du darfst essen von allen Bäumen
im Garten, [17]aber von dem Baum der Erkenntnis des Guten und

2,18/3

Bösen sollst du nicht essen; denn an dem Tage, da du von ihm issest,
mußt du des Todes sterben.
[18]Und Gott der HERR sprach: Es ist nicht gut, daß der Mensch
allein sei; ich will ihm eine Gehilfin machen, die um ihn sei. [19]Und
Gott der HERR machte aus Erde alle die Tiere auf dem Felde und alle
die Vögel unter dem Himmel und brachte sie zu dem Menschen, daß
er sähe, wie er sie nennte; denn wie der Mensch jedes Tier nennen
würde, so sollte es heißen. [20]Und der Mensch gab einem jeden Vieh
und Vogel unter dem Himmel und Tier auf dem Felde seinen Namen;
aber für den Menschen ward keine Gehilfin gefunden, die um ihn
wäre. [21]Da ließ Gott der HERR einen tiefen Schlaf fallen auf den Men-
schen, und er schlief ein. Und er nahm eine seiner Rippen und schloß
die Stelle mit Fleisch. [22]Und Gott der HERR baute ein Weib aus der
Rippe, die er von dem Menschen nahm, und brachte sie zu ihm. [23]Da
sprach der Mensch: Das ist doch Bein von meinem Bein und Fleisch
von meinem Fleisch; man wird sie Männin nennen, weil sie vom
Manne genommen ist. [24]Darum wird ein Mann seinen Vater und sei-
ne Mutter verlassen und seinem Weibe anhangen, und sie werden
sein ein Fleisch. [25]Und sie waren beide nackt, der Mensch und sein
Weib, und schämten sich nicht.

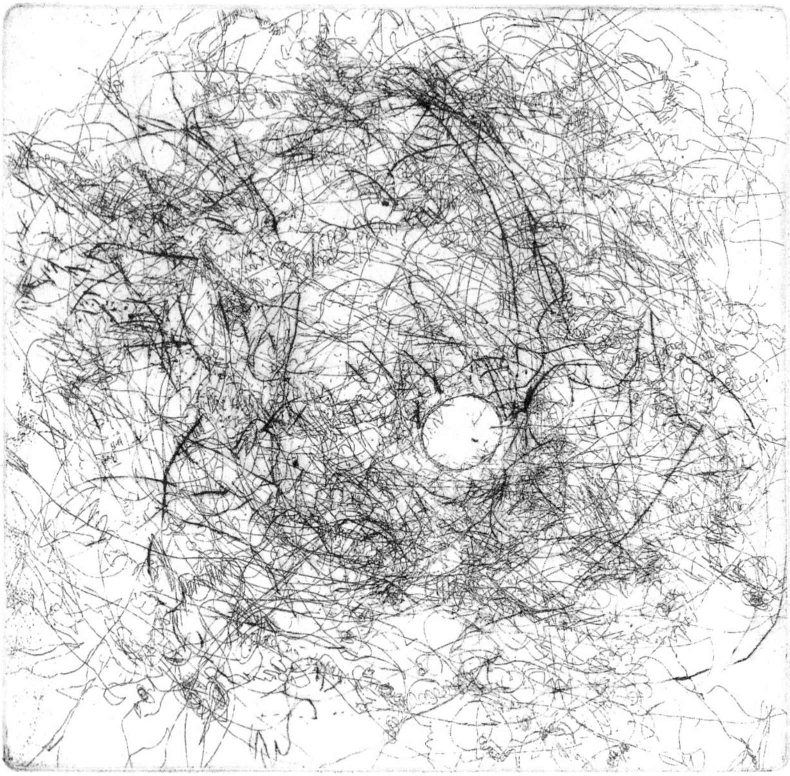

2,8

Der Mensch will wie Gott sein

Der Sündenfall

3 Aber die Schlange war listiger als alle Tiere auf dem Felde, die
Gott der HERR gemacht hatte, und sprach zu dem Weibe: Ja, sollte
Gott gesagt haben: ihr sollt nicht essen von allen Bäumen im Garten?
2 Da sprach das Weib zu der Schlange: Wir essen von den Früchten
der Bäume im Garten; 3 aber von den Früchten des Baumes mitten im

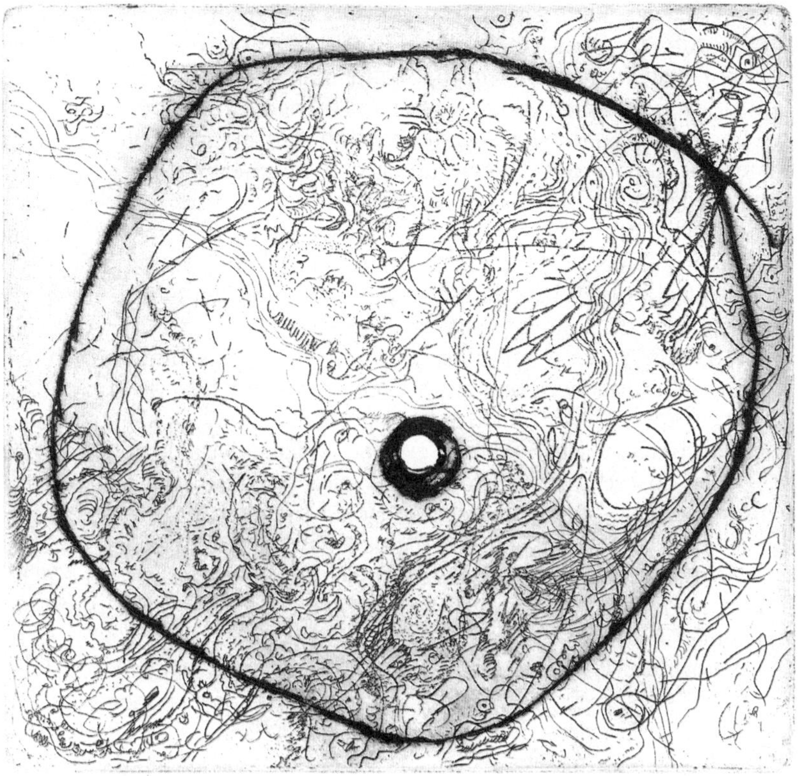

3,22-23

Garten hat Gott gesagt: Esset nicht davon, rühret sie auch nicht an,
daß ihr nicht sterbet! 4Da sprach die Schlange zum Weibe: Ihr werdet
keineswegs des Todes sterben, 5sondern Gott weiß: an dem Tage, da
ihr davon esset, werden eure Augen aufgetan, und ihr werdet sein wie
Gott und wissen, was gut und böse ist.
6Und das Weib sah, daß von dem Baum gut zu essen wäre und
daß er eine Lust für die Augen wäre und verlockend, weil er klug
machte. Und sie nahm von der Frucht und aß und gab ihrem Mann,

der bei ihr war, auch davon, und er aß. 7Da wurden ihnen beiden die
Augen aufgetan, und sie wurden gewahr, daß sie nackt waren, und
flochten Feigenblätter zusammen und machten sich Schurze. 8Und
sie hörten Gott den HERRN, wie er im Garten ging, als der Tag kühl
geworden war. Und Adam versteckte sich mit seinem Weibe vor dem
Angesicht Gottes des HERRN unter den Bäumen im Garten. 9Und
Gott der HERR rief Adam und sprach zu ihm: Wo bist du? 10Und er
sprach: Ich hörte dich im Garten und fürchtete mich; denn ich bin
nackt, darum versteckte ich mich. 11Und er sprach: Wer hat dir gesagt,
daß du nackt bist? Hast du nicht gegessen von dem Baum, von dem
ich dir gebot, du solltest nicht davon essen? 12Da sprach Adam: Das
Weib, das du mir zugesellt hast, gab mir von dem Baum, und ich aß.
13Da sprach Gott der HERR zum Weibe: Warum hast du das getan?
Das Weib sprach: Die Schlange betrog mich, so daß ich aß.

14Da sprach Gott der HERR zu der Schlange: Weil du das getan
hast, seist du verflucht, verstoßen aus allem Vieh und allen Tieren auf
dem Felde. Auf deinem Bauche sollst du kriechen und Erde fressen
dein Leben lang. 15Und ich will Feindschaft setzen zwischen dir und
dem Weibe und zwischen deinem Nachkommen und ihrem Nach-
kommen; der soll dir den Kopf zertreten, und du wirst ihn in die Ferse
stechen.

16Und zum Weibe sprach er: Ich will dir viel Mühsal schaffen,
wenn du schwanger wirst; unter Mühen sollst du Kinder gebären.
Und dein Verlangen soll nach deinem Manne sein, aber er soll dein
Herr sein.

17Und zum Manne sprach er: Weil du gehorcht hast der Stimme
deines Weibes und gegessen von dem Baum, von dem ich dir gebot
und sprach: Du sollst nicht davon essen –, verflucht sei der Acker um
deinetwillen! Mit Mühsal sollst du dich von ihm nähren dein Leben
lang. 18Dornen und Disteln soll er dir tragen, und du sollst das Kraut
auf dem Felde essen. 19Im Schweiße deines Angesichts sollst du dein
Brot essen, bis du wieder zu Erde werdest, davon du genommen bist.
Denn du bist Erde und sollst zu Erde werden.

20Und Adam nannte sein Weib Eva; denn sie wurde die Mutter
aller, die da leben. 21Und Gott der HERR machte Adam und seinem
Weibe Röcke von Fellen und zog sie ihnen an. 22Und Gott der HERR
sprach: Siehe, der Mensch ist geworden wie unsereiner und weiß, was
gut und böse ist. Nun aber, daß er nur nicht ausstrecke seine Hand
und breche auch von dem Baum des Lebens und esse und lebe ewig-
lich! 23Da wies ihn Gott der HERR aus dem Garten Eden, daß er die
Erde bebaute, von der er genommen war. 24Und er trieb den
Menschen hinaus und ließ lagern vor dem Garten Eden die Cherubim

mit dem flammenden, blitzenden Schwert, zu bewachen den Weg zu
dem Baum des Lebens.

Zerstörtes Leben

Kain und Abel

4 Und Adam erkannte sein Weib Eva, und sie ward schwanger und
gebar den Kain. 2Danach gebar sie Abel, seinen Bruder. Und Abel
wurde ein Schäfer, Kain aber wurde ein Ackermann. 3Es begab sich
aber nach etlicher Zeit, daß Kain dem HERRN Opfer brachte von den
Früchten des Feldes. 4Und auch Abel brachte von den Erstlingen sei-
ner Herde und von ihrem Fett. Und der HERR sah gnädig an Abel und
sein Opfer, 5aber Kain und sein Opfer sah er nicht gnädig an. Da
ergrimmte Kain sehr und senkte finster seinen Blick. 6Da sprach der
HERR zu Kain: Warum ergrimmst du? Und warum senkst du deinen
Blick? 7Ist's nicht also? Wenn du fromm bist, so kannst du frei den
Blick erheben. Bist du aber nicht fromm, so lauert die Sünde vor der
Tür, und nach dir hat sie Verlangen; du aber herrsche über sie. 8Da
sprach Kain zu seinem Bruder Abel: Laß uns aufs Feld gehen! Und es
begab sich, als sie auf dem Felde waren, erhob sich Kain wider seinen
Bruder Abel und schlug ihn tot.

9Da sprach der HERR zu Kain: Wo ist dein Bruder Abel? Er sprach:
Ich weiß nicht; soll ich meines Bruders Hüter sein? 10Er aber sprach:
Was hast du getan? Die Stimme des Blutes deines Bruders schreit zu
mir von der Erde. 11Und nun: Verflucht seist du auf der Erde, die ihr
Maul hat aufgetan und deines Bruders Blut von deinen Händen emp-
fangen. 12Wenn du den Acker bebauen wirst, soll er dir hinfort seinen
Ertrag nicht geben. Unstet und flüchtig sollst du sein auf Erden.
13Kain aber sprach zu dem HERRN: Meine Strafe ist zu schwer, als daß
ich sie tragen könnte. 14Siehe, du treibst mich heute vom Acker, und
ich muß mich vor deinem Angesicht verbergen und muß unstet und
flüchtig sein auf Erden. So wird mir's gehen, daß mich totschlägt, wer
mich findet. 15Aber der HERR sprach zu ihm: Nein, sondern wer
Kain totschlägt, das soll siebenfältig gerächt werden. Und der HERR
machte ein Zeichen an Kain, daß ihn niemand erschlüge, der ihn
fände. 16So ging Kain hinweg von dem Angesicht des HERRN und
wohnte im Lande Nod, jenseits von Eden, gegen Osten.

Das rettende Schiff

Noahs Arche

6 5 Als aber der HERR sah, daß der Menschen Bosheit groß war auf
Erden und alles Dichten und Trachten ihres Herzens nur böse
war immerdar, 6 da reute es ihn, daß er die Menschen gemacht hatte
auf Erden, und es bekümmerte ihn in seinem Herzen, 7 und er sprach:
Ich will die Menschen, die ich geschaffen habe, vertilgen von der Erde,
vom Menschen an bis hin zum Vieh und bis zum Gewürm und bis zu
den Vögeln unter dem Himmel; denn es reut mich, daß ich sie
gemacht habe. 8 Aber Noah fand Gnade vor dem HERRN.
13 Da sprach Gott zu Noah: Das Ende allen Fleisches ist bei mir
beschlossen, denn die Erde ist voller Frevel von ihnen; und siehe, ich
will sie verderben mit der Erde. 14 Mache dir einen Kasten von
Tannenholz und mache Kammern darin und verpiche ihn mit Pech
innen und außen. 15 Und mache ihn so: Dreihundert Ellen sei die
Länge, fünfzig Ellen die Breite und dreißig Ellen die Höhe. 16 Ein
Fenster sollst du daran machen obenan, eine Elle groß. Die Tür sollst
du mitten in seine Seite setzen. Und er soll drei Stockwerke haben,
eines unten, das zweite in der Mitte, das dritte oben.
17 Denn siehe, ich will eine Sintflut kommen lassen auf Erden, zu
verderben alles Fleisch, darin Odem des Lebens ist, unter dem
Himmel. Alles, was auf Erden ist, soll untergehen. 18 Aber mit dir will
ich meinen Bund aufrichten, und du sollst in die Arche gehen mit
deinen Söhnen, mit deiner Frau und mit den Frauen deiner Söhne.
19 Und du sollst in die Arche bringen von allen Tieren, von allem
Fleisch, je ein Paar, Männchen und Weibchen, daß sie leben bleiben
mit dir. 20 Von den Vögeln nach ihrer Art, von dem Vieh nach seiner
Art und von allem Gewürm auf Erden nach seiner Art: von den allen
soll je ein Paar zu dir hineingehen, daß sie leben bleiben. 21 Und du
sollst dir von jeder Speise nehmen, die gegessen wird, und sollst sie
bei dir sammeln, daß sie dir und ihnen zur Nahrung diene. 22 Und
Noah tat alles, was ihm Gott gebot.

Das vernichtende Wasser

Die Sintflut

7 Und der Herr sprach zu Noah: Geh in die Arche, du und dein
ganzes Haus; denn dich habe ich gerecht erfunden vor mir zu
dieser Zeit.
11 In dem sechshundertsten Lebensjahr Noahs am siebzehnten Tag

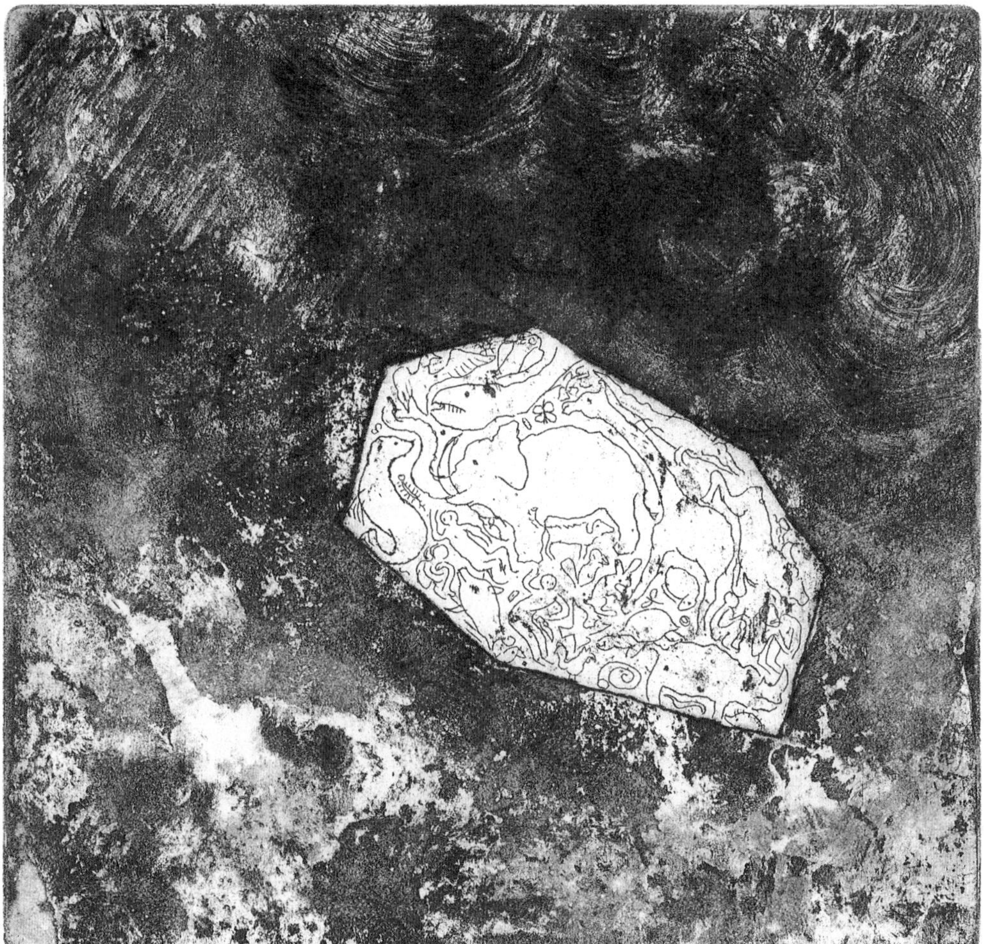

7,17

des zweiten Monats, an diesem Tag brachen alle Brunnen der großen
Tiefe auf und taten sich die Fenster des Himmels auf 12und ein Regen
kam auf Erden vierzig Tage und vierzig Nächte. 13An eben diesem
Tage ging Noah in die Arche mit Sem, Ham und Jafet, seinen Söhnen,
und mit seiner Frau und den drei Frauen seiner Söhne; 14dazu alles
wilde Getier nach seiner Art, alles Vieh nach seiner Art, alles Gewürm,
das auf Erden kriecht, nach seiner Art und alle Vögel nach ihrer Art,
alles, was fliegen konnte, alles, was Fittiche hatte; 15das ging alles zu
Noah in die Arche paarweise, von allem Fleisch, darin Odem des
Lebens war. 16Und das waren Männchen und Weibchen von allem
Fleisch, und sie gingen hinein, wie denn Gott ihm geboten hatte. Und
der Herr schloß hinter ihm zu.

17Und die Sintflut war vierzig Tage auf Erden, und die Wasser
wuchsen und hoben die Arche auf und trugen sie empor über die
Erde. 18Und die Wasser nahmen überhand und wuchsen sehr auf
Erden, und die Arche fuhr auf den Wassern. 19Und die Wasser nah-
men überhand und wuchsen so sehr auf Erden, daß alle hohen Berge
unter dem ganzen Himmel bedeckt wurden. 20Fünfzehn Ellen hoch
gingen die Wasser über die Berge, so daß sie ganz bedeckt wurden.

21Da ging alles Fleisch unter, das sich auf Erden regte, an Vögeln, an
Vieh, an wildem Getier und an allem, was da wimmelte auf Erden,
und alle Menschen. 22Alles, was Odem des Lebens hatte auf dem
Trockenen, das starb. 23So wurde vertilgt alles, was auf dem Erdboden
war, vom Menschen an bis hin zum Vieh und zum Gewürm und zu
den Vögeln unter dem Himmel; das wurde alles von der Erde vertilgt.
Allein Noah blieb übrig und was mit ihm in der Arche war. 24Und die
Wasser wuchsen gewaltig auf Erden hundertundfünfzig Tage.

Ein neuer Anfang

8 Da gedachte Gott an Noah und an alles wilde Getier und an alles
Vieh, das mit ihm in der Arche war, und ließ Wind auf Erden
kommen, und die Wasser fielen. 2Und die Brunnen der Tiefe wurden
verstopft samt den Fenstern des Himmels, und dem Regen vom
Himmel wurde gewehrt. 3Da verliefen sich die Wasser von der Erde
und nahmen ab nach hundertundfünfzig Tagen. 4Am siebzehnten Tag
des siebenten Monats ließ sich die Arche nieder auf das Gebirge Ara-
rat. 5Es nahmen aber die Wasser immer mehr ab bis auf den zehnten
Monat. Am ersten Tage des zehnten Monats sahen die Spitzen der
Berge hervor.

6Nach vierzig Tagen tat Noah an der Arche das Fenster auf, das er
gemacht hatte, 7und ließ einen Raben ausfliegen; der flog immer hin

und her, bis die Wasser vertrockneten auf Erden. 8Danach ließ er eine
Taube ausfliegen, um zu erfahren, ob die Wasser sich verlaufen hätten
auf Erden. 9Da aber die Taube nichts fand, wo ihr Fuß ruhen konnte,
kam sie wieder zu ihm in die Arche; denn noch war Wasser auf dem
ganzen Erdboden. Da tat er die Hand heraus und nahm sie zu sich in
die Arche. 10Da harrte er noch weitere sieben Tage und ließ abermals
eine Taube fliegen aus der Arche. 11Die kam zu ihm um die Abendzeit,
und siehe, ein Ölblatt hatte sie abgebrochen und trug's in ihrem
Schnabel. Da merkte Noah, daß die Wasser sich verlaufen hätten auf
Erden. 12Aber er harrte noch weitere sieben Tage und ließ eine Taube
ausfliegen; die kam nicht wieder zu ihm.

13Im sechshundertundersten Lebensjahr Noahs am ersten Tage
des ersten Monats waren die Wasser vertrocknet auf Erden. Da tat
Noah das Dach von der Arche und sah, daß der Erdboden trocken
war. 14Und am siebenundzwanzigsten Tage des zweiten Monats war
die Erde ganz trocken. 15Da redete Gott mit Noah und sprach: 16Geh
aus der Arche, du und deine Frau, deine Söhne und die Frauen deiner
Söhne mit dir. 17Alles Getier, das bei dir ist, von allem Fleisch, an
Vögeln, an Vieh und allem Gewürm, das auf Erden kriecht, das gehe
heraus mit dir, daß sie sich regen auf Erden und fruchtbar seien und
sich mehren auf Erden. 18So ging Noah heraus mit seinen Söhnen
und mit seiner Frau und den Frauen seiner Söhne, 19dazu alle wilden
Tiere, alles Vieh, alle Vögel und alles Gewürm, das auf Erden kriecht;
das ging aus der Arche, ein jedes mit seinesgleichen.

20Noah aber baute dem HERRN einen Altar und nahm von allem
reinen Vieh und von allen reinen Vögeln und opferte Brandopfer auf
dem Altar. 21Und der HERR roch den lieblichen Geruch und sprach in
seinem Herzen: Ich will hinfort nicht mehr die Erde verfluchen um
der Menschen willen; denn das Dichten und Trachten des mensch-
lichen Herzens ist böse von Jugend auf. Und ich will hinfort nicht
mehr schlagen alles, was da lebt, wie ich getan habe. 22Solange die
Erde steht, soll nicht aufhören Saat und Ernte, Frost und Hitze,
Sommer und Winter, Tag und Nacht.

Im Zeichen des Regenbogens

9 Und Gott segnete Noah und seine Söhne und sprach: Seid
fruchtbar und mehret euch und füllet die Erde. 2Furcht und
Schrecken vor euch sei über allen Tieren auf Erden und über allen
Vögeln unter dem Himmel, über allem, was auf dem Erdboden wim-
melt, und über allen Fischen im Meer; in eure Hände seien sie gege-
ben. 3Alles, was sich regt und lebt, das sei eure Speise; wie das grüne

Kraut habe ich's euch alles gegeben. 4Allein esset das Fleisch nicht
mit seinem Blut, in dem sein Leben ist! 5Auch will ich euer eigen Blut,
das ist das Leben eines jeden unter euch, rächen und will es von allen
Tieren fordern und will des Menschen Leben fordern von einem
jeden Menschen. 6Wer Menschenblut vergießt, dessen Blut soll auch
durch Menschen vergossen werden; denn Gott hat den Menschen zu
seinem Bilde gemacht.

8Und Gott sagte zu Noah und seinen Söhnen mit ihm: 9Siehe, ich
richte mit euch einen Bund auf und mit euren Nachkommen 10und
mit allem lebendigen Getier bei euch, an Vögeln, an Vieh und an allen
Tieren des Feldes bei euch, von allem, was aus der Arche gegangen ist,
was für Tiere es sind auf Erden. 11Und ich richte meinen Bund so mit
euch auf, daß hinfort nicht mehr alles Fleisch verderbt werden soll
durch die Wasser der Sintflut und hinfort keine Sintflut mehr
kommen soll, die die Erde verderbe.

12Und Gott sprach: Das ist das Zeichen des Bundes, den ich
geschlossen habe zwischen mir und euch und allem lebendigen
Getier bei euch auf ewig: 13Meinen Bogen habe ich in die Wolken
gesetzt; der soll das Zeichen sein des Bundes zwischen mir und der
Erde. 14Und wenn es kommt, daß ich Wetterwolken über die Erde
führe, so soll man meinen Bogen sehen in den Wolken. 15Alsdann will
ich gedenken an meinen Bund zwischen mir und euch und allem
lebendigen Getier unter allem Fleisch, daß hinfort keine Sintflut mehr
komme, die alles Fleisch verderbe.

Zu hoch hinaus

Der Turm von Babel

11 Es hatte aber alle Welt einerlei Zunge und Sprache. 2Als sie nun
nach Osten zogen, fanden sie eine Ebene im Lande Schinar und
wohnten daselbst. 3Und sie sprachen untereinander: Wohlauf, laßt
uns Ziegel streichen und brennen! – und nahmen Ziegel als Stein und
Erdharz als Mörtel 4und sprachen: Wohlauf, laßt uns eine Stadt und
einen Turm bauen, dessen Spitze bis an den Himmel reiche, damit wir
uns einen Namen machen; denn wir werden sonst zerstreut in alle
Länder.

5Da fuhr der HERR hernieder, daß er sähe die Stadt und den Turm,
die die Menschenkinder bauten. 6Und der HERR sprach: Siehe, es ist
einerlei Volk und einerlei Sprache unter ihnen allen, und dies ist der
Anfang ihres Tuns; nun wird ihnen nichts mehr verwehrt werden
können von allem, was sie sich vorgenommen haben zu tun. 7Wohl-
auf, laßt uns herniederfahren und dort ihre Sprache verwirren, daß

keiner des andern Sprache verstehe! 8So zerstreute sie der HERR von
dort in alle Länder, daß sie aufhören mußten, die Stadt zu bauen.
9Daher heißt ihr Name Babel, weil der HERR daselbst verwirrt hat aller
Länder Sprache und sie von dort zerstreut hat in alle Länder.

Der Aufbruch Abrahams*

12 Und der HERR sprach zu Abram: Geh aus deinem Vaterland
und von deiner Verwandtschaft und aus deines Vaters Hause
in ein Land, das ich dir zeigen will. 2 Und ich will dich zum großen
Volk machen und will dich segnen und dir einen großen Namen
machen, und du sollst ein Segen sein. 3 Ich will segnen, die dich seg-
nen, und verfluchen, die dich verfluchen; und in dir sollen gesegnet
werden alle Geschlechter auf Erden.

4 Da zog Abram aus, wie der HERR zu ihm gesagt hatte, und Lot zog
mit ihm. Abram aber war fünfundsiebzig Jahre alt, als er aus Haran
zog. 5 So nahm Abram Sarai, seine Frau, und Lot, seines Bruders Sohn,
mit aller ihrer Habe, die sie gewonnen hatten, und die Leute, die sie
erworben hatten in Haran, und zogen aus, um ins Land Kanaan zu
reisen. Und sie kamen in das Land, 6 und Abram durchzog das Land
bis an die Stätte bei Sichem, bis zur Eiche More; es wohnten aber zu
der Zeit die Kanaaniter im Lande. 7 Da erschien der HERR dem Abram
und sprach: Deinen Nachkommen will ich dies Land geben. Und er
baute dort einen Altar dem HERRN, der ihm erschienen war. 8 Danach
brach er von dort auf ins Gebirge östlich der Stadt Bethel und schlug
sein Zelt auf, so daß er Bethel im Westen und Ai im Osten hatte, und
baute dort dem HERRN einen Altar und rief den Namen des HERRN an.
9 Danach zog Abram weiter ins Südland.

Ein überraschendes Angebot

13 2 Abram aber war sehr reich an Vieh, Silber und Gold. 3 Und
er zog immer weiter vom Südland bis nach Bethel, an die
Stätte, wo zuerst sein Zelt war, zwischen Bethel und Ai, 4 eben an den
Ort, wo er früher den Altar errichtet hatte. Dort rief er den Namen des
HERRN an.

5 Lot aber, der mit Abram zog, hatte auch Schafe und Rinder und
Zelte. 6 Und das Land konnte es nicht ertragen, daß sie beieinander
wohnten; denn ihre Habe war groß, und sie konnten nicht beieinan-
der wohnen. 7 Und es war immer Zank zwischen den Hirten von
Abrams Vieh und den Hirten von Lots Vieh. Es wohnten auch zu der
Zeit die Kanaaniter und Perisiter im Lande. 8 Da sprach Abram zu Lot:
Laß doch nicht Zank sein zwischen mir und dir und zwischen
meinen und deinen Hirten; denn wir sind Brüder. 9 Steht dir nicht
alles Land offen? Trenne dich doch von mir! Willst du zur Linken, so

*Zu den beiden Namensformen Abram und Abraham s. Worterklärung und Kapitel 17,4-5.

will ich zur Rechten, oder willst du zur Rechten, so will ich zur
Linken. [10]Da hob Lot seine Augen auf und besah die ganze Gegend
am Jordan. Denn ehe der HERR Sodom und Gomorra vernichtete, war
sie wasserreich, wie der Garten des HERRN, gleichwie Ägyptenland.
[11]Da erwählte sich Lot die ganze Gegend am Jordan und zog nach
Osten. Also trennte sich ein Bruder von dem andern, [12]so daß Abram
wohnte im Lande Kanaan und Lot in den Städten am unteren Jordan.
Und Lot zog mit seinen Zelten bis nach Sodom. [13]Aber die Leute zu
Sodom waren böse und sündigten sehr wider den HERRN.

[14]Als nun Lot sich von Abram getrennt hatte, sprach der HERR zu
Abram: Hebe deine Augen auf und sieh von der Stätte aus, wo du
wohnst, nach Norden, nach Süden, nach Osten und nach Westen.
[15]Denn all das Land, das du siehst, will ich dir und deinen Nach-
kommen geben für alle Zeit [16]und will deine Nachkommen machen

wie den Staub auf Erden. Kann ein Mensch den Staub auf Erden
zählen, der wird auch deine Nachkommen zählen. 17Darum mach
dich auf und durchzieh das Land in die Länge und Breite, denn dir
will ich's geben. 18Und Abram zog weiter mit seinem Zelt und kam
und wohnte im Hain Mamre, der bei Hebron ist, und baute dort dem
HERRN einen Altar.

Abraham lernt Vertrauen

15 Nach diesen Geschichten begab sich's, daß zu Abram das
Wort des HERRN kam in einer Offenbarung: Fürchte dich
nicht, Abram! Ich bin dein Schild und dein sehr großer Lohn. 2Abram
sprach aber: HERR, mein Gott, was willst du mir geben? Ich gehe da-
hin ohne Kinder, und mein Knecht Eliëser von Damaskus wird mein
Haus besitzen. 3Und Abram sprach weiter: Mir hast du keine Nach-
kommen gegeben; und siehe, einer von meinen Knechten wird mein
Erbe sein. 4Und siehe, der HERR sprach zu ihm: Er soll nicht dein
Erbe sein, sondern der von deinem Leibe kommen wird, der soll dein
Erbe sein. 5Und er hieß ihn hinausgehen und sprach: Sieh gen Him-
mel und zähle die Sterne; kannst du sie zählen? Und sprach zu ihm:
So zahlreich sollen deine Nachkommen sein! 6Abram glaubte dem
HERRN, und das rechnete er ihm zur Gerechtigkeit.
17 Als nun Abram neunundneunzig Jahre alt war, erschien ihm
der HERR und sprach zu ihm: Ich bin der allmächtige Gott;
wandle vor mir und sei fromm. 2Und ich will meinen Bund zwischen
mir und dir schließen und will dich über alle Maßen mehren.

3Da fiel Abram auf sein Angesicht. Und Gott redete weiter mit ihm
und sprach: 4Siehe, ich habe meinen Bund mit dir, und du sollst ein
Vater vieler Völker werden. 5Darum sollst du nicht mehr Abram
heißen, sondern Abraham soll dein Name sein; denn ich habe dich
gemacht zum Vater vieler Völker.

10Das aber ist mein Bund, den ihr halten sollt zwischen mir und
euch und deinem Geschlecht nach dir: Alles, was männlich ist unter
euch, soll beschnitten werden; 11eure Vorhaut sollt ihr beschneiden.
Das soll das Zeichen sein des Bundes zwischen mir und euch. 12Jedes
Knäblein, wenn's acht Tage alt ist, sollt ihr beschneiden bei euren
Nachkommen.

15Und Gott sprach abermals zu Abraham: Du sollst Sarai, deine
Frau, nicht mehr Sarai nennen, sondern Sara soll ihr Name sein.
16Denn ich will sie segnen, und auch von ihr will ich dir einen
Sohn geben; ich will sie segnen, und Völker sollen aus ihr werden und
Könige über viele Völker.

Ein geheimnisvoller Besuch

18 Und der HERR erschien ihm im Hain Mamre, während er an
der Tür seines Zeltes saß, als der Tag am heißesten war. 2 Und
als er seine Augen aufhob und sah, siehe, da standen drei Männer vor
ihm. Und als er sie sah, lief er ihnen entgegen von der Tür seines Zel-
tes und neigte sich zur Erde 3 und sprach: Herr, hab ich Gnade gefun-
den vor deinen Augen, so geh nicht an deinem Knecht vorüber. 4 Man
soll euch ein wenig Wasser bringen, eure Füße zu waschen, und laßt
euch nieder unter dem Baum. 5 Und ich will euch einen Bissen Brot
bringen, daß ihr euer Herz labet; danach mögt ihr weiterziehen. Denn
darum seid ihr bei eurem Knecht vorübergekommen. Sie sprachen:
Tu, wie du gesagt hast.

6 Abraham eilte in das Zelt zu Sara und sprach: Eile und menge drei
Maß feinstes Mehl, knete und backe Kuchen. 7 Er aber lief zu den
Rindern und holte ein zartes gutes Kalb und gab's dem Knechte; der
eilte und bereitete es zu. 8 Und er trug Butter und Milch auf und von
dem Kalbe, das er zubereitet hatte, und setzte es ihnen vor und blieb
stehen vor ihnen unter dem Baum, und sie aßen.

9 Da sprachen sie zu ihm: Wo ist Sara, deine Frau? Er antwortete:
Drinnen im Zelt. 10 Da sprach er: Ich will wieder zu dir kommen übers
Jahr; siehe, dann soll Sara, deine Frau, einen Sohn haben. Das hörte
Sara hinter ihm, hinter der Tür des Zeltes. 11 Und sie waren beide,
Abraham und Sara, alt und hochbetagt. 12 Darum lachte sie bei sich

18,11-15

selbst und sprach: Nun ich alt bin, soll ich noch der Liebe pflegen,
und mein Herr ist auch alt! 13 Da sprach der HERR zu Abraham:
Warum lacht Sara und spricht: Meinst du, daß es wahr sei, daß ich
noch gebären werde, die ich doch alt bin? 14 Sollte dem HERRN etwas
unmöglich sein? Um diese Zeit will ich wieder zu dir kommen übers
Jahr; dann soll Sara einen Sohn haben. 15 Da leugnete Sara und
sprach: Ich habe nicht gelacht –, denn sie fürchtete sich. Aber er
sprach: Es ist nicht so, du hast gelacht.

Ein Handel auf Leben und Tod

16 Da brachen die Männer auf und wandten sich nach Sodom, und
Abraham ging mit ihnen, um sie zu geleiten. 17 Da sprach der HERR:
Wie könnte ich Abraham verbergen, was ich tun will, 18 da er doch ein
großes und mächtiges Volk werden soll und alle Völker auf Erden in
ihm gesegnet werden sollen? 19 Denn dazu habe ich ihn auserkoren,
daß er seinen Kindern befehle und seinem Hause nach ihm, daß sie
des HERRN Wege halten und tun, was recht und gut ist, auf daß der
HERR auf Abraham kommen lasse, was er ihm verheißen hat. 20 Und
der HERR sprach: Es ist ein großes Geschrei über Sodom und
Gomorra, daß ihre Sünden sehr schwer sind. 21 Darum will ich hinab-
fahren und sehen, ob sie alles getan haben nach dem Geschrei, das
vor mich gekommen ist, oder ob's nicht so sei, damit ich's wisse.
22 Und die Männer wandten ihr Angesicht und gingen nach Sodom.

Aber Abraham blieb stehen vor dem HERRN 23 und trat zu ihm und
sprach: Willst du denn den Gerechten mit dem Gottlosen umbrin-
gen? 24 Es könnten vielleicht fünfzig Gerechte in der Stadt sein; woll-
test du die umbringen und dem Ort nicht vergeben um fünfzig
Gerechter willen, die darin wären? 25 Das sei ferne von dir, daß du das
tust und tötest den Gerechten mit dem Gottlosen, so daß der
Gerechte wäre gleich wie der Gottlose! Das sei ferne von dir! Sollte
der Richter aller Welt nicht gerecht richten? 26 Der HERR sprach: Finde
ich fünfzig Gerechte zu Sodom in der Stadt, so will ich um ihretwillen
dem ganzen Ort vergeben.

27 Abraham antwortete und sprach: Ach siehe, ich habe mich unter-
wunden, zu reden mit dem Herrn, wiewohl ich Erde und Asche bin.
28 Es könnten vielleicht fünf weniger als fünfzig Gerechte darin sein;
wolltest du denn die ganze Stadt verderben um der fünf willen? Er
sprach: Finde ich darin fünfundvierzig, so will ich sie nicht verderben.
29 Und er fuhr fort mit ihm zu reden und sprach: Man könnte viel-
leicht vierzig darin finden. Er aber sprach: Ich will ihnen nichts tun
um der vierzig willen. 30 Abraham sprach: Zürne nicht, Herr, daß ich

noch mehr rede. Man könnte vielleicht dreißig darin finden. Er aber
sprach: Finde ich dreißig darin, so will ich ihnen nichts tun. 31Und er
sprach: Ach siehe, ich habe mich unterwunden, mit dem Herrn zu
reden. Man könnte vielleicht zwanzig darin finden. Er antwortete: Ich
will sie nicht verderben um der zwanzig willen. 32Und er sprach: Ach,
zürne nicht, Herr, daß ich nur noch einmal rede. Man könnte viel-
leicht zehn darin finden. Er aber sprach: Ich will sie nicht ver-
derben um der zehn willen.
33Und der HERR ging weg, nachdem er aufgehört hatte, mit Abra-
ham zu reden; und Abraham kehrte wieder um an seinen Ort.

Rettende Engel

In Sodom und Gomorra

19 Die zwei Engel kamen nach Sodom am Abend; Lot aber saß zu
Sodom unter dem Tor. Und als er sie sah, stand er auf, ging
ihnen entgegen und neigte sich bis zur Erde 2und sprach: Siehe, liebe
Herren, kehrt doch ein im Hause eures Knechts und bleibt über
Nacht; laßt eure Füße waschen und brecht frühmorgens auf und zieht
eure Straße. Aber sie sprachen: Nein, wir wollen über Nacht im Freien
bleiben. 3Da nötigte er sie sehr, und sie kehrten zu ihm ein und
kamen in sein Haus. Und er machte ihnen ein Mahl und backte unge-
säuerte Kuchen, und sie aßen.
4Aber ehe sie sich legten, kamen die Männer der Stadt Sodom und
umgaben das Haus, jung und alt, das ganze Volk aus allen Enden,
5und riefen Lot und sprachen zu ihm: Wo sind die Männer, die zu dir
gekommen sind diese Nacht? Führe sie heraus zu uns, daß wir uns
über sie hermachen. 6Lot ging heraus zu ihnen vor die Tür und
schloß die Tür hinter sich zu 7und sprach: Ach, liebe Brüder, tut nicht
so übel! 8Siehe, ich habe zwei Töchter, die wissen noch von keinem
Manne; die will ich herausgeben unter euch, und tut mit ihnen, was
euch gefällt; aber diesen Männern tut nichts, denn darum sind sie un-
ter den Schatten meines Dachs gekommen. 9Sie aber sprachen: Weg
mit dir! Und sprachen auch: Du bist der einzige Fremdling hier und
willst regieren? Wohlan, wir wollen dich noch übler plagen als jene.
Und sie drangen hart ein auf den Mann Lot. Doch als sie hinzuliefen
und die Tür aufbrechen wollten, 10griffen die Männer hinaus und
zogen Lot herein zu sich ins Haus und schlossen die Tür zu. 11Und sie
schlugen die Leute vor der Tür des Hauses, klein und groß, mit Blind-
heit, so daß sie es aufgaben, die Tür zu finden.
12Und die Männer sprachen zu Lot: Hast du hier noch einen
Schwiegersohn und Söhne und Töchter und wer dir sonst angehört in

der Stadt, den führe weg von dieser Stätte. 13Denn wir werden diese
Stätte verderben, weil das Geschrei über sie groß ist vor dem HERRN;
der hat uns gesandt, sie zu verderben. 14Da ging Lot hinaus und
redete mit den Männern, die seine Töchter heiraten sollten: Macht
euch auf und geht aus diesem Ort, denn der HERR wird diese Stadt
verderben. Aber es war ihnen lächerlich.

15Als nun die Morgenröte aufging, drängten die Engel Lot zur Eile
und sprachen: Mach dich auf, nimm deine Frau und deine beiden
Töchter, die hier sind, damit du nicht auch umkommst in der Missetat
dieser Stadt. 16Als er aber zögerte, ergriffen die Männer ihn und seine
Frau und seine beiden Töchter bei der Hand, weil der HERR ihn ver-
schonen wollte, und führten ihn hinaus und ließen ihn erst draußen
vor der Stadt wieder los. 17Und als sie ihn hinausgebracht hatten,
sprach der eine: Rette dein Leben und sieh nicht hinter dich, bleib
auch nicht stehen in dieser ganzen Gegend. Auf das Gebirge rette
dich, damit du nicht umkommst!

24Da ließ der HERR Schwefel und Feuer regnen vom Himmel herab
auf Sodom und Gomorra 25und vernichtete die Städte und die
ganze Gegend und alle Einwohner der Städte und was auf dem Lande
gewachsen war. 26Und Lots Weib sah hinter sich und ward zur
Salzsäule.

27Abraham aber machte sich früh am Morgen auf an den Ort, wo
er vor dem HERRN gestanden hatte, 28und wandte sein Angesicht
gegen Sodom und Gomorra und alles Land dieser Gegend und
schaute, und siehe, da ging ein Rauch auf vom Lande wie der Rauch
von einem Ofen.

Erfüllte Hoffnungen

21 2Und Sara ward schwanger und gebar dem Abraham in
seinem Alter einen Sohn um die Zeit, von der Gott zu ihm
geredet hatte. 3Und Abraham nannte seinen Sohn, der ihm geboren
war, Isaak, den ihm Sara gebar, 4und beschnitt ihn am achten Tage,
wie ihm Gott geboten hatte.

8Und das Kind wuchs heran und wurde entwöhnt. Und Abraham
machte ein großes Mahl am Tage, da Isaak entwöhnt wurde. 9Und
Sara sah den Sohn Hagars, der Ägypterin, den sie Abraham geboren
hatte, wie er Mutwillen trieb. 10Da sprach sie zu Abraham: Treibe
diese Magd aus mit ihrem Sohn; denn der Sohn dieser Magd soll nicht
erben mit meinem Sohn Isaak. 11Das Wort mißfiel Abraham sehr um
seines Sohnes willen. 12Aber Gott sprach zu ihm: Laß es dir nicht
mißfallen wegen des Knaben und der Magd. Alles, was Sara dir gesagt

hat, dem gehorche; denn nur nach Isaak soll dein Geschlecht benannt
werden. 13Aber auch den Sohn der Magd will ich zu einem Volk
machen, weil er dein Sohn ist.
14Da stand Abraham früh am Morgen auf und nahm Brot und
einen Schlauch mit Wasser und legte es Hagar auf ihre Schulter, dazu
den Knaben, und schickte sie fort. Da zog sie hin und irrte in der
Wüste umher bei Beerscheba. 15Als nun das Wasser in dem Schlauch
ausgegangen war, warf sie den Knaben unter einen Strauch 16und ging
hin und setzte sich gegenüber von ferne, einen Bogenschuß weit;
denn sie sprach: Ich kann nicht ansehen des Knaben Sterben. Und sie
setzte sich gegenüber und erhob ihre Stimme und weinte.
17Da erhörte Gott die Stimme des Knaben. Und der Engel Gottes
rief Hagar vom Himmel her und sprach zu ihr: Was ist dir, Hagar?
Fürchte dich nicht; denn Gott hat gehört die Stimme des Knaben, der
dort liegt. 18Steh auf, nimm den Knaben und führe ihn an deiner
Hand; denn ich will ihn zum großen Volk machen. 19Und Gott tat ihr
die Augen auf, daß sie einen Wasserbrunnen sah. Da ging sie hin und
füllte den Schlauch mit Wasser und tränkte den Knaben.
20Und Gott war mit dem Knaben. Der wuchs heran und wohnte in
der Wüste und wurde ein guter Schütze. 21Und er wohnte in der
Wüste Paran, und seine Mutter nahm ihm eine Frau aus Ägyptenland.

Bricht Gott sein Versprechen?

Abraham soll Isaak opfern

22 Nach diesen Geschichten versuchte Gott Abraham und
sprach zu ihm: Abraham! Und er antwortete: Hier bin ich.
2Und er sprach: Nimm Isaak, deinen einzigen Sohn, den du liebhast,
und geh hin in das Land Morija und opfere ihn dort zum Brandopfer
auf einem Berge, den ich dir sagen werde.
3Da stand Abraham früh am Morgen auf und gürtete seinen Esel
und nahm mit sich zwei Knechte und seinen Sohn Isaak und spaltete
Holz zum Brandopfer, machte sich auf und ging hin an den Ort, von
dem ihm Gott gesagt hatte. 4Am dritten Tage hob Abraham seine
Augen auf und sah die Stätte von ferne 5und sprach zu seinen
Knechten: Bleibt ihr hier mit dem Esel. Ich und der Knabe wollen
dorthin gehen, und wenn wir angebetet haben, wollen wir wieder zu
euch kommen.
6Und Abraham nahm das Holz zum Brandopfer und legte es auf
seinen Sohn Isaak. Er aber nahm das Feuer und das Messer in seine
Hand; und gingen die beiden miteinander. 7Da sprach Isaak zu
seinem Vater Abraham: Mein Vater! Abraham antwortete: Hier bin

ich, mein Sohn. Und er sprach: Siehe, hier ist Feuer und Holz; wo ist
aber das Schaf zum Brandopfer? 8Abraham antwortete: Mein Sohn,
Gott wird sich ersehen ein Schaf zum Brandopfer. Und gingen die
beiden miteinander.

9Und als sie an die Stätte kamen, die ihm Gott gesagt hatte, baute
Abraham dort einen Altar und legte das Holz darauf und band seinen
Sohn Isaak, legte ihn auf den Altar oben auf das Holz 10und reckte
seine Hand aus und faßte das Messer, daß er seinen Sohn schlachtete.

11Da rief ihn der Engel des HERRN vom Himmel und sprach: Abra-
ham! Abraham! Er antwortete: Hier bin ich. 12Er sprach: Lege deine
Hand nicht an den Knaben und tu ihm nichts; denn nun weiß ich,
daß du Gott fürchtest und hast deines einzigen Sohnes nicht ver-
schont um meinetwillen. 13Da hob Abraham seine Augen auf und sah
einen Widder hinter sich in der Hecke mit seinen Hörnern hängen
und ging hin und nahm den Widder und opferte ihn zum Brandopfer
an seines Sohnes Statt. 14Und Abraham nannte die Stätte »Der HERR
sieht«. Daher man noch heute sagt: Auf dem Berge, da der HERR sieht.

15Und der Engel des HERRN rief Abraham abermals vom Himmel
her 16und sprach: Ich habe bei mir selbst geschworen, spricht der
HERR: Weil du solches getan hast und hast deines einzigen Sohnes
nicht verschont, 17will ich dein Geschlecht segnen und mehren wie
die Sterne am Himmel und wie den Sand am Ufer des Meeres,
und deine Nachkommen sollen die Tore ihrer Feinde besitzen;
18und durch dein Geschlecht sollen alle Völker auf Erden gesegnet
werden, weil du meiner Stimme gehorcht hast. 19So kehrte Abra-
ham zurück zu seinen Knechten. Und sie machten sich auf und
zogen miteinander nach Beerscheba, und Abraham blieb daselbst.

Ein Platz für die Toten

23 Sara wurde hundertsiebenundzwanzig Jahre alt 2und starb in
Hebron, im Lande Kanaan. Da kam Abraham, daß er sie
beklagte und beweinte.

3Danach stand er auf von seiner Toten und redete mit den Hetitern
und sprach: 4Ich bin ein Fremdling und Beisasse bei euch; gebt mir
ein Erbbegräbnis bei euch, daß ich meine Tote hinaustrage und begra-
be. 5Da antworteten die Hetiter Abraham und sprachen zu ihm:
6Höre uns, lieber Herr! Du bist ein Fürst Gottes unter uns. Begrabe
deine Tote in einem unserer vornehmsten Gräber.

17[Da] wurde Efrons Acker in Machpela Abraham zum Eigentum
bestätigt, mit der Höhle darin und mit allen Bäumen auf dem Acker
umher, 18vor den Augen der Hetiter und aller, die beim Tor seiner

Stadt versammelt waren. 19Danach begrub Abraham Sara, seine Frau,
in der Höhle des Ackers in Machpela östlich von Hebron, im Lande
Kanaan. 20So wurden Abraham der Acker und die Höhle darin zum
Erbbegräbnis bestätigt von den Hetitern.

Rebekka wird Isaaks Frau

24 Abraham war alt und hochbetagt, und der HERR hatte ihn
gesegnet allenthalben. 2Und er sprach zu dem ältesten

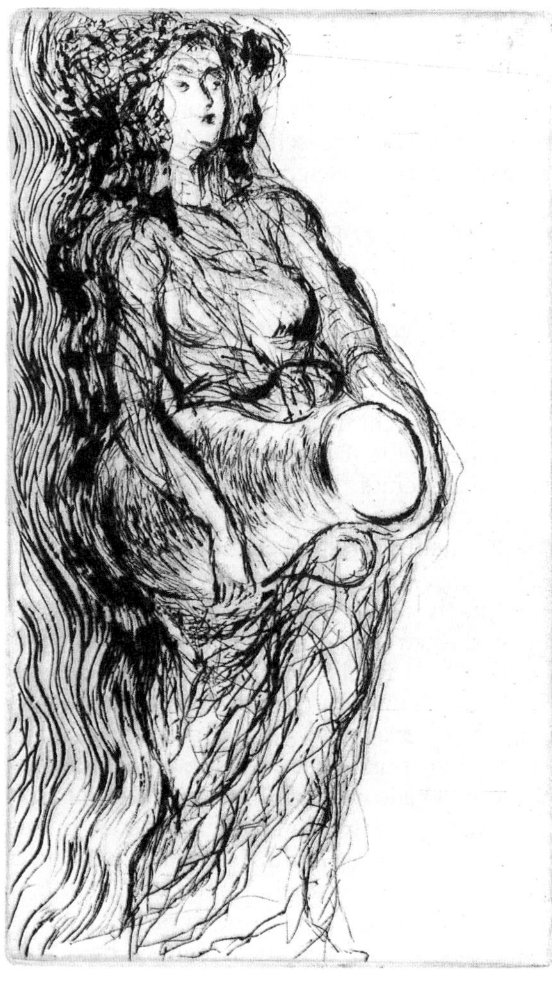

Knecht seines Hauses, der allen seinen Gütern vorstand: 3Schwöre
mir bei dem HERRN, dem Gott des Himmels und der Erde, daß du
meinem Sohn keine Frau nehmest von den Töchtern der Kanaaniter,
unter denen ich wohne, 4sondern daß du ziehest in mein Vaterland
und zu meiner Verwandtschaft und nehmest meinem Sohn Isaak dort
eine Frau.

10So nahm der Knecht zehn Kamele von den Kamelen seines
Herrn und zog hin und hatte mit sich allerlei Güter seines Herrn und
machte sich auf und zog nach Mesopotamien, zu der Stadt Nahors.
11Da ließ er die Kamele sich lagern draußen vor der Stadt bei dem
Wasserbrunnen des Abends um die Zeit, da die Frauen pflegten her-
auszugehen und Wasser zu schöpfen. 12Und er sprach: HERR, du Gott
Abrahams, meines Herrn, laß es mir heute gelingen und tu Barmher-
zigkeit an Abraham, meinem Herrn! 13Siehe, ich stehe hier bei dem
Wasserbrunnen, und die Töchter der Leute in dieser Stadt werden
herauskommen, um Wasser zu schöpfen. 14Wenn nun ein Mädchen
kommt, zu dem ich spreche: Neige deinen Krug und laß mich trinken,
und es sprechen wird: Trinke, ich will deine Kamele auch tränken –,
das sei die, die du deinem Diener Isaak beschert hast, und daran
werde ich erkennen, daß du Barmherzigkeit an meinem Herrn getan
hast.

15Und ehe er ausgeredet hatte, siehe, da kam heraus Rebekka, die
Tochter Betuëls, der ein Sohn der Milka war, die die Frau Nahors, des
Bruders Abrahams, war, und trug einen Krug auf ihrer Schulter. 16Und
das Mädchen war sehr schön von Angesicht, eine Jungfrau, die noch
von keinem Manne wußte. Die stieg hinab zum Brunnen und füllte
den Krug und stieg herauf. 17Da lief ihr der Knecht entgegen und
sprach: Laß mich ein wenig Wasser aus deinem Kruge trinken. 18Und
sie sprach: Trinke, mein Herr! Und eilends ließ sie den Krug hernieder
auf ihre Hand und gab ihm zu trinken. 19Und als sie ihm zu trinken
gegeben hatte, sprach sie: Ich will deinen Kamelen auch schöpfen, bis
sie alle genug getrunken haben. 20Und eilte und goß den Krug aus in
die Tränke und lief abermals zum Brunnen, um zu schöpfen, und
schöpfte allen seinen Kamelen.

21Der Mann aber betrachtete sie und schwieg still, bis er erkannt
hätte, ob der HERR zu seiner Reise Gnade gegeben hätte oder nicht.
22Als nun die Kamele alle getrunken hatten, nahm er einen goldenen
Stirnreif, sechs Gramm schwer, und zwei goldene Armreifen für ihre
Hände, hundertundzwanzig Gramm schwer, 23und sprach: Wessen
Tochter bist du? Das sage mir doch! Haben wir auch Raum in deines
Vaters Hause, um zu herbergen? 24Sie sprach zu ihm: Ich bin die
Tochter Betuëls, des Sohnes der Milka, den sie dem Nahor geboren

hat. 25Und sagte weiter zu ihm: Es ist auch viel Stroh und Futter bei
uns und Raum genug, um zu herbergen. 26Da neigte sich der Mann
und betete den HERRN an 27und sprach: Gelobt sei der HERR, der Gott
Abrahams, meines Herrn, der seine Barmherzigkeit und seine Treue
von meinem Herrn nicht hat weichen lassen; denn der HERR hat mich
geradewegs geführt zum Hause des Bruders meines Herrn. 28Und das
Mädchen lief und sagte dies alles in ihrer Mutter Hause.

29Und Rebekka hatte einen Bruder, der hieß Laban; und Laban lief
zu dem Mann draußen bei dem Brunnen. 31Und er sprach: Komm
herein, du Gesegneter des HERRN! Warum stehst du draußen? Ich
habe das Haus bereitet und für die Kamele auch Raum gemacht. 32Da
führte er den Mann ins Haus und zäumte die Kamele ab und gab
ihnen Stroh und Futter, dazu auch Wasser, zu waschen seine Füße
und die Füße der Männer, die mit ihm waren.

33Und man setzte ihm Essen vor. Er sprach aber: Ich will nicht
essen, bis ich zuvor meine Sache vorgebracht habe. Sie antworteten:
Sage an! 34Er sprach: Ich bin Abrahams Knecht. 35Und der HERR hat
meinen Herrn reich gesegnet, daß er groß geworden ist, und hat ihm
Schafe und Rinder, Silber und Gold, Knechte und Mägde, Kamele und
Esel gegeben. 36Dazu hat Sara, die Frau meines Herrn, einen Sohn
geboren meinem Herrn in seinem Alter; dem hat er alles gegeben, was
er hat. 37Und mein Herr hat einen Eid von mir genommen und gesagt:
Du sollst meinem Sohn keine Frau nehmen von den Töchtern der
Kanaaniter, in deren Land ich wohne, 38sondern zieh hin zu meines
Vaters Hause und zu meinem Geschlecht; dort nimm meinem Sohn
eine Frau. 49Seid ihr nun die, die an meinem Herrn Freundschaft und
Treue beweisen wollen, so sagt mir's; wenn nicht, so sagt mir's auch,
daß ich mich wende zur Rechten oder zur Linken.

50Da antworteten Laban und Betuël und sprachen: Das kommt
vom HERRN, darum können wir nichts dazu sagen, weder Böses noch
Gutes. 51Da ist Rebekka vor dir, nimm sie und zieh hin, daß sie die
Frau sei des Sohnes deines Herrn, wie der HERR geredet hat. 52Als
Abrahams Knecht diese Worte hörte, neigte er sich vor dem HERRN
bis zur Erde. 53Danach zog er hervor silberne und goldene Kleinode
und Kleider und gab sie Rebekka; auch ihrem Bruder und der Mutter
gab er kostbare Geschenke. 54Dann aß und trank er samt den
Männern, die mit ihm waren, und sie blieben über Nacht allda.

Am Morgen aber standen sie auf, und er sprach: Laßt mich ziehen
zu meinem Herrn. 55Aber ihr Bruder und ihre Mutter sprachen: Laß
doch das Mädchen noch einige Tage bei uns bleiben; danach sollst du
ziehen. 56Da sprach er zu ihnen: Haltet mich nicht auf, denn der HERR
hat Gnade zu meiner Reise gegeben. Laßt mich, daß ich zu meinem

Herrn ziehe. [57]Da sprachen sie: Wir wollen das Mädchen rufen und
fragen, was sie dazu sagt. [58]Und sie riefen Rebekka und sprachen zu
ihr: Willst du mit diesem Manne ziehen? Sie antwortete: Ja, ich will es.
[59]Da ließen sie Rebekka, ihre Schwester, ziehen mit ihrer Amme, samt
Abrahams Knecht und seinen Leuten. [60]Und sie segneten Rebekka
und sprachen zu ihr: Du, unsere Schwester, wachse zu vieltausendmal
tausend, und dein Geschlecht besitze die Tore seiner Feinde. [61]So
machte sich Rebekka auf mit ihren Mägden, und sie setzten sich auf
die Kamele und zogen dem Manne nach. Und der Knecht nahm
Rebekka und zog von dannen.

[62]Isaak aber wohnte im Südlande. [63]Und er war ausgegangen, um
zu beten auf dem Felde gegen Abend, und hob seine Augen auf und
sah, daß Kamele daherkamen. [64]Und Rebekka hob ihre Augen auf
und sah Isaak; da stieg sie eilends vom Kamel [65]und sprach zu dem
Knecht: Wer ist der Mann, der uns entgegenkommt auf dem Felde?
Der Knecht sprach: Das ist mein Herr. Da nahm sie den Schleier und
verhüllte sich. [66]Und der Knecht erzählte Isaak alles, was er ausge-
richtet hatte. [67]Da führte sie Isaak in das Zelt seiner Mutter Sara und
nahm die Rebekka, und sie wurde seine Frau, und er gewann sie lieb.
Also wurde Isaak getröstet über seine Mutter.

Abrahams Tod

25 [8]Und Abraham verschied und starb in einem guten Alter, als
er alt und lebenssatt war, und wurde zu seinen Vätern ver-
sammelt. [9]Und es begruben ihn seine Söhne Isaak und Ismael in der
Höhle von Machpela [10]auf dem Felde, das Abraham von den Hetitern
gekauft hatte. Da ist Abraham begraben mit Sara, seiner Frau. [11]Und
nach dem Tode Abrahams segnete Gott Isaak, seinen Sohn.

Rebekkas Zwillinge

[21]Isaak aber bat den HERRN für seine Frau, denn sie war unfruchtbar.
Und der HERR ließ sich erbitten, und Rebekka, seine Frau, ward
schwanger. [22]Und die Kinder stießen sich miteinander in ihrem Leib.
Da sprach sie: Wenn mir's so gehen soll, warum bin ich schwanger
geworden? Und sie ging hin, den HERRN zu befragen. [23]Und der HERR
sprach zu ihr: Zwei Völker sind in deinem Leibe, und zweierlei Volk
wird sich scheiden aus deinem Leibe; und ein Volk wird dem andern
überlegen sein, und der Ältere wird dem Jüngeren dienen.

[24]Als nun die Zeit kam, daß sie gebären sollte, siehe, da waren
Zwillinge in ihrem Leibe. [25]Der erste, der herauskam, war rötlich, ganz

rauh wie ein Fell, und sie nannten in Esau. 26 Danach kam heraus sein
Bruder, der hielt mit seiner Hand die Ferse des Esau, und sie nannten
ihn Jakob. Sechzig Jahre alt war Isaak, als sie geboren wurden.

Esau verschenkt sein Erstgeburtsrecht

27 Und als nun die Knaben groß wurden, wurde Esau ein Jäger und
streifte auf dem Felde umher, Jakob aber ein gesitteter Mann und
blieb bei den Zelten. 28 Und Isaak hatte Esau lieb und aß gern von
seinem Wildbret; Rebekka aber hatte Jakob lieb.

29 Und Jakob kochte ein Gericht. Da kam Esau vom Feld und war
müde 30 und sprach zu Jakob: Laß mich essen das rote Gericht; denn
ich bin müde. 31 Aber Jakob sprach: Verkaufe mir heute deine Erst-
geburt. 32 Esau antwortete: Siehe, ich muß doch sterben; was soll mir
da die Erstgeburt? 33 Jakob sprach: So schwöre mir zuvor. Und er
schwor ihm und verkaufte so Jakob seine Erstgeburt. 34 Da gab ihm
Jakob Brot und das Linsengericht, und er aß und trank und stand auf
und ging davon. So verachtete Esau seine Erstgeburt.

Jakob erschleicht sich den Segen

27 Und es begab sich, als Isaak alt geworden war und seine
Augen zu schwach zum Sehen wurden, rief er Esau, seinen
älteren Sohn, und sprach zu ihm: Mein Sohn! Er aber antwortete ihm:
Hier bin ich. 2 Und er sprach: Siehe, ich bin alt geworden und weiß
nicht, wann ich sterben werde. 3 So nimm nun dein Gerät, Köcher und
Bogen, und geh aufs Feld und jage mir ein Wildbret 4 und mach mir
ein Essen, wie ich's gern habe, und bring mir's herein, daß ich esse,
auf daß dich meine Seele segne, ehe ich sterbe. 5 Rebekka aber hörte
diese Worte, die Isaak zu seinem Sohn Esau sagte. Und Esau ging hin
aufs Feld, daß er ein Wildbret jagte und heimbrächte.

6 Da sprach Rebekka zu Jakob, ihrem Sohn: Siehe, ich habe deinen
Vater mit Esau, deinem Bruder, reden hören: 7 Bringe mir ein Wildbret
und mach mir ein Essen, daß ich esse und dich segne vor dem
HERRN, ehe ich sterbe. 8 So höre nun, mein Sohn, auf mich und tu, was
ich dich heiße. 9 Geh hin zu der Herde und hole mir zwei gute Böck-
lein, daß ich deinem Vater ein Essen davon mache, wie er's gerne hat.
10 Das sollst du deinem Vater hineintragen, daß er esse, auf daß er dich
segne vor seinem Tod. 11 Jakob aber sprach zu seiner Mutter Rebekka:
Siehe, mein Bruder Esau ist rauh, doch ich bin glatt; 12 so könnte viel-
leicht mein Vater mich betasten, und ich würde vor ihm dastehen, als
ob ich ihn betrügen wollte, und brächte über mich einen Fluch und

nicht einen Segen. 13Da sprach seine Mutter zu ihm: Der Fluch sei auf
mir, mein Sohn; gehorche nur meinen Worten, geh und hole mir.

14Da ging er hin und holte und brachte es seiner Mutter. Da machte
seine Mutter ein Essen, wie es sein Vater gerne hatte, 15und nahm
Esaus, ihres älteren Sohnes, Feierkleider, die sie bei sich im Hause
hatte, und zog sie Jakob an, ihrem jüngeren Sohn. 16Aber die Felle von
den Böcklein tat sie ihm um seine Hände und wo er glatt war am
Halse. 17Und so gab sie das Essen mit dem Brot, wie sie es gemacht
hatte, in die Hand ihres Sohnes Jakob.

18Und er ging hinein zu seinem Vater und sprach: Mein Vater! Er
antwortete: Hier bin ich. Wer bist du, mein Sohn? 19Jakob sprach zu
seinem Vater: Ich bin Esau, dein erstgeborener Sohn; ich habe getan,
wie du mir gesagt hast. Komm nun, setze dich und iß von meinem
Wildbret, auf daß mich deine Seele segne. 20Isaak aber sprach zu
seinem Sohn: Wie hast du so bald gefunden, mein Sohn? Er antwor-
tete: Der HERR, dein Gott, bescherte mir's. 21Da sprach Isaak zu Jakob:
Tritt herzu, mein Sohn, daß ich dich betaste, ob du mein Sohn Esau
bist oder nicht. 22So trat Jakob zu seinem Vater Isaak. Und als er ihn
betastet hatte, sprach er: Die Stimme ist Jakobs Stimme, aber die
Hände sind Esaus Hände. 23Und er erkannte ihn nicht; denn seine
Hände waren rauh wie Esaus, seines Bruders, Hände.

Und er segnete ihn 24und sprach: Bist du mein Sohn Esau? Er ant-
wortete: Ja, ich bin's. 25Da sprach er: So bringe mir her, mein Sohn, zu
essen von deinem Wildbret, daß dich meine Seele segne. Da brachte
er's ihm, und er aß; und er trug ihm auch Wein hinein, und er trank.
26Und Isaak, sein Vater, sprach zu ihm: Komm her und küsse mich,
mein Sohn! 27Er trat hinzu und küßte ihn. Da roch er den Geruch
seiner Kleider und segnete ihn und sprach: Siehe, der Geruch meines
Sohnes ist wie der Geruch des Feldes, das der HERR gesegnet hat.
28Gott gebe dir vom Tau des Himmels und von der Fettigkeit der
Erde und Korn und Wein die Fülle. 29Völker sollen dir dienen, und
Stämme sollen dir zu Füßen fallen. Sei ein Herr über deine Brüder,
und deiner Mutter Söhne sollen dir zu Füßen fallen. Verflucht sei, wer
dir flucht; gesegnet sei, wer dich segnet!

30Als nun Isaak den Segen über Jakob vollendet hatte und Jakob
kaum hinausgegangen war von seinem Vater Isaak, da kam Esau, sein
Bruder, von seiner Jagd 31und machte auch ein Essen und trug's hin-
ein zu seinem Vater und sprach zu ihm: Richte dich auf, mein Vater,
und iß von dem Wildbret deines Sohnes, daß mich deine Seele segne.
32Da antwortete ihm Isaak, sein Vater: Wer bist du? Er sprach: Ich bin
Esau, dein erstgeborener Sohn. 33Da entsetzte sich Isaak über die
Maßen sehr und sprach: Wer? Wo ist denn der Jäger, der mir gebracht

hat, und ich habe von allem gegessen, ehe du kamst, und hab ihn
gesegnet? Er wird auch gesegnet bleiben.
[34]Als Esau diese Worte seines Vaters hörte, schrie er laut und
wurde über die Maßen sehr betrübt und sprach zu seinem Vater:
Segne mich auch, mein Vater! [35]Er aber sprach: Dein Bruder ist
gekommen mit List und hat deinen Segen weggenommen. [36]Da
sprach er: Er heißt mit Recht Jakob, denn er hat mich nun zweimal
überlistet. Meine Erstgeburt hat er genommen, und siehe, nun
nimmt er auch meinen Segen. Und er sprach: Hast du mir denn
keinen Segen vorbehalten? [37]Isaak antwortete und sprach zu ihm:
Ich habe ihn zum Herrn über dich gesetzt, und alle seine Brüder
hab ich ihm zu Knechten gemacht, mit Korn und Wein hab ich ihn
versehen; was soll ich nun dir noch tun, mein Sohn? [38]Esau sprach
zu seinem Vater: Hast du denn nur *einen* Segen, mein Vater? Segne
mich auch, mein Vater! Und er erhob seine Stimme und weinte.
[39]Da antwortete Isaak, sein Vater, und sprach zu ihm: Siehe, du wirst
wohnen ohne Fettigkeit der Erde und ohne Tau des Himmels von
oben her. [40]Von deinem Schwerte wirst du dich nähren, und deinem
Bruder sollst du dienen. Aber es wird geschehen, daß du einmal sein
Joch von deinem Halse reißen wirst.

Jakob muß fliehen

[41]Und Esau war Jakob gram um des Segens willen, mit dem ihn sein
Vater gesegnet hatte, und sprach in seinem Herzen: Es wird die Zeit
bald kommen, daß man um meinen Vater Leid tragen muß; dann will
ich meinen Bruder Jakob umbringen. [42]Da wurden Rebekka angesagt
diese Worte ihres älteren Sohnes Esau. Und sie schickte hin und ließ
Jakob, ihren jüngeren Sohn, rufen und sprach zu ihm: Siehe, dein
Bruder Esau droht dir, daß er dich umbringen will. [43]Und nun höre
auf mich, mein Sohn: Mach dich auf und flieh zu meinem Bruder
Laban nach Haran [44]und bleib eine Weile bei ihm, bis sich der
Grimm deines Bruders legt [45]und bis sein Zorn wider dich sich von
dir wendet und er vergißt, was du ihm getan hast; dann will ich
schicken und dich von dort holen lassen. Warum sollte ich euer
beider beraubt werden auf *einen* Tag?

Unter Gottes Schutz

Jakobs Traum

28 10 Aber Jakob zog aus von Beerscheba und machte sich auf
den Weg nach Haran 11 und kam an eine Stätte, da blieb er
über Nacht, denn die Sonne war untergegangen. Und er nahm einen
Stein von der Stätte und legte ihn zu seinen Häupten und legte sich an
der Stätte schlafen.

12 Und ihm träumte, und siehe, eine Leiter stand auf Erden, die
rührte mit der Spitze an den Himmel, und siehe, die Engel Gottes
stiegen daran auf und nieder. 13 Und der HERR stand oben darauf und
sprach: Ich bin der HERR, der Gott deines Vaters Abraham, und Isaaks
Gott; das Land, darauf du liegst, will ich dir und deinen Nachkommen
geben. 14 Und dein Geschlecht soll werden wie der Staub auf Erden,
und du sollst ausgebreitet werden gegen Westen und Osten, Norden
und Süden, und durch dich und deine Nachkommen sollen alle
Geschlechter auf Erden gesegnet werden. 15 Und siehe, ich bin mit dir
und will dich behüten, wo du hinziehst, und will dich wieder herbrin-
gen in dies Land. Denn ich will dich nicht verlassen, bis ich alles tue,
was ich dir zugesagt habe.

16 Als nun Jakob von seinem Schlaf aufwachte, sprach er: Fürwahr,
der HERR ist an dieser Stätte, und ich wußte es nicht! 17 Und er fürch-
tete sich und sprach: Wie heilig ist diese Stätte! Hier ist nichts anderes
als Gottes Haus, und hier ist die Pforte des Himmels. 18 Und Jakob
stand früh am Morgen auf und nahm den Stein, den er zu seinen
Häupten gelegt hatte, und richtete ihn auf zu einem Steinmal und goß
Öl oben darauf 19 und nannte die Stätte Bethel.

20 Und Jakob tat ein Gelübde und sprach: Wird Gott mit mir sein
und mich behüten auf dem Wege, den ich reise, und mir Brot zu essen
geben und Kleider anzuziehen 21 und mich mit Frieden wieder heim
zu meinem Vater bringen, so soll der HERR mein Gott sein. 22 Und
dieser Stein, den ich aufgerichtet habe zu einem Steinmal, soll ein
Gotteshaus werden; und von allem, was du mir gibst, will ich dir den
Zehnten geben.

Im Dienst Labans

29 Da machte sich Jakob auf den Weg und ging in das Land,
das im Osten liegt, 2 und sah sich um, und siehe, da war ein
Brunnen auf dem Felde; und siehe, drei Herden Schafe lagen dabei,
denn von dem Brunnen pflegten sie die Herden zu tränken. Und ein
großer Stein lag vor dem Loch des Brunnens. 3 Und sie pflegten die

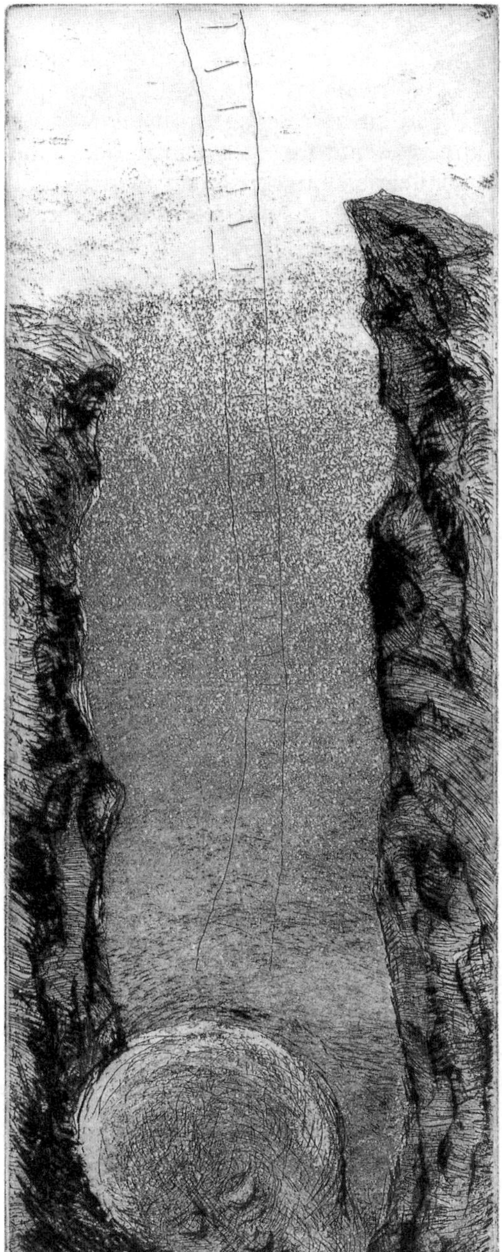

28,12

Herden alle dort zu versammeln und den Stein von dem Brunnenloch
zu wälzen und die Schafe zu tränken und taten alsdann den Stein
wieder vor das Loch an seine Stelle. 4Und Jakob sprach zu ihnen:
Liebe Brüder, wo seid ihr her? Sie antworteten: Wir sind von Haran.
5Er sprach zu ihnen: Kennt ihr auch Laban, den Sohn Nahors? Sie
antworteten: Ja, wir kennen ihn. 6Er sprach: Geht es ihm auch gut? Sie
antworteten: Es geht ihm gut; und siehe, da kommt seine Tochter
Rahel mit den Schafen.

10Als Jakob aber Rahel sah, die Tochter Labans, des Bruders seiner
Mutter, und die Schafe Labans, trat er hinzu und wälzte den Stein von
dem Loch des Brunnens und tränkte die Schafe Labans. 11Und er
küßte Rahel und weinte laut 12und sagte ihr, daß er ihres Vaters Ver-
wandter wäre und Rebekkas Sohn. Da lief sie und sagte es ihrem
Vater. 13Als aber Laban hörte von Jakob, seiner Schwester Sohn, lief er
ihm entgegen und herzte und küßte ihn und führte ihn in sein Haus.
Da erzählte er Laban alles, was sich begeben hatte. 14Da sprach Laban
zu ihm: Fürwahr, du bist von meinem Gebein und Fleisch.

Und als er nun einen Monat lang bei ihm gewesen war, 15sprach
Laban zu Jakob: Zwar bist du mein Verwandter, aber solltest du mir
darum umsonst dienen? Sage an, was soll dein Lohn sein? 16Laban
aber hatte zwei Töchter; die ältere hieß Lea, die jüngere Rahel. 17Aber
Leas Augen waren ohne Glanz, Rahel dagegen war schön von Gestalt
und von Angesicht. 18Und Jakob gewann Rahel lieb und sprach: Ich
will dir sieben Jahre um Rahel, deine jüngere Tochter, dienen. 19Laban
antwortete: Es ist besser, ich gebe sie dir als einem andern; bleib bei mir.

20So diente Jakob um Rahel sieben Jahre, und es kam ihm vor, als
wären's einzelne Tage, so lieb hatte er sie. 21Und Jakob sprach zu
Laban: Gib mir nun meine Braut; denn die Zeit ist da, daß ich zu ihr
gehe. 22Da lud Laban alle Leute des Ortes ein und machte ein Hoch-
zeitsmahl. 23Am Abend aber nahm er seine Tochter Lea und brachte
sie zu Jakob; und er ging zu ihr. 24Und Laban gab seiner Tochter Lea
seine Magd Silpa zur Leibmagd. 25Am Morgen aber, siehe, da war es
Lea. Und Jakob sprach zu Laban: Warum hast du mir das angetan?
Habe ich dir nicht um Rahel gedient? Warum hast du mich denn
betrogen? 26Laban antwortete: Es ist nicht Sitte in unserm Lande, daß
man die jüngere weggebe vor der älteren. 27Halte mit dieser die Hoch-
zeitswoche, so will ich dir die andere auch geben für den Dienst, den
du bei mir noch weitere sieben Jahre leisten sollst. 28Das tat Jakob
und hielt die Hochzeitswoche. Da gab ihm Laban seine Tochter Rahel
zur Frau. 29Und er gab seiner Tochter Rahel seine Magd Bilha zur
Leibmagd. 30So ging Jakob auch zu Rahel ein und hatte Rahel lieber
als Lea; und er diente bei ihm noch weitere sieben Jahre.

31 Als aber der HERR sah, daß Lea ungeliebt war, machte er sie
fruchtbar; Rahel aber war unfruchtbar.

Auf dem Heimweg

30 22 Gott gedachte aber an Rahel und erhörte sie und machte
sie fruchtbar. 23 Da ward sie schwanger und gebar einen Sohn
und sprach: Gott hat meine Schmach von mir genommen; 24 und sie
nannte ihn Josef und sprach: Der HERR wolle mir noch einen Sohn
dazu geben!

25 Als nun Rahel den Josef geboren hatte, sprach Jakob zu Laban:
Laß mich ziehen und reisen an meinen Ort und in mein Land. 26 Gib
mir meine Frauen und meine Kinder, um die ich dir gedient habe, daß
ich ziehe; denn du weißt, wie ich dir gedient habe.

31 17 Da machte sich Jakob auf und lud seine Kinder und Frauen
auf die Kamele 18 und führte weg all sein Vieh und alle seine
Habe, die er in Mesopotamien erworben hatte, daß er käme zu Isaak,
seinem Vater, ins Land Kanaan.

32 4 Jakob aber schickte Boten vor sich her zu seinem Bruder
Esau ins Land Seïr, in das Gebiet von Edom, 5 und befahl
ihnen und sprach: So sprecht zu Esau, meinem Herrn: Dein Knecht
Jakob läßt dir sagen: Ich bin bisher bei Laban lange in der Fremde
gewesen 6 und habe Rinder und Esel, Schafe, Knechte und Mägde, und
habe ausgesandt, es dir, meinem Herrn, anzusagen, damit ich Gnade
vor deinen Augen fände.

7 Die Boten kamen zu Jakob zurück und sprachen: Wir kamen zu
deinem Bruder Esau, und er zieht dir auch entgegen mit vierhundert
Mann. 8 Da fürchtete sich Jakob sehr, und ihm wurde bange. Und er
teilte das Volk, das bei ihm war, und die Schafe und die Rinder und
die Kamele in zwei Lager 9 und sprach: Wenn Esau über das eine
Lager kommt und macht es nieder, so wird das andere entrinnen.

10 Weiter sprach Jakob: Gott meines Vaters Abraham und Gott
meines Vaters Isaak, der du zu mir gesagt hast: Zieh wieder in dein
Land und zu deiner Verwandtschaft, ich will dir wohltun –, 11 HERR, ich
bin zu gering aller Barmherzigkeit und aller Treue, die du an deinem
Knechte getan hast; denn ich hatte nicht mehr als diesen Stab, als ich
hier über den Jordan ging, und nun sind aus mir zwei Lager geworden.
12 Errette mich von der Hand meines Bruders, von der Hand Esaus;
denn ich fürchte mich vor ihm.

14 Und er blieb die Nacht da und nahm von dem, was er erworben
hatte, ein Geschenk für seinen Bruder Esau: 15 zweihundert Ziegen,
zwanzig Böcke, zweihundert Schafe, zwanzig Widder 16 und dreißig

säugende Kamele mit ihren Füllen, vierzig Kühe und zehn junge
Stiere, zwanzig Eselinnen und zehn Esel, 17 und tat sie unter die Hand
seiner Knechte, je eine Herde besonders, und sprach zu ihnen: Geht
vor mir her und laßt Raum zwischen einer Herde und der andern.

18 Und er gebot dem ersten und sprach: Wenn dir mein Bruder
Esau begegnet und dich fragt: Wem gehörst du an und wo willst du
hin und wessen Eigentum ist das, was du vor dir hertreibst?, 19 sollst
du sagen: Es gehört deinem Knechte Jakob, der sendet es als
Geschenk seinem Herrn Esau und zieht hinter uns her. 20 Ebenso
gebot er auch dem zweiten und dem dritten und allen, die den
Herden nachgingen, und sprach: Wie ich euch gesagt habe, so saget
zu Esau, wenn ihr ihm begegnet, 21 und saget ja auch: Siehe, dein
Knecht Jakob kommt hinter uns. Denn er dachte: Ich will ihn versöh-
nen mit dem Geschenk, das vor mir hergeht. Danach will ich ihn
sehen; vielleicht wird er mich annehmen. 22 So ging das Geschenk vor
ihm her; er aber blieb diese Nacht im Lager.

Dunkle Nacht und heller Morgen

Jakobs Kampf

23 Und Jakob stand auf in der Nacht und nahm seine beiden
Frauen und die beiden Mägde und seine Söhne und zog an die Furt
des Jabbok, 24 nahm sie und führte sie über das Wasser, so daß hin-
überkam, was er hatte, 25 und blieb allein zurück.

Da rang ein Mann mit ihm, bis die Morgenröte anbrach. 26 Und als
er sah, daß er ihn nicht übermochte, schlug er ihn auf das Gelenk
seiner Hüfte, und das Gelenk der Hüfte Jakobs wurde über dem
Ringen mit ihm verrenkt. 27 Und er sprach: Laß mich gehen, denn die
Morgenröte bricht an. Aber Jakob antwortete: Ich lasse dich nicht,
du segnest mich denn. 28 Er sprach: Wie heißest du? Er antwortete:
Jakob. 29 Er sprach: Du sollst nicht mehr Jakob heißen, sondern Israel;
denn du hast mit Gott und mit Menschen gekämpft und hast ge-
wonnen. 30 Und Jakob fragte ihn und sprach: Sage doch, wie heißest
du? Er aber sprach: Warum fragst du, wie ich heiße? Und er segnete
ihn daselbst.

31 Und Jakob nannte die Stätte Pnuël; denn, sprach er, ich habe Gott
von Angesicht gesehen, und doch wurde mein Leben gerettet. 32 Und
als er an Pnuël vorüberkam, ging ihm die Sonne auf; und er hinkte an
seiner Hüfte.

Die Versöhnung

33 Jakob hob seine Augen auf und sah seinen Bruder Esau
kommen mit vierhundert Mann. Und er verteilte seine Kinder
auf Lea und auf Rahel und auf die beiden Leibmägde [2]und stellte
die Mägde mit ihren Kindern vornean und Lea mit ihren Kindern da-
hinter und Rahel mit Josef zuletzt. [3]Und er ging vor ihnen her und
neigte sich siebenmal zur Erde, bis er zu seinem Bruder kam. [4]Esau
aber lief ihm entgegen und herzte ihn und fiel ihm um den Hals und
küßte ihn, und sie weinten. [5]Und Esau hob seine Augen auf und sah
die Frauen mit den Kindern und sprach: Wer sind diese bei dir?
Er antwortete: Es sind die Kinder, die Gott deinem Knecht beschert
hat. [6]Und die Mägde traten herzu mit ihren Kindern und neigten sich
vor ihm. [7]Lea trat auch herzu mit ihren Kindern, und sie neigten sich
vor ihm. Danach traten Josef und Rahel herzu, und sie neigten sich
auch vor ihm.

[8]Und Esau sprach: Was willst du mit all den Herden, denen ich
begegnet bin? Er antwortete: Daß ich Gnade fände vor meinem Herrn.
[9]Esau sprach: Ich habe genug, mein Bruder; behalte, was du hast.
[10]Jakob antwortete: Ach nein! Hab ich Gnade gefunden vor dir, so
nimm mein Geschenk von meiner Hand; denn ich sah dein Ange-
sicht, als sähe ich Gottes Angesicht, und du hast mich freundlich
angesehen. [11]Nimm doch diese Segensgabe von mir an, die ich dir
zugebracht habe; denn Gott hat sie mir beschert, und ich habe von
allem genug. So nötigte er ihn, daß er sie nahm.

[12]Und Esau sprach: Laß uns aufbrechen und fortziehen; ich will
mit dir ziehen. [13]Er aber sprach zu ihm: Mein Herr weiß, daß ich zarte
Kinder bei mir habe, dazu säugende Schafe und Kühe; wenn sie auch
nur einen Tag übertrieben würden, würde mir die ganze Herde
sterben. [14]Mein Herr ziehe vor seinem Knechte her. Ich will gemäch-
lich hintennach treiben, wie das Vieh und die Kinder gehen können,
bis ich komme zu meinem Herrn nach Seïr. [15]Esau sprach: So will ich
doch bei dir lassen etliche von meinen Leuten. Er antwortete: Ist das
denn nötig? Laß mich nur Gnade vor meinem Herrn finden. [16]So zog
Esau an jenem Tage wiederum seines Weges nach Seïr.

In der Heimat

[17]Und Jakob zog nach Sukkot und baute sich ein Haus und machte
seinem Vieh Hütten. [18]Danach kam Jakob wohlbehalten zu der
Stadt Sichem, die im Lande Kanaan liegt, nachdem er aus Mesopo-
tamien gekommen war, und lagerte vor der Stadt [19]und kaufte

das Land, wo er sein Zelt aufgeschlagen hatte, um hundert Gold-
stücke 20und errichtete dort einen Altar und nannte ihn »Gott ist der
Gott Israels«.

35 22Es hatte aber Jakob zwölf Söhne. 23Die Söhne Leas waren
diese: Ruben, der erstgeborene Sohn Jakobs, Simeon, Levi,
Juda, Issachar und Sebulon. 24Die Söhne Rahels waren: Josef und
Benjamin. 25Die Söhne Bilhas, Rahels Magd: Dan und Naftali. 26Die
Söhne Silpas, Leas Magd: Gad und Asser. Das sind die Söhne Jakobs,
die ihm geboren sind in Mesopotamien.

27Und Jakob kam zu seinem Vater Isaak nach Hebron, wo Abra-
ham und Isaak als Fremdlinge gelebt hatten.

28Und Isaak wurde hundertundachtzig Jahre alt, 29verschied und
starb und wurde versammelt zu seinen Vätern, alt und lebenssatt.
Und seine Söhne Esau und Jakob begruben ihn.

Josef der Träumer

37 2Und dies ist die Geschichte von Jakobs Geschlecht: Josef war
siebzehn Jahre alt und war ein Hirte bei den Schafen mit
seinen Brüdern und brachte es vor ihren Vater, wenn etwas Schlechtes
über sie geredet wurde.

3Israel [=Jakob; vgl. Kap. 32,29] aber hat Josef lieber als alle seine
Söhne, weil er der Sohn seines Alters war, und machte ihm einen
bunten Rock. 4Als nun seine Brüder sahen, daß ihn ihr Vater lieber
hatte als alle seine Brüder, wurden sie ihm feind und konnten ihm
kein freundliches Wort sagen.

5Dazu hatte Josef einmal einen Traum und sagte seinen Brüdern
davon; da wurden sie ihm noch mehr feind. 6Denn er sprach zu
ihnen: Höret doch, was mir geträumt hat. 7Siehe, wir banden Garben
auf dem Felde, und meine Garbe richtete sich auf und stand, aber
eure Garben stellten sich ringsumher und neigten sich vor meiner
Garbe. 8Da sprachen seine Brüder zu ihm: Willst du unser König
werden und über uns herrschen? Und sie wurden ihm noch mehr
feind um seines Traumes und seiner Worte willen. 9Und er hatte noch
einen zweiten Traum, den erzählte er seinen Brüdern und sprach: Ich
habe noch einen Traum gehabt; siehe, die Sonne und der Mond und
elf Sterne neigten sich vor mir. 10Und als er das seinem Vater und
seinen Brüdern erzählte, schalt ihn sein Vater und sprach zu ihm: Was
ist das für ein Traum, den du geträumt hast? Soll ich und deine Mutter
und deine Brüder kommen und vor dir niederfallen?

11Und seine Brüder wurden neidisch auf ihn. Aber sein Vater
behielt diese Worte.

37,24

Verraten und verkauft

12Als nun seine Brüder hingegangen waren, um das Vieh ihres Vaters
in Sichem zu weiden, 13sprach Israel zu Josef: Hüten nicht deine
Brüder das Vieh in Sichem? Komm, ich will dich zu ihnen senden. Er
aber sprach: Hier bin ich. 14Und er sprach: Geh hin und sieh, ob's gut
steht um deine Brüder und um das Vieh, und sage mir dann, wie
sich's verhält. Und er sandte ihn aus dem Tal von Hebron, und er kam
nach Sichem. 15Da fand ihn ein Mann, wie er umherirrte auf dem
Felde; der fragte ihn und sprach: 16Wen suchst du? Er antwortete: Ich
suche meine Brüder; sage mir doch, wo sie hüten. 17Der Mann sprach:
Sie sind von dannen gezogen; denn ich hörte, daß sie sagten: Laßt
uns nach Dotan gehen. Da zog Josef seinen Brüdern nach und fand
sie in Dotan.

18Als sie ihn nun sahen von ferne, ehe er nahe zu ihnen kam,
machten sie einen Anschlag, daß sie ihn töteten, 19und sprachen un-
tereinander: Seht, der Träumer kommt daher! 20So kommt nun und
laßt uns ihn töten und in eine Grube werfen und sagen, ein böses Tier
habe ihn gefressen; so wird man sehen, was seine Träume sind. 21Als
das Ruben hörte, wollte er ihn aus ihren Händen erretten und sprach:
Laßt uns ihn nicht töten! 22Und weiter sprach Ruben zu ihnen: Ver-
gießt nicht Blut, sondern werft ihn in die Grube hier in der Wüste und
legt die Hand nicht an ihn! Er wollte ihn aber aus ihrer Hand erretten
und ihn seinem Vater wiederbringen.

23Als nun Josef zu seinen Brüdern kam, zogen sie ihm seinen Rock
aus, den bunten Rock, den er anhatte, 24und nahmen ihn und warfen
ihn in die Grube; aber die Grube war leer und kein Wasser darin.
25Und sie setzten sich nieder, um zu essen. Indessen hoben sie ihre
Augen auf und sahen eine Karawane von Ismaelitern kommen von
Gilead mit ihren Kamelen; die trugen kostbares Harz, Balsam und
Myrrhe und zogen hinab nach Ägypten. 26Da sprach Juda zu seinen
Brüdern: Was hilft's uns, daß wir unsern Bruder töten und sein Blut
verbergen? 27Kommt, laßt uns ihn den Ismaelitern verkaufen, damit
sich unsere Hände nicht an ihm vergreifen; denn er ist unser Bruder,
unser Fleisch und Blut. Und sie gehorchten ihm. 28Als aber die Kauf-
leute vorüberkamen, zogen sie ihn heraus aus der Grube und ver-
kauften ihn um zwanzig Silberstücke den Ismaelitern; die brachten
ihn nach Ägypten.

29Als nun Ruben wieder zur Grube kam und Josef nicht darin fand,
zerriß er sein Kleid 30und kam wieder zu seinen Brüdern und sprach:
Der Knabe ist nicht da! Wo soll ich hin? 31Da nahmen sie Josefs Rock
und schlachteten einen Ziegenbock und tauchten den Rock ins Blut

32und schickten den bunten Rock hin und ließen ihn ihrem Vater
bringen und sagen: Diesen haben wir gefunden; sieh, ob's deines
Sohnes Rock sei oder nicht. 33Er erkannte ihn aber und sprach: Es ist
meines Sohnes Rock; ein böses Tier hat ihn gefressen, ein reißendes
Tier hat Josef zerrissen! 34Und Jakob zerriß seine Kleider und legte
ein härenes Tuch um seine Lenden und trug Leid um seinen Sohn
lange Zeit. 35Und alle seine Söhne und Töchter kamen zu ihm, ihn zu
trösten; aber er wollte sich nicht trösten lassen und sprach: Ich werde
mit Leid hinunterfahren zu den Toten, zu meinem Sohn. Und sein
Vater beweinte ihn.

Im Haus eines ägyptischen Hofbeamten

39 Josef wurde hinab nach Ägypten geführt, und Potifar, ein
ägyptischer Mann, des Pharao Kämmerer und Oberster der
Leibwache, kaufte ihn von den Ismaelitern, die ihn hinabgebracht
hatten. 2Und der HERR war mit Josef, so daß er ein Mann wurde, dem
alles glückte. Und er war in seines Herrn, des Ägypters, Hause. 3Und
sein Herr sah, daß der HERR mit ihm war; denn alles, was er tat, das
ließ der HERR in seiner Hand glücken, 4so daß er Gnade fand vor
seinem Herrn und sein Diener wurde. Der setzte ihn über sein Haus;
und alles, was er hatte, tat er unter seine Hände. 5Und von der Zeit an,
da er ihn über sein Haus und alle seine Güter gesetzt hatte, segnete
der HERR des Ägypters Haus um Josefs willen, und es war lauter
Segen des HERRN in allem, was er hatte, zu Hause und auf dem Felde.
6Darum ließ er alles unter Josefs Händen, was er hatte, und kümmerte
sich, da er ihn hatte, um nichts außer um das, was er aß und trank.
Und Josef war schön an Gestalt und hübsch von Angesicht.

7Und es begab sich danach, daß seines Herrn Frau ihre Augen auf
Josef warf und sprach: Lege dich zu mir! 8Er weigerte sich aber und
sprach zu ihr: Siehe, mein Herr kümmert sich, da er mich hat, um
nichts, was im Hause ist, und alles, was er hat, das hat er unter meine
Hände getan; 9er ist in diesem Hause nicht größer als ich, und er hat
mir nichts vorenthalten außer dir, weil du seine Frau bist. Wie sollte
ich denn nun ein solch großes Übel tun und gegen Gott sündigen?
10Und sie bedrängte Josef mit solchen Worten täglich. Aber er
gehorchte ihr nicht, daß er sich zu ihr legte und bei ihr wäre.

11Es begab sich eines Tages, daß Josef in das Haus ging, seine
Arbeit zu tun, und kein Mensch vom Gesinde des Hauses war dabei.
12Und sie erwischte ihn bei seinem Kleid und sprach: Lege dich zu
mir! Aber er ließ das Kleid in ihrer Hand und floh und lief zum Hause
hinaus. 13Als sie nun sah, daß er sein Kleid in ihrer Hand ließ und

39,12

hinaus entfloh, 14rief sie das Gesinde ihres Hauses und sprach zu
ihnen: Seht, er hat uns den hebräischen Mann hergebracht, daß der
seinen Mutwillen mit uns treibe. Er kam zu mir herein und wollte sich
zu mir legen; aber ich rief mit lauter Stimme. 15Und als er hörte, daß
ich ein Geschrei machte und rief, da ließ er sein Kleid bei mir und floh
und lief hinaus. 16Und sie legte sein Kleid neben sich, bis sein Herr
heimkam, 17und sagte zu ihm ebendieselben Worte.

Im Gefängnis

19Als sein Herr die Worte seiner Frau hörte, die sie ihm sagte und
sprach: So hat dein Knecht an mir getan, wurde er sehr zornig. 20Da
nahm ihn sein Herr und legte ihn ins Gefängnis, in dem des Königs
Gefangene waren. Und er lag allda im Gefängnis. 21Aber der HERR war
mit ihm und neigte die Herzen zu ihm und ließ ihn Gnade finden vor
dem Amtmann über das Gefängnis, 22so daß er ihm alle Gefangenen
im Gefängnis unter seine Hand gab und alles, was dort geschah,
durch ihn geschehen mußte. 23Der Amtmann über das Gefängnis
kümmerte sich um nichts; denn der HERR war mit Josef, und was er
tat, dazu gab der HERR Glück.

Josef vor dem Pharao

41 Und nach zwei Jahren hatte der Pharao einen Traum, er stünde
am Nil 2und sähe aus dem Wasser steigen sieben schöne,
fette Kühe; die gingen auf der Weide im Grase. 3Nach diesen sah er
andere sieben Kühe aus dem Wasser aufsteigen; die waren häßlich
und mager und traten neben die Kühe am Ufer des Nils. 4Und die
häßlichen und mageren fraßen die sieben schönen, fetten Kühe. Da
erwachte der Pharao.

5Und er schlief wieder ein, und ihm träumte abermals, und er sah,
daß sieben Ähren aus einem Halm wuchsen, voll und dick. 6Danach
sah er sieben dünne Ähren aufgehen, die waren vom Ostwind ver-
sengt. 7Und die sieben mageren Ähren verschlangen die sieben
dicken und vollen Ähren. Da erwachte der Pharao und merkte, daß es
ein Traum war. 8Und als es Morgen wurde, war sein Geist beküm-
mert, und er schickte aus und ließ rufen alle Wahrsager in Ägypten
und alle Weisen und erzählte ihnen seine Träume. Aber da war keiner,
der sie dem Pharao deuten konnte.

9Da redete der oberste Schenk zum Pharao und sprach: Ich muß
heute an meine Sünden denken: 10Als der Pharao zornig wurde über
seine Knechte und mich mit dem obersten Bäcker ins Gefängnis legte

in des Amtmanns Hause, 11da träumte uns beiden in einer Nacht einem jeden sein Traum, dessen Deutung ihn betraf. 12Da war bei uns ein hebräischer Jüngling, des Amtmanns Knecht, dem erzählten wir's. Und er deutete uns unsere Träume, einem jeden nach seinem Traum. 13Und wie er uns deutete, so ist's gekommen; denn ich bin wieder in mein Amt gesetzt, aber jener wurde aufgehängt.

14Da sandte der Pharao hin und ließ Josef rufen, und sie ließen ihn eilends aus dem Gefängnis. Und er ließ sich scheren und zog andere Kleider an und kam hinein zum Pharao. 15Da sprach der Pharao zu ihm: Ich habe einen Traum gehabt, und es ist niemand, der ihn deuten kann. Ich habe aber von dir sagen hören, wenn du einen Traum hörst, so kannst du ihn deuten.

16Josef antwortete dem Pharao und sprach: Das steht nicht bei mir; Gott wird jedoch dem Pharao Gutes verkünden. 25Beide Träume des Pharao bedeuten das gleiche. Gott verkündet dem Pharao, was er vorhat. 26Die sieben schönen Kühe sind sieben Jahre, und die sieben guten Ähren sind dieselben sieben Jahre. Es ist ein und derselbe Traum. 27Die sieben mageren und häßlichen Kühe, die nach jenen aufgestiegen sind, das sind sieben Jahre, und die sieben mageren und versengten Ähren sind sieben Jahre des Hungers. 28Das meinte ich, wenn ich gesagt habe zum Pharao, daß Gott dem Pharao zeigt, was er vorhat. 29Siehe, sieben reiche Jahre werden kommen in ganz Ägyptenland. 30Und nach ihnen werden sieben Jahre des Hungers kommen, so daß man vergessen wird alle Fülle in Ägyptenland. Und der Hunger wird das Land verzehren, 31daß man nichts wissen wird von der Fülle im Lande vor der Hungersnot, die danach kommt; denn sie wird sehr schwer sein. 32Daß aber dem Pharao zweimal geträumt hat, bedeutet, daß Gott solches gewiß und eilends tun wird.

33Nun sehe der Pharao nach einem verständigen und weisen Mann, den er über Ägyptenland setze, 34und sorge dafür, daß er Amtleute verordne im Lande und nehme den Fünften in Ägyptenland in den sieben reichen Jahren 35und lasse sie sammeln den ganzen Ertrag der guten Jahre, die kommen werden, daß sie Getreide aufschütten in des Pharao Kornhäusern zum Vorrat in den Städten und es verwahren, 36damit für Nahrung gesorgt sei für das Land in den sieben Jahren des Hungers, die über Ägyptenland kommen werden, und das Land nicht vor Hunger verderbe.

In einem hohen Amt

37Die Rede gefiel dem Pharao und allen seinen Großen gut. 38Und der Pharao sprach zu seinen Großen: Wie könnten wir einen Mann

finden, in dem der Geist Gottes ist wie in diesem? 39Und er sprach zu
Josef: Weil dir Gott dies alles kundgetan hat, ist keiner so verständig
und weise wie du. 40Du sollst über mein Haus sein, und deinem Wort
soll all mein Volk gehorsam sein; allein um den königlichen Thron
will ich höher sein als du. 41Und weiter sprach der Pharao zu Josef:
Siehe, ich habe dich über ganz Ägyptenland gesetzt. 42Und er tat
seinen Ring von seiner Hand und gab ihn Josef an seine Hand und
kleidete ihn mit kostbarer Leinwand und legte ihm eine goldene Kette
um seinen Hals 43und ließ ihn auf seinem zweiten Wagen fahren und
ließ vor ihm her ausrufen: Der ist des Landes Vater! Und setzte ihn
über ganz Ägyptenland.

44Und der Pharao sprach zu Josef: Ich bin der Pharao, aber ohne
deinen Willen soll niemand seine Hand oder seinen Fuß regen in
ganz Ägyptenland. 45Und er nannte ihn Zafenat-Paneach und gab
ihm zur Frau Asenat, die Tochter Potiferas, des Priesters zu On. 46Und
Josef war dreißig Jahre alt, als er vor dem Pharao stand, dem König
von Ägypten. Und er ging hinweg vom Pharao und zog durch ganz
Ägyptenland.

47Und das Land trug in den sieben reichen Jahren die Fülle. 48Und
Josef sammelte die ganze Ernte der sieben Jahre, da Überfluß im
Lande Ägypten war, und tat sie in die Städte. Was an Getreide auf
dem Felde rings um eine jede Stadt wuchs, das tat er hinein. 49So
schüttete Josef das Getreide auf, über die Maßen viel wie Sand am
Meer, so daß er aufhörte zu zählen; denn man konnte es nicht zählen.

53Als nun die sieben reichen Jahre um waren im Lande Ägypten,
54da fingen an die sieben Hungerjahre zu kommen, wie Josef gesagt
hatte. Und es ward eine Hungersnot in allen Landen, aber in ganz
Ägyptenland war Brot. 55Als nun ganz Ägyptenland auch Hunger litt,
schrie das Volk zum Pharao um Brot. Aber der Pharao sprach zu allen
Ägyptern: Geht hin zu Josef; was der euch sagt, das tut. 56Als nun im
ganzen Lande Hungersnot war, tat Josef alle Kornhäuser auf und ver-
kaufte den Ägyptern; denn der Hunger ward je länger je größer im
Lande. 57Und alle Welt kam nach Ägypten, um bei Josef zu kaufen;
denn der Hunger war groß in allen Landen.

Die Brüder tauchen auf

42 Als aber Jakob sah, daß Getreide in Ägypten zu haben war,
sprach er zu seinen Söhnen: Was seht ihr euch lange an?
2Siehe, ich höre, es sei in Ägypten Getreide zu haben; zieht hinab und
kauft uns Getreide, daß wir leben und nicht sterben. 3Da zogen hinab
zehn Brüder Josefs, um in Ägypten Getreide zu kaufen. 4Aber den

Benjamin, Josefs Bruder, ließ Jakob nicht mit seinen Brüdern ziehen;
denn er sprach: Es könnte ihm ein Unfall begegnen.
5 So kamen die Söhne Israels, Getreide zu kaufen, samt andern, die
mit ihnen zogen; denn es war auch im Lande Kanaan Hungersnot.
6 Aber Josef war der Regent im Lande und verkaufte Getreide allem
Volk im Lande. Als nun seine Brüder kamen, fielen sie vor ihm nieder
zur Erde auf ihr Antlitz. 7 Und er sah sie an und erkannte sie, aber er
stellte sich fremd gegen sie und redete hart mit ihnen und sprach zu
ihnen: Woher kommt ihr? Sie sprachen: Aus dem Lande Kanaan,
Getreide zu kaufen. 8 Aber wiewohl er sie erkannte, erkannten sie ihn
doch nicht.
9 Und Josef dachte an die Träume, die er von ihnen geträumt hatte,
und sprach zu ihnen: Ihr seid Kundschafter und seid gekommen zu
sehen, wo das Land offen ist. 10 Sie antworteten ihm: Nein, mein Herr!
Deine Knechte sind gekommen, Getreide zu kaufen. 11 Wir sind alle
eines Mannes Söhne; wir sind redlich, und deine Knechte sind nie
Kundschafter gewesen. 12 Er sprach zu ihnen: Nein, sondern ihr seid
gekommen zu sehen, wo das Land offen ist. 13 Sie antworteten ihm:
Wir, deine Knechte, sind zwölf Brüder, eines Mannes Söhne im Lande
Kanaan, und der jüngste ist noch bei unserm Vater, aber der eine ist
nicht mehr vorhanden. 14 Josef sprach zu ihnen: Es ist, wie ich euch
gesagt habe: Kundschafter seid ihr. 15 Daran will ich euch prüfen: So
wahr der Pharao lebt: ihr sollt nicht von hier wegkommen, es komme
denn her euer jüngster Bruder! 16 Sendet einen von euch hin, der
euren Bruder hole, ihr aber sollt gefangen sein. Daran will ich prüfen
eure Rede, ob ihr mit Wahrheit umgeht. Andernfalls – so wahr der
Pharao lebt! – seid ihr Kundschafter! 17 Und er ließ sie zusammen in
Gewahrsam legen drei Tage lang.
18 Am dritten Tage aber sprach er zu ihnen: Wollt ihr leben, so tut
nun dies, denn ich fürchte Gott: 19 Seid ihr redlich, so laßt einen eurer
Brüder gebunden liegen in eurem Gefängnis: ihr aber zieht hin und
bringt heim, was ihr gekauft habt für den Hunger. 20 Und bringt euren
jüngsten Bruder zu mir, so will ich euren Worten glauben, so daß ihr
nicht sterben müßt. Und sie gingen darauf ein.
21 Sie sprachen aber untereinander: Das haben wir an unserem
Bruder verschuldet! Denn wir sahen die Angst seiner Seele, als er uns
anflehte, und wir wollten ihn nicht erhören; darum kommt nun diese
Trübsal über uns. 22 Ruben antwortete ihnen und sprach: Sagte ich's
euch nicht, als ich sprach: Versündigt euch nicht an dem Knaben,
doch ihr wolltet nicht hören? Nun wird sein Blut gefordert. 23 Sie
wußten aber nicht, daß es Josef verstand; denn er redete mit ihnen
durch einen Dolmetscher. 24 Und er wandte sich von ihnen und

weinte. Als er sich nun wieder zu ihnen wandte und mit ihnen redete,
nahm er aus ihrer Mitte Simeon und ließ in binden vor ihren Augen.
25Und Josef gab Befehl, ihre Säcke mit Getreide zu füllen und ihnen
ihr Geld wiederzugeben, einem jeden in seinen Sack, dazu auch
Zehrung auf den Weg; und so tat man ihnen. 26Und sie luden ihre
Ware auf ihre Esel und zogen von dannen. 27Als aber einer seinen
Sack auftat, daß er seinem Esel Futter gäbe in der Herberge, sah er
sein Geld, das oben im Sack lag, 28und sprach zu seinen Brüdern:
Mein Geld ist wieder da, siehe, in meinem Sack ist es! Da entfiel ihnen
ihr Herz, und sie blickten einander erschrocken an und sprachen:
Warum hat Gott uns das angetan?

29Als sie nun heimkamen zu ihrem Vater Jakob ins Land Kanaan,
sagten sie ihm alles, was ihnen begegnet war, und sprachen: 30Der
Mann, der im Lande Herr ist, redete hart mit uns und hielt uns für
Kundschafter. 31Und wir antworteten ihm: Wir sind redlich und nie
Kundschafter gewesen, 32sondern zwölf Brüder, unseres Vaters
Söhne; einer ist nicht mehr vorhanden, und der jüngste ist noch bei
unserm Vater im Lande Kanaan. 33Da sprach der Herr im Lande zu
uns: Daran will ich merken, ob ihr redlich seid: einen eurer Brüder
laßt bei mir und nehmt für euer Haus, wieviel ihr bedürft, und zieht
hin 34und bringt euren jüngsten Bruder zu mir, so merke ich, daß ihr
nicht Kundschafter, sondern redlich seid; dann will ich euch auch
euren Bruder wiedergeben, und ihr mögt im Lande Handel treiben.
35Und als sie die Säcke ausschütteten, fand ein jeder seinen Beutel
Geld in seinem Sack. Und als sie sahen, daß es die Beutel mit ihrem
Geld waren, erschraken sie samt ihrem Vater.

36Da sprach Jakob, ihr Vater, zu ihnen: Ihr beraubt mich meiner
Kinder! Josef ist nicht mehr da, Simeon ist nicht mehr da, Benjamin
wollt ihr auch wegnehmen; es geht alles über mich. 37Ruben antwor-
tete seinem Vater und sprach: Wenn ich ihn dir nicht wiederbringe, so
töte meine zwei Söhne. Gib ihn nur in meine Hand, ich will ihn dir
wiederbringen. 38Er sprach: Mein Sohn soll nicht mit euch hinab-
ziehen; denn sein Bruder ist tot, und er ist allein übriggeblieben.
Wenn ihm ein Unfall auf dem Wege begegnete, den ihr reiset, würdet
ihr meine grauen Haare mit Herzeleid hinunter zu den Toten bringen.

Die Brüder kommen wieder

43 Die Hungersnot aber drückte das Land. 2Und als verzehrt
war, was sie an Getreide aus Ägypten gebracht hatten, sprach
ihr Vater zu ihnen: Zieht wieder hin und kauft uns ein wenig Getreide.
3Da antwortete ihm Juda und sprach: Der Mann schärfte uns das hart

ein und sprach: Ihr sollt mein Angesicht nicht sehen, es sei denn euer
Bruder mit euch. 4 Willst du nun unsern Bruder mit uns senden, so
wollen wir hinabziehen und dir zu essen kaufen. 5 Willst du ihn aber
nicht senden, so ziehen wir nicht hinab. Denn der Mann hat zu uns
gesagt: Ihr sollt mein Angesicht nicht sehen, euer Bruder sei denn mit
euch. 6 Israel sprach: Warum habt ihr so übel an mir getan, daß ihr
dem Mann sagtet, daß ihr noch einen Bruder habt? 7 Sie antworteten:
Der Mann forschte so genau nach uns und unserer Verwandtschaft
und sprach: Lebt euer Vater noch? Habt ihr auch noch einen Bruder?
Da antworteten wir ihm, wie er uns fragte. Wie konnten wir wissen,
daß er sagen würde: Bringt euren Bruder mit herab?

8 Da sprach Juda zu Israel, seinem Vater: Laß den Knaben mit mir
ziehen, daß wir uns aufmachen und reisen und leben und nicht ster-
ben, wir und du und unsere Kinder. 9 Ich will Bürge für ihn sein; von
meinen Händen sollst du ihn fordern. Wenn ich ihn dir nicht wieder-
bringe und vor deine Augen stelle, so will ich mein Leben lang die
Schuld tragen. 10 Denn wenn wir nicht gezögert hätten, wären wir
wohl schon zweimal wiedergekommen.

11 Da sprach Israel, ihr Vater, zu ihnen: Wenn es denn so ist, wohlan
so tut's und nehmt von des Landes besten Früchten in eure Säcke
und bringt dem Manne Geschenke hinab, ein wenig Balsam und
Honig, Harz und Myrrhe, Nüsse und Mandeln. 12 Nehmt auch anderes
Geld mit euch, und das Geld, das ihr obenauf in euren Säcken wieder-
bekommen habt, bringt auch wieder hin. Vielleicht ist ein Irrtum da
geschehen. 13 Dazu nehmt euren Bruder, macht euch auf und geht
wieder zu dem Manne. 14 Aber der allmächtige Gott gebe euch Barm-
herzigkeit vor dem Manne, daß er mit euch ziehen lasse euren andern
Bruder und Benjamin. Ich aber muß sein wie einer, der seiner Kinder
ganz und gar beraubt ist.

15 Da nahmen sie diese Geschenke und das doppelte Geld mit sich,
dazu Benjamin, machten sich auf, zogen nach Ägypten und traten vor
Josef. 16 Als Josef sie sah mit Benjamin, sprach er zu seinem Haushal-
ter: Führe diese Männer ins Haus und schlachte und richte zu, denn
sie sollen zu Mittag mit mir essen. 17 Und der Mann tat, wie ihm Josef
gesagt hatte, und führte die Männer in Josefs Haus.

18 Sie fürchteten sich aber, weil sie in Josefs Haus geführt wurden,
und sprachen: Wir sind hereingeführt um des Geldes willen, das wir
in unsern Säcken das vorige Mal wiedergefunden haben; man will auf
uns eindringen und über uns herfallen und uns zu Sklaven machen
und uns die Esel nehmen. 19 Darum traten sie zu Josefs Haushalter
und redeten mit ihm vor der Haustür 20 und sprachen: Mein Herr, wir
sind das vorige Mal herabgezogen, Getreide zu kaufen, 21 und als wir

43,30

in die Herberge kamen und unsere Säcke auftaten, siehe, da war eines
jeden Geld oben in seinem Sack mit vollem Gewicht. Darum haben
wir's wieder mit uns gebracht, 22haben auch anderes Geld mit uns
herabgebracht, Getreide zu kaufen. Wir wissen aber nicht, wer uns
unser Geld in unsere Säcke gesteckt hat. 23Er aber sprach: Seid guten
Mutes, fürchtet euch nicht! Euer Gott und eures Vaters Gott hat euch
einen Schatz gegeben in eure Säcke. Euer Geld habe ich erhalten. Und
er führte Simeon zu ihnen heraus 24und brachte sie in Josefs Haus,
gab ihnen Wasser, daß sie ihre Füße wuschen, und gab ihren Eseln
Futter. 25Sie aber richteten das Geschenk zu, bis Josef mittags käme;
denn sie hatten gehört, daß sie dort essen sollten.

26Als nun Josef ins Haus trat, brachten sie ihm das Geschenk ins
Haus, das sie mitgebracht hatten, und fielen vor ihm nieder zur Erde.
27Er aber grüßte sie freundlich und sprach: Geht es eurem alten Vater
gut, von dem ihr mir sagtet? Lebt er noch? 28Sie antworteten: Es geht
deinem Knechte, unserm Vater, gut, und er lebt noch. Und sie verneig-
ten sich und fielen vor ihm nieder. 29Und er hob seine Augen auf und
sah seinen Bruder Benjamin, seiner Mutter Sohn, und sprach: Ist das
euer jüngster Bruder, von dem ihr mir sagtet? Und sprach weiter: Gott
sei dir gnädig, mein Sohn! 30Und Josef eilte hinaus; denn sein Herz
entbrannte ihm gegen seinen Bruder, und er suchte, wo er weinen
könnte, und ging in seine Kammer und weinte daselbst.

31 Und als er sein Angesicht gewaschen hatte, ging er heraus und hielt an sich und sprach: Legt die Speisen auf! 32 Und man trug ihm besonders auf und jenen auch besonders und den Ägyptern, die mit ihm aßen, auch besonders. Denn die Ägypter dürfen nicht essen mit den Hebräern. 33 Und man setzte sie ihm gegenüber, den Erstgeborenen nach seiner Erstgeburt und den Jüngsten nach seiner Jugend. Darüber verwunderten sie sich untereinander. 34 Und man trug ihnen Essen auf von seinem Tisch, aber Benjamin bekam fünfmal mehr als die andern. Und sie tranken und wurden fröhlich mit ihm.

Josef geht hart mit seinen Brüdern um

44 Und Josef befahl seinem Haushalter und sprach: Fülle den Männern ihre Säcke mit Getreide, soviel sie fortbringen, und lege jedem sein Geld oben in seinen Sack. 2 Und meinen silbernen Becher lege oben in des Jüngsten Sack mit dem Gelde für das Getreide. Der tat, wie ihm Josef gesagt hatte.

3 Am Morgen, als es licht ward, ließen sie die Männer ziehen mit ihren Eseln. 4 Als sie aber zur Stadt hinaus waren und noch nicht weit gekommen, sprach Josef zu seinem Haushalter: Auf, jage den Männern nach, und wenn du sie ereilst, so sprich zu ihnen: Warum habt ihr Gutes mit Bösem vergolten? 5 Warum habt ihr den silbernen Becher gestohlen? Ist das nicht der, aus dem mein Herr trinkt und aus dem er wahrsagt? Ihr habt übelgetan. 6 Und als er sie ereilte, redete er mit ihnen diese Worte. 7 Sie antworteten ihm: Warum redet mein Herr solche Worte? Es sei ferne von deinen Knechten, solches zu tun. 8 Siehe, das Geld, das wir fanden oben in unseren Säcken, haben wir wiedergebracht zu dir aus dem Lande Kanaan. Wie sollten wir da aus deines Herrn Hause Silber oder Gold gestohlen haben? 9 Bei wem er gefunden wird unter deinen Knechten, der sei des Todes; dazu wollen auch wir meines Herrn Sklaven sein. 10 Er sprach: Ja, es sei, wie ihr geredet habt. Bei wem er gefunden wird, der sei mein Sklave, ihr aber sollt frei sein.

11 Und sie legten eilends ein jeder seinen Sack ab auf die Erde, und ein jeder tat seinen Sack auf. 12 Und er suchte und fing an beim Ältesten bis hin zum Jüngsten. Da fand sich der Becher in Benjamins Sack. 13 Da zerrissen sie ihre Kleider, und ein jeder belud seinen Esel, und sie zogen wieder in die Stadt.

14 Und Juda ging mit seinen Brüdern in Josefs Haus, denn er war noch dort. Und sie fielen vor ihm nieder auf die Erde. 15 Josef aber sprach zu ihnen: Wie habt ihr das tun können? Wußtet ihr nicht, daß ein solcher Mann, wie ich bin, wahrsagen kann? 16 Juda sprach: Was

sollen wir meinem Herrn sagen, oder wie sollen wir reden, und womit
können wir uns rechtfertigen? Gott hat die Missetat deiner Knechte
gefunden. Siehe, wir und der, bei dem der Becher gefunden ist, sind
meines Herrn Sklaven. 17 Er aber sprach: Das sei ferne von mir, solches
zu tun! Der, bei dem der Becher gefunden ist, soll mein Sklave sein;
ihr aber zieht hinauf mit Frieden zu eurem Vater.

18 Da trat Juda zu ihm und sprach: Mein Herr, laß deinen Knecht
ein Wort reden vor den Ohren meines Herrn, und dein Zorn entbren-
ne nicht über deinen Knecht, denn du bist wie der Pharao. 19 Mein
Herr fragte seine Knechte und sprach: Habt ihr noch einen Vater oder
Bruder? 20 Da antworteten wir: Wir haben einen Vater, der ist alt, und
einen jungen Knaben, in seinem Alter geboren, und sein Bruder ist tot,
und er ist allein übriggeblieben von seiner Mutter, und sein Vater hat
ihn lieb. 21 Da sprachst du zu deinen Knechten: Bringt ihn herab zu
mir, ich will ihm Gnade erweisen. 22 Wir aber antworteten meinem
Herrn: Der Knabe kann seinen Vater nicht verlassen; wenn er ihn
verließe, würde der sterben. 23 Da sprachst du zu deinen Knechten:
Wenn euer jüngster Bruder nicht mit euch herkommt, sollt ihr mein
Angesicht nicht mehr sehen. 24 Da zogen wir hinauf zu deinem
Knecht, meinem Vater, und sagten ihm meines Herrn Rede. 25 Da
sprach unser Vater: Zieht wieder hin und kauft uns ein wenig Ge-
treide. 26 Wir aber sprachen: Wir können nicht hinabziehen; nur
wenn unser jüngster Bruder mit uns ist, wollen wir hinabziehen; denn
wir dürfen des Mannes Angesicht nicht sehen, wenn unser jüngster
Bruder nicht mit uns ist. 27 Da sprach dein Knecht, mein Vater, zu uns:
Ihr wißt, daß mir meine Frau zwei Söhne geboren hat; 28 einer ging
von mir, und ich mußte mir sagen: Er ist zerrissen. Und ich hab ihn
nicht gesehen bisher. 29 Werdet ihr diesen auch von mir nehmen und
widerfährt ihm ein Unfall, so werdet ihr meine grauen Haare mit
Jammer hinunter zu den Toten bringen. 30 Nun, wenn ich heimkäme
zu deinem Knecht, meinem Vater, und der Knabe wäre nicht mit uns,
an dem er mit ganzer Seele hängt, 31 so wird's geschehen, daß er stirbt,
wenn er sieht, daß der Knabe nicht da ist. So würden wir, deine
Knechte, die grauen Haare deines Knechtes, unseres Vaters, mit
Herzeleid hinunter zu den Toten bringen. 32 Denn ich, dein Knecht,
bin Bürge geworden für den Knaben vor meinem Vater und sprach:
Bringe ich ihn dir nicht wieder, so will ich mein Leben lang die Schuld
tragen. 33 Darum laß deinen Knecht hierbleiben an des Knaben Statt
als Sklaven meines Herrn und den Knaben mit seinen Brüdern hin-
aufziehen. 34 Denn wie soll ich hinaufziehen zu meinem Vater, wenn
der Knabe nicht mit mir ist? Ich könnte den Jammer nicht sehen, der
über meinen Vater kommen würde.

Josef gibt sich zu erkennen

45 Da konnte Josef nicht länger an sich halten vor allen, die um
ihn her standen, und er rief: Laßt jedermann von mir hinaus-
gehen! Und stand kein Mensch bei ihm, als sich Josef seinen Brüdern
zu erkennen gab. [2]Und er weinte laut, daß es die Ägypter und das
Haus des Pharao hörten, [3]und sprach zu seinen Brüdern: Ich bin
Josef. Lebt mein Vater noch? Und seine Brüder konnten ihm nicht
antworten, so erschraken sie vor seinem Angesicht.

[4]Er aber sprach zu seinen Brüdern: Tretet doch her zu mir! Und sie
traten herzu. Und er sprach: Ich bin Josef, euer Bruder, den ihr nach
Ägypten verkauft habt. [5]Und nun bekümmert euch nicht und denkt
nicht, daß ich darum zürne, daß ihr mich hierher verkauft habt; denn
um eures Lebens willen hat mich Gott vor euch hergesandt. [6]Denn es
sind nun zwei Jahre, daß Hungersnot im Lande ist, und sind noch
fünf Jahre, daß weder Pflügen noch Ernten sein wird. [7]Aber Gott hat
mich vor euch hergesandt, daß er euch übriglasse auf Erden und euer
Leben erhalte zu einer großen Errettung. [8]Und nun, ihr habt mich
nicht hergesandt, sondern Gott; der hat mich dem Pharao zum Vater
gesetzt und zum Herrn über sein ganzes Haus und zum Herrscher
über ganz Ägyptenland. [9]Eilt nun und zieht hinauf zu meinem Vater
und sagt ihm: Das läßt dir Josef, dein Sohn, sagen: Gott hat mich zum
Herrn über ganz Ägypten gesetzt; komm herab zu mir, säume nicht!
[10]Du sollst im Lande Goschen wohnen und nahe bei mir sein, du und
deine Kinder und deine Kindeskinder, dein Kleinvieh und Großvieh
und alles, was du hast.

[21]Die Söhne Israels taten so. Und Josef gab ihnen Wagen nach dem
Befehl des Pharao und Zehrung auf den Weg [22]und gab ihnen allen,
einem jeden ein Feierkleid, aber Benjamin gab er dreihundert Silber-
stücke und fünf Feierkleider. [23]Und seinem Vater sandte er zehn Esel,
mit dem Besten aus Ägypten beladen, und zehn Eselinnen mit Getrei-
de und Brot und mit Zehrung für seinen Vater auf den Weg. [24]Damit
entließ er seine Brüder, und sie zogen hin. Und er sprach zu ihnen:
Zanket nicht auf dem Wege!

[25]So zogen sie hinauf von Ägypten und kamen ins Land Kanaan
zu ihrem Vater Jakob [26]und verkündeten ihm und sprachen: Josef
lebt noch und ist Herr über ganz Ägyptenland! Aber sein Herz blieb
kalt, denn er glaubte ihnen nicht. [27]Da sagten sie ihm alle Worte
Josefs, die er zu ihnen gesagt hatte. Und als er die Wagen sah, die ihm
Josef gesandt hatte, um ihn zu holen, wurde der Geist Jakobs, ihres
Vaters, lebendig. [28]Und Israel sprach: Mir ist genug, daß mein Sohn
Josef noch lebt; ich will hin und ihn sehen, ehe ich sterbe.

Jakob reist nach Ägypten

46 Israel zog hin mit allem, was er hatte. Und als er nach Beer-
scheba kam, brachte er Opfer dar dem Gott seines Vaters
Isaak. 2Und Gott sprach zu ihm des Nachts in einer Offenbarung:
Jakob, Jakob! Er sprach: Hier bin ich. 3Und er sprach: Ich bin Gott, der
Gott deines Vaters; fürchte dich nicht, nach Ägypten hinabzuziehen;
denn daselbst will ich dich zum großen Volk machen. 4Ich will mit dir
hinab nach Ägypten ziehen und will dich auch wieder heraufführen,
und Josef soll dir mit seinen Händen die Augen zudrücken. 5Da
machte sich Jakob auf von Beerscheba. Und die Söhne Israels hoben
Jakob, ihren Vater, mit ihren Kindern und Frauen auf die Wagen, die
der Pharao gesandt hatte, um ihn zu holen, 6und nahmen ihr Vieh
und ihre Habe, die sie im Lande Kanaan erworben hatten.

28Und Jakob sandte Juda vor sich her zu Josef, daß dieser ihm
Goschen anwiese. Als sie in das Land Goschen kamen, 29spannte
Josef seinen Wagen an und zog hinauf seinem Vater Israel entgegen
nach Goschen. Und als er ihn sah, fiel er ihm um den Hals und weinte
lange an seinem Halse. 30Da sprach Israel zu Josef: Ich will nun gerne
sterben, nachdem ich dein Angesicht gesehen habe, daß du noch
lebst.

47 Da kam Josef und sagte es dem Pharao an und sprach: Mein
Vater und meine Brüder, ihr Kleinvieh und Großvieh und
alles, was sie haben, sind gekommen aus dem Lande Kanaan, und
siehe, sie sind im Lande Goschen.

5Der Pharao sprach zu Josef: Es ist dein Vater, und es sind deine
Brüder, die zu dir gekommen sind. 6Das Land Ägypten steht dir offen,
laß sie am besten Ort des Landes wohnen, laß sie im Lande Goschen
wohnen, und wenn du weißt, daß Leute unter ihnen sind, die tüchtig
sind, so setze sie über mein Vieh.

7Josef brachte auch seinen Vater Jakob hinein und stellte ihn
vor den Pharao. Und Jakob segnete den Pharao. 8Der Pharao aber
fragte Jakob: Wie alt bis du? 9Jakob sprach zum Pharao: Die Zeit
meiner Wanderschaft ist hundertunddreißig Jahre; wenig und böse
ist die Zeit meines Lebens und reicht nicht heran an die Zeit meiner
Väter in ihrer Wanderschaft. 10Und Jakob segnete den Pharao und
ging hinaus von ihm.

11Aber Josef ließ seinen Vater und seine Brüder in Ägyptenland
wohnen und gab ihnen Besitz am besten Ort des Landes, wie der
Pharao geboten hatte. 12Und er versorgte seinen Vater und seine
Brüder und das ganze Haus seines Vaters mit Brot, einen jeden nach
der Zahl seiner Kinder.

Jakob stirbt

28 Und Jakob lebte siebzehn Jahre in Ägyptenland, daß sein ganzes
Alter wurde hundertundsiebenundvierzig Jahre. 29 Als nun die Zeit
herbeikam, daß Israel sterben sollte, rief er seinen Sohn Josef und
sprach zu ihm: 30 Ich will liegen bei meinen Vätern, und du sollst
mich aus Ägypten führen und in ihrem Grab begraben. Er sprach: Ich
will tun, wie du gesagt hast. 31 Er aber sprach: So schwöre mir. Und er
schwor ihm. Da neigte sich Israel anbetend über das Kopfende des
Bettes hin.

49 29 Und Jakob gebot ihnen und sprach zu ihnen: Ich werde
versammelt zu meinem Volk; begrabt mich bei meinen
Vätern 30 in der Höhle auf dem Felde von Machpela, im Lande
Kanaan. 31 Da haben sie Abraham begraben und Sara, seine Frau. Da
haben sie auch Isaak begraben und Rebekka, seine Frau. Da habe ich
auch Lea begraben, 32 in dem Acker und der Höhle, die von den
Hetitern gekauft ist. 33 Und als Jakob dies Gebot an seine Söhne voll-
endet hatte, tat er seine Füße zusammen auf dem Bett und verschied
und wurde versammelt zu seinen Vätern.

50 Da warf sich Josef über seines Vaters Angesicht und weinte
über ihm und küßte ihn. 2 Und Josef befahl seinen Dienern,
den Ärzten, daß sie seinen Vater zum Begräbnis salbten. Und die
Ärzte salbten Israel, 3 bis vierzig Tage um waren; denn so lange wäh-
ren die Tage der Salbung. Und die Ägypter beweinten ihn siebzig Tage.
4 Als nun die Trauertage vorüber waren, redete Josef mit den Leuten
des Pharao und sprach: Hab ich Gnade vor euch gefunden, so redet
mit dem Pharao und sprecht: 5 Mein Vater hat einen Eid von mir
genommen und gesagt: Siehe, ich sterbe; begrabe mich in meinem
Grabe, das ich mir im Lande Kanaan gegraben habe. So will ich nun
hinaufziehen und meinen Vater begraben und wiederkommen. 6 Der
Pharao sprach: Zieh hinauf und begrabe deinen Vater, wie du ihm
geschworen hast.

7 Da zog Josef hinauf, seinen Vater zu begraben. Und es zogen mit
ihm alle Großen des Pharao, die Ältesten seines Hauses und alle
Ältesten des Landes Ägypten, 8 dazu das ganze Haus Josefs und seine
Brüder und die vom Hause seines Vaters.

14 Als sie ihn nun begraben hatten, zog Josef wieder nach Ägypten
mit seinen Brüdern und mit allen, die mit ihm hinaufgezogen waren,
seinen Vater zu begraben.

Josef am Ziel

15 Die Brüder Josefs aber fürchteten sich, als ihr Vater gestorben war,
und sprachen: Josef könnte uns gram sein und uns alle Bosheit
vergelten, die wir an ihm getan haben. 16 Darum ließen sie ihm sagen:
Dein Vater befahl vor seinem Tode und sprach: 17 So sollt ihr zu Josef
sagen: Vergib doch deinen Brüdern die Missetat und ihre Sünde, daß
sie so übel an dir getan haben. Nun vergib doch diese Missetat uns,
den Dienern des Gottes deines Vaters! Aber Josef weinte, als sie
solches zu ihm sagten.

18 Und seine Brüder gingen hin und fielen vor ihm nieder und
sprachen: Siehe, wir sind deine Knechte. 19 Josef aber sprach zu ihnen:
Fürchtet euch nicht! Stehe ich denn an Gottes Statt? 20 Ihr gedachtet
es böse mit mir zu machen, aber Gott gedachte es gut zu machen, um
zu tun, was jetzt am Tage ist, nämlich am Leben zu erhalten ein gro-
ßes Volk. 21 So fürchtet euch nun nicht; ich will euch und eure Kinder
versorgen. Und er tröstete sie und redete freundlich mit ihnen.

22 So wohnte Josef in Ägypten mit seines Vaters Hause 23 und sah
Ephraims Kinder bis ins dritte Glied. 24 Und Josef sprach zu seinen
Brüdern: Ich sterbe; aber Gott wird euch gnädig heimsuchen und aus
diesem Lande führen in das Land, das er Abraham, Isaak und Jakob
zu geben geschworen hat. 25 Darum nahm er einen Eid von den
Söhnen Israels und sprach: Wenn euch Gott heimsuchen wird, so
nehmt meine Gebeine mit von hier. 26 Und Josef starb, als er hundert-
undzehn Jahre alt war. Und sie salbten ihn und legten ihn in einen
Sarg in Ägypten.

2,5-9

DAS ZWEITE BUCH MOSE

Die Israeliten werden in Ägypten unterdrückt

1 6 Als nun Josef gestorben war und alle seine Brüder und alle, die
zu der Zeit gelebt hatten, 7 wuchsen die Nachkommen Israels und
zeugten Kinder und mehrten sich und wurden überaus stark, so daß
von ihnen das Land voll ward. 8 Da kam ein neuer König auf in Ägyp-
ten, der wußte nichts von Josef 9 und sprach zu seinem Volk: Siehe,
das Volk Israel ist mehr und stärker als wir. 10 Wohlan, wir wollen sie
mit List niederhalten, daß sie nicht noch mehr werden. Denn wenn
ein Krieg ausbräche, könnten sie sich auch zu unsern Feinden
schlagen und gegen uns kämpfen und aus dem Lande ausziehen.
11 Und man setzte Fronvögte über sie, die sie mit Zwangsarbeit
bedrücken sollten. Und sie bauten dem Pharao die Städte Pitom und
Ramses als Vorratsstädte. 12 Aber je mehr sie das Volk bedrückten,
desto stärker mehrte es sich und breitete sich aus. Und es kam sie ein
Grauen an vor Israel. 13 Da zwangen die Ägypter die Israeliten
unbarmherzig zum Dienst 14 und machten ihnen ihr Leben sauer mit
schwerer Arbeit in Ton und Ziegeln und mit mancherlei Frondienst
auf dem Felde, mit all ihrer Arbeit, die sie ihnen auflegten ohne Er-
barmen.

15 Und der König von Ägypten sprach zu den hebräischen Hebam-
men: 16 Wenn ihr den hebräischen Frauen helft und bei der Geburt
seht, daß es ein Sohn ist, so tötet ihn; ist's aber eine Tochter, so laßt sie
leben. 17 Aber die Hebammen fürchteten Gott und taten nicht, wie der
König von Ägypten ihnen gesagt hatte, sondern ließen die Kinder
leben.

22 Da gebot der Pharao seinem ganzen Volk und sprach: Alle
Söhne, die geboren werden, werft in den Nil, aber alle Töchter laßt
leben.

Mose darf am Leben bleiben

2 Und es ging hin ein Mann vom Hause Levi und nahm ein Mäd-
chen aus dem Hause Levi zur Frau. 2 Und sie ward schwanger
und gebar einen Sohn. Und als sie sah, daß es ein feines Kind war,
verbarg sie ihn drei Monate. 3 Als sie ihn aber nicht länger verbergen
konnte, machte sie ein Kästlein von Rohr und verklebte es mit Erd-

harz und Pech und legte das Kind hinein und setzte das Kästlein in
das Schilf am Ufer des Nils. 4Aber seine Schwester stand von ferne,
um zu erfahren, wie es ihm ergehen würde.

5Und die Tochter des Pharao ging hinab und wollte baden im Nil,
und ihre Gespielinnen gingen am Ufer hin und her. Und als sie das
Kästlein im Schilf sah, sandte sie ihre Magd hin und ließ es holen.
6Und als sie es auftat, sah sie das Kind, und siehe, das Knäblein
weinte. Da jammerte es sie, und sie sprach: Es ist eins von den hebräi-
schen Kindlein. 7Da sprach seine Schwester zu der Tochter des
Pharao: Soll ich hingehen und eine der hebräischen Frauen rufen, die
da stillt, daß sie dir das Kindlein stille? 8Die Tochter des Pharao
sprach zu ihr: Geh hin. Das Mädchen ging hin und rief die Mutter des
Kindes. 9Da sprach die Tochter des Pharao zu ihr: Nimm das Kindlein
mit und stille es mir; ich will es dir lohnen. Die Frau nahm das Kind
und stillte es. 10Und als das Kind groß war, brachte sie es der Tochter
des Pharao, und es ward ihr Sohn, und sie nannte ihn Mose; denn sie
sprach: Ich habe ihn aus dem Wasser gezogen.

Mose muß fliehen

11Zu der Zeit, als Mose groß geworden war, ging er hinaus zu seinen
Brüdern und sah ihren Frondienst und nahm wahr, daß ein Ägypter
einen seiner hebräischen Brüder schlug. 12Da schaute er sich nach
allen Seiten um, und als er sah, daß kein Mensch da war, erschlug er
den Ägypter und verscharrte ihn im Sande.

13Am andern Tage ging er wieder hinaus und sah zwei hebräische
Männer miteinander streiten und sprach zu dem, der im Unrecht war:
Warum schlägst du deinen Nächsten? 14Er aber sprach: Wer hat dich
zum Aufseher oder Richter über uns gesetzt? Willst du mich auch
umbringen, wie du den Ägypter umgebracht hast? Da fürchtete sich
Mose und sprach: Wie ist das bekanntgeworden? 15Und es kam vor
den Pharao; der trachtete danach, Mose zu töten. Aber Mose floh vor
dem Pharao und hielt sich auf im Lande Midian. Und er setzte sich
nieder bei einem Brunnen.

16Der Priester aber in Midian hatte sieben Töchter; die kamen,
Wasser zu schöpfen, und füllten die Rinnen, um die Schafe ihres
Vaters zu tränken. 17Da kamen Hirten und stießen sie weg. Mose aber
stand auf und half ihnen und tränkte ihre Schafe. 18Und als sie zu
ihrem Vater Reguël kamen, sprach er: Warum seid ihr heute so bald
gekommen? 19Sie sprachen: Ein ägyptischer Mann stand uns bei
gegen die Hirten und schöpfte für uns und tränkte die Schafe. 20Er
sprach zu seinen Töchtern: Wo ist er? Warum habt ihr den Mann

draußen gelassen? Ladet ihn doch ein, mit uns zu essen. 21Und Mose
willigte ein, bei dem Mann zu bleiben. Und er gab Mose seine Tochter
Zippora zur Frau.

Ein schwerer Auftrag für Mose

3 Mose aber hütete die Schafe Jitros, seines Schwiegervaters, des
Priesters in Midian, und trieb die Schafe über die Steppe hinaus
und kam an den Berg Gottes, den Horeb. 2Und der Engel des HERRN
erschien ihm in einer feurigen Flamme aus dem Dornbusch. Und er
sah, daß der Busch im Feuer brannte und doch nicht verzehrt wurde.
3Da sprach er: Ich will hingehen und die wundersame Erscheinung
besehen, warum der Busch nicht verbrennt.

4Als aber der HERR sah, daß er hinging, um zu sehen, rief Gott ihn
aus dem Busch und sprach: Mose, Mose! Er antwortete: Hier bin ich.
5Gott sprach: Tritt nicht herzu, zieh deine Schuhe von deinen Füßen;
denn der Ort, darauf du stehst, ist heiliges Land! 6Und er sprach wei-
ter: Ich bin der Gott deines Vaters, der Gott Abrahams, der Gott
Isaaks und der Gott Jakobs. Und Mose verhüllte sein Angesicht; denn
er fürchtete sich, Gott anzuschauen. 7Und der HERR sprach: Ich habe
das Elend meines Volks in Ägypten gesehen und ihr Geschrei über
ihre Bedränger gehört; ich habe ihre Leiden erkannt. 8Und ich bin
herniedergefahren, daß ich sie errette aus der Ägypter Hand und sie
herausführe aus diesem Lande in ein gutes und weites Land, in ein
Land, darin Milch und Honig fließt, 10so geh nun hin, ich will dich
zum Pharao senden, damit du mein Volk, die Israeliten, aus Ägypten
führst.

11Mose sprach zu Gott: Wer bin ich, daß ich zum Pharao gehe und
führe die Israeliten aus Ägypten? 12Er sprach: Ich will mit dir sein.
Und das soll dir das Zeichen sein, daß ich dich gesandt habe: Wenn
du mein Volk aus Ägypten geführt hast, werdet ihr Gott opfern auf
diesem Berge.

13Mose sprach zu Gott: Siehe, wenn ich zu den Israeliten komme
und spreche zu ihnen: Der Gott eurer Väter hat mich zu euch gesandt!
und sie mir sagen werden: Wie ist sein Name?, was soll ich ihnen
sagen? 14Gott sprach zu Mose: Ich werde sein, der ich sein werde.
Und sprach: So sollst du zu den Israeliten sagen: »Ich werde sein«,
der hat mich zu euch gesandt.

15Und Gott sprach weiter zu Mose: So sollst du zu den Israeliten
sagen: Der HERR, der Gott eurer Väter, der Gott Abrahams, der Gott
Isaaks, der Gott Jakobs, hat mich zu euch gesandt. Das ist mein
Name auf ewig, mit dem man mich anrufen soll von Geschlecht zu

Geschlecht. 16 Darum geh hin und versammle die Ältesten von Israel
und sprich zu ihnen: Der HERR, der Gott eurer Väter, ist mir erschie-
nen, der Gott Abrahams, der Gott Isaaks, der Gott Jakobs, und hat
gesagt: Ich habe mich euer angenommen und gesehen, was euch in
Ägypten widerfahren ist, 17 und habe gesagt: Ich will euch aus dem
Elend Ägyptens führen, in das Land, darin Milch und Honig fließt.

4 10 Mose aber sprach zu dem HERRN: Ach, mein Herr, ich bin von
jeher nicht beredt gewesen, auch jetzt nicht, seitdem du mit
deinem Knecht redest; denn ich hab eine schwere Sprache und eine
schwere Zunge. 11 Der HERR sprach zu ihm: Wer hat dem Menschen
den Mund geschaffen? Oder wer hat den Stummen oder Tauben oder
Sehenden oder Blinden gemacht? Habe ich's nicht getan, der HERR?
12 So geh nun hin: Ich will mit deinem Munde sein und dich lehren,
was du sagen sollst.

13 Mose aber sprach: Mein Herr, sende, wen du senden willst. 14 Da
wurde der HERR sehr zornig über Mose und sprach: Weiß ich denn
nicht, daß dein Bruder Aaron aus dem Stamm Levi beredt ist? Und
siehe, er wird dir entgegenkommen, und wenn er dich sieht, wird er
sich von Herzen freuen. 15 Du sollst zu ihm reden und die Worte in
seinen Mund legen. Und ich will mit deinem und seinem Munde sein
und euch lehren, was ihr tun sollt. 16 Und er soll für dich zum Volk
reden; er soll dein Mund sein, und du sollst für ihn Gott sein. 17 Und
diesen Stab nimm in deine Hand, mit dem du Zeichen tun sollst.

Zurück nach Ägypten

18 Mose ging hin und kam wieder zu Jitro, seinem Schwiegervater, und
sprach zu ihm: Laß mich doch gehen, daß ich wieder zu meinen
Brüdern komme, die in Ägypten sind, und sehe, ob sie noch leben.
Jitro sprach zu ihm: Geh hin mit Frieden. 19 Auch sprach der HERR zu
Mose in Midian: Geh hin und zieh wieder nach Ägypten, denn die
Leute sind tot, die dir nach dem Leben trachteten. 20 So nahm denn
Mose seine Frau und seinen Sohn und setzte sie auf einen Esel
und zog wieder nach Ägyptenland und nahm den Stab Gottes in
seine Hand.

27 Und der HERR sprach zu Aaron: Geh hin Mose entgegen in die
Wüste. Und er ging hin und begegnete ihm am Berge Gottes und
küßte ihn. 29 Und sie gingen hin und versammelten alle Ältesten der
Israeliten. 30 Und Aaron sagte alle Worte, die der HERR mit Mose gere-
det hatte. 31 Und das Volk glaubte. Und als sie hörten, daß der HERR
sich der Israeliten angenommen und ihr Elend angesehen habe,
neigten sie sich und beteten an.

3,6

Die Unterdrückung wird schlimmer

5 Danach gingen Mose und Aaron hin und sprachen zum Pharao:
So spricht der HERR, der Gott Israels: Laß mein Volk ziehen, daß
es mir ein Fest halte in der Wüste. 2Der Pharao antwortete: Wer ist der
HERR, daß ich ihm gehorchen müsse und Israel ziehen lasse? Ich weiß
nichts von dem HERRN, will auch Israel nicht ziehen lassen. 3Sie spra-
chen: Der Gott der Hebräer ist uns erschienen. So laß uns nun hinzie-
hen drei Tagereisen weit in die Wüste und dem HERRN, unserm Gott,
opfern, daß er uns nicht schlage mit Pest oder Schwert. 4Da sprach
der König von Ägypten zu ihnen: Mose und Aaron, warum wollt ihr
das Volk von seiner Arbeit frei machen? Gehet hin an eure Dienste!

5Weiter sprach der Pharao: Siehe, sie sind schon mehr als das Volk
des Landes, und ihr wollt sie noch feiern lassen von ihrem Dienst!
6Darum befahl der Pharao am selben Tage den Vögten des Volks und
ihren Aufsehern und sprach: 7Ihr sollt dem Volk nicht mehr Häcksel
geben, daß sie Ziegel machen, wie bisher; laßt sie selbst hingehen und
Stroh dafür zusammenlesen. 8Aber die Zahl der Ziegel, die sie bisher
gemacht haben, sollt ihr ihnen gleichwohl auferlegen und nichts
davon ablassen, denn sie gehen müßig; darum schreien sie und spre-
chen: Wir wollen hinziehen und unserm Gott opfern. 9Man drücke
die Leute mit Arbeit, daß sie zu schaffen haben und sich nicht um
falsche Reden kümmern.

22Mose aber kam wieder zu dem HERRN und sprach: Herr, warum
tust du so übel an diesem Volk? Warum hast du mich hergesandt?
23Denn seitdem ich hingegangen bin zum Pharao, um mit ihm zu
reden in deinem Namen, hat er das Volk noch härter geplagt, und du
hast dein Volk nicht errettet.

7 Der HERR sprach zu Mose: Siehe, ich habe dich zum Gott gesetzt
für den Pharao, und Aaron, dein Bruder, soll dein Prophet sein.
2Du sollst alles reden, was ich dir gebieten werde; aber Aaron, dein
Bruder, soll es vor dem Pharao reden, damit er die Israeliten aus sei-
nem Land ziehen lasse. 3Aber ich will das Herz des Pharao verhärten
und viele Zeichen und Wunder tun in Ägyptenland. 4Und der Pharao
wird nicht auf euch hören. Dann werde ich meine Hand auf Ägypten
legen und durch große Gerichte meine Heerscharen, mein Volk Israel,
aus Ägyptenland führen. 5Und die Ägypter sollen innewerden, daß
ich der HERR bin, wenn ich meine Hand über Ägypten ausstrecken
und die Israeliten aus ihrer Mitte wegführen werde.

Weil der Pharao die Israeliten nicht ziehen ließ, brachen zehn schlimme Plagen über Ägypten herein: Das Wasser im Nil wurde ungenießbar, Frösche, Stechmücken und Stechfliegen überfielen das Land, eine Viehpest tötete Pferde, Rinder und Kamele, die Blatternkrankheit befiel Menschen und Tiere, Hagel und Heuschreckenschwärme vernichteten die Ernte, und Sandstürme verdunkelten die Sonne, so daß es mitten am Tag Nacht wurde.
Da ging Mose wieder zum Pharao und sagte: Wenn du die Israeliten wegziehen läßt, wird Gott das Land von solchen Plagen befreien! Aber der Pharao ließ es immer noch nicht zu.

Der Tod geht durch Ägypten

Die Einsetzung des Passafestes

12 Der HERR aber sprach zu Mose und Aaron in Ägyptenland:
3 Sagt der ganzen Gemeinde Israel: Am zehnten Tage dieses
Monats nehme jeder Hausvater ein Lamm, je ein Lamm für ein Haus
6 und sollt es verwahren bis zum vierzehnten Tag des Monats. Da soll
es die ganze Gemeinde Israel schlachten gegen Abend. 7 Und sie
sollen von seinem Blut nehmen und beide Pfosten an der Tür und die
obere Schwelle damit bestreichen an den Häusern, in denen sie's
essen, 8 und sollen das Fleisch essen in derselben Nacht, am Feuer
gebraten, und ungesäuertes Brot dazu, und sollen es mit bitteren
Kräutern essen. 10 Und ihr sollt nichts davon übriglassen bis zum
Morgen; wenn aber etwas übrigbleibt bis zum Morgen, sollt ihr's mit
Feuer verbrennen. 11 So sollt ihr's aber essen: Um eure Lenden sollt ihr
gegürtet sein und eure Schuhe an euren Füßen haben und den Stab in
der Hand und sollt es essen als die, die hinwegeilen: es ist des HERRN
Passa.

12 Denn ich will in derselben Nacht durch Ägyptenland gehen und
alle Erstgeburt schlagen in Ägyptenland unter Mensch und Vieh und
will Strafgericht halten über alle Götter der Ägypter, ich, der HERR.
13 Dann aber soll das Blut euer Zeichen sein an den Häusern, in denen
ihr seid: Wo ich das Blut sehe, will ich an euch vorübergehen, und die
Plage soll euch nicht widerfahren, die das Verderben bringt, wenn ich
Ägyptenland schlage. 14 Ihr sollt diesen Tag als Gedenktag haben und
sollt ihn feiern als ein Fest für den HERRN, ihr und alle eure Nachkom-
men, als ewige Ordnung.

28 Und die Israeliten gingen hin und taten, wie der HERR es Mose
und Aaron geboten hatte.

29 Und zur Mitternacht schlug der HERR alle Erstgeburt in Ägypten-
land vom ersten Sohn des Pharao an, der auf seinem Thron saß, bis zum
ersten Sohn des Gefangenen im Gefängnis und alle Erstgeburt des Viehs.

Jetzt dürfen die Israeliten wegziehen

30Da stand der Pharao auf in derselben Nacht und alle seine Großen
und alle Ägypter, und es ward ein großes Geschrei in Ägypten; denn
es war kein Haus, in dem nicht ein Toter war. 31Und er ließ Mose und
Aaron rufen in der Nacht und sprach: Macht euch auf und ziehet weg
aus meinem Volk, ihr und die Israeliten. Geht hin und dienet dem
HERRN, wie ihr gesagt habt. 32Nehmt auch mit euch eure Schafe und
Rinder, wie ihr gesagt habt. Geht hin und bittet auch um Segen für
mich. 33Und die Ägypter drängten das Volk und trieben es eilends aus
dem Lande; denn sie sprachen: Wir sind alle des Todes.

34Und das Volk trug den rohen Teig, ehe er durchsäuert war, ihre
Backschüsseln in ihre Mäntel gewickelt, auf ihren Schultern. 35Und
die Israeliten hatten getan, wie Mose gesagt hatte, und hatten sich von
den Ägyptern silbernes und goldenes Geschmeide und Kleider geben
lassen. 36Dazu hatte der HERR dem Volk Gunst verschafft bei den
Ägyptern, daß sie ihnen willfährig waren, und so nahmen sie es von
den Ägyptern zur Beute. 37Also zogen die Israeliten aus von Ramses
nach Sukkot.

38Und es zog auch mit ihnen viel fremdes Volk, dazu Schafe und
Rinder, sehr viel Vieh. 39Und sie backten aus dem rohen Teig, den sie
aus Ägypten mitbrachten, ungesäuerte Brote; denn er war nicht
gesäuert, weil sie aus Ägypten weggetrieben wurden und sich nicht
länger aufhalten konnten und keine Wegzehrung zubereitet hatten.

13 17Als nun der Pharao das Volk hatte ziehen lassen, führte sie
Gott nicht den Weg durch das Land der Philister, der am
nächsten war; denn Gott dachte, es könnte das Volk gereuen, wenn
sie Kämpfe vor sich sähen, und sie könnten wieder nach Ägypten
umkehren. 18Darum ließ er das Volk einen Umweg machen und
führte es durch die Wüste zum Schilfmeer. Und Israel zog wohlge-
ordnet aus Ägyptenland.

21Und der HERR zog vor ihnen her, am Tage in einer Wolkensäule,
um sie den rechten Weg zu führen, und bei Nacht in einer Feuersäule,
um ihnen zu leuchten, damit sie Tag und Nacht wandern konnten.
22Niemals wich die Wolkensäule von dem Volk bei Tage noch die
Feuersäule bei Nacht.

Rettung aus tödlicher Gefahr

Das Wunder am Schilfmeer

14 5Als es dem König von Ägypten angesagt wurde, daß das Volk
geflohen war, wurde sein Herz verwandelt und das Herz seiner

12,37

Großen gegen das Volk, und sie sprachen: Warum haben wir das
getan und haben Israel ziehen lassen, so daß sie uns nicht mehr
dienen? [6]Und er spannte seinen Wagen an und nahm sein Volk mit
sich [7]und nahm sechshundert auserlesene Wagen und was sonst an
Wagen in Ägypten war mit Kämpfern auf jedem Wagen. [8]Und der
HERR verstockte das Herz des Pharao, des Königs von Ägypten, daß er
den Israeliten nachjagte. Aber die Israeliten waren unter der Macht
einer starken Hand ausgezogen. [9]Und die Ägypter jagten ihnen nach
mit Rossen, Wagen und ihren Männern und mit dem ganzen Heer des
Pharao und holten sie ein, als sie sich gelagert hatten am Meer vor
Baal-Zefon.

[10]Und als der Pharao nahe herankam, hoben die Israeliten ihre
Augen auf, und siehe, die Ägypter zogen hinter ihnen her. Und sie
fürchteten sich sehr und schrien zu dem HERRN [11]und sprachen zu
Mose: Waren nicht Gräber in Ägypten, daß du uns wegführen muß-
test, damit wir in der Wüste sterben? Warum hast du uns das angetan,
daß du uns aus Ägypten geführt hast? [12]Haben wir's dir nicht schon
in Ägypten gesagt: Laß uns in Ruhe, wir wollen den Ägyptern dienen?
Es wäre besser für uns, den Ägyptern zu dienen, als in der Wüste zu
sterben. [13]Da sprach Mose zum Volk: Fürchtet euch nicht, stehet fest
und sehet zu, was für ein Heil der HERR heute an euch tun
wird. Denn wie ihr die Ägypter heute seht, werdet ihr sie niemals
wiedersehen. [14]Der HERR wird für euch streiten, und ihr werdet stille
sein.

[15]Und der HERR sprach zu Mose: Was schreist du zu mir? Sage den
Israeliten, daß sie weiterziehen. [16]Du aber hebe deinen Stab auf und
recke deine Hand über das Meer und teile es mitten durch, so daß die
Israeliten auf dem Trockenen mitten durch das Meer gehen. [17]Siehe,
ich will das Herz der Ägypter verstocken, daß sie hinter euch her-
ziehen, und will meine Herrlichkeit erweisen an dem Pharao und aller
seiner Macht, an seinen Wagen und Männern. [18]Und die Ägypter
sollen innewerden, daß ich der HERR bin, wenn ich meine Herrlichkeit
erweise an dem Pharao und an seinen Wagen und Männern.

[19]Da erhob sich der Engel Gottes, der vor dem Heer Israels herzog,
und stellte sich hinter sie. Und die Wolkensäule vor ihnen erhob sich
und trat hinter sie [20]und kam zwischen das Heer der Ägypter und das
Heer Israels. Und dort war die Wolke finster, und hier erleuchtete sie
die Nacht, und so kamen die Heere die ganze Nacht einander nicht
näher.

[21]Als nun Mose seine Hand über das Meer reckte, ließ es der HERR
zurückweichen durch einen starken Ostwind die ganze Nacht und
machte das Meer trocken, und die Wasser teilten sich. [22]Und die

Israeliten gingen hinein mitten ins Meer auf dem Trockenen, und das
Wasser war ihnen eine Mauer zur Rechten und zur Linken. 23 Und die
Ägypter folgten und zogen hinein ihnen nach, alle Rosse des Pharao,
seine Wagen und Männer, mitten ins Meer.
24 Als nun die Zeit der Morgenwache kam, schaute der HERR auf
das Heer der Ägypter aus der Feuersäule und der Wolke und brachte
einen Schrecken über ihr Heer 25 und hemmte die Räder ihrer Wagen
und machte, daß sie nur schwer vorwärts kamen. Da sprachen die
Ägypter: Laßt uns fliehen vor Israel; der HERR streitet für sie wider
Ägypten. 26 Aber der HERR sprach zu Mose: Recke deine Hand aus
über das Meer, daß das Wasser wiederkomme und herfalle über die
Ägypter, über ihre Wagen und Männer. 27 Da reckte Mose seine Hand
aus über das Meer, und das Meer kam gegen Morgen wieder in sein
Bett, und die Ägypter flohen ihm entgegen. So stürzte der HERR sie
mitten ins Meer. 28 Und das Wasser kam wieder und bedeckte Wagen
und Männer, das ganze Heer des Pharao, das ihnen nachgefolgt war
ins Meer, so daß nicht einer von ihnen übrigblieb. 29 Aber die Israe-
liten gingen trocken mitten durchs Meer, und das Wasser war ihnen
eine Mauer zur Rechten und zur Linken.
30 So errettete der HERR an jenem Tage Israel aus der Ägypter Hand.
Und sie sahen die Ägypter tot am Ufer des Meeres liegen. 31 So sah
Israel die mächtige Hand, mit der der HERR an den Ägyptern gehan-
delt hatte. Und das Volk fürchtete den HERRN, und sie glaubten ihm
und seinem Knecht Mose.

Danklied für die Rettung

15 Damals sangen Mose und die Israeliten dies Lied dem
HERRN und sprachen:

Ich will dem HERRN singen, denn er hat eine herrliche Tat
getan,
Roß und Mann hat er ins Meer gestürzt.
2 Der HERR ist meine Stärke und mein Lobgesang
und ist mein Heil.
Das ist mein Gott, ich will ihn preisen,
er ist meines Vaters Gott, ich will ihn erheben.
3 Der HERR ist der rechte Kriegsmann,
HERR ist sein Name.
4 Des Pharao Wagen und seine Macht warf er ins Meer,
seine auserwählten Streiter versanken im Schilfmeer.
5 Die Tiefe hat sie bedeckt,
sie sanken auf den Grund wie die Steine.

6 HERR, deine rechte Hand tut große Wunder;
HERR, deine rechte Hand hat die Feinde zerschlagen.
7 Und mit deiner großen Herrlichkeit
hast du deine Widersacher gestürzt;
denn als du deinen Grimm ausließest,
verzehrte er sie wie Stoppeln.
8 Durch dein Schnauben türmten die Wasser sich auf,
die Fluten standen wie ein Wall;
die Tiefen erstarrten mitten im Meer.
9 Der Feind gedachte: Ich will nachjagen und ergreifen
und den Raub austeilen und meinen Mut an ihnen kühlen.
Ich will mein Schwert ausziehen,
und meine Hand soll sie verderben.
10 Da ließest du deinen Wind blasen, und das Meer
bedeckte sie,
und sie sanken unter wie Blei im mächtigen Wasser.
11 HERR, wer ist dir gleich unter den Göttern?
Wer ist dir gleich, der so mächtig, heilig, schrecklich,
löblich und wundertätig ist?

20 Da nahm Mirjam, die Prophetin, Aarons Schwester, eine Pauke in
ihre Hand, und alle Frauen folgten ihr nach mit Pauken im Reigen.
21 Und Mirjam sang ihnen vor: Laßt uns dem HERRN singen, denn er
hat eine herrliche Tat getan, Roß und Mann hat er ins Meer gestürzt.

Gott versorgt sein Volk in der Wüste

22 Mose ließ Israel ziehen vom Schilfmeer hinaus zu der Wüste Schur.
27 Und sie kamen nach Elim; da waren zwölf Wasserquellen und
siebzig Palmbäume. Und sie lagerten sich dort am Wasser.

16 Von Elim zogen sie aus, und die ganze Gemeinde der Israeliten kam in die Wüste Sin, die zwischen Elim und Sinai liegt, am fünfzehnten Tage des zweiten Monats, nachdem sie von Ägypten ausgezogen waren.

2 Und es murrte die ganze Gemeinde der Israeliten wider Mose und
Aaron in der Wüste. 3 Und sie sprachen: Wollte Gott, wir wären in
Ägypten gestorben durch des HERRN Hand, als wir bei den Fleischtöpfen saßen und hatten Brot die Fülle zu essen. Denn ihr habt uns dazu herausgeführt in diese Wüste, daß ihr diese ganze Gemeinde an Hunger sterben laßt.

4 Da sprach der HERR zu Mose: Siehe, ich will euch Brot vom Himmel regnen lassen, und das Volk soll hinausgehen und täglich sammeln, was es für den Tag bedarf, daß ich's prüfe, ob es in meinem

15,21

Gesetz wandle oder nicht. 12Ich habe das Murren der Israeliten
gehört. Sage ihnen: Gegen Abend sollt ihr Fleisch zu essen haben
und am Morgen von Brot satt werden und sollt innewerden, daß ich,
der HERR, euer Gott bin.

13Und am Abend kamen Wachteln herauf und bedeckten das
Lager. Und am Morgen lag Tau rings um das Lager. 14Und als der Tau
weg war, siehe, da lag's in der Wüste rund und klein wie Reif auf der
Erde. 15Und als es die Israeliten sahen, sprachen sie untereinander:
Man hu? Denn sie wußten nicht, was es war. Mose aber sprach zu
ihnen: Es ist das Brot, das euch der HERR zu essen gegeben hat. 16Das
ist's aber, was der HERR geboten hat: Ein jeder sammle, soviel er zum
Essen braucht, einen Krug voll für jeden nach der Zahl der Leute in
seinem Zelte.

17Und die Israeliten taten's und sammelten, einer viel, der andere
wenig. 18Aber als man's nachmaß, hatte der nicht darüber, der viel
gesammelt hatte, und der nicht darunter, der wenig gesammelt hatte.
Jeder hatte gesammelt, soviel er zum Essen brauchte. 19Und Mose
sprach zu ihnen: Niemand lasse etwas davon übrig bis zum nächsten
Morgen. 20Aber sie gehorchten Mose nicht. Und etliche ließen davon
übrig bis zum nächsten Morgen; da wurde es voller Würmer und
stinkend. Und Mose wurde zornig auf sie. 21Sie sammelten aber alle
Morgen, soviel ein jeder zum Essen brauchte. Wenn aber die Sonne
heiß schien, zerschmolz es. 31Und das Haus Israel nannte es Manna.
Und es war wie weißer Koriandersamen und hatte einen Geschmack
wie Semmel mit Honig.

17 Und die ganze Gemeinde der Israeliten zog aus der Wüste Sin
weiter ihre Tagereisen, wie ihnen der HERR befahl, und sie
lagerten sich in Refidim. Da hatte das Volk kein Wasser zu trinken.
2Und sie haderten mit Mose und sprachen: Gib uns Wasser, daß wir
trinken. Mose sprach zu ihnen: Was hadert ihr mit mir? Warum ver-
sucht ihr den HERRN? 3Als aber dort das Volk nach Wasser dürstete,
murrten sie wider Mose und sprachen: Warum hast du uns aus
Ägypten ziehen lassen, daß du uns, unsere Kinder und unser Vieh vor
Durst sterben läßt? 4Mose schrie zum HERRN und sprach: Was soll
ich mit dem Volk tun? Es fehlt nicht viel, so werden sie mich noch
steinigen. 5Der HERR sprach zu ihm: Tritt hin vor das Volk und nimm
einige von den Ältesten Israels mit dir und nimm deinen Stab in deine
Hand und geh hin. 6Siehe, ich will dort vor dir stehen auf dem Fels
am Horeb. Da sollst du an den Fels schlagen, so wird Wasser heraus-
laufen, daß das Volk trinke. Und Mose tat so vor den Augen der
Ältesten von Israel.

Die Amalekiter werden besiegt

8Da kam Amalek und kämpfte gegen Israel in Refidim. 9Da sprach
Mose zu Josua: Erwähle uns Männer, zieh aus und kämpfe gegen
Amalek. Morgen will ich oben auf dem Hügel stehen mit dem Stab
Gottes in meiner Hand. 10Und Josua tat, wie Mose ihm sagte, und
kämpfte gegen Amalek. Mose aber und Aaron und Hur gingen auf die
Höhe des Hügels. 11Und wenn Mose seine Hand emporhielt, siegte
Israel; wenn er aber seine Hand sinken ließ, siegte Amalek. 12Aber
Mose wurden die Hände schwer; darum nahmen die beiden einen
Stein und legten ihn hin, daß er sich daraufsetzte. Aaron aber und Hur
stützten ihm die Hände, auf jeder Seite einer. So blieben seine Hände
erhoben, bis die Sonne unterging. 13Und Josua überwältigte Amalek
und sein Volk durch des Schwertes Schärfe.

14Und der HERR sprach zu Mose: Schreibe dies zum Gedächtnis in
ein Buch und präge es Josua ein; denn ich will Amalek unter dem
Himmel austilgen, daß man seiner nicht mehr gedenke. 15Und Mose
baute einen Altar und nannte ihn: Der HERR mein Feldzeichen. 16Und
er sprach: Die Hand an den Thron des HERRN! Der HERR führt Krieg
gegen Amalek von Kind zu Kindeskind.

Ein fremder Priester lobt Gott

18 Und Jitro, der Priester in Midian, Moses Schwiegervater, hörte
alles, was Gott an Mose und seinem Volk Israel getan hatte.
2Da nahm er mit sich Zippora, die Frau des Mose, die er zurück-
gesandt hatte, 3samt ihren beiden Söhnen.

5Als nun Jitro und seine Söhne und seine Frau zu ihm in die Wüste
kamen, 7da ging Mose hinaus ihm entgegen und neigte sich vor ihm
und küßte ihn. Und als sie sich untereinander gegrüßt hatten, gingen
sie in das Zelt. 8Da erzählte Mose seinem Schwiegervater alles, was
der HERR um Israels willen dem Pharao und den Ägyptern angetan
hatte, und alle die Mühsal, die ihnen auf dem Wege begegnet war, und
wie sie der HERR errettet hatte. 9Jitro aber freute sich über all das Gute,
das der HERR an Israel getan hatte, wie er sie errettet hatte aus der
Ägypter Hand.

10Und Jitro sprach: Gelobt sei der HERR, der euch errettet hat aus
der Ägypter und des Pharao Hand. 11Nun weiß ich, daß der HERR
größer ist als alle Götter; denn er hat das Volk aus der Ägypter Hand
errettet, weil sie vermessen an Israel gehandelt haben. 12Und Jitro,
Moses Schwiegervater, brachte Gott ein Brandopfer und Schlacht-
opfer dar.

Im Gebirge Sinai

19 Am ersten Tag des dritten Monats nach dem Auszug der
Israeliten aus Ägyptenland, genau auf den Tag, kamen sie in die
Wüste Sinai.
3 Und Mose stieg hinauf zu Gott. Und der HERR rief ihm vom Berge
zu und sprach: So sollst du sagen zu dem Hause Jakob und den Isra-
eliten verkündigen: 4 Ihr habt gesehen, was ich mit den Ägyptern
getan habe und wie ich euch getragen habe auf Adlerflügeln und euch
zu mir gebracht. 5 Werdet ihr nun meiner Stimme gehorchen und
meinen Bund halten, so sollt ihr mein Eigentum sein vor allen
Völkern; denn die ganze Erde ist mein. 6 Und ihr sollt mir ein König-
reich von Priestern und ein heiliges Volk sein. Das sind die Worte, die
du den Israeliten sagen sollst.
7 Mose kam und berief die Ältesten des Volks und legte ihnen alle
diese Worte vor, die ihm der HERR geboten hatte. 8 Und alles Volk
antwortete einmütig und sprach: Alles, was der HERR geredet hat,
wollen wir tun. Und Mose sagte die Worte des Volks dem HERRN
wieder. 9 Und der HERR sprach zu Mose: Siehe, ich will zu dir
kommen in einer dichten Wolke, auf daß dies Volk es höre, wenn ich
mit dir rede, und dir für immer glaube. Und Mose verkündete dem
HERRN die Worte des Volks.
16 Als nun der dritte Tag kam und es Morgen ward, da erhob sich ein
Donnern und Blitzen und eine dichte Wolke auf dem Berge und der
Ton einer sehr starken Posaune. Das ganze Volk aber, das im Lager
war, erschrak. 17 Und Mose führte das Volk aus dem Lager Gott ent-
gegen, und es trat unten an den Berg. 18 Der ganze Berg Sinai aber
rauchte, weil der HERR auf den Berg herabfuhr im Feuer; und der
Rauch stieg auf wie der Rauch von einem Schmelzofen, und der ganze
Berg bebte sehr. 19 Und der Posaune Ton ward immer stärker. Und
Mose redete, und Gott antwortete ihm laut. 20 Als nun der HERR her-
niedergekommen war auf den Berg Sinai, oben auf seinen Gipfel,
berief er Mose hinauf auf den Gipfel des Berges, und Mose stieg
hinauf.

Gott bietet dem Volk seine Grundordnung an

Die zehn Gebote

20 Und Gott redete alle diese Worte:
2 Ich bin der HERR, dein Gott, der ich dich aus Ägyptenland,
aus der Knechtschaft, geführt habe. 3 Du sollst keine anderen Götter
haben neben mir. 4 Du sollst dir kein Bildnis noch irgendein Gleichnis

machen, weder von dem, was oben im Himmel, noch von dem, was
unten auf Erden, noch von dem, was im Wasser unter der Erde ist:
5Bete sie nicht an und diene ihnen nicht! Denn ich, der HERR, dein
Gott, bin ein eifernder Gott, der die Missetat der Väter heimsucht bis
ins dritte und vierte Glied an den Kindern derer, die mich hassen,
6aber Barmherzigkeit erweist an vielen Tausenden, die mich lieben
und meine Gebote halten.

7Du sollst den Namen des HERRN, deines Gottes, nicht mißbrau-
chen; denn der HERR wird den nicht ungestraft lassen, der seinen
Namen mißbraucht.

8Gedenke des Sabbattages, daß du ihn heiligest. 9Sechs Tage sollst
du arbeiten und alle deine Werke tun. 10Aber am siebenten Tage ist
der Sabbat des HERRN, deines Gottes. Da sollst du keine Arbeit tun,
auch nicht dein Sohn, deine Tochter, dein Knecht, deine Magd, dein
Vieh, auch nicht dein Fremdling, der in deiner Stadt lebt. 11Denn in
sechs Tagen hat der HERR Himmel und Erde gemacht und das Meer
und alles, was darinnen ist, und ruhte am siebenten Tage. Darum
segnete der HERR den Sabbattag und heiligte ihn.

12Du sollst deinen Vater und deine Mutter ehren, auf daß du lange
lebest in dem Lande, das dir der HERR, dein Gott, geben wird.

13Du sollst nicht töten.

14Du sollst nicht ehebrechen.

15Du sollst nicht stehlen.

16Du sollst nicht falsch Zeugnis reden wider deinen Nächsten.

17Du sollst nicht begehren deines Nächsten Haus.

Du sollst nicht begehren deines Nächsten Weib, Knecht, Magd,
Rind, Esel noch alles, was dein Nächster hat.

18Und alles Volk wurde Zeuge von dem Donner und Blitz und dem
Ton der Posaune und dem Rauchen des Berges. Als sie aber solches
sahen, flohen sie und blieben in der Ferne stehen 19und sprachen zu
Mose: Rede du mit uns, wir wollen hören; aber laß Gott nicht mit uns
reden, wir könnten sonst sterben. 21So stand das Volk von ferne, aber
Mose nahte sich dem Dunkel, darinnen Gott war.

Ordnung für das Zusammenleben

22Und der HERR sprach zu ihm: So sollst du den Israeliten sagen:
21 12Wer einen Menschen schlägt, daß er stirbt, der soll des
Todes sterben.

18Wenn Männer miteinander streiten und einer schlägt den
andern mit einem Stein oder mit der Faust, daß er nicht stirbt,
sondern zu Bett liegen muß 19und wieder aufkommt und ausgehen

kann an seinem Stock, so soll der, der in schlug, nicht bestraft werden;
er soll ihm aber bezahlen, was er versäumt hat, und das Arztgeld
geben.

23 Entsteht ein dauernder Schaden, so sollst du geben Leben um
Leben, 24 Auge um Auge, Zahn um Zahn, Hand um Hand, Fuß um
Fuß, 25 Brandmal um Brandmal, Beule um Beule, Wunde um Wunde.

26 Wenn jemand seinen Sklaven oder seine Sklavin ins Auge
schlägt und zerstört es, der soll sie freilassen um des Auges willen.
27 Desgleichen, wenn er seinem Sklaven oder seiner Sklavin einen
Zahn ausschlägt, soll er sie freilassen um des Zahnes willen.

22 20 Die Fremdlinge sollst du nicht bedrängen und bedrücken;
denn ihr seid auch Fremdlinge in Ägyptenland gewesen.

21 Ihr sollt Witwen und Waisen nicht bedrücken. 22 Wirst du sie
bedrücken und werden sie zu mir schreien, so werde ich ihr Schreien
erhören. 23 Dann wird mein Zorn entbrennen, daß ich euch mit dem
Schwert töte und eure Frauen zu Witwen und eure Kinder zu Waisen
werden.

24 Wenn du Geld verleihst an einen aus meinem Volk, an einen
Armen neben dir, so sollst du an ihm nicht wie ein Wucherer han-
deln; du sollst keinerlei Zinsen von ihm nehmen.

25 Wenn du den Mantel deines Nächsten zum Pfande nimmst,
sollst du ihn wiedergeben, ehe die Sonne untergeht, 26 denn sein
Mantel ist seine einzige Decke für seinen Leib; worin soll er sonst
schlafen? Wird er aber zu mir schreien, so werde ich ihn erhören;
denn ich bin gnädig.

23 Du sollst kein falsches Gerücht verbreiten; du sollst nicht
einem Schuldigen Beistand leisten und kein falscher Zeuge sein.

2 Du sollst der Menge nicht auf dem Weg zum Bösen folgen und
nicht so antworten vor Gericht, daß du der Menge nachgibst und vom
Rechten abweichst.

4 Wenn du dem Rind oder Esel deines Feindes begegnest, die sich
verirrt haben, so sollst du sie ihm wieder zuführen. 5 Wenn du den
Esel deines Widersachers unter seiner Last liegen siehst, so laß ihn ja
nicht im Stich, sondern hilf mit ihm zusammen dem Tiere auf.

6 Du sollst das Recht deines Armen nicht beugen in seiner Sache.

7 Halte dich ferne von einer Sache, bei der Lüge im Spiel ist. Den
Unschuldigen und den, der im Recht ist, sollst du nicht töten; denn
ich lasse den Schuldigen nicht Recht haben. 8 Du sollst dich nicht
durch Geschenke bestechen lassen; denn Geschenke machen die
Sehenden blind und verdrehen die Sache derer, die im Recht sind.

9 Die Fremdlinge sollt ihr nicht unterdrücken; denn ihr wisset um der
Fremdlinge Herz, weil ihr auch Fremdlinge in Ägyptenland gewesen seid.

10 Sechs Jahre sollst du dein Land besäen und seine Früchte
einsammeln. 11 Aber im siebenten Jahr sollst du es ruhen und liegen
lassen, daß die Armen unter deinem Volk davon essen; und was
übrigbleibt, mag das Wild auf dem Felde fressen. Ebenso sollst du es
halten mit deinem Weinberg und deinen Ölbäumen.
12 Sechs Tage sollst du deine Arbeit tun; aber am siebenten Tage
sollst du feiern, auf daß dein Rind und Esel ruhen und deiner Sklavin
Sohn und der Fremdling sich erquicken.

Ein feierlicher Bund wird geschlossen

24 3 Mose kam und sagte dem Volk alle Worte des HERRN und
alle Rechtsordnungen. Da antwortete alles Volk wie aus einem
Munde: Alle Worte, die der HERR gesagt hat, wollen wir tun. 4 Da
schrieb Mose alle Worte des HERRN nieder und machte sich früh am
Morgen auf und baute einen Altar unten am Berge und zwölf Stein-
male nach den zwölf Stämmen Israels 5 und sandte junge Männer von
den Israeliten hin, daß sie darauf dem HERRN Brandopfer opferten
und Dankopfer von jungen Stieren. 6 Und Mose nahm die Hälfte des
Blutes und goß es in die Becken, die andere Hälfte aber sprengte er an
den Altar. 7 Und er nahm das Buch des Bundes und las es vor den
Ohren des Volks. Und sie sprachen: Alles, was der HERR gesagt hat,
wollen wir tun und darauf hören. 8 Da nahm Mose das Blut und
besprengte das Volk damit und sprach: Seht, das ist das Blut des
Bundes, den der HERR mit euch geschlossen hat auf Grund aller
dieser Worte.
12 Und der HERR sprach zu Mose: Komm herauf zu mir auf den
Berg und bleib daselbst, daß ich dir gebe die steinernen Tafeln, Gesetz
und Gebot, die ich geschrieben habe, um sie zu unterweisen.

Ein Ort, wo Gott begegnen will

Die Bundeslade

25 Und der HERR redete mit Mose und sprach: 10 Macht eine
Lade aus Akazienholz; zwei und eine halbe Elle soll die Länge
sein, anderthalb Ellen die Breite und anderthalb Ellen die Höhe. 11 Du
sollst sie mit feinem Gold überziehen innen und außen und einen
goldenen Kranz an ihr ringsherum machen.
17 Du sollst auch einen Gnadenthron machen aus feinem Golde;
zwei und eine halbe Elle soll seine Länge sein und anderthalb Ellen
seine Breite. 18 Und du sollst zwei Cherubim machen aus getriebenem
Golde an beiden Enden des Gnadenthrones. 20 Und die Cherubim

sollen ihre Flügel nach oben ausbreiten, daß sie mit ihren Flügeln den
Gnadenthron bedecken und eines jeden Antlitz gegen das des andern
stehe; und ihr Antlitz soll zum Gnadenthron gerichtet sein.

21 Und du sollst den Gnadenthron oben auf die Lade tun und in die
Lade das Gesetz legen, das ich dir geben werde. 22 Dort will ich dir
begegnen, und vom Gnadenthron aus, der auf der Lade mit dem Ge-
setz ist, zwischen den beiden Cherubim will ich mit dir alles reden,
was ich dir gebieten will für die Israeliten.

Ein Stierbild soll helfen

32 Als aber das Volk sah, daß Mose ausblieb und nicht wieder
von dem Berge zurückkam, sammelte es sich gegen Aaron
und sprach zu ihm: Auf, mach uns einen Gott, der vor uns hergehe!
Denn wir wissen nicht, was diesem Mann Mose widerfahren ist, der
uns aus Ägyptenland geführt hat. 2 Aaron sprach zu ihnen: Reißet ab
die goldenen Ohrringe an den Ohren eurer Frauen, eurer Söhne und
eurer Töchter und bringt sie zu mir. 3 Da riß alles Volk sich die golde-
nen Ohrringe von den Ohren und brachte sie zu Aaron. 4 Und er
nahm sie von ihren Händen und bildete das Gold in einer Form und
machte ein gegossenes Kalb. Und sie sprachen: Das ist dein Gott,
Israel, der dich aus Ägyptenland geführt hat! 5 Als das Aaron sah,
baute er einen Altar vor ihm und ließ ausrufen und sprach: Morgen ist
des Herrn Fest. 6 Und sie standen früh am Morgen auf und opferten
Brandopfer und brachten dazu Dankopfer dar. Danach setzte sich das
Volk, um zu essen und zu trinken, und sie standen auf, um ihre Lust
zu treiben.

7 Der Herr sprach aber zu Mose: Geh, steig hinab; denn dein Volk,
das du aus Ägyptenland geführt hast, hat schändlich gehandelt. 8 Sie
sind schnell von dem Wege gewichen, den ich ihnen geboten habe.
Sie haben sich ein gegossenes Kalb gemacht und haben's angebetet
und ihm geopfert und gesagt: Das ist dein Gott, Israel, der dich aus
Ägyptenland geführt hat. 9 Und der Herr sprach zu Mose: Ich sehe,
daß es ein halsstarriges Volk ist. 10 Und nun laß mich, daß mein Zorn
über sie entbrenne und sie vertilge; dafür will ich dich zum großen
Volk machen.

11 Mose aber flehte vor dem Herrn, seinem Gott, und sprach: Ach
Herr, warum will dein Zorn entbrennen über dein Volk, das du
mit großer Kraft und starker Hand aus Ägyptenland geführt hast?
12 Warum sollen die Ägypter sagen: Er hat sie zu ihrem Unglück her-
ausgeführt, daß er sie umbrächte im Gebirge und vertilgte sie von
dem Erdboden? Kehre dich ab von deinem grimmigen Zorn und laß

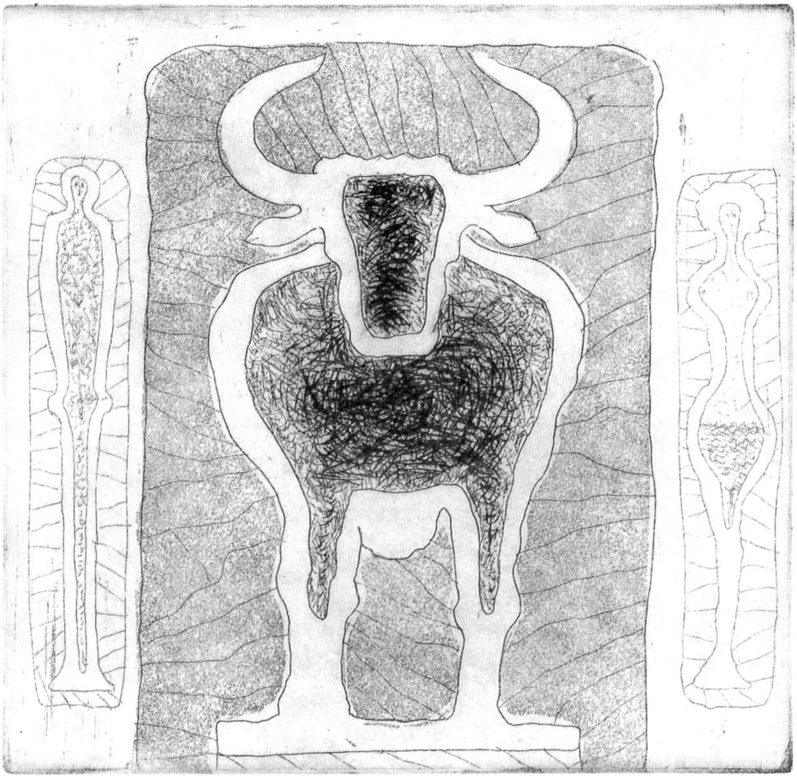

dich des Unheils gereuen, das du über dein Volk bringen willst.
13Gedenke an deine Knechte Abraham, Isaak und Israel, denen du bei dir selbst geschworen und verheißen hast: Ich will eure Nachkommen mehren wie die Sterne am Himmel, und dies ganze Land, das ich verheißen habe, will ich euren Nachkommen geben, und sie sollen es besitzen für ewig.
14Da gereute den HERRN das Unheil, das er seinem Volk zugedacht hatte.

15Mose wandte sich und stieg vom Berge und hatte die zwei Tafeln des Gesetzes in seiner Hand; die waren beschrieben auf beiden Seiten.
16Und Gott hatte sie selbst gemacht und selber die Schrift eingegraben.

19Als Mose aber nahe zum Lager kam und das Kalb und das Tanzen sah, entbrannte sein Zorn, und er warf die Tafeln aus der

Hand und zerbrach sie unten am Berge 20 und nahm das Kalb, das sie
gemacht hatten, und ließ es im Feuer zerschmelzen und zermalmte
es zu Pulver und streute es aufs Wasser und gab's den Israeliten zu
trinken.

Das Geheimnis von Gottes Nähe

33 7 Mose aber nahm das Zelt und schlug es draußen auf, fern
von dem Lager, und nannte es Stiftshütte. Und wer den
HERRN befragen wollte, mußte herausgehen zur Stiftshütte vor das
Lager. 8 Und wenn Mose hinausging zur Stiftshütte, so stand alles Volk
auf, und jeder trat in seines Zeltes Tür und sah ihm nach, bis er zur
Stiftshütte kam. 9 Und wenn Mose zur Stiftshütte kam, so kam die
Wolkensäule hernieder und stand in der Tür der Stiftshütte, und der
HERR redete mit Mose. 10 Und alles Volk sah die Wolkensäule in der
Tür der Stiftshütte stehen, und sie standen auf und neigten sich, ein
jeder in seines Zeltes Tür. 11 Der HERR aber redete mit Mose von Ange-
sicht zu Angesicht, wie ein Mann mit seinem Freunde redet. Dann
kehrte er zum Lager zurück; aber sein Diener und Jünger Josua, der
Sohn Nuns, wich nicht aus der Stiftshütte.
12 Und Mose sprach zu dem HERRN: Siehe, du sprichst zu mir:
Führe das Volk hinauf! und läßt mich nicht wissen, wen du mit mir
senden willst, wo du doch gesagt hast: Ich kenne dich mit Namen,
und du hast Gnade vor meinen Augen gefunden. 13 Hab ich denn
Gnade vor deinen Augen gefunden, so laß mich deinen Weg wissen,
damit ich dich erkenne und Gnade vor deinen Augen finde. Und sieh
doch, daß dies Volk dein Volk ist. 14 Er sprach: Mein Angesicht soll
vorangehen; ich will dich zur Ruhe leiten.

18 Und Mose sprach: Laß mich deine Herrlichkeit sehen! 19 Und er
sprach: Ich will vor deinem Angesicht all meine Güte vorübergehen
lassen und will vor dir kundtun den Namen des HERRN: Wem ich
gnädig bin, dem bin ich gnädig, und wessen ich mich erbarme, dessen
erbarme ich mich. 20 Und er sprach weiter: Mein Angesicht kannst du
nicht sehen; denn kein Mensch wird leben, der mich sieht. 21 Und der
HERR sprach weiter: Siehe, es ist ein Raum bei mir, da sollst du auf
dem Fels stehen. 22 Wenn dann meine Herrlichkeit vorübergeht, will
ich dich in die Felskluft stellen und meine Hand über dir halten, bis
ich vorübergegangen bin. 23 Dann will ich meine Hand von dir tun,
und du darfst hinter mir her sehen; aber mein Angesicht kann man
nicht sehen.

Gott will seinem Volk treu bleiben

34 Und der HERR sprach zu Mose: Haue dir zwei steinerne
Tafeln zu, wie die ersten waren, daß ich die Worte darauf
schreibe, die auf den ersten Tafeln standen, welche zu zerbrochen
hast. 2 Und sei morgen bereit, daß du früh auf den Berg Sinai steigest
und dort zu mir tretest auf dem Gipfel des Berges. 3 Und laß niemand
mit dir hinaufsteigen; es soll auch niemand gesehen werden auf dem
ganzen Berge. Auch kein Schaf und Rind laß weiden gegen diesen
Berg hin. 4 Und Mose hieb zwei steinerne Tafeln zu, wie die ersten
waren, und stand am Morgen früh auf und stieg auf den Berg Sinai,
wie ihm der HERR geboten hatte, und nahm die zwei steinernen Tafeln
in seine Hand. 5 Da kam der HERR hernieder in einer Wolke, und Mose
trat daselbst zu ihm und rief den Namen des HERRN an. 6 Und der
HERR ging vor seinem Angesicht vorüber, und er rief aus: HERR, HERR,
Gott, barmherzig und gnädig und geduldig und von großer Gnade
und Treue, 7 der da Tausenden Gnade bewahrt und vergibt Missetat,
Übertretung und Sünde, aber ungestraft läßt er niemand, sondern
sucht die Missetat der Väter heim an Kindern und Kindeskindern bis
ins dritte und vierte Glied! 8 Und Mose neigte sich eilends zur Erde
und betete an 9 und sprach: Hab ich, HERR, Gnade vor deinen Augen
gefunden, so gehe der Herr in unserer Mitte, denn es ist ein halsstar-
riges Volk; und vergib uns unsere Missetat und Sünde und laß uns
dein Erbbesitz sein.

10 Und der HERR sprach: Siehe, ich will einen Bund schließen: Vor
deinem ganzen Volk will ich Wunder tun, wie sie nicht geschehen
sind in allen Landen und unter allen Völkern, und das ganze Volk, in
dessen Mitte du bist, soll des HERRN Werk sehen; denn wunderbar
wird sein, was ich an dir tun werde.

29 Als nun Mose vom Berge Sinai herabstieg, hatte er die zwei Tafeln
des Gesetzes in seiner Hand und wußte nicht, daß die Haut seines
Angesichts glänzte, weil er mit Gott geredet hatte. 30 Als aber Aaron
und ganz Israel sahen, daß die Haut seines Angesichts glänzte,
fürchteten sie sich, ihm zu nahen. 31 Da rief sie Mose, und sie wandten
sich wieder zu ihm, Aaron und alle Obersten der Gemeinde, und er
redete mit ihnen. 32 Danach nahten sich ihm auch alle Israeliten. Und
er gebot ihnen alles, was der HERR mit ihm geredet hatte auf dem
Berge Sinai.

DAS DRITTE BUCH MOSE

Anweisungen für das Versöhnungsfest

16 Und der HERR redete mit Mose, nachdem die zwei Söhne Aarons
gestorben waren, als sie vor dem HERRN opferten, 2und sprach:
Sage deinem Bruder Aaron, daß er nicht zu jeder Zeit in das Heiligtum
gehe hinter den Vorhang vor den Gnadenthron, der auf der Lade ist,
damit er nicht sterbe; denn ich erscheine in der Wolke über dem
Gnadenthron.

6Und Aaron soll einen Stier, sein Sündopfer, darbringen, daß er für
sich und sein Haus Sühne schaffe, 7und danach zwei Böcke nehmen
und vor den HERRN stellen an der Tür der Stiftshütte 8und soll das
Los werfen über die zwei Böcke: ein Los dem HERRN und das andere
dem Asasel, 9und soll den Bock, auf welchen das Los für den HERRN
fällt, opfern zum Sündopfer. 10Aber den Bock, auf welchen das Los für
Asasel fällt, soll er lebendig vor den HERRN stellen, daß er über ihm
Sühne vollziehe und ihn zu Asasel in die Wüste schicke. 14Und soll
etwas vom Blut des Stieres nehmen und es mit seinem Finger gegen
den Gnadenthron sprengen; vor den Gnadenthron aber soll er
siebenmal mit seinem Finger von dem Blut sprengen. 15Danach soll er
den Bock, das Sündopfer des Volks, schlachten und sein Blut hinein-
bringen hinter den Vorhang und soll mit seinem Blut tun, wie er mit
dem Blut des Stieres getan hat, und etwas davon auch sprengen gegen
den Gnadenthron und vor den Gnadenthron.

20Und wenn er die Entsühnung des Heiligtums vollbracht hat, der
Stiftshütte und des Altars, so soll er den lebendigen Bock herzu-
bringen. 21Dann soll Aaron seine beiden Hände auf dessen Kopf legen
und über ihm bekennen alle Missetat der Israeliten und alle ihre
Übertretungen, mit denen sie sich versündigt haben, und soll sie dem
Bock auf den Kopf legen und ihn durch einen Mann, der bereit steht,
in die Wüste bringen lassen, 22daß also der Bock alle ihre Missetat auf
sich nehme und in die Wildnis trage; und man lasse ihn in der Wüste.
30Denn an diesem Tage geschieht eure Entsühnung, daß ihr gereinigt
werdet; von allen euren Sünden werdet ihr gereinigt vor dem HERRN.

34Das soll euch eine ewige Ordnung sein, daß ihr Israel einmal im
Jahr entsühnt wegen aller seiner Sünden.

Und Aaron tat, wie der HERR es Mose geboten hatte.

Ordnungen für den Alltag

19 Und der HERR redete mit Mose und sprach: [2]Rede mit der
ganzen Gemeinde der Israeliten und sprich zu ihnen:
Ihr sollt heilig sein, denn ich bin heilig, der HERR, euer Gott. [3]Ein
jeder fürchte seine Mutter und seinen Vater. Haltet meine Feiertage;
ich bin der HERR, euer Gott. [4]Ihr sollt euch nicht zu den Götzen
wenden und sollt euch keine gegossenen Götter machen; ich bin der
HERR, euer Gott.

[9]Wenn du dein Land aberntest, sollst du nicht alles bis an die
Ecken deines Feldes abschneiden, auch nicht Nachlese halten. [10]Auch
sollst du in deinem Weinberg nicht Nachlese halten noch die abge-
fallenen Beeren auflesen, sondern dem Armen und Fremdling sollst
du es lassen; ich bin der HERR, euer Gott.

[11]Ihr sollt nicht stehlen noch lügen noch betrügerisch handeln
einer mit dem andern.

[12]Ihr sollt nicht falsch schwören bei meinem Namen und den
Namen eures Gottes nicht entheiligen; ich bin der HERR.

[13]Du sollst deinen Nächsten nicht bedrücken noch berauben.
Es soll des Tagelöhners Lohn nicht bei dir bleiben bis zum
Morgen.

[14]Du sollst dem Tauben nicht fluchen und sollst vor den Blinden
kein Hindernis legen, denn du sollst dich vor deinem Gott fürchten;
ich bin der HERR.

[15]Du sollst nicht unrecht handeln im Gericht: du sollst den Gerin-
gen nicht vorziehen, aber auch den Großen nicht begünstigen,
sondern du sollst deinen Nächsten recht richten.

[16]Du sollst nicht als Verleumder umhergehen unter deinem Volk.
Du sollst auch nicht auftreten gegen deines Nächsten Leben; ich bin
der HERR.

[17]Du sollst deinen Bruder nicht hassen in deinem Herzen, sondern
du sollst deinen Nächsten zurechtweisen, damit du nicht seinetwegen
Schuld auf dich ladest. [18]Du sollst dich nicht rächen noch Zorn
bewahren gegen die Kinder deines Volks.

Du sollst deinen Nächsten lieben wie dich selbst; ich bin der HERR.

[32]Vor einem grauen Haupt sollst du aufstehen und die Alten ehren
und sollst dich fürchten vor deinem Gott; ich bin der HERR.

[33]Wenn ein Fremdling bei euch wohnt in eurem Lande, den sollt
ihr nicht bedrücken. [34]Er soll bei euch wohnen wie ein Einheimischer
unter euch, und du sollst ihn lieben wie dich selbst; denn ihr seid
auch Fremdlinge gewesen in Ägyptenland. Ich bin der HERR, euer
Gott.

35 Ihr sollt nicht unrecht handeln im Gericht, mit der Elle, mit
Gewicht, mit Maß. 36 Rechte Waage, rechtes Gewicht, rechter Scheffel
und rechtes Maß sollen bei euch sein; ich bin der HERR, euer Gott, der
euch aus Ägyptenland geführt hat, 37 daß ihr alle meine Satzungen
und alle meine Rechte haltet und tut; ich bin der HERR.

DAS VIERTE BUCH MOSE

Anweisungen für den Gottesdienst

3 5 Und der HERR redete mit Mose und sprach: 6 Bringe den Stamm
Levi herzu und stelle sie vor den Priester Aaron, daß sie ihm dienen.
7 Sie sollen den Dienst für ihn und für die ganze Gemeinde versehen
vor der Stiftshütte und so ihr Amt bei der Wohnung ausüben 8 und sollen
alles Gerät der Stiftshütte in ihre Obhut nehmen. 10 Aaron aber und
seine Söhne sollst du bestellen, daß sie auf ihr Priesteramt achthaben.

6 22 Und der HERR redete mit Mose und sprach: 23 Sage Aaron und
seinen Söhnen und sprich: So sollt ihr sagen zu den Israeliten,
wenn ihr sie segnet: 24 Der HERR segne dich und behüte dich; 25 der
HERR lasse sein Angesicht leuchten über dir und sei dir gnädig; 26 der
HERR hebe sein Angesicht über dich und gebe dir Frieden. 27 Denn ihr
sollt meinen Namen auf die Israeliten legen, daß ich sie segne.

Das Land Kanaan wird erkundet

10 11 Am zwanzigsten Tage im zweiten Monat des zweiten Jahres
erhob sich die Wolke. 12 Und die Israeliten brachen auf aus der
Wüste Sinai. 33 So zogen sie von dem Berge des HERRN drei Tage-
reisen weit, und die Lade des Bundes des HERRN zog vor ihnen her
die drei Tagereisen, um ihnen zu zeigen, wo sie ruhen sollten. 34 Und
die Wolke des HERRN war bei Tage über ihnen, wenn sie aus dem
Lager zogen.
13 Und der HERR redete mit Mose und sprach: 2 Sende Männer
aus, die das Land Kanaan erkunden, das ich den Israeliten
geben will, aus jedem Stamm ihrer Väter je einen Mann, lauter Älteste.
17 Als sie nun Mose aussandte, das Land Kanaan zu erkunden,
sprach er zu ihnen: Zieht da hinauf ins Südland und geht auf das
Gebirge 18 und seht euch das Land an, wie es ist, und das Volk, das
darin wohnt, ob's stark oder schwach, wenig oder viel ist; 19 und was
es für ein Land ist, darin sie wohnen, ob's gut oder schlecht ist; und
was es für Städte sind, in denen sie wohnen, ob sie in Zeltdörfern
oder festen Städten wohnen; 20 und wie der Boden ist, ob fett oder
mager, und ob Bäume da sind oder nicht. Seid mutig und bringt mit
von den Früchten des Landes. Es war aber eben um die Zeit der

ersten Weintrauben. 23Und sie kamen bis an den Bach Eschkol und
schnitten dort eine Rebe ab mit *einer* Weintraube und trugen sie zu
zweien auf einer Stange, dazu auch Granatäpfel und Feigen.

25Und nach vierzig Tagen, als sie das Land erkundet hatten, kehr-
ten sie um, 26gingen hin und kamen zu Mose und Aaron und zu der
ganzen Gemeinde der Israeliten in die Wüste Paran nach Kadesch
und brachten ihnen und der ganzen Gemeinde Kunde, wie es stand,
und ließen sie die Früchte des Landes sehen. 27Und sie erzählten
ihnen und sprachen: Wir sind in das Land gekommen, in das ihr uns
sandtet; es fließt wirklich Milch und Honig darin, und dies sind seine
Früchte. 28Aber stark ist das Volk, das darin wohnt, und die Städte
sind befestigt und sehr groß. 33Wir sahen dort auch Riesen, Anaks
Söhne aus dem Geschlecht der Riesen, und wir waren in unsern
Augen wie Heuschrecken und waren es auch in ihren Augen.

14 Da fuhr die ganze Gemeinde auf und schrie, und das Volk
weinte die ganze Nacht. 2Und alle Israeliten murrten gegen
Mose und Aaron, und die ganze Gemeinde sprach zu ihnen: Ach daß
wir in Ägyptenland gestorben wären oder noch in dieser Wüste
stürben! 3Warum führt uns der HERR in dies Land, damit wir
durchs Schwert fallen und unsere Frauen und unsere Kinder ein Raub
werden? Ist's nicht besser, wir ziehen wieder nach Ägypten? 4Und
einer sprach zu dem andern: Laßt uns einen Hauptmann über uns
setzen und wieder nach Ägypten ziehen! 5Mose aber und Aaron
fielen auf ihr Angesicht vor der ganzen Versammlung der Gemeinde
der Israeliten.

6Und Josua, der Sohn Nuns, und Kaleb, der Sohn Jefunnes, die
auch das Land erkundet hatten, zerrissen ihre Kleider 7und sprachen
zu der ganzen Gemeinde der Israeliten: Das Land, das wir durch-
zogen haben, um es zu erkunden, ist sehr gut. 8Wenn der HERR uns
gnädig ist, so wird er uns in dies Land bringen und es uns geben, ein
Land, darin Milch und Honig fließt. 9Fallt nur nicht ab vom HERRN
und fürchtet euch vor dem Volk dieses Landes nicht, denn wir wollen
sie wie Brot auffressen. Es ist ihr Schutz von ihnen gewichen, der
HERR aber ist mit uns. Fürchtet euch nicht vor ihnen!

Mose spielt sich als Retter auf

20 Und die ganze Gemeinde der Israeliten kam in die Wüste Zin
im ersten Monat, und das Volk lagerte sich in Kadesch.

2Und die Gemeinde hatte kein Wasser, und sie versammelten sich
gegen Mose und Aaron. 3Und das Volk haderte mit Mose und sprach:
Ach daß wir umgekommen wären, als unsere Brüder umkamen vor

dem HERRN! 4 Warum habt ihr die Gemeinde des HERRN in diese
Wüste gebracht, daß wir hier sterben mit unserm Vieh? 5 Und warum
habt ihr uns aus Ägypten geführt an diesen bösen Ort, wo man nicht
säen kann, wo weder Feigen noch Weinstöcke noch Granatäpfel sind
und auch kein Wasser zum Trinken ist? 6 Da gingen Mose und Aaron
von der Gemeinde hinweg zur Tür der Stiftshütte und fielen auf ihr
Angesicht, und die Herrlichkeit des HERRN erschien ihnen.

7 Und der HERR redete mit Mose und sprach: 8 Nimm den Stab und
versammle die Gemeinde, du und dein Bruder Aaron, und *redet* zu
dem Felsen vor ihren Augen; der wird sein Wasser geben. So sollst du
ihnen Wasser aus dem Felsen hervorbringen und die Gemeinde
tränken und ihr Vieh. 9 Da nahm Mose den Stab, der vor dem HERRN
lag, wie er ihm geboten hatte. 10 Und Mose und Aaron versammelten
die Gemeinde vor dem Felsen, und er sprach zu ihnen: Höret, ihr
Ungehorsamen, werden wir euch wohl Wasser hervorbringen können
aus diesem Felsen? 11 Und Mose erhob seine Hand und *schlug* den
Felsen mit dem Stab zweimal. Da kam viel Wasser heraus, so daß die
Gemeinde trinken konnte und ihr Vieh. 12 Der HERR aber sprach zu
Mose und Aaron: Weil ihr nicht an mich geglaubt habt und mich
nicht geheiligt habt vor den Israeliten, darum sollt ihr diese Gemeinde
nicht ins Land bringen, das ich ihnen geben werde.

13 Das ist das Haderwasser, wo die Israeliten mit dem HERRN
haderten und er sich heilig an ihnen erwies.

Ein Zeichen der Rettung

21 4 Da brachen sie auf von dem Berge Hor in Richtung auf das
Schilfmeer, um das Land der Edomiter zu umgehen. Und das
Volk wurde verdrossen auf dem Wege 5 und redete wider Gott und
wider Mose: Warum hast du uns aus Ägypten geführt, daß wir
sterben in der Wüste? Denn es ist kein Brot noch Wasser hier, und
uns ekelt vor dieser mageren Speise. 6 Da sandte der HERR feurige
Schlangen unter das Volk; die bissen das Volk, daß viele aus Israel
starben. 7 Da kamen sie zu Mose und sprachen: Wir haben gesündigt,
daß wir wider den HERRN und wider dich geredet haben. Bitte den
HERRN, daß er die Schlangen von uns nehme. Und Mose bat für das
Volk. 8 Da sprach der HERR zu Mose: Mache dir eine eherne Schlange
und richte sie an einer Stange hoch auf. Wer gebissen ist und sieht sie
an, der soll leben. 9 Da machte Mose eine eherne Schlange und rich-
tete sie hoch auf. Und wenn jemanden eine Schlange biß, so sah er die
eherne Schlange an und blieb leben.

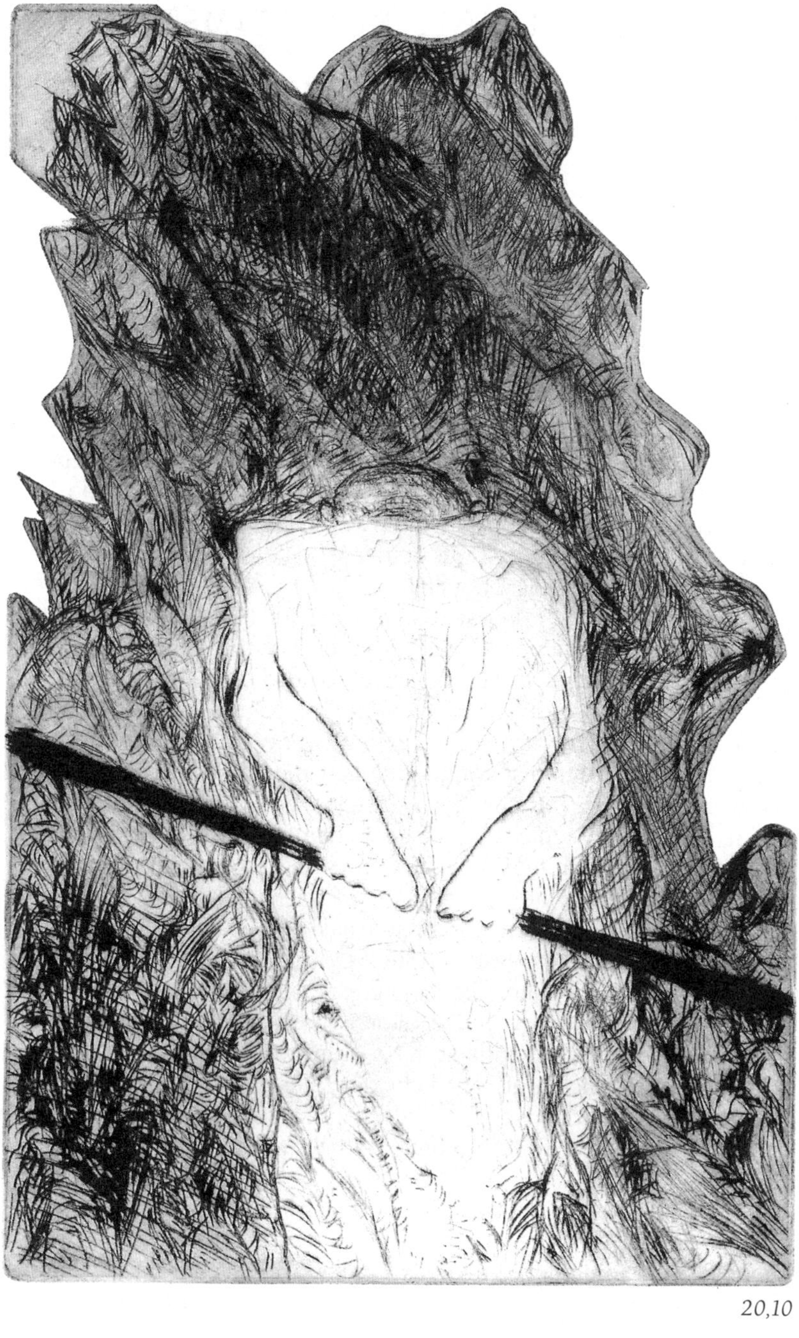

20,10

DAS FÜNFTE BUCH MOSE

»Höre, Israel!«

1 3Und es geschah im vierzigsten Jahr am ersten Tage des elften
Monats, da redete Mose mit den Israeliten alles, wie es ihm der
HERR für sie geboten hatte:
6 Dies sind die Gesetze und Gebote und Rechte, die der HERR, euer
Gott, geboten hat, daß ihr sie lernen und tun sollt in dem Lande,
in das ihr zieht, es einzunehmen, 2damit du dein Leben lang den
HERRN, deinen Gott, fürchtest und alle seine Rechte und Gebote
hältst, die ich dir gebiete, du und deine Kinder und deine Kindes-
kinder, auf daß du lange lebest. 3Israel, du sollst es hören und fest-
halten, daß du es tust, auf daß dir's wohlgehe und du groß an Zahl
werdest, wie der HERR, der Gott deiner Väter, dir zugesagt hat, in dem
Lande, darin Milch und Honig fließt.
4Höre, Israel, der HERR ist unser Gott, der HERR allein. 5Und du
sollst den HERRN, deinen Gott, liebhaben von ganzem Herzen, von
ganzer Seele und mit all deiner Kraft. 6Und diese Worte, die ich dir
heute gebiete, sollst du zu Herzen nehmen 7und sollst sie deinen
Kindern einschärfen und davon reden, wenn du in deinem Hause
sitzt oder unterwegs bist, wenn du dich niederlegst oder aufstehst.
8Und du sollst sie binden zum Zeichen auf deine Hand, und sie
sollen dir ein Merkzeichen zwischen deinen Augen sein, 9und du
sollst sie schreiben auf die Pfosten deines Hauses und an die Tore.
10Wenn dich nun der HERR, dein Gott, in das Land bringen wird,
von dem er deinen Vätern Abraham, Isaak und Jakob geschworen hat,
es dir zu geben – große und schöne Städte, die du nicht gebaut hast,
11und Häuser voller Güter, die du nicht gefüllt hast, und ausgehauene
Brunnen, die du nicht ausgehauen hast, und Weinberge und
Ölbäume, die du nicht gepflanzt hast –, und wenn du nun ißt und satt
wirst, 12so hüte dich, daß du nicht den HERRN vergißt, der dich aus
Ägyptenland, aus der Knechtschaft, geführt hat, 13sondern du sollst
den HERRN, deinen Gott, fürchten und ihm dienen und bei seinem
Namen schwören.
14Und du sollst nicht andern Göttern nachfolgen, den Göttern der
Völker, die um euch her sind 15– denn der HERR, dein Gott, ist ein
eifernder Gott in deiner Mitte –, daß nicht der Zorn des HERRN, deines
Gottes, über dich entbrenne und dich vertilge von der Erde. 16Ihr sollt

den HERRN, euren Gott, nicht versuchen, wie ihr ihn versucht habt in
Massa [2. Mose 17,2], 17sondern sollt halten die Gebote des HERRN,
eures Gottes, seine Vermahnungen und seine Rechte, die er dir
geboten hat, 18daß du tust, was recht und gut ist vor den Augen des
HERRN, auf daß dir's wohlgehe und du hineinkommest und einneh-
mest das gute Land, von dem der HERR deinen Vätern geschworen
hat, 19daß er verjagen wolle alle deine Feinde vor dir, wie der HERR es
zugesagt hat.

20Wenn dich nun dein Sohn morgen fragen wird: Was sind das für
Vermahnungen, Gebote und Rechte, die euch der HERR, unser Gott,
geboten hat?, 21so sollst du deinem Sohn sagen: Wir waren Knechte
des Pharao in Ägypten, und der HERR führte uns aus Ägypten mit
mächtiger Hand; 22und der HERR tat große und furchtbare Zeichen
und Wunder an Ägypten und am Pharao und an seinem ganzen
Hause vor unsern Augen 23und führte uns von dort weg, um uns
hineinzubringen und uns das Land zu geben, wie er unsern Vätern
geschworen hatte. 24Und der HERR hat uns geboten, nach all diesen
Rechten zu tun, daß wir den HERRN, unsern Gott, fürchten, auf daß es
uns wohlgehe unser Leben lang, so wie es heute ist. 25Und das wird
unsere Gerechtigkeit sein, daß wir alle diese Gebote tun und halten
vor dem HERRN, unserm Gott, wie er uns geboten hat.

Schulden erlassen und Freiheit gewähren!

15 Alle sieben Jahre sollst du ein Erlaßjahr halten. 2So aber soll's
zugehen mit dem Erlaßjahr: Wenn einer seinem Nächsten etwas
geborgt hat, der soll's ihm erlassen und soll's nicht eintreiben von seinem
Nächsten oder von seinem Bruder; denn man hat ein Erlaßjahr aus-
gerufen dem HERRN. 3Von einem Ausländer darfst du es eintreiben;
aber dem, der dein Bruder ist, sollst du es erlassen. 4Es sollte über-
haupt kein Armer unter euch sein; denn der HERR wird dich segnen
in dem Lande, das dir der HERR, dein Gott, zum Erbe geben wird,
5wenn du nur der Stimme des HERRN, deines Gottes, gehorchst und
alle diese Gebote hältst, die ich dir heute gebiete, daß du danach tust!

7Wenn einer deiner Brüder arm ist in irgendeiner Stadt in deinem
Lande, das der HERR, dein Gott, dir geben wird, so sollst du dein Herz
nicht verhärten und deine Hand nicht zuhalten gegenüber deinem
armen Bruder, 8sondern sollst sie ihm auftun und ihm leihen, soviel
er Mangel hat. 9Hüte dich, daß nicht in deinem Herzen ein arglistiger
Gedanke aufsteige, daß du sprichst: Es naht das siebente Jahr, das
Erlaßjahr –, und daß du deinen armen Bruder nicht unfreundlich
ansiehst und ihm nichts gibst; sonst wird er wider dich zu dem

HERRN rufen, und bei dir wird Sünde sein. 10 Sondern du sollst ihm
geben, und dein Herz soll sich's nicht verdrießen lassen, daß du ihm
gibst; denn dafür wird dich der HERR, dein Gott, segnen in allen deinen
Werken und in allem, was du unternimmst.

11 Es werden allezeit Arme sein im Lande; darum gebiete ich dir
und sage, daß du deine Hand auftust deinem Bruder, der bedrängt
und arm ist in deinem Lande.

12 Wenn sich dein Bruder, ein Hebräer oder eine Hebräerin, dir ver-
kauft, so soll er dir sechs Jahre dienen; im siebenten Jahr sollst du ihn
als frei entlassen. 13 Und wenn du ihn freigibst, sollst du ihn nicht mit
leeren Händen von dir gehen lassen, 14 sondern du sollst ihm aufladen
von deinen Schafen, von deiner Tenne, von deiner Kelter, so daß du
gibst von dem, womit dich der HERR, dein Gott, gesegnet hat, 15 und
sollst daran denken, daß du auch Knecht warst in Ägyptenland und
der HERR, dein Gott, dich erlöst hat; darum gebiete ich dir solches heute.

Fremde religiöse Bräuche meiden!

18 9 Wenn du in das Land kommst, das dir der HERR, dein Gott,
geben wird, so sollst du nicht lernen, die Greuel dieser Völker
zu tun, 10 daß nicht jemand unter dir gefunden werde, der seinen Sohn
oder seine Tochter durchs Feuer gehen läßt oder Wahrsagerei, Hellse-
herei, geheime Künste oder Zauberei treibt 11 oder Bannungen oder
Geisterbeschwörungen oder Zeichendeuterei vornimmt oder die To-
ten befragt. 12 Denn wer das tut, der ist dem HERRN ein Greuel, und
um solcher Greuel willen vertreibt der HERR, dein Gott, die Völker vor
dir. 13 Du aber sollst untadelig sein vor dem HERRN, deinem Gott.
14 Denn diese Völker, deren Land du einnehmen wirst, hören auf Zei-
chendeuter und Wahrsager; dir aber hat der HERR, dein Gott, so etwas
verwehrt. 15 Einen Propheten wie mich wird dir der HERR, dein Gott,
erwecken aus dir und aus deinen Brüdern; dem sollt ihr gehorchen.

Beim Ernten etwas übriglassen!

23 25 Wenn du in deines Nächsten Weinberg gehst, so darfst du
Trauben essen nach deinem Wunsch, bis du satt bist, aber du
sollst nichts in dein Gefäß tun. 26 Wenn du in das Kornfeld deines
Nächsten gehst, so darfst du mit der Hand Ähren abrupfen, aber mit
der Sichel sollst du nicht dreinfahren.

24 19 Wenn du auf deinem Acker geerntet und eine Garbe verges-
sen hast auf dem Acker, so sollst du nicht umkehren, sie zu
holen, sondern sie soll dem Fremdling, der Waise und der Witwe

zufallen, auf daß dich der HERR, dein Gott, segne in allen Werken dei-
ner Hände. 20Wenn du deine Ölbäume geschüttelt hast, so sollst du
nicht nachschütteln; es soll dem Fremdling, der Waise und der Witwe
zufallen. 21Wenn du deinen Weinberg abgelesen hast, so sollst du
nicht nachlesen; es soll dem Fremdling, der Waise und der Witwe
zufallen. 22Denn du sollst daran denken, daß du Knecht in Ägypten-
land gewesen bist. Darum gebiete ich dir, daß du solches tust.

Ein Dankfest feiern!

26 Wenn du in das Land kommst, das dir der HERR, dein Gott,
zum Erbe geben wird, und es einnimmst und darin wohnst,
2so sollst du nehmen die Erstlinge aller Feldfrüchte, die du von
deinem Lande einbringst, das der HERR, dein Gott, dir gibt, und sollst
sie in einen Korb legen und hingehen an die Stätte, die der HERR, dein
Gott, erwählen wird, daß sein Name daselbst wohne, 3und sollst zu
dem Priester kommen, der zu der Zeit sein wird, und zu ihm sagen:
Ich bekenne heute dem HERRN, deinem Gott, daß ich gekommen bin
in das Land, das der HERR, wie er unsern Vätern geschworen hat, uns
geben wollte. 4Und der Priester soll den Korb aus deiner Hand
nehmen und ihn vor dem Altar des HERRN, deines Gottes, nieder-
setzen.

5Dann sollst du anheben und sagen vor dem HERRN, deinem Gott:
Mein Vater war ein Aramäer, dem Umkommen nahe, und zog hinab
nach Ägypten und war dort ein Fremdling mit wenig Leuten und
wurde dort ein großes, starkes und zahlreiches Volk. 6Aber die
Ägypter behandelten uns schlecht und bedrückten uns und legten
uns einen harten Dienst auf. 7Da schrien wir zu dem HERRN, dem
Gott unserer Väter. Und der HERR erhörte unser Schreien und sah
unser Elend, unsere Angst und Not 8und führte uns aus Ägypten mit
mächtiger Hand und ausgerecktem Arm und mit großem Schrecken,
durch Zeichen und Wunder, 9und brachte uns an diese Stätte und gab
uns dies Land, darin Milch und Honig fließt. 10Nun bringe ich die
Erstlinge der Früchte des Landes, das du, HERR, mir gegeben hast.

Und du sollst sie niederlegen vor dem HERRN, deinem Gott, und
anbeten vor dem HERRN, deinem Gott, 11und sollst fröhlich sein über
alles Gut, das der HERR, dein Gott, dir und deinem Hause gegeben hat,
du und der Levit und der Fremdling, der bei dir lebt.

Sich für das Leben entscheiden!

30 29,1 Und Mose berief ganz Israel und sprach:
11 Das Gebot, das ich dir heute gebiete, ist dir nicht zu hoch
und nicht zu fern. 12 Es ist nicht im Himmel, daß du sagen müßtest:
Wer will für uns in den Himmel fahren und es uns holen, daß wir's
hören und tun? 13 Es ist auch nicht jenseits des Meeres, daß du sagen
müßtest: Wer will für uns über das Meer fahren und es uns holen,
daß wir's hören und tun? 14 Denn es ist das Wort ganz nahe bei dir, in
deinem Munde und in deinem Herzen, daß du es tust.
15 Siehe, ich habe dir heute vorgelegt das Leben und das Gute, den
Tod und das Böse. 16 Wenn du gehorchst den Geboten des HERRN,
deines Gottes, die ich dir heute gebiete, daß du den HERRN, deinen

Gott, liebst und wandelst in seinen Wegen und seine Gebote, Gesetze
und Rechte hältst, so wirst du leben und dich mehren, und der HERR,
dein Gott, wird dich segnen in dem Lande, in das du ziehst, es ein-
zunehmen. 17 Wendet sich aber dein Herz und du gehorchst nicht,
sondern läßt dich verführen, daß du andere Götter anbetest und
ihnen dienst, 18 so verkünde ich euch heute, daß ihr umkommen und
nicht lange in dem Lande bleiben werdet, in das du über den Jordan
ziehst, es einzunehmen.
19 Ich nehme Himmel und Erde heute über euch zu Zeugen: Ich
habe euch Leben und Tod, Segen und Fluch vorgelegt, damit du das
Leben erwählst und am Leben bleibst, du und deine Nachkommen,
20 indem ihr den HERRN, euren Gott, liebt und seiner Stimme gehorcht
und ihm anhanget. Denn das bedeutet für dich, daß du lebst und alt
wirst und wohnen bleibst in dem Lande, das der HERR deinen Vätern
Abraham, Isaak und Jakob geschworen hat, ihnen zu geben.

Moses Nachfolger

31 7 Und Mose rief Josua und sprach zu ihm vor den Augen von
ganz Israel: Sei getrost und unverzagt; denn du wirst dies Volk
in das Land bringen, das der HERR ihren Vätern geschworen hat, ihnen
zu geben, und du wirst es unter sie austeilen. 8 Der HERR aber, der
selber vor euch hergeht, der wird mit dir sein und wird die Hand nicht
abtun und dich nicht verlassen. Fürchte dich nicht und erschrick
nicht!

Mose stirbt

32 48 Und der HERR redete mit Mose und sprach: 49 Geh auf das
Gebirge Abarim, auf den Berg Nebo, der da liegt im Lande
Moab gegenüber Jericho, und schaue das Land Kanaan, das ich den
Israeliten zum Eigentum geben werde. 50 Dann stirb auf dem Berge,
auf den du hinaufgestiegen bist, und laß dich zu deinem Volk ver-
sammeln, wie dein Bruder Aaron starb auf dem Berge Hor und zu
seinem Volk versammelt wurde; 51 denn ihr habt euch an mir ver-
sündigt unter den Israeliten bei dem Haderwasser zu Kadesch in der
Wüste Zin, weil ihr mich nicht heiligtet inmitten der Israeliten.
34 Und Mose stieg aus dem Jordantal der Moabiter auf den Berg
Nebo, den Gipfel des Gebirges Pisga, gegenüber Jericho. Und
der HERR zeigte ihm das ganze Land: Gilead bis nach Dan 2 und das
ganze Naftali und das ganze Land Ephraim und Manasse und das ganze
Land Juda bis an das Meer im Westen 3 und das Südland und die

Gegend am Jordan, die Ebene von Jericho, der Palmenstadt, bis nach
Zoar. 4 Und der HERR sprach zu ihm: Dies ist das Land, von dem ich
Abraham, Isaak und Jakob geschworen habe: ›Ich will es deinen
Nachkommen geben.‹ Du hast es mit deinen Augen gesehen, aber du
sollst nicht hinübergehen.

5 So starb Mose, der Knecht des HERRN, daselbst im Lande Moab
nach dem Wort des HERRN. 6 Und er begrub ihn im Tal, im Lande
Moab gegenüber Bet-Peor. Und niemand hat sein Grab erfahren bis
auf den heutigen Tag. 7 Und Mose war hundertundzwanzig Jahre alt,
als er starb. Seine Augen waren nicht schwach geworden, und seine
Kraft war nicht verfallen. 8 Und die Israeliten beweinten Mose im
Jordantal der Moabiter dreißig Tage, bis die Zeit des Weinens und
Klagens über Mose vollendet war.

9 Josua aber, der Sohn Nuns, wurde erfüllt mit dem Geist der Weisheit; denn Mose hatte seine Hände auf ihn gelegt. Und die Israeliten gehorchten ihm und taten, wie der HERR es Mose geboten hatte.

10 Und es stand hinfort kein Prophet in Israel auf wie Mose, den der HERR erkannt hätte von Angesicht zu Angesicht.

DAS BUCH JOSUA

Josua übernimmt die Führung

1 Nachdem Mose, der Knecht des HERRN, gestorben war, sprach der
HERR zu Josua, dem Sohn Nuns, Moses Diener: 2Mein Knecht
Mose ist gestorben; so mach dich nun auf und zieh über den Jordan,
du und dies ganze Volk, in das Land, das ich ihnen, den Israeliten,
gegeben habe. 3Jede Stätte, auf die eure Fußsohlen treten werden,
habe ich euch gegeben, wie ich Mose zugesagt habe. 4Von der Wüste
bis zum Libanon und von dem großen Strom Euphrat bis an das
große Meer gegen Sonnenuntergang, das ganze Land der Hetiter, soll
euer Gebiet sein. 5Es soll dir niemand widerstehen dein Leben lang.
Wie ich mit Mose gewesen bin, so will ich auch mit dir sein. Ich will
dich nicht verlassen noch von dir weichen. 9Siehe, ich habe dir
geboten, daß du getrost und unverzagt seist. Laß dir nicht grauen und
entsetze dich nicht; denn der HERR, dein Gott, ist mit dir in allem, was
du tun wirst.

10Da gebot Josua den Amtleuten des Volks und sprach: 11Geht
durch das Lager und gebietet dem Volk und sprecht: Schafft euch
Vorrat; denn nach drei Tagen werdet ihr hier über den Jordan gehen,
daß ihr hineinkommt und das Land einnehmt, das euch der HERR,
euer Gott, geben wird. 16Und sie antworteten Josua und sprachen:
Alles, was du uns geboten hast, das wollen wir tun, und wo du uns
hinsendest, da wollen wir hingehen.

Rahab riskiert ihr Leben

2 Josua aber, der Sohn Nuns, sandte von Schittim zwei Männer
heimlich als Kundschafter aus und sagte ihnen: Geht hin, seht
das Land an, auch Jericho. Die gingen hin und kamen in das Haus
einer Hure, die hieß Rahab, und kehrten dort ein.

2Da wurde dem König von Jericho angesagt: Siehe, es sind in dieser
Nacht Männer von Israel hereingekommen, um das Land zu
erkunden. 3Da sandte der König von Jericho zu Rahab und ließ ihr
sagen: Gib die Männer heraus, die zu dir in dein Haus gekommen
sind; denn sie sind gekommen, um das ganze Land zu erkunden.
4Aber die Frau verbarg die beiden Männer und sprach: Ja, es sind
Männer zu mir hereingekommen, aber ich wußte nicht, woher sie

2,4-6

waren. 5Und als man die Stadttore zuschließen wollte, als es finster
wurde, gingen sie hinaus, und ich weiß nicht, wo sie hingegangen
sind. Jagt ihnen eilends nach, dann werdet ihr sie ergreifen. 6Sie aber
hatte sie auf das Dach steigen lassen und unter den Flachsstengeln
versteckt, die sie auf dem Dach ausgebreitet hatte. 7Die aber jagten
den Männern nach auf dem Wege zum Jordan bis an die Furten, und
man schloß das Tor zu, als die draußen waren, die ihnen nachjagten.

8Und ehe die Männer sich schlafen legten, stieg sie zu ihnen hinauf
auf das Dach 9und sprach zu ihnen: Ich weiß, daß der HERR euch das
Land gegeben hat; denn ein Schrecken vor euch ist über uns gefallen,
und alle Bewohner des Landes sind vor euch feige geworden. 11Es
wagt keiner mehr, vor euch zu atmen; denn der HERR, euer Gott, ist
Gott oben im Himmel und unten auf Erden. 12So schwört mir nun bei
dem HERRN, weil ich an euch Barmherzigkeit getan habe, daß auch ihr
an meines Vaters Hause Barmherzigkeit tut, und gebt mir ein sicheres
Zeichen, 13daß ihr leben laßt meinen Vater, meine Mutter, meine
Brüder und meine Schwestern und alles, was sie haben, und uns vom
Tode errettet.

14Die Männer sprachen zu ihr: Tun wir nicht Barmherzigkeit und
Treue an dir, wenn uns der HERR das Land gibt, so wollen wir selbst
des Todes sein, sofern du unsere Sache nicht verrätst. 15Da ließ Rahab
sie an einem Seil durchs Fenster hernieder; denn ihr Haus war an der
Stadtmauer, und sie wohnte an der Mauer. 16Und sie sprach zu ihnen:
Geht auf das Gebirge, daß euch nicht begegnen, die euch nachjagen,
und verbergt euch dort drei Tage, bis sie zurückkommen, die euch
nachjagen; danach geht eure Straße.

17Die Männer aber sprachen zu ihr: Wir wollen den Eid so ein-
lösen, den du uns hast schwören lassen: 18Wenn wir ins Land
kommen, so sollst du dies rote Seil in das Fenster knüpfen, durch das
du uns herniedergelassen hast, und zu dir ins Haus versammeln
deinen Vater, deine Mutter, deine Brüder und deines Vaters ganzes
Haus. 19Und wer zur Tür deines Hauses herausgeht, dessen Blut
komme über ihn, aber wir seien unschuldig; doch das Blut aller, die in
deinem Hause sind, soll über uns kommen, wenn Hand an sie gelegt
wird. 20Und wenn du etwas von dieser unserer Sache verrätst, so sind
wir des Eides los, den du uns hast schwören lassen. 21Sie sprach: Es
sei, wie ihr sagt! und ließ sie gehen. Und sie gingen weg. Und sie
knüpfte das rote Seil ins Fenster.

22Sie aber gingen weg und kamen aufs Gebirge und blieben drei
Tage dort, bis die zurückgekommen waren, die ihnen nachjagten.
Denn sie hatten sie gesucht auf allen Straßen und doch nicht
gefunden. 23Da kehrten die beiden Männer um und gingen vom

Gebirge herab und setzten über und kamen zu Josua, dem Sohn
Nuns, und erzählten ihm alles, was ihnen begegnet war.

Jerichos Mauern fallen

6 Jericho aber war verschlossen und verwahrt vor den Israeliten,
so daß niemand heraus- oder hineinkommen konnte. [2]Aber
der HERR sprach zu Josua: Sieh, ich habe Jericho samt seinem König
und seinen Kriegsleuten in deine Hand gegeben. [3]Laß alle Kriegs-
männer rings um die Stadt herumgehen *einmal,* und tu so sechs Tage
lang. [4]Und laß sieben Priester sieben Posaunen tragen vor der Lade
her, und am siebenten Tage zieht siebenmal um die Stadt, und laß die
Priester die Posaunen blasen. [5]Und wenn man die Posaune bläst und
es lange tönt, so soll das ganze Kriegsvolk ein großes Kriegsgeschrei
erheben, wenn ihr den Schall der Posaune hört. Dann wird die Stadt-
mauer einfallen, und das Kriegsvolk soll hinaufsteigen, ein jeder
stracks vor sich hin.

[6]Da rief Josua, der Sohn Nuns, die Priester und sprach zu ihnen:
Bringt die Bundeslade, und sieben Priester sollen sieben Posaunen
tragen vor der Lade des HERRN. [7]Zum Volk aber sprach er: Geht hin
und zieht um die Stadt; und die Kriegsleute sollen vor der Lade des
HERRN hergehen. [8]Als Josua das dem Volk gesagt hatte, trugen die
sieben Priester sieben Posaunen vor der Lade des HERRN her und
gingen und bliesen die Posaunen, und die Lade des Bundes des
HERRN folgte ihnen nach. [9]Und die Kriegsleute gingen vor den
Priestern her, die die Posaunen bliesen, und das übrige Volk folgte der
Lade nach, und man blies immerfort die Posaunen. [11]So ließ er die
Lade des HERRN rings um die Stadt ziehen *einmal,* und sie kamen
zurück in das Lager und blieben darin über Nacht.

[14]So taten sie sechs Tage. [15]Am siebenten Tage aber, als die
Morgenröte aufging, machten sie sich früh auf und zogen in derselben
Weise siebenmal um die Stadt. [16]Und beim siebenten Mal, als die
Priester die Posaunen bliesen, sprach Josua zum Volk: Macht ein
Kriegsgeschrei! Denn der HERR hat euch die Stadt gegeben. [17]Aber
diese Stadt und alles, was darin ist, soll dem Bann des HERRN verfallen
sein. Nur die Hure Rahab soll am Leben bleiben und alle, die mit ihr
im Hause sind; denn sie hat die Boten verborgen, die wir aussandten.
[18]Allein hütet euch vor dem Gebannten und laßt euch nicht gelüsten,
etwas von dem Gebannten zu nehmen und das Lager Israels in Bann
und Unglück zu bringen. [19]Aber alles Silber und Gold samt dem
kupfernen und eisernen Gerät soll dem HERRN geheiligt sein, daß es
zum Schatz des HERRN komme.

20Da erhob das Volk ein Kriegsgeschrei, und man blies die Posaunen.
Und als das Volk den Hall der Posaunen hörte, erhob es ein großes
Kriegsgeschrei. Da fiel die Mauer um, und das Volk stieg zur Stadt
hinauf, ein jeder stracks vor sich hin. So eroberten sie die Stadt
21und vollstreckten den Bann an allem, was in der Stadt war, mit
der Schärfe des Schwerts, an Mann und Weib, jung und alt, Rindern,
Schafen und Eseln.

25Rahab aber, die Hure, samt dem Hause ihres Vaters und alles, was sie hatte, ließ Josua leben, weil sie die Boten verborgen hatte, die Josua gesandt hatte, um Jericho auszukundschaften.

27So war der HERR mit Josua, daß man ihn rühmte im ganzen Lande.

Keiner darf sich an der Beute vergreifen

7 Aber die Israeliten vergriffen sich an dem Gebannten; denn Achan, vom Stamm Juda, nahm etwas vom Gebannten. Da entbrannte der Zorn des HERRN über die Israeliten.

19Und Josua sprach zu Achan: Mein Sohn, gib dem HERRN, dem
Gott Israels, die Ehre und bekenne es ihm und sage mir, was du getan
hast, und verhehle mir nichts. 20Da antwortete Achan Josua und
sprach: Wahrlich, ich habe mich versündigt an dem HERRN, dem Gott
Israels. So habe ich getan: 21Ich sah unter der Beute einen kostbaren
babylonischen Mantel und zweihundert Lot Silber und eine Stange
von Gold, fünfzig Lot schwer; danach gelüstete mich, und ich nahm
es. Und siehe, es ist verscharrt in der Erde in meinem Zelt und das
Silber darunter.

22Da sandte Josua Boten hin, die liefen zum Zelt; und siehe, es
war verscharrt in seinem Zelt und das Silber darunter. 23Und sie
nahmen's aus dem Zelt und brachten's zu Josua und zu allen
Israeliten und legten's nieder vor dem HERRN. 24Da nahmen Josua
und ganz Israel mit ihm Achan, den Sohn Serachs, samt dem Silber,
dem Mantel und der Stange von Gold, seine Söhne und Töchter, seine
Rinder und Esel und Schafe, sein Zelt und alles, was er hatte, und
führten sie hinauf ins Tal Achor. 25Und Josua sprach: Weil du uns
betrübt hast, so betrübe dich der HERR an diesem Tage. Und ganz
Israel steinigte ihn und verbrannte sie mit Feuer.

26So kehrte sich der HERR ab von dem Grimm seines Zorns.

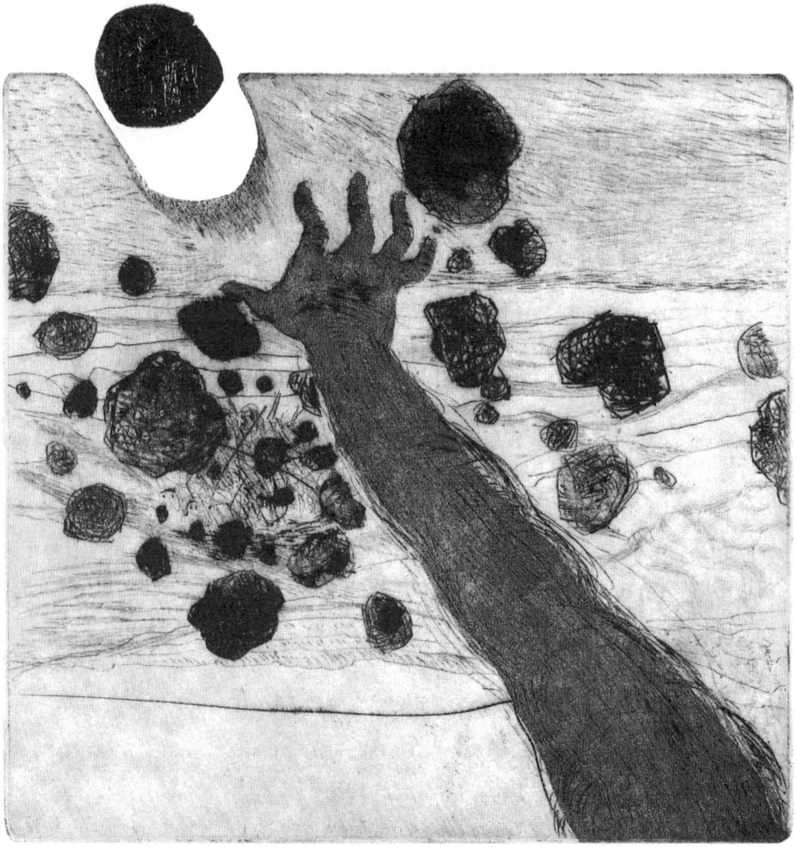

7,25

Die Israeliten breiten sich in Kanaan aus

11 [Stadt um Stadt fiel in die Hand der Israeliten.] 16 So nahm Josua
dies ganze Land ein, das Gebirge und alles, was im Süden liegt,
und das ganze Land Goschen und das Hügelland und das Jordantal
und das Gebirge Israel mit seinem Hügelland, 17 von dem kahlen
Gebirge an, das aufsteigt nach Seïr hin bis nach Baal-Gad in der Ebene
beim Gebirge Libanon, am Fuße des Berges Hermon. Alle ihre Könige
nahm er gefangen und schlug sie nieder und tötete sie. 18 Er kämpfte
aber eine lange Zeit mit diesen Königen. 19 Es war keine Stadt, die
Frieden machte mit den Israeliten, ausgenommen die Hiwiter, die in
Gibeon wohnten; sondern sie eroberten sie alle im Kampf.

23 So nahm Josua das ganze Land ein, ganz so, wie der HERR zu
Mose geredet hatte, und gab es Israel zum Besitz, einem jeden Stamm
sein Teil. Und das Land war zur Ruhe gekommen vom Kriege.

Hier darf das Volk leben

18 Und es versammelte sich die ganze Gemeinde der Israeliten
in Silo und richtete dort die Stiftshütte auf.

20 Und der HERR redete mit Josua und sprach: 2 Sage den Israe-
liten: Bestimmt unter euch Freistädte. 3 Dahin kann ein Tot-
schläger fliehen, der jemand aus Versehen und ohne Vorsatz erschlägt,
damit sie euch eine Freistatt sind vor dem Bluträcher. 4 Und wer zu
einer dieser Städte flieht, soll draußen vor dem Stadttor stehenbleiben
und vor den Ältesten der Stadt seine Sache vorbringen; dann sollen
sie ihn zu sich in die Stadt nehmen und ihm Raum geben, bei ihnen
zu wohnen. 5 Und wenn der Bluträcher ihm nachjagt, sollen sie den
Totschläger nicht in seine Hände übergeben, weil er ohne Vorsatz
seinen Nächsten erschlagen hat und ihm vorher nicht feind gewesen
ist. 6 So soll er in der Stadt wohnen, bis er vor der Gemeinde vor
Gericht gestanden hat und bis der Hohepriester gestorben ist, der zu
jener Zeit im Amt sein wird. Dann darf der Totschläger zurück-
kommen in seine Stadt und in sein Haus, zur Stadt, aus der er
geflohen ist.

21 43 So hat der HERR Israel das ganze Land gegeben, das er
geschworen hatte, ihren Vätern zu geben, und sie nahmen's
ein und wohnten darin. 44 Und der HERR gab ihnen Ruhe ringsumher,
ganz wie er ihren Vätern geschworen hatte; und keiner ihrer Feinde
widerstand ihnen, sondern alle ihre Feinde gab er in ihre Hände. 45 Es
war nichts dahingefallen von all dem guten Wort, das der HERR dem
Hause Israel verkündigt hatte. Es war alles gekommen.

Josua erneuert den Bund mit Gott

Volksversammlung in Sichem

24 Josua versammelte alle Stämme Israels nach Sichem. Und als
sie vor Gott getreten waren, 2 sprach er zum ganzen Volk:
So spricht der HERR, der Gott Israels: Eure Väter wohnten vorzeiten
jenseits des Euphratstroms und dienten andern Göttern. 3 Da nahm
ich euren Vater Abraham von jenseits des Stroms und ließ ihn umher-
ziehen im ganzen Land Kanaan und mehrte sein Geschlecht und gab
ihm Isaak. 4 Und Isaak gab ich Jakob und Esau und gab Esau das
Gebirge Seïr zum Besitz. Jakob aber und seine Söhne zogen hinab
nach Ägypten. 5 Da sandte ich Mose und Aaron und plagte Ägypten,
wie ich unter ihnen getan habe. 6 Danach führte ich euch und eure
Väter aus Ägypten. Und als ihr ans Meer kamt und die Ägypter euren
Vätern nachjagten mit Wagen und Gespannen ans Schilfmeer, 7 da
schrien sie zum HERRN. Der setzte eine Finsternis zwischen euch und
die Ägypter und ließ das Meer über sie kommen, und es bedeckte sie.
Eure Augen haben gesehen, was ich in Ägypten getan habe. Und ihr
habt gewohnt in der Wüste eine lange Zeit. 8 Und ich habe euch
gebracht in das Land der Amoriter, die jenseits des Jordans wohnten.
Und als sie gegen euch kämpften, gab ich sie in eure Hände, so daß
ihr ihr Land einnahmt, und vertilgte sie vor euch her. 13 Und ich habe
euch ein Land gegeben, um das ihr euch nicht gemüht habt, und
Städte, die ihr nicht gebaut habt, um darin zu wohnen, und ihr eßt
von Weinbergen und Ölbäumen, die ihr nicht gepflanzt habt.

14 So fürchtet nun den HERRN und dient ihm treulich und recht-
schaffen und laßt fahren die Götter, denen eure Väter gedient haben
jenseits des Euphratstroms und in Ägypten, und dient dem HERRN.
15 Gefällt es euch aber nicht, dem HERRN zu dienen, so wählt euch
heute, wem ihr dienen wollt: den Göttern, denen eure Väter gedient
haben jenseits des Stroms, oder den Göttern der Amoriter, in deren
Land ihr wohnt. Ich aber und mein Haus wollen dem HERRN dienen.

16 Da antwortete das Volk und sprach: Das sei ferne von uns, daß
wir den HERRN verlassen und andern Göttern dienen! 17 Denn der
HERR, unser GOTT, hat uns und unsere Väter aus Ägyptenland geführt,
aus der Knechtschaft, und hat vor unsern Augen diese großen
Zeichen getan und uns behütet auf dem ganzen Wege, den wir gezo-
gen sind, und unter allen Völkern, durch die wir gegangen sind, 18 und
hat ausgestoßen vor uns her alle Völker und die Amoriter, die im Lande
wohnten. Darum wollen wir auch dem HERRN dienen; denn er ist
unser Gott.

24,27

[19]Josua sprach zum Volk: Ihr könnt dem HERRN nicht dienen; denn
er ist ein heiliger Gott, ein eifernder Gott, der eure Übertretungen und
Sünden nicht vergeben wird. [20]Wenn ihr den HERRN verlaßt und
fremden Göttern dient, so wird er sich abwenden und euch plagen
und euch ausrotten, nachdem er euch Gutes getan hatte. [21]Das Volk
aber sprach zu Josua: Nein, sondern wir wollen dem HERRN dienen.

[22]Da sprach Josua zum Volk: Ihr seid Zeugen gegen euch selbst,
daß ihr euch den HERRN erwählt habt, um ihm zu dienen. Und sie
sprachen: Ja! – [23]So tut nun von euch die fremden Götter, die unter
euch sind, und neigt euer Herz zu dem HERRN, dem Gott Israels.
[24]Und das Volk sprach zu Josua: Wir wollen dem HERRN, unserm
Gott, dienen und seiner Stimme gehorchen.

[25]So schloß Josua an diesem Tag einen Bund für das Volk und legte
ihnen Gesetze und Rechte vor in Sichem. [26]Und Josua schrieb dies
alles ins Buch des Gesetzes Gottes und nahm einen großen Stein und
richtete ihn dort auf unter einer Eiche, die bei dem Heiligtum des
HERRN war, [27]und sprach zum ganzen Volk: Siehe, dieser Stein soll
Zeuge sein unter uns, denn er hat gehört alle Worte des HERRN, die er
mit uns geredet hat, und soll ein Zeuge unter euch sein, daß ihr euren
Gott nicht verleugnet. [28]So entließ Josua das Volk, einen jeden in sein
Erbteil.

DAS BUCH DER RICHTER

Israel soll nicht vergessen

2 6 Als Josua das Volk entlassen hatte und die Israeliten hingezogen
waren, ein jeder in sein Erbteil, um das Land einzunehmen,
7 diente das Volk dem HERRN, solange Josua lebte und die Ältesten, die
noch lange nach Josua lebten und alle die großen Werke des HERRN
gesehen hatten, die er an Israel getan hatte. 8 Da starb Josua, der Sohn
Nuns, der Knecht des HERRN, als er hundertundzehn Jahre alt war.

10 Als auch alle, die zu der Zeit gelebt hatten, zu ihren Vätern ver-
sammelt waren, kam nach ihnen ein anderes Geschlecht auf, das den
HERRN nicht kannte noch die Werke, die er an Israel getan hatte. 11 Da
taten die Israeliten, was dem HERRN mißfiel, und dienten den Baalen
12 und verließen den HERRN, den Gott ihrer Väter, der sie aus Ägypten-
land geführt hatte, und folgten andern Göttern nach von den Göttern
der Völker, die um sie her wohnten, und beteten sie an und erzürnten
den HERRN.

18 Wenn aber der HERR ihnen Richter erweckte, so war der HERR
mit dem Richter und errettete sie aus der Hand ihrer Feinde, solange
der Richter lebte. Denn es jammerte den HERRN ihr Wehklagen über
die, die sie unterdrückten und bedrängten. 19 Wenn aber der Richter
gestorben war, so fielen sie wieder ab und trieben es ärger als ihre
Väter, indem sie andern Göttern folgten, ihnen zu dienen und sie
anzubeten. Sie ließen nicht von ihrem Tun noch von ihrem hals-
starrigen Wandel.

20 Darum entbrannte der Zorn des HERRN über Israel, und er
sprach: Weil dies Volk meinen Bund übertreten hat, den ich ihren
Vätern geboten habe, und gehorcht meiner Stimme nicht, 21 so will ich
auch hinfort die Völker nicht vertreiben, die Josua übriggelassen hat,
als er starb, 22 damit ich Israel durch sie prüfe, ob sie auf dem Wege
des HERRN bleiben und darauf wandeln, wie ihre Väter geblieben sind,
oder nicht.

Eine Frau rettet das Volk

4 Aber die Israeliten taten wiederum, was dem HERRN mißfiel, als
Ehud gestorben war. 2 Und der HERR verkaufte sie in die Hand
Jabins, des Königs von Kanaan, der zu Hazor herrschte, und sein Feld-

hauptmann war Sisera; der wohnte in Haroschet der Heiden. 3Und
die Israeliten schrien zum HERRN, denn Jabin hatte neunhundert
eiserne Wagen und unterdrückte die Israeliten mit Gewalt zwanzig
Jahre.
4Zu der Zeit war Richterin in Israel die Prophetin Debora, die Frau
Lappidots. 5Sie hatte ihren Sitz unter der Palme Deboras zwischen
Rama und Bethel auf dem Gebirge Ephraim. Und die Israeliten kamen
zu ihr hinauf zum Gericht. 6Und sie sandte hin und ließ rufen Barak,
den Sohn Abinoams aus Kedesch in Naftali, und ließ ihm sagen: Hat
dir nicht der HERR, der Gott Israels, geboten: Geh hin und zieh auf
den Berg Tabor und nimm zehntausend Mann mit dir von Naftali und
Sebulon? 7Ich aber will Sisera, den Feldhauptmann Jabins, dir
zuführen an den Bach Kischon mit seinen Wagen und mit seinem
Heer und will ihn in deine Hände geben.
8Barak sprach zu ihr: Wenn du mit mir ziehst, so will auch ich
ziehen; ziehst du aber nicht mit mir, so will auch ich nicht ziehen. 9Sie
sprach: Ich will mit dir ziehen; aber der Ruhm wird nicht dein sein auf
diesem Kriegszug, den du unternimmst, sondern der HERR wird Sisera
in eines Weibes Hand geben. So machte sich Debora auf und zog mit
Barak nach Kedesch. 10Da rief Barak Sebulon und Naftali nach
Kedesch; und es zogen hinauf ihm nach zehntausend Mann. Debora
zog auch mit ihm.
12Da wurde Sisera angesagt, daß Barak, der Sohn Abinoams, auf
den Berg Tabor gezogen wäre. 13Und er rief alle seine Kriegswagen
zusammen, neunhundert eiserne Wagen, und das ganze Volk, das mit
ihm war, aus Haroschet der Heiden an den Bach Kischon. 14Debora
aber sprach zu Barak: Auf! Das ist der Tag, an dem dir der HERR den
Sisera in deine Hand gegeben hat, denn der HERR ist ausgezogen vor
dir her. So zog Barak von dem Berge Tabor hinab und die zehn-
tausend Mann ihm nach. 15Und der HERR erschreckte den Sisera samt
allen seinen Wagen und dem ganzen Heer vor der Schärfe von Baraks
Schwert, so daß Sisera von seinem Wagen sprang und zu Fuß floh.
16Barak aber jagte den Wagen und dem Heer nach bis Haroschet der
Heiden. Und Siseras ganzes Heer fiel durch die Schärfe des Schwerts,
so daß auch nicht einer übrigblieb.

5 Da sangen Debora und Barak, der Sohn Abinoams, zu jener Zeit:
2Lobet den HERRN, daß man sich in Israel zum Kampf rüstete
und das Volk willig dazu gewesen ist. 3Höret zu, ihr Könige, und
merket auf, ihr Fürsten! Ich will singen, dem HERRN will ich singen,
dem HERRN, dem Gott Israels, will ich spielen.
4HERR, als du von Seïr auszogst und einhergingst vom Gefilde

Edoms, da erzitterte die Erde, der Himmel troff, und die Wolken
troffen von Wasser. 5 Die Berge wankten vor dem HERRN, der Sinai vor
dem HERRN, dem Gott Israels.

9 Mein Herz ist mit den Gebietern Israels, mit denen, die willig
waren unter dem Volk. Lobet den HERRN! 10 Die ihr auf weißen
Eselinnen reitet, die ihr auf Teppichen sitzet und die ihr auf dem Wege
gehet: Singet!

13 Da zog herab, was übrig war von Herrlichen im Volk. Der HERR
zog mit mir herab unter den Helden.

19 Könige kamen und stritten; damals stritten die Könige Kanaans
zu Taanach am Wasser Megiddos, aber Silber gewannen sie dabei
nicht. 20 Vom Himmel her kämpften die Sterne, von ihren Bahnen
stritten sie wider Sisera. 22 Da stampften die Hufe der Rosse, ein
Jagen ihrer mächtigen Renner.

23 Fluchet der Stadt Meros, sprach der Engel des HERRN, fluchet,
fluchet ihren Bürgern, daß sie nicht kamen dem HERRN zu Hilfe,
zu Hilfe dem HERRN unter den Helden! 24 Gepriesen sei unter den
Frauen Jaël, das Weib Hebers, des Keniters; gepriesen sei sie im Zelt
unter den Frauen! 25 Milch gab sie, als er Wasser forderte, Sahne
reichte sie dar in einer herrlichen Schale. 26 Sie griff mit ihrer Hand
den Pflock und mit ihrer Rechten den Schmiedehammer und
zerschlug Siseras Haupt.

31 So sollen umkommen, HERR, alle deine Feinde! Die ihn aber
liebhaben, sollen sein, wie die Sonne aufgeht in ihrer Pracht!

Das Land muß erneut verteidigt werden

6 Und als die Israeliten taten, was dem HERRN mißfiel, gab sie
der HERR in die Hand der Midianiter sieben Jahre. 2 Und als die
Hand der Midianiter zu stark wurde über Israel, machten sich die
Israeliten in den Bergen Schluchten zurecht und Höhlen und Festun-
gen. 3 Und immer, wenn Israel gesät hatte, kamen die Midianiter und
Amalekiter und die aus dem Osten herauf über sie 4 und lagerten sich
gegen sie und vernichteten die Ernte im Land bis hin nach Gaza und
ließen nichts übrig an Nahrung in Israel, weder Schafe noch Rinder
noch Esel. 5 Denn sie kamen herauf mit ihrem Vieh und ihren Zelten
wie eine große Menge Heuschrecken, so daß weder sie noch ihre
Kamele zu zählen waren, und fielen ins Land, um es zu verderben.
6 So wurde Israel sehr schwach vor den Midianitern. Da schrien die
Israeliten zum HERRN.

Gideon als Retter

11Gideon drosch Weizen in der Kelter, damit er ihn berge vor den
Midianitern. 12Da erschien ihm der Engel des HERRN und sprach zu
ihm: Der HERR mit dir, du streitbarer Held! 14Du sollst Israel erretten
aus den Händen der Midianiter. Siehe, ich habe dich gesandt!

33Als nun alle Midianiter und Amalekiter und die aus dem Osten
sich versammelt hatten, zogen sie herüber und lagerten sich in der
Ebene Jesreel. 34Da erfüllte der Geist des HERRN den Gideon. Und er
ließ die Posaune blasen.

7 2Der HERR aber sprach zu Gideon: Zu zahlreich ist das Volk, das
bei dir ist, als daß ich Midian in seine Hände geben sollte; Israel
könnte sich rühmen wider mich und sagen: Meine Hand hat mich
errettet. 3So laß nun ausrufen vor den Ohren des Volks: Wer ängstlich
und verzagt ist, der kehre um. So sichtete sie Gideon. 8Dreihundert
Mann aber behielt er bei sich. Und das Heer der Midianiter lag unten
vor ihm in der Ebene.

9Und der HERR sprach in derselben Nacht zu Gideon: Steh auf und
geh hinab zum Lager; denn ich habe es in deine Hände gegeben.
16Und er teilte die dreihundert Mann in drei Heerhaufen und
gab jedem eine Posaune in die Hand und leere Krüge mit Fackeln
darin 17und sprach zu ihnen: Seht auf mich und tut ebenso; wenn ich
nun an das Lager komme – wie ich tue, so tut ihr auch! 18Wenn ich
die Posaune blase und alle, die mit mir sind, so sollt ihr auch die
Posaune blasen rings um das ganze Heerlager und rufen: Für den
HERRN und für Gideon!

19So kam Gideon mit hundert Mann an das Lager zu Anfang der
mittleren Nachtwache, als sie eben die Wachen aufgestellt hatten,
und sie bliesen die Posaunen und zerschlugen die Krüge in ihren
Händen. 20Da bliesen alle drei Heerhaufen die Posaunen und zer-
brachen die Krüge. Sie hielten aber die Fackeln in ihrer linken Hand
und die Posaunen in ihrer rechten Hand, um zu blasen, und riefen:
Hier Schwert des HERRN und Gideons! 21Und sie blieben stehen,
jeder an seiner Stelle, rings um das Lager her. Da fing das ganze Heer
an zu laufen, und sie schrien und flohen.

8 22Da sprachen die Männer von Israel zu Gideon: Sei Herrscher
über uns, du und dein Sohn und deines Sohnes Sohn, weil du
uns aus der Hand der Midianiter errettet hast. 23Aber Gideon sprach
zu ihnen: Ich will nicht Herrscher über euch sein, und mein Sohn soll
auch nicht Herrscher über euch sein, sondern der HERR soll Herrscher
über euch sein.

32 Und Gideon, der Sohn des Joasch, starb in hohem Alter und wurde
begraben im Grab seines Vaters Joasch in Ofra, der Stadt der Abiësriter.

Es ändert sich nichts

33 Als aber Gideon gestorben war, kehrten sich die Israeliten ab
und liefen den Baalen nach und machten Baal-Berit zu ihrem Gott.
34 Und sie dachten nicht an den HERRN, ihren Gott, der sie errettet
hatte aus der Hand aller ihrer Feinde ringsumher, 35 und erzeigten sich
nicht dankbar dem Hause des Gideon für alles Gute, das er an Israel
getan hatte.

Was kann ein König nützen?

9 Abimelech aber, der Sohn Jerubbaals [anderer Name für Gideon],
ging hin nach Sichem zu den Brüdern seiner Mutter und redete
mit ihnen und mit dem ganzen Geschlecht des Hauses seiner Mutter
und sprach: 2 Redet doch vor den Ohren aller Männer von Sichem:
Was ist euch besser, daß siebzig Männer, alle die Söhne Jerubbaals,
über euch Herrscher seien oder daß *ein* Mann über euch Herrscher
sei? Denkt auch daran, daß ich euer Gebein und Fleisch bin.

3 Da redeten die Brüder seiner Mutter seinetwegen alle diese Worte
vor den Ohren aller Männer von Sichem. Und ihr Herz neigte sich
Abimelech zu; denn sie dachten: Er ist unser Bruder. 4 Und sie gaben
ihm siebzig Silberstücke aus dem Tempel des Baal-Berit. Und Abime-
lech warb damit lose, verwegene Männer an, die ihm nachfolgten.
5 Und er kam in das Haus seines Vaters nach Ofra und tötete seine
Brüder, die Söhne Jerubbaals, siebzig Mann, auf *einem* Stein. Es blieb
aber übrig Jotam, der jüngste Sohn Jerubbaals; denn er hatte sich ver-
steckt. 6 Und es versammelten sich alle Männer von Sichem und alle
Bewohner des Millo, gingen hin und machten Abimelech zum König
bei der Eiche am Steinmal von Sichem.

7 Als das dem Jotam angesagt wurde, ging er hin und stellte sich
auf den Gipfel des Berges Garizim, erhob seine Stimme, rief und
sprach zu ihnen: Höret mich, ihr Männer von Sichem, daß euch Gott
auch höre.

8 Die Bäume gingen hin, um einen König über sich zu salben, und
sprachen zum Ölbaum: Sei unser König! 9 Aber der Ölbaum ant-
wortete ihnen: Soll ich meine Fettigkeit lassen, die Götter und
Menschen an mir preisen, und hingehen, über den Bäumen zu
schweben? 10 Da sprachen die Bäume zum Feigenbaum: Komm du
und sei unser König! 11 Aber der Feigenbaum sprach zu ihnen: Soll ich

meine Süßigkeit und meine gute Frucht lassen und hingehen, über den
Bäumen zu schweben? 12Da sprachen die Bäume zum Weinstock:
Komm du und sei unser König! 13Aber der Weinstock sprach zu
ihnen: Soll ich meinen Wein lassen, der Götter und Menschen fröh-
lich macht, und hingehen, über den Bäumen zu schweben? 14Da
sprachen alle Bäume zum Dornbusch: Komm du und sei unser
König! 15Und der Dornbusch sprach zu den Bäumen: Ist's wahr, daß
ihr mich zum König über euch salben wollt, so kommt und bergt
euch in meinem Schatten; wenn nicht, so gehe Feuer vom Dornbusch
aus und verzehre die Zedern Libanons.

16Habt ihr nun recht und redlich getan, daß ihr Abimelech zum
König gemacht habt? Und habt ihr wohlgetan an Jerubbaal und an
seinem Hause, und habt ihr ihm getan, wie er's um euch verdient hat?

21Und Jotam floh vor seinem Bruder Abimelech und entwich und
ging nach Beer und wohnte dort.

22Als nun Abimelech drei Jahre über Israel geherrscht hatte,
23sandte Gott einen bösen Geist zwischen Abimelech und die
Männer von Sichem. Und die Männer von Sichem wurden Abimelech
untreu.

DAS BUCH RUT

Rut entscheidet sich für die Fremde

1 Zu der Zeit, als die Richter richteten, entstand eine Hungersnot im
Lande. Und ein Mann von Bethlehem in Juda zog aus ins Land der
Moabiter, um dort als Fremdling zu wohnen, mit seiner Frau und
seinen beiden Söhnen. 2Der hieß Elimelech und seine Frau Noomi
und seine beiden Söhne Machlon und Kiljon; die waren aus Bethle-
hem in Juda. Und als sie ins Land der Moabiter gekommen waren,
blieben sie dort. 3Und Elimelech, Noomis Mann, starb, und sie blieb
übrig mit ihren beiden Söhnen. 4Die nahmen moabitische Frauen; die
eine hieß Orpa, die andere Rut. Und als sie ungefähr zehn Jahre dort
gewohnt hatten, 5starben auch die beiden, Machlon und Kiljon, so
daß die Frau beide Söhne und ihren Mann überlebte.

6Da machte sie sich auf mit ihren beiden Schwiegertöchtern und
zog aus dem Land der Moabiter wieder zurück; denn sie hatte erfah-
ren, daß der HERR sich seines Volkes angenommen und ihnen Brot
gegeben hatte. 7Und sie ging aus von dem Ort, wo sie gewesen war,
und ihre beiden Schwiegertöchter mit ihr. Und als sie unterwegs
waren, um ins Land Juda zurückzukehren, 8sprach sie zu ihren bei-
den Schwiegertöchtern: Geht hin und kehrt um, eine jede ins Haus
ihrer Mutter! Der HERR tue an euch Barmherzigkeit, wie ihr an den To-
ten und an mir getan habt. 9Und sie küßte sie.

Da erhoben sie ihre Stimme und weinten 10und sprachen zu ihr:
Wir wollen mit dir zu deinem Volk gehen. 11Aber Noomi sprach:
Kehrt um, meine Töchter! Warum wollt ihr mit mir gehen? 14Da erho-
ben sie ihre Stimme und weinten noch mehr. Und Orpa küßte ihre
Schwiegermutter, Rut aber blieb bei ihr. 15Sie aber sprach: Siehe, deine
Schwägerin ist umgekehrt zu ihrem Volk und zu ihrem Gott; kehre
auch du um, deiner Schwägerin nach. 16Rut antwortete: Rede mir
nicht ein, daß ich dich verlassen und von dir umkehren sollte. Wo du
hingehst, da will ich auch hingehen; wo du bleibst, da bleibe ich auch.
Dein Volk ist mein Volk, und dein Gott ist mein Gott. 17Wo du stirbst,
da sterbe ich auch, da will ich auch begraben werden. Der HERR tue
mir dies und das, nur der Tod wird mich und dich scheiden.

18Als sie nun sah, daß sie festen Sinnes war, mit ihr zu gehen, ließ
sie ab, ihr zuzureden. 19So gingen die beiden miteinander, bis sie nach
Bethlehem kamen. Und als sie nach Bethlehem hineinkamen, erregte

sich die ganze Stadt über sie, und die Frauen sprachen: Ist das die
Noomi? 20Sie aber sprach zu ihnen: Nennt mich nicht Noomi [d.h.
»lieblich«], sondern Mara [d.h. »bitter«]; denn der Allmächtige hat mir
viel Bitteres angetan.

22Es war aber um die Zeit, da die Gerstenernte anging, als Noomi
mit ihrer Schwiegertochter Rut, der Moabiterin, zurückkam vom
Moabiterland nach Bethlehem.

Rut wird freundlich aufgenommen

2 Es war aber ein Mann, ein Verwandter des Mannes der Noomi,
von dem Geschlecht Elimelechs, mit Namen Boas; der war
ein angesehener Mann. 2Und Rut, die Moabiterin, sprach zu Noomi:
Laß mich aufs Feld gehen und Ähren auflesen, bei einem, vor dessen
Augen ich Gnade finde. Sie aber sprach zu ihr: Geh hin, meine
Tochter! 3Sie ging hin und las auf, den Schnittern nach, auf dem Felde.
Und es traf sich, daß dies Feld dem Boas gehörte.

4Und siehe, Boas kam eben von Bethlehem und sprach zu den
Schnittern: Der HERR sei mit euch! Sie antworteten: Der HERR segne
dich! 5Und Boas sprach zu seinem Knecht, der über die Schnitter
gestellt war: Zu wem gehört das Mädchen? 6Der Knecht antwortete
und sprach: Es ist eine Moabiterin, die mit Noomi gekommen ist
aus dem Land der Moabiter. 7Sie hat gesagt: Laßt mich doch auflesen
und sammeln hinter den Garben den Schnittern nach, und ist
gekommen und dageblieben vom Morgen an bis jetzt und hat nur
wenig ausgeruht.

8Da sprach Boas zu Rut: Hörst du wohl, meine Tochter? Du sollst
nicht auf einen andern Acker gehen, um aufzulesen; geh auch nicht
von hier weg, sondern halt dich zu meinen Mägden. 9Und sieh, wo sie
schneiden im Felde, da geh ihnen nach. Ich habe meinen Knechten
geboten, daß dich niemand antaste. Und wenn dich dürstet, so geh
hin zu den Gefäßen und trinke von dem, was meine Knechte schöp-
fen. 10Da fiel sie auf ihr Angesicht und beugte sich nieder zur Erde
und sprach zu ihm: Womit hab ich Gnade gefunden vor deinen
Augen, daß du mir freundlich bist, die ich doch eine Fremde bin?
11Boas antwortete und sprach zu ihr: Man hat mir alles angesagt, was
du getan hast an deiner Schwiegermutter nach deines Mannes Tod;
daß du verlassen hast deinen Vater und deine Mutter und dein Vater-
land und zu einem Volk gezogen bist, das du vorher nicht kanntest.
12Der HERR vergelte dir deine Tat, und dein Lohn möge vollkommen
sein bei dem HERRN, dem Gott Israels, zu dem du gekommen bist,
daß du unter seinen Flügeln Zuflucht hättest.

14 Boas sprach zu ihr, als Essenszeit war: Komm hierher und iß
vom Brot und tauche deinen Bissen in den Essigtrank! Und sie setzte
sich zur Seite der Schnitter. Er aber legte ihr geröstete Körner vor, und
sie aß und wurde satt und ließ noch übrig. 15 Und als sie sich auf-
machte zu lesen, gebot Boas seinen Knechten und sprach: Laßt sie
auch zwischen den Garben lesen und beschämt sie nicht; 16 auch
zieht etwas für sie aus den Garben heraus und laßt es liegen, daß sie
es auflese, und niemand schelte sie darum. 17 So las sie bis zum Abend
auf dem Felde und klopfte die Ähren aus, die sie aufgelesen hatte, und
es war ungefähr ein Scheffel Gerste.

18 Und sie hob's auf und kam in die Stadt, und ihre Schwieger-
mutter sah, was sie gelesen hatte. Da zog Rut hervor und gab ihr, was
sie übrigbehalten hatte, nachdem sie satt geworden war. 19 Da sprach
ihre Schwiegermutter zu ihr: Wo hast du heute gelesen, und wo hast
du gearbeitet? Gesegnet sei, der dir freundlich gewesen ist! Sie aber
sagte ihrer Schwiegermutter, bei wem sie gearbeitet hatte, und sprach:
Der Mann, bei dem ich heute gearbeitet habe, heißt Boas. 20 Noomi
aber sprach zu ihrer Schwiegertochter: Gesegnet sei er vom HERRN,
der seine Barmherzigkeit nicht abgewendet hat von den Lebendigen
und von den Toten. Und Noomi sprach zu ihr: Der Mann steht uns
nahe; er gehört zu unsern Lösern.

Alles wird gut

3 Und Noomi, ihre Schwiegermutter, sprach zu ihr: Meine Tochter,
ich will dir eine Ruhestatt suchen, daß dir's wohlgehe. 2 Siehe,
Boas, unser Verwandter, bei dessen Mägden du gewesen bist, worfelt
diese Nacht Gerste auf seiner Tenne. 3 So bade dich und salbe dich
und lege dein Kleid an und geh hinab auf die Tenne. Gib dich dem
Mann nicht zu erkennen, bis er gegessen und getrunken hat. 4 Wenn
er sich dann schlafen legt, so merke dir die Stelle, wo er sich hinlegt,
und geh hin und decke zu seinen Füßen auf und leg dich hin, so wird
er dir sagen, was du tun sollst. 6 Sie ging hinab zur Tenne und tat alles,
was ihre Schwiegermutter ihr geboten hatte.

7 Und als Boas gegessen und getrunken hatte, ward sein Herz guter
Dinge, und er ging hin und legte sich hinter einen Kornhaufen. Und
sie kam leise und deckte zu seinen Füßen auf und legte sich hin. 8 Als
es nun Mitternacht ward, erschrak der Mann und beugte sich vor; und
siehe, eine Frau lag zu seinen Füßen. 9 Und er sprach: Wer bist du?
Sie antwortete: Ich bin Rut, deine Magd. Breite den Zipfel deines
Gewandes über deine Magd, denn du bist der Löser. 10 Er aber sprach:
Gesegnet seist du vom HERRN, meine Tochter! 11 Fürchte dich nicht.

Alles, was du sagst, will ich dir tun; denn das ganze Volk in meiner
Stadt weiß, daß du ein tugendsames Weib bist. 12Ja, es ist wahr, daß
ich ein Löser bin. 14Und sie schlief bis zum Morgen zu seinen Füßen.
Und sie stand auf, ehe einer den andern erkennen konnte.

16Sie aber kam zu ihrer Schwiegermutter. Die sprach: Wie steht's
mit dir, meine Tochter? Und sie sagte ihr alles, was ihr der Mann getan
hatte. 18Sie aber sprach: Warte nun ab, meine Tochter, bis du erfährst,
wo es hinaus will; denn der Mann wird nicht ruhen, er bringe es denn
heute zu Ende.

4 Boas ging hinauf ins Tor und setzte sich daselbst. 2Und Boas
nahm zehn Männer von den Ältesten der Stadt und sprach: Setzt
euch hierher! Und sie setzten sich.

9Und Boas sprach zu den Ältesten und zu allem Volk: Ihr seid
heute Zeugen, daß ich von Noomi alles gekauft habe, was Elimelech,
und alles, was Kiljon und Machlon gehört hat. 10Dazu habe ich mir
auch Rut, die Moabiterin, die Frau Machlons, zum Weibe genommen,
daß ich den Namen des Verstorbenen erhalte auf seinem Erbteil und
sein Name nicht ausgerottet werde unter seinen Brüdern, dessen seid
ihr heute Zeugen. 11Und alles Volk, das im Tor war, samt den Ältesten
sprach: Wir sind Zeugen.

13So nahm Boas die Rut, daß sie seine Frau wurde. Und als er zu
ihr einging, gab ihr der HERR, daß sie schwanger ward, und sie gebar
einen Sohn. 14Da sprachen die Frauen zu Noomi: Gelobt sei der
HERR, der dir zu dieser Zeit einen Löser nicht versagt hat! Dessen
Name werde gerühmt in Israel! 15Der wird dich erquicken und dein
Alter versorgen. Denn deine Schwiegertochter, die dich geliebt hat, hat
ihn geboren, die dir mehr wert ist als sieben Söhne. 16Und Noomi
nahm das Kind und legte es auf ihren Schoß und ward seine Wärte-
rin. 17Und ihre Nachbarinnen gaben ihm einen Namen und sprachen:
Noomi ist ein Sohn geboren; und sie nannten ihn Obed. Der ist
der Vater Isais, welcher Davids Vater ist.

3,7

DAS ERSTE BUCH SAMUEL

Ein Wunsch geht in Erfüllung

1 Es war ein Mann, der hieß Elkana, ein Ephraimiter. 2 Und er hatte
zwei Frauen; die eine hieß Hanna, die andere Peninna. Peninna
aber hatte Kinder, und Hanna hatte keine Kinder. 3 Dieser Mann ging
jährlich hinauf von seiner Stadt, um anzubeten und dem HERRN
Zebaoth zu opfern in Silo. 5 Er hatte Hanna lieb.
6 Und ihre Widersacherin kränkte und reizte sie sehr, weil der HERR
ihren Leib verschlossen hatte. 7 So ging es alle Jahre; wenn sie hinauf-
zog zum Haus des HERRN, kränkte jene sie. Dann weinte Hanna und
aß nichts. 8 Elkana aber, ihr Mann, sprach zu ihr: Hanna, warum
weinst du, und warum issest du nichts? Und warum ist dein Herz so
traurig? Bin ich dir nicht mehr wert als zehn Söhne?
9 Da stand Hanna auf, nachdem sie in Silo gegessen und getrunken
hatten. 10 Und sie war von Herzen betrübt und betete zum HERRN und
weinte sehr 11 und gelobte ein Gelübde und sprach: HERR Zebaoth,
wirst du das Elend deiner Magd ansehen und an mich gedenken und
deiner Magd nicht vergessen und wirst du deiner Magd einen Sohn
geben, so will ich ihn dem HERRN geben sein Leben lang.
19 Und als sie angebetet hatten vor dem HERRN, kehrten sie wieder
um und kamen heim nach Rama. Und der HERR gedachte an sie.
20 Und Hanna ward schwanger; und als die Tage um waren, gebar sie
einen Sohn und nannte ihn Samuel; denn, so sprach sie, ich hab ihn
von dem HERRN erbeten.
24 Nachdem sie ihn entwöhnt hatte, nahm sie ihn mit sich hinauf
nach Silo, dazu einen dreijährigen Stier, einen Scheffel Mehl und einen
Krug Wein und brachte ihn in das Haus des HERRN.

Hannas Danklied

2 Und Hanna betete und sprach:
Mein Herz ist fröhlich in dem HERRN,
mein Haupt ist erhöht in dem HERRN.
Mein Mund hat sich weit aufgetan wider meine Feinde,
denn ich freue mich deines Heils.
2 Es ist niemand heilig wie der HERR, außer dir ist keiner,
und ist kein Fels, wie unser Gott ist.

6 Der HERR tötet und macht lebendig,
führt hinab zu den Toten und wieder herauf.
7 Der HERR macht arm und macht reich;
er erniedrigt und erhöht.
8 Er hebt auf den Dürftigen aus dem Staub
und erhöht den Armen aus der Asche,
daß er ihn setze unter die Fürsten
und den Thron der Ehre erben lasse.
Denn der Welt Grundfesten sind des HERRN,
und er hat die Erde darauf gesetzt.
9 Er wird behüten die Füße seiner Heiligen,
aber die Gottlosen sollen zunichte werden in Finsternis;
denn viel Macht hilft doch niemand.
10 Die mit dem HERRN hadern, sollen zugrunde gehen.
Der Höchste im Himmel wird sie zerschmettern,
der HERR wird richten der Welt Enden.
Er wird Macht geben seinem Könige
und erhöhen das Haupt seines Gesalbten.

11 Und Elkana ging heim nach Rama in sein Haus; der Knabe aber war des HERRN Diener vor dem Priester Eli.

Schlimme Zustände am Heiligtum

12 Aber die Söhne Elis waren ruchlose Männer; die fragten nichts nach
dem HERRN 13 noch danach, was dem Priester zustände vom Volk.
Wenn jemand ein Opfer bringen wollte, so kam des Priesters Diener,
wenn das Fleisch kochte, und hatte eine Gabel mit drei Zacken in
seiner Hand 14 und stieß in den Tiegel oder Kessel oder Pfanne oder
Topf, und was er mit der Gabel hervorzog, das nahm der Priester für
sich. So taten sie allen in Israel, die dorthin kamen nach Silo. 17 So war
die Sünde der Männer sehr groß vor dem HERRN; denn sie ver-
achteten das Opfer des HERRN.

22 Eli aber war sehr alt geworden. Wenn er nun alles erfuhr, was
seine Söhne ganz Israel antaten und daß sie bei den Frauen schliefen,
die vor der Tür der Stiftshütte dienten, 23 sprach er zu ihnen: Warum
tut ihr solche bösen Dinge, von denen ich höre im ganzen Volk?
24 Nicht doch, meine Söhne! Das ist kein gutes Gerücht, von dem ich
reden höre in des HERRN Volk.

26 Aber der Knabe Samuel nahm immer mehr zu an Alter und Gunst bei dem HERRN und bei den Menschen.

Samuel bekommt einen Auftrag mitten in der Nacht

3 Zu der Zeit, als der Knabe Samuel dem HERRN diente unter Eli,
war des HERRN Wort selten, und es gab kaum noch Offenbarung.
2 Und es begab sich zur selben Zeit, daß Eli lag an seinem Ort, und
seine Augen hatten angefangen, schwach zu werden, so daß er nicht
mehr sehen konnte. 3 Die Lampe Gottes war noch nicht verloschen.
Und Samuel hatte sich gelegt im Heiligtum des HERRN, wo die Lade
Gottes war.

4 Und der HERR rief Samuel. Er aber antwortete: Siehe, hier bin ich!
5 und lief zu Eli und sprach: Siehe, hier bin ich! Du hast mich gerufen.
Er aber sprach: Ich habe nicht gerufen; geh wieder hin und lege dich
schlafen. Und er ging hin und legte sich schlafen. 6 Der HERR rief aber-
mals: Samuel! Und Samuel stand auf und ging zu Eli und sprach:
Siehe, hier bin ich! Du hast mich gerufen. Er aber sprach: Ich habe
nicht gerufen, mein Sohn; geh wieder hin und lege dich schlafen.

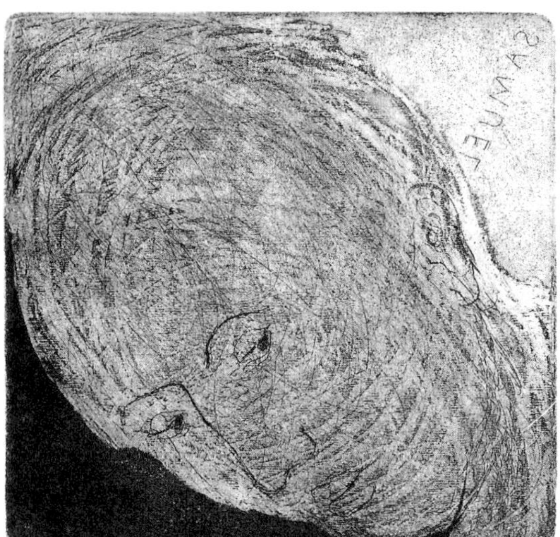

3,4

7 Aber Samuel hatte den HERRN noch nicht erkannt, und des HERRN
Wort war ihm noch nicht offenbart. 8 Und der HERR rief Samuel
wieder, zum drittenmal. Und er stand auf und ging zu Eli und sprach:
Siehe, hier bin ich! Du hast mich gerufen. Da merkte Eli, daß der HERR
den Knaben rief, 9 und sprach zu ihm: Geh wieder hin und lege dich
schlafen; und wenn du gerufen wirst, so sprich: Rede, HERR, denn
dein Knecht hört. Samuel ging hin und legte sich an seinen Ort.

10 Da kam der HERR und trat herzu und rief wie vorher: Samuel,
Samuel! Und Samuel sprach: Rede, denn dein Knecht hört. 11 Und der
HERR sprach zu Samuel: Siehe, ich werde etwas tun in Israel, wovon
jedem, der es hören wird, beide Ohren gellen werden. 12 An dem Tage
will ich über Eli kommen lassen, was ich gegen sein Haus geredet
habe; ich will es anfangen und vollenden. 13 Denn ich hab's ihm ange-
sagt, daß ich sein Haus für immer richten will um der Schuld willen,
daß er wußte, wie sich seine Söhne schändlich verhielten, und ihnen
nicht gewehrt hat.

15 Und Samuel lag bis an den Morgen und tat dann die Türen auf
am Hause des HERRN. Samuel aber fürchtete sich, Eli anzusagen, was
ihm offenbart worden war. 16 Da rief ihn Eli und sprach: Samuel, mein
Sohn! Er antwortete: Siehe, hier bin ich! 17 Er sprach: Was war das für
ein Wort, das er dir gesagt hat? Verschweige mir nichts. Gott tue dir
dies und das, wenn du mir etwas verschweigst von all den Worten,
die er dir gesagt hat. 18 Da sagte ihm Samuel alles und verschwieg ihm
nichts. Er aber sprach: Es ist der HERR; er tue, was ihm wohlgefällt.

19 Samuel aber wuchs heran, und der HERR war mit ihm. 20 Und
ganz Israel von Dan bis Beerscheba erkannte, daß Samuel damit
betraut war, Prophet des HERRN zu sein.

Die Heilige Lade in Feindeshand

4 Und es begab sich zu der Zeit, daß die Philister sich sammelten
zum Kampf gegen Israel. Israel aber zog aus, den Philistern ent-
gegen, in den Kampf und lagerte sich bei Eben-Eser. Die Philister aber
hatten sich gelagert bei Afek 2 und stellten sich Israel gegenüber auf.
Und der Kampf breitete sich aus, und Israel wurde von den Philistern
geschlagen. Sie erschlugen in der Feldschlacht etwa viertausend
Mann. 3 Und als das Volk ins Lager kam, sprachen die Ältesten Israels:
Warum hat uns der HERR heute vor den Philistern geschlagen? Laßt
uns die Lade des Bundes des HERRN zu uns holen von Silo und laßt
sie mit uns ziehen, damit er uns errette aus der Hand unserer Feinde.
4 Da sandte das Volk nach Silo und ließ von dort holen die Lade des
Bundes des HERRN Zebaoth.

Es waren aber die beiden Söhne Elis bei der Lade des Bundes Gottes.
5Und als die Lade des Bundes des HERRN in das Lager kam, jauchzte
ganz Israel mit gewaltigem Jauchzen, so daß die Erde erdröhnte. 6Als
aber die Philister das Jauchzen hörten, sprachen sie: Was ist das für
ein gewaltiges Jauchzen im Lager der Hebräer? Und als sie erfuhren,
daß die Lade des HERRN ins Lager gekommen sei, 7fürchteten sie sich
und sprachen: Gott ist ins Lager gekommen, und riefen: Wehe uns,
denn solches ist bisher noch nicht geschehen! 8Wehe uns! Wer will
uns erretten aus der Hand dieser mächtigen Götter? Das sind die
Götter, die Ägypten schlugen mit allerlei Plage in der Wüste. 9So seid
nun stark und seid Männer, ihr Philister, damit ihr nicht dienen müßt
den Hebräern, wie sie euch gedient haben! Seid Männer und kämpft!

10Da zogen die Philister in den Kampf, und Israel wurde geschla-
gen, und ein jeder floh in sein Zelt. Und die Niederlage war sehr groß,
und es fielen aus Israel dreißigtausend Mann Fußvolk. 11Und die Lade
Gottes wurde weggenommen, und die beiden Söhne Elis kamen um.

12Da lief einer von Benjamin aus dem Heerlager und kam am
selben Tage nach Silo und hatte seine Kleider zerrissen und Erde auf
sein Haupt. 13Und siehe, als er hinkam, saß Eli auf seinem Stuhl und
gab acht nach der Straße hin; denn sein Herz bangte um die Lade
Gottes. Und als der Mann in die Stadt kam, tat er's kund, und die
ganze Stadt schrie auf. 14Und als Eli das laute Schreien hörte, fragte er:
Was ist das für ein großer Lärm? Da kam der Mann eilends und sagte
es Eli. 18Als er aber von der Lade Gottes sprach, fiel Eli rücklings vom
Stuhl an der Tür und brach seinen Hals und starb, denn er war alt und
ein schwerer Mann. Er richtete aber Israel vierzig Jahre.

Die heilige Lade war sieben Monate im Land der Philister; dann wurde sie wieder zurückgegeben.

Das Volk will einen König

7 15Samuel aber richtete Israel sein Leben lang 16und zog Jahr für
Jahr umher und kam nach Bethel und Gilgal und Mizpa. Und
wenn er Israel an allen diesen Orten gerichtet hatte, 17kam er wieder
nach Rama – denn da war sein Haus –, und dort richtete er Israel.
Auch baute er dort dem HERRN einen Altar.

8 Als aber Samuel alt geworden war, setzte er seine Söhne als
Richter über Israel ein. 2Sein erstgeborener Sohn hieß Joel und
der andere Abija, und sie waren Richter zu Beerscheba. 3Aber seine
Söhne wandelten nicht in seinen Wegen, sondern suchten ihren
Vorteil und nahmen Geschenke und beugten das Recht. 4Da versam-
melten sich alle Ältesten Israels und kamen nach Rama zu Samuel
5und sprachen zu ihm: Siehe, du bist alt geworden, und deine Söhne

wandeln nicht in deinen Wegen. So setze nun einen König über uns,
der uns richte, wie ihn alle Heiden haben. 6Das mißfiel Samuel, daß
sie sagten: Gib uns einen König, der uns richte. Und Samuel betete
zum HERRN.

7Der HERR aber sprach zu Samuel: Gehorche der Stimme des Volks
in allem, was sie zu dir gesagt haben; denn sie haben nicht dich,
sondern mich verworfen, daß ich nicht mehr König über sie sein
soll. 8Sie tun dir, wie sie immer getan haben von dem Tage an, da
ich sie aus Ägypten führte, bis auf diesen Tag, daß sie mich verlassen
und andern Göttern gedient haben. 9So gehorche nun ihrer Stimme.
Doch warne sie und verkünde ihnen das Recht des Königs, der über
sie herrschen wird.

10Und Samuel sagte alle Worte des HERRN dem Volk, das von ihm
einen König forderte, 11und sprach: Das wird des Königs Recht sein,
der über euch herrschen wird: Eure Söhne wird er nehmen für seinen
Wagen und seine Gespanne, und daß sie vor seinem Wagen her
laufen, 12und zu Hauptleuten über tausend und über fünfzig, und daß
sie ihm seinen Acker bearbeiten und seine Ernte einsammeln, und
daß sie seine Kriegswaffen machen und was zu seinen Wagen gehört.
13Eure Töchter aber wird er nehmen, daß sie Salben bereiten, kochen
und backen. 14Eure besten Äcker und Weinberge und Ölgärten wird
er nehmen und seinen Großen geben. 15Dazu von euren Kornfeldern
und Weinbergen wird er den Zehnten nehmen und seinen Kämme-
rern und Großen geben. 16Und eure Knechte und Mägde und eure
besten Rinder und eure Esel wird er nehmen und in seinen Dienst
stellen. 17Von euren Herden wird er den Zehnten nehmen, und ihr
müßt seine Knechte sein. 18Wenn ihr dann schreien werdet zu der
Zeit über euren König, den ihr euch erwählt habt, so wird euch der
HERR zu derselben Zeit nicht erhören.

19Aber das Volk weigerte sich, auf die Stimme Samuels zu hören,
und sie sprachen: Nein, sondern ein König soll über uns sein, 20daß
wir auch seien wie alle Heiden, daß uns unser König richte und vor
uns her ausziehe und unsere Kriege führe!

21Und als Samuel alle Worte des Volks gehört hatte, sagte er sie vor
den Ohren des HERRN. 22Der HERR aber sprach zu Samuel: Gehorche
ihrer Stimme und mache ihnen einen König. Und Samuel sprach zu
den Männern Israels: Geht hin, ein jeder in seine Stadt.

Ein Bauernsohn kommt als König heim

9 Es war ein Mann von Benjamin, mit Namen Kisch. 2Der hatte
einen Sohn mit Namen Saul; der war ein junger, schöner Mann,

und es war niemand unter den Israeliten so schön wie er, eines Haup-
tes länger als alles Volk. 3 Es hatte aber Kisch, der Vater Sauls, die Ese-
linnen verloren. Und er sprach zu seinem Sohn Saul: Nimm einen der
Knechte mit dir, mach dich auf, geh hin und suche die Eselinnen.
4 Und sie gingen durch das Gebirge Ephraim und durch das Gebiet
von Schalischa und fanden sie nicht; sie gingen durch das Gebiet von
Schaalim, und sie waren nicht da; sie gingen durchs Gebiet von
Benjamin und fanden sie nicht. 5 Als sie aber ins Gebiet von Zuf
kamen, sprach Saul zu dem Knecht, der bei ihm war: Komm, laß uns
wieder heimgehen; mein Vater könnte sich sonst statt um die Eselin-
nen um uns sorgen. 6 Der aber sprach: Siehe, es ist ein berühmter
Mann Gottes in dieser Stadt; alles, was er sagt, das trifft ein. Nun laß
uns dahin gehen; vielleicht sagt er uns unsern Weg, den wir gehen
sollen.

14 Und als sie hinauf zur Stadt kamen und in die Stadt eintraten,
siehe, da kam Samuel heraus ihnen entgegen und wollte auf die Höhe
gehen. 15 Aber der HERR hatte Samuel das Ohr aufgetan einen Tag,
bevor Saul kam, und gesagt: 16 Morgen um diese Zeit will ich einen
Mann zu dir senden aus dem Lande Benjamin, den sollst du zum
Fürsten salben über mein Volk Israel, daß er mein Volk errette aus der
Philister Hand. Denn ich habe das Elend meines Volks angesehen,
und sein Schreien ist vor mich gekommen.

17 Als nun Samuel Saul sah, tat ihm der HERR kund: Siehe, das ist
der Mann, von dem ich dir gesagt habe, daß er über mein Volk
herrschen soll. 18 Da trat Saul auf Samuel zu im Tor und sprach: Sage
mir, wo ist hier das Haus des Sehers? 19 Samuel antwortete Saul: Ich
bin der Seher. Geh vor mir hinauf auf die Höhe, denn ihr sollt heute
mit mir essen; morgen früh will ich dir das Geleit geben, und auf alles,
was du auf dem Herzen hast, will ich dir Antwort geben. 20 Und um
die Eselinnen, die du vor drei Tagen verloren hast, sorge dich jetzt
nicht; sie sind gefunden. Wem gehört denn alles, was wertvoll ist in
Israel? Gehört es nicht dir und dem ganzen Hause deines Vaters?
21 Saul antwortete: Bin ich nicht ein Benjaminiter und aus einem der
kleinsten Stämme Israels, und ist nicht mein Geschlecht das geringste
unter allen Geschlechtern des Stammes Benjamin? Warum sagst du
mir solches?

22 Samuel aber nahm Saul und seinen Knecht und führte sie in die
Halle und setzte sie obenan unter die Geladenen; und das waren etwa
dreißig Mann. 24 So aß Saul an jenem Tage mit Samuel. 25 Und als sie
hinabgegangen waren von der Höhe der Stadt, machten sie Saul ein
Lager auf dem Dach, 26 und er legte sich schlafen. Und als die Morgen-
röte aufging, rief Samuel zum Dach hinauf und sprach zu Saul: Steh

auf, daß ich dich geleite! Und Saul stand auf, und die beiden gingen
miteinander hinaus, er und Samuel. 27 Und als sie hinabkamen an das
Ende der Stadt, sprach Samuel zu Saul: Sage dem Knecht, daß er uns
vorangehe – und er ging voran –, du aber steh jetzt still, daß ich dir
kundtue, was Gott gesagt hat.
10 Da nahm Samuel den Krug mit Öl und goß es auf sein Haupt
und küßte ihn und sprach: Siehe, der HERR hat dich zum
Fürsten über sein Erbteil gesalbt. 2 Wenn du jetzt von mir gehst, so
wirst du zwei Männer finden bei dem Grabe Rahels an der Grenze
Benjamins bei Zelzach; die werden zu dir sagen: Die Eselinnen sind
gefunden, die du zu suchen ausgezogen bist. 9 Und als Saul sich
wandte, um von Samuel wegzugehen, gab ihm Gott ein anderes Herz.

Das Volk erkennt Saul als König an

17 Samuel aber rief das Volk zusammen zum HERRN nach Mizpa 18 und
sprach zu den Israeliten: So sagt der HERR, der Gott Israels: Ich habe
Israel aus Ägypten geführt und euch aus der Hand der Ägypter er-
rettet und aus der Hand aller Königreiche, die euch bedrängten. 19 Ihr
aber habt heute euren Gott verworfen, der euch aus aller eurer Not
und Bedrängnis geholfen hat, und habt gesprochen: Nein, setze viel-
mehr einen König über uns! Wohlan, so tretet nun vor den HERRN
nach euren Stämmen und Tausendschaften!

20 Als nun Samuel alle Stämme Israels herantreten ließ, fiel das Los
auf den Stamm Benjamin. 21 Und als er den Stamm Benjamin heran-
treten ließ mit seinen Geschlechtern, fiel das Los auf das Geschlecht
Matri, und als er das Geschlecht Matri herantreten ließ, Mann für
Mann, fiel das Los auf Saul, den Sohn des Kisch. Und sie suchten ihn,
aber sie fanden ihn nicht. 22 Da befragten sie abermals den HERRN: Ist
denn der Mann überhaupt hergekommen? Der HERR antwortete:
Siehe, er hat sich bei dem Troß versteckt. 23 Da liefen sie hin und
holten ihn von dort. Und als er unter das Volk trat, war er eines
Hauptes länger als alles Volk. 24 Und Samuel sprach zu allem Volk: Da
seht ihr, wen der HERR erwählt hat; ihm ist keiner gleich im ganzen
Volk. Da jauchzte das ganze Volk und sprach: Es lebe der König!
25 Samuel aber tat dem Volk das Recht des Königtums kund und
schrieb's in ein Buch und legte es vor dem HERRN nieder. Und Samuel
entließ das ganze Volk, einen jeden in sein Haus.

26 Auch Saul ging heim nach Gibea, und mit ihm gingen die vom
Heer, denen Gott das Herz gerührt hatte. 27 Aber einige ruchlose Leute
sprachen: Was soll der uns helfen? Und sie verachteten ihn und
brachten ihm kein Geschenk. Aber er tat, als hörte er's nicht.

Ein doppelter Sieg

11 Es zog aber herauf Nahasch, der Ammoniter, und belagerte
Jabesch in Gilead. Und alle Männer von Jabesch sprachen zu
Nahasch: Schließ einen Bund mit uns, so wollen wir dir untertan sein.
2Aber Nahasch, der Ammoniter, antwortete ihnen: Das soll der Bund
sein, den ich mit euch schließen will, daß ich euch allen das rechte
Auge aussteche und bringe damit Schmach über ganz Israel. 3Da
sprachen zu ihm die Ältesten von Jabesch: Gib uns sieben Tage, daß
wir Boten in das ganze Gebiet Israels senden; ist dann niemand da,
der uns rette, so wollen wir zu dir hinausgehen.

4Da kamen die Boten nach Gibea Sauls und sagten diese Worte
vor den Ohren des Volks. Da erhob das ganze Volk seine Stimme und
weinte. 5Und siehe, da kam Saul vom Felde hinter den Rindern her
und fragte: Was ist mit dem Volk, daß es weint? Da berichteten sie
ihm die Worte der Männer von Jabesch. 6Da geriet der Geist Gottes
über Saul, als er diese Worte hörte, und sein Zorn entbrannte sehr.
7Und er nahm ein Paar Rinder und zerstückte sie und sandte davon
in das ganze Gebiet Israels durch die Boten und ließ sagen: Wer nicht
mit Saul und Samuel auszieht, mit dessen Rindern soll man ebenso
tun. Da fiel der Schrecken des HERRN auf das Volk, so daß sie aus-
zogen wie ein Mann.

9Und er sagte den Boten, die gekommen waren: So sagt den
Männern von Jabesch in Gilead: Morgen soll euch Hilfe werden, wenn
die Sonne beginnt, heiß zu scheinen. Als die Boten heimkamen und
das den Männern von Jabesch verkündeten, wurden diese froh. 10Und
die Männer von Jabesch ließen den Ammonitern sagen: Morgen
wollen wir zu euch hinausgehen, daß ihr mit uns alles tut, was euch
gefällt. 11Aber am andern Morgen teilte Saul das Volk in drei Heer-
haufen, und sie kamen ins Lager um die Zeit der Morgenwache und
schlugen die Ammoniter, bis der Tag heiß wurde; die aber übrig-
blieben, wurden zerstreut, so daß von ihnen nicht zwei beieinander
blieben.

12Da sprach das Volk zu Samuel: Wer sind die, die gesagt haben:
Sollte Saul über uns herrschen? Gebt sie her, die Männer, daß wir sie
töten. 13Saul aber sprach: Es soll an diesem Tage niemand sterben;
denn der HERR hat heute Heil gegeben in Israel.

14Samuel sprach zum Volk: Kommt, laßt uns nach Gilgal gehen
und dort das Königtum erneuern. 15Da ging das ganze Volk nach
Gilgal, und sie machten Saul dort zum König vor dem HERRN in Gilgal
und opferten Dankopfer vor dem HERRN. Saul aber und alle Männer
Israels freuten sich dort gar sehr.

Saul übernimmt das Richteramt

12 Da sprach Samuel zu ganz Israel: Siehe, ich habe eurer Stimme
gehorcht in allem, was ihr mir gesagt habt, und habe einen
König über euch gesetzt. 2 Siehe, nun wird euer König vor euch her-
ziehen; ich aber bin alt und grau geworden. 3 Hier stehe ich. Nun tretet
gegen mich auf vor dem HERRN und seinem Gesalbten! Wessen Rind
oder Esel hab ich genommen, wem hab ich Gewalt oder Unrecht
getan? Aus wessen Hand hab ich ein Geschenk angenommen, um mir
damit die Augen blenden zu lassen? Ich will's euch zurückgeben. 4 Sie
sprachen: Du hast uns weder Gewalt noch Unrecht getan und von
niemand etwas genommen.
6 Und Samuel sprach zum Volk: 13 Nun, da ist euer König, den ihr
erwählt und erbeten habt; denn siehe, der HERR hat einen König über
euch gesetzt. 14 Möchtet ihr doch den HERRN fürchten und ihm dienen
und seiner Stimme gehorchen und dem Munde des HERRN nicht
ungehorsam sein, und möchtet ihr und euer König, der über euch
herrscht, dem HERRN, eurem Gott, folgen!

Saul siegt und verliert trotzdem alles

14 47 Als Saul die Königsherrschaft über Israel erlangt hatte,
kämpfte er gegen alle seine Feinde ringsumher: gegen die
Moabiter, die Ammoniter, die Edomiter, gegen die Könige Zobas und
gegen die Philister. Und wo er sich hinwandte, da gewann er den Sieg.
48 Und er vollbrachte tapfere Taten und schlug die Amalekiter und
errettete Israel aus der Hand aller, die es ausplünderten.
52 Es war aber der Krieg gegen die Philister schwer, solange Saul
lebte. Und wo Saul einen tapferen und rüstigen Mann sah, den nahm
er in seinen Dienst.

15 Samuel sprach zu Saul: Der HERR hat mich gesandt, daß ich dich
zum König salben sollte über sein Volk Israel; so höre nun auf
die Worte des HERRN! 2 So spricht der HERR Zebaoth: Ich habe
bedacht, was Amalek Israel angetan und wie es ihm den Weg verlegt
hat, als Israel aus Ägypten zog. 3 So zieh nun hin und schlag Amalek
und vollstrecke den Bann an ihm und an allem, was es hat; verschone
sie nicht.
7 Da schlug Saul die Amalekiter 8 und nahm Agag, den König von
Amalek, lebendig gefangen, und an allem Volk vollstreckte er den
Bann mit der Schärfe des Schwerts. 9 Aber Saul und das Volk ver-
schonten Agag und die besten Schafe und Rinder und das Mastvieh

und die Lämmer und alles, was von Wert war, und sie wollten den
Bann daran nicht vollstrecken; was aber nichts taugte und gering war,
daran vollstreckten sie den Bann.

10Da geschah des HERRN Wort zu Samuel: 11Es reut mich, daß ich
Saul zum König gemacht habe; denn er hat sich von mir abgewandt
und meine Befehle nicht erfüllt. Darüber wurde Samuel zornig und
schrie zu dem HERRN die ganze Nacht. 12Und Samuel machte sich
früh auf, um Saul am Morgen zu begegnen. Und ihm wurde angesagt,
daß Saul nach Karmel gekommen sei und sich ein Siegeszeichen auf-
gerichtet habe und weitergezogen und nach Gilgal hinabgekommen
sei.

13Als nun Samuel zu Saul kam, sprach Saul zu ihm: Gesegnet seist
du vom HERRN! Ich habe des HERRN Wort erfüllt. 14Samuel antwortete:
Und was ist das für ein Blöken von Schafen, das zu meinen Ohren
kommt, und ein Brüllen von Rindern, das ich höre? 15Saul sprach:
Von den Amalekitern hat man sie gebracht; denn das Volk verschonte
die besten Schafe und Rinder, um sie zu opfern dem HERRN, deinem
Gott; an dem andern haben wir den Bann vollstreckt. 16Samuel aber
antwortete Saul: 19Warum hast du der Stimme des HERRN nicht
gehorcht, sondern hast dich an die Beute gemacht und getan, was
dem HERRN mißfiel? 20Saul antwortete Samuel: Ich habe doch der
Stimme des HERRN gehorcht und bin den Weg gezogen, den mich der
HERR sandte, und habe Agag, den König von Amalek, hergebracht und
an den Amalekitern den Bann vollstreckt. 21Aber das Volk hat von der
Beute genommen Schafe und Rinder, das Beste vom Gebannten, um
es dem HERRN, deinem Gott, zu opfern in Gilgal.

22Samuel aber sprach: Meinst du, daß der HERR Gefallen habe am
Brandopfer und Schlachtopfer gleichwie am Gehorsam gegen die
Stimme des HERRN? Siehe, Gehorsam ist besser als Opfer und Auf-
merken besser als das Fett von Widdern. 23Denn Ungehorsam ist
Sünde wie Zauberei, und Widerstreben ist wie Abgötterei und
Götzendienst. Weil du des HERRN Wort verworfen hast, hat er dich
auch verworfen, daß du nicht mehr König seist.

24Da sprach Saul zu Samuel: Ich habe gesündigt, daß ich des
HERRN Befehl und deine Worte übertreten habe; denn ich fürchtete
das Volk und gehorchte seiner Stimme. 25Und nun, vergib mir die
Sünde und kehre mit mir um, daß ich den HERRN anbete. 26Samuel
sprach zu Saul: Ich will nicht mit dir umkehren; denn du hast des
HERRN Wort verworfen, und der HERR hat dich auch verworfen, daß
du nicht mehr König über Israel seist. 27Und als sich Samuel um-
wandte, um wegzugehen, ergriff ihn Saul bei einem Zipfel seines
Rocks; aber der riß ab. 28Da sprach Samuel zu ihm: Der HERR hat das

15,27

Königtum Israels heute von dir gerissen und einem andern gegeben,
der besser ist als du.
34Und Samuel ging hin nach Rama; Saul aber zog hinauf in sein
Haus zu Gibea. 35Und Samuel sah Saul fortan nicht mehr bis an den
Tag seines Todes. Aber doch trug Samuel Leid um Saul, weil es den
HERRN gereut hatte, daß er Saul zum König über Israel gemacht hatte.

Der heimliche Nachfolger

16 Und der HERR sprach zu Samuel: Wie lange trägst du Leid um
Saul, den ich verworfen habe, daß er nicht mehr König sei über
Israel? Fülle dein Horn mit Öl und geh hin: ich will dich senden zu
dem Bethlehemiter Isai; denn unter seinen Söhnen habe ich mir einen
zum König ersehen. 2Samuel aber sprach: Wie kann ich hingehen?
Saul wird's erfahren und mich töten. Der HERR sprach: Nimm eine
junge Kuh mit dir und sprich: Ich bin gekommen, dem HERRN zu
opfern. 3Und du sollst Isai zum Opfer laden. Da will ich dich wissen
lassen, was du tun sollst, daß du mir den salbest, den ich dir nennen
werde.

4Samuel tat, wie ihm der HERR gesagt hatte, und kam nach Bethlehem.
Da entsetzten sich die Ältesten der Stadt und gingen ihm entgegen
und sprachen: Bedeutet dein Kommen Heil? 5Er sprach: Ja, es bedeutet
Heil! Ich bin gekommen, um dem HERRN zu opfern; heiligt euch und
kommt mit mir zum Opfer. Und er heiligte den Isai und seine Söhne
und lud sie zum Opfer. 6Als sie nun kamen, sah er den Eliab an und
dachte: Fürwahr, da steht vor dem HERRN sein Gesalbter. 7Aber der HERR
sprach zu Samuel: Sieh nicht an sein Aussehen und seinen hohen
Wuchs; ich habe ihn verworfen. Denn nicht sieht der HERR auf das,
worauf ein Mensch sieht. Ein Mensch sieht, was vor Augen ist; der
HERR aber sieht das Herz an. 8Da rief Isai den Abinadab und ließ ihn
an Samuel vorübergehen. Und er sprach: Auch diesen hat der HERR
nicht erwählt. 9Da ließ Isai vorübergehen Schamma. Er aber sprach:
Auch diesen hat der HERR nicht erwählt. 10So ließ Isai seine sieben
Söhne an Samuel vorübergehen; aber Samuel sprach zu Isai: Der
HERR hat keinen von ihnen erwählt.

11Und Samuel sprach zu Isai: Sind das die Knaben alle? Er aber
sprach: Es ist noch übrig der Jüngste; siehe, er hütet die Schafe. Da
sprach Samuel zu Isai: Sende hin und laß ihn holen; denn wir werden
uns nicht niedersetzen, bis er hierherkommt. 12Da sandte er hin und
ließ ihn holen. Und er war bräunlich, mit schönen Augen und von
guter Gestalt. Und der HERR sprach: Auf, salbe ihn, denn der ist's.
13Da nahm Samuel sein Ölhorn und salbte ihn mitten unter seinen
Brüdern. Und der Geist des HERRN geriet über David von dem Tag an
und weiterhin. Samuel aber machte sich auf und ging nach Rama.

David dient dem König Saul

14Der Geist des HERRN aber wich von Saul, und ein böser Geist
vom HERRN ängstigte ihn. 15Da sprachen die Großen Sauls zu ihm:

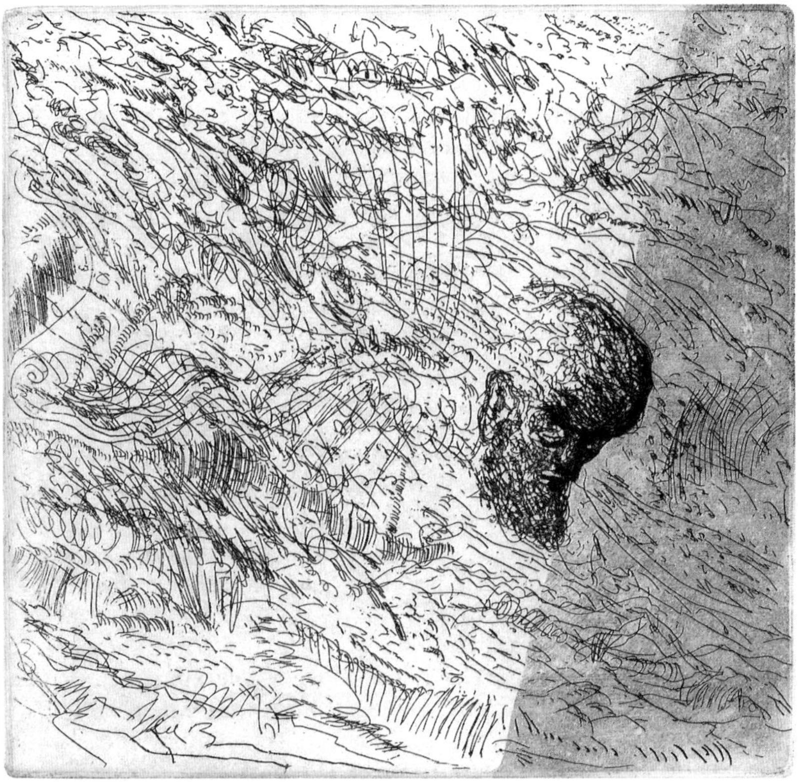

16,23

Siehe, ein böser Geist von Gott ängstigt dich. 16 Unser Herr befehle
nun seinen Knechten, die vor ihm stehen, daß sie einen Mann suchen,
der auf der Harfe gut spielen kann, damit er mit seiner Hand darauf
spiele, wenn der böse Geist Gottes über dich kommt, und es besser
mit dir werde. 17 Da sprach Saul zu seinen Leuten: Seht euch um
nach einem Mann, der des Saitenspiels kundig ist, und bringt ihn
zu mir. 18 Da antwortete einer der jungen Männer und sprach: Ich
habe gesehen einen Sohn Isais, des Bethlehemiters, der ist des Saiten-
spiels kundig, ein tapferer Mann und tüchtig zum Kampf, verständig
in seinen Reden und schön gestaltet, und der HERR ist mit ihm.

19 Da sandte Saul Boten zu Isai und ließ ihm sagen: Sende zu mir
deinen Sohn David, der bei den Schafen ist. 20 Da nahm Isai einen Esel
und Brot und einen Schlauch Wein und ein Ziegenböcklein und
sandte es Saul durch seinen Sohn David. 21 So kam David zu Saul und
diente vor ihm. Und Saul gewann ihn sehr lieb, und er wurde sein
Waffenträger. 22 Und Saul sandte zu Isai und ließ ihm sagen: Laß
David mir dienen, denn er hat Gnade gefunden vor meinen Augen.
23 Sooft nun der böse Geist von Gott über Saul kam, nahm David die
Harfe und spielte darauf mit seiner Hand. So wurde es Saul leichter,
und es ward besser mit ihm, und der böse Geist wich von ihm.

Ein ungleicher Kampf

17 Die Philister sammelten ihre Heere zum Kampf und kamen
zusammen bei Socho in Juda. 2 Und Saul und die Männer
Israels kamen zusammen und lagerten sich im Eichgrund und rüste-
ten sich zum Kampf gegen die Philister. 3 Und die Philister standen auf
einem Berge jenseits und die Israeliten auf einem Berge diesseits, so
daß das Tal zwischen ihnen war.

4 Da trat aus den Reihen der Philister ein Riese heraus mit
Namen Goliat aus Gat, sechs Ellen und eine Handbreit groß. 5 Der
hatte einen ehernen Helm auf seinem Haupt und einen Schuppen-
panzer an, und das Gewicht seines Panzers war fünftausend Lot Erz,
6 und hatte eherne Schienen an seinen Beinen und einen ehernen
Wurfspieß auf seiner Schulter. 7 Und der Schaft seines Spießes war
wie ein Weberbaum, und die eiserne Spitze seines Spießes wog sechs-
hundert Lot, und sein Schildträger ging vor ihm her. 8 Und er stellte
sich hin und rief dem Heer Israels zu: Was seid ihr ausgezogen, euch
zum Kampf zu rüsten? Bin ich nicht ein Philister und ihr Sauls
Knechte? Erwählt einen unter euch, der zu mir herabkommen soll.
9 Vermag er gegen mich zu kämpfen und erschlägt er mich, so wollen
wir eure Knechte sein; vermag ich aber über ihn zu siegen und

17,38-39

erschlage ich ihn, so sollt ihr unsere Knechte sein und uns dienen.
10Und der Philister sprach: Ich habe heute dem Heere Israels hohn-
gesprochen, als ich sagte: Gebt mir einen Mann und laßt uns mitein-
ander kämpfen.

11Als Saul und ganz Israel diese Rede des Philisters hörten, ent-
setzten sie sich und fürchteten sich sehr.

32[Aber] David sprach zu Saul: Seinetwegen lasse keiner den Mut
sinken; dein Knecht wird hingehen und mit diesem Philister kämpfen.
33Saul aber sprach zu David: Du kannst nicht hingehen, um mit
diesem Philister zu kämpfen; denn du bist zu jung dazu, dieser aber
ist ein Kriegsmann von Jugend auf. 34David aber sprach zu Saul: Dein
Knecht hütete die Schafe seines Vaters; und kam dann ein Löwe oder
ein Bär und trug ein Schaf weg von der Herde, 35so lief ich ihm nach,
schlug auf ihn ein und errettete es aus seinem Maul. Wenn er aber auf
mich losging, ergriff ich ihn bei seinem Bart und schlug ihn tot. 36So
hat dein Knecht den Löwen und den Bären erschlagen, und diesem
unbeschnittenen Philister soll es ergehen wie einem von ihnen; denn
er hat das Heer des lebendigen Gottes verhöhnt. 37Und David sprach:
Der HERR, der mich von dem Löwen und Bären errettet hat, der wird
mich auch erretten von diesem Philister.

Und Saul sprach zu David: Geh hin, der HERR sei mit dir! 38Und
Saul legte David seine Rüstung an und setzte ihm einen ehernen
Helm auf sein Haupt und legte ihm einen Panzer an. 39Und David
gürtete Sauls Schwert über seine Rüstung und mühte sich vergeblich,
damit zu gehen; denn er hatte es noch nie versucht. Da sprach
David zu Saul: Ich kann so nicht gehen, denn ich bin's nicht gewohnt;
und er legte es ab 40und nahm seinen Stab in die Hand und wählte
fünf glatte Steine aus dem Bach und tat sie in die Hirtentasche, die
ihm als Köcher diente, und nahm die Schleuder in die Hand und ging
dem Philister entgegen.

41Der Philister aber kam immer näher an David heran, und sein
Schildträger ging vor ihm her. 42Als nun der Philister aufsah und
David anschaute, verachtete er ihn; denn er war noch jung, und er
war bräunlich und schön. 43Und der Philister sprach zu David: Bin
ich denn ein Hund, daß du mit Stecken zu mir kommst? Und der
Philister fluchte dem David bei seinem Gott 44und sprach zu David:
Komm her zu mir, ich will dein Fleisch den Vögeln unter dem Himmel
geben und den Tieren auf dem Felde. 45David aber sprach zu dem
Philister: Du kommst zu mir mit Schwert, Lanze und Spieß, ich aber
komme zu dir im Namen des HERRN Zebaoth, des Gottes des Heeres
Israels, den du verhöhnt hast. 46Heute wird dich der HERR in meine
Hand geben, daß ich dich erschlage und dir den Kopf abhaue und

17,51

gebe deinen Leichnam und die Leichname des Heeres der Philister
heute den Vögeln unter dem Himmel und dem Wild auf der Erde,
damit alle Welt innewerde, daß Israel einen Gott hat, 47und damit
diese ganze Gemeinde innewerde, daß der HERR nicht durch Schwert
oder Spieß hilft; denn der Krieg ist des HERRN, und er wird euch in
unsere Hände geben.
49Und David tat seine Hand in die Hirtentasche und nahm einen
Stein daraus und schleuderte ihn und traf den Philister an die Stirn,
daß der Stein in seine Stirn fuhr und er zur Erde fiel auf sein Ange-
sicht. 50So überwand David den Philister mit Schleuder und Stein
und traf und tötete ihn. David aber hatte kein Schwert in seiner Hand.
51Da lief er hin und trat zu dem Philister und nahm dessen Schwert
und zog es aus der Scheide und tötete ihn vollends und hieb ihm den
Kopf damit ab. Als aber die Philister sahen, daß ihr Stärkster tot war,
flohen sie.

Gefährlicher Ruhm

18 3Und Jonatan [der Sohn Sauls] schloß mit David einen Bund,
denn er hatte ihn lieb wie sein eigenes Herz. 4Und Jonatan zog
seinen Rock aus, den er anhatte, und gab ihn David, dazu seine
Rüstung, sein Schwert, seinen Bogen und seinen Gurt.
6Es begab sich aber, als David zurückkam vom Sieg über die
Philister, daß die Frauen aus allen Städten Israels herausgingen mit
Gesang und Reigen dem König Saul entgegen unter Jauchzen, mit
Pauken und mit Zimbeln. 7Und die Frauen sangen im Reigen und
sprachen: Saul hat tausend erschlagen, aber David zehntausend. 8Da
ergrimmte Saul sehr, und das Wort mißfiel ihm, und er sprach: Sie
haben David zehntausend gegeben und mir tausend; ihm wird noch
das Königtum zufallen.
12Und Saul fürchtete sich vor David; denn der HERR war mit ihm,
aber von Saul war er gewichen. 13Da entfernte ihn Saul aus seiner
Nähe und setzte ihn zum Obersten über tausend Mann. Und David
zog aus und ein vor dem Kriegsvolk 14und richtete all sein Tun recht
aus, und der HERR war mit ihm. 15Als nun Saul sah, daß David alles so
gut gelang, graute es ihm vor David. 16Aber ganz Israel und Juda hatte
David lieb.

Ein vergeblicher Versöhnungsversuch

19 Saul aber redete mit seinem Sohn Jonatan und mit allen seinen
Großen davon, daß er David töten wolle. Aber Jonatan, Sauls

Sohn, hatte David sehr lieb 2und sagte es ihm weiter und sprach:
Mein Vater Saul trachtet danach, dich zu töten. Nun, so hüte dich
morgen früh und verstecke dich und bleibe verborgen. 3Ich aber will
hinausgehen und mich neben meinen Vater stellen auf dem Felde, wo
du bist, und über dich mit meinem Vater sprechen; und was ich
erfahre, will ich dir kundtun.

4Und Jonatan redete das Beste von David mit seinem Vater Saul
und sprach zu ihm: Es versündige sich der König nicht an seinem
Knechte David, denn er hat sich nicht an dir versündigt, und sein Tun
ist dir sehr nützlich. 5Er hat sein Leben gewagt und den Philister
erschlagen, und der HERR hat großes Heil für ganz Israel vollbracht.
Das hast du gesehen und dich darüber gefreut. Warum willst du dich
denn an unschuldigem Blut versündigen, daß du David ohne Grund
tötest? 6Da hörte Saul auf die Stimme Jonatans und schwor: So wahr
der HERR lebt: er soll nicht sterben! 7Da rief Jonatan David und sagte
ihm alle diese Worte und brachte ihn zu Saul; und David diente ihm
wie früher.

9Aber der böse Geist vom HERRN kam über Saul, und Saul saß in
seinem Hause und hatte seinen Spieß in der Hand. David aber spielte
mit der Hand auf den Saiten. 10Und Saul trachtete danach, David mit
dem Spieß an die Wand zu spießen. Er aber wich aus vor Saul, und der
Spieß fuhr in die Wand. David aber floh und entrann.

Jonatan beweist seine Freundschaft

20 David aber floh und kam und redete vor Jonatan: Was hab
ich getan? Was ist meine Schuld? Was hab ich gesündigt vor
deinem Vater, daß er mir nach dem Leben trachtet? 2Er aber sprach
zu ihm: Das sei ferne; du sollst nicht sterben. Siehe, mein Vater tut
nichts, weder Großes noch Kleines, ohne es mir kundzutun. Warum
sollte denn mein Vater dies vor mir verbergen? Es ist nicht so. 3Da
antwortete David und schwor: Dein Vater weiß sehr wohl, daß ich
Gnade vor deinen Augen gefunden habe; darum dachte er: Jonatan
soll das nicht wissen, es könnte ihn bekümmern. Wahrlich, so wahr
der HERR lebt und so wahr du lebst: es ist nur ein Schritt zwischen
mir und dem Tode! 4Jonatan sprach zu David: Ich will für dich tun,
was dein Herz begehrt.

5David sprach zu Jonatan: Siehe, morgen ist Neumond; da sollte
ich mit dem König zu Tisch sitzen; aber laß mich, daß ich mich auf
dem Felde verberge bis zum Abend des dritten Tages. 6Wird dein
Vater nach mir fragen, so sprich: David bat mich, daß er nach Bethle-
hem, seiner Stadt, gehen dürfe; denn dort ist das jährliche Opferfest
für das ganze Geschlecht. 7Wird er sagen: Es ist recht, so steht es gut
um deinen Knecht; wird er aber ergrimmen, so wirst du merken, daß
Böses bei ihm beschlossen ist. 8So tu nun Barmherzigkeit an deinem
Knecht, denn du hast mit deinem Knecht einen Bund im HERRN
geschlossen. Liegt aber eine Schuld auf mir, so töte du mich; warum
willst du mich zu deinem Vater bringen? 9Jonatan sprach: Das sei
ferne von dir, daß ich es dir nicht sagen sollte, wenn ich merke, daß
bei meinem Vater beschlossen ist, Böses über dich zu bringen.

10David aber sprach zu Jonatan: Wer wird mir's sagen, wenn dir
dein Vater etwas Hartes antwortet? 11Jonatan sprach zu David: Komm,
laß uns hinaus aufs Feld gehen! Und sie gingen beide hinaus aufs
Feld. 12Und Jonatan sprach zu David: Bei dem HERRN, dem Gott
Israels: wenn ich meinen Vater ausforsche morgen und am dritten
Tage, daß es gut steht mit David, und wenn ich dann nicht hinsende
zu dir und es dir nicht kundtue, 13so tue der HERR dem Jonatan dies
und das. Wenn aber mein Vater Böses gegen dich sinnt, so will ich es
dir auch kundtun und dich ziehen lassen, daß du mit Frieden weg-
gehen kannst. Und der HERR sei mit dir, wie er mit meinem Vater
gewesen ist. 14Du aber wollest die Barmherzigkeit des HERRN an mir
tun, solange ich lebe, und wenn ich sterbe, 15so nimm die Barmher-
zigkeit niemals fort von meinem Hause. 17Und Jonatan ließ nun auch
David schwören bei seiner Liebe zu ihm; denn er hatte ihn so lieb wie
sein eigenes Herz.

18 Und Jonatan sprach zu ihm: Morgen ist Neumond; da wird man
dich vermissen, wenn dein Platz leer bleibt. 19 Am dritten Tage wirst
du erst recht vermißt werden. Du aber komm an den Ort, wo du dich
verborgen hattest, und setze dich dort neben den Steinhaufen. 20 So
will ich nach seiner Seite drei Pfeile schießen, als ob ich nach dem
Ziele schösse. 21 Und ich will den Knaben hinschicken: Geh, suche die
Pfeile! Werde ich zum Knaben sagen: Siehe, die Pfeile liegen herwärts
von dir, hole sie!, so komm; denn es steht gut um dich und hat keine
Gefahr, so wahr der HERR lebt. 22 Sage ich aber zum Knaben: Siehe, die
Pfeile liegen hinwärts von dir!, so geh hin; denn der HERR befiehlt dir
fortzugehen. 23 Für das Wort aber, das du und ich miteinander geredet
haben: siehe, dafür steht der HERR zwischen mir und dir ewiglich.

Saul will den Rivalen töten

24 David verbarg sich auf dem Felde. Und als der Neumond kam,
setzte sich der König zu Tisch, um zu essen. 25 Und der König saß an
seinem Platz, wie er gewohnt war, an der Wand, und Jonatan saß
gegenüber. Davids Platz aber war leer. 26 Und Saul sagte an diesem
Tage nichts.

27 Am andern Tage aber nach dem Neumond, als Davids Platz leer
blieb, sprach Saul zu seinem Sohn Jonatan: Warum ist der Sohn Isais
nicht zu Tisch gekommen, weder gestern noch heute? 28 Jonatan ant-
wortete Saul: Er bat mich sehr, daß er nach Bethlehem gehen dürfe.
30 Da entbrannte der Zorn Sauls über Jonatan, und er sprach zu ihm:
Du Sohn einer ehrlosen Mutter! Ich weiß sehr wohl, daß du den Sohn
Isais erkoren hast, dir und deiner Mutter, die dich geboren hat, zur
Schande! 31 Denn solange der Sohn Isais lebt auf Erden, wirst du und
auch dein Königtum nicht bestehen. So sende nun hin und laß ihn
herholen zu mir, denn er ist ein Kind des Todes. 32 Jonatan antwortete
seinem Vater Saul und sprach zu ihm: Warum soll er sterben? Was
hat er getan? 33 Da zückte Saul den Spieß nach ihm, um ihn zu durch-
bohren. Da merkte Jonatan, daß es bei seinem Vater fest beschlossen
war, David zu töten, 34 und stand vom Tisch auf in grimmigem Zorn
und aß am zweiten Tage nach dem Neumond nichts; denn er war
bekümmert um David, und daß ihm sein Vater solchen Schimpf antat.

David flieht und findet neue Freunde

35 Am Morgen ging Jonatan hinaus aufs Feld, wohin er David bestellt
hatte, und ein Knabe mit ihm. 36 Und er sprach zu dem Knaben: Lauf
und suche mir die Pfeile, die ich schieße! Und als der Knabe lief,

schoß er einen Pfeil über ihn hin. 37Und als der Knabe an den Ort
kam, wohin Jonatan den Pfeil geschossen hatte, rief ihm Jonatan nach
und sprach: Der Pfeil liegt hinwärts von dir. 38Und Jonatan rief
abermals dem Knaben nach: Rasch, eile und halte dich nicht auf! Da
las der Knabe Jonatans Pfeil auf und brachte ihn zu seinem Herrn.
39Der Knabe aber merkte nichts; nur Jonatan und David wußten um
die Sache. 40Da gab Jonatan seine Waffen dem Knaben, den er bei
sich hatte, und sprach zu ihm: Geh und trage sie in die Stadt. 41Und
als der Knabe weggegangen war, stand David auf hinter dem Stein-
haufen und fiel auf sein Antlitz zur Erde und beugte sich dreimal
nieder, und sie küßten einander und weinten miteinander, David aber
am allermeisten. 42Und Jonatan sprach zu David: Geh hin mit
Frieden!

22 David ging von da hinweg und rettete sich in die Höhle Adul-
lam. Als das seine Brüder hörten und das ganze Haus seines
Vaters, kamen sie zu ihm dahin. 2Und es sammelten sich bei ihm
allerlei Männer, die in Not und Schulden und verbitterten Herzens
waren, und er wurde ihr Oberster; und es waren bei ihm etwa vier-
hundert Mann.

Eine einzigartige Gelegenheit, sich zu rächen

24 Und David zog von dort hinauf und blieb in den Bergfesten
bei En-Gedi. 3Und Saul nahm dreitausend auserlesene
Männer aus ganz Israel und zog hin, David samt seinen Männern zu
suchen, in Richtung auf die Steinbockfelsen.

4Und als er kam zu den Schafhürden am Wege, war dort eine
Höhle, und Saul ging hinein, um seine Füße zu decken. David aber
und seine Männer saßen hinten in der Höhle. 5Da sprachen die Män-
ner Davids zu ihm: Siehe, das ist der Tag, von dem der HERR zu dir
gesagt hat: Siehe, ich will deinen Feind in deine Hände geben, daß du
mit ihm tust, was dir gefällt. Und David stand auf und schnitt leise
einen Zipfel vom Rock Sauls. 6Aber danach schlug ihm sein Herz, daß
er den Zipfel vom Rock Sauls abgeschnitten hatte, 7und er sprach zu
seinen Männern: Das lasse der HERR ferne von mir sein, daß ich das
tun sollte und meine Hand legen an meinen Herrn, den Gesalbten des
HERRN; denn er ist der Gesalbte des HERRN. 8Und David wies seine
Männer von sich mit harten Worten und ließ sie sich nicht an Saul
vergreifen.

Als aber Saul sich aufmachte aus der Höhle und seines Weges ging,
9machte sich auch David auf ihm nach und ging aus der Höhle und
rief Saul nach und sprach: Mein Herr und König! Saul sah sich um.

Und David neigte sein Antlitz zur Erde und fiel nieder. 10 Und David
sprach zu Saul: Warum hörst du auf das Geschwätz der Menschen,
die da sagen: David sucht dein Unglück? 11 Siehe, heute haben deine
Augen gesehen, daß dich der HERR in meine Hand gegeben hat in der
Höhle, und man hat mir gesagt, daß ich dich töten sollte. Aber ich
habe dich verschont; denn ich dachte: Ich will meine Hand nicht an
meinen Herrn legen; denn er ist der Gesalbte des HERRN. 12 Mein
Vater, sieh doch hier den Zipfel deines Rocks in meiner Hand! Daß
ich den Zipfel von deinem Rock schnitt und dich nicht tötete, daran
erkenne und sieh, daß meine Hände rein sind von Bosheit und
Empörung. Ich habe mich nicht an dir versündigt; aber du jagst mir
nach, um mir das Leben zu nehmen; 14 wie man sagt nach dem alten
Sprichwort: Von Bösen kommt Böses; aber meine Hand soll dich
nicht anrühren. 15 Wem zieht der König von Israel nach? Wem jagst du
nach? Einem toten Hund, einem einzelnen Floh! 16 Der HERR sei
Richter und richte zwischen mir und dir und sehe darein und führe
meine Sache, daß er mir Recht schaffe wider dich!

17 Als nun David diese Worte zu Saul geredet hatte, sprach Saul: Ist
das nicht deine Stimme, mein Sohn David? Und Saul erhob seine
Stimme und weinte 18 und sprach zu David: Du bist gerechter als ich,
du hast mir Gutes erwiesen; ich aber habe dir Böses erwiesen. 19 Und
du hast mir heute gezeigt, wie du Gutes an mir getan hast, als mich
der HERR in deine Hände gegeben hatte und du mich doch nicht
getötet hast. 20 Wo ist jemand, der seinen Feind findet und läßt ihn mit
Frieden seinen Weg gehen? Der HERR vergelte dir Gutes für das, was
du heute an mir getan hast! 21 Nun siehe, ich weiß, daß du König
werden wirst und das Königtum über Israel durch deine Hand Be-
stand haben wird. 22 So schwöre mir nun bei dem HERRN, daß du
mein Geschlecht nach mir nicht ausrotten und meinen Namen nicht
austilgen wirst aus meines Vaters Hause. 23 Und David schwor es Saul.
Da zog Saul heim. David aber mit seinen Männern zog hinauf auf die
Bergfeste.

27 David aber dachte in seinem Herzen: Ich werde doch eines
Tages Saul in die Hände fallen; es gibt nichts Besseres für
mich, als daß ich entrinne ins Philisterland. Dann wird Saul davon
ablassen, mich fernerhin zu suchen im ganzen Gebiet Israels, und ich
werde seinen Händen entrinnen. 2 Und David machte sich auf und
zog hin mit den sechshundert Mann, die bei ihm waren.

Ein verzweifelter Schritt Sauls

28 3 Samuel aber war gestorben, und ganz Israel hatte ihm die
Totenklage gehalten und ihn begraben in seiner Stadt Rama.
Und Saul hatte die Geisterbeschwörer und Zeichendeuter aus dem
Lande vertrieben.
4 Als nun die Philister sich versammelten und herankamen und
sich lagerten bei Schunem, versammelte Saul auch ganz Israel, und sie
lagerten sich auf dem Gebirge Gilboa. 5 Als aber Saul das Heer der
Philister sah, fürchtete er sich, und sein Herz verzagte sehr. 6 Und er
befragte den HERRN; aber der HERR antwortete ihm nicht, weder
durch Träume noch durch das Los noch durch Propheten. 7 Da sprach
Saul zu seinen Getreuen: Sucht mir ein Weib, das Tote beschwören
kann, daß ich zu ihr gehe und sie befrage. Seine Männer sprachen zu
ihm: Siehe, in En-Dor ist ein Weib, das kann Tote beschwören.
8 Und Saul machte sich unkenntlich und zog andere Kleider an und
ging hin und zwei Männer mit ihm, und sie kamen bei Nacht zu dem
Weibe. Und Saul sprach: Wahrsage mir, weil du Geister beschwören
kannst, und hole mir herauf, wen ich dir nenne. 9 Das Weib sprach zu
ihm: Siehe, du weißt doch selbst, was Saul getan hat, wie er die
Geisterbeschwörer und Zeichendeuter ausgerottet hat im Lande;
warum willst du mir denn eine Falle stellen, daß ich getötet werde?
10 Saul aber schwor ihr bei dem HERRN und sprach: So wahr der HERR
lebt: es soll dich in dieser Sache keine Schuld treffen. 11 Da sprach das
Weib: Wen soll ich dir denn heraufholen? Er sprach: Hol mir Samuel
herauf! 12 Als nun das Weib merkte, daß es um Samuel ging, schrie sie
laut und sprach zu Saul: Warum hast du mich betrogen? Du bist Saul.
13 Und der König sprach zu ihr: Fürchte dich nicht! Was siehst du?
Das Weib sprach zu Saul: Ich sehe einen Geist heraufsteigen aus der
Erde. 14 Er sprach: Wie ist er gestaltet? Sie sprach: Es kommt ein alter
Mann herauf und ist bekleidet mit einem Priesterrock. Da erkannte
Saul, daß es Samuel war, und neigte sich mit seinem Antlitz zur Erde
und fiel nieder. 15 Samuel aber sprach zu Saul: Warum hast du meine
Ruhe gestört, daß du mich heraufsteigen lässest? Saul sprach: Ich bin
in großer Bedrängnis, die Philister kämpfen gegen mich, und Gott ist
von mir gewichen und antwortet mir nicht, weder durch Propheten
noch durch Träume; darum hab ich dich rufen lassen, daß du mir
kundtust, was ich tun soll. 16 Samuel sprach: Warum willst du mich
befragen, da doch der HERR von dir gewichen und dein Feind
geworden ist? 17 Der HERR hat dir getan, wie er durch mich geredet hat,
und hat das Königtum aus deiner Hand gerissen und David, deinem
Nächsten, gegeben. 18 Weil du der Stimme des HERRN nicht gehorcht

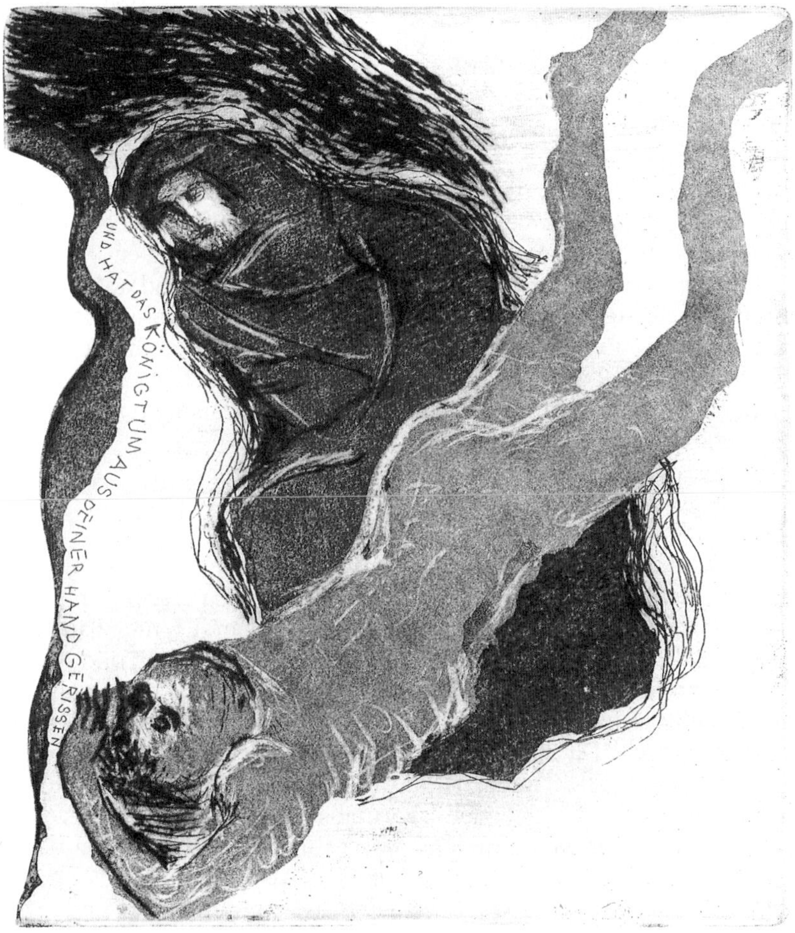

28,17

und seinen grimmigen Zorn nicht an Amalek vollstreckt hast, darum
hat der HERR dir das jetzt getan. 19Dazu wird der HERR mit dir auch
Israel in die Hände der Philister geben. Morgen wirst du mit deinen
Söhnen bei mir sein. Auch wird der HERR das Heer Israels in die
Hände der Philister geben.

20Da stürzte Saul zur Erde, so lang er war, und geriet in große
Furcht über die Worte Samuels. Auch war keine Kraft mehr in ihm;
denn er hatte nichts gegessen den ganzen Tag und die ganze Nacht.
21Und das Weib trat zu Saul und sah, daß er sehr erschrocken war,
und sprach zu ihm: Siehe, deine Magd hat deiner Stimme gehorcht,
und ich habe mein Leben aufs Spiel gesetzt, als ich die Worte hörte,
die du zu mir gesagt hast. 22So gehorche du nun auch der Stimme
deiner Magd! Ich will dir einen Bissen Brot vorsetzen, daß du issest
und zu Kräften kommst und deine Straße gehen kannst. 23Er aber
weigerte sich und sprach: Ich will nicht essen. Da nötigten ihn seine
Männer und das Weib, bis er auf sie hörte. Und er stand auf von der
Erde und setzte sich aufs Bett. 24Das Weib aber hatte im Haus ein
gemästetes Kalb; das schlachtete sie eilends und nahm Mehl und
knetete es und backte ungesäuertes Brot 25und setzte es Saul und
seinen Männern vor. Und als sie gegessen hatten, standen sie auf und
gingen fort noch in der Nacht.

Ein Ende mit Schrecken

31 Die Philister aber kämpften gegen Israel, und die Männer
Israels flohen vor den Philistern und blieben erschlagen liegen
auf dem Gebirge Gilboa. 2Und die Philister waren hinter Saul und
seinen Söhnen her und erschlugen Jonatan und Abinadab und Malki-
schua, die Söhne Sauls. 3Und der Kampf tobte heftig um Saul, und
die Bogenschützen fanden ihn, und er wurde schwer verwundet von
den Schützen. 4Da sprach Saul zu seinem Waffenträger: Zieh dein
Schwert und erstich mich damit, daß nicht diese Unbeschnittenen
kommen und mich erstechen und treiben ihren Spott mit mir. Aber
sein Waffenträger wollte nicht, denn er fürchtete sich sehr. Da nahm
Saul das Schwert und stürzte sich hinein. 5Als nun sein Waffenträger
sah, daß Saul tot war, stürzte auch er sich in sein Schwert und starb
mit ihm. 6So starben Saul und seine drei Söhne und sein Waffenträger
und alle seine Männer miteinander an diesem Tage.

DAS ZWEITE BUCH SAMUEL

Trauer über Saul und Jonatan

1 Nach dem Tode Sauls, 2 siehe, da kam am dritten Tage ein Mann
aus dem Heer von Saul mit zerrissenen Kleidern und mit Erde auf
seinem Haupt. Und als er zu David kam, fiel er nieder zur Erde und
huldigte ihm. 3 David aber sprach zu ihm: Wo kommst du her? Er
sprach zu ihm: Aus dem Heer Israels bin ich entronnen. 4 David
sprach zu ihm: Sage mir, wie steht es? Er sprach: Das Volk ist geflohen
aus der Schlacht, und es sind viele vom Volk gefallen; dazu ist auch
Saul tot und sein Sohn Jonatan.

11 Da faßte David seine Kleider und zerriß sie, und ebenso taten alle
Männer, die bei ihm waren, 12 und sie hielten Totenklage und weinten
und fasteten bis zum Abend um Saul und seinen Sohn Jonatan und
um das Volk des HERRN und um das Haus Israel, weil sie durchs
Schwert gefallen waren.

17 Und David sang dies Klagelied über Saul und Jonatan, seinen
Sohn: 19 Die Edelsten in Israel sind auf deinen Höhen erschlagen. Wie
sind die Helden gefallen! 20 Sagt's nicht an in Gat, verkündet's nicht
auf den Gassen in Aschkelon, daß sich nicht freuen die Töchter der
Philister, daß nicht frohlocken die Töchter der Unbeschnittenen.
23 Saul und Jonatan, geliebt und einander zugetan, im Leben und im
Tod nicht geschieden; schneller waren sie als die Adler und stärker als
die Löwen. 24 Ihr Töchter Israels, weinet über Saul, der euch kleidete
mit kostbarem Purpur und euch schmückte mit goldenen Kleinoden
an euren Kleidern. 25 Wie sind die Helden gefallen im Streit! Jonatan
ist auf deinen Höhen erschlagen! 26 Es ist mir leid um dich, mein
Bruder Jonatan, ich habe große Freude und Wonne an dir gehabt.
27 Wie sind die Helden gefallen und die Streitbaren umgekommen.

David wird König

2 Bald danach befragte David den HERRN und sprach: Soll ich hin-
auf in eine der Städte Judas ziehen? Und der HERR sprach zu ihm:
Zieh hinauf! David sprach: Wohin? Er sprach: Nach Hebron. 2 So zog
David dorthin mit seinen beiden Frauen, Ahinoam und Abigajil. 4 Und
die Männer Judas kamen und salbten dort David zum König über das
Haus Juda.

3 Und es war ein langer Kampf zwischen dem Hause Sauls und
dem Hause Davids. David aber nahm immer mehr zu an Macht,
und das Haus Sauls nahm immer mehr ab.

5 Und es kamen alle Stämme Israels zu David nach Hebron und
sprachen: Siehe, wir sind von deinem Gebein und deinem
Fleisch. 2Schon früher, als Saul über uns König war, führtest du Israel
ins Feld und wieder heim. Dazu hat der HERR dir gesagt: Du sollst
mein Volk Israel weiden und sollst Fürst sein über Israel. 3Und es
kamen alle Ältesten in Israel zum König nach Hebron. Und der König
David schloß mit ihnen einen Bund in Hebron vor dem HERRN, und
sie salbten David zum König über Israel.

4Dreißig Jahre war David alt, als er König wurde, und regierte
vierzig Jahre. 5Zu Hebron regierte er sieben Jahre und sechs Monate
über Juda, und zu Jerusalem regierte er dreiunddreißig Jahre über
ganz Israel und Juda.

Jerusalem wird die Stadt Davids

6Und der König zog mit seinen Männern vor Jerusalem gegen die
Jebusiter, die im Lande wohnten. Sie aber sprachen zu David: Du
wirst nicht hier hereinkommen, sondern Blinde und Lahme werden
dich abwehren. Damit meinten sie, daß David nicht dort hinein-
kommen könnte. 7David aber eroberte die Burg Zion.

9So wohnte David auf der Burg und nannte sie »Stadt Davids«.
Und David baute ringsumher. 10Und Davids Macht nahm immer
mehr zu, und der HERR, der Gott Zebaoth, war mit ihm.

11Und Hiram, der König von Tyrus, sandte Boten zu David mit
Zedernholz, dazu Zimmerleute und Steinmetzen, daß sie David ein
Haus bauten. 12Und David erkannte, daß der HERR ihn zum König
über Israel bestätigt und sein Königtum erhöht hatte um seines Volkes
Israel willen.

David vertreibt die Philister

17Als die Philister hörten, daß man David zum König über Israel
gesalbt hatte, zogen sie alle herauf, um sich Davids zu bemächtigen.
Sobald das David erfuhr, zog er hinab nach der Bergfeste. 18Aber
die Philister kamen und breiteten sich aus in der Ebene Refaïm.
19Und David befragte den HERRN und sprach: Soll ich hinaufziehen
gegen die Philister? Wirst du sie in meine Hand geben? Der HERR
sprach zu David: Zieh hinauf, ich werde die Philister in deine
Hand geben.

25David tat, wie der HERR ihm geboten hatte, und schlug die
Philister von Gibeon an bis hin nach Geser.

Die heilige Lade kommt in die Stadt

6 Und David sammelte abermals die ganze junge Mannschaft in
Israel, dreißigtausend Mann, 2und machte sich auf und zog mit
dem ganzen Volk, das bei ihm war, nach Baala in Juda, um die Lade
Gottes von dort heraufzuholen. 15Und David mit dem ganzen Hause
Israel führte die Lade des HERRN herauf mit Jauchzen und Posaunen-
schall.

17Als sie die Lade des HERRN hineinbrachten, stellten sie sie an
ihren Platz mitten in dem Zelt, das David für sie aufgeschlagen hatte.
Und David opferte Brandopfer und Dankopfer vor dem HERRN.
18Und als David die Brandopfer und Dankopfer beendet hatte,
segnete er das Volk in dem Namen des HERRN Zebaoth, 19und er ließ
austeilen allem Volk, der ganzen Menge Israels, Mann und Frau, einem
jeden einen Brotkuchen, ein Stück Fleisch und einen Rosinenkuchen.
Danach kehrte alles Volk heim, ein jeder in sein Haus.

Davids Herrscherhaus soll nicht untergehen

7 Als nun der König in seinem Hause saß und der HERR ihm Ruhe
gegeben hatte vor allen seinen Feinden umher, 2sprach er zu dem
Propheten Nathan: Sieh doch, ich wohne in einem Zedernhause, und
die Lade Gottes wohnt unter Zeltdecken. 3Nathan sprach zu dem
König: Wohlan, alles, was in deinem Herzen ist, das tu, denn der HERR
ist mit dir.

4In der Nacht aber kam das Wort des HERRN zu Nathan: 5Geh hin
und sage zu meinem Knecht David: So spricht der HERR: Solltest du
mir ein Haus bauen, daß ich darin wohne? 6Habe ich doch in keinem
Hause gewohnt seit dem Tag, da ich die Israeliten aus Ägypten führte,
bis auf diesen Tag, sondern ich bin umhergezogen in einem Zelt als
Wohnung. 7Habe ich die ganze Zeit, als ich mit den Israeliten umher-
zog, je geredet zu einem der Richter Israels, denen ich befohlen hatte,
mein Volk Israel zu weiden, und gesagt: Warum baut ihr mir nicht ein
Zedernhaus?

8Darum sollst du nun so zu meinem Knechte David sagen: So
spricht der HERR Zebaoth: Ich habe dich genommen von den Schaf-
hürden, damit du Fürst über mein Volk Israel sein sollst, 9und bin mit
dir gewesen, wo du hingegangen bist, und habe alle deine Feinde vor
dir ausgerottet; und ich will dir einen großen Namen machen gleich

dem Namen der Großen auf Erden. 10 Und ich will meinem Volk Israel
eine Stätte geben und will es pflanzen, daß es dort wohne und sich
nicht mehr ängstigen müsse und die Kinder der Bosheit es nicht mehr
bedrängen. Und wie vormals, 11 seit der Zeit, da ich Richter über
mein Volk Israel bestellt habe, will ich dir Ruhe geben vor allen
deinen Feinden. Und der HERR verkündigt dir, daß der HERR dir
ein Haus bauen will. 12 Wenn nun deine Zeit um ist und du dich
zu deinen Vätern schlafen legst, will ich dir einen Nachkommen
erwecken, der von deinem Leibe kommen wird; dem will ich sein
Königtum bestätigen. 13 Der soll meinem Namen ein Haus bauen, und
ich will seinen Königsthron bestätigen ewiglich. 14 Ich will sein Vater
sein, und er soll mein Sohn sein. Wenn er sündigt, will ich ihn mit
menschlichen Schlägen strafen; 15 aber meine Gnade soll nicht von
ihm weichen, wie ich sie habe weichen lassen von Saul, den ich vor
dir weggenommen habe. 16 Aber dein Haus und dein Königtum sollen
beständig sein in Ewigkeit vor mir, und dein Thron soll ewiglich
bestehen.

17 Als Nathan alle diese Worte und dies Gesicht David gesagt hatte,
18 kam der König David und setzte sich vor dem HERRN nieder und
sprach: Wer bin ich, Herr HERR, und was ist mein Haus, daß du mich
bis hierher gebracht hast? 23 Und wo ist ein Volk auf Erden wie dein
Volk Israel, um dessentwillen Gott hingegangen ist, es zu erlösen, daß
es sein Volk sei, und ihm einen Namen zu machen und so große und
furchtbare Dinge zu tun, damit du Völker und ihre Götter vertriebest
vor deinem Volk, das du dir aus Ägypten erlöst hast? 24 Und du hast
dir dein Volk Israel zubereitet, dir zum Volk für ewig, und du, HERR,
bist ihr Gott geworden. 25 So bekräftige nun, HERR, Gott, das Wort in
Ewigkeit, das du über deinen Knecht und über sein Haus geredet hast,
und tu, wie du geredet hast! 26 So wird dein Name groß werden in
Ewigkeit, daß man sagen wird: Der HERR Zebaoth ist Gott über Israel,
und das Haus deines Knechtes David wird bestehen vor dir.

David macht sich schuldig

11 Und als das Jahr um war, zur Zeit, da die Könige ins Feld zu
ziehen pflegen, sandte David Joab [seinen Feldherrn] und seine
Männer mit ihm und ganz Israel, damit sie das Land der Ammoniter
verheerten und Rabba belagerten. David aber blieb in Jerusalem.
2 Und es begab sich, daß David um den Abend aufstand von seinem
Lager und sich auf dem Dach des Königshauses erging; da sah er vom
Dach aus eine Frau sich waschen; und die Frau war von sehr schöner
Gestalt. 3 Und David sandte hin und ließ nach der Frau fragen, und

man sagte: Das ist doch Batseba, die Tochter Eliams, die Frau Urias,
des Hetiters. 4Und David sandte Boten hin und ließ sie holen. Und als
sie zu ihm kam, wohnte er ihr bei.

Und sie kehrte in ihr Haus zurück. 5Und die Frau ward schwanger
und sandte hin und ließ David sagen: Ich bin schwanger geworden.

6David aber sandte zu Joab: Sende zu mir Uria, den Hetiter. Und
Joab sandte Uria zu David. 7Und als Uria zu ihm kam, fragte David,
ob es mit Joab und mit dem Heer und mit dem Krieg gut stünde.
8Und David sprach zu Uria: Geh hinab in dein Haus und wasch
deine Füße. Und als Uria aus des Königs Haus hinausging, wurde ihm
ein Geschenk des Königs nachgetragen. 9Aber Uria legte sich schlafen
vor der Tür des Königshauses, wo alle Kriegsleute seines Herrn lagen,
und ging nicht hinab in sein Haus. 10Als man aber David ansagte: Uria
ist nicht hinab in sein Haus gegangen, sprach David zu ihm: Bist du
nicht von weither gekommen? Warum bist du nicht hinab in dein
Haus gegangen? 11Uria aber sprach zu David: Die Lade und Israel und
Juda wohnen in Zelten, und Joab, mein Herr, und meines Herrn
Kriegsleute liegen auf freiem Felde, und ich sollte in mein Haus gehen,
um zu essen und zu trinken und bei meinem Weibe zu liegen? So
wahr der HERR lebt und so wahr du lebst: ich tue so etwas nicht.
12David sprach zu Uria: Bleib heute hier, morgen will ich dich gehen
lassen. So blieb Uria in Jerusalem an diesem Tage und auch am
nächsten. 13Und David lud ihn ein, so daß er bei ihm aß und trank,
und machte ihn betrunken. Aber am Abend ging er hinaus, um sich
schlafen zu legen auf sein Lager bei den Männern seines Herrn, und
ging nicht hinab in sein Haus.

14Am andern Morgen schrieb David einen Brief an Joab und sandte
ihn durch Uria. 15Er schrieb aber in dem Brief: Stellt Uria vornehin,
wo der Kampf am härtesten ist, und zieht euch hinter ihm zurück,
daß er erschlagen werde und sterbe. 16Als nun Joab die Stadt bela-
gerte, stellte er Uria dorthin, wo er wußte, daß streitbare Männer stan-
den. 17Und als die Männer der Stadt einen Ausfall machten und mit
Joab kämpften, fielen einige vom Volk, von den Männern Davids, und
Uria, der Hetiter, starb auch.

18Da sandte Joab hin und ließ David alles sagen, was sich bei dem
Kampf begeben hatte. 25David sprach zum Boten: So sollst du Joab
sagen: »Laß dir das nicht leid sein, denn das Schwert frißt bald diesen,
bald jenen. Fahre fort mit dem Kampf gegen die Stadt und zerstöre
sie.« So sollst du ihm Mut zusprechen.

26Und als Urias Frau hörte, daß ihr Mann Uria tot war, hielt sie die
Totenklage um ihren Eheherrn. 27Sobald sie aber ausgetrauert hatte,
sandte David hin und ließ sie in sein Haus holen, und sie wurde seine

Frau und gebar ihm einen Sohn. Aber dem HERRN mißfiel die Tat, die
David getan hatte.

David spricht sich selbst das Urteil

12 Und der HERR sandte Nathan zu David. Als der zu ihm kam,
sprach er zu ihm: Es waren zwei Männer in einer Stadt, der
eine reich, der andere arm. 2Der Reiche hatte sehr viele Schafe und
Rinder; 3aber der Arme hatte nichts als ein einziges kleines Schäflein,
das er gekauft hatte. Und er nährte es, daß es groß wurde bei ihm
zugleich mit seinen Kindern. Es aß von seinem Bissen und trank aus
seinem Becher und schlief in seinem Schoß, und er hielt's wie eine
Tochter. 4Als aber zu dem reichen Mann ein Gast kam, brachte er's
nicht über sich, von seinen Schafen und Rindern zu nehmen, um dem
Gast etwas zuzurichten, der zu ihm gekommen war, sondern er nahm
das Schaf des armen Mannes und richtete es dem Mann zu, der zu
ihm gekommen war.
5Da geriet David in großen Zorn über den Mann und sprach zu
Nathan: So wahr der HERR lebt: der Mann ist ein Kind des Todes, der
das getan hat! 6Dazu soll er das Schaf vierfach bezahlen, weil er das
getan und sein eigenes geschont hat.
7Da sprach Nathan zu David: Du bist der Mann! So spricht der
HERR, der Gott Israels: Ich habe dich zum König gesalbt über Israel
und habe dich errettet aus der Hand Sauls 8und habe dir das Haus
Israel und Juda gegeben; und ist das zu wenig, will ich noch dies und
das dazu tun. 9Warum hast du denn das Wort des HERRN verachtet,
daß du getan hast, was ihm mißfiel? Uria, den Hetiter, hast du erschla-
gen mit dem Schwert, seine Frau hast du dir zur Frau genommen, ihn
aber hast du umgebracht durchs Schwert der Ammoniter. 10Nun, so
soll von deinem Hause das Schwert nimmermehr lassen, weil du
mich verachtet und die Frau Urias, des Hetiters, genommen hast, daß
sie deine Frau sei.
13Da sprach David zu Nathan: Ich habe gesündigt gegen den
HERRN. Nathan sprach zu David: So hat auch der HERR deine Sünde
weggenommen; du wirst nicht sterben. 14Aber weil du die Feinde des
HERRN durch diese Sache zum Lästern gebracht hast, wird der Sohn,
der dir geboren ist, des Todes sterben. 15Und Nathan ging heim.

Davids Macht ist am Ende

15Und der HERR schlug das Kind, das Urias Frau David geboren hatte, so
daß es todkrank wurde. 16Und David suchte Gott um des Knäbleins

willen und fastete, und wenn er heimkam, lag er über Nacht auf der
Erde. 17Da traten herzu die Ältesten seines Hauses und wollten ihn
aufrichten von der Erde; er aber wollte nicht und aß auch nicht mit
ihnen.

18Am siebenten Tage aber starb das Kind. Und die Männer Davids
fürchteten sich, ihm zu sagen, daß das Kind tot sei; denn sie dachten:
Siehe, als das Kind noch am Leben war, redeten wir mit ihm, und er
hörte nicht auf uns; wie könnten wir ihm nun sagen: Das Kind ist tot!
Er könnte ein Unheil anrichten. 19Als aber David sah, daß seine
Männer leise redeten, merkte er, daß das Kind tot sei, und sprach zu
seinen Männern: Ist das Kind tot? Sie sprachen: Ja. 20Da stand David
von der Erde auf und wusch sich und salbte sich und zog andere
Kleider an und ging in das Haus des HERRN und betete an. Und als er
wieder heimkam, ließ er sich Speise auftragen und aß. 21Da sprachen
seine Männer zu ihm: Was soll das, was du tust? Als das Kind lebte,
hast du gefastet und geweint; nun es aber gestorben ist, stehst du auf
und issest? 22Er sprach: Als das Kind noch lebte, fastete ich und
weinte; denn ich dachte: Wer weiß, ob mir der HERR nicht gnädig
wird und das Kind am Leben bleibt. 23Nun es aber tot ist, was soll ich

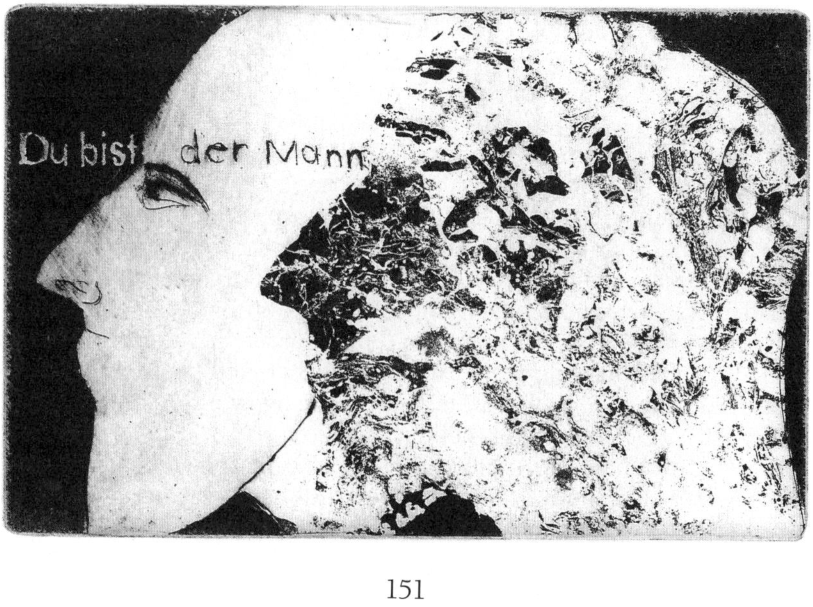

fasten? Kann ich es wieder zurückholen? Ich werde wohl zu ihm
fahren; es kommt aber nicht wieder zu mir zurück.
24Und als David seine Frau Batseba getröstet hatte, ging er zu ihr
hinein und wohnte ihr bei. Und sie gebar einen Sohn, den nannte er
Salomo. Und der HERR liebte ihn. 25Und er tat ihn unter die Hand des
Propheten Nathan.

Aufstand im eigenen Haus

15 Und es begab sich danach, daß Absalom [ein Sohn Davids]
sich einen Wagen anschaffte und Rosse und fünfzig Mann, die
seine Leibwache waren. 2Auch machte sich Absalom des Morgens auf
und trat an den Weg bei dem Tor. Und wenn jemand einen Rechts-
handel hatte und deshalb zum König vor Gericht gehen wollte, rief
ihn Absalom zu sich und sprach: Aus welcher Stadt bist du? Wenn
der dann sprach: Dein Knecht ist aus dem und dem Stamm Israels,
3so sprach Absalom zu ihm: Siehe, deine Sache ist gut und recht; aber
du hast keinen beim König, der dich hört. 4Und Absalom sprach: Oh,
wer setzt mich zum Richter im Lande, daß jedermann zu mir käme,
der eine Sache und Gerichtshandel hat, damit ich ihm zum Recht
hülfe! 5Und wenn jemand ihm nahte und vor ihm niederfallen wollte,
so streckte er seine Hand aus und ergriff ihn und küßte ihn. 6Auf
diese Weise tat Absalom mit ganz Israel, wenn sie vor Gericht kamen
zum König. So stahl Absalom das Herz der Männer Israels.
7Nach vier Jahren sprach Absalom zum König: Ich will hingehen
und mein Gelübde in Hebron erfüllen, das ich dem HERRN gelobt
habe. 8Denn dein Knecht hat ein Gelübde getan, als ich in Geschur in
Aram wohnte, und gesprochen: Wenn mich der HERR nach Jerusalem
zurückbringt, so will ich dem HERRN einen Gottesdienst halten. 9Der
König sprach zu ihm: Geh hin mit Frieden! Und er machte sich auf
und ging nach Hebron. 10Absalom aber hatte heimlich Boten ausge-
sandt in alle Stämme Israels und sagen lassen: Wenn ihr den Schall
der Posaune hört, so ruft: Absalom ist König geworden zu Hebron.
11Es gingen aber mit Absalom zweihundert Mann von Jerusalem, die
geladen waren, und sie gingen ohne Argwohn und wußten nichts von
der Sache. 12Als aber Absalom die Opfer darbrachte, sandte er auch
zu Ahitofel, dem Giloniter, Davids Ratgeber, und ließ ihn holen
aus seiner Stadt Gilo. Und die Verschwörung wurde stark, und es
sammelte sich immer mehr Volk um Absalom.
13Da kam einer, der sagte es David an und sprach: Jedermanns
Herz in Israel hat sich Absalom zugewandt. 14David aber sprach zu
allen seinen Großen, die bei ihm in Jerusalem waren: Auf, laßt uns

fliehen! Denn hier wird kein Entrinnen sein vor Absalom. Eilt, daß wir
gehen, damit er uns nicht einholt und uns ergreift und Unheil über
uns bringt und die Stadt schlägt mit der Schärfe des Schwerts. [15]Da
sprachen die Großen des Königs zu ihm: Ganz wie unser Herr und
König will; siehe, wir sind deine Knechte. [16]Und der König zog hinaus
[30]und weinte, und sein Haupt war verhüllt, und er ging barfuß. Auch
alle vom Volk, die bei ihm waren, hatten ihr Haupt verhüllt und
gingen hinan und weinten.

Der Aufstand bricht zusammen

17 [24]Und David kam nach Mahanajim. Aber Absalom zog über
den Jordan und alle Männer Israels mit ihm. [26]Israel aber und
Absalom lagerten sich in Gilead.
18 Und David ordnete das Kriegsvolk, das bei ihm war, und setzte
über sie Hauptleute über tausend und über hundert. [5]Und der
König sprach: Verfahrt mir schonend mit meinem Sohn Absalom!
Und das ganze Kriegsvolk hörte es, als der König allen Hauptleuten
Absaloms wegen diesen Befehl gab.

[6]Und als das Heer hinauskam aufs Feld Israel entgegen, kam es
zum Kampf im Walde Ephraim. [7]Und das Heer Israels wurde dort
geschlagen von den Männern Davids, so daß an diesem Tag eine
große Schlacht geschah – zwanzigtausend Mann. [8]Und der Kampf
breitete sich dort aus über die ganze Gegend.

[9]Und Absalom begegnete den Männern Davids und ritt auf einem
Maultier. Und als das Maultier unter eine große Eiche mit dichten
Zweigen kam, blieb sein Haupt an der Eiche hängen, und er schwebte
zwischen Himmel und Erde; denn sein Maultier lief unter ihm weg.
[10]Als das ein Mann sah, tat er's Joab kund und sprach: Siehe, ich sah
Absalom an einer Eiche hängen. [14]Da nahm Joab drei Stäbe in seine
Hand und stieß sie Absalom ins Herz, als er noch lebend an der Eiche
hing. [15]Und zehn Knappen, Joabs Waffenträger, umringten ihn und
schlugen ihn tot. [17]Und sie nahmen Absalom und warfen ihn im Wald
in eine große Grube und legten einen sehr großen Haufen Steine auf
ihn. Und ganz Israel floh, ein jeder in sein Zelt.

[21]Und Joab befahl dem Mohren: Geh hin und sage dem König an,
was du gesehen hast. Und der Mohr neigte sich vor Joab und lief hin.
[31]Siehe, da kam der Mohr und sprach: Hier gute Botschaft, mein Herr
und König! Der HERR hat dir heute Recht verschafft gegen alle, die
sich gegen dich auflehnten. [32]Der König aber sprach zu dem Mohren:
Geht es meinem Sohn Absalom auch gut? Der Mohr sprach: Es
müsse den Feinden meines Herrn, des Königs, ergehen, wie es dem

jungen Mann ergangen ist, und auch allen, die sich böswillig gegen
dich auflehnen.
19 Da erbebte der König und ging hinauf in das Obergemach des
Tores und weinte, und im Gehen rief er: Mein Sohn Absalom!
Mein Sohn, mein Sohn Absalom! Wollte Gott, ich wäre für dich
gestorben! O Absalom, mein Sohn, mein Sohn!

2Und es wurde Joab angesagt: Siehe, der König weint und trägt
Leid um Absalom. 3So wurde aus dem Sieg an diesem Tag eine Trauer
unter dem ganzen Kriegsvolk; denn das Volk hatte an diesem Tage
gehört, daß sich der König um seinen Sohn gräme. 4Und das Kriegs-
volk stahl sich weg an diesem Tage in die Stadt, wie sich Kriegsvolk
wegstiehlt, das sich schämen muß, weil es im Kampf geflohen ist.
5Der König aber hatte sein Angesicht verhüllt und schrie laut: Ach,
mein Sohn Absalom! Absalom, mein Sohn, mein Sohn!

6Joab aber kam zum König ins Haus und sprach: Du hast heute
schamrot gemacht alle deine Knechte, die dir heute das Leben gerettet
haben und deinen Söhnen, deinen Töchtern, deinen Frauen und
Nebenfrauen, 7weil du liebhast, die dich hassen, und hassest, die dich
liebhaben. Denn du läßt heute merken, daß dir nichts gelegen ist an
den Obersten und Kriegsleuten. Ja, ich merke heute wohl: wenn nur
Absalom lebte und wir heute alle tot wären, das wäre dir recht. 8So
mache dich nun auf und komm heraus und rede mit deinen Knech-
ten freundlich. Denn ich schwöre dir bei dem HERRN: Wirst du nicht
herauskommen, so wird kein Mann bei dir bleiben diese Nacht. Das
wird für dich ärger sein als alles Übel, das über dich gekommen ist
von deiner Jugend auf bis hierher. 9Da stand der König auf und setzte
sich ins Tor. Und man sagte es allem Kriegsvolk: Siehe, der König sitzt
im Tor. Da kam alles Volk vor den König.

David soll wieder König sein

9Als Israel geflohen war, ein jeder in sein Zelt, 10stritt sich alles Volk in
allen Stämmen Israels, und sie sprachen: Der König hat uns errettet
aus der Hand unserer Feinde und uns erlöst aus der Hand der
Philister und hat jetzt aus dem Lande fliehen müssen vor Absalom.
11Aber Absalom, den wir über uns gesalbt hatten, ist gefallen im
Kampf. Warum seid ihr nun so still und holt den König nicht wieder
zurück? 12Es kam aber die Rede ganz Israels vor den König.

Und der König sandte zu den Priestern Zadok und Abjatar und
ließ ihnen sagen: Redet mit den Ältesten in Juda und sprecht: 13Ihr
seid meine Brüder, von meinem Gebein und Fleisch; warum wollt ihr
denn die Letzten sein, den König zurückzuholen? 14Und zu Amasa

sprecht: Bist du nicht von meinem Gebein und Fleisch? Gott tue mir
dies und das, wenn du nicht Feldhauptmann sein sollst vor mir dein
Leben lang an Joabs Statt. 15 Und er wandte das Herz aller Männer
Judas wie *eines* Mannes Herz, und sie sandten hin zum König: Komm
zurück, du und alle deine Leute! 16 So kam der König zurück.

Ein Danklied Davids

22 Und David redete vor dem HERRN die Worte dieses Liedes
zur Zeit, als ihn der HERR errettet hatte aus der Hand aller
seiner Feinde und aus der Hand Sauls, und sprach:

2 Der HERR ist mein Fels und meine Burg
und mein Erretter.
3 Gott ist mein Hort, auf den ich traue,
mein Schild und Berg meines Heils,
mein Schutz und meine Zuflucht,
mein Heiland, der du mir hilfst vor Gewalt.
4 Ich rufe an den HERRN, den Hochgelobten,
so werde ich vor meinen Feinden errettet.
5 Es hatten mich umfangen die Wogen des Todes,
und die Fluten des Unheils erschreckten mich.
6 Des Totenreichs Bande umfingen mich,
und des Todes Stricke überwältigten mich.
7 Als mir angst war, rief ich den HERRN an
und schrie zu meinem Gott.
Da erhörte er meine Stimme von seinem Tempel,
und mein Schreien kam vor ihn zu seinen Ohren.
17 Er streckte seine Hand aus von der Höhe und faßte mich
und zog mich aus großen Wassern.
18 Er errettete mich von meinen starken Feinden,
von meinen Hassern, die mir zu mächtig waren;
19 sie überwältigten mich zur Zeit meines Unglücks,
aber der HERR ward mein Halt.
20 Er führte mich hinaus ins Weite,
er riß mich heraus; denn er hatte Lust zu mir.
50 Darum will ich dir danken, HERR, unter den Heiden
und deinem Namen lobsingen,
51 der seinem Könige großes Heil gibt
und Gnade erweist seinem Gesalbten,
David und seinem Hause ewiglich.

DAS ERSTE BUCH DER KÖNIGE

David übergibt sein Königreich

2 Als nun die Zeit herbeikam, daß David sterben sollte, gebot er
seinem Sohn Salomo und sprach: 2Ich gehe hin den Weg aller
Welt. So sei getrost und sei ein Mann 3und diene dem HERRN, deinem
Gott, daß du wandelst in seinen Wegen und hältst seine Satzungen,
Gebote, Rechte und Ordnungen, wie geschrieben steht im Gesetz des
Mose, damit dir alles gelinge, was du tust und wohin du dich wendest;
4damit der HERR sein Wort erfülle, das er über mich geredet hat: Wer-
den deine Söhne auf ihre Wege achten, daß sie vor mir in Treue und
von ganzem Herzen und von ganzer Seele wandeln, so soll dir's nie-
mals fehlen an einem Mann auf dem Thron Israels.
10Also legte sich David zu seinen Vätern und wurde begraben in
der Stadt Davids. 12Und Salomo saß auf dem Thron seines Vaters
David, und seine Herrschaft hatte festen Bestand.

Salomo darf sich etwas wünschen

3 5Und der HERR erschien Salomo zu Gibeon im Traum des
Nachts, und Gott sprach: Bitte, was ich dir geben soll! 6Salomo
sprach: Du hast an meinem Vater David, deinem Knecht, große Barm-
herzigkeit getan, wie er denn vor dir gewandelt ist in Wahrheit und
Gerechtigkeit und mit aufrichtigem Herzen vor dir, und hast ihm auch
die große Barmherzigkeit erwiesen und ihm einen Sohn gegeben, der
auf seinem Thron sitzen sollte, wie es denn jetzt ist. 7Nun, HERR, mein
Gott, du hast deinen Knecht zum König gemacht an meines Vaters
David Statt. Ich aber bin noch jung, weiß weder aus noch ein. 9So
wollest du deinem Knecht ein gehorsames Herz geben, damit er dein
Volk richten könne und verstehen, was gut und böse ist. Denn wer
vermag dies dein mächtiges Volk zu richten?
10Das gefiel dem HERRN gut, daß Salomo darum bat. 11Und Gott
sprach zu ihm: Weil du darum bittest und bittest weder um langes
Leben noch um Reichtum noch um deiner Feinde Tod, sondern um
Verstand, zu hören und recht zu richten, 12siehe, so tue ich nach
deinen Worten. Siehe, ich gebe dir ein weises und verständiges Herz,
so daß deinesgleichen vor dir nicht gewesen ist und nach dir nicht
aufkommen wird. 13Und dazu gebe ich dir, worum du nicht gebeten

hast, nämlich Reichtum und Ehre, so daß deinesgleichen keiner unter
den Königen ist zu deinen Zeiten. 14 Und wenn du in meinen Wegen
wandeln wirst, daß du hältst meine Satzungen und Gebote, wie dein
Vater David gewandelt ist, so werde ich dir ein langes Leben geben.

15 Und als Salomo erwachte, siehe, da war es ein Traum. Und er
kam nach Jerusalem und trat vor die Lade des Bundes des HERRN und
opferte Brandopfer und Dankopfer und machte ein großes Festmahl
für alle seine Großen.

Eine kluge Entscheidung

16 Zu der Zeit kamen zwei Huren zum König und traten vor ihn. 17 Und
die eine Frau sprach: Ach, mein Herr, ich und diese Frau wohnten in
einem Hause, und ich gebar bei ihr im Hause. 18 Und drei Tage, nach-
dem ich geboren hatte, gebar auch sie. Und wir waren beieinander,
und kein Fremder war mit uns im Hause, nur wir beide. 19 Und der
Sohn dieser Frau starb in der Nacht; denn sie hatte ihn im Schlaf
erdrückt. 20 Und sie stand in der Nacht auf und nahm meinen Sohn
von meiner Seite, als deine Magd schlief, und legte ihn in ihren Arm,
und ihren toten Sohn legte sie in meinen Arm. 21 Und als ich des Mor-
gens aufstand, um meinen Sohn zu stillen, siehe, da war er tot. Aber
am Morgen sah ich ihn genau an, und siehe, es war nicht mein Sohn,
den ich geboren hatte. 22 Die andere Frau sprach: Nein, mein Sohn
lebt, doch dein Sohn ist tot. Jene aber sprach: Nein, dein Sohn ist tot,
doch mein Sohn lebt. Und so redeten sie vor dem König.

23 Und der König sprach: Diese spricht: Mein Sohn lebt, doch dein
Sohn ist tot. Jene spricht: Nein, dein Sohn ist tot, doch mein Sohn lebt.
24 Und der König sprach: Holt mir ein Schwert! Und als das Schwert
vor den König gebracht wurde, 25 sprach der König: Teilt das lebendige
Kind in zwei Teile und gebt dieser die Hälfte und jener die Hälfte.
26 Da sagte die Frau, deren Sohn lebte, zum König – denn ihr mütter-
liches Herz entbrannte in Liebe für ihren Sohn – und sprach: Ach,
mein Herr, gebt ihr das Kind lebendig und tötet es nicht! Jene aber
sprach: Es sei weder mein doch dein; laßt es teilen! 27 Da antwortete
der König und sprach: Gebt dieser das Kind lebendig und tötet's
nicht; die ist seine Mutter.

28 Und ganz Israel hörte von dem Urteil, das der König gefällt hatte,
und sie fürchteten den König; denn sie sahen, daß die Weisheit
Gottes in ihm war, Gericht zu halten.

Am Hofe Salomos

5 2Und Salomo mußte täglich zur Speisung haben dreißig Sack
feinstes Mehl, sechzig Sack anderes Mehl, 3zehn gemästete Rinder
und zwanzig Rinder von der Weide und hundert Schafe, ohne die Hir-
sche und Gazellen und Rehe und das gemästete Federvieh. 4Denn er
herrschte im ganzen Lande diesseits des Euphrat, von Tifsach bis
nach Gaza, über alle Könige diesseits des Euphrat, und hatte Frieden
mit allen seinen Nachbarn ringsum, 5so daß Juda und Israel sicher
wohnten, jeder unter seinem Weinstock und unter seinem Feigen-
baum, von Dan bis Beerscheba, solange Salomo lebte. 6Und Salomo
hatte viertausend Gespanne für seine Kriegswagen und zwölftausend
Leute für die Pferde. 7Und die Amtleute versorgten den König Salomo
und alles, was zum Tisch des Königs gehörte, jeder in seinem Monat,
und ließen es an nichts fehlen.

14Und aus allen Völkern kam man, zu hören die Weisheit Salomos,
und von allen Königen auf Erden, die von seiner Weisheit gehört
hatten.

Große Pläne

15Und Hiram, der König von Tyrus, sandte seine Botschafter zu
Salomo; denn er hatte gehört, daß sie ihn zum König gesalbt hatten
an seines Vaters Statt. 16Und Salomo sandte zu Hiram und ließ ihm
sagen: 17Du weißt, daß mein Vater David nicht ein Haus bauen
konnte dem Namen des HERRN, seines Gottes, um des Krieges willen,
der um ihn her war, bis der HERR seine Feinde unter seine Füße gab.
18Nun aber hat mir der HERR, mein Gott, Ruhe gegeben ringsum, so
daß weder ein Widersacher noch ein böses Hindernis mehr da ist.
19Siehe, so hab ich gedacht, dem Namen des HERRN, meines Gottes,
ein Haus zu bauen, wie der HERR zu meinem Vater David gesagt hat:
Dein Sohn, den ich an deiner Statt auf deinen Thron setzen werde, der
soll meinem Namen das Haus bauen. 20So befiehl nun, daß man mir
Zedern im Libanon fällt, und meine Leute sollen mit deinen Leuten
sein. Und den Lohn deiner Leute will ich dir geben, alles, wie du es
sagst. Denn du weißt, daß bei uns niemand ist, der Holz zu hauen
versteht wie die Sidonier.

21Als Hiram aber die Worte Salomos hörte, freute er sich sehr und
sprach: Gelobt sei der HERR heute, der David einen weisen Sohn
gegeben hat über dies große Volk. 22Und Hiram sandte zu Salomo
und ließ ihm sagen: Ich habe die Botschaft gehört, die du mir gesandt
hast. Ich will alle deine Wünsche nach Zedern- und Zypressenholz

erfüllen. [23]Meine Leute sollen die Stämme vom Libanon hinab-
bringen ans Meer, und ich will sie in Flöße zusammenlegen lassen auf
dem Meer bis an den Ort, den du mir sagen lassen wirst, und will sie
dort zerlegen, und du sollst sie holen lassen. Aber du sollst auch
meine Wünsche erfüllen und Speise geben für meinen Hof.

[24]So gab Hiram Salomo Zedern- und Zypressenholz nach allen
seinen Wünschen. [25]Salomo aber gab Hiram zwanzigtausend Sack
Weizen zum Unterhalt für seinen Hof und zwanzigtausend Eimer
gepreßtes Öl. Das gab Salomo jährlich dem Hiram.

Der Tempel wird gebaut

6 Im vierhundertundachtzigsten Jahr nach dem Auszug Israels aus
Ägyptenland, im vierten Jahr der Herrschaft Salomos über Israel,
im Monat Siw, das ist der zweite Monat, wurde das Haus dem HERRN
gebaut. [2]Das Haus aber, das der König Salomo dem HERRN baute, war
sechzig Ellen lang, zwanzig Ellen breit und dreißig Ellen hoch. [3]Und
er baute eine Vorhalle vor der Tempelhalle des Hauses, zwanzig Ellen
lang nach der Breite des Hauses und zehn Ellen breit vor dem Hause
her. [4]Und er machte am Hause Fenster mit festen Stäben davor. [5]Und
er baute einen Umgang an der Wand des Hauses ringsumher, so daß
er um die Tempelhalle und um den Chorraum herging und machte
Seitengemächer ringsumher. [9]Und er deckte das Haus mit Balken und
Tafelwerk von Zedern.

[16]Und er baute zwanzig Ellen von der Rückseite des Hauses ent-
fernt eine Wand aus zedernen Brettern vom Boden bis an die Decke
und baute so im Innern den Chorraum, das Allerheiligste. [21]Und
Salomo überzog das Haus innen mit lauterem Gold. [22]Dazu überzog
er auch den ganzen Altar vor dem Chorraum mit Gold. [23]Er machte
im Chorraum zwei Cherubim, zehn Ellen hoch, von Ölbaumholz.
[27]Und er stellte die Cherubim mitten ins Allerheiligste. Und die
Cherubim breiteten ihre Flügel aus, so daß der Flügel des einen
Cherubs die eine Wand berührte und der Flügel des andern Cherubs
die andere Wand berührte. Aber in der Mitte berührte ein Flügel den
andern. [28]Und er überzog die Cherubim mit Gold.

[37]Im vierten Jahr wurde der Grund gelegt zum Hause des HERRN,
[38]und im elften Jahr wurde das Haus vollendet, wie es sein sollte, so
daß sie sieben Jahre daran bauten.

7 [48]Auch ließ Salomo alles Gerät machen, das zum Hause des
HERRN gehörte: den goldenen Altar, den goldenen Tisch, auf dem
die Schaubrote liegen, [49]fünf Leuchter zur rechten Hand und fünf
Leuchter zur linken vor dem Chorraum von lauterem Gold, mit

goldenen Blumen, Lampen und Lichtscheren; 50 dazu Schalen, Messer,
Becken, Löffel und Pfannen von lauterem Gold. Auch waren die
Angeln an den Türen zum Allerheiligsten innen im Hause und an den
Türen der Tempelhalle von Gold.
51 So wurde das ganze Werk vollendet, das der König Salomo
gemacht hatte am Hause des HERRN. Und Salomo brachte hinein, was
sein Vater David geheiligt hatte an Silber und Gold und Geräten, und
legte es in den Schatz des Hauses des HERRN.

Gott will im Dunkel wohnen

8 Da versammelte der König Salomo zu sich die Ältesten in Israel,
alle Häupter der Stämme und Obersten der Sippen in Israel nach
Jerusalem, um die Lade des Bundes des HERRN heraufzubringen aus
der Stadt Davids, das ist Zion. 5 Und der König Salomo und die ganze
Gemeinde Israel, die sich bei ihm versammelt hatte, ging mit ihm vor
der Lade her. 6 So brachten die Priester die Lade des Bundes des
HERRN an ihren Platz in den Chorraum des Hauses, in das Allerheilig-
ste, unter die Flügel der Cherubim. 9 Und es war nichts in der Lade als
nur die zwei steinernen Tafeln des Mose, die er hineingelegt hatte am
Horeb, die Tafeln des Bundes, den der HERR mit Israel schloß, als sie
aus Ägyptenland gezogen waren.
10 Als aber die Priester aus dem Heiligen gingen, erfüllte die Wolke
das Haus des HERRN, 11 so daß die Priester nicht zum Dienst hinzu-
treten konnten wegen der Wolke; denn die Herrlichkeit des HERRN
erfüllte das Haus des HERRN.
12 Da sprach Salomo: Die Sonne hat der HERR an den Himmel
gestellt; er hat aber gesagt, er wolle im Dunkel wohnen. 13 So habe ich
nun ein Haus gebaut dir zur Wohnung, eine Stätte, daß du ewiglich da
wohnest.
22 Und Salomo trat vor den Altar des HERRN angesichts der ganzen
Gemeinde Israel und breitete seine Hände aus gen Himmel 23 und
sprach: HERR, Gott Israels, es ist kein Gott weder droben im Himmel
noch unten auf Erden dir gleich, der du hältst den Bund und die
Barmherzigkeit deinen Knechten, die vor dir wandeln von ganzem
Herzen; 24 der du gehalten hast deinem Knecht, meinem Vater David,
was du ihm zugesagt hast. Mit deinem Mund hast du es geredet, und
mit deiner Hand hast du es erfüllt, wie es offenbar ist an diesem Tage.
27 Aber sollte Gott wirklich auf Erden wohnen? Siehe, der Himmel
und aller Himmel Himmel können dich nicht fassen – wie sollte es
dann dies Haus tun, das ich gebaut habe? 28 Wende dich aber zum
Gebet deines Knechts und zu seinem Flehen, HERR, mein Gott, damit

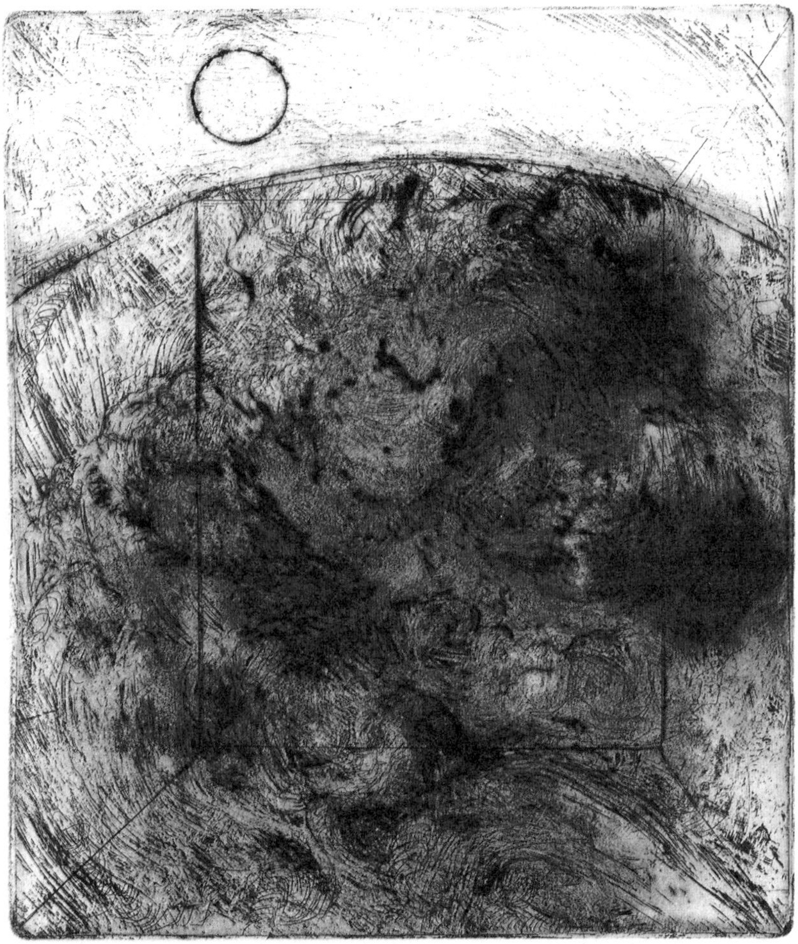

8,12

du hörest das Flehen und Gebet deines Knechts heute vor dir: 29Laß
deine Augen offen stehen über diesem Hause Nacht und Tag, über der
Stätte, von der du gesagt hast: Da soll mein Name sein. Du wollest
hören das Gebet, das dein Knecht an dieser Stätte betet, 30und wollest
erhören das Flehen deines Knechts und deines Volkes Israel, wenn sie
hier bitten werden an dieser Stätte; und wenn du es hörst in deiner
Wohnung, im Himmel, wollest du gnädig sein.

54Und als Salomo dies Gebet und Flehen vor dem HERRN voll-
endet hatte, stand er auf von dem Altar des HERRN und hörte auf zu
knien und die Hände zum Himmel auszubreiten 55und trat hin und
segnete die ganze Gemeinde Israel mit lauter Stimme und sprach:
56Gelobet sei der HERR, der seinem Volk Israel Ruhe gegeben hat, wie
er es zugesagt hat. Es ist nicht *eins* dahingefallen von allen seinen
guten Worten, die er geredet hat durch seinen Knecht Mose. 57Der
HERR, unser Gott, sei mit uns, wie er mit unsern Vätern gewesen ist.
Er verlasse uns nicht und ziehe die Hand nicht ab von uns. 58Er neige
unser Herz zu ihm, daß wir wandeln in allen seinen Wegen und
halten seine Gebote, Satzungen und Rechte, die er unsern Vätern
geboten hat.

62Und der König und ganz Israel opferten vor dem HERRN Opfer.
66Und sie segneten den König und gingen heim fröhlich und guten
Mutes über all das Gute, das der HERR an David, seinem Knecht, und
an seinem Volk Israel getan hatte.

Gott erinnert an die alten Abmachungen

9 Und als Salomo das Haus des HERRN gebaut hatte und das Haus
des Königs und alles, was er zu machen gewünscht hatte,
2erschien ihm der HERR zum zweitenmal, wie er ihm erschienen war
in Gibeon. 3Und der HERR sprach zu ihm: Ich habe dein Gebet und
Flehen gehört, das du vor mich gebracht hast, und habe dies Haus
geheiligt, das du gebaut hast, daß ich meinen Namen dort wohnen
lasse ewiglich, und meine Augen und mein Herz sollen da sein alle-
zeit. 4Und du, wenn du vor mir wandelst, wie dein Vater David
gewandelt ist, mit rechtschaffenem Herzen und aufrichtig, daß du
alles tust, was ich dir geboten habe, und meine Gebote und meine
Rechte hältst, 5so will ich bestätigen den Thron deines Königtums
über Israel ewiglich, wie ich deinem Vater David zugesagt habe: Es
soll dir nicht fehlen an einem Mann auf dem Thron Israels.

6Werdet ihr euch aber von mir abwenden, ihr und eure Kinder, und
nicht halten meine Gebote und Rechte, die ich euch vorgelegt habe,
und hingehen und andern Göttern dienen und sie anbeten, 7so werde

ich Israel ausrotten aus dem Lande, das ich ihnen gegeben habe, und
das Haus, das ich meinem Namen geheiligt habe, will ich verwerfen
von meinem Angesicht; und Israel wird ein Spott und Hohn sein
unter allen Völkern. 8 Und dies Haus wird eingerissen werden, so daß
alle, die vorübergehen, sich entsetzen werden und höhnen und sagen:
Warum hat der HERR diesem Lande und diesem Hause das angetan?
9 Dann wird man antworten: Weil sie den HERRN, ihren Gott, ver-
lassen haben, der ihre Väter aus Ägyptenland führte, und andere
Götter angenommen und sie angebetet und ihnen gedient haben –
darum hat der HERR all dies Unheil über sie gebracht.

Hoher Besuch in Jerusalem

10 Und als die Königin von Saba die Kunde von Salomo vernahm,
kam sie, um Salomo mit Rätselfragen zu prüfen. 2 Und sie kam
nach Jerusalem mit einem sehr großen Gefolge, mit Kamelen, die Spe-
zerei trugen und viel Gold und Edelsteine. Und als sie zum König
Salomo kam, redete sie mit ihm alles, was sie sich vorgenommen hat-
te. 3 Und Salomo gab ihr Antwort auf alles, und es war dem König
nichts verborgen, was er ihr nicht hätte sagen können.

4 Als aber die Königin von Saba alle Weisheit Salomos sah und das
Haus, das er gebaut hatte, 5 und die Speisen für seinen Tisch und die
Rangordnung seiner Großen und das Aufwarten seiner Diener und
ihre Kleider und seine Mundschenken und seine Brandopfer, die er in
dem Hause des HERRN opferte, geriet sie vor Staunen außer sich 6 und
sprach zum König: Es ist wahr, was ich in meinem Lande von deinen
Taten und von deiner Weisheit gehört habe. 7 Und ich hab's nicht
glauben wollen, bis ich gekommen bin und es mit eigenen Augen
gesehen habe. 9 Gelobt sei der HERR, dein Gott, der an dir Wohlge-
fallen hat, so daß er dich auf den Thron Israels gesetzt hat! Weil der
HERR Israel liebhat ewiglich, hat er dich zum König gesetzt, daß du
Recht und Gerechtigkeit übst. 10 Und sie gab dem König hundert-
undzwanzig Zentner Gold und sehr viel Spezerei und Edelsteine.
Es kam nie mehr soviel Spezerei ins Land, wie die Königin von Saba
dem König Salomo gab.

13 Und der König Salomo gab der Königin von Saba alles, was ihr
gefiel und was sie erbat, außer dem, was er ihr von sich aus gab. Und
sie wandte sich und zog in ihr Land mit ihrem Gefolge.

23 So war der König Salomo größer an Reichtum und Weisheit
als alle Könige auf Erden. 24 Und alle Welt begehrte, Salomo zu
sehen, damit sie die Weisheit hörten, die ihm Gott in sein Herz
gegeben hatte. 25 Und jedermann brachte ihm jährlich Geschenke,

silberne und goldene Geräte, Kleider und Waffen, Spezerei, Rosse
und Maultiere.

Salomo läßt andere Götter zu

11 Aber der König Salomo liebte viele ausländische Frauen: die
Tochter des Pharao und moabitische, ammonitische, edomi-
tische, sidonische und hetitische – 2aus solchen Völkern, von denen
der HERR den Israeliten gesagt hatte: Geht nicht zu ihnen und laßt sie
nicht zu euch kommen; sie werden gewiß eure Herzen ihren Göttern
zuneigen. An diesen hing Salomo mit Liebe. 5So diente Salomo der
Astarte, der Göttin derer von Sidon, und dem Milkom, dem greulichen
Götzen der Ammoniter. 6Und Salomo tat, was dem HERRN mißfiel,
und folgte nicht völlig dem HERRN wie sein Vater David.
7Damals baute Salomo eine Höhe dem Kemosch, dem greulichen
Götzen der Moabiter, auf dem Berge, der vor Jerusalem liegt, und dem
Moloch, dem greulichen Götzen der Ammoniter. 8Ebenso tat Salomo
für alle seine ausländischen Frauen, die ihren Göttern räucherten und
opferten.
9Der HERR aber wurde zornig über Salomo, daß er sein Herz von
dem HERRN, dem Gott Israels, abgewandt hatte. 11Darum sprach der
HERR zu Salomo: Weil das bei dir geschehen ist und du meinen Bund
und meine Gebote nicht gehalten hast, die ich dir geboten habe, so
will ich das Königtum von dir reißen und einem deiner Großen
geben. 12Doch zu deiner Zeit will ich das noch nicht tun um deines
Vaters David willen, sondern aus der Hand deines Sohnes will ich's
reißen. 13Doch will ich nicht das ganze Reich losreißen; *einen* Stamm
will ich deinem Sohn lassen um Davids willen, meines Knechts, und
um Jerusalems willen, das ich erwählt habe.

Es kommt zum Widerstand

29Es begab sich aber zu der Zeit, daß Jerobeam [Salomos Aufseher
über die Fronarbeiter] aus Jerusalem hinausging, und es traf ihn der
Prophet Ahija von Silo auf dem Wege und hatte einen neuen Mantel
an, und es waren die beiden allein auf dem Felde. 30Und Ahija faßte
den neuen Mantel, den er anhatte, und riß ihn in zwölf Stücke 31und
sprach zu Jerobeam: Nimm zehn Stücke zu dir! Denn so spricht der
HERR, der Gott Israels: Siehe, ich will das Königtum aus der Hand
Salomos reißen und dir zehn Stämme geben – 32*einen* Stamm soll er
haben um meines Knechts David willen und um der Stadt Jerusalem
willen, die ich erwählt habe aus allen Stämmen Israels –, 33weil er

mich verlassen hat und nicht getan hat, was mir wohlgefällt, meine
Gebote und Rechte, wie sein Vater David.
38Wirst du nun gehorchen allem, was ich dir gebieten werde, und
in meinen Wegen wandeln und tun, was mir gefällt, und meine
Rechte und Gebote halten, wie mein Knecht David getan hat, so will
ich mit dir sein und dir ein beständiges Haus bauen, wie ich es David
gebaut habe, und will dir Israel geben 39und will das Geschlecht
Davids deswegen demütigen, doch nicht für alle Zeit.
40Salomo aber trachtete danach, Jerobeam zu töten. Da machte
sich Jerobeam auf und floh nach Ägypten zu Schischak, dem König
von Ägypten, und blieb in Ägypten, bis Salomo starb.
42Die Zeit aber, die Salomo König war zu Jerusalem über ganz
Israel, ist vierzig Jahre. 43Und Salomo legte sich zu seinen Vätern und
wurde begraben in der Stadt Davids, seines Vaters. Und sein Sohn
Rehabeam wurde König an seiner Statt.

Mit Salomos Tod zerbricht das Reich

12 Und Rehabeam zog nach Sichem, denn ganz Israel war nach
Sichem gekommen, um ihn zum König zu machen. 2Und
Jerobeam hörte das, als er noch in Ägypten war, wohin er vor dem
König Salomo geflohen war, und kehrte aus Ägypten zurück. 3Und sie
sandten hin und ließen ihn rufen. Und Jerobeam und die ganze
Gemeinde Israel kamen und redeten mit Rehabeam und sprachen:
4Dein Vater hat unser Joch zu hart gemacht. Mache du nun den
harten Dienst und das schwere Joch leichter, das er uns aufgelegt hat,
so wollen wir dir untertan sein. 5Er aber sprach zu ihnen: Geht hin bis
zum dritten Tag, dann kommt wieder zu mir. Und das Volk ging hin.
6Und der König Rehabeam hielt einen Rat mit den Ältesten, die vor
seinem Vater Salomo gestanden hatten, als er noch lebte, und sprach:
Wie ratet ihr, daß wir diesem Volk Antwort geben? 7Sie sprachen zu
ihm: Wirst du heute diesem Volk einen Dienst tun und ihnen zu
Willen sein und sie erhören und ihnen gute Worte geben, so werden
sie dir untertan sein dein Leben lang.
8Aber er kehrte sich nicht an den Rat der Ältesten, den sie ihm
gegeben hatten, und hielt einen Rat mit den Jüngeren, die mit ihm auf-
gewachsen waren und vor ihm standen. 10Und die Jüngeren, die mit
ihm aufgewachsen waren, sprachen zu ihm: Du sollst zu dem Volk so
sagen: 11Nun, mein Vater hat auf euch ein schweres Joch gelegt, ich
aber will's euch noch schwerer machen. Mein Vater hat euch mit
Peitschen gezüchtigt, ich will euch mit Skorpionen züchtigen.
12Als nun Jerobeam und das ganze Volk zu Rehabeam kamen am

dritten Tage, wie der König gesagt hatte: Kommt wieder zu mir am
dritten Tage, 13 da gab der König dem Volk eine harte Antwort 14 und
redete mit ihnen nach dem Rat der Jüngeren und sprach: Mein Vater
hat euer Joch schwer gemacht, ich aber will's euch noch schwerer
machen. Mein Vater hat euch mit Peitschen gezüchtigt, ich aber will
euch mit Skorpionen züchtigen.

16 Als aber ganz Israel sah, daß der König sie nicht hören wollte,
gab das Volk dem König Antwort und sprach: Was haben wir für Teil
an David oder Erbe am Sohn Isais? Auf zu deinen Hütten, Israel! So
sorge nun du für dein Haus, David!

Da ging Israel heim, 17 so daß Rehabeam nur über die Israeliten
regierte, die in den Städten Judas wohnten. 18 Und als der König
Rehabeam den Fronvogt Adoniram hinsandte, warf ihn ganz Israel
mit Steinen zu Tode. Aber der König Rehabeam stieg eilends auf
einen Wagen und floh nach Jerusalem. 19 Also fiel Israel* ab vom
Hause David bis auf diesen Tag.

Israel und Juda – Zwei Königreiche und dieselben Mißstände

20 Als nun ganz Israel hörte, daß Jerobeam zurückgekommen war,
sandten sie hin und ließen ihn rufen zu der Gemeinde und machten
ihn zum König über ganz Israel; niemand folgte dem Hause David als
der Stamm Juda allein.

25 Jerobeam aber baute Sichem auf dem Gebirge Ephraim aus und
wohnte darin und zog von da fort und baute Pnuël aus. 26 Und
Jerobeam dachte in seinem Herzen: Das Königtum wird nun wieder
an das Haus David fallen. 27 Wenn dies Volk hinaufgeht, um Opfer
darzubringen im Hause des HERRN zu Jerusalem, so wird sich das
Herz dieses Volks wenden zu ihrem Herrn Rehabeam, dem König von
Juda, und sie werden mich umbringen und wieder Rehabeam, dem
König von Juda, zufallen.

28 Und der König hielt einen Rat und machte zwei goldene Kälber
und sprach zum Volk: Es ist zuviel für euch, daß ihr hinauf nach
Jerusalem geht; siehe, da ist dein Gott, Israel, der dich aus Ägypten-
land geführt hat. 29 Und er stellte eins in Bethel auf, und das andere tat
er nach Dan. 30 Und das geriet zur Sünde, denn das Volk ging hin vor
das eine in Bethel und vor das andere in Dan.

13 34 Und dies geriet zur Sünde dem Hause Jerobeams, so daß es
zugrunde gerichtet und von der Erde vertilgt wurde.

*Ab jetzt wird in der Erzählung nur noch das nördliche Königreich »Israel« genannt.

14 21 Und Rehabeam, der Sohn Salomos, wurde König in Juda.
Einundvierzig Jahre alt war Rehabeam, als er König wurde.
22 Und Juda tat, was dem HERRN mißfiel; und sie reizten ihn mehr, als
alles ihn reizte, was ihre Väter getan hatten mit ihren Sünden, die sie
taten. 23 Denn auch sie machten sich Höhen, Steinmale und Aschera-
bilder auf allen hohen Hügeln und unter allen grünen Bäumen.

15 Im achtzehnten Jahr des Königs Jerobeam, des Sohnes Nebats,
wurde Abija König über Juda 2 und regierte drei Jahre zu
Jerusalem. 8 Und Abija legte sich zu seinen Vätern, und sie begruben
ihn in der Stadt Davids. Und sein Sohn Asa wurde König an seiner
Statt.

16 29 Im achtunddreißigsten Jahr Asas, des Königs von Juda, wurde
Ahab König über Israel und regierte über Israel zu Samaria
zweiundzwanzig Jahre 30 und tat, was dem HERRN mißfiel. 31 Es war
noch das Geringste, daß er wandelte in der Sünde Jerobeams, des
Sohnes Nebats; er nahm sogar Isebel, die Tochter Etbaals, des Königs
der Sidonier, zur Frau und ging hin und diente Baal und betete ihn an
32 und richtete ihm einen Altar auf im Tempel Baals, den er ihm zu
Samaria baute, 33 und machte ein Bild der Aschera, so daß Ahab mehr
tat, den HERRN, den Gott Israels, zu erzürnen, als alle Könige von
Israel, die vor ihm gewesen waren.

Ein Mann hört auf Gott

17 Und es sprach Elia aus Gilead zu Ahab: So wahr der HERR, der
Gott Israels, lebt, vor dem ich stehe: es soll diese Jahre weder
Tau noch Regen kommen, ich sage es denn.

2 Da kam das Wort des HERRN zu ihm: 3 Geh weg von hier und
wende dich nach Osten und verbirg dich am Bach Krit, der zum
Jordan fließt. 4 Und du sollst aus dem Bach trinken, und ich habe den
Raben geboten, daß sie dich dort versorgen sollen. 5 Er aber ging hin
und tat nach dem Wort des HERRN und setzte sich nieder am Bach
Krit, der zum Jordan fließt. 6 Und die Raben brachten ihm Brot und
Fleisch des Morgens und des Abends, und er trank aus dem Bach.

7 Und es geschah nach einiger Zeit, daß der Bach vertrocknete;
denn es war kein Regen im Lande. 8 Da kam das Wort des HERRN zu
ihm: 9 Mach dich auf und geh nach Zarpat, das bei Sidon liegt, und
bleibe dort; denn ich habe dort einer Witwe geboten, dich zu ver-
sorgen. 10 Und er machte sich auf und ging nach Zarpat. Und als er an
das Tor der Stadt kam, siehe, da war eine Witwe, die las Holz auf. Und

er rief ihr zu und sprach: Hole mir ein wenig Wasser im Gefäß, daß
ich trinke! 11Und als sie hinging zu holen, rief er ihr nach und sprach:
Bringe mir auch einen Bissen Brot mit! 12Sie sprach: So wahr der
HERR, dein Gott, lebt: ich habe nichts Gebackenes, nur eine Handvoll
Mehl im Topf und ein wenig Öl im Krug. Und siehe, ich hab ein Scheit
Holz oder zwei aufgelesen und gehe heim und will mir und meinem
Sohn zurichten, daß wir essen – und sterben.

13Elia sprach zu ihr: Fürchte dich nicht! Geh hin und mach's, wie
du gesagt hast. Doch mache zuerst mir etwas Gebackenes davon und
bringe mir's heraus; dir aber und deinem Sohn sollst du danach auch
etwas backen. 14Denn so spricht der HERR, der Gott Israels: Das Mehl
im Topf soll nicht verzehrt werden, und dem Ölkrug soll nichts
mangeln bis auf den Tag, an dem der HERR regnen lassen wird auf
Erden. 15Sie ging hin und tat, wie Elia gesagt hatte. Und er aß und sie
auch und ihr Sohn Tag um Tag. 16Das Mehl im Topf wurde nicht ver-
zehrt, und dem Ölkrug mangelte nichts nach dem Wort des HERRN,
das er durch Elia geredet hatte.

17Und nach diesen Geschichten wurde der Sohn seiner Hauswirtin
krank, und seine Krankheit wurde so schwer, daß kein Odem mehr in
ihm blieb. 18Und sie sprach zu Elia: Was hab ich mit dir zu schaffen,
du Mann Gottes? Du bist zu mir gekommen, daß meiner Sünde
gedacht und mein Sohn getötet würde. 19Er sprach zu ihr: Gib mir
deinen Sohn! Und er nahm ihn von ihrem Schoß und ging hinauf ins
Obergemach, wo er wohnte, und legte ihn auf sein Bett 20und rief den
HERRN an und sprach: HERR, mein Gott, tust du sogar der Witwe, bei
der ich ein Gast bin, so Böses an, daß du ihren Sohn tötest? 21Und er
legte sich auf das Kind dreimal und rief den HERRN an und sprach:
HERR, mein Gott, laß sein Leben in dies Kind zurückkehren! 22Und
der HERR erhörte die Stimme Elias, und das Leben kehrte in das Kind
zurück, und es wurde wieder lebendig.

23Und Elia nahm das Kind und brachte es hinab vom Obergemach
ins Haus und gab es seiner Mutter und sprach: Sieh da, dein Sohn
lebt! 24Und die Frau sprach zu Elia: Nun erkenne ich, daß du ein
Mann Gottes bist, und des HERRN Wort in deinem Munde ist Wahr-
heit.

Elia will Israel durch Feuer bekehren

18 Nach einer langen Zeit kam das Wort des HERRN zu Elia, im
dritten Jahr: Geh hin und zeige dich Ahab, denn ich will regnen
lassen auf die Erde. 2Und Elia ging hin, um sich Ahab zu zeigen. Es
war aber eine große Hungersnot in Samaria.

17Und als Ahab Elia sah, sprach Ahab zu ihm: Bist du nun da, der
Israel ins Unglück stürzt? 18Er aber sprach: Nicht ich stürze Israel ins
Unglück, sondern du und deines Vaters Haus dadurch, daß ihr
des HERRN Gebote verlassen habt und wandelt den Baalen nach.
19Wohlan, so sende nun hin und versammle zu mir ganz Israel auf
den Berg Karmel und die vierhundertundfünfzig Propheten Baals,
auch die vierhundert Propheten der Aschera, die vom Tisch Isebels
essen. 20So sandte Ahab hin zu ganz Israel und versammelte die
Propheten auf den Berg Karmel.

21Da trat Elia zu allem Volk und sprach: Wie lange hinket ihr auf
beiden Seiten? Ist der HERR Gott, so wandelt ihm nach, ist's aber Baal,
so wandelt ihm nach. Und das Volk antwortete ihm nichts. 22Da
sprach Elia zum Volk: Ich bin allein übriggeblieben als Prophet des
HERRN, aber die Propheten Baals sind vierhundertundfünfzig Mann.
23So gebt uns nun zwei junge Stiere und laßt sie wählen *einen* Stier
und ihn zerstücken und aufs Holz legen, aber kein Feuer daran legen;
dann will ich den andern Stier nehmen und aufs Holz legen und auch
kein Feuer daran legen. 24Und ruft ihr den Namen eures Gottes an,
aber ich will den Namen des HERRN anrufen. Welcher Gott nun mit
Feuer antworten wird, der ist wahrhaftig Gott. Und das ganze Volk
antwortete und sprach: Das ist recht.

25Und Elia sprach zu den Propheten Baals: Wählt ihr einen Stier
und richtet zuerst zu, denn ihr seid viele, und ruft den Namen eures
Gottes an, aber legt kein Feuer daran. 26Und sie nahmen den Stier,
den man ihnen gab, und richteten zu und riefen den Namen Baals an
vom Morgen bis zum Mittag und sprachen: Baal, erhöre uns! Aber es
war da keine Stimme noch Antwort. Und sie hinkten um den Altar,
den sie gemacht hatten. 27Als es nun Mittag wurde, verspottete sie Elia
und sprach: Ruft laut! Denn er ist ja ein Gott; er ist in Gedanken oder
hat zu schaffen oder ist über Land oder schläft vielleicht, daß er auf-
wache. 28Und sie riefen laut und ritzten sich mit Messern und
Spießen nach ihrer Weise, bis ihr Blut herabfloß. 29Als aber der Mittag
vergangen war, waren sie in Verzückung bis um die Zeit, zu der man
das Speisopfer darbringt; aber da war keine Stimme noch Antwort
noch einer, der aufmerkte.

30Da sprach Elia zu allem Volk: Kommt her zu mir! Und als alles
Volk zu ihm trat, baute er den Altar des HERRN wieder auf, der zer-
brochen war, 31und nahm zwölf Steine nach der Zahl der Stämme der
Söhne Jakobs – zu dem das Wort des HERRN ergangen war: Du sollst
Israel heißen – 32und baute von den Steinen einen Altar im Namen
des HERRN und machte um den Altar her einen Graben 33und richtete
das Holz zu und zerstückte den Stier und legte ihn aufs Holz. 34Und

Elia sprach: Holt vier Eimer voll Wasser und gießt es auf das Brand-
opfer und aufs Holz! Und er sprach: Tut's noch einmal! Und sie
taten's noch einmal. Und er sprach: Tut's zum drittenmal! Und sie
taten's zum drittenmal. 35Und das Wasser lief um den Altar her, und
der Graben wurde auch voll Wasser.
36Und als es Zeit war, das Speisopfer zu opfern, trat der Prophet
Elia herzu und sprach: HERR, Gott Abrahams, Isaaks und Israels, laß
heute kundwerden, daß du Gott in Israel bist und ich dein Knecht

und daß ich das alles nach deinem Wort getan habe! 37Erhöre mich,
HERR, erhöre mich, damit dies Volk erkennt, daß du, HERR, Gott bist
und ihr Herz wieder zu dir kehrst! 38Da fiel das Feuer des HERRN her-
ab und fraß Brandopfer, Holz, Steine und Erde und leckte das Wasser
auf im Graben. 39Als das alles Volk sah, fielen sie auf ihr Angesicht
und sprachen: Der HERR ist Gott, der HERR ist Gott! 40Elia aber
sprach zu ihnen: Greift die Propheten Baals, daß keiner von ihnen
entrinne! Und sie ergriffen sie. Und Elia führte sie hinab an den Bach
Kischon und tötete sie daselbst.

41Und Elia sprach zu Ahab: Zieh hinauf, iß und trink; denn es
rauscht, als wollte es sehr regnen. 42Und als Ahab hinaufzog, um zu
essen und zu trinken, ging Elia auf den Gipfel des Karmel und bückte
sich zur Erde und hielt sein Haupt zwischen seine Knie 43und sprach
zu seinem Diener: Geh hinauf und schaue zum Meer! Er ging hinauf
und schaute und sprach: Es ist nichts da. Elia sprach: Geh wieder hin,
und der Diener ging wieder hin, siebenmal. 44Und beim siebentenmal
sprach er: Siehe, es steigt eine kleine Wolke auf aus dem Meer wie
eines Mannes Hand. Elia sprach: Geh hin und sage Ahab: Spann an
und fahre hinab, damit dich der Regen nicht aufhält! 45Und ehe man
sich's versah, wurde der Himmel schwarz von Wolken und Wind,
und es kam ein großer Regen. Ahab aber fuhr hinab nach Jesreel.
46Und die Hand des HERRN kam über Elia, und er gürtete seine
Lenden und lief vor Ahab hin, bis er kam nach Jesreel.

Elia begegnet Gott

19 Und Ahab sagte Isebel alles, was Elia getan hatte und wie er
alle Propheten Baals mit dem Schwert umgebracht hatte. 2Da
sandte Isebel einen Boten zu Elia und ließ ihm sagen: Die Götter
sollen mir dies und das tun, wenn ich nicht morgen um diese Zeit dir
tue, wie du diesen getan hast! 3Da fürchtete er sich, machte sich auf
und lief um sein Leben und kam nach Beerscheba in Juda und ließ
seinen Diener dort.

4Er aber ging hin in die Wüste eine Tagereise weit und kam und
setzte sich unter einen Wacholder und wünschte sich zu sterben und
sprach: Es ist genug, so nimm nun, HERR, meine Seele; ich bin nicht
besser als meine Väter. 5Und er legte sich hin und schlief unter dem
Wacholder. Und siehe, ein Engel rührte ihn an und sprach zu ihm:
Steh auf und iß! 6Und er sah sich um, und siehe, zu seinen Häupten
lag ein geröstetes Brot und ein Krug mit Wasser. Und als er gegessen
und getrunken hatte, legte er sich wieder schlafen. 7Und der Engel des
HERRN kam zum zweitenmal wieder und rührte ihn an und sprach:

Steh auf und iß! Denn du hast einen weiten Weg vor dir. 8Und er
stand auf und aß und trank und ging durch die Kraft der Speise
vierzig Tage und vierzig Nächte bis zum Berg Gottes, dem Horeb.
9Und er kam dort in eine Höhle und blieb dort über Nacht.

Und siehe, das Wort des HERRN kam zu ihm: Was machst du hier,
Elia? 10Er sprach: Ich habe geeifert für den HERRN, den Gott Zebaoth;
denn Israel hat deinen Bund verlassen und deine Altäre zerbrochen
und deine Propheten mit dem Schwert getötet, und ich bin allein
übriggeblieben, und sie trachten danach, daß sie mir mein Leben
nehmen.

11Der Herr sprach: Geh heraus und tritt hin auf den Berg vor den
HERRN! Und siehe, der HERR wird vorübergehen. Und ein großer,

starker Wind, der die Berge zerriß und die Felsen zerbrach, kam vor
dem HERRN her; der HERR aber war nicht im Winde. Nach dem Wind
aber kam ein Erdbeben; aber der HERR war nicht im Erdbeben. 12Und
nach dem Erdbeben kam ein Feuer; aber der HERR war nicht im Feuer.
Und nach dem Feuer kam ein stilles, sanftes Sausen. 13Als das Elia
hörte, verhüllte er sein Antlitz mit seinem Mantel und ging hinaus und
trat in den Eingang der Höhle.

Und siehe, da kam eine Stimme zu ihm und sprach: Was hast du
hier zu tun, Elia? 14Er sprach: Ich habe für den HERRN, den Gott
Zebaoth, geeifert; denn Israel hat deinen Bund verlassen, deine Altäre
zerbrochen, deine Propheten mit dem Schwert getötet, und ich bin
allein übriggeblieben, und sie trachten danach, daß sie mir das Leben
nehmen. 15Aber der HERR sprach zu ihm: Geh wieder deines Weges
durch die Wüste nach Damaskus und geh hinein und salbe Hasaël
zum König über Aram 16und Jehu zum König über Israel und Elisa
zum Propheten an deiner Statt. 17Und es soll geschehen: Wer dem
Schwert Hasaëls entrinnt, den soll Jehu töten, und wer dem Schwert
Jehus entrinnt, den soll Elisa töten. 18Und ich will übriglassen sieben-
tausend in Israel, alle Knie, die sich nicht gebeugt haben vor Baal, und
jeden Mund, der ihn nicht geküßt hat.

19Und Elia ging von dort weg und fand Elisa, den Sohn Schafats, als
er pflügte. Und Elia ging zu ihm und warf seinen Mantel über ihn.
20Und er verließ die Rinder und lief Elia nach und sprach: Laß mich
meinen Vater und meine Mutter küssen, dann will ich dir nachfolgen.
Er sprach zu ihm: Wohlan, kehre um! Bedenke, was ich dir getan
habe! 21Und Elisa wandte sich von ihm weg und nahm ein Joch
Rinder und opferte es und mit den Jochen der Rinder kochte er das
Fleisch und gab's den Leuten, daß sie aßen. Und er machte sich auf
und folgte Elia nach und diente ihm.

Ein König mißbraucht seine Macht

Nabots Weinberg

21 Nabot, ein Jesreeliter, hatte einen Weinberg in Jesreel, bei dem
Palast Ahabs, des Königs von Samaria. 2Und Ahab redete mit
Nabot und sprach: Gib mir deinen Weinberg; ich will mir einen Kohl-
garten daraus machen, weil er so nahe an meinem Hause liegt. Ich will
dir einen besseren Weinberg dafür geben, oder, wenn dir's gefällt, will
ich dir Silber dafür geben, soviel er wert ist. 3Aber Nabot sprach zu
Ahab: Das lasse der HERR fern von mir sein, daß ich dir meiner Väter
Erbe geben sollte!

4Da kam Ahab heim voller Unmut und zornig um des Wortes

willen, das Nabot zu ihm gesagt hatte: Ich will dir meiner Väter Erbe
nicht geben. Und er legte sich auf sein Bett und wandte sein Antlitz ab
und aß nicht. [5]Da kam seine Frau Isebel zu ihm hinein und redete mit
ihm: Was ist's, daß dein Geist so voller Unmut ist und daß du nicht
issest? [6]Er sprach zu ihr: Ich habe mit Nabot geredet und gesagt: Gib
mir deinen Weinberg für Geld, oder, wenn es dir lieber ist, will ich dir
einen andern dafür geben. Er aber sprach: Ich will dir meinen Wein-
berg nicht geben.

[7]Da sprach seine Frau Isebel zu ihm: Du bist doch König über
Israel! Steh auf und iß und sei guten Mutes! Ich werde dir den Wein-
berg Nabots, des Jesreeliters, verschaffen. [8]Und sie schrieb Briefe
unter Ahabs Namen und versiegelte sie mit seinem Siegel und sandte
sie zu den Ältesten und Oberen, die mit Nabot in seiner Stadt
wohnten. [9]Und schrieb in den Briefen: Laßt ein Fasten ausrufen und
setzt Nabot obenan im Volk, [10]und stellt ihm zwei ruchlose Männer
gegenüber, die da zeugen und sprechen: Du hast Gott und den König
gelästert! Und führt ihn hinaus und steinigt ihn, daß er stirbt.

[11]Und die Ältesten und Oberen, die mit ihm in seiner Stadt
wohnten, taten, wie ihnen Isebel entboten hatte.

[15]Als aber Isebel hörte, daß Nabot gesteinigt und tot war, sprach
sie zu Ahab: Steh auf und nimm in Besitz den Weinberg Nabots, der
sich geweigert hat, ihn dir für Geld zu geben; denn Nabot lebt nicht
mehr, sondern ist tot. [16]Als Ahab hörte, daß Nabot tot war, stand er
auf, um hinabzugehen zum Weinberge Nabots und ihn in Besitz zu
nehmen.

[17]Aber das Wort des HERRN kam zu Elia: [18]Mach dich auf und geh
hinab Ahab, dem König von Israel zu Samaria, entgegen – siehe, er ist
im Weinberge Nabots, wohin er hinabgegangen ist, um ihn in Besitz
zu nehmen – [19]und rede mit ihm und sprich: So spricht der HERR: Du
hast gemordet, dazu auch fremdes Erbe geraubt! An der Stätte, wo
Hunde das Blut Nabots geleckt haben, sollen Hunde auch dein Blut
lecken.

[20]Und Ahab sprach zu Elia: Hast du mich gefunden, mein Feind?
Er aber sprach: Ja, ich habe dich gefunden, weil du dich verkauft hast,
Unrecht zu tun vor dem HERRN. [21]Siehe, ich will Unheil über dich
bringen und dich vertilgen samt deinen Nachkommen und will von
Ahab ausrotten, was männlich ist, bis auf den letzten Mann in Israel.
[23]Und auch über Isebel hat der HERR geredet und gesprochen: Die
Hunde sollen Isebel fressen an der Mauer Jesreels.

[27]Als aber Ahab diese Worte hörte, zerriß er seine Kleider und legte
ein härenes Tuch um seinen Leib und fastete und schlief darin und
ging bedrückt einher. [28]Und das Wort des HERRN kam zu Elia: [29]Hast

du nicht gesehen, wie sich Ahab vor mir gedemütigt hat? Weil er sich nun vor mir gedemütigt hat, will ich das Unheil nicht kommen lassen zu seinen Lebzeiten, aber zu seines Sohnes Lebzeiten will ich das Unheil über sein Haus bringen.

DAS ZWEITE BUCH DER KÖNIGE

Elisa wird Nachfolger von Elia

2 Als aber der HERR Elia im Wetter gen Himmel holen wollte,
gingen Elia und Elisa von Gilgal weg. 6 Und Elia sprach: Bleib du
hier, denn der HERR hat mich an den Jordan gesandt. Er aber sprach:
So wahr der HERR lebt und du lebst: ich verlasse dich nicht. Und es
gingen die beiden miteinander. 7 Und fünfzig von den Propheten-
jüngern gingen hin und standen von ferne; aber die beiden standen
am Jordan.
8 Da nahm Elia seinen Mantel und wickelte ihn zusammen und
schlug ins Wasser; das teilte sich nach beiden Seiten, so daß die
beiden auf trockenem Boden hinübergingen. 9 Und als sie hinüber-
kamen, sprach Elia zu Elisa: Bitte, was ich dir tun soll, ehe ich von dir
genommen werde. Elisa sprach: Daß mir zwei Anteile von deinem
Geiste zufallen. 10 Er sprach: Du hast Schweres erbeten. Doch wenn
du mich sehen wirst, wie ich von dir genommen werde, so wird's
geschehen; wenn nicht, so wird's nicht sein.
11 Und als sie miteinander gingen und redeten, siehe, da kam ein
feuriger Wagen mit feurigen Rossen, die schieden die beiden vonein-
ander. Und Elia fuhr im Wetter gen Himmel. 12 Elisa aber sah es und
schrie: Mein Vater, mein Vater, du Wagen Israels und sein Gespann!
und sah ihn nicht mehr. Da faßte er seine Kleider, zerriß sie in zwei
Stücke 13 und hob den Mantel auf, der Elia entfallen war, und kehrte
um und trat wieder an das Ufer des Jordans. 14 Und er nahm den
Mantel, der Elia entfallen war, und schlug ins Wasser und sprach: Wo
ist nun der HERR, der Gott Elias? und schlug ins Wasser. Da teilte es
sich nach beiden Seiten, und Elisa ging hindurch.
15 Und als das die Prophetenjünger sahen, die gegenüber bei
Jericho waren, sprachen sie: Der Geist Elias ruht auf Elisa, und sie
gingen ihm entgegen und fielen vor ihm nieder zur Erde.

Hungrige werden satt

4 38 Als aber Elisa wieder nach Gilgal kam, war Hungersnot im
Lande. 42 Es kam aber ein Mann von Baal-Schalischa und brachte
dem Mann Gottes Erstlingsbrot, nämlich zwanzig Gerstenbrote, und
neues Getreide in seinem Kleid. Er aber sprach: Gib's den Leuten, daß

sie essen! 43Sein Diener sprach: Wie soll ich davon hundert Mann
geben? Er sprach: Gib den Leuten, daß sie essen! Denn so spricht der
HERR: Man wird essen, und es wird noch übrigbleiben. 44Und er legte
es ihnen vor, daß sie aßen; und es blieb noch übrig nach dem Wort
des HERRN.

Ein Aussätziger wird geheilt

5 Naaman, der Feldhauptmann des Königs von Aram, war ein
trefflicher Mann vor seinem Herrn und wertgehalten; denn durch
ihn gab der HERR den Aramäern Sieg. Und er war ein gewaltiger
Mann, jedoch aussätzig. 2Aber die Kriegsleute der Aramäer waren
ausgezogen und hatten ein junges Mädchen weggeführt aus dem
Lande Israel; die war im Dienst der Frau Naamans. 3Die sprach zu
ihrer Herrin: Ach, daß mein Herr wäre bei dem Propheten in Samaria!
Der könnte ihn von seinem Aussatz befreien. 4Da ging Naaman hin-
ein zu seinem Herrn und sagte es ihm an und sprach: So und so hat
das Mädchen aus dem Lande Israel geredet. 5Der König von Aram
sprach: So zieh hin, ich will dem König von Israel einen Brief schreiben.
Und er zog hin und nahm mit sich zehn Zentner Silber und sechs-

5,14

tausend Goldgulden und zehn Feierkleider 6und brachte den Brief
dem König von Israel; der lautete: Wenn dieser Brief zu dir kommt,
siehe, so wisse, ich habe meinen Knecht Naaman zu dir gesandt,
damit du ihn von seinem Aussatz befreist. 7Und als der König von
Israel den Brief las, zerriß er seine Kleider und sprach: Bin ich denn
Gott, daß ich töten und lebendig machen könnte, daß er zu mir
schickt, ich solle den Mann von seinem Aussatz befreien? Merkt und
seht, wie er Streit mit mir sucht!

8Als Elisa, der Mann Gottes, hörte, daß der König von Israel seine
Kleider zerrissen hatte, sandte er zu ihm und ließ ihm sagen: Warum
hast du deine Kleider zerrissen? Laß ihn zu mir kommen, damit er
innewerde, daß ein Prophet in Israel ist. 9So kam Naaman mit Rossen
und Wagen und hielt vor der Tür am Hause Elisas. 10Da sandte Elisa
einen Boten zu ihm und ließ ihm sagen: Geh hin und wasche dich
siebenmal im Jordan, so wird dir dein Fleisch wieder heil und du wirst
rein werden. 11Da wurde Naaman zornig und zog weg und sprach: Ich
meinte, er selbst sollte zu mir herauskommen und hertreten und den
Namen des HERRN, seines Gottes, anrufen und seine Hand hin zum
Heiligtum erheben und mich so von dem Aussatz befreien. 12Sind
nicht die Flüsse von Damaskus, Abana und Parpar, besser als alle
Wasser in Israel, so daß ich mich in ihnen waschen und rein werden
könnte? Und er wandte sich und zog weg im Zorn.

13Da machten sich seine Diener an ihn heran, redeten mit ihm und
sprachen: Lieber Vater, wenn dir der Prophet etwas Großes geboten
hätte, hättest du es nicht getan? Wieviel mehr, wenn er zu dir sagt:
Wasche dich, so wirst du rein! 14Da stieg er ab und tauchte unter im
Jordan siebenmal, wie der Mann Gottes geboten hatte. Und sein
Fleisch wurde wieder heil wie das Fleisch eines jungen Knaben, und
er wurde rein. 15Und er kehrte zurück zu dem Mann Gottes mit allen
seinen Leuten. Und als er hinkam, trat er vor ihn und sprach: Siehe,
nun weiß ich, daß kein Gott ist in allen Landen, außer in Israel.

Der neue König vollstreckt ein altes Urteil

9 Aber der Prophet Elisa rief einen der Prophetenjünger und sprach
zu ihm: Gürte deine Lenden und nimm diesen Krug mit Öl mit
dir und geh hin nach Ramot in Gilead. 2Und wenn du dahin kommst,
wirst du dort Jehu sehen, den Sohn Joschafats. Und geh hinein und
laß ihn aufstehen unter seinen Gefährten und führe ihn in die innerste
Kammer 3und nimm den Krug mit Öl und gieß es auf sein Haupt und
sprich: So sagt der HERR: Ich habe dich zum König über Israel gesalbt!
– und dann sollst du die Tür auftun und fliehen und nicht zögern.

4Und der Prophetenjünger ging hin nach Ramot in Gilead. 5Und
als er hinkam, siehe, da saßen die Hauptleute des Heeres beisammen.
Und er sprach: Ich habe dir, Hauptmann, etwas zu sagen. Jehu sprach:
Wem von uns allen? Er sprach: Dir, Hauptmann! 6Da stand er auf und
ging hinein. Er aber goß das Öl auf sein Haupt und sagte zu ihm: So
spricht der HERR, der Gott Israels: Ich habe dich zum König gesalbt
über Israel, das Volk des HERRN. 7Und du sollst das Haus Ahabs,
deines Herrn, schlagen, daß ich das Blut meiner Knechte, der Pro-
pheten, und das Blut aller Knechte des HERRN räche, das die Hand
Isebels vergossen hat, 8so daß das ganze Haus Ahab umkomme.
10Und die Hunde sollen Isebel fressen auf dem Acker in Jesreel, und
niemand soll sie begraben [1.Könige 21,23]. Und er tat die Tür auf
und floh.

11Und als Jehu herausging zu den Leuten seines Herrn, sprach man
zu ihm: Steht es gut? Warum ist dieser Rasende zu dir gekommen? Er
sprach zu ihnen: Ihr kennt doch den Mann und sein Geschwätz. 12Sie
sprachen: Das ist nicht wahr; sage es uns an! Er sprach: So und so hat
er mit mir geredet und gesagt: So spricht der HERR: Ich habe dich
zum König über Israel gesalbt. 13Da nahm jeder eilends sein Kleid
und legte es vor ihn hin auf die hohen Stufen, und sie bliesen die
Posaune und riefen: Jehu ist König geworden!

30Und als Jehu nach Jesreel kam und Isebel das erfuhr, schminkte
sie ihr Angesicht und schmückte ihr Haupt und schaute zum Fenster
hinaus. 32Und er hob sein Angesicht auf zum Fenster und sprach:
Wer hält's hier mit mir? Da sahen zwei oder drei Kämmerer zu ihm
heraus. 33Er sprach: Stürzt sie hinab! Und sie stürzten Isebel hinab.
35Als sie aber hingingen, um sie zu begraben, fanden sie nichts von
ihr als den Schädel und die Füße und ihre Hände. 36Und sie kamen
zurück und sagten's Jehu an.

Bruderkrieg zwischen Juda und Israel

16 Im siebzehnten Jahr Pekachs wurde Ahas König von Juda.
2Zwanzig Jahre war Ahas alt, als er König wurde; und er
regierte sechzehn Jahre zu Jerusalem. Und er tat nicht, was dem
HERRN, seinem Gott, wohlgefiel.

5Damals zogen Rezin, der König von Aram, und Pekach, der König
von Israel, hinauf, um gegen Jerusalem zu kämpfen, und belagerten
Ahas in der Stadt; aber sie konnten sie nicht erobern.

7Aber Ahas sandte Boten zu Tiglat-Pileser, dem König von
Assyrien, und ließ ihm sagen: Ich bin dein Knecht und dein Sohn.
Komm herauf und hilf mir aus der Hand des Königs von Aram und

des Königs von Israel, die sich gegen mich aufgemacht haben! 9 Und der
König von Assyrien hörte auf ihn und zog herauf gegen Damaskus
und eroberte es und führte die Einwohner weg nach Kir und
tötete Rezin.

Der Untergang Israels

17 Im zwölften Jahr des Ahas, des Königs von Juda, wurde
Hoschea, der Sohn Elas, König über Israel und regierte zu
Samaria neun Jahre. 2 Und er tat, was dem HERRN mißfiel.
3 Gegen ihn zog herauf Salmanassar, der König von Assyrien. Und
Hoschea wurde ihm untertan und brachte ihm Abgaben. 4 Als aber
der König von Assyrien innewurde, daß Hoschea eine Verschwörung
gemacht und Boten gesandt hatte zu dem König von Ägypten, und
keine Abgaben dem König von Assyrien brachte wie alle Jahre, nahm
er ihn fest und legte ihn ins Gefängnis. 5 Und der König von Assyrien
zog durch das ganze Land und gegen Samaria und belagerte es drei
Jahre lang. 6 Und im neunten Jahr Hoscheas eroberte der König von
Assyrien Samaria und führte Israel weg nach Assyrien und ließ sie
wohnen in Halach und am Habor, dem Fluß von Gosan, und in den
Städten der Meder.
7 Denn die Israeliten hatten gegen den HERRN, ihren Gott,
gesündigt, der sie aus Ägyptenland geführt hatte, aus der Hand des
Pharao, des Königs von Ägypten, und fürchteten andere Götter 8 und
wandelten nach den Satzungen der Heiden, die der HERR vor Israel
vertrieben hatte, und taten wie die Könige von Israel. 9 Und die Isra-
eliten ersannen, was nicht recht war gegen den HERRN, ihren Gott,
10 und richteten Steinmale auf und Ascherabilder auf allen hohen
Hügeln und unter allen grünen Bäumen 11 und opferten auf allen
Höhen wie die Heiden, die der HERR vor ihnen weggetrieben hatte,
und trieben böse Dinge, womit sie den HERRN erzürnten, 12 und
dienten den Götzen, von denen der HERR zu ihnen gesagt hatte: Das
sollt ihr nicht tun!
13 Und doch hatte der HERR Israel und Juda gewarnt durch alle
Propheten und alle Seher und ihnen sagen lassen: Kehrt um von
euren bösen Wegen und haltet meine Gebote und Rechte nach dem
ganzen Gesetz, das ich euren Vätern geboten habe und das ich zu
euch gesandt habe durch meine Knechte, die Propheten. 14 Aber sie
gehorchten nicht, sondern versteiften ihren Nacken wie ihre Väter, die
nicht an den HERRN, ihren Gott, glaubten.
22 So wandelte Israel in allen Sünden Jerobeams, die er getan hatte,
und sie ließen nicht davon ab, 23 bis der HERR Israel von seinem

Angesicht wegtat, wie er geredet hatte durch alle seine Knechte, die
Propheten. So wurde Israel aus seinem Lande weggeführt nach
Assyrien bis auf diesen Tag.

Fremde werden in Israel angesiedelt

24 Der König von Assyrien aber ließ Leute von Babel kommen, von
Kuta, von Awa, von Hamat und Sefarwajim, und ließ sie wohnen in
den Städten von Samarien an Israels Statt. Und sie nahmen Samarien
ein und wohnten in seinen Städten.

27 Der König von Assyrien gebot: Bringt dorthin einen der Priester,
die von dort weggeführt sind; er ziehe hin und wohne dort und lehre
sie die Verehrung des Gottes des Landes. 28 Da kam einer der Priester,
die von Samarien weggeführt waren, und wohnte in Bethel und lehrte
sie, wie sie den HERRN fürchten sollten. 29 Aber jedes Volk machte sich
seinen Gott und tat ihn in die Heiligtümer auf den Höhen, die die
Samaritaner gemacht hatten, jedes Volk in seinen Städten, in denen es
wohnte.

König Hiskia will Juda retten

18 Im dritten Jahr Hoscheas, des Königs von Israel, wurde Hiskia
König, der Sohn Ahas, des Königs von Juda. 2 Er war fünfund-
zwanzig Jahre alt, als er König wurde; und er regierte neunund-
zwanzig Jahre zu Jerusalem.

4 Er entfernte die Höhen und zerbrach die Steinmale und hieb das
Bild der Aschera um. 5 Er vertraute dem HERRN, dem Gott Israels, so
daß unter allen Königen von Juda seinesgleichen nach ihm nicht war
noch vor ihm gewesen ist. 6 Er hing dem HERRN an und wich nicht
von ihm ab und hielt seine Gebote, die der HERR dem Mose geboten
hatte. 7 Und der HERR war mit ihm, und alles, was er sich vornahm,
gelang ihm.

Und er wurde abtrünnig vom König von Assyrien und war ihm
nicht mehr untertan.

In tödlicher Gefahr

13 Im vierzehnten Jahr des Königs Hiskia zog herauf Sanherib, der
König von Assyrien, gegen alle festen Städte Judas und nahm sie ein.
14 Da sandte Hiskia, der König von Juda, zum König von Assyrien
nach Lachisch und ließ ihm sagen: Ich hab Unrecht getan, zieh weg
von mir. Was du mir auferlegst, will ich tragen. Da legte der König von

Assyrien Hiskia, dem König von Juda, dreihundert Zentner Silber auf
und dreißig Zentner Gold. 15 So gab Hiskia all das Silber, das sich im
Hause des HERRN und in den Schätzen des Hauses des Königs fand.
16 Zur selben Zeit zerbrach Hiskia die Türen am Tempel des HERRN
und das Goldblech, das er selbst hatte darüberziehen lassen, und gab
es dem König von Assyrien.

17 Und der König von Assyrien sandte den Rabschake von Lachisch
zum König Hiskia mit großer Heeresmacht nach Jerusalem. Und als
sie hinkamen, 28 da trat der Rabschake hin und rief mit lauter Stimme
auf hebräisch und sprach: Hört das Wort des großen Königs, des
Königs von Assyrien! 29 So spricht der König: Laßt euch von Hiskia
nicht betrügen, denn er vermag euch nicht zu erretten aus meiner
Hand. 30 Und laßt euch von Hiskia nicht vertrösten auf den HERRN,
wenn er sagt: Der HERR wird uns erretten, und diese Stadt wird nicht
in die Hände des Königs von Assyrien gegeben werden. 31 Hört nicht
auf Hiskia! Denn so spricht der König von Assyrien: Schließt Freund-
schaft mit mir und kommt zu mir heraus, so soll jedermann von
seinem Weinstock und seinem Feigenbaum essen und von seinem
Brunnen trinken, 32 bis ich komme und euch hole in ein Land, das
eurem Lande gleich ist, darin Korn, Wein, Brot, Weinberge, Ölbäume
und Honig sind; dann werdet ihr am Leben bleiben und nicht sterben.
Hört nicht auf Hiskia, denn er verführt euch, wenn er spricht: Der
HERR wird uns erretten. 33 Haben etwa die Götter der andern Völker
ihr Land errettet aus der Hand des Königs von Assyrien?

36 Das Volk aber schwieg still und antwortete ihm nichts.

Rettung in höchster Not

19 Als der König Hiskia das hörte, zerriß er seine Kleider und
legte einen Sack an und ging in das Haus des HERRN 15 und
betete vor dem HERRN und sprach: HERR, Gott Israels, der du über
den Cherubim thronst, du bist allein Gott über alle Königreiche auf
Erden, du hast Himmel und Erde gemacht. 19 Nun aber, HERR, unser
Gott, errette uns aus seiner Hand, damit alle Königreiche auf Erden
erkennen, daß du, HERR, allein Gott bist.

20 Da sandte Jesaja, der Sohn des Amoz, zu Hiskia und ließ ihm
sagen: So spricht der HERR, der Gott Israels: Was du zu mir gebetet
hast um Sanheribs willen, des Königs von Assyrien, das habe ich
gehört. 32 Er soll nicht in diese Stadt kommen und keinen Pfeil hinein-
schießen und mit keinem Schild davor kommen und soll keinen Wall
gegen sie aufschütten, 33 sondern er soll den Weg wieder zurück-
ziehen, den er gekommen ist, und soll in diese Stadt nicht kommen;

der HERR sagt's. 34Und ich will diese Stadt beschirmen, daß ich sie
errette um meinetwillen und um meines Knechtes David willen.
35Und in dieser Nacht fuhr aus der Engel des HERRN und schlug
im Lager von Assyrien hundertfünfundachtzigtausend Mann. Und als
man sich früh am Morgen aufmachte, siehe, da lag alles voller Leichen.
36So brach Sanherib, der König von Assyrien, auf und zog ab, kehrte
um und blieb zu Ninive.

Hiskia übersteht eine schwere Krankheit

20 Zu dieser Zeit wurde Hiskia todkrank [Jesaja 38,9–20]. Und
der Prophet Jesaja, der Sohn des Amoz, kam zu ihm und
sprach zu ihm: So spricht der HERR: Bestelle dein Haus, denn du wirst
sterben und nicht am Leben bleiben. 2Er aber wandte sein Antlitz zur
Wand und betete zum HERRN und sprach: 3Ach, HERR, gedenke doch,
daß ich vor dir in Treue und mit rechtschaffenem Herzen gewandelt
bin und getan habe, was dir wohlgefällt. Und Hiskia weinte sehr.
4Als aber Jesaja noch nicht zum mittleren Hof hinausgegangen war,
kam des HERRN Wort zu ihm: 5Kehre um und sage Hiskia, dem
Fürsten meines Volks: So spricht der HERR, der Gott deines Vaters
David: Ich habe dein Gebet gehört und deine Tränen gesehen. Siehe,
ich will dich gesund machen – am dritten Tage wirst du hinauf in das
Haus des HERRN gehen –, 6und ich will fünfzehn Jahre zu deinem
Leben hinzutun und dich und diese Stadt erretten vor dem König von
Assyrien und diese Stadt beschirmen um meinetwillen und um
meines Knechtes David willen. 7Und Jesaja sprach: Bringt her ein
Pflaster von Feigen! Und als sie das brachten, legten sie es auf das
Geschwür, und er wurde gesund.

Falsche Sicherheit

12Zu dieser Zeit sandte Merodach-Baladan, der Sohn Baladans, der
König von Babel, Brief und Geschenke an Hiskia; denn er hatte
gehört, daß Hiskia krank gewesen war. 13Hiskia aber freute sich über
die Boten und zeigte ihnen das ganze Schatzhaus, Silber, Gold,
Spezerei und das beste Öl und das Zeughaus und alles, was an
Schätzen vorhanden war. Es war nichts in seinem Hause und in seiner
ganzen Herrschaft, was ihnen Hiskia nicht gezeigt hätte.
14Da kam der Prophet Jesaja zum König Hiskia und sprach zu ihm:
Was haben diese Leute gesagt? Und woher sind sie zu dir gekom-
men? Hiskia sprach: Sie sind aus fernen Landen zu mir gekommen,
aus Babel. 15Er sprach: Was haben sie gesehen in deinem Hause?

Hiskia sprach: Sie haben alles gesehen, was in meinem Hause ist, und
es gibt von meinen Schätzen nichts, was ich ihnen nicht gezeigt hätte.
16 Da sprach Jesaja zu Hiskia: Höre des HERRN Wort: 17 Siehe, es
kommt die Zeit, daß alles nach Babel weggeführt werden wird, was in
deinem Hause ist und was deine Väter gesammelt haben bis auf
diesen Tag, und es wird nichts übriggelassen werden, spricht der
HERR. 19 Hiskia aber sprach zu Jesaja: Das Wort ist gut, das der HERR
geredet hat durch dich; denn er dachte: Es wird doch Friede und
Sicherheit sein zu meinen Zeiten.

Am Rand des Abgrunds

21 Manasse [der Sohn Hiskias] war zwölf Jahre alt, als er König
wurde; und er regierte fünfundfünfzig Jahre zu Jerusalem.
2 Und er tat, was dem HERRN mißfiel, nach den greulichen Sitten der
Heiden, die der HERR vor Israel vertrieben hatte, 3 und baute wieder
die Höhen auf, die sein Vater Hiskia zerstört hatte, und richtete dem
Baal Altäre auf und machte ein Bild der Aschera, wie Ahab, der König
von Israel, getan hatte, und betete alles Heer des Himmels an und
diente ihnen. 6 Und er ließ seinen Sohn durchs Feuer gehen und
achtete auf Vogelgeschrei und Zeichen und hielt Geisterbeschwörer
und Zeichendeuter; so tat er viel von dem, was dem HERRN mißfiel,
um ihn zu erzürnen.
10 Da redete der HERR durch seine Knechte, die Propheten, und
sprach: 11 Weil Manasse, der König von Juda, diese Greuel getan hat,
die ärger sind als alle Greuel, die die Amoriter getan haben, die vor
ihm gewesen sind, und weil er auch Juda sündigen gemacht hat mit
seinen Götzen, 12 darum spricht der HERR, der Gott Israels: Siehe, ich
will Unheil über Jerusalem und Juda bringen, so daß dem, der es
hören wird, beide Ohren gellen sollen.

Gibt es noch einen Ausweg?

Ein Rettungsversuch Josias

22 Josia war acht Jahre alt, als er König wurde; und er regierte
einunddreißig Jahre zu Jerusalem. Seine Mutter hieß Jedida,
eine Tochter Adajas aus Bozkat. 2 Und er tat, was dem HERRN wohl-
gefiel, und wandelte ganz in dem Wege seines Vaters David und wich
nicht davon ab, weder zur Rechten noch zur Linken.
3 Und im achtzehnten Jahr des Königs Josia sandte der König den
Schreiber Schafan in das Haus des HERRN und sprach: 4 Geh hinauf
zu dem Hohenpriester Hilkija, daß er abgebe alles Geld, was zum

Hause des HERRN gebracht ist, das die Hüter an der Schwelle gesam-
melt haben vom Volk, 5damit man es gebe den Werkmeistern, die
bestellt sind im Hause des HERRN, und sie es geben den Arbeitern am
Hause des HERRN, damit sie ausbessern, was baufällig ist am Hause.
8Und der Hohepriester Hilkija sprach zu dem Schreiber Schafan:
Ich habe dies Gesetzbuch gefunden im Hause des HERRN. Und Hilkija
gab das Buch Schafan, und der las es. 9Und der Schreiber Schafan
kam zum König und gab ihm Bericht und sprach: 10Der Priester
Hilkija gab mir ein Buch. Und Schafan las es vor dem König. 11Als aber
der König die Worte des Gesetzbuches hörte, zerriß er seine Kleider.

23 2Und der König ging hinauf ins Haus des HERRN und alle
Männer Judas und alle Einwohner von Jerusalem mit ihm,
Priester und Propheten und alles Volk, klein und groß. Und man las
vor ihren Ohren alle Worte aus dem Buch des Bundes, das im Hause
des HERRN gefunden war. 3Und der König trat an die Säule und
schloß einen Bund vor dem HERRN, daß sie dem HERRN nachwandeln
sollten und seine Gebote, Ordnungen und Rechte halten von ganzem
Herzen und von ganzer Seele, um zu erfüllen die Worte dieses
Bundes, die geschrieben stehen in diesem Buch. Und alles Volk trat in
den Bund.
4Und der König gebot dem Hohenpriester Hilkija und dem zweit-
obersten Priester und den Hütern der Schwelle, daß sie aus dem
Tempel des HERRN hinaustun sollten alle Geräte, die dem Baal und
der Aschera und allem Heer des Himmels gemacht waren. Und er ließ
sie verbrennen draußen vor Jerusalem im Tal Kidron und ihre Asche
nach Bethel bringen. 5Und er setzte die Götzenpriester ab, die die
Könige von Juda eingesetzt hatten, die dem Baal geopfert hatten, der
Sonne und dem Mond und den Planeten und allem Heer am Himmel.
21Und der König gebot dem Volk: Haltet dem HERRN, eurem Gott,
Passa, wie es geschrieben steht in diesem Buch des Bundes! 22Denn
es war kein Passa so gehalten worden wie dies von der Zeit der
Richter an, die Israel gerichtet haben, und in allen Zeiten der Könige
von Israel und der Könige von Juda, 23sondern im achtzehnten Jahr
des Königs Josia wurde in Jerusalem dies Passa gehalten dem HERRN.
24Auch rottete Josia aus alle Geisterbeschwörer, Zeichendeuter,
Abgötter und Götzen und alle Greuel, die im Lande Juda und in
Jerusalem zu sehen waren, damit er erfüllte die Worte des Gesetzes,
die geschrieben standen in dem Buch, das der Priester Hilkija im
Hause des HERRN gefunden hatte.
25Seinesgleichen war vor ihm kein König gewesen, der so von
ganzem Herzen, von ganzer Seele, von allen Kräften sich zum HERRN

bekehrte, ganz nach dem Gesetz des Mose, und nach ihm kam seines-
gleichen nicht auf. 26Doch kehrte sich der HERR nicht ab von dem
Grimm seines großen Zorns, mit dem er über Juda erzürnt war um all
der Ärgernisse willen, durch die ihn Manasse erzürnt hatte. 27Und der
HERR sprach: Ich will auch Juda von meinem Angesicht tun, wie ich
Israel weggetan habe, und will diese Stadt verwerfen, die ich erwählt
hatte, Jerusalem, und das Haus, von dem ich gesagt hatte: Mein Name
soll dort sein.

Das Unheil nimmt seinen Lauf

29Zu seiner Zeit zog der Pharao Necho, der König von Ägypten, her-
auf gegen den König von Assyrien an den Strom Euphrat. Und der
König Josia zog ihm entgegen, aber Necho tötete ihn in Megiddo, als
er ihn sah.

34Und der Pharao Necho machte Eljakim, den Sohn Josias, zum
König anstatt seines Vaters Josia und wandelte seinen Namen um in
Jojakim. 35Und Jojakim gab das Silber und Gold dem Pharao. Doch
legte er eine Steuer auf das Land, um das Geld aufzubringen, auf
Befehl des Pharao. Von jedem unter dem Volk des Landes trieb er
Silber und Gold ein, je nach seinem Vermögen, um es dem Pharao
Necho zu geben.

24 Zu seiner Zeit zog herauf Nebukadnezar, der König von Babel,
und Jojakim war ihm untertan drei Jahre. Aber er wurde
wieder abtrünnig von ihm.

6Und Jojakim legte sich zu seinen Vätern, und sein Sohn Jojachin
wurde König an seiner Statt.

7Und der König von Ägypten zog nicht mehr aus seinem Lande;
denn der König von Babel hatte ihm alles genommen, was dem König
von Ägypten gehörte, vom Bach Ägypten bis an den Strom Euphrat.

Der König gibt auf

10Zu der Zeit zogen herauf die Kriegsleute Nebukadnezars, des
Königs von Babel, gegen Jerusalem und belagerten die Stadt. 12Aber
Jojachin, der König von Juda, ging hinaus zum König von Babel mit
seiner Mutter, mit seinen Großen, mit seinen Obersten und Kämme-
rern. Und der König von Babel nahm ihn gefangen im achten Jahr
seiner Herrschaft. 13Und er nahm von dort weg alle Schätze im Hause
des HERRN und im Hause des Königs und zerschlug alle goldenen
Gefäße, die Salomo, der König von Israel, gemacht hatte im Tempel
des HERRN, wie denn der HERR geredet hatte.

14 Und er führte weg das ganze Jerusalem, alle Obersten, alle
Kriegsleute, zehntausend Gefangene und alle Zimmerleute und alle
Schmiede und ließ nichts übrig als geringes Volk des Landes. 15 Und
er führte weg nach Babel Jojachin und die Mutter des Königs, die
Frauen des Königs und seine Kämmerer; dazu die Mächtigen im
Lande führte er auch gefangen von Jerusalem nach Babel. 16 Und von
den besten Leuten siebentausend und von den Zimmerleuten und
Schmieden tausend, lauter starke Kriegsmänner, die brachte der König
von Babel gefangen nach Babel.

17 Und der König von Babel machte Mattanja, Jojachins Oheim, zum
König an seiner Statt und wandelte seinen Namen um in Zedekia.

Jerusalem wird zerstört, viele werden verschleppt

20 Und Zedekia wurde abtrünnig vom König von Babel.
25 Im neunten Jahr seiner Herrschaft, am zehnten Tag des
zehnten Monats, zog heran Nebukadnezar, der König von
Babel, mit seiner ganzen Macht gegen Jerusalem, und sie belagerten
die Stadt und bauten Bollwerke um sie her. 2 So wurde die Stadt bela-
gert bis ins elfte Jahr des Königs Zedekia. 3 Aber am neunten Tage des
vierten Monats wurde der Hunger stark in der Stadt, so daß das Volk
des Landes nichts mehr zu essen hatte. 4 Da brach man in die Stadt
ein. Und der König und alle Kriegsmänner flohen bei Nacht durch das
Tor zwischen den zwei Mauern auf dem Wege, der zu dem Garten des
Königs geht. Aber die Chaldäer lagen um die Stadt. Und der König
floh zum Jordantal hin. 5 Aber die Kriegsleute der Chaldäer jagten dem
König nach, und sie holten ihn ein im Jordantal von Jericho, und alle
Kriegsleute, die bei ihm waren, zerstreuten sich von ihm. 6 Die
Chaldäer aber nahmen den König gefangen und führten ihn hinauf
zum König von Babel nach Ribla, und sie sprachen das Urteil über
ihn. 7 Und sie erschlugen die Söhne Zedekias vor seinen Augen und
blendeten Zedekia die Augen und legten ihn in Ketten und führten
ihn nach Babel.

8 Am siebenten Tage des fünften Monats, das ist das neunzehnte
Jahr Nebukadnezars, des Königs von Babel, kam Nebusaradan, der
Oberste der Leibwache, als Feldhauptmann des Königs von Babel
nach Jerusalem 9 und verbrannte das Haus des HERRN und das Haus
des Königs und alle Häuser in Jerusalem; alle großen Häuser ver-
brannte er mit Feuer. 10 Und die ganze Heeresmacht der Chaldäer, die
dem Obersten der Leibwache unterstand, riß die Mauern Jerusalems
nieder. 11 Das Volk aber, das übrig war in der Stadt, und die zum König
von Babel abgefallen waren und was übrig war von den Werkleuten,

führte Nebusaradan, der Oberste der Leibwache, weg; 12aber von den
Geringen im Lande ließ er Weingärtner und Ackerleute zurück.

22Aber über das Volk, das übrig war im Lande Juda, das Nebukad-
nezar, der König von Babel, übriggelassen hatte, setzte er Gedalja, den
Sohn Ahikams.

25,11

DAS BUCH ESRA

Die Gefangenen in Babel werden frei

1 Im ersten Jahr des Kyrus, des Königs von Persien, erweckte der
HERR – damit erfüllt würde das Wort des HERRN, das durch den
Mund Jeremias gesprochen war – den Geist des Kyrus, des Königs
von Persien, daß er in seinem ganzen Königreich mündlich und auch
schriftlich verkünden ließ: 2 So spricht Kyrus, der König von Persien:
Der HERR, der Gott des Himmels, hat mir alle Königreiche der Erde
gegeben, und er hat mir befohlen, ihm ein Haus zu Jerusalem in Juda
zu bauen. 3 Wer nun unter euch von seinem Volk ist, mit dem sei sein
Gott, und er ziehe hinauf nach Jerusalem in Juda und baue das Haus
des HERRN, des Gottes Israels; das ist der Gott, der zu Jerusalem ist.
4 Und wo auch immer einer übriggeblieben ist, dem sollen die Leute
des Orts, an dem er als Fremdling gelebt hat, helfen mit Silber und
Gold, Gut und Vieh außer dem, was sie aus freiem Willen für das
Haus Gottes zu Jerusalem geben.

5 Da machten sich auf die Häupter der Sippen aus Juda und Ben-
jamin und die Priester und Leviten, alle, deren Geist Gott erweckt
hatte, um hinaufzuziehen und das Haus des HERRN zu Jerusalem zu
bauen. 6 Und alle, die um sie her wohnten, halfen ihnen mit allem, mit
Silber und Gold, mit Gut und Vieh und Kleinoden außer dem, was sie
freiwillig gaben.

7 Und der König Kyrus gab heraus die Geräte des Hauses des
HERRN, die Nebukadnezar aus Jerusalem genommen und in das Haus
seines Gottes gebracht hatte.

2 64 Die ganze Gemeinde zählte insgesamt 42 360, 65 ausge-
nommen ihre Knechte und Mägde; diese waren 7337; dazu 200
Sänger und Sängerinnen. 66 Und sie hatten 736 Rosse, 245 Maultiere,
67 435 Kamele und 6720 Esel.

68 Und als einige Häupter der Sippen zum Hause des HERRN in
Jerusalem kamen, gaben sie freiwillig für das Haus Gottes, damit
man's an seiner früheren Stätte erbaue, 69 und gaben nach ihrem
Vermögen zum Schatz für das Werk 61 000 Gulden und 5 000 Pfund
Silber und 100 Priesterkleider.

Ein neuer Anfang in Jerusalem

3 Und als der siebente Monat herbeikam und die Israeliten nun in
ihren Städten waren, versammelte sich das ganze Volk wie ein
Mann in Jerusalem. 3 Und sie richteten den Altar wieder her an seiner
früheren Stätte und opferten dem HERRN Brandopfer darauf des
Morgens und des Abends. 4 Und sie hielten das Laubhüttenfest und
brachten Brandopfer dar alle Tage nach der Zahl, wie sich's gebührt
und jeder Tag es erforderte.

8 Im zweiten Jahr nach ihrer Ankunft beim Hause Gottes in Jerusalem,
im zweiten Monat, begannen Serubbabel und Jeschua und die übrigen
ihrer Brüder, Priester und Leviten, und alle, die aus der Gefangenschaft
nach Jerusalem gekommen waren, die Leviten von zwanzig Jahren an
und darüber zu bestellen, damit sie die Arbeit am Hause des HERRN
leiteten.

6 14 Und die Ältesten der Juden bauten, und es ging vonstatten
durch die Weissagung der Propheten Haggai und Sacharja, des
Sohnes Iddos, und sie bauten und vollendeten es nach dem Befehl
des Gottes Israels und nach dem Befehl des Kyrus, Darius und
Artahsasta, der Könige von Persien, 15 und sie vollendeten das Haus
bis zum dritten Tag des Monats Adar im sechsten Jahr der Herrschaft
des Königs Darius.

16 Und die Israeliten, die Priester, die Leviten und die andern, die
aus der Gefangenschaft zurückgekommen waren, hielten die Ein-
weihung des Hauses Gottes mit Freuden 17 und opferten zur Ein-
weihung des Hauses Gottes hundert Stiere, zweihundert Widder,
vierhundert Lämmer und zum Sündopfer für ganz Israel zwölf
Ziegenböcke nach der Zahl der Stämme Israels 18 und bestellten die
Priester nach ihren Abteilungen und die Leviten nach ihren Ordnun-
gen zum Dienst am Hause Gottes in Jerusalem, wie es im Buch des
Mose geschrieben steht.

DAS BUCH HIOB (IJOB)

Ein frommer Mann wird Opfer einer Wette

1 Es war ein Mann im Lande Uz, der hieß Hiob. Der war fromm und
rechtschaffen, gottesfürchtig und mied das Böse. 2Und er zeugte
sieben Söhne und drei Töchter, 3und er besaß siebentausend Schafe,
dreitausend Kamele, fünfhundert Joch Rinder und fünfhundert Ese-
linnen und sehr viel Gesinde, und er war reicher als alle, die im Osten
wohnten.
4Und seine Söhne gingen hin und machten ein Festmahl, ein jeder
in seinem Hause an seinem Tag, und sie sandten hin und luden ihre
drei Schwestern ein, mit ihnen zu essen und zu trinken. 5Und wenn
die Tage des Mahles um waren, sandte Hiob hin und heiligte sie und
machte sich früh am Morgen auf und opferte Brandopfer nach ihrer
aller Zahl; denn Hiob dachte: Meine Söhne könnten gesündigt und
Gott abgesagt haben in ihrem Herzen. So tat Hiob allezeit.
6Es begab sich aber eines Tages, da die Gottessöhne kamen und
vor den HERRN traten, kam auch der Satan unter ihnen. 7Der HERR
aber sprach zu dem Satan: Wo kommst du her? Der Satan antwortete
dem HERRN und sprach: Ich habe die Erde hin und her durchzogen.
8Der HERR sprach zum Satan: Hast du achtgehabt auf meinen Knecht
Hiob? Denn es ist seinesgleichen nicht auf Erden, fromm und recht-
schaffen, gottesfürchtig und meidet das Böse.
9Der Satan antwortete dem HERRN und sprach: Meinst du, daß
Hiob Gott umsonst fürchtet? 10Hast du doch ihn, sein Haus und alles,
was er hat, ringsumher beschützt. Du hast das Werk seiner Hände
gesegnet, und sein Besitz hat sich ausgebreitet im Lande. 11Aber
strecke deine Hand aus und taste alles an, was er hat: was gilt's, er
wird dir ins Angesicht absagen!
12Der HERR sprach zum Satan: Siehe, alles, was er hat, sei in deiner
Hand; nur an ihn selbst lege deine Hand nicht. Da ging der Satan hin-
aus von dem HERRN.

Eine »Hiobsbotschaft« nach der anderen

13An dem Tage aber, da seine Söhne und Töchter aßen und Wein
tranken im Hause ihres Bruders, des Erstgeborenen, 14kam ein Bote
zu Hiob und sprach: Die Rinder pflügten, und die Eselinnen gingen

neben ihnen auf der Weide, 15 da fielen die aus Saba ein und nahmen
sie weg und erschlugen die Knechte mit der Schärfe des Schwerts,
und ich allein bin entronnen, daß ich dir's ansagte.
16 Als der noch redete, kam ein anderer und sprach: Feuer Gottes
fiel vom Himmel und traf Schafe und Knechte und verzehrte sie, und
ich allein bin entronnen, daß ich dir's ansagte.
17 Als der noch redete, kam einer und sprach: Die Chaldäer mach-
ten drei Abteilungen und fielen über die Kamele her und nahmen sie
weg und erschlugen die Knechte mit der Schärfe des Schwerts, und
ich allein bin entronnen, daß ich dir's ansagte.
18 Als der noch redete, kam einer und sprach: Deine Söhne und
Töchter aßen und tranken im Hause ihres Bruders, des Erstgeborenen,
19 und siehe, da kam ein großer Wind von der Wüste her und stieß an
die vier Ecken des Hauses; da fiel es auf die jungen Leute, daß sie
starben, und ich allein bin entronnen, daß ich dir's ansagte.
20 Da stand Hiob auf und zerriß sein Kleid und schor sein Haupt
und fiel auf die Erde und neigte sich tief 21 und sprach: Ich bin nackt
von meiner Mutter Leibe gekommen, nackt werde ich wieder dahin-
fahren. Der HERR hat's gegeben, der HERR hat's genommen; der Name
des HERRN sei gelobt! – 22 In diesem allen sündigte Hiob nicht und tat
nichts Törichtes wider Gott.

Der Einsatz für die Wette wird erhöht

2 Es begab sich aber eines Tages, da die Gottessöhne kamen und
vor den HERRN traten, daß auch der Satan unter ihnen kam und
vor den HERRN trat. 2 Da sprach der HERR zu dem Satan: Wo kommst
du her? Der Satan antwortete dem HERRN und sprach: Ich habe die
Erde hin und her durchzogen. 3 Der HERR sprach zu dem Satan: Hast
du acht auf meinen Knecht Hiob gehabt? Denn es ist seinesgleichen
auf Erden nicht, fromm und rechtschaffen, gottesfürchtig und meidet
das Böse und hält noch fest an seiner Frömmigkeit; du aber hast mich
bewogen, ihn ohne Grund zu verderben. 4 Der Satan antwortete dem
HERRN und sprach: Haut für Haut! und alles, was ein Mann hat, läßt
er für sein Leben. 5 Aber strecke deine Hand aus und taste sein Gebein
und Fleisch an: was gilt's, er wird dir ins Angesicht absagen! 6 Der
HERR sprach zu dem Satan: Siehe da, er sei in deiner Hand, doch
schone sein Leben!
7 Da ging der Satan hinaus vom Angesicht des HERRN und schlug
Hiob mit bösen Geschwüren von der Fußsohle an bis auf seinen
Scheitel. 8 Und er nahm eine Scherbe und schabte sich und saß in der
Asche.

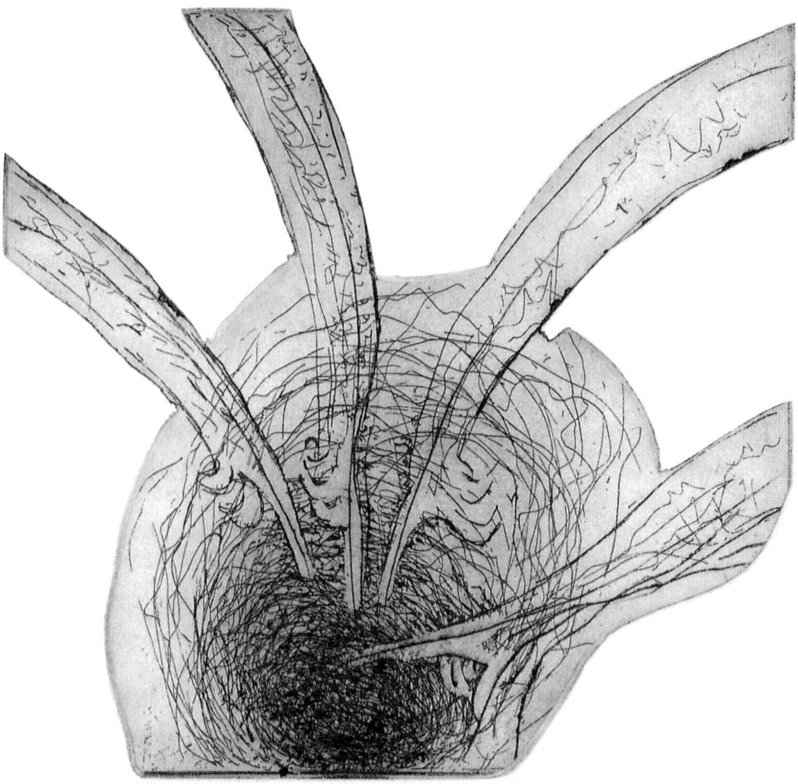

9Und seine Frau sprach zu ihm: Hältst du noch fest an deiner
Frömmigkeit? Sage Gott ab und stirb! 10Er aber sprach zu ihr: Du
redest, wie die törichten Weiber reden. Haben wir Gutes empfangen
von Gott und sollten das Böse nicht auch annehmen? In diesem allen
versündigte sich Hiob nicht mit seinen Lippen.

Die Freunde leiden mit

11Als aber die drei Freunde Hiobs all das Unglück hörten, das über ihn
gekommen war, kamen sie, ein jeder aus seinem Ort: Elifas von
Teman, Bildad von Schuach und Zofar von Naama. Denn sie waren
eins geworden hinzugehen, um ihn zu beklagen und zu trösten.
12Und als sie ihre Augen aufhoben von ferne, erkannten sie ihn nicht
und erhoben ihre Stimme und weinten, und ein jeder zerriß sein
Kleid, und sie warfen Staub gen Himmel auf ihr Haupt 13und saßen
mit ihm auf der Erde sieben Tage und sieben Nächte und redeten
nichts mit ihm; denn sie sahen, daß der Schmerz sehr groß war.

3 Danach tat Hiob seinen Mund auf und verfluchte seinen Tag.
2Und Hiob sprach:

3Ausgelöscht sei der Tag, an dem ich geboren bin, und die Nacht,
da man sprach: Ein Knabe kam zur Welt! 11Warum bin ich nicht
gestorben bei meiner Geburt? Warum bin ich nicht umgekommen,
als ich aus dem Mutterleib kam? 13Dann läge ich da und wäre still,
dann schliefe ich und hätte Ruhe.

20Warum gibt Gott das Licht dem Mühseligen und das Leben den
betrübten Herzen 21– die auf den Tod warten, und er kommt nicht,
und nach ihm suchen mehr als nach Schätzen, 22die sich sehr freuten
und fröhlich wären, wenn sie ein Grab bekämen? 25Denn was ich
gefürchtet habe, ist über mich gekommen, und wovor mir graute, hat
mich getroffen.

»Bist du nicht selbst an deinem Unglück schuld?«

4 Da hob Elifas von Teman an und sprach: 2Du hast's vielleicht
nicht gern, wenn man versucht, mit dir zu reden; aber Worte
zurückhalten, wer kann's? 3Siehe, du hast viele unterwiesen und
matte Hände gestärkt; 4deine Rede hat die Strauchelnden aufgerichtet,
und die bebenden Knie hast du gekräftigt. 5Nun es aber an dich
kommt, wirst du weich, und nun es dich trifft, erschrickst du! 6Ist
nicht deine Gottesfurcht dein Trost, und die Unsträflichkeit deiner
Wege deine Hoffnung?

7Bedenke doch: Wo ist ein Unschuldiger umgekommen? Oder wo

wurden die Gerechten je vertilgt? 8Wohl aber habe ich gesehen: Die
da Frevel pflügten und Unheil säten, ernteten es auch ein.
5 6Denn Frevel geht nicht aus der Erde hervor, und Unheil wächst
nicht aus dem Acker; 7sondern der Mensch erzeugt sich selbst
das Unheil, wie Funken hoch emporfliegen.
8Ich aber würde mich zu Gott wenden und meine Sache vor ihn
bringen. 17Siehe, selig ist der Mensch, den Gott zurechtweist; darum
widersetze dich der Zucht des Allmächtigen nicht. 18Denn er verletzt
und verbindet; er zerschlägt, und seine Hand heilt.

»Will mich Gott denn umbringen?«

6 Hiob antwortete und sprach: 2Wenn man doch meinen Kummer
wägen und mein Leiden zugleich auf die Waage legen wollte!
4Denn die Pfeile des Allmächtigen stecken in mir; mein Geist muß ihr
Gift trinken, und die Schrecknisse Gottes sind auf mich gerichtet.
9Daß mich doch Gott erschlagen wollte und seine Hand ausstreckte
und mir den Lebensfaden abschnitte! 10So hätte ich noch diesen Trost
und wollte fröhlich springen – ob auch der Schmerz mich quält ohne
Erbarmen –, daß ich nicht verleugnet habe die Worte des Heiligen.
11Was ist meine Kraft, daß ich ausharren könnte; und welches
Ende wartet auf mich, daß ich geduldig sein sollte? 12Ist doch meine
Kraft nicht aus Stein und mein Fleisch nicht aus Erz. 13Hab ich denn
keine Hilfe mehr, und gibt es keinen Rat mehr für mich? 25Wie kräftig
sind doch redliche Worte! Aber euer Tadeln, was beweist das?
7 11Darum will auch ich meinem Munde nicht wehren. Ich will
reden in der Angst meines Herzens und will klagen in der Betrüb-
nis meiner Seele. 16Ich vergehe! Ich leb' ja nicht ewig. Laß ab von mir,
denn meine Tage sind nur noch ein Hauch. 17Was ist der Mensch, daß
du ihn groß achtest und dich um ihn bekümmerst? 18Jeden Morgen
suchst du ihn heim und prüfst ihn alle Stunden. 19Warum blickst du
nicht einmal von mir weg und läßt mir keinen Atemzug Ruhe? 20Hab
ich gesündigt, was tue ich dir damit an, du Menschenhüter? Warum
machst du mich zum Ziel deiner Anläufe, daß ich mir selbst eine Last
bin? 21Und warum vergibst du mir meine Sünde nicht oder läßt
meine Schuld hingehen? Denn nun werde ich mich in die Erde legen,
und wenn du mich suchst, werde ich nicht mehr dasein.

»Dann gibst du also Gott die Schuld?«

8 Da hob Bildad von Schuach an und sprach: 2Wie lange willst du
so reden und sollen die Reden deines Mundes so ungestüm

daherfahren? 3Meinst du, daß Gott unrecht richtet oder der All-
mächtige das Recht verkehrt? 4Haben deine Söhne vor ihm gesündigt,
so hat er sie verstoßen um ihrer Sünde willen. 5Wenn du aber dich
beizeiten zu Gott wendest und zu dem Allmächtigen flehst, 6wenn du
rein und fromm bist, so wird er deinetwegen aufwachen und wird
wieder aufrichten deine Wohnung, wie es dir zusteht.

»Gott schlägt mich ohne jeden Grund!«

9 Hiob antwortete und sprach: 16Wenn ich ihn auch anrufe, daß er
mir antwortet, so glaube ich nicht, daß er meine Stimme hört,
17vielmehr greift er nach mir im Wettersturm und schlägt mir viele
Wunden ohne Grund. 18Er läßt mich nicht Atem schöpfen, sondern
sättigt mich mit Bitternis. 19Geht es um Macht und Gewalt: Er hat sie.
Geht es um Recht: Wer will ihn vorladen? 20Wäre ich gerecht, so
müßte mich doch mein Mund verdammen; wäre ich unschuldig, so
würde er mich doch schuldig sprechen.

21Ich bin unschuldig! Ich möchte nicht mehr leben; ich verachte
mein Leben. 22Es ist eins, darum sage ich: Er bringt den Frommen um
wie den Gottlosen.

»Kennst du Gott so genau?«

11 Da hob Zofar von Naama an und sprach: 2Muß denn ein
Schwätzer immer recht haben? 3Müssen Männer zu deinem
leeren Gerede schweigen? 7Meinst du, daß du weißt, was Gott weiß,
oder kannst du alles so vollkommen treffen wie der Allmächtige? 8Die
Weisheit ist höher als der Himmel: was willst du tun?, tiefer als die
Hölle: was kannst du wissen?

13Wenn aber du dein Herz auf ihn richtest und deine Hände zu
ihm ausbreitest, 15so könntest du dein Antlitz aufheben ohne Tadel
und würdest fest sein und dich nicht fürchten. 16Dann würdest du alle
Mühsal vergessen und so wenig daran denken wie an Wasser, das
verrinnt, 17und dein Leben würde aufgehen wie der Mittag, und das
Finstre würde ein lichter Morgen werden, 18und du dürftest dich
trösten, daß Hoffnung da ist, würdest rings um dich blicken und dich
in Sicherheit schlafen legen.

»Ich klage Gott an!«

12 Da antwortete Hiob und sprach: 2Ja, ihr seid die Leute, mit
euch wird die Weisheit sterben!

13 [2]Was ihr wißt, das weiß ich auch, und ich bin nicht geringer als ihr. [5]Wollte Gott, daß ihr geschwiegen hättet, so wäret ihr weise geblieben.

[6]Hört doch, wie ich mich verantworte, und merkt auf die Streitsache, von der ich rede! [7]Wollt ihr Gott verteidigen mit Unrecht und Trug für ihn reden? [15]Siehe, er wird mich doch umbringen, und ich habe nichts zu hoffen; doch will ich meine Wege vor ihm verantworten. [17]Hört meine Rede und, was ich darlege, mit euren Ohren! [18]Siehe, ich bin zum Rechtsstreit gerüstet; ich weiß, daß ich recht behalten werde.

[23]Wie groß ist meine Schuld und Sünde? Laß mich wissen meine Übertretung und Sünde. [24]Warum verbirgst du dein Antlitz und hältst mich für deinen Feind? [25]Willst du ein verwehendes Blatt schrecken und einen dürren Halm verfolgen, [26]daß du so Bitteres über mich verhängst?

»Der Tod löscht alles aus!«

14 Der Mensch, vom Weibe geboren, lebt kurze Zeit und ist voll Unruhe, [2]geht auf wie eine Blume und fällt ab, flieht wie ein Schatten und bleibt nicht.

[7]Denn ein Baum hat Hoffnung, auch wenn er abgehauen ist; er kann wieder ausschlagen, und seine Schößlinge bleiben nicht aus. [8]Ob seine Wurzel in der Erde alt wird und sein Stumpf im Boden erstirbt, [9]so grünt er doch wieder vom Geruch des Wassers und treibt Zweige wie eine junge Pflanze. [20]Stirbt aber ein Mann, so ist er dahin; kommt ein Mensch um – wo ist er? [11]Wie Wasser ausläuft aus dem See, und wie ein Strom versiegt und vertrocknet, [12]so ist ein Mensch, wenn er sich niederlegt, er wird nicht wieder aufstehen; er wird nicht aufwachen, solange der Himmel bleibt, noch von seinem Schlaf erweckt werden.

[13]Ach daß du mich im Totenreich verwahren und verbergen wolltest, bis dein Zorn sich legt, und mir ein Ziel setzen und dann an mich denken wolltest!

»Gott ist trotz allem meine ganze Hoffnung!«

19 [6]So merkt doch endlich, daß Gott mir unrecht getan hat und mich mit seinem Jagdnetz umgeben hat. [8]Er hat meinen Weg vermauert, daß ich nicht hinüber kann, und hat Finsternis auf meinen Steig gelegt. [10]Er hat mich zerbrochen um und um, daß ich dahinfuhr, und hat meine Hoffnung ausgerissen wie einen Baum. [11]Sein Zorn

ist über mich entbrannt, und er achtet mich seinen Feinden gleich.
14Meine Nächsten haben sich zurückgezogen, und meine Freunde
haben mich vergessen. 15Meinen Hausgenossen und meinen Mägden
gelte ich als Fremder; ich bin ein Unbekannter in ihren Augen. 16Ich
rief meinen Knecht, und er antwortete mir nicht; ich mußte ihn anfle-
hen mit eigenem Munde. 17Mein Odem ist zuwider meiner Frau, und
den Söhnen meiner Mutter ekelt's vor mir. 18Selbst die Kinder geben
nichts auf mich; stelle ich mich gegen sie, so geben sie mir böse
Worte. 19Alle meine Getreuen verabscheuen mich, und die ich lieb-
hatte, haben sich gegen mich gewandt.
25Aber ich weiß, daß mein Erlöser lebt, und als der letzte wird er
über dem Staub sich erheben. 26Und ist meine Haut noch so
zerschlagen und mein Fleisch dahingeschwunden, so werde ich doch
Gott sehen. 27Ich selbst werde ihn sehen, meine Augen werden ihn
schauen und kein Fremder. Danach sehnt sich mein Herz in meiner
Brust.

»Der Allmächtige antworte mir!«

29 Und Hiob hob abermals an mit seinem Spruch und sprach:
2O daß ich wäre wie in den früheren Monden, in den Tagen,
da Gott mich behütete, 3da seine Leuchte über meinem Haupt schien
und ich bei seinem Licht durch die Finsternis ging! 4Wie war ich in
der Blüte meines Lebens, als Gottes Freundschaft über meiner Hütte
war, 5als der Allmächtige noch mit mir war und meine Kinder um
mich her!
30 1Jetzt aber verlachen mich, die jünger sind als ich. 9Jetzt bin
ich ihr Spottlied geworden und muß ihnen zum Gerede
dienen. 10Sie verabscheuen mich und halten sich ferne von mir und
scheuen sich nicht, vor meinem Angesicht auszuspeien. 19Man hat
mich in den Dreck geworfen, daß ich gleich bin dem Staub und der
Asche.
31 6Gott möge mich wiegen auf rechter Waage, so wird er erken-
nen meine Unschuld! 16Hab ich den Bedürftigen ihr Begehren
versagt und die Augen der Witwe verschmachten lassen? 17Hab ich
meinen Bissen allein gegessen, und hat nicht die Waise auch davon
gegessen? 19Hab ich zugesehen, wie jemand ohne Kleid verkommen
ist, und den Armen ohne Decke gehen lassen? 24Hab ich das Gold zu
meiner Zuversicht gemacht und zum Feingold gesagt: »Mein Trost«?
29Hab ich mich gefreut, wenn's meinem Feinde übel ging, und mich
erhoben, weil ihn Unglück getroffen hatte?
35O hätte ich einen, der mich anhört – hier meine Unterschrift! der

Allmächtige antworte mir! –, oder die Schrift, die mein Verkläger
geschrieben! 36Wahrlich, dann wollte ich sie auf meine Schulter
nehmen und wie eine Krone tragen. 37Ich wollte alle meine Schritte
ihm ansagen und wie ein Fürst ihm nahen.

Gott stellt sich dem Hiob

38 Und der HERR antwortete Hiob aus dem Wettersturm und
sprach: 2Wer ist's, der den Ratschluß verdunkelt mit Worten
ohne Verstand? 3Gürte deine Lenden wie ein Mann! Ich will dich
fragen, lehre mich!

4Wo warst du, als ich die Erde gründete? Sage mir's, wenn du so
klug bist! 5Weißt du, wer ihr das Maß gesetzt hat oder wer über sie
die Richtschnur gezogen hat? 6Worauf sind ihre Pfeiler eingesenkt,
oder wer hat ihren Eckstein gelegt, 7als mich die Morgensterne mit-
einander lobten und jauchzten alle Gottessöhne? 8Wer hat das Meer
mit Toren verschlossen, als es herausbrach wie aus dem Mutterschoß,
9als ich's mit Wolken kleidete und in Dunkel einwickelte wie in
Windeln, 10als ich ihm seine Grenze bestimmte mit meinem Damm
und setzte ihm Riegel und Tore 11und sprach: »Bis hierher sollst du
kommen und nicht weiter; hier sollen sich legen deine stolzen
Wellen!«?

16Bist du zu den Quellen des Meeres gekommen und auf dem
Grund der Tiefe gewandelt? 17Haben sich dir des Todes Tore je auf-
getan, oder hast du gesehen die Tore der Finsternis? 18Hast du
erkannt, wie breit die Erde ist? Sage an, weißt du das alles?

33Weißt du des Himmels Ordnungen, oder bestimmst du seine
Herrschaft über die Erde? 34Kannst du deine Stimme zu der Wolke
erheben, damit dich die Menge des Wassers überströme? 35Kannst du
die Blitze aussenden, daß sie hinfahren und sprechen zu dir: »Hier
sind wir«?

41Wer bereitet dem Raben die Speise, wenn seine Jungen zu Gott
rufen und irrefliegen, weil sie nichts zu essen haben?

39 Weißt du die Zeit, wann die Gemsen gebären, oder hast du
aufgemerkt, wann die Hirschkühe kreißen? 2Zählst du die
Monde, die sie erfüllen müssen, oder weißt du die Zeit, wann sie
gebären? 3Sie kauern sich nieder, werfen ihre Jungen und werden los
ihre Wehen. 4Ihre Jungen werden stark und groß im Freien und gehen
davon und kommen nicht wieder zu ihnen. 19Kannst du dem Roß
Kräfte geben oder seinen Hals zieren mit einer Mähne? 20Kannst du
es springen lassen wie die Heuschrecken? Schrecklich ist sein präch-
tiges Schnauben.

40 [2]Wer mit dem Allmächtigen rechtet, kann der ihm etwas
vorschreiben? Wer Gott zurechtweist, der antworte!
[3]Hiob aber antwortete dem HERRN und sprach: [4]Siehe, ich bin zu
gering, was soll ich antworten? Ich will meine Hand auf meinen Mund
legen. [5]Einmal hab ich geredet und will nicht mehr antworten, ein
zweites Mal geredet und will's nicht wieder tun.
[6]Und der HERR antwortete Hiob aus dem Wettersturm und sprach:
[7]Ich will dich fragen; lehre mich! [8]Willst du mein Urteil zunichte
machen und mich schuldig sprechen, daß du recht behältst? [9]Hast
du einen Arm wie Gott, und kannst du mit gleicher Stimme donnern
wie er? [10]Schmücke dich mit Pracht und Hoheit; zieh Majestät und
Herrlichkeit an! [12]Schau alle Hochmütigen an und beuge sie und
zertritt die Gottlosen in Grund und Boden! [13]Verscharre sie mitein-
ander in der Erde, und versenke sie ins Verborgene, [14]so will auch ich
dich preisen.

42 Und Hiob antwortete dem HERRN und sprach: [2]Ich erkenne,
daß du alles vermagst, und nichts, das du dir vorgenommen,
ist dir zu schwer. [5]Ich hatte von dir nur vom Hörensagen vernommen;
aber nun hat mein Auge dich gesehen. [6]Darum spreche ich mich
schuldig und tue Buße in Staub und Asche.

Ein neuer Anfang

[7]Als nun der HERR diese Worte mit Hiob geredet hatte, sprach er zu
Elifas von Teman: Mein Zorn ist entbrannt über dich und über deine
beiden Freunde; denn ihr habt nicht recht von mir geredet wie mein
Knecht Hiob. [8]So nehmt nun sieben junge Stiere und sieben Widder
und geht hin zu meinem Knecht Hiob und opfert Brandopfer für
euch; aber mein Knecht Hiob soll für euch Fürbitte tun; denn ihn will
ich erhören, daß ich nicht töricht an euch handle. Denn ihr habt nicht
recht von mir geredet wie mein Knecht Hiob.
[9]Da gingen hin Elifas von Teman, Bildad von Schuach und Zofar
von Naama und taten, wie der HERR ihnen gesagt hatte. Und der HERR
erhörte Hiob.
[10]Und der HERR wandte das Geschick Hiobs, als er für seine
Freunde Fürbitte tat. Und der HERR gab Hiob doppelt soviel, wie er
gehabt hatte. [11]Und es kamen zu ihm alle seine Brüder und alle seine
Schwestern und alle, die ihn früher gekannt hatten, und aßen mit ihm
in seinem Hause und sprachen ihm zu und trösteten ihn über alles
Unglück, das der HERR über ihn hatte kommen lassen. Und ein jeder
gab ihm ein Goldstück und einen goldenen Ring.
[12]Und der HERR segnete Hiob fortan mehr als einst, so daß er vier-

zehntausend Schafe kriegte und sechstausend Kamele und tausend
Joch Rinder und tausend Eselinnen. 13 Und er bekam sieben Söhne
und drei Töchter. 15 Und es gab keine so schönen Frauen im ganzen
Lande wie die Töchter Hiobs. Und ihr Vater gab ihnen Erbteil unter
ihren Brüdern.

16 Und Hiob lebte danach hundertundvierzig Jahre und sah Kinder
und Kindeskinder bis in das vierte Glied. 17 Und Hiob starb alt und
lebenssatt.

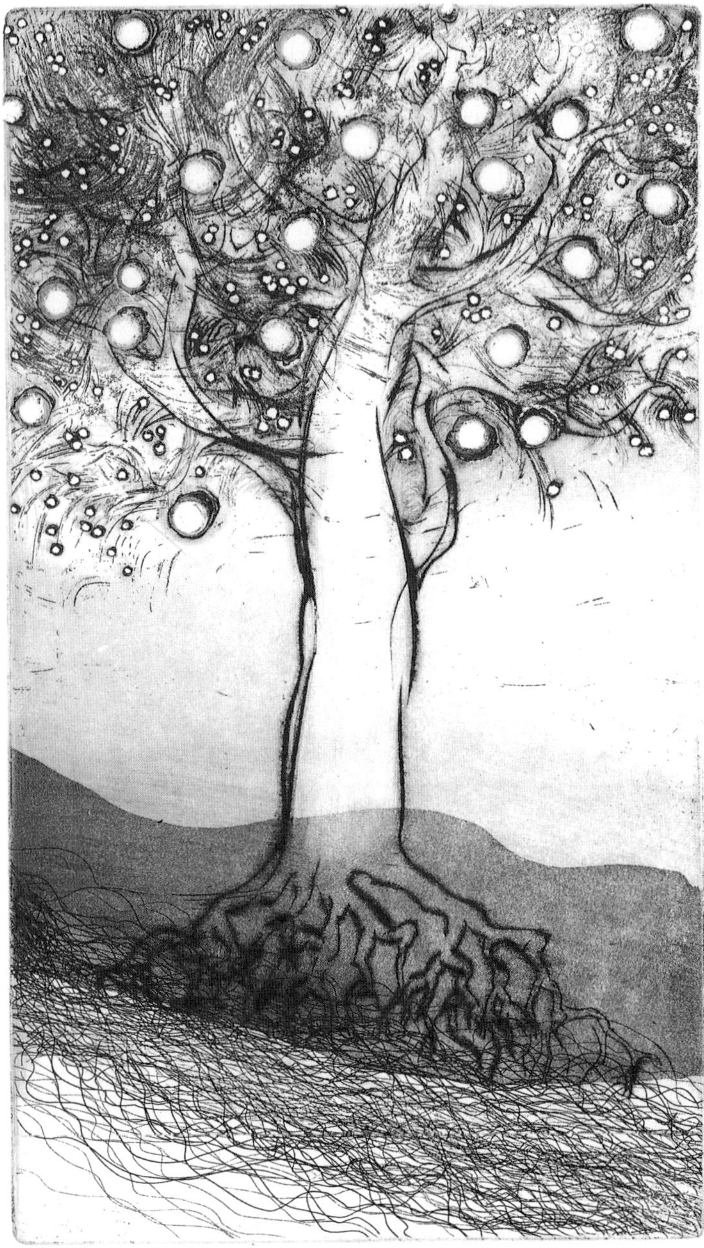

1,3

DER PSALTER

Den besseren Weg wählen

1 Wohl dem, der nicht wandelt im Rat der Gottlosen
noch tritt auf den Weg der Sünder
noch sitzt, wo die Spötter sitzen,
2 sondern hat Lust am Gesetz des HERRN
und sinnt über seinem Gesetz Tag und Nacht!
3 Der ist wie ein Baum, gepflanzt an den Wasserbächen,
der seine Frucht bringt zu seiner Zeit,
und seine Blätter verwelken nicht.
Und was er macht, das gerät wohl.
4 Aber so sind die Gottlosen nicht,
sondern wie Spreu, die der Wind verstreut.
5 Darum bestehen die Gottlosen nicht im Gericht
noch die Sünder in der Gemeinde der Gerechten.
6 Denn der HERR kennt den Weg der Gerechten,
aber der Gottlosen Weg vergeht.

Den wahren König ehren

2 Warum toben die Heiden
und murren die Völker so vergeblich?
2 Die Könige der Erde lehnen sich auf,
und die Herren halten Rat miteinander
wider den HERRN und seinen Gesalbten:
3 »Lasset uns zerreißen ihre Bande
und von uns werfen ihre Stricke!«

4 Aber der im Himmel wohnt, lachet ihrer,
und der Herr spottet ihrer.
5 Einst wird er mit ihnen reden in seinem Zorn,
und mit seinem Grimm wird er sie schrecken:
6 »Ich aber habe meinen König eingesetzt
auf meinem heiligen Berg Zion.«
7 Kundtun will ich den Ratschluß des HERRN.
Er hat zu mir gesagt:

»Du bist mein Sohn, heute habe ich dich gezeugt.
8 Bitte mich, so will ich dir Völker zum Erbe geben
und der Welt Enden zum Eigentum.
9 Du sollst sie mit einem eisernen Zepter zerschlagen,
wie Töpfe sollst du sie zerschmeißen.«

10 So seid nun verständig, ihr Könige,
und laßt euch warnen, ihr Richter auf Erden!
11 Dienet dem HERRN mit Furcht
und küßt seine Füße mit Zittern,
12 daß er nicht zürne
und ihr umkommt auf dem Wege;
denn sein Zorn wird bald entbrennen.
Wohl allen, die auf ihn trauen!

Über das Wunder des Menschen staunen

8 2 HERR, unser Herrscher, wie herrlich ist dein Name in allen Landen,
der du zeigst deine Hoheit am Himmel!
3 Aus dem Munde der jungen Kinder und Säuglinge
hast du eine Macht zugerichtet um deiner Feinde willen,
daß du vertilgest den Feind und den Rachgierigen.
4 Wenn ich sehe die Himmel, deiner Finger Werk,
den Mond und die Sterne, die du bereitet hast:
5 was ist der Mensch, daß du seiner gedenkst,
und des Menschen Kind, daß du dich seiner annimmst?
6 Du hast ihn wenig niedriger gemacht als Gott,
mit Ehre und Herrlichkeit hast du ihn gekrönt.
7 Du hast ihn zum Herrn gemacht über deiner Hände Werk,
alles hast du unter seine Füße getan:
8 Schafe und Rinder allzumal,
dazu auch die wilden Tiere,
9 die Vögel unter dem Himmel und die Fische im Meer
und alles, was die Meere durchzieht.
10 HERR, unser Herrscher,
wie herrlich ist dein Name in allen Landen!

Trotz der Gottlosen auf Gott hoffen

14 Die Toren sprechen in ihrem Herzen:
»Es ist kein Gott.«
Sie taugen nichts; ihr Treiben ist ein Greuel;
da ist keiner, der Gutes tut.
2 Der HERR schaut vom Himmel auf die Menschenkinder,
daß er sehe, ob jemand klug sei und nach Gott frage.
3 Aber sie sind alle abgewichen und allesamt verdorben;
da ist keiner, der Gutes tut, auch nicht *einer*.
4 Will denn das keiner der Übeltäter begreifen,
die mein Volk fressen, daß sie sich nähren,
aber den HERRN rufen sie nicht an?
Da erschrecken sie sehr;
denn Gott ist bei dem Geschlecht der Gerechten.
6 Euer Anschlag wider den Armen wird zuschanden werden;
denn der HERR ist seine Zuversicht.
7 Ach daß die Hilfe aus Zion über Israel käme
und der HERR sein gefangenes Volk erlöste!
So würde Jakob fröhlich sein und Israel sich freuen.

Dem Herrn des Lebens vertrauen

16 Bewahre mich, Gott; denn ich traue auf dich.
5 Der HERR ist mein Gut und mein Teil;
du erhältst mir mein Erbteil.
6 Das Los ist mir gefallen auf liebliches Land;
mir ist ein schönes Erbteil geworden.
7 Ich lobe den HERRN, der mich beraten hat;
auch mahnt mich mein Herz des Nachts.
8 Ich habe den HERRN allezeit vor Augen;
steht er mir zur Rechten, so werde ich festbleiben.
9 Darum freut sich mein Herz, und meine Seele ist fröhlich;
auch mein Leib wird sicher liegen.
10 Denn du wirst mich nicht dem Tode überlassen
und nicht zugeben, daß dein Heiliger die Grube sehe.
11 Du tust mir kund den Weg zum Leben:
Vor dir ist Freude die Fülle
und Wonne zu deiner Rechten ewiglich.

Die Wunder des Schöpfers erkennen

19 2Die Himmel erzählen die Ehre Gottes,
und die Feste verkündigt seiner Hände Werk.
3Ein Tag sagt's dem andern,
und eine Nacht tut's kund der andern,
4ohne Sprache und ohne Worte;
unhörbar ist ihre Stimme.
5Ihr Schall geht aus in alle Lande
und ihr Reden bis an die Enden der Welt.
Er hat der Sonne ein Zelt am Himmel gemacht;
6sie geht heraus wie ein Bräutigam aus seiner Kammer
und freut sich wie ein Held, zu laufen ihre Bahn.
7Sie geht auf an einem Ende des Himmels
und läuft um bis wieder an sein Ende,
und nichts bleibt vor ihrer Glut verborgen.

8Das Gesetz des HERRN ist vollkommen
und erquickt die Seele.
Das Zeugnis des HERRN ist gewiß
und macht die Unverständigen weise.
9Die Befehle des HERRN sind richtig
und erfreuen das Herz.
Die Gebote des HERRN sind lauter
und erleuchten die Augen.
10Die Furcht des HERRN ist rein und bleibt ewiglich.
Die Rechte des HERRN sind Wahrheit, allesamt gerecht.
11Sie sind köstlicher als Gold und viel feines Gold,
sie sind süßer als Honig und Honigseim.
12Auch läßt dein Knecht sich durch sie warnen;
und wer sie hält, der hat großen Lohn.
13Wer kann merken, wie oft er fehlet?
Verzeihe mir die verborgenen Sünden!
14Bewahre auch deinen Knecht vor den Stolzen,
daß sie nicht über mich herrschen;
so werde ich ohne Tadel sein
und rein bleiben von großer Missetat.
15Laß dir wohlgefallen die Rede meines Mundes
und das Gespräch meines Herzens vor dir,
HERR, mein Fels und mein Erlöser.

In Todesnot um Hilfe rufen

22 2Mein Gott, mein Gott, warum hast du mich verlassen?
Ich schreie, aber meine Hilfe ist ferne.
3Mein Gott, des Tages rufe ich, doch antwortest du nicht,
und des Nachts, doch finde ich keine Ruhe.
4Du aber bist heilig,
der du thronst über den Lobgesängen Israels.
5Unsere Väter hofften auf dich;
und da sie hofften, halfst du ihnen heraus.
6Zu dir schrien sie und wurden errettet,
sie hofften auf dich und wurden nicht zuschanden.
7Ich aber bin ein Wurm und kein Mensch,
ein Spott der Leute und verachtet vom Volke.
8Alle, die mich sehen, verspotten mich,
sperren das Maul auf und schütteln den Kopf:
9»Er klage es dem HERRN, der helfe ihm heraus
und rette ihn, hat er Gefallen an ihm.«

10Du hast mich aus meiner Mutter Leibe gezogen;
du ließest mich geborgen sein an der Brust meiner Mutter.
11Auf dich bin ich geworfen von Mutterleib an,
du bist mein Gott von meiner Mutter Schoß an.
12Sei nicht ferne von mir, denn Angst ist nahe;
denn es ist hier kein Helfer.

13Gewaltige Stiere haben mich umgeben,
mächtige Büffel haben mich umringt.
14Ihren Rachen sperren sie gegen mich auf
wie ein brüllender und reißender Löwe.
15Ich bin ausgeschüttet wie Wasser,
alle meine Knochen haben sich voneinander gelöst;
mein Herz ist in meinem Leibe wie zerschmolzenes
Wachs.
16Meine Kräfte sind vertrocknet wie eine Scherbe,
und meine Zunge klebt mir am Gaumen,
und du legst mich in des Todes Staub.
17Denn Hunde haben mich umgeben,
und der Bösen Rotte hat mich umringt;
sie haben meine Hände und Füße durchgraben.
18Ich kann alle meine Knochen zählen;
sie aber schauen zu und sehen auf mich herab.

19 Sie teilen meine Kleider unter sich
und werfen das Los um mein Gewand.

20 Aber du HERR, sei nicht ferne;
meine Stärke, eile, mir zu helfen!
21 Errette meine Seele vom Schwert,
mein Leben von den Hunden!
22 Hilf mir aus dem Rachen des Löwen
und vor den Hörnern wilder Stiere –
du hast mich erhört!

23 Ich will deinen Namen kundtun meinen Brüdern,
ich will dich in der Gemeinde rühmen:
24 Rühmet den HERRN, die ihr ihn fürchtet;
ehret ihn, ihr alle vom Hause Jakob,
und vor ihm scheuet euch,
ihr alle vom Hause Israel!
25 Denn er hat nicht verachtet noch verschmäht
das Elend des Armen
und sein Antlitz vor ihm nicht verborgen;
und als er zu ihm schrie, hörte er's.

26 Dich will ich preisen in der großen Gemeinde,
ich will mein Gelübde erfüllen vor denen, die ihn fürchten.
27 Die Elenden sollen essen, daß sie satt werden;
und die nach dem HERRN fragen, werden ihn preisen;
euer Herz soll ewiglich leben.
28 Es werden gedenken und sich zum HERRN bekehren
aller Welt Enden
und vor ihm anbeten alle Geschlechter der Heiden.
29 Denn des HERRN ist das Reich,
und er herrscht unter den Heiden.
30 Ihn allein werden anbeten alle,
die in der Erde schlafen;
vor ihm werden die Knie beugen alle,
die zum Staube hinabfuhren
und ihr Leben nicht konnten erhalten.
31 Er wird Nachkommen haben, die ihm dienen;
vom Herrn wird man verkündigen Kind und Kindeskind.
32 Sie werden kommen und seine Gerechtigkeit predigen
dem Volk, das geboren wird. Denn er hat's getan.

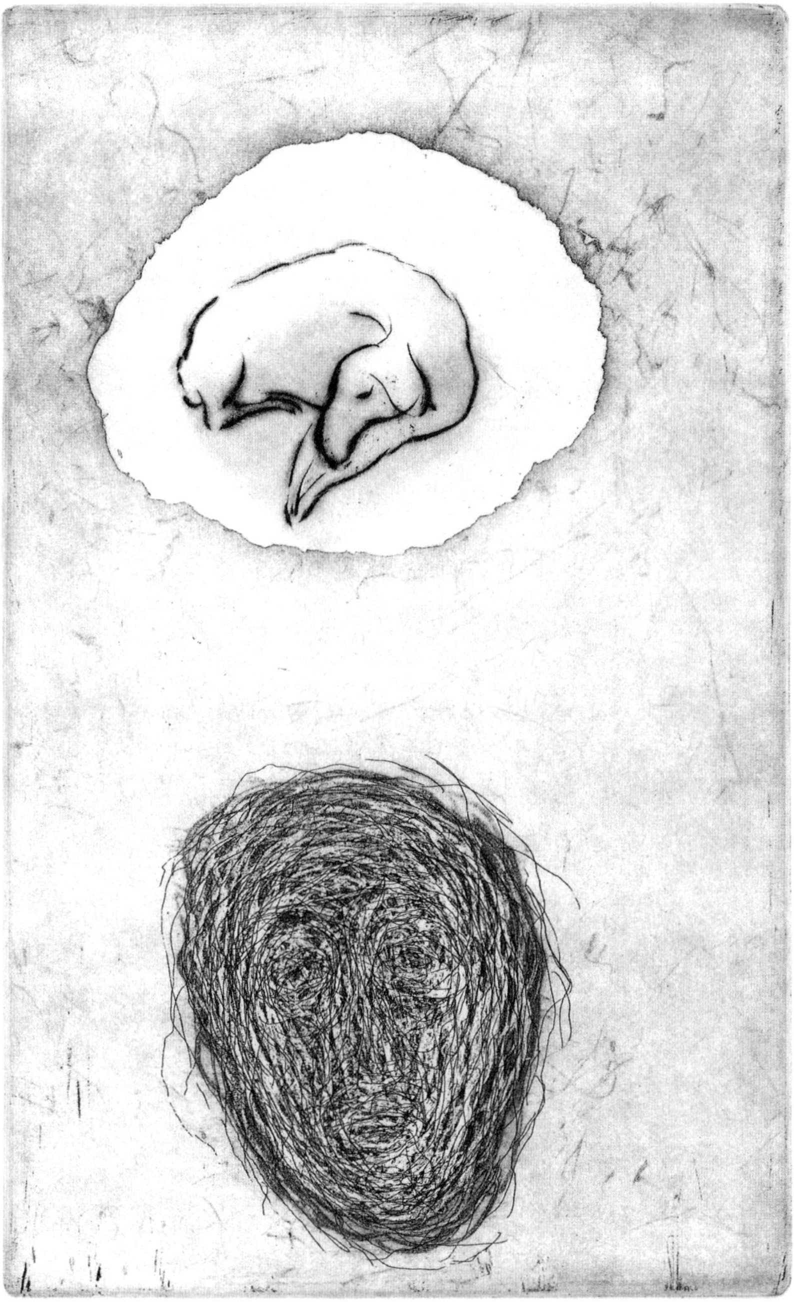

23,1-4

Sich auf den guten Hirten verlassen

23 Der HERR ist mein Hirte,
mir wird nichts mangeln.
2 Er weidet mich auf einer grünen Aue
und führet mich zum frischen Wasser.
3 Er erquicket meine Seele.
Er führet mich auf rechter Straße um seines Namens willen.
4 Und ob ich schon wanderte im finstern Tal,
fürchte ich kein Unglück;
denn du bist bei mir,
dein Stecken und Stab trösten mich.
5 Du bereitest vor mir einen Tisch
im Angesicht meiner Feinde.
Du salbest mein Haupt mit Öl
und schenkest mir voll ein.
6 Gutes und Barmherzigkeit werden mir folgen mein Leben lang,
und ich werde bleiben im Hause des HERRN immerdar.

Auf Gottes Ankunft warten

24 Die Erde ist des HERRN und was darinnen ist,
der Erdkreis und die darauf wohnen.
2 Denn er hat ihn über den Meeren gegründet
und über den Wassern bereitet.

3 Wer darf auf des HERRN Berg gehen,
und wer darf stehen an seiner heiligen Stätte?
4 Wer unschuldige Hände hat
und reinen Herzens ist,
wer nicht bedacht ist auf Lug und Trug
und nicht falsche Eide schwört:
5 der wird den Segen vom HERRN empfangen
und Gerechtigkeit von dem Gott seines Heiles.

7 Machet die Tore weit und die Türen in der Welt hoch,
daß der König der Ehre einziehe!
8 Wer ist der König der Ehre?
Es ist der HERR, stark und mächtig,

der HERR, mächtig im Streit.
9 Machet die Tore weit und die Türen in der Welt hoch,
daß der König der Ehre einziehe!
10 Wer ist der König der Ehre?
Es ist der HERR Zebaoth; er ist der König der Ehre.

Nach dem rechten Weg fragen

25 Nach dir, HERR, verlanget mich.
2 Mein Gott, ich hoffe auf dich;
laß mich nicht zuschanden werden,
daß meine Feinde nicht frohlocken über mich.
3 Denn keiner wird zuschanden, der auf dich harret;
aber zuschanden werden die leichtfertigen Verächter.
4 HERR, zeige mir deine Wege
und lehre mich deine Steige!
5 Leite mich in deiner Wahrheit und lehre mich!
Denn du bist der Gott, der mir hilft;
täglich harre ich auf dich.
6 Gedenke, HERR, an deine Barmherzigkeit und an deine Güte,
die von Ewigkeit her gewesen sind.
7 Gedenke nicht der Sünden meiner Jugend
und meiner Übertretungen,
gedenke aber meiner nach deiner Barmherzigkeit,
HERR, um deiner Güte willen!
8 Der HERR ist gut und gerecht;
darum weist er Sündern den Weg.
9 Er leitet die Elenden recht
und lehrt die Elenden seinen Weg.
10 Die Wege des HERRN sind lauter Güte und Treue
für alle, die seinen Bund und seine Gebote halten.

Bei Gott geborgen sein

27 Der HERR ist mein Licht und mein Heil;
vor wem sollte ich mich fürchten?
Der HERR ist meines Lebens Kraft;
vor wem sollte mir grauen?
2 Wenn die Übeltäter an mich wollen,

um mich zu verschlingen,
meine Widersacher und Feinde,
sollen sie selber straucheln und fallen.
3 Wenn sich auch ein Heer wider mich lagert,
so fürchtet sich dennoch mein Herz nicht;
wenn sich Krieg wider mich erhebt,
so verlasse ich mich auf *ihn*.

7 HERR, höre meine Stimme, wenn ich rufe;
sei mir gnädig und erhöre mich!
8 Mein Herz hält dir vor dein Wort:
»Ihr sollt mein Antlitz suchen.«
Darum suche ich auch, HERR, dein Antlitz.
9 Verbirg dein Antlitz nicht vor mir,
verstoße nicht im Zorn deinen Knecht!
Denn du bist meine Hilfe; verlaß mich nicht
und tu die Hand nicht von mir ab, Gott, mein Heil!
10 Denn mein Vater und meine Mutter verlassen mich,
aber der HERR nimmt mich auf.

11 HERR, weise mir deinen Weg
und leite mich auf ebener Bahn um meiner Feinde willen.
12 Gib mich nicht preis dem Willen meiner Feinde!
Denn es stehen falsche Zeugen wider mich auf
und tun mir Unrecht ohne Scheu.
13 Ich glaube aber doch, daß ich sehen werde
die Güte des HERRN im Lande der Lebendigen.
14 Harre des HERRN!
Sei getrost und unverzagt und harre des HERRN!

Sich seiner Hand anvertrauen

31 2 HERR, auf dich traue ich,
laß mich nimmermehr zuschanden werden,
errette mich durch deine Gerechtigkeit!
3 Neige deine Ohren zu mir, hilf mir eilends!
Sei mir ein starker Fels und eine Burg, daß du mir helfest!
4 Denn du bist mein Fels und meine Burg,
und um deines Namens willen wollest du mich leiten und führen.

5 Du wollest mich aus dem Netze ziehen,
das sie mir heimlich stellten;
denn du bist meine Stärke.
6 In deine Hände befehle ich meinen Geist;
du hast mich erlöst, HERR, du treuer Gott.

10 HERR, sei mir gnädig, denn mir ist angst!
Mein Auge ist trübe geworden vor Gram,
matt meine Seele und mein Leib.
11 Denn mein Leben ist hingeschwunden in Kummer
und meine Jahre in Seufzen.
Meine Kraft ist verfallen durch meine Missetat,
und meine Gebeine sind verschmachtet.
12 Vor all meinen Bedrängern bin ich ein Spott geworden,
eine Last meinen Nachbarn und ein Schrecken meinen
Bekannten.
Die mich sehen auf der Gasse, fliehen vor mir.
13 Ich bin vergessen in ihrem Herzen wie ein Toter;
ich bin geworden wie ein zerbrochenes Gefäß.
14 Denn ich höre, wie viele über mich lästern:
Schrecken ist um und um!
Sie halten Rat miteinander über mich
und trachten danach, mir das Leben zu nehmen.

15 Ich aber, HERR, hoffe auf dich
und spreche: Du bist mein Gott!
16 Meine Zeit steht in deinen Händen.
Errette mich von der Hand meiner Feinde
und von denen, die mich verfolgen.
17 Laß leuchten dein Antlitz über deinem Knecht;
hilf mir durch deine Güte!
18 HERR, laß mich nicht zuschanden werden!

Die Schuld nicht verschweigen

32 Wohl dem, dem die Übertretungen vergeben sind,
dem die Sünde bedeckt ist!
2 Wohl dem Menschen, dem der HERR die Schuld
nicht zurechnet,
in dessen Geist kein Trug ist!
3 Denn als ich es wollte verschweigen,

verschmachteten meine Gebeine durch mein tägliches
Klagen.
4 Denn deine Hand lag Tag und Nacht schwer auf mir,
daß mein Saft vertrocknete, wie es im Sommer
dürre wird.
5 Darum bekannte ich dir meine Sünde,
und meine Schuld verhehlte ich nicht.
Ich sprach: Ich will dem HERRN meine Übertretungen
bekennen.
Da vergabst du mir die Schuld meiner Sünde.

Gottes Freundlichkeit weitersagen

34 2 Ich will den HERRN loben allezeit;
sein Lob soll immerdar in meinem Munde sein.
3 Meine Seele soll sich rühmen des HERRN,
daß es die Elenden hören und sich freuen.
4 Preiset mit mir den HERRN
und laßt uns miteinander seinen Namen erhöhen!
5 Als ich den HERRN suchte, antwortete er mir
und errettete mich aus aller meiner Furcht.
6 Die auf ihn sehen, werden strahlen vor Freude,
und ihr Angesicht soll nicht schamrot werden.
7 Als einer im Elend rief, hörte der HERR
und half ihm aus allen seinen Nöten.
8 Der Engel des HERRN lagert sich um die her,
die ihn fürchten, und hilft ihnen heraus.
9 Schmecket und sehet, wie freundlich der HERR ist.
Wohl dem, der auf ihn trauet!

Bei Gott Zuflucht finden

36 6 HERR, deine Güte reicht, so weit der Himmel ist,
und deine Wahrheit, so weit die Wolken gehen.
7 Deine Gerechtigkeit steht wie die Berge Gottes
und dein Recht wie die große Tiefe.
HERR, du hilfst Menschen und Tieren.
8 Wie köstlich ist deine Güte, Gott,
daß Menschenkinder unter dem Schatten deiner
Flügel Zuflucht haben!

9 Sie werden satt von den reichen Gütern deines Hauses,
und du tränkst sie mit Wonne wie mit einem Strom.
10 Denn bei dir ist die Quelle des Lebens,
und in deinem Lichte sehen wir das Licht.

Auf Gottes Gerechtigkeit warten

37 Entrüste dich nicht über die Bösen,
sei nicht neidisch auf die Übeltäter.
2 Denn wie das Gras werden sie bald verdorren,
und wie das grüne Kraut werden sie verwelken.
3 Hoffe auf den HERRN und tu Gutes,
bleibe im Lande und nähre dich redlich.
4 Habe deine Lust am HERRN;
der wird dir geben, was dein Herz wünscht.
5 Befiehl dem HERRN deine Wege
und hoffe auf ihn, er wird's wohlmachen
6 und wird deine Gerechtigkeit heraufführen wie das Licht
und dein Recht wie den Mittag.
7 Sei stille dem HERRN und warte auf ihn.

Über den Tod hinaus hoffen

39 5 »HERR, lehre mich doch,
daß es ein Ende mit mir haben muß
und mein Leben ein Ziel hat und ich davon muß.
6 Siehe, meine Tage sind eine Handbreit bei dir,
und mein Leben ist wie nichts vor dir.
Wie gar nichts sind alle Menschen,
die doch so sicher leben!
7 Sie gehen daher wie ein Schatten
und machen sich viel vergebliche Unruhe;
sie sammeln und wissen nicht, wer es einbringen
wird.«
8 Nun, Herr, wessen soll ich mich trösten?
Ich hoffe auf dich.

Nach Gott rufen

42 2 Wie der Hirsch lechzt nach frischem Wasser,
so schreit meine Seele, Gott, zu dir.
3 Meine Seele dürstet nach Gott,
nach dem lebendigen Gott.
Wann werde ich dahin kommen,
daß ich Gottes Angesicht schaue?
4 Meine Tränen sind meine Speise Tag und Nacht,
weil man täglich zu mir sagt: Wo ist nun dein Gott?
5 Daran will ich denken
und ausschütten mein Herz bei mir selbst:
wie ich einherzog in großer Schar,
mit ihnen zu wallen zum Hause Gottes
mit Frohlocken und Danken
in der Schar derer, die da feiern.
6 Was betrübst du dich, meine Seele,
und bist so unruhig in mir?
Harre auf Gott; denn ich werde ihm noch danken,
daß er meines Angesichts Hilfe und mein Gott ist.

43 Gott, schaffe mir Recht
und führe meine Sache wider das unheilige Volk
und errette mich von den falschen und bösen Leuten!
2 Denn du bist der Gott meiner Stärke:
Warum hast du mich verstoßen?
Warum muß ich so traurig gehen,
wenn mein Feind mich dränget?
3 Sende dein Licht und deine Wahrheit, daß sie mich leiten
und bringen zu deinem heiligen Berg
und zu deiner Wohnung,
4 daß ich hineingehe zum Altar Gottes,
zu dem Gott, der meine Freude und Wonne ist,
und dir, Gott, auf der Harfe danke, mein Gott.
5 Was betrübst du dich, meine Seele,
und bist so unruhig in mir?
Harre auf Gott; denn ich werde ihm noch danken,
daß er meines Angesichts Hilfe und mein Gott ist.

Unter Gottes Schutz stehen

46 2 Gott ist unsre Zuversicht und Stärke,
eine Hilfe in den großen Nöten, die uns getroffen haben.
3 Darum fürchten wir uns nicht, wenngleich die Welt
unterginge
und die Berge mitten ins Meer sänken,
4 wenngleich das Meer wütete und wallte
und von seinem Ungestüm die Berge einfielen.
5 Dennoch soll die Stadt Gottes fein lustig bleiben
mit ihren Brünnlein,
da die heiligen Wohnungen des Höchsten sind.
6 Gott ist bei ihr drinnen, darum wird sie festbleiben;
Gott hilft ihr früh am Morgen.
7 Die Heiden müssen verzagen und die Königreiche fallen,
das Erdreich muß vergehen, wenn er sich hören läßt.
8 Der Herr Zebaoth ist mit uns,
der Gott Jakobs ist unser Schutz.

9 Kommt her und schauet die Werke des HERRN,
der auf Erden solch ein Zerstören anrichtet,
10 der den Kriegen steuert in aller Welt,
der Bogen zerbricht, Spieße zerschlägt
und Wagen mit Feuer verbrennt.
11 Seid stille und erkennet, daß ich Gott bin!
Ich will der Höchste sein unter den Heiden,
der Höchste auf Erden.
12 Der Herr Zebaoth ist mit uns,
der Gott Jakobs ist unser Schutz.

Ein neuer Mensch werden

51 3 Gott, sei mir gnädig nach deiner Güte,
und tilge meine Sünden nach deiner großen Barmherzigkeit.
4 Wasche mich rein von meiner Missetat,
und reinige mich von meiner Sünde;
5 denn ich erkenne meine Missetat,
und meine Sünde ist immer vor mir.
6 An dir allein habe ich gesündigt
und übel vor dir getan,
auf daß du recht behaltest in deinen Worten

und rein dastehst, wenn du richtest.
7 Siehe, ich bin als Sünder geboren,
und meine Mutter hat mich in Sünden empfangen.
11 Verbirg dein Antlitz vor meinen Sünden,
und tilge alle meine Missetat.
12 Schaffe in mir, Gott, ein reines Herz,
und gib mir einen neuen, beständigen Geist.
13 Verwirf mich nicht von deinem Angesicht,
und nimm deinen heiligen Geist nicht von mir.
14 Erfreue mich wieder mit deiner Hilfe,
und mit einem willigen Geist rüste mich aus.
17 Herr, tu meine Lippen auf,
daß mein Mund deinen Ruhm verkündige.
18 Denn Schlachtopfer willst du nicht,
ich wollte sie dir sonst geben,
und Brandopfer gefallen dir nicht.
19 Die Opfer, die Gott gefallen, sind ein geängsteter Geist,
ein geängstetes, zerschlagenes Herz wirst du, Gott,
nicht verachten.

Grund zur Freude haben

63 2 Gott, du bist mein Gott, den ich suche.
Es dürstet meine Seele nach dir,
mein ganzer Mensch verlangt nach dir
aus trockenem, dürrem Land, wo kein Wasser ist.
3 So schaue ich aus nach dir in deinem Heiligtum,
wollte gerne sehen deine Macht und Herrlichkeit.
4 Denn deine Güte ist besser als Leben;
meine Lippen preisen dich.
5 So will ich dich loben mein Leben lang
und meine Hände in deinem Namen aufheben.
6 Das ist meines Herzens Freude und Wonne,
wenn ich dich mit fröhlichem Munde loben kann;
7 wenn ich mich zu Bette lege, so denke ich an dich,
wenn ich wach liege, sinne ich über dich nach.
8 Denn du bist mein Helfer,
und unter dem Schatten deiner Flügel frohlocke ich.
9 Meine Seele hängt an dir;
deine rechte Hand hält mich.

Aus Verzweiflung gerettet werden

69 2 Gott, hilf mir!
Denn das Wasser geht mir bis an die Kehle.

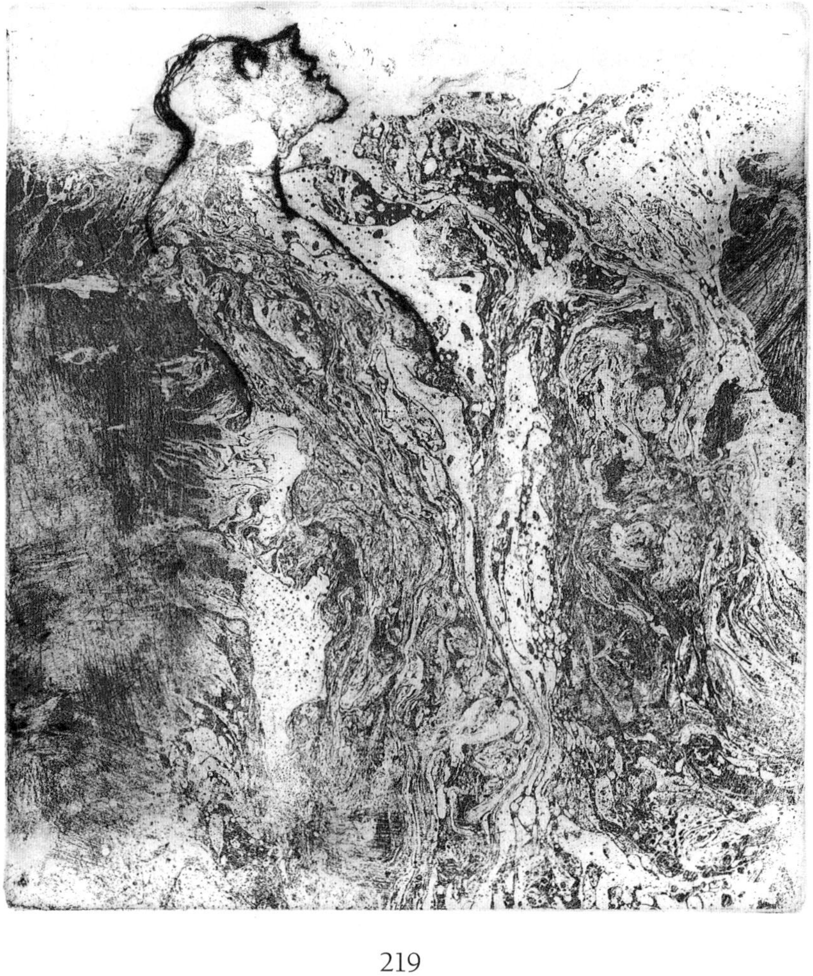

3 Ich versinke in tiefem Schlamm,
wo kein Grund ist;
ich bin in tiefe Wasser geraten,
und die Flut will mich ersäufen.
4 Ich habe mich müde geschrien,
mein Hals ist heiser.
Meine Augen sind trübe geworden,
weil ich so lange harren muß auf meinen Gott.
17 Erhöre mich, HERR, denn deine Güte ist tröstlich;
wende dich zu mir nach deiner großen Barmherzigkeit
18 und verbirg dein Angesicht nicht vor deinem Knechte,
denn mir ist angst; erhöre mich eilends.
19 Nahe dich zu meiner Seele und erlöse sie,
erlöse mich um meiner Feinde willen.
20 Du kennst meine Schmach, meine Schande und Scham;
meine Widersacher sind dir alle vor Augen.
21 Die Schmach bricht mir mein Herz
und macht mich krank.
Ich warte, ob jemand Mitleid habe, aber da ist niemand,
und auf Tröster, aber ich finde keine.
22 Sie geben mir Galle zu essen
und Essig zu trinken für meinen Durst.
30 Ich aber bin elend und voller Schmerzen.
Gott, deine Hilfe schütze mich!
31 Ich will den Namen Gottes loben mit einem Lied
und will ihn hoch ehren mit Dank.

In der Not nicht allein sein

71 HERR, ich traue auf dich,
laß mich nimmermehr zuschanden werden.
2 Errette mich durch deine Gerechtigkeit und
hilf mir heraus,
neige deine Ohren zu mir und hilf mir!
3 Sei mir ein starker Hort, zu dem ich immer fliehen kann,
der du zugesagt hast, mir zu helfen;
denn du bist mein Fels und meine Burg.
6 Auf dich habe ich mich verlassen vom Mutterleib an;
du hast mich aus meiner Mutter Leibe gezogen.
Dich rühme ich immerdar.
17 Gott, du hast mich von Jugend auf gelehrt,

und noch jetzt verkündige ich deine Wunder.
18 Auch im Alter, Gott, verlaß mich nicht,
und wenn ich grau werde,
bis ich deine Macht verkündige Kindeskindern
und deine Kraft allen, die noch kommen sollen.
19 Gott, deine Gerechtigkeit reicht bis zum Himmel;
der du große Dinge tust, Gott, wer ist dir gleich?
20 Du lässest mich erfahren viele und große Angst
und machst mich wieder lebendig
und holst mich wieder herauf
aus den Tiefen der Erde.
21 Du machst mich sehr groß
und tröstest mich wieder.

Den Friedenskönig erwarten

72 Gott, gib dein Gericht dem König
und deine Gerechtigkeit dem Königssohn,
2 daß er dein Volk richte mit Gerechtigkeit
und deine Elenden rette.
3 Laß die Berge Frieden bringen für das Volk
und die Hügel Gerechtigkeit.
4 Er soll den Elenden im Volk Recht schaffen
und den Armen helfen und die Bedränger zermalmen.
6 Er soll herabfahren wie der Regen auf die Aue,
wie die Tropfen, die das Land feuchten.
7 Zu seinen Zeiten soll blühen die Gerechtigkeit
und großer Friede sein, bis der Mond nicht mehr ist.
11 Alle Könige sollen vor ihm niederfallen
und alle Völker ihm dienen.
12 Denn er wird den Armen erretten, der um Hilfe schreit,
und den Elenden, der keinen Helfer hat.
17 Sein Name bleibe ewiglich;
solange die Sonne währt, blühe sein Name.
Und durch ihn sollen gesegnet sein alle Völker,
und sie werden ihn preisen.

Allem zum Trotz dabeibleiben

73 Gott ist dennoch Israels Trost
für alle, die reinen Herzens sind.
2 Ich aber wäre fast gestrauchelt mit meinen Füßen;
mein Tritt wäre beinahe geglitten.
3 Denn ich ereiferte mich über die Ruhmredigen,
als ich sah, daß es den Gottlosen so gut ging.
8 Sie achten alles für nichts und reden böse,
sie reden und lästern hoch her.
9 Was sie reden, das soll vom Himmel herab geredet sein;
was sie sagen, das soll gelten auf Erden.
10 Darum fällt ihnen der Pöbel zu
und läuft ihnen zu in Haufen wie Wasser.
21 Als es mir wehe tat im Herzen
und mich stach in meinen Nieren,
22 da war ich ein Narr und wußte nichts,
ich war wie ein Tier vor dir.

23 Dennoch bleibe ich stets an dir,
denn du hältst mich bei meiner rechten Hand,
24 du leitest mich nach deinem Rat
und nimmst mich am Ende mit Ehren an.
25 Wenn ich nur dich habe,
so frage ich nichts nach Himmel und Erde.
26 Wenn mir gleich Leib und Seele verschmachtet,
so bist du doch, Gott, allezeit meines Herzens Trost
und mein Teil.
28 Aber das ist meine Freude, daß ich mich zu Gott halte
und meine Zuversicht setze auf Gott den HERRN,
daß ich verkündige all dein Tun.

In seiner Nähe leben

84 2 Wie lieb sind mir deine Wohnungen, HERR Zebaoth!
3 Meine Seele verlangt und sehnt sich nach den Vorhöfen
des HERRN;
mein Leib und Seele freuen sich
in dem lebendigen Gott.
4 Der Vogel hat ein Haus gefunden
und die Schwalbe ein Nest für ihre Jungen –

deine Altäre, HERR Zebaoth,
mein König und mein Gott.
5 Wohl denen, die in deinem Hause wohnen;
die loben dich immerdar.
11 Denn ein Tag in deinen Vorhöfen
ist besser als sonst tausend.
Ich will lieber die Tür hüten in meines Gottes Hause
als wohnen in der Gottlosen Hütten.
12 Denn Gott der HERR ist Sonne und Schild;
der HERR gibt Gnade und Ehre.
Er wird kein Gutes mangeln lassen den Frommen.
13 HERR Zebaoth, wohl dem Menschen,
der sich auf dich verläßt!

Dem Leben auf den Grund kommen

90 Herr, du bist unsre Zuflucht für und für.
2 Ehe denn die Berge wurden
und die Erde und die Welt geschaffen wurden,
bist du, Gott, von Ewigkeit zu Ewigkeit.
3 Der du die Menschen lässest sterben
und sprichst: Kommt wieder, Menschenkinder!
4 Denn tausend Jahre sind vor dir wie der Tag, der gestern vergangen ist,
und wie eine Nachtwache.
5 Du lässest sie dahinfahren wie einen Strom,
sie sind wie ein Schlaf,
wie ein Gras, das am Morgen noch sproßt,
6 das am Morgen blüht und sproßt
und des Abends welkt und verdorrt.

7 Das macht dein Zorn, daß wir so vergehen,
und dein Grimm, daß wir so plötzlich dahin müssen.
8 Denn unsre Missetaten stellst du vor dich,
unsre unerkannte Sünde ins Licht vor deinem Angesicht.
9 Darum fahren alle unsre Tage dahin durch deinen Zorn,
wir bringen unsre Jahre zu wie ein Geschwätz.
10 Unser Leben währet siebzig Jahre,
und wenn's hoch kommt, so sind's achtzig Jahre,
und was daran köstlich scheint,
ist doch nur vergebliche Mühe;

denn es fähret schnell dahin,
als flögen wir davon.
11 Wer glaubt's aber, daß du so sehr zürnest,
und wer fürchtet sich vor dir in deinem Grimm?
12 Lehre uns bedenken, daß wir sterben müssen,
auf daß wir klug werden.

13 HERR, kehre dich doch endlich wieder zu uns
und sei deinen Knechten gnädig!
14 Fülle uns frühe mit deiner Gnade,
so wollen wir rühmen und fröhlich sein unser Leben lang.
15 Erfreue uns nun wieder, nachdem du uns so lange plagest,
nachdem wir so lange Unglück leiden.
16 Zeige deinen Knechten deine Werke
und deine Herrlichkeit ihren Kindern.
17 Und der Herr, unser Gott, sei uns freundlich
und fördere das Werk unsrer Hände bei uns.
Ja, das Werk unsrer Hände wollest du fördern!

Einen starken Beschützer haben

91 Wer unter dem Schirm des Höchsten sitzt
und unter dem Schatten des Allmächtigen bleibt,
2 der spricht zu dem HERRN:
Meine Zuversicht und meine Burg,
mein Gott, auf den ich hoffe.
3 Denn er errettet dich vom Strick des Jägers
und von der verderblichen Pest.
4 Er wird dich mit seinen Fittichen decken,
und Zuflucht wirst du haben unter seinen Flügeln.
Seine Wahrheit ist Schirm und Schild,
5 daß du nicht erschrecken mußt vor dem Grauen der Nacht,
vor den Pfeilen, die des Tages fliegen,
6 vor der Pest, die im Finstern schleicht,
vor der Seuche, die am Mittag Verderben bringt.

9 Denn der HERR ist deine Zuversicht,
der Höchste ist deine Zuflucht.
10 Es wird dir kein Übel begegnen,
und keine Plage wird sich deinem Hause nahen.
11 Denn er hat seinen Engeln befohlen,
daß sie dich behüten auf allen deinen Wegen,
12 daß sie dich auf den Händen tragen
und du deinen Fuß nicht an einen Stein stoßest.
13 Über Löwen und Ottern wirst du gehen
und junge Löwen und Drachen niedertreten.
14 »Er liebt mich, darum will ich ihn erretten;
er kennt meinen Namen, darum will ich ihn schützen.
15 Er ruft mich an, darum will ich ihn erhören;
ich bin bei ihm in der Not,
ich will ihn herausreißen und zu Ehren bringen.
16 Ich will ihn sättigen mit langem Leben
und will ihm zeigen mein Heil.«

Danken und sich freuen

92 2 Das ist ein köstlich Ding, dem HERRN danken
und lobsingen deinem Namen, du Höchster,
3 des Morgens deine Gnade

und des Nachts deine Wahrheit verkündigen
4 auf dem Psalter mit zehn Saiten,
mit Spielen auf der Harfe.
5 Denn, HERR, du lässest mich fröhlich singen von deinen Werken,
und ich rühme die Taten deiner Hände.
6 HERR, wie sind deine Werke so groß!
Deine Gedanken sind sehr tief.

Das Lied von der neuen Welt singen

98 Singet dem HERRN ein neues Lied,
denn er tut Wunder.
Er schafft Heil mit seiner Rechten
und mit seinem heiligen Arm.
2 Der HERR läßt sein Heil kundwerden;
vor den Völkern macht er seine Gerechtigkeit offenbar.
3 Er gedenkt an seine Gnade und Treue für das Haus Israel,
aller Welt Enden sehen das Heil unsres Gottes.
4 Jauchzet dem HERRN, alle Welt,
singet, rühmet und lobet!
5 Lobet den HERRN mit Harfen,
mit Harfen und mit Saitenspiel!
6 Mit Trompeten und Posaunen
jauchzet vor dem HERRN, dem König!
7 Das Meer brause und was darinnen ist,
der Erdkreis und die darauf wohnen.
8 Die Ströme sollen frohlocken,
und alle Berge seien fröhlich
9 vor dem HERRN; denn er kommt, das Erdreich zu richten.
Er wird den Erdkreis richten mit Gerechtigkeit
und die Völker, wie es recht ist.

In den Dank einstimmen

100 Jauchzet dem HERRN, alle Welt!
2 Dienet dem HERRN mit Freuden,
kommt vor sein Angesicht mit Frohlocken!
3 Erkennet, daß der HERR Gott ist!
Er hat uns gemacht und nicht wir selbst

zu seinem Volk und zu Schafen seiner Weide.
4 Gehet zu seinen Toren ein mit Danken,
zu seinen Vorhöfen mit Loben;
danket ihm, lobet seinen Namen!
5 Denn der HERR ist freundlich,
und seine Gnade währet ewig
und seine Wahrheit für und für.

Sich an alles Gute erinnern

103 Lobe den HERRN, meine Seele,
und was in mir ist, seinen heiligen Namen!
2 Lobe den HERRN, meine Seele,
und vergiß nicht, was er dir Gutes getan hat:
3 der dir alle deine Sünde vergibt
und heilet alle deine Gebrechen,
4 der dein Leben vom Verderben erlöst,
der dich krönet mit Gnade und Barmherzigkeit,
5 der deinen Mund fröhlich macht,
und du wieder jung wirst wie ein Adler.

6 Der HERR schafft Gerechtigkeit und Recht
allen, die Unrecht leiden.
7 Er hat seine Wege Mose wissen lassen,
die Kinder Israel sein Tun.
8 Barmherzig und gnädig ist der HERR,
geduldig und von großer Güte.
9 Er wird nicht für immer hadern
noch ewig zornig bleiben.
10 Er handelt nicht mit uns nach unsern Sünden
und vergilt uns nicht nach unsrer Missetat.
11 Denn so hoch der Himmel über der Erde ist,
läßt er seine Gnade walten über denen, die ihn fürchten.
12 So fern der Morgen ist vom Abend,
läßt er unsre Übertretungen von uns sein.
13 Wie sich ein Vater über Kinder erbarmt,
so erbarmt sich der HERR über die, die ihn fürchten.

14 Denn er weiß, was für ein Gebilde wir sind;
er gedenkt daran, daß wir Staub sind.
15 Ein Mensch ist in seinem Leben wie Gras,

er blüht wie eine Blume auf dem Felde;
16 wenn der Wind darüber geht, so ist sie nimmer da,
und ihre Stätte kennet sie nicht mehr.
17 Die Gnade aber des HERRN währt von Ewigkeit zu Ewigkeit
über denen, die ihn fürchten,
und seine Gerechtigkeit auf Kindeskind
18 bei denen, die seinen Bund halten
und gedenken an seine Gebote,
daß sie danach tun.

19 Der HERR hat seinen Thron im Himmel errichtet,
und sein Reich herrscht über alles.
20 Lobet den HERRN, ihr seine Engel,
ihr starken Helden, die ihr seinen Befehl ausrichtet,
daß man höre auf die Stimme seines Wortes!
21 Lobet den HERRN, alle seine Heerscharen,
seine Diener, die ihr seinen Willen tut!
22 Lobet den HERRN, alle seine Werke,
an allen Orten seiner Herrschaft!
Lobe den HERRN, meine Seele!

Gott für seine Schöpfung loben

104 Lobe den HERRN, meine Seele!
HERR, mein Gott, du bist sehr herrlich;
du bist schön und prächtig geschmückt.
2 Licht ist dein Kleid, das du anhast.
Du breitest den Himmel aus wie einen Teppich;
3 du baust deine Gemächer über den Wassern.
Du fährst auf den Wolken wie auf einem Wagen
und kommst daher auf den Fittichen des Windes,
4 der du machst Winde zu deinen Boten
und Feuerflammen zu deinen Dienern;
5 der du das Erdreich gegründet hast auf festen Boden,
daß es bleibt immer und ewiglich.
6 Mit Fluten decktest du es wie mit einem Kleide,
und die Wasser standen über den Bergen.
7 Aber vor deinem Schelten flohen sie,
vor deinem Donner fuhren sie dahin.
8 Die Berge stiegen hoch empor,
und die Täler senkten sich herunter

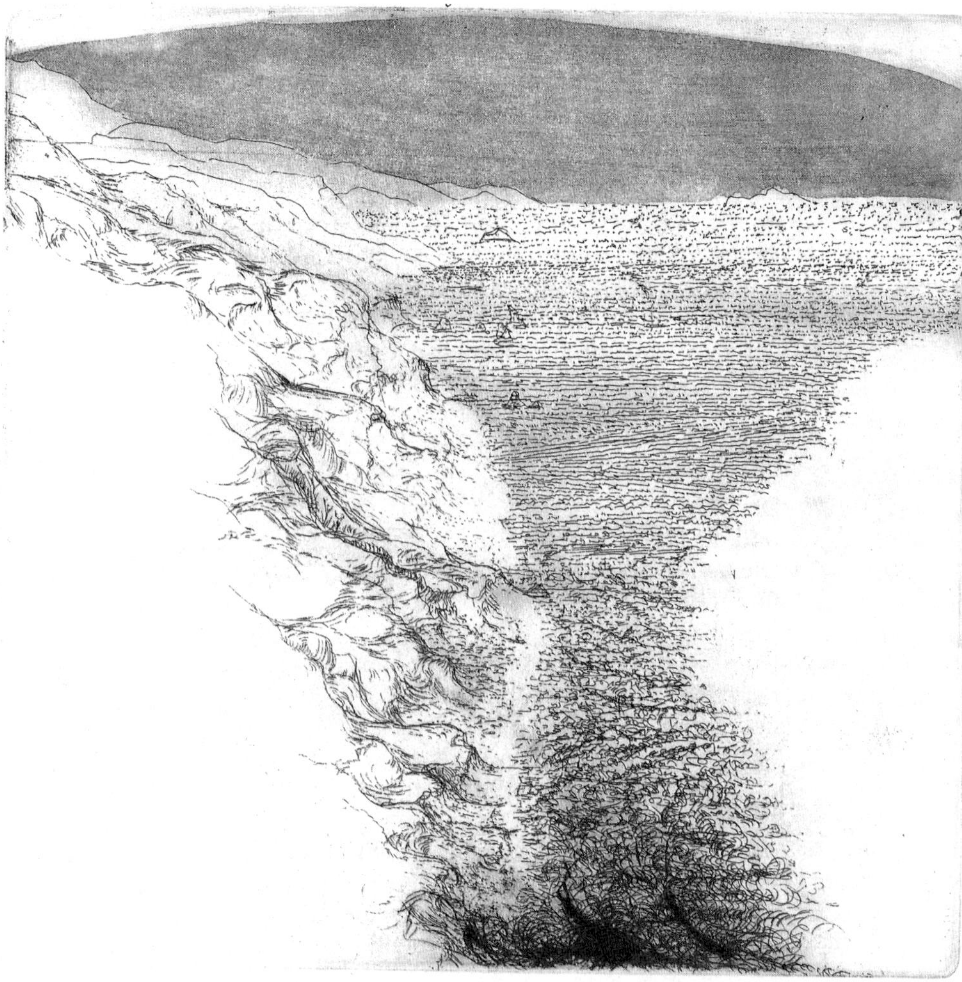

zum Ort, den du ihnen gegründet hast.
9 Du hast eine Grenze gesetzt, darüber kommen sie nicht
und dürfen nicht wieder das Erdreich bedecken.

10 Du lässest Wasser in den Tälern quellen,
daß sie zwischen den Bergen dahinfließen,
11 daß alle Tiere des Feldes trinken
und das Wild seinen Durst lösche.
12 Darüber sitzen die Vögel des Himmels
und singen unter den Zweigen.
13 Du feuchtest die Berge von oben her,
du machst das Land voll Früchte, die du schaffest.
14 Du lässest Gras wachsen für das Vieh
und Saat zu Nutz den Menschen,
daß du Brot aus der Erde hervorbringst,
15 daß der Wein erfreue des Menschen Herz
und sein Antlitz schön werde vom Öl
und das Brot des Menschen Herz stärke.
16 Die Bäume des HERRN stehen voll Saft,
die Zedern des Libanon, die er gepflanzt hat.
17 Dort nisten die Vögel,
und die Reiher wohnen in den Wipfeln.
18 Die hohen Berge geben dem Steinbock Zuflucht
und die Felsklüfte dem Klippdachs.

19 Du hast den Mond gemacht, das Jahr danach zu teilen;
die Sonne weiß ihren Niedergang.
20 Du machst Finsternis, daß es Nacht wird;
da regen sich alle wilden Tiere,
21 die jungen Löwen, die da brüllen nach Raub
und ihre Speise suchen von Gott.
22 Wenn aber die Sonne aufgeht, heben sie sich davon
und legen sich in ihre Höhlen.
23 So geht dann der Mensch aus an seine Arbeit
und an sein Werk bis an den Abend.

24 HERR, wie sind deine Werke so groß und viel!
Du hast sie alle weise geordnet,
und die Erde ist voll deiner Güter.
25 Da ist das Meer, das so groß und weit ist,
da wimmelt's ohne Zahl, große und kleine Tiere.
26 Dort ziehen Schiffe dahin;

da sind große Fische, die du gemacht hast,
damit zu spielen.
27 Es warten alle auf dich,
daß du ihnen Speise gebest zur rechten Zeit.
28 Wenn du ihnen gibst, so sammeln sie;
wenn du deine Hand auftust, so werden sie mit
Gutem gesättigt.
29 Verbirgst du dein Angesicht, so erschrecken sie;
nimmst du weg ihren Odem, so vergehen sie
und werden wieder Staub.
30 Du sendest aus deinem Odem, so werden sie geschaffen,
und du machst neu die Gestalt der Erde.

31 Die Herrlichkeit des HERRN bleibe ewiglich,
der HERR freue sich seiner Werke!
32 Er schaut die Erde an, so bebt sie;
er rührt die Berge an, so rauchen sie.
33 Ich will dem HERRN singen mein Leben lang
und meinen Gott loben, solange ich bin.
34 Mein Reden möge ihm wohlgefallen.
Ich freue mich des HERRN.
35 Die Sünder sollen ein Ende nehmen auf Erden
und die Gottlosen nicht mehr sein.
Lobe den HERRN, meine Seele! Halleluja!

Das Angebot des Lebens annehmen

118 Danket dem HERRN; denn er ist freundlich,
und seine Güte währet ewiglich.
5 In der Angst rief ich den HERRN an;
und der HERR erhörte mich und tröstete mich.
6 Der HERR ist mit mir, darum fürchte ich mich nicht;
was können mir Menschen tun?
7 Der HERR ist mit mir, mir zu helfen;
und ich werde herabsehen auf meine Feinde.
8 Es ist gut, auf den HERRN vertrauen
und nicht sich verlassen auf Menschen.
9 Es ist gut, auf den HERRN vertrauen
und nicht sich verlassen auf Fürsten.
15 Man singt mit Freuden vom Sieg in den Hütten der
Gerechten:

Die Rechte des HERRN behält den Sieg!
16 Die Rechte des HERRN ist erhöht;
die Rechte des HERRN behält den Sieg!
17 Ich werde nicht sterben, sondern leben
und des HERRN Werke verkündigen.
18 Der HERR züchtigt mich schwer;
aber er gibt mich dem Tode nicht preis.

19 Tut mir auf die Tore der Gerechtigkeit,
daß ich durch sie einziehe und dem HERRN danke.
20 Das ist das Tor des HERRN;
die Gerechten werden dort einziehen.
21 Ich danke dir, daß du mich erhört hast
und hast mir geholfen.

22 Der Stein, den die Bauleute verworfen haben,
ist zum Eckstein geworden.
23 Das ist vom HERRN geschehen
und ist ein Wunder vor unsern Augen.
24 Dies ist der Tag, den der HERR macht;
laßt uns freuen und fröhlich an ihm sein.
25 O HERR, hilf! O HERR, laß wohlgelingen!
26 Gelobt sei, der da kommt im Namen des HERRN!
Wir segnen euch, die ihr vom Hause des HERRN seid.
27 Der HERR ist Gott, der uns erleuchtet.
Schmückt das Fest mit Maien bis an die Hörner des Altars!

28 Du bist mein Gott, und ich danke dir;
mein Gott, ich will dich preisen.
29 Danket dem HERRN; denn er ist freundlich,
und seine Güte währet ewiglich.

Sich auf sein Wort verlassen

119 41 HERR, laß mir deine Gnade widerfahren,
deine Hilfe nach deinem Wort,
42 daß ich antworten kann dem, der mich schmäht;
denn ich verlasse mich auf dein Wort.
43 Und nimm ja nicht von meinem Munde das Wort
der Wahrheit;
denn ich hoffe auf deine Ordnungen.

44 Ich will dein Gesetz halten allezeit,
immer und ewiglich.
45 Und ich wandle fröhlich;
denn ich suche deine Befehle.
46 Ich rede von deinen Zeugnissen vor Königen
und schäme mich nicht.
47 Ich habe Freude an deinen Geboten,
sie sind mir sehr lieb,
48 und hebe meine Hände auf zu deinen Geboten,
die mir lieb sind,
und rede von deinen Weisungen.

89 HERR, dein Wort bleibt ewiglich,
so weit der Himmel reicht;
90 deine Wahrheit währet für und für.
Du hast die Erde fest gegründet, und sie bleibt stehen.
91 Sie steht noch heute nach deinen Ordnungen;
denn es muß dir alles dienen.
92 Wenn dein Gesetz nicht mein Trost gewesen wäre,
so wäre ich vergangen in meinem Elend.
93 Ich will deine Befehle nimmermehr vergessen;
denn du erquickst mich damit.
94 Ich bin dein, hilf mir;
denn ich suche deine Befehle.
95 Die Gottlosen lauern mir auf, daß sie mich umbringen;
ich aber merke auf deine Mahnungen.
96 Ich habe gesehen, daß alles ein Ende hat,
aber dein Gebot bleibt bestehen.

105 Dein Wort ist meines Fußes Leuchte
und ein Licht auf meinem Wege.

Unter seinem Schutz stehen

121 Ich hebe meine Augen auf zu den Bergen.
Woher kommt mir Hilfe?
2 Meine Hilfe kommt vom HERRN,
der Himmel und Erde gemacht hat.

3 Er wird deinen Fuß nicht gleiten lassen,
und der dich behütet, schläft nicht.

4 Siehe, der Hüter Israels
schläft und schlummert nicht.
5 Der HERR behütet dich;
der HERR ist dein Schatten über deiner rechten Hand,
6 daß dich des Tages die Sonne nicht steche
noch der Mond des Nachts.
7 Der HERR behüte dich vor allem Übel,
er behüte deine Seele.
8 Der HERR behüte deinen Ausgang und Eingang
von nun an bis in Ewigkeit!

Auf den neuen Anfang hoffen

126 Wenn der HERR die Gefangenen Zions erlösen wird,
so werden wir sein wie die Träumenden.
2 Dann wird unser Mund voll Lachens
und unsre Zunge voll Rühmens sein.
Dann wird man sagen unter den Heiden:
Der HERR hat Großes an ihnen getan!
3 Der HERR hat Großes an uns getan;
des sind wir fröhlich.

4 HERR, bringe zurück unsre Gefangenen,
wie du die Bäche wiederbringst im Südland.
5 Die mit Tränen säen,
werden mit Freuden ernten.
6 Sie gehen hin und weinen
und streuen ihren Samen
und kommen mit Freuden
und bringen ihre Garben.

In der Not nicht verzweifeln

130 Aus der Tiefe rufe ich, HERR, zu dir.
2 Herr, höre meine Stimme!
Laß deine Ohren merken auf die Stimme meines Flehens!
3 Wenn du, HERR, Sünden anrechnen willst –
Herr, wer wird bestehen?
4 Denn bei dir ist die Vergebung,
daß man dich fürchte.

5 Ich harre des HERRN, meine Seele harret,
und ich hoffe auf sein Wort.
6 Meine Seele wartet auf den Herrn
mehr als die Wächter auf den Morgen;
mehr als die Wächter auf den Morgen
7 hoffe Israel auf den HERRN!
Denn bei dem HERRN ist die Gnade
und viel Erlösung bei ihm.
8 Und er wird Israel erlösen
aus allen seinen Sünden.

Sich an die Heimat erinnern

137 An den Wassern zu Babel saßen wir und weinten,
wenn wir an Zion gedachten.
2 Unsere Harfen hängten wir
an die Weiden dort im Lande.
3 Denn die uns gefangenhielten,
hießen uns dort singen
und in unserm Heulen fröhlich sein:
»Singet uns ein Lied von Zion!«
4 Wie könnten wir des HERRN Lied singen
in fremdem Lande?
5 Vergesse ich dich, Jerusalem,
so verdorre meine Rechte.
6 Meine Zunge soll an meinem Gaumen kleben,
wenn ich deiner nicht gedenke,
wenn ich nicht lasse Jerusalem
meine höchste Freude sein.

Bei Gott geborgen sein

139 HERR, du erforschest mich
und kennest mich.
2 Ich sitze oder stehe auf, so weißt du es;
du verstehst meine Gedanken von ferne.
3 Ich gehe oder liege, so bist du um mich
und siehst alle meine Wege.
4 Denn siehe, es ist kein Wort auf meiner Zunge,
das du, HERR, nicht schon wüßtest.

5 Von allen Seiten umgibst du mich
und hältst deine Hand über mir.
6 Diese Erkenntnis ist mir zu wunderbar und zu hoch,
ich kann sie nicht begreifen.

7 Wohin soll ich gehen vor deinem Geist,
und wohin soll ich fliehen vor deinem Angesicht?
8 Führe ich gen Himmel, so bist du da;
bettete ich mich bei den Toten, siehe, so bist du auch da.
9 Nähme ich Flügel der Morgenröte
und bliebe am äußersten Meer,
10 so würde auch dort deine Hand mich führen
und deine Rechte mich halten.
11 Spräche ich: Finsternis möge mich decken
und Nacht statt Licht um mich sein –,
12 so wäre auch Finsternis nicht finster bei dir,
und die Nacht leuchtete wie der Tag.
Finsternis ist wie das Licht.

13 Denn du hast meine Nieren bereitet
und hast mich gebildet im Mutterleibe.
14 Ich danke dir dafür,
daß ich wunderbar gemacht bin;
wunderbar sind deine Werke;
das erkennt meine Seele.
15 Es war dir mein Gebein nicht verborgen,
als ich im Verborgenen gemacht wurde,
als ich gebildet wurde unten in der Erde.
16 Deine Augen sahen mich,
als ich noch nicht bereitet war,
und alle Tage waren in dein Buch geschrieben,
die noch werden sollten und von denen keiner da war.
17 Aber wie schwer sind für mich, Gott, deine Gedanken!
Wie ist ihre Summe so groß!
18 Wollte ich sie zählen, so wären sie mehr als der Sand:
Am Ende bin ich noch immer bei dir.

19 Ach Gott, wolltest du doch die Gottlosen töten!
Daß doch die Blutgierigen von mir wichen!
20 Denn sie reden von dir lästerlich,
und deine Feinde erheben sich mit frechem Mut.
21 Sollte ich nicht hassen, HERR, die dich hassen,

und verabscheuen, die sich gegen dich erheben?
22 Ich hasse sie mit ganzem Ernst;
sie sind mir zu Feinden geworden.

23 Erforsche mich, Gott, und erkenne mein Herz;
prüfe mich und erkenne, wie ich's meine.
24 Und sieh, ob ich auf bösem Wege bin,
und leite mich auf ewigem Wege.

Gerechtigkeit erbitten

143 HERR, erhöre mein Gebet,
vernimm mein Flehen um deiner Treue willen,
erhöre mich um deiner Gerechtigkeit willen,
2 und geh nicht ins Gericht mit deinem Knecht;
denn vor dir ist kein Lebendiger gerecht.
10 Lehre mich tun nach deinem Wohlgefallen,
denn du bist mein Gott;
dein guter Geist führe mich auf ebner Bahn.
11 HERR, erquicke mich um deines Namens willen;
führe mich aus der Not um deiner Gerechtigkeit willen,
12 und vernichte meine Feinde um deiner Güte willen
und bringe alle um, die mich bedrängen;
denn ich bin dein Knecht.

Ihm alles zutrauen

146 Halleluja!
Lobe den HERRN, meine Seele!
2 Ich will den HERRN loben, solange ich lebe,
und meinem Gott lobsingen, solange ich bin.
3 Verlasset euch nicht auf Fürsten;
sie sind Menschen, die können ja nicht helfen.
4 Denn des Menschen Geist muß davon,
und er muß wieder zu Erde werden;
dann sind verloren alle seine Pläne.
5 Wohl dem, dessen Hilfe der Gott Jakobs ist,
der seine Hoffnung setzt auf den HERRN, seinen Gott,
6 der Himmel und Erde gemacht hat,
das Meer und alles, was darinnen ist;

der Treue hält ewiglich,
7 der Recht schafft denen, die Gewalt leiden,
der die Hungrigen speiset.
Der HERR macht die Gefangenen frei.
8 Der HERR macht die Blinden sehend.
Der HERR richtet auf, die niedergeschlagen sind.
Der HERR liebt die Gerechten.
9 Der HERR behütet die Fremdlinge
und erhält Waisen und Witwen;
aber die Gottlosen führt er in die Irre.
10 Der HERR ist König ewiglich,
dein Gott, Zion, für und für.
Halleluja!

Ein Danklied anstimmen

150 Halleluja!
Lobet Gott in seinem Heiligtum,
lobet ihn in der Feste seiner Macht!
2 Lobet ihn für seine Taten,
lobet ihn in seiner großen Herrlichkeit!
3 Lobet ihn mit Posaunen,
lobet ihn mit Psalter und Harfen!
4 Lobet ihn mit Pauken und Reigen,
lobet ihn mit Saiten und Pfeifen!
5 Lobet ihn mit hellen Zimbeln,
lobet ihn mit klingenden Zimbeln!
6 Alles, was Odem hat, lobe den HERRN!
Halleluja!

DIE SPRÜCHE SALOMOS
(SPRICHWÖRTER)

Vertrauen auf die Weisheit des Schöpfers

1 Dies sind die Sprüche Salomos, des Sohnes Davids, des Königs
von Israel. [5]Wer weise ist, der höre zu und wachse an Weisheit,
und wer verständig ist, der lasse sich raten, [6]daß er verstehe Sprüche
und Gleichnisse, die Worte der Weisen und ihre Rätsel. [7]Die Furcht
des HERRN ist der Anfang der Erkenntnis. Die Toren verachten Weis-
heit und Zucht.

3 Mein Sohn, vergiß meine Weisung nicht, und dein Herz behalte
meine Gebote, [2]denn sie werden dir langes Leben bringen und
gute Jahre und Frieden; [3]Gnade und Treue sollen dich nicht verlassen.
Hänge meine Gebote an deinen Hals und schreibe sie auf die Tafel
deines Herzens, [4]so wirst du Freundlichkeit und Klugheit erlangen,
die Gott und den Menschen gefallen.

[5]Verlaß dich auf den HERRN von ganzem Herzen, und verlaß dich
nicht auf deinen Verstand, [6]sondern gedenke an ihn in allen deinen
Wegen, so wird er dich recht führen.

8 Ruft nicht die Weisheit, und läßt nicht die Klugheit sich hören?
[2]Öffentlich am Wege steht sie und an der Kreuzung der Straßen;
[3]an den Toren am Ausgang der Stadt und am Eingang der Pforte ruft
sie: [5]Merkt, ihr Unverständigen, auf Klugheit, und ihr Toren, nehmet
Verstand an!

Hören auf das, was die Weisheit erzählt

[12]Ich, die Weisheit, wohne bei der Klugheit und weiß, guten Rat zu
geben. [14]Mein ist beides, Rat und Tat, ich habe Verstand und Macht.
[17]Ich liebe, die mich lieben, und die mich suchen, finden mich.

[22]Der HERR hat mich schon gehabt im Anfang seiner Wege, ehe er
etwas schuf, von Anbeginn her. [23]Ich bin eingesetzt von Ewigkeit her,
im Anfang, ehe die Erde war. [24]Als die Meere noch nicht waren, ward
ich geboren, als die Quellen noch nicht waren, die von Wasser fließen.
[25]Ehe denn die Berge eingesenkt waren, vor den Hügeln ward ich
geboren, [26]als er die Erde noch nicht gemacht hatte noch die Fluren
darauf noch die Schollen des Erdbodens. [27]Als er die Himmel berei-
tete, war ich da, als er den Kreis zog über den Fluten der Tiefe, [28]als er

die Wolken droben mächtig machte, als er stark machte die Quellen
der Tiefe, 29 als er dem Meer seine Grenze setzte und den Wassern,
daß sie nicht überschreiten seinen Befehl; als er die Grundfesten der
Erde legte, 30 da war ich als sein Liebling bei ihm; ich war seine Lust
täglich und spielte vor ihm allezeit; 31 ich spielte auf seinem Erdkreis
und hatte meine Lust an den Menschenkindern.

32 So hört nun auf mich! Wohl denen, die meine Wege einhalten!
33 Höret die Mahnung und werdet weise und schlagt sie nicht in den
Wind!

Lebensweisheiten

10 1 Ein weiser Sohn ist seines Vaters Freude.

2 Unrecht Gut hilft nicht; aber Gerechtigkeit errettet vom Tode.

12 Haß erregt Hader; aber Liebe deckt alle Übertretungen zu.

11 2 Wo Hochmut ist, da ist auch Schande; aber Weisheit ist bei den Demütigen.

24 Einer teilt reichlich aus und hat immer mehr; ein andrer kargt, wo er nicht soll, und wird doch ärmer.

12 10 Der Gerechte erbarmt sich seines Viehs; aber das Herz der Gottlosen ist unbarmherzig.

16 Ein Tor zeigt seinen Zorn alsbald; aber wer Schmähung überhört, der ist klug.

18 Wer unvorsichtig herausfährt mit Worten, sticht wie ein Schwert; aber die Zunge der Weisen bringt Heilung.

23 Ein verständiger Mann trägt seine Klugheit nicht zur Schau; aber das Herz des Toren schreit seine Torheit hinaus.

25 Sorge im Herzen bedrückt den Menschen; aber ein freundliches Wort erfreut ihn.

14 21 Wer seinen Nächsten verachtet, versündigt sich; aber wohl dem, der sich der Elenden erbarmt!

29 Wer geduldig ist, der ist weise; wer aber ungeduldig ist, offenbart seine Torheit.

31 Wer dem Geringen Gewalt tut, lästert dessen Schöpfer; aber wer sich des Armen erbarmt, der ehrt Gott.

34 Gerechtigkeit erhöht ein Volk; aber die Sünde ist der Leute Verderben.

15 17 Besser ein Gericht Kraut mit Liebe als ein gemästeter Ochse mit Haß.

18 Ein zorniger Mann richtet Zank an; ein Geduldiger aber stillt den Streit.

22 Die Pläne werden zunichte, wo man nicht miteinander berät; wo aber viele Ratgeber sind, gelingen sie.

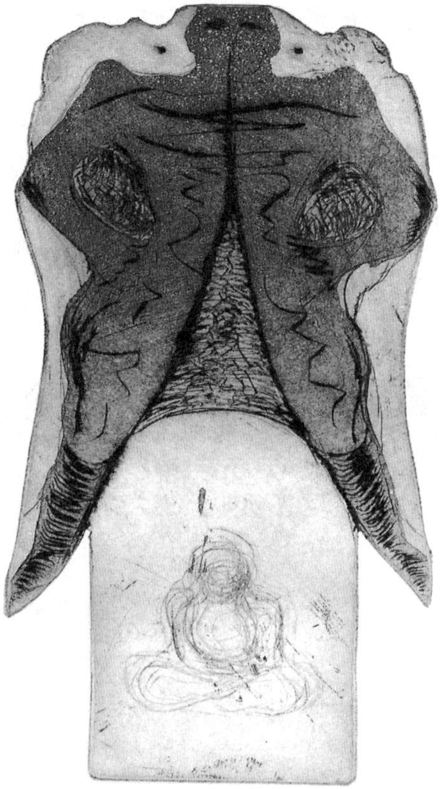

16,32

27 Wer unrechtem Gewinn nachgeht, zerstört sein Haus; wer aber
Bestechung haßt, der wird leben.
16 9 Des Menschen Herz erdenkt sich seinen Weg; aber der HERR
allein lenkt seinen Schritt.
18 Wer zugrunde gehen soll, der wird zuvor stolz; und Hochmut
kommt vor dem Fall.
32 Ein Geduldiger ist besser als ein Starker und wer sich selbst
beherrscht, besser als einer, der Städte gewinnt.

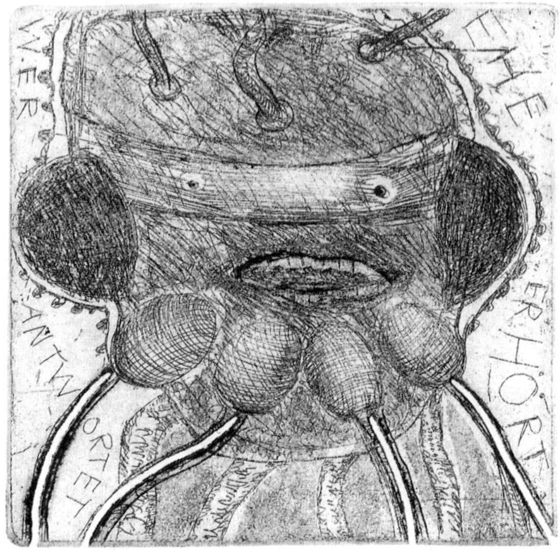

18,13

17 1 Besser ein trockner Bissen mit Frieden als ein Haus voll
Geschlachtetem mit Streit.
12 Besser einer Bärin begegnen, der die Jungen geraubt sind, als
einem Toren in seiner Torheit.
22 Ein fröhliches Herz tut dem Leibe wohl; aber ein betrübtes
Gemüt läßt das Gebein verdorren.
18 10 Der Name des HERRN ist eine feste Burg; der Gerechte läuft
dorthin und wird beschirmt.
13 Wer antwortet, ehe er hört, dem ist's Torheit und Schande.
17 Ein jeder hat zuerst in seiner Sache recht; kommt aber der andere
zu Wort, so findet sich's.
19 Ein gekränkter Bruder ist abweisender als eine feste Stadt, und
Streitigkeiten sind hart wie der Riegel einer Burg.
19 2 Wo man nicht mit Vernunft handelt, da ist auch Eifer nichts
nütze; und wer hastig läuft, der tritt fehl.

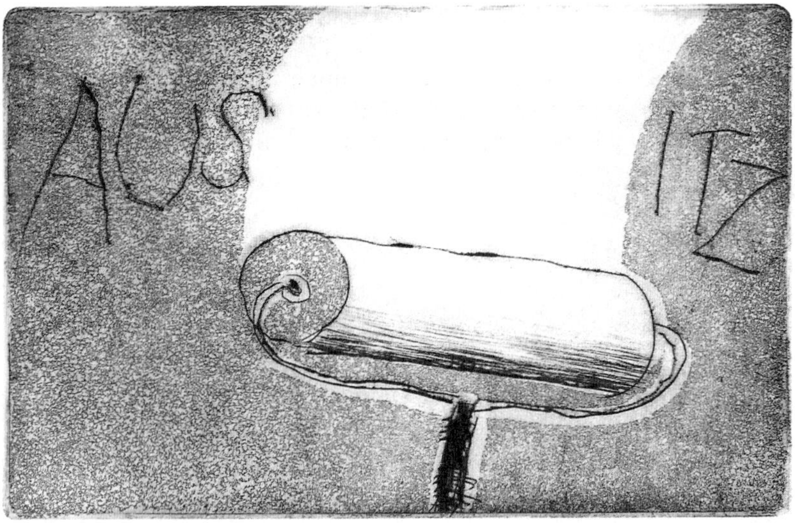

28,13

20 6Viele Menschen rühmen ihre Güte; aber wer findet einen,
der zuverlässig ist?
12Ein hörendes Ohr und ein sehendes Auge, die macht beide der
Herr.
19Wer Geheimnisse verrät, ist ein Verleumder, und mit dem, der
den Mund nicht halten kann, laß dich nicht ein.
21 2Einen jeglichen dünkt sein Weg recht; aber der Herr prüft die
Herzen.
25 21Hungert deinen Feind, so speise ihn mit Brot, dürstet ihn,
so tränke ihn mit Wasser, 22denn du wirst feurige Kohlen auf
sein Haupt häufen, und der Herr wird dir's vergelten.
26 27Wer eine Grube macht, der wird hineinfallen; und wer
einen Stein wälzt, auf den wird er zurückkommen.
28 13Wer seine Sünde leugnet, dem wird's nicht gelingen; wer sie
aber bekennt und läßt, der wird Barmherzigkeit erlangen.

29 5 Wer seinem Nächsten schmeichelt, der spannt ihm ein Netz
über den Weg.
31 8 Tu deinen Mund auf für die Stummen und für die Sache aller,
die verlassen sind. 9 Tu deinen Mund auf und richte in Gerech-
tigkeit und schaffe Recht dem Elenden und Armen.

DER PREDIGER SALOMO (KOHELET)

Alles vergeblich!

1 Dies sind die Reden des Predigers, des Sohnes Davids, des Königs
zu Jerusalem.
2 Es ist alles ganz eitel, sprach der Prediger, es ist alles ganz eitel.
3 Was hat der Mensch für Gewinn von all seiner Mühe, die er hat unter
der Sonne? 4 Ein Geschlecht vergeht, das andere kommt; die Erde
aber bleibt immer bestehen. 5 Die Sonne geht auf und geht unter und
läuft an ihren Ort, daß sie dort wieder aufgehe. 6 Der Wind geht nach
Süden und dreht sich nach Norden und wieder herum an den Ort, wo
er anfing. 7 Alle Wasser laufen ins Meer, doch wird das Meer nicht
voller; an den Ort, dahin sie fließen, fließen sie immer wieder. 8 Alles
Reden ist so voll Mühe, daß niemand damit zu Ende kommt. Das
Auge sieht sich niemals satt, und das Ohr hört sich niemals satt. 9 Was
geschehen ist, eben das wird hernach sein. Was man getan hat, eben
das tut man hernach wieder, und es geschieht nichts Neues unter der
Sonne. 10 Geschieht etwas, von dem man sagen könnte: »Sieh, das ist
neu«? Es ist längst vorher auch geschehen in den Zeiten, die vor uns
gewesen sind. 11 Man gedenkt derer nicht, die früher gewesen sind,
und derer, die hernach kommen; man wird auch ihrer nicht gedenken
bei denen, die noch später sein werden.
14 Ich sah an alles Tun, das unter der Sonne geschieht, und siehe, es
war alles eitel und Haschen nach Wind. 17 Und ich richtete mein Herz
darauf, daß ich lernte Weisheit und erkennte Tollheit und Torheit. Ich
ward aber gewahr, daß auch dies ein Haschen nach Wind ist. 18 Denn
wo viel Weisheit ist, da ist viel Grämen, und wer viel lernt, der muß
viel leiden.

Es hat alles seine Zeit

3 Ein jegliches hat seine Zeit, und alles Vorhaben unter dem Him-
mel hat seine Stunde: 2 geboren werden hat seine Zeit, sterben hat
seine Zeit; pflanzen hat seine Zeit, ausreißen, was gepflanzt ist, hat
seine Zeit; 3 töten hat seine Zeit, heilen hat seine Zeit; abbrechen hat
seine Zeit, bauen hat seine Zeit; 4 weinen hat seine Zeit, lachen hat
seine Zeit; klagen hat seine Zeit, tanzen hat seine Zeit; 5 Steine weg-
werfen hat seine Zeit, Steine sammeln hat seine Zeit; herzen hat seine

Zeit, aufhören zu herzen hat seine Zeit; 6suchen hat seine Zeit, ver-
lieren hat seine Zeit; behalten hat seine Zeit, wegwerfen hat seine Zeit;
7zerreißen hat seine Zeit, zunähen hat seine Zeit; schweigen hat seine
Zeit, reden hat seine Zeit; 8lieben hat seine Zeit, hassen hat seine Zeit;
Streit hat seine Zeit, Friede hat seine Zeit. 9Man mühe sich ab, wie
man will, so hat man keinen Gewinn davon.

10 Ich sah die Arbeit, die Gott den Menschen gegeben hat, daß sie
sich damit plagen. 11 Er hat alles schön gemacht zu seiner Zeit, auch
hat er die Ewigkeit in ihr Herz gelegt; nur daß der Mensch nicht
ergründen kann das Werk, das Gott tut, weder Anfang noch Ende.
12 Da merkte ich, daß es nichts Besseres dabei gibt als fröhlich sein
und sich gütlich tun in seinem Leben. 13 Denn ein Mensch, der da ißt
und trinkt und hat guten Mut bei all seinem Mühen, das ist eine Gabe
Gottes.

14 Ich merkte, daß alles, was Gott tut, das besteht für ewig; man
kann nichts dazutun noch wegtun. Das alles tut Gott, daß man sich
vor ihm fürchten soll. 15 Was geschieht, das ist schon längst gewesen,
und was sein wird, ist auch schon längst gewesen; und Gott holt
wieder hervor, was vergangen ist.

Trotz allem fröhlich sein

16 Weiter sah ich unter der Sonne: An der Stätte des Rechts war Gott-
losigkeit, und an der Stätte der Gerechtigkeit war Frevel. 17 Da sprach
ich in meinem Herzen: Gott wird richten den Gerechten und den
Gottlosen; denn alles Vorhaben und alles Tun hat seine Zeit.

18 Ich sprach in meinem Herzen: Es geschieht wegen der
Menschenkinder, damit Gott sie prüfe und sie sehen, daß sie selber
sind wie das Vieh. 19 Denn es geht dem Menschen wie dem Vieh: wie
dies stirbt, so stirbt auch er, und sie haben alle *einen* Odem, und der
Mensch hat nichts voraus vor dem Vieh; denn es ist alles eitel. 20 Es
fährt alles an *einen* Ort. Es ist alles aus Staub geworden und wird
wieder zu Staub. 21 Wer weiß, ob der Odem der Menschen aufwärts
fahre und der Odem des Viehes hinab unter die Erde fahre?

22 So sah ich denn, daß nichts Besseres ist, als daß ein Mensch
fröhlich sei in seiner Arbeit; denn das ist sein Teil. Denn wer will ihn
dahin bringen, daß er sehe, was nach ihm geschehen wird?

4 Wiederum sah ich alles Unrecht an, das unter der Sonne
geschieht, und siehe, da waren Tränen derer, die Unrecht litten
und keinen Tröster hatten. Und die ihnen Gewalt antaten, waren zu
mächtig, so daß sie keinen Tröster hatten. 2 Da pries ich die Toten, die
schon gestorben waren, mehr als die Lebendigen, die noch das Leben
haben. 3 Und besser daran als beide ist, wer noch nicht geboren ist
und des Bösen nicht innewird, das unter der Sonne geschieht.

5 14 Wie einer nackt von seiner Mutter Leibe gekommen ist, so fährt
er wieder dahin, wie er gekommen ist, und trotz seiner Mühe
nimmt er nichts mit sich in seiner Hand, wenn er dahinfährt.

8 14 Es ist eitel, was auf Erden geschieht: es gibt Gerechte, denen
geht es, als hätten sie Werke der Gottlosen getan, und es gibt
Gottlose, denen geht es, als hätten sie Werke der Gerechten getan. Ich
sprach: Das ist auch eitel. 15 Darum pries ich die Freude, daß der
Mensch nichts Besseres hat unter der Sonne, als zu essen und zu
trinken und fröhlich zu sein. Das bleibt ihm bei seinem Mühen sein
Leben lang, das Gott ihm gibt unter der Sonne.

Mach das beste aus jedem Tag!

9 7 Geh hin und iß dein Brot mit Freuden, trink deinen Wein mit
gutem Mut; denn dies dein Tun hat Gott schon längst gefallen.
8 Laß deine Kleider immer weiß sein und laß deinem Haupte Salbe
nicht mangeln. 9 Genieße das Leben mit deinem Weibe, das du lieb-
hast, solange du das eitle Leben hast, das dir Gott unter der Sonne
gegeben hat; denn das ist dein Teil am Leben und bei deiner Mühe,
mit der du dich mühst unter der Sonne. 10 Alles, was dir vor die Hände
kommt, es zu tun mit deiner Kraft, das tu; denn bei den Toten, zu
denen du fährst, gibt es weder Tun noch Denken, weder Erkenntnis
noch Weisheit.

11 5 Gleichwie du nicht weißt, welchen Weg der Wind nimmt und
wie die Gebeine im Mutterleibe bereitet werden, so kannst du
auch Gottes Tun nicht wissen, der alles wirkt. 6 Am Morgen säe deinen
Samen, und laß deine Hand bis zum Abend nicht ruhen; denn du
weißt nicht, was geraten wird, ob dies oder das, oder ob beides mit-
einander gut gerät. 7 Es ist das Licht süß, und den Augen lieblich, die
Sonne zu sehen. 8 Denn wenn ein Mensch viele Jahre lebt, so sei er
fröhlich in ihnen allen und denke an die finstern Tage, daß es viele
sein werden; denn alles, was kommt, ist eitel.

DAS HOHELIED SALOMOS

Eine Sammlung von Liebesliedern

Der Freund:

2 2Wie eine Lilie unter den Dornen, so ist meine Freundin unter
den Mädchen.

Die Freundin:

3Wie ein Apfelbaum unter den wilden Bäumen, so ist mein Freund
unter den Jünglingen. Unter seinem Schatten zu sitzen, begehre ich,
und seine Frucht ist meinem Gaumen süß. 4Er führt mich in den
Weinkeller, und die Liebe ist sein Zeichen über mir. 5Er erquickt mich
mit Traubenkuchen und labt mich mit Äpfeln; denn ich bin krank vor
Liebe. 6Seine Linke liegt unter meinem Haupte, und seine Rechte
herzt mich. – 7Ich beschwöre euch, ihr Töchter Jerusalems, bei den
Gazellen oder bei den Hinden auf dem Felde, daß ihr die Liebe nicht
aufweckt und nicht stört, bis es ihr selbst gefällt.
3 Des Nachts auf meinem Lager suchte ich, den meine Seele liebt.
Ich suchte; aber ich fand ihn nicht. 2Ich will aufstehen und in der
Stadt umhergehen auf den Gassen und Straßen und suchen, den
meine Seele liebt. Ich suchte; aber ich fand ihn nicht. 3Es fanden mich
die Wächter, die in der Stadt umhergehen: »Habt ihr nicht gesehen,
den meine Seele liebt?« 4Als ich ein wenig an ihnen vorüber war, da
fand ich, den meine Seele liebt.

Der Freund:

4 Siehe, meine Freundin, du bist schön! Siehe, schön bist du! Deine
Augen sind wie Taubenaugen hinter deinem Schleier. Dein Haar
ist wie eine Herde Ziegen, die herabsteigen vom Gebirge Gilead.
2Deine Zähne sind wie eine Herde geschorener Schafe, die aus der
Schwemme kommen; alle haben sie Zwillinge, und keines unter ihnen
ist unfruchtbar. 3Deine Lippen sind wie eine scharlachfarbene Schnur,
und dein Mund ist lieblich. Deine Schläfen sind hinter deinem
Schleier wie eine Scheibe vom Granatapfel. 4Dein Hals ist wie der
Turm Davids, mit Brustwehr gebaut, an der tausend Schilde hangen,
lauter Schilde der Starken. 5Deine beiden Brüste sind wie junge
Zwillinge von Gazellen, die unter den Lilien weiden.

7Du bist wunderbar schön, meine Freundin, und kein Makel ist
an dir.

Die Freundin:

5 10Mein Freund ist weiß und rot, auserkoren unter vielen Tausen-
den. 11Sein Haupt ist das feinste Gold. Seine Locken sind kraus,
schwarz wie ein Rabe. 12Seine Augen sind wie Tauben an den
Wasserbächen, sie baden in Milch und sitzen an reichen Wassern.
13Seine Wangen sind wie Balsambeete, in denen Gewürzkräuter
wachsen. Seine Lippen sind wie Lilien, die von fließender Myrrhe
triefen. 14Seine Finger sind wie goldene Stäbe, voller Türkise. Sein Leib
ist wie reines Elfenbein, mit Saphiren geschmückt. 15Seine Beine sind
wie Marmorsäulen, gegründet auf goldenen Füßen. Seine Gestalt ist
wie der Libanon, auserwählt wie Zedern. 16Sein Mund ist süß, und
alles an ihm ist lieblich.
So ist mein Freund; ja mein Freund ist so, ihr Töchter Jerusalems!

Der Freund:

7 2Wie schön ist dein Gang in den Schuhen, du Fürstentochter! Die
Rundung deiner Hüfte ist wie ein Halsgeschmeide, das des
Meisters Hand gemacht hat. 3Dein Schoß ist wie ein runder Becher,
dem nimmer Getränk mangelt. Dein Leib ist wie ein Weizenhaufen,
umsteckt mit Lilien. 4Deine beiden Brüste sind wie junge Zwillinge
von Gazellen. 5Dein Hals ist wie ein Turm von Elfenbein. Deine
Augen sind wie die Teiche von Heschbon. Deine Nase ist wie der
Turm auf dem Libanon, der nach Damaskus sieht. 6Dein Haupt auf
dir ist wie der Karmel. Das Haar auf deinem Haupt ist wie Purpur; ein
König liegt in deinen Locken gefangen.
7Wie schön und wie lieblich bist du, du Liebe voller Wonne!

Die Freundin:

11Meinem Freund gehöre ich, und nach mir steht sein Verlangen.
12Komm, mein Freund, laß uns aufs Feld hinausgehen und unter
Zyperblumen die Nacht verbringen, 13daß wir früh aufbrechen zu den
Weinbergen und sehen, ob der Weinstock sproßt und seine Blüten
aufgehen, ob die Granatbäume blühen. Da will ich dir meine Liebe
schenken.
8 4Ich beschwöre euch, ihr Töchter Jerusalems, daß ihr die Liebe
nicht aufweckt und nicht stört, bis es ihr selbst gefällt. 6Denn
Liebe ist stark wie der Tod und Leidenschaft unwiderstehlich wie das
Totenreich. Ihre Glut ist feurig und eine Flamme des HERRN, 7so daß
auch viele Wasser die Liebe nicht auslöschen und Ströme sie nicht
ertränken können.

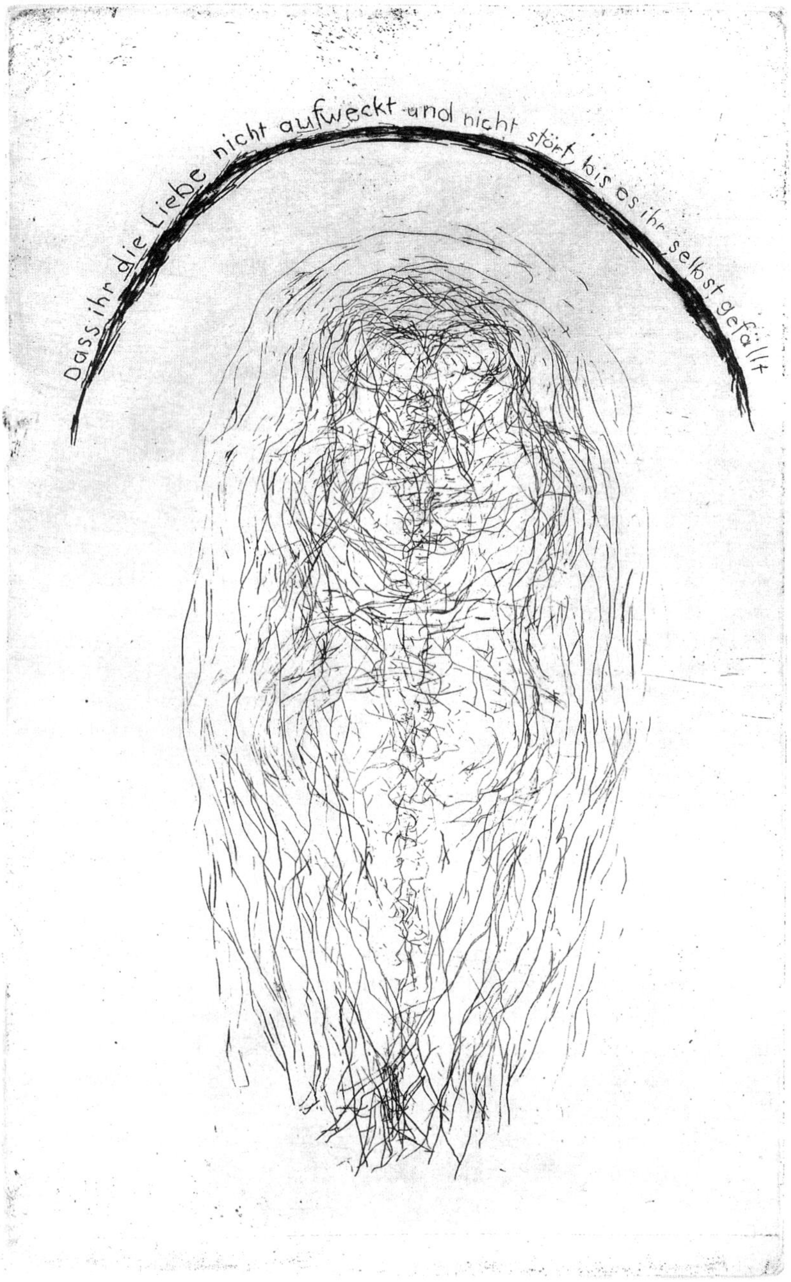
Dass ihr die Liebe nicht aufweckt und nicht stört, bis es ihr selbst gefällt

DER PROPHET JESAJA

Die Buchüberschrift

1 Dies ist die Offenbarung, die Jesaja, der Sohn des Amoz, geschaut
hat über Juda und Jerusalem zur Zeit des Usija, Jotam, Ahas und
Hiskia, der Könige von Juda.

Ein Angebot zum Überleben

2 Höret, ihr Himmel, und Erde, nimm zu Ohren, denn der HERR redet!
Ich habe Kinder großgezogen und hochgebracht, und sie sind von mir
abgefallen! 3 Ein Ochse kennt seinen Herrn und ein Esel die Krippe
seines Herrn; aber Israel kennt's nicht, und mein Volk versteht's nicht.
4 Wehe dem sündigen Volk, dem Volk mit Schuld beladen, dem
boshaften Geschlecht, den verderbten Kindern, die den HERRN ver-
lassen, den Heiligen Israels lästern, die abgefallen sind! 5 Wohin soll
man euch noch schlagen, die ihr doch weiter im Abfall verharrt? Das
ganze Haupt ist krank, das ganze Herz ist matt. 7 Euer Land ist ver-
wüstet, eure Städte sind mit Feuer verbrannt; Fremde verzehren eure
Äcker vor euren Augen; alles ist verwüstet wie beim Untergang
Sodoms.
10 Höret des HERRN Wort, ihr Herren von Sodom! Nimm zu Ohren
die Weisung unsres Gottes, du Volk von Gomorra! 11 Was soll mir die
Menge eurer Opfer? spricht der HERR. Ich bin satt der Brandopfer von
Widdern und des Fettes von Mastkälbern und habe kein Gefallen am
Blut der Stiere, der Lämmer und Böcke.
15 Und wenn ihr auch eure Hände ausbreitet, verberge ich doch
meine Augen vor euch; und wenn ihr auch viel betet, höre ich euch
doch nicht; denn eure Hände sind voll Blut. 16 Wascht euch, reinigt
euch, tut eure bösen Taten aus meinen Augen, laßt ab vom Bösen!
17 Lernet Gutes tun, trachtet nach Recht, helft den Unterdrückten,
schaffet den Waisen Recht, führet der Witwen Sache!
18 So kommt denn und laßt uns miteinander rechten, spricht der
HERR. Wenn eure Sünde auch blutrot ist, soll sie doch schneeweiß
werden, und wenn sie rot ist wie Scharlach, soll sie doch wie Wolle
werden. 19 Wollt ihr mir gehorchen, so sollt ihr des Landes Gut
genießen. 20 Weigert ihr euch aber und seid ungehorsam, so sollt ihr
vom Schwert gefressen werden; denn der Mund des HERRN sagt es.

Das Bild vom rettenden Berg

2 Dies ist's, was Jesaja, der Sohn des Amoz, geschaut hat über Juda
und Jerusalem: 2 Es wird zur letzten Zeit der Berg, da des HERRN
Haus ist, fest stehen, höher als alle Berge und über alle Hügel erhaben,
und alle Heiden werden herzulaufen, 3 und viele Völker werden hin-
gehen und sagen: Kommt, laßt uns auf den Berg des HERRN gehen,
zum Hause des Gottes Jakobs, daß er uns lehre seine Wege und wir
wandeln auf seinen Steigen!

Denn von Zion wird Weisung ausgehen und des HERRN Wort von
Jerusalem. 4 Und er wird richten unter den Heiden und zurechtweisen
viele Völker. Da werden sie ihre Schwerter zu Pflugscharen und ihre
Spieße zu Sicheln machen. Denn es wird kein Volk wider das andere
das Schwert erheben, und sie werden hinfort nicht mehr lernen, Krieg
zu führen.

5 Kommt nun, ihr vom Hause Jakob, laßt uns wandeln im Licht des
HERRN!

Das Lied vom toten Weinberg

5 Wohlan, ich will meinem lieben Freunde singen, ein Lied von
meinem Freund und seinem Weinberg.

Mein Freund hatte einen Weinberg auf einer fetten Höhe. 2 Und er
grub ihn um und entsteinte ihn und pflanzte darin edle Reben. Er
baute auch einen Turm darin und grub eine Kelter und wartete darauf,
daß er gute Trauben brächte; aber er brachte schlechte. 3 Nun richtet,
ihr Bürger zu Jerusalem und ihr Männer Judas, zwischen mir und
meinem Weinberg! 4 Was sollte man noch mehr tun an meinem
Weinberg, das ich nicht getan habe an ihm? Warum hat er denn
schlechte Trauben gebracht, während ich darauf wartete, daß er gute
brächte?

5 Wohlan, ich will euch zeigen, was ich mit meinem Weinberg tun
will! Sein Zaun soll weggenommen werden, daß er verwüstet werde,
und seine Mauer soll eingerissen werden, daß er zertreten werde. 6 Ich
will ihn wüst liegen lassen, daß er nicht beschnitten noch gehackt
werde, sondern Disteln und Dornen darauf wachsen, und will den
Wolken gebieten, daß sie nicht darauf regnen.

7 Des HERRN Zebaoth Weinberg aber ist das Haus Israel und die
Männer Judas seine Pflanzung, an der sein Herz hing. Er wartete auf
Rechtsspruch, siehe, da war Rechtsbruch, auf Gerechtigkeit, siehe, da
war Geschrei über Schlechtigkeit.

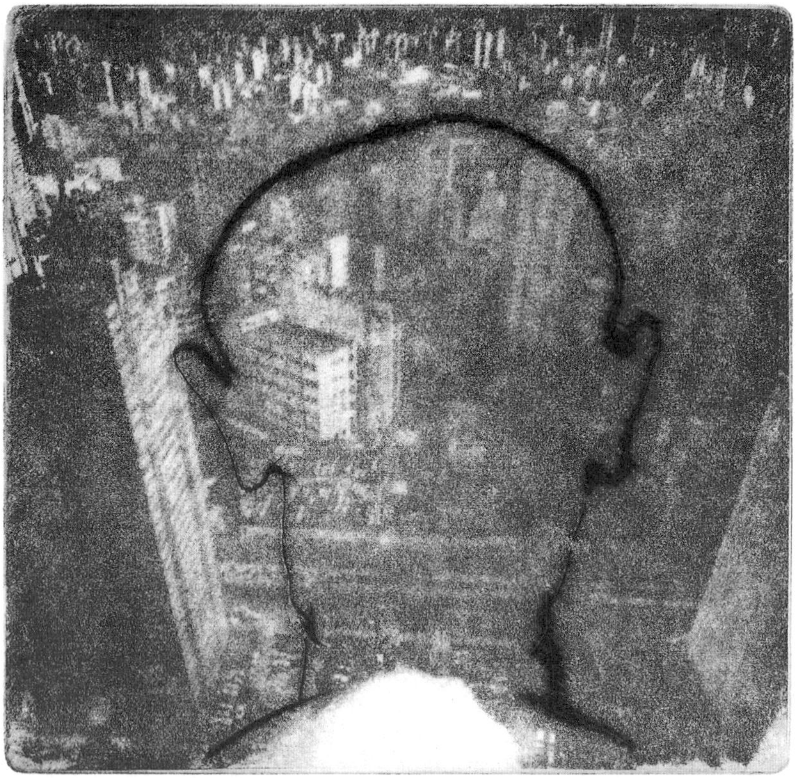

Anklage gegen Betrüger und Ausbeuter

8Weh denen, die ein Haus zum andern bringen und einen Acker an
den andern rücken, bis kein Raum mehr da ist und sie allein das Land
besitzen! 9Es ist in meinen Ohren das Wort des HERRN Zebaoth:
Fürwahr, die vielen Häuser sollen veröden und die großen und feinen
leer stehen.

20Weh denen, die Böses gut und Gutes böse nennen, die aus
Finsternis Licht und aus Licht Finsternis machen, die aus sauer süß
und aus süß sauer machen!

21Weh denen, die weise sind in ihren eigenen Augen und halten
sich selbst für klug!
23Weh denen, die den Schuldigen gerecht sprechen für Geschenke
und das Recht nehmen denen, die im Recht sind!
24Darum, wie des Feuers Flamme Stroh verzehrt und Stoppeln
vergehen in der Flamme, so wird ihre Wurzel verfaulen und ihre Blüte
auffliegen wie Staub. Denn sie verachten die Weisung des HERRN
Zebaoth und lästern die Rede des Heiligen Israels.

Jesaja erhält den Auftrag, Unheil anzusagen

6 In dem Jahr, als der König Usija starb, sah ich den Herrn sitzen
auf einem hohen und erhabenen Thron, und sein Saum füllte den
Tempel. 2Serafim standen über ihm; ein jeder hatte sechs Flügel: mit
zweien deckten sie ihr Antlitz, mit zweien deckten sie ihre Füße, und
mit zweien flogen sie. 3Und einer rief zum andern und sprach: Heilig,
heilig, heilig ist der HERR Zebaoth, alle Lande sind seiner Ehre voll!
4Und die Schwellen bebten von der Stimme ihres Rufens, und das
Haus ward voll Rauch.
5Da sprach ich: Weh mir, ich vergehe! Denn ich bin unreiner
Lippen und wohne unter einem Volk von unreinen Lippen; denn
ich habe den König, den HERRN Zebaoth, gesehen mit meinen Augen.
6Da flog einer der Serafim zu mir und hatte eine glühende Kohle
in der Hand, die er mit der Zange vom Altar nahm, 7und rührte
meinen Mund an und sprach: Siehe, hiermit sind deine Lippen
berührt, daß deine Schuld von dir genommen werde und deine Sünde
gesühnt sei.
8Und ich hörte die Stimme des HERRN, wie er sprach: Wen soll ich
senden? Wer will unser Bote sein? Ich aber sprach: Hier bin ich, sende
mich! 9Und er sprach: Geh hin und sprich zu diesem Volk: Höret und
verstehet's nicht; sehet und merket's nicht! 10Verstocke das Herz
dieses Volks und laß ihre Ohren taub sein und ihre Augen blind, daß
sie nicht sehen mit ihren Augen noch hören mit ihren Ohren noch
verstehen mit ihrem Herzen und sich nicht bekehren und genesen.
11Ich aber sprach: Herr, wie lange? Er sprach: Bis die Städte wüst
werden, ohne Einwohner, und die Häuser ohne Menschen und das
Feld ganz wüst daliegt. 12Denn der HERR wird die Menschen weit
wegtun, so daß das Land sehr verlassen sein wird. 13Auch wenn nur
der zehnte Teil darin bleibt, so wird es abermals verheert werden,
doch wie bei einer Eiche und Linde, von denen beim Fällen noch ein
Stumpf bleibt. Ein heiliger Same wird solcher Stumpf sein.

Eine gute Nachricht für den König

7 Es begab sich zur Zeit des Ahas, des Sohnes Jotams, des Königs
von Juda, da zogen Rezin, der König von Aram, und Pekach, der
Sohn Remaljas, der König von Israel, herauf nach Jerusalem, um es zu
bekämpfen; sie konnten es aber nicht erobern [2. Könige 16,5].
2 Da wurde dem Hause David angesagt: Die Aramäer haben sich
gelagert in Ephraim. Da bebte ihm das Herz und das Herz seines
Volks, wie die Bäume im Walde beben vom Winde. 3 Aber der HERR
sprach zu Jesaja: Geh hinaus, Ahas entgegen, du und dein Sohn
Schear-Jaschub [d.h. »ein Rest wird sich bekehren«] 4 und sprich zu
ihm: Hüte dich und bleibe still; fürchte dich nicht, und dein Herz sei
unverzagt.
10 Und der HERR redete zu Ahas und sprach: 11 Fordere dir ein
Zeichen vom HERRN, deinem Gott, es sei drunten in der Tiefe oder
droben in der Höhe! 12 Aber Ahas sprach: Ich will's nicht fordern,
damit ich den HERRN nicht versuche. 13 Da sprach Jesaja: Wohlan,
so hört, ihr vom Hause David! 14 Darum wird euch der HERR
selbst ein Zeichen geben: Siehe, eine Jungfrau ist schwanger und wird
einen Sohn gebären, den wird sie nennen Immanuel [d.h. »Gott mit
uns«]. 15 Butter und Honig wird er essen, bis er weiß, Böses zu ver-
werfen und Gutes zu erwählen. 16 Denn ehe der Knabe lernt Böses
verwerfen und Gutes erwählen, wird das Land verödet sein, vor
dessen zwei Königen dir graut.

Eine gute Nachricht für das Volk

9 Das Volk, das im Finstern wandelt, sieht ein großes Licht, und
über denen, die da wohnen im finstern Lande, scheint es hell.
2 Du weckst lauten Jubel, du machst groß die Freude. Vor dir wird man
sich freuen, wie man sich freut in der Ernte, wie man fröhlich ist, wenn
man Beute austeilt. 3 Denn du hast ihr drückendes Joch, die Joch-
stange auf ihrer Schulter und den Stecken ihres Treibers zerbrochen
wie am Tage Midians. 4 Denn jeder Stiefel, der mit Gedröhn dahergeht,
und jeder Mantel, durch Blut geschleift, wird verbrannt und vom
Feuer verzehrt.
5 Denn uns ist ein Kind geboren, ein Sohn ist uns gegeben, und die
Herrschaft ruht auf seiner Schulter; und er heißt Wunder-Rat, Gott-
Held, Ewig-Vater, Friede-Fürst, 6 auf daß seine Herrschaft groß werde
und des Friedens kein Ende auf dem Thron Davids und in seinem
Königreich, daß er's stärke und stütze durch Recht und Gerechtigkeit
von nun an bis in Ewigkeit.

10 20 Zu der Zeit werden die Übriggebliebenen von Israel und,
was entkommen ist vom Hause Jakob, sich nicht mehr ver-
lassen auf den, der sie schlägt, sondern sie werden sich verlassen
auf den HERRN, den Heiligen Israels, in Treue. 21 Ein Rest wird sich
bekehren, ja, der Rest Jakobs, zu Gott, dem Starken.

Eine gute Nachricht für die Welt

11 Und es wird ein Reis hervorgehen aus dem Stamm Isais und
ein Zweig aus seiner Wurzel Frucht bringen. 2 Auf ihm wird
ruhen der Geist des HERRN, der Geist der Weisheit und des Verstan-
des, der Geist des Rates und der Stärke, der Geist der Erkenntnis und
der Furcht des HERRN. 3 Und Wohlgefallen wird er haben an der
Furcht des HERRN. Er wird nicht richten nach dem, was seine Augen
sehen, noch Urteil sprechen nach dem, was seine Ohren hören,
4 sondern wird mit Gerechtigkeit richten die Armen und rechtes Urteil
sprechen den Elenden im Lande, und er wird mit dem Stabe seines
Mundes den Gewalttätigen schlagen und mit dem Odem seiner
Lippen den Gottlosen töten. 5 Gerechtigkeit wird der Gurt seiner
Lenden sein und die Treue der Gurt seiner Hüften.

6 Da werden die Wölfe bei den Lämmern wohnen und die Panther
bei den Böcken lagern. Ein kleiner Knabe wird Kälber und junge
Löwen und Mastvieh miteinander treiben. 7 Kühe und Bären werden
zusammen weiden, daß ihre Jungen beieinander liegen, und Löwen
werden Stroh fressen wie die Rinder. 8 Und ein Säugling wird spielen
am Loch der Otter, und ein entwöhntes Kind wird seine Hand stecken
in die Höhle der Natter. 9 Man wird nirgends Sünde tun noch freveln
auf meinem ganzen heiligen Berge; denn das Land wird voll Erkennt-
nis des HERRN sein, wie Wasser das Meer bedeckt.

10 Und es wird geschehen zu der Zeit, daß das Reis aus der Wurzel
Isais dasteht als Zeichen für die Völker. Nach ihm werden die Heiden
fragen, und die Stätte, da er wohnt, wird herrlich sein.

Ein Danklied

12 Zu der Zeit wirst du sagen:
Ich danke dir, HERR, daß du bist zornig gewesen über mich
und dein Zorn sich gewendet hat und du mich tröstest.
2 Siehe, Gott ist mein Heil,
ich bin sicher und fürchte mich nicht;
denn Gott der HERR ist meine Stärke und mein Psalm
und ist mein Heil.

3 Ihr werdet mit Freuden Wasser schöpfen
aus den Heilsbrunnen.

4 Und ihr werdet sagen zu der Zeit:
Danket dem Herrn,
rufet an seinen Namen!
Machet kund unter den Völkern sein Tun,
verkündiget, wie sein Name so hoch ist!
5 Lobsinget dem HERRN, denn er hat sich herrlich bewiesen.
Solches sei kund in allen Landen!
6 Jauchze und rühme, du Tochter Zion;
denn der Heilige Israels ist groß bei dir!

Worauf sich das Volk verlassen kann

28 14 So höret nun des HERRN Wort, ihr Spötter, die ihr herrschet
über dies Volk, das in Jerusalem ist. 15 Ihr sprecht: Wir haben
mit dem Tod einen Bund geschlossen und mit dem Totenreich einen
Vertrag gemacht. Wenn die brausende Flut daherfährt, wird sie uns
nicht treffen; denn wir haben Lüge zu unsrer Zuflucht und Trug zu
unserm Schutz gemacht.
16 Darum spricht Gott der HERR: Siehe, ich lege in Zion einen
Grundstein, einen bewährten Stein, einen kostbaren Eckstein, der fest
gegründet ist. Wer glaubt, der flieht nicht. 17 Und ich will das Recht zur
Richtschnur und die Gerechtigkeit zur Waage machen. So wird Hagel
die falsche Zuflucht zerschlagen, und Wasser sollen den Schutz weg-
schwemmen, 18 daß hinfalle euer Bund mit dem Tode und euer Vertrag
mit dem Totenreich nicht bestehen bleibe. Wenn die Flut daherfährt,
wird sie euch zermalmen.

31 Weh denen, die hinabziehen nach Ägypten um Hilfe und sich
verlassen auf Rosse und hoffen auf Wagen, weil ihrer viele
sind, und auf Gespanne, weil sie sehr stark sind! Aber sie halten sich
nicht zum Heiligen Israels und fragen nichts nach dem HERRN. 2 Aber
auch er ist weise und bringt Unheil herbei und nimmt seine Worte
nicht zurück, sondern wird sich aufmachen wider das Haus der Bösen
und wider die Hilfe der Übeltäter. 3 Denn Ägypten ist Mensch und
nicht Gott, und seine Rosse sind Fleisch und nicht Geist. Und der
HERR wird seine Hand ausstrecken, so daß der Helfer strauchelt und
der, dem geholfen wird, fällt und alle miteinander umkommen.
4 So hat der HERR zu mir gesprochen: Gleich wie ein Löwe und ein
junger Löwe brüllt über seinem Raub, wenn man wider ihn aufruft die

Menge der Hirten – er erschrickt vor ihrem Geschrei nicht, und es ist
ihm auch nicht angst vor ihrer Menge –, so wird der HERR Zebaoth
herniederfahren, auf den Berg Zion und auf seinen Hügel, um zu
kämpfen. 5 Und der HERR Zebaoth wird Jerusalem beschirmen, wie
Vögel es tun mit ihren Flügeln, er wird schützen, erretten, schonen
und befreien.

Worauf sich alle freuen dürfen

35 Die Wüste und Einöde wird frohlocken, und die Steppe wird
jubeln und wird blühen wie die Lilien. 3 Stärket die müden
Hände und macht fest die wankenden Knie! 4 Saget den verzagten
Herzen: »Seid getrost, fürchtet euch nicht! Seht, da ist euer Gott! Er
kommt zur Rache; Gott, der da vergilt, kommt und wird euch helfen.«
5 Dann werden die Augen der Blinden aufgetan und die Ohren der
Tauben geöffnet werden. 6 Dann werden die Lahmen springen wie ein
Hirsch, und die Zunge der Stummen wird frohlocken. Denn es
werden Wasser in der Wüste hervorbrechen und Ströme im dürren
Lande. 7 Und wo es zuvor trocken gewesen ist, sollen Teiche stehen,
und wo es dürre gewesen ist, sollen Brunnquellen sein. Wo zuvor die
Schakale gelegen haben, soll Gras und Rohr und Schilf stehen. 8 Und
es wird dort eine Bahn sein, die der heilige Weg heißen wird. Kein
Unreiner darf ihn betreten; nur sie werden auf ihm gehen; auch die
Toren dürfen nicht darauf umherirren. 9 Es wird da kein Löwe sein
und kein reißendes Tier darauf gehen; sie sind dort nicht zu finden,
sondern die Erlösten werden dort gehen.
10 Die Erlösten des HERRN werden wiederkommen und nach Zion
kommen mit Jauchzen; ewige Freude wird über ihrem Haupte sein;
Freude und Wonne werden sie ergreifen, und Schmerz und Seufzen
wird entfliehen.

Das Gebet des Königs

38 [Zur Zeit des Propheten Jesaja wurde der König Hiskia tod-
krank.] Und der Prophet Jesaja, der Sohn des Amoz, kam zu
ihm und sprach zu ihm: So spricht der HERR: Bestelle dein Haus,
denn du wirst sterben und nicht am Leben bleiben. 2 Da wandte
Hiskia sein Angesicht zur Wand und betete zum HERRN 3 und sprach:
Gedenke doch, HERR, wie ich vor dir in Treue und ungeteilten
Herzens gewandelt bin und habe getan, was dir gefallen hat. Und
Hiskia weinte sehr. 4 Da geschah das Wort des HERRN zu Jesaja: 5 Geh
hin und sage Hiskia: So spricht der HERR, der Gott deines Vaters

David: Ich habe dein Gebet gehört und deine Tränen gesehen. Siehe,
ich will deinen Tagen noch fünfzehn Jahre zulegen.
9 Dies ist das Lied Hiskias, des Königs von Juda, als er krank ge-
wesen und von seiner Krankheit gesund geworden war:

10 Ich sprach: Nun muß ich zu des Totenreiches Pforten fahren
in der Mitte meines Lebens,
da ich doch gedachte, noch länger zu leben.
11 Ich sprach:
Nun werde ich den HERRN nicht mehr schauen
im Lande der Lebendigen,
nun werde ich die Menschen nicht mehr sehen
mit denen, die auf der Welt sind.
12 Meine Hütte ist abgebrochen
und über mir weggenommen wie eines Hirten Zelt.
Zu Ende gewebt hab ich mein Leben wie ein Weber;
er schneidet mich ab vom Faden.
Tag und Nacht gibst du mich preis;
13 bis zum Morgen schreie ich um Hilfe;
aber er zerbricht mir alle meine Knochen wie ein Löwe;
Tag und Nacht gibst du mich preis.
16 Herr, laß mich wieder genesen und leben!
17 Siehe, um Trost war mir sehr bange.

Du aber hast dich meiner Seele herzlich angenommen,
daß sie nicht verdürbe;
denn du wirfst alle meine Sünden hinter dich zurück.
18 Denn die Toten loben dich nicht,
und der Tod rühmt dich nicht,
und die in die Grube fahren,
warten nicht auf deine Treue;
19 sondern allein, die da leben, loben dich so wie ich heute.
Der Vater macht den Kindern deine Treue kund.
20 Der HERR hat mir geholfen,
darum wollen wir singen und spielen,
solange wir leben,
im Hause des HERRN!

Hoffnung für die Gefangenen in Babylon*

40 Tröstet, tröstet mein Volk! spricht euer Gott. 2 Redet mit
Jerusalem freundlich und prediget ihr, daß ihre Knechtschaft
ein Ende hat, daß ihre Schuld vergeben ist; denn sie hat doppelte
Strafe empfangen von der Hand des HERRN für alle ihre Sünden.
3 Es ruft eine Stimme: In der Wüste bereitet dem HERRN den Weg,
macht in der Steppe eine ebene Bahn unserm Gott! 4 Alle Täler sollen
erhöht werden, und alle Berge und Hügel sollen erniedrigt werden,
und was uneben ist, soll gerade, und was hügelig ist, soll eben
werden; 5 denn die Herrlichkeit des HERRN soll offenbart werden, und
alles Fleisch miteinander wird es sehen; denn des HERRN Mund hat's
geredet.
6 Es spricht eine Stimme: Predige!, und ich sprach: Was soll ich
predigen? Alles Fleisch ist Gras, und alle seine Güte ist wie eine
Blume auf dem Felde. 7 Das Gras verdorrt, die Blume verwelkt; denn
des HERRN Odem bläst darein. Ja, Gras ist das Volk! 8 Das Gras
verdorrt, die Blume verwelkt, aber das Wort unseres Gottes bleibt
ewiglich.
9 Zion, du Freudenbotin, steig auf einen hohen Berg; Jerusalem, du
Freudenbotin, erhebe deine Stimme mit Macht; erhebe sie und
fürchte dich nicht! Sage den Städten Judas: Siehe, da ist euer Gott;
10 siehe, da ist Gott der HERR! Er kommt gewaltig, und sein Arm wird
herrschen. Siehe, was er gewann, ist bei ihm, und was er sich erwarb,

*Die Kapitel 40–55 enthalten die Botschaft eines unbekannten Propheten, der sich an die Gefangenen in Babel wendet. Man nennt diesen Propheten den »Zweiten Jesaia« (»Deuterojesaia«).

geht vor ihm her. [11]Er wird seine Herde weiden wie ein Hirte. Er wird
die Lämmer in seinen Arm sammeln und im Bausch seines Gewan-
des tragen und die Mutterschafe führen.

Vertraut unserem Gott!

[12]Wer mißt die Wasser mit der hohlen Hand, und wer bestimmt des
Himmels Weite mit der Spanne und faßt den Staub der Erde mit dem
Maß und wiegt die Berge mit einem Gewicht und die Hügel mit einer
Waage? [13]Wer bestimmt den Geist des HERRN, und welcher Ratgeber
unterweist ihn? [14]Wen fragt er um Rat, der ihm Einsicht gebe und
lehre ihn den Weg des Rechts und lehre ihn Erkenntnis und weise
ihm den Weg des Verstandes? [15]Siehe, die Völker sind geachtet wie
ein Tropfen am Eimer und wie ein Sandkorn auf der Waage. Siehe, die
Inseln sind wie ein Stäublein. [17]Alle Völker sind vor ihm wie nichts
und gelten ihm als nichtig und eitel.

[18]Mit wem wollt ihr denn Gott vergleichen? Oder was für ein
Abbild wollt ihr von ihm machen? [19]Der Meister gießt ein Bild, und
der Goldschmied vergoldet's und macht silberne Ketten daran. [20]Wer
aber zu arm ist für eine solche Gabe, der wählt ein Holz, das nicht
fault, und sucht einen klugen Meister dazu, ein Bild zu fertigen, das
nicht wackelt. [21]Wißt ihr denn nicht? Hört ihr denn nicht? Ist's euch
nicht von Anfang an verkündigt? Habt ihr's nicht gelernt von An-
beginn der Erde? [22]Er thront über dem Kreis der Erde, und die darauf
wohnen, sind wie Heuschrecken; er spannt den Himmel aus wie
einen Schleier und breitet ihn aus wie ein Zelt, in dem man wohnt;
[23]er gibt die Fürsten preis, daß sie nichts sind, und die Richter auf
Erden macht er zunichte. [25]Mit wem wollt ihr mich also vergleichen,
dem ich gleich sei? spricht der Heilige.

[26]Hebet eure Augen in die Höhe und seht! Wer hat dies geschaf-
fen? Er führt ihr Heer vollzählig heraus und ruft sie alle mit Namen;
seine Macht und starke Kraft ist so groß, daß nicht eins von ihnen
fehlt. [27]Warum sprichst du denn, Jakob, und du, Israel, sagst: »Mein
Weg ist dem HERRN verborgen, und mein Recht geht vor meinem
Gott vorüber«? [28]Weißt du nicht? Hast du nicht gehört? Der HERR,
der ewige Gott, der die Enden der Erde geschaffen hat, wird nicht
müde noch matt, sein Verstand ist unausforschlich. [29]Er gibt dem
Müden Kraft und Stärke genug dem Unvermögenden. [30]Männer
werden müde und matt, und Jünglinge straucheln und fallen; [31]aber
die auf den HERRN harren, kriegen neue Kraft, daß sie auffahren mit
Flügeln wie Adler, daß sie laufen und nicht matt werden, daß sie
wandeln und nicht müde werden.

Habt keine Angst!

41 [8]Du aber, Israel, mein Knecht, Jakob, den ich erwählt habe, du
Sproß Abrahams, meines Geliebten, [9]den ich fest ergriffen
habe von den Enden der Erde her und berufen von ihren Grenzen, zu
dem ich sprach: Du sollst mein Knecht sein; ich erwähle dich und
verwerfe dich nicht –, [10]fürchte dich nicht, ich bin mit dir; weiche
nicht, denn ich bin dein Gott. Ich stärke dich, ich helfe dir auch, ich
halte dich durch die rechte Hand meiner Gerechtigkeit.

[11]Siehe, zu Spott und zuschanden sollen werden alle, die dich
hassen; sie sollen werden wie nichts, und die Leute, die mit dir
hadern, sollen umkommen. [12]Wenn du nach ihnen fragst, wirst du sie
nicht finden. Die mit dir hadern, sollen werden wie nichts, und die
wider dich streiten, sollen ein Ende haben. [13]Denn ich bin der HERR,
dein Gott, der deine rechte Hand faßt und zu dir spricht: Fürchte dich
nicht, ich helfe dir!

[14]Fürchte dich nicht, du Würmlein Jakob, du armer Haufe Israel.
Ich helfe dir, spricht der HERR, und dein Erlöser ist der Heilige Israels.

So hilft der Retter

Ein Lied vom Gottesknecht

42 Siehe, das ist mein Knecht – ich halte ihn – und mein Aus-
erwählter, an dem meine Seele Wohlgefallen hat. Ich habe ihm
meinen Geist gegeben; er wird das Recht unter die Heiden bringen.
[2]Er wird nicht schreien noch rufen, und seine Stimme wird man nicht
hören auf den Gassen. [3]Das geknickte Rohr wird er nicht zerbrechen,
und den glimmenden Docht wird er nicht auslöschen. In Treue trägt
er das Recht hinaus. [4]Er selbst wird nicht verlöschen und nicht zer-
brechen, bis er auf Erden das Recht aufrichte; und die Inseln warten
auf seine Weisung.

[5]So spricht Gott, der HERR, der die Himmel schafft und ausbreitet,
der die Erde macht und ihr Gewächs, der dem Volk auf ihr den Odem
gibt und den Geist denen, die auf ihr gehen: [6]Ich, der HERR, habe dich
gerufen in Gerechtigkeit und halte dich bei der Hand und behüte dich
und mache dich zum Bund für das Volk, zum Licht der Heiden, [7]daß
du die Augen der Blinden öffnen sollst und die Gefangenen aus dem
Gefängnis führen und, die da sitzen in der Finsternis, aus dem Kerker.
[8]Ich, der HERR, das ist mein Name, ich will meine Ehre keinem andern
geben noch meinen Ruhm den Götzen.

Es soll euch gut gehen!

43 Und nun spricht der HERR, der dich geschaffen hat, Jakob, und
dich gemacht hat, Israel: Fürchte dich nicht, denn ich habe
dich erlöst; ich habe dich bei deinem Namen gerufen; du bist mein!
2 Wenn du durch Wasser gehst, will ich bei dir sein, daß dich die Strö-
me nicht ersäufen sollen; und wenn du ins Feuer gehst, sollst du nicht
brennen, und die Flamme soll dich nicht versengen. 3 Denn ich bin
der HERR, dein Gott, der Heilige Israels, dein Heiland. Ich habe Ägyp-
ten für dich als Lösegeld gegeben, Kusch und Seba an deiner Statt,
4 weil du in meinen Augen so wertgeachtet und auch herrlich bist und
weil ich dich liebhabe. Ich gebe Menschen an deiner Statt und Völker
für dein Leben. 5 So fürchte dich nun nicht, denn ich bin bei dir.

10 Ihr seid meine Zeugen, spricht der HERR, und mein Knecht, den
ich erwählt habe, damit ihr wißt und mir glaubt und erkennt, daß
ich's bin. Vor mir ist kein Gott gemacht, so wird auch nach mir keiner
sein. 11 Ich, ich bin der HERR, und außer mir ist kein Heiland. 12 Ich
hab's verkündigt und habe auch geholfen und hab's euch sagen
lassen; und es war kein fremder Gott unter euch. Ihr seid meine
Zeugen, spricht der HERR, und ich bin Gott. 13 Ich bin, ehe denn ein
Tag war, und niemand ist da, der aus meiner Hand erretten kann. Ich
wirke; wer will's wenden?

Eure Schuld wird weggenommen!

22 Nicht, daß du mich gerufen hättest, Jakob, oder daß du dich um
mich gemüht hättest, Israel. 23 Mir hast du nicht die Schafe deines
Brandopfers gebracht noch mich geehrt mit deinen Schlachtopfern.
Ich habe dir nicht Arbeit gemacht mit Opfergaben, habe dich auch
nicht bemüht mit Weihrauch. 24 Mir hast du nicht für Geld köstliches
Gewürz gekauft, mich hast du mit dem Fett deiner Opfer nicht gelabt.
Aber mir hast du Arbeit gemacht mit deinen Sünden und hast mir
Mühe gemacht mit deinen Missetaten. 25 Ich, ich tilge deine Über-
tretungen um meinetwillen und gedenke deiner Sünden nicht.

44 21 Gedenke daran, Jakob, und du, Israel, denn du bist mein
Knecht. Ich habe dich bereitet, daß du mein Knecht seist.
Israel, ich vergesse dich nicht! 22 Ich tilge deine Missetat wie eine
Wolke und deine Sünden wie den Nebel. Kehre dich zu mir, denn ich
erlöse dich! – 23 Jauchzet, ihr Himmel, denn der HERR hat's getan!
Jubelt, ihr Tiefen der Erde! Ihr Berge, frohlocket mit Jauchzen, der
Wald und alle Bäume darin! Denn der HERR hat Jakob erlöst und ist
herrlich in Israel.

Die Weltgeschichte muß Gott dienen

24 So spricht der HERR, dein Erlöser, der dich von Mutterleibe bereitet
hat: Ich bin der HERR, der alles schafft, der den Himmel ausbreitet
allein und die Erde festmacht ohne Gehilfen, 28 der zu Kyrus sagt:
Mein Hirte! Er soll all meinen Willen vollenden und sagen zu Jeru-
salem: Werde wieder gebaut! und zum Tempel: Werde gegründet!
45 So spricht der HERR zu seinem Gesalbten, zu Kyrus, den ich
bei seiner rechten Hand ergriff, daß ich Völker vor ihm unter-
werfe und Königen das Schwert abgürte, damit vor ihm Türen geöffnet
werden und Tore nicht verschlossen bleiben:

2 Ich will vor dir hergehen und das Bergland eben machen, ich will
die ehernen Türen zerschlagen und die eisernen Riegel zerbrechen
3 und will dir heimliche Schätze geben und verborgene Kleinode,
damit du erkennst, daß ich der HERR bin, der dich beim Namen ruft,
der Gott Israels. 4 Um Jakobs, meines Knechts, und um Israels, meines
Auserwählten, willen rief ich dich bei deinem Namen und gab dir
Ehrennamen, obgleich du mich nicht kanntest. 5 Ich bin der HERR, und
sonst keiner mehr, kein Gott ist außer mir. Ich habe dich gerüstet,
obgleich du mich nicht kanntest, 6 damit man erfahre in Ost und
West, daß außer mir nichts ist. Ich bin der HERR, und sonst keiner
mehr, 7 der ich das Licht mache und schaffe die Finsternis, der ich
Frieden gebe und schaffe Unheil. Ich bin der HERR, der dies alles tut.

Der Retter für die ganze Welt

Ein Lied vom Gottesknecht

49 Hört mir zu, ihr Inseln, und ihr Völker in der Ferne, merket
auf! Der HERR hat mich berufen von Mutterleibe an; er hat
meines Namens gedacht, als ich noch im Schoß der Mutter war.
2 Er hat meinen Mund wie ein scharfes Schwert gemacht, mit dem
Schatten seiner Hand hat er mich bedeckt. Er hat mich zum spitzen
Pfeil gemacht und mich in seinem Köcher verwahrt. 3 Und er sprach
zu mir: Du bist mein Knecht, Israel, durch den ich mich verherrlichen
will. 4 Ich aber dachte, ich arbeitete vergeblich und verzehrte meine
Kraft umsonst und unnütz, wiewohl mein Recht bei dem HERRN und
mein Lohn bei meinem Gott ist.

5 Und nun spricht der HERR, der mich von Mutterleib an zu seinem
Knecht bereitet hat, daß ich Jakob zu ihm zurückbringen soll und
Israel zu ihm gesammelt werde, – darum bin ich vor dem HERRN
wertgeachtet, und mein Gott ist meine Stärke –, 6 er spricht: Es ist zu
wenig, daß du mein Knecht bist, die Stämme Jakobs aufzurichten und

die Zerstreuten Israels wiederzubringen, sondern ich habe dich auch
zum Licht der Heiden gemacht, daß du seist mein Heil bis an die
Enden der Erde.

Gott ist wie eine gute Mutter

13 Jauchzet, ihr Himmel; freue dich, Erde! Lobet, ihr Berge, mit Jauch-
zen! Denn der HERR hat sein Volk getröstet und erbarmt sich seiner
Elenden. 14 Zion aber sprach: Der HERR hat mich verlassen, der HERR
hat meiner vergessen. 15 Kann auch ein Weib ihres Kindleins ver-
gessen, daß sie sich nicht erbarme über den Sohn ihres Leibes? Und
ob sie seiner vergäße, so will ich doch deiner nicht vergessen.

Der Retter ist Gott gehorsam

Ein Lied vom Gottesknecht

50 4 Gott der HERR hat mir eine Zunge gegeben, wie sie Jünger
haben, daß ich wisse, mit den Müden zu rechter Zeit zu
reden. Alle Morgen weckt er mir das Ohr, daß ich höre, wie Jünger
hören. 5 Gott der HERR hat mir das Ohr geöffnet. Und ich bin nicht un-
gehorsam und weiche nicht zurück. 6 Ich bot meinen Rücken dar
denen, die mich schlugen, und meine Wangen denen, die mich
rauften. Mein Angesicht verbarg ich nicht vor Schmach und Speichel.
7 Aber Gott der HERR hilft mir, darum werde ich nicht zuschanden.
Darum hab ich mein Angesicht hart gemacht wie einen Kieselstein;
denn ich weiß, daß ich nicht zuschanden werde. 8 Er ist nahe, der
mich gerecht spricht; wer will mit mir rechten? Laßt uns zusammen
vortreten! Wer will mein Recht anfechten? Der komme her zu mir!
9 Siehe, Gott der HERR hilft mir; wer will mich verdammen? Siehe, sie
alle werden wie Kleider zerfallen, die die Motten fressen.

Gute Nachricht

52 7 Wie lieblich sind auf den Bergen die Füße der Freuden-
boten, die da Frieden verkündigen, Gutes predigen, Heil ver-
kündigen, die da sagen zu Zion: Dein Gott ist König! 8 Deine Wächter
rufen mit lauter Stimme und rühmen miteinander; denn alle Augen
werden es sehen, wenn der HERR nach Zion zurückkehrt. 9 Seid
fröhlich und rühmt miteinander, ihr Trümmer Jerusalems; denn der
HERR hat sein Volk getröstet und Jerusalem erlöst. 10 Der HERR hat
offenbart seinen heiligen Arm vor den Augen aller Völker, daß aller
Welt Enden sehen das Heil unsres Gottes.

JESAJA 52

Der Retter muß leiden

Ein Lied vom Gottesknecht

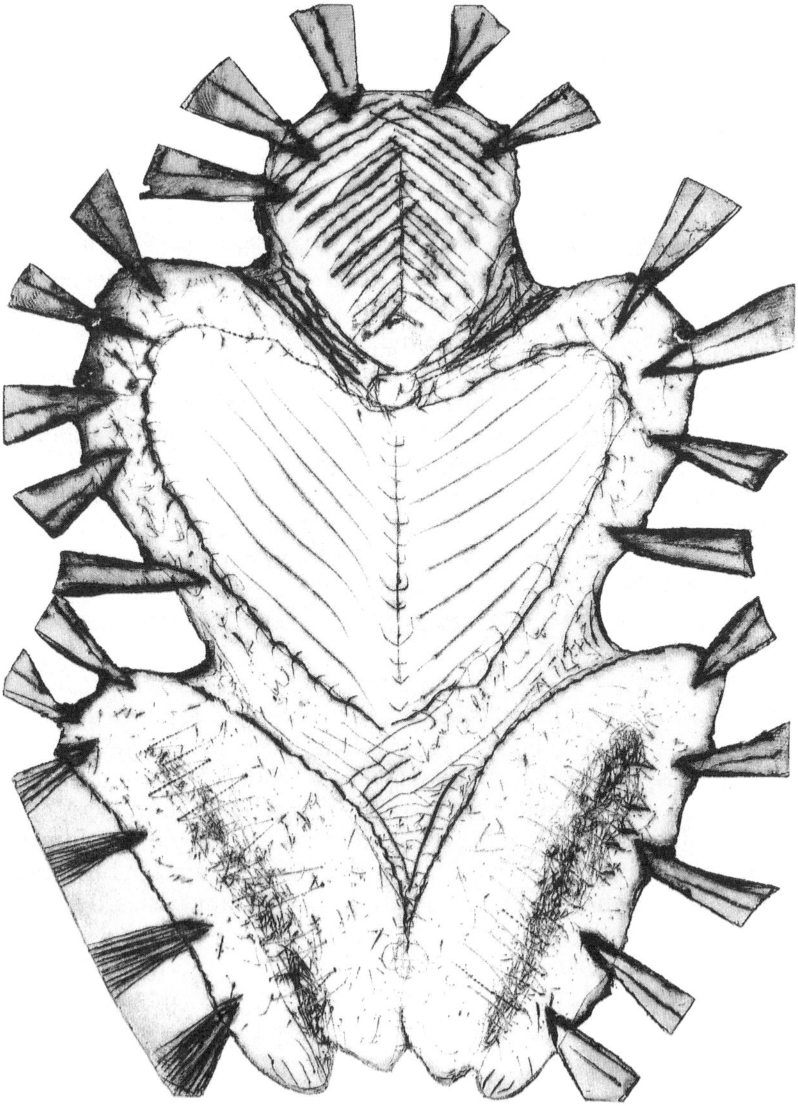

13 Siehe, meinem Knecht wird's gelingen, er wird erhöht und sehr
hoch erhaben sein. 15 Denen nichts davon verkündet ist, die werden es
nun sehen, und die nichts davon gehört haben, die werden es
merken.

53 Aber wer glaubt dem, was uns verkündet wurde, und wem ist
der Arm des HERRN offenbart? 2 Er schoß auf vor ihm wie ein
Reis und wie eine Wurzel aus dürrem Erdreich. Er hatte keine Gestalt
und Hoheit. Wir sahen ihn, aber da war keine Gestalt, die uns gefallen
hätte. 3 Er war der Allerverachtetste und Unwerteste, voller Schmerzen
und Krankheit. Er war so verachtet, daß man das Angesicht vor ihm
verbarg; darum haben wir ihn für nichts geachtet.

4 Fürwahr, er trug unsre Krankheit und lud auf sich unsre Schmer-
zen. Wir aber hielten ihn für den, der geplagt und von Gott geschlagen
und gemartert wäre. 5 Aber er ist um unsrer Missetat willen verwundet
und um unsrer Sünde willen zerschlagen. Die Strafe liegt auf ihm, auf
daß wir Frieden hätten, und durch seine Wunden sind wir geheilt.
6 Wir gingen alle in die Irre wie Schafe, ein jeder sah auf seinen Weg.
Aber der HERR warf unser aller Sünde auf ihn.

7 Als er gemartert ward, litt er doch willig und tat seinen Mund
nicht auf wie ein Lamm, das zur Schlachtbank geführt wird; und wie
ein Schaf, das verstummt vor seinem Scherer, tat er seinen Mund nicht
auf. 8 Er ist aus Angst und Gericht hinweggenommen. Wer aber kann
sein Geschick ermessen? Denn er ist aus dem Lande der Lebendigen
weggerissen, da er für die Missetat meines Volks geplagt war.

9 Und man gab ihm sein Grab bei Gottlosen und bei Übeltätern, als
er gestorben war, wiewohl er niemand Unrecht getan hat und kein
Betrug in seinem Munde gewesen ist. 10 So wollte ihn der HERR
zerschlagen mit Krankheit.

Wenn er sein Leben zum Schuldopfer gegeben hat, wird er Nach-
kommen haben und in die Länge leben, und des HERRN Plan wird
durch seine Hand gelingen. 11 Weil seine Seele sich abgemüht hat,
wird er das Licht schauen und die Fülle haben. Und durch seine
Erkenntnis wird er, mein Knecht, der Gerechte, den Vielen Gerechtig-
keit schaffen; denn er trägt ihre Sünden. 12 Darum will ich ihm die
Vielen zur Beute geben, und er soll die Starken zum Raube haben,
dafür daß er sein Leben in den Tod gegeben hat und den Übeltätern
gleichgerechnet ist und er die Sünde der Vielen getragen hat und für
die Übeltäter gebeten.

Gott hält sein Versprechen

54 7Ich habe dich einen kleinen Augenblick verlassen, aber mit
großer Barmherzigkeit will ich dich sammeln. 8Ich habe mein
Angesicht im Augenblick des Zorns ein wenig vor dir verborgen, aber
mit ewiger Gnade will ich mich deiner erbarmen, spricht der HERR,
dein Erlöser. 10Denn es sollen wohl Berge weichen und Hügel
hinfallen, aber meine Gnade soll nicht von dir weichen, und der
Bund meines Friedens soll nicht hinfallen, spricht der HERR, dein
Erbarmer.
55 Wohlan, alle, die ihr durstig seid, kommt her zum Wasser!
Und die ihr kein Geld habt, kommt her, kauft und eßt! Kommt
her und kauft ohne Geld und umsonst Wein und Milch! 2Warum
zählt ihr Geld dar für das, was kein Brot ist, und sauren Verdienst für
das, was nicht satt macht? Hört doch auf mich, so werdet ihr Gutes
essen und euch am Köstlichen laben.
3Neigt eure Ohren her und kommt her zu mir! Höret, so werdet ihr
leben! Ich will mit euch einen ewigen Bund schließen, euch die
beständigen Gnaden Davids zu geben. 4Siehe, ich habe ihn den
Völkern zum Zeugen bestellt, zum Fürsten für sie und zum Gebieter.
5Siehe, du wirst Heiden rufen, die du nicht kennst, und Heiden, die
dich nicht kennen, werden zu dir laufen um des HERRN willen, deines
Gottes, und des Heiligen Israels, der dich herrlich gemacht hat.

Der Weg ist frei!

6Suchet den HERRN, solange er zu finden ist; rufet ihn an, solange er
nahe ist. 7Der Gottlose lasse von seinem Wege und der Übeltäter von
seinen Gedanken und bekehre sich zum HERRN, so wird er sich seiner
erbarmen, und zu unserm Gott, denn bei ihm ist viel Vergebung.
8Denn meine Gedanken sind nicht eure Gedanken, und eure Wege
sind nicht meine Wege, spricht der HERR, 9sondern soviel der Himmel
höher ist als die Erde, so sind auch meine Wege höher als eure Wege
und meine Gedanken als eure Gedanken. 10Denn gleichwie der Regen
und Schnee vom Himmel fällt und nicht wieder dahin zurückkehrt,
sondern feuchtet die Erde und macht sie fruchtbar und läßt wachsen,
daß sie gibt Samen, zu säen, und Brot, zu essen, 11so soll das Wort,
das aus meinem Munde geht, auch sein: Es wird nicht wieder leer zu
mir zurückkommen, sondern wird tun, was mir gefällt, und ihm wird
gelingen, wozu ich es sende.
12Denn ihr sollt in Freuden ausziehen und im Frieden geleitet
werden. Berge und Hügel sollen vor euch her frohlocken mit Jauchzen

und alle Bäume auf dem Felde in die Hände klatschen. 13 Es sollen
Zypressen statt Dornen wachsen und Myrten statt Nesseln. Und dem
HERRN soll es zum Ruhm geschehen und zum ewigen Zeichen, das
nicht vergehen wird.

Ein neuer Anfang*

56 So spricht der HERR: Wahret das Recht und übt Gerechtigkeit;
denn mein Heil ist nahe, daß es komme, und meine Gerech-
tigkeit, daß sie offenbart werde. 2 Wohl dem Menschen, der dies tut,
und dem Menschenkind, das daran festhält, das den Sabbat hält und
nicht entheiligt und seine Hand hütet, nichts Arges zu tun!

58 4 Siehe, wenn ihr fastet, hadert und zankt ihr und schlagt mit
gottloser Faust drein. Ihr sollt nicht so fasten, wie ihr jetzt tut,
wenn eure Stimme in der Höhe gehört werden soll. 5 Soll das ein
Fasten sein, an dem ich Gefallen habe, ein Tag, an dem man sich
kasteit, wenn ein Mensch seinen Kopf hängen läßt wie Schilf und in
Sack und Asche sich bettet?

6 Das aber ist ein Fasten, an dem ich Gefallen habe: Laß los, die du
mit Unrecht gebunden hast, laß ledig, auf die du das Joch gelegt hast!
Gib frei, die du bedrückst, reiß jedes Joch weg!

7 Brich dem Hungrigen dein Brot, und die im Elend ohne Obdach
sind, führe ins Haus! Wenn du einen nackt siehst, so kleide ihn, und
entzieh dich nicht deinem Fleisch und Blut! 8 Dann wird dein Licht
hervorbrechen wie die Morgenröte, und deine Heilung wird schnell
voranschreiten, und deine Gerechtigkeit wird vor dir hergehen, und
die Herrlichkeit des HERRN wird deinen Zug beschließen. 9 Dann wirst
du rufen, und der HERR wir dir antworten. Wenn du schreist, wird er
sagen: Siehe, hier bin ich.

11 Und der HERR wird dich immerdar führen und dich sättigen in
der Dürre und dein Gebein stärken. Und du wirst sein wie ein bewäs-
serter Garten und wie eine Wasserquelle, der es nie an Wasser fehlt.
12 Und es soll durch dich wieder aufgebaut werden, was lange wüst
gelegen hat, und du wirst wieder aufrichten, was vorzeiten gegründet
ward; und du sollst heißen: »Der die Lücken zumauert und die Wege
ausbessert, daß man da wohnen könne«.

*Die folgenden Kapitel stammen von einem unbekannten Propheten aus späterer Zeit. Seine Botschaft richtet sich an das Volk in der jüdischen Heimat, nachdem die Gefangenen aus Babel zurückgekehrt sind.

Die Stadt der Zukunft

60 Mache dich auf, werde licht; denn dein Licht kommt, und die
Herrlichkeit des HERRN geht auf über dir! 2Denn siehe,
Finsternis bedeckt das Erdreich und Dunkel die Völker; aber über dir
geht auf der HERR, und seine Herrlichkeit erscheint über dir. 3Und die
Heiden werden zu deinem Lichte ziehen und die Könige zum Glanz,
der über dir aufgeht.

11Deine Tore sollen stets offen stehen und weder Tag noch Nacht
zugeschlossen werden, daß der Reichtum der Völker zu dir gebracht
und ihre Könige herzugeführt werden. 14Es werden gebückt zu dir
kommen, die dich unterdrückt haben, und alle, die dich gelästert
haben, werden niederfallen zu deinen Füßen und dich nennen »Stadt
des HERRN«, »Zion des Heiligen Israels«.

19Die Sonne soll nicht mehr dein Licht sein am Tage, und der
Glanz des Mondes soll dir nicht mehr leuchten, sondern der HERR
wird dein ewiges Licht und dein Gott wird dein Glanz sein. 20Deine
Sonne wird nicht mehr untergehen und dein Mond nicht den Schein
verlieren; denn der HERR wird dein ewiges Licht sein, und die Tage
des Leidens sollen ein Ende haben.

Die große Befreiung

61 Der Geist Gottes des HERRN ist auf mir, weil der HERR mich
gesalbt hat. Er hat mich gesandt, den Elenden gute Botschaft zu
bringen, die zerbrochenen Herzen zu verbinden, zu verkündigen den
Gefangenen die Freiheit, den Gebundenen, daß sie frei und ledig sein
sollen; 2zu verkündigen ein gnädiges Jahr des HERRN und einen Tag
der Vergeltung unsres Gottes, zu trösten alle Trauernden. 4Sie werden
die alten Trümmer wieder aufbauen und, was vorzeiten zerstört
worden ist, wieder aufrichten; sie werden die verwüsteten Städte
erneuern, die von Geschlecht zu Geschlecht zerstört gelegen haben.

9Und man soll ihr Geschlecht kennen unter den Heiden und ihre
Nachkommen unter den Völkern, daß, wer sie sehen wird, erkennen
soll, daß sie ein Geschlecht sind, gesegnet vom HERRN.

10Ich freue mich im HERRN, und meine Seele ist fröhlich in meinem
Gott; denn er hat mir die Kleider des Heils angezogen und mich mit
dem Mantel der Gerechtigkeit gekleidet, wie einen Bräutigam mit
priesterlichem Kopfschmuck geziert und wie eine Braut, die in ihrem
Geschmeide prangt. 11Denn gleichwie Gewächs aus der Erde wächst
und Same im Garten aufgeht, so läßt Gott der HERR Gerechtigkeit
aufgehen und Ruhm vor allen Heidenvölkern.

Gottes neue Welt

65 17 Denn siehe, ich will einen neuen Himmel und eine neue
Erde schaffen, daß man der vorigen nicht mehr gedenken und
sie nicht mehr zu Herzen nehmen wird. 18 Freuet euch und seid fröh-
lich immerdar über das, was ich schaffe. Denn siehe, ich will Jerusalem
zur Wonne machen und sein Volk zur Freude, 19 und ich will fröhlich
sein über Jerusalem und mich freuen über mein Volk. Man soll in ihm
nicht mehr hören die Stimme des Weinens noch die Stimme des
Klagens. 20 Es sollen keine Kinder mehr da sein, die nur einige Tage
leben, oder Alte, die ihre Jahre nicht erfüllen, sondern als Knabe gilt,
wer hundert Jahre alt stirbt, und wer die hundert Jahre nicht erreicht,
gilt als verflucht.

21 Sie werden Häuser bauen und bewohnen, sie werden Weinberge
pflanzen und ihre Früchte essen. 22 Sie sollen nicht bauen, was ein
anderer bewohne, und nicht pflanzen, was ein anderer esse. Denn die
Tage meines Volks werden sein wie die Tage eines Baumes, und ihrer
Hände Werk werden meine Auserwählten genießen. 23 Sie sollen
nicht umsonst arbeiten und keine Kinder für einen frühen Tod
zeugen; denn sie sind das Geschlecht der Gesegneten des HERRN,
und ihre Nachkommen sind bei ihnen. 24 Und es soll geschehen: ehe
sie rufen, will ich antworten; wenn sie noch reden, will ich hören.

25 Wolf und Schaf sollen beieinander weiden; der Löwe wird Stroh
fressen wie das Rind, aber die Schlange muß Erde fressen. Sie werden
weder Bosheit noch Schaden tun auf meinem ganzen heiligen Berge,
spricht der HERR.

66 10 Freuet euch mit Jerusalem und seid fröhlich über die Stadt,
alle, die ihr sie liebhabt! Freuet euch mit ihr, alle, die ihr über
sie traurig gewesen seid. 12 Denn so spricht der HERR: Siehe, ich breite
aus bei ihr den Frieden wie einen Strom und den Reichtum der Völker
wie einen überströmenden Bach. Ihre Kinder sollen auf dem Arme
getragen werden, und auf den Knien wird man sie liebkosen. 13 Ich
will euch trösten, wie einen seine Mutter tröstet; ja, ihr sollt an
Jerusalem getröstet werden. 22 Denn wie der neue Himmel und die
neue Erde, die ich mache, vor mir Bestand haben, spricht der HERR, so
soll auch euer Geschlecht und Name Bestand haben.

DER PROPHET JEREMIA

Die Buchüberschrift

1 Dies sind die Worte Jeremias, des Sohnes Hilkijas, aus dem
Priestergeschlecht zu Anatot im Lande Benjamin. 2 Zu ihm
geschah das Wort des HERRN zur Zeit Josias, des Königs von Juda, im
dreizehnten Jahr seiner Herrschaft, 3 und hernach zur Zeit Jojakims,
des Sohnes Josias, des Königs von Juda, bis ans Ende des elften Jahres
Zedekias, des Sohnes Josias, des Königs von Juda, bis Jerusalem weg-
geführt wurde im fünften Monat.

Ein schwerer Auftrag

4 Und des HERRN Wort geschah zu mir: 5 Ich kannte dich, ehe ich dich
im Mutterleibe bereitete, und sonderte dich aus, ehe du von der
Mutter geboren wurdest, und bestellte dich zum Propheten für die
Völker. 6 Ich aber sprach: Ach, Herr, ich tauge nicht zu predigen; denn
ich bin zu jung. 7 Der HERR sprach aber zu mir: Sage nicht: »Ich bin zu
jung«, sondern du sollst gehen, wohin ich dich sende, und predigen
alles, was ich dir gebiete. 8 Fürchte dich nicht vor ihnen; denn ich bin
bei dir und will dich erretten, spricht der HERR.

9 Und der HERR streckte seine Hand aus und rührte meinen Mund
an und sprach zu mir: Siehe, ich lege meine Worte in deinen Mund.
10 Siehe, ich setze dich heute über Völker und Königreiche, daß du
ausreißen und einreißen, zerstören und verderben sollst und bauen
und pflanzen.

11 Und es geschah des HERRN Wort zu mir: Jeremia, was siehst du?
Ich sprach: Ich sehe einen erwachenden Zweig. 12 Und der HERR
sprach zu mir: Du hast recht gesehen; denn ich will wachen über
meinem Wort, daß ich's tue.

13 Und es geschah des HERRN Wort zum zweitenmal zu mir: Was
siehst du? Ich sprach: Ich sehe einen siedenden Kessel überkochen
von Norden her. 14 Und der HERR sprach zu mir: Von Norden her wird
das Unheil losbrechen über alle, die im Lande wohnen. 15 Denn siehe,
ich will rufen alle Völker der Königreiche des Nordens, spricht der
HERR, daß sie kommen sollen und ihre Throne setzen vor die Tore
Jerusalems und rings um die Mauern her und vor alle Städte Judas.
16 Und ich will mein Gericht über sie ergehen lassen um all ihrer

Bosheit willen, daß sie mich verlassen und andern Göttern opfern
und ihrer Hände Werk anbeten.
17 So gürte nun deine Lenden und mache dich auf und predige
ihnen alles, was ich dir gebiete. Erschrick nicht vor ihnen, auf daß ich
dich nicht erschrecke vor ihnen! 18 Denn ich will dich heute zur festen
Stadt, zur eisernen Säule, zur ehernen Mauer machen im ganzen
Lande wider die Könige Judas, wider seine Großen, wider seine Prie-
ster, wider das Volk des Landes, 19 daß, wenn sie auch wider dich strei-
ten, sie dir dennoch nichts anhaben können; denn ich bin bei dir,
spricht der HERR, daß ich dich errette.

Das vergeßliche Volk

2 Und des HERRN Wort geschah zu mir: 2 Geh hin und predige
öffentlich der Stadt Jerusalem und sprich: So spricht der HERR:
Ich gedenke der Treue deiner Jugend und der Liebe deiner Brautzeit,
wie du mir folgtest in der Wüste, im Lande, da man nicht sät. 3 Da war
Israel dem HERRN heilig, die Erstlingsfrucht seiner Ernte. Wer davon
essen wollte, machte sich schuldig, und Unheil mußte über ihn
kommen, spricht der HERR.
4 Hört des HERRN Wort, ihr vom Hause Jakob und alle Geschlechter
vom Hause Israel! 5 So spricht der HERR: Was haben doch eure Väter
Unrechtes an mir gefunden, daß sie von mir wichen und hingen den
nichtigen Götzen an und wurden so zunichte, 6 und dachten niemals:
Wo ist der HERR, der uns aus Ägyptenland führte und leitete uns in
der Wüste, im wilden, ungebahnten Lande, im dürren und finstern
Lande, im Lande, das niemand durchwandert und kein Mensch
bewohnt?
7 Und ich brachte euch in ein fruchtbares Land, daß ihr äßet seine
Früchte und Güter. Aber als ihr hineinkamt, machtet ihr mein Land
unrein und mein Eigentum mir zum Greuel. 8 Die Priester fragten
nicht: Wo ist der HERR?, und die Hüter des Gesetzes achteten meiner
nicht, und die Hirten des Volks wurden mir untreu, und die Propheten
weissagten im Namen des Baal und hingen den Götzen an, die nicht
helfen können. 9 Darum muß ich noch weiter mit euch und mit euren
Kindeskindern rechten, spricht der HERR.
13 Mein Volk tut eine zwiefache Sünde: mich, die lebendige Quelle,
verlassen sie und machen sich Zisternen, die doch rissig sind und
kein Wasser geben.

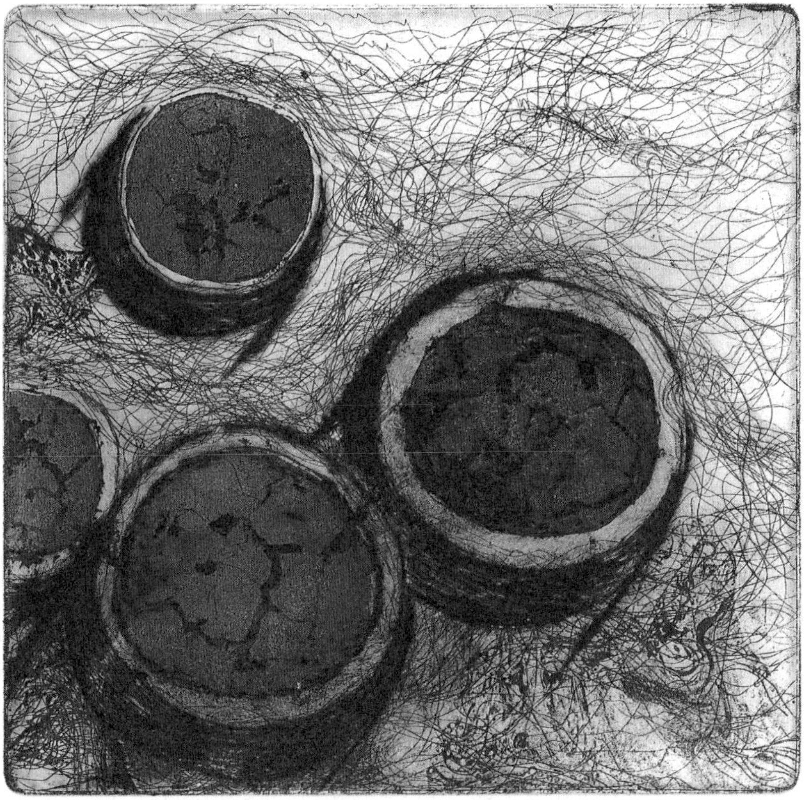

2,13

Die drohende Gefahr

4 5 Verkündet in Juda und schreit laut in Jerusalem und sprecht:
»Blast die Posaune im Lande!« Ruft mit voller Stimme und
sprecht: »Sammelt euch und laßt uns in die festen Städte ziehen!«
6 Richtet in Zion ein Fluchtzeichen auf; flieht und säumet nicht! Denn
ich bringe von Norden Unheil herzu und großen Jammer. 7 Es steigt
herauf der Löwe aus seinem Dickicht, und der Verderber der Völker
hat sich aufgemacht und ist ausgezogen von seiner Stätte, dein Land
zu verwüsten und deine Städte zu verbrennen, so daß niemand darin
wohnt. 8 Darum zieht den Sack an, klagt und heult; denn der grim-
mige Zorn des HERRN will sich nicht von uns wenden.

Eine scharfe Warnung

Tempelrede (vgl. Kapitel 26)

7 Dies ist das Wort, das vom HERRN geschah zu Jeremia: 2 Tritt ins
Tor am Hause des HERRN und predige dort dies Wort und sprich:
Höret des HERRN Wort, ihr alle von Juda, die ihr zu diesen Toren
eingeht, den HERRN anzubeten! 3 So spricht der HERR Zebaoth, der
Gott Israels: Bessert euer Leben und euer Tun, so will ich bei euch
wohnen an diesem Ort. 4 Verlaßt euch nicht auf Lügenworte, wenn sie
sagen: Hier ist des HERRN Tempel, hier ist des HERRN Tempel, hier ist
des HERRN Tempel! 5 Sondern bessert euer Leben und euer Tun, daß
ihr recht handelt einer gegen den andern 6 und keine Gewalt übt
gegen Fremdlinge, Waisen und Witwen und nicht unschuldiges Blut
vergießt an diesem Ort und nicht andern Göttern nachlauft zu eurem
eigenen Schaden, 7 so will ich immer und ewig bei euch wohnen an
diesem Ort, in dem Lande, das ich euren Vätern gegeben habe.

8 Aber nun verlaßt ihr euch auf Lügenworte, die zu nichts nütze
sind. 9 Ihr seid Diebe, Mörder, Ehebrecher und Meineidige und opfert
dem Baal und lauft fremden Göttern nach, die ihr nicht kennt. 10 Und
dann kommt ihr und tretet vor mich in diesem Hause, das nach
meinem Namen genannt ist, und sprecht: Wir sind geborgen, – und
tut weiter solche Greuel. 11 Haltet ihr denn dies Haus, das nach
meinem Namen genannt ist, für eine Räuberhöhle? Siehe, ich sehe es
wohl, spricht der HERR.

In Trauer um das Volk

8 21 Mich jammert von Herzen, daß mein Volk so ganz zerschlagen
ist; ich gräme und entsetze mich. 22 Ist denn keine Salbe in

Gilead, oder ist kein Arzt da? Warum ist denn die Tochter meines
Volks nicht geheilt? 23 Ach daß ich Wasser genug hätte in meinem
Haupte und meine Augen Tränenquellen wären, daß ich Tag und
Nacht beweinen könnte die Erschlagenen meines Volks!

9 Ach daß ich eine Herberge hätte in der Wüste, so wollte ich mein
Volk verlassen und von ihnen ziehen! Denn es sind lauter Ehe-
brecher und ein treuloser Haufe. 2 Sie schießen mit ihren Zungen
lauter Lüge und keine Wahrheit und treiben's mit Gewalt im Lande
und gehen von einer Bosheit zur andern, mich aber achten sie nicht,
spricht der HERR.

3 Ein jeder hüte sich vor seinem Freunde und traue auch seinem
Bruder nicht; denn ein Bruder überlistet den andern, und ein Freund
verleumdet den andern. 4 Ein Freund täuscht den andern, sie reden
kein wahres Wort; sie haben sich daran gewöhnt, daß einer den
andern betrügt. Sie freveln, und es ist ihnen leid umzukehren. 5 Es ist
allenthalben nichts als Trug unter ihnen, und vor lauter Trug wollen
sie mich nicht kennen, spricht der HERR.

Jeremias Verzweiflung

15 5 Wer will sich denn deiner erbarmen, Jerusalem? Wer wird
denn Mitleid mit dir haben? Wer wird denn kommen und
fragen, ob es dir gutgeht? 6 Du hast mich verlassen, spricht der HERR,
und bist von mir abgefallen; darum habe ich meine Hand gegen dich
ausgestreckt, um dich zu verderben; ich bin des Erbarmens müde.

10 Weh mir, meine Mutter, daß du mich geboren hast, gegen den
jedermann hadert und streitet im ganzen Lande! Hab ich doch weder
auf Wucherzinsen ausgeliehen, noch hat man mir geliehen, und doch
flucht mir jedermann.

15 Ach HERR, du weißt es! Gedenke an mich und nimm dich meiner
an und räche mich an meinen Verfolgern! Laß mich nicht hinweg-
geraff werden, während du deinen Zorn über sie noch zurückhältst;
denn du weißt, daß ich um deinetwillen geschmäht werde. 16 Dein
Wort ward meine Speise, sooft ich's empfing, und dein Wort ist
meines Herzens Freude und Trost; denn ich bin ja nach deinem
Namen genannt, HERR, Gott Zebaoth.

17 Ich habe mich nicht zu den Fröhlichen gesellt noch mich
mit ihnen gefreut, sondern saß einsam, gebeugt von deiner Hand;
denn du hattest mich erfüllt mit Grimm. 18 Warum währt doch
mein Leiden so lange und sind meine Wunden so schlimm, daß
sie niemand heilen kann? Du bist mir geworden wie ein trügerischer
Born, der nicht mehr quellen will.

19Darum spricht der HERR: Wenn du dich zu mir hältst, so will ich
mich zu dir halten, und du sollst mein Prediger bleiben. Und wenn du
recht redest und nicht leichtfertig, so sollst du mein Mund sein. Sie
sollen sich zu dir kehren, doch du kehre dich nicht zu ihnen! 20Denn
ich mache dich für dies Volk zur festen, ehernen Mauer. Wenn sie
auch wider dich streiten, sollen sie dir doch nichts anhaben; denn ich
bin bei dir, daß ich dir helfe und dich errette, spricht der HERR.

Zur Einsamkeit verurteilt

16 Und des HERRN Wort geschah zu mir: 2Du sollst dir keine Frau
nehmen und weder Söhne noch Töchter zeugen an diesem Ort.
3Denn so spricht der HERR von den Söhnen und Töchtern, die an
diesem Ort geboren werden, und von ihren Müttern, die sie gebären,
und von ihren Vätern, die sie zeugen in diesem Lande: 4Sie sollen an
bösen Krankheiten sterben und nicht beklagt noch begraben werden.

5So spricht der HERR: Du sollst in kein Trauerhaus gehen, weder
um zu klagen noch um zu trösten; denn ich habe meinen Frieden von
diesem Volk weggenommen, die Gnade und die Barmherzigkeit,
spricht der HERR. 8Du sollst auch in kein Hochzeitshaus gehen, um
bei ihnen zu sitzen zum Essen und zum Trinken. 9Denn so spricht
der HERR Zebaoth, der Gott Israels: Siehe, ich will an diesem Ort vor
euren Augen und zu euren Lebzeiten ein Ende machen dem Jubel der
Freude und Wonne, der Stimme des Bräutigams und der Braut.

10Und wenn du das alles diesem Volk gesagt hast und sie zu dir
sprechen werden: »Warum kündigt uns der HERR all dies große
Unheil an? Was ist die Missetat und Sünde, womit wir wider den
HERRN, unsern Gott, gesündigt haben?«, 11so sollst du ihnen sagen:
Weil eure Väter mich verlassen haben, spricht der HERR, und andern
Göttern nachgelaufen sind, ihnen gedient und sie angebetet, mich
aber verlassen und mein Gesetz nicht gehalten haben, 12ihr aber noch
ärger tut als eure Väter; denn siehe, ein jeder lebt nach seinem ver-
stockten und bösen Herzen, so daß er mir nicht gehorcht. 13Darum
will ich euch aus diesem Lande verstoßen in ein Land, von dem we-
der ihr noch eure Väter gewußt haben. Dort sollt ihr andern Göttern
dienen Tag und Nacht, weil ich euch keine Gnade mehr erweisen will.

Woher Hilfe kommt

17 5So spricht der HERR: Verflucht ist der Mann, der sich auf
Menschen verläßt und hält Fleisch für seinen Arm und weicht
mit seinem Herzen vom HERRN. 6Der wird sein wie ein Dornstrauch

in der Wüste und wird nicht sehen das Gute, das kommt, sondern er
wird bleiben in der Dürre der Wüste, im unfruchtbaren Lande, wo
niemand wohnt.
[7]Gesegnet aber ist der Mann, der sich auf den HERRN verläßt und
dessen Zuversicht der HERR ist. [8]Der ist wie ein Baum, am Wasser
gepflanzt, der seine Wurzeln zum Bach hin streckt. Denn obgleich die
Hitze kommt, fürchtet er sich doch nicht, sondern seine Blätter
bleiben grün; und er sorgt sich nicht, wenn ein dürres Jahr kommt,
sondern bringt ohne Aufhören Früchte.
[9]Es ist das Herz ein trotzig und verzagt Ding; wer kann es ergrün-
den? [10]Ich, der HERR, kann das Herz ergründen und die Nieren
prüfen und gebe einem jeden nach seinem Tun, nach den Früchten
seiner Werke.
[13]Du, HERR, bist die Hoffnung Israels. Alle, die dich verlassen,
müssen zuschanden werden, und die Abtrünnigen müssen auf die
Erde geschrieben werden; denn sie verlassen den HERRN, die Quelle
des lebendigen Wassers.
[14]Heile du mich, HERR, so werde ich heil; hilf du mir, so ist mir
geholfen; denn du bist mein Ruhm.

Wie Ton in der Hand des Töpfers

18 Dies ist das Wort, das geschah vom HERRN zu Jeremia: [2]Mach
dich auf und geh hinab in des Töpfers Haus; dort will ich dich
meine Worte hören lassen. [3]Und ich ging hinab in des Töpfers Haus,
und siehe, er arbeitete eben auf der Scheibe. [4]Und der Topf, den er aus
dem Ton machte, mißriet ihm unter den Händen. Da machte er einen
andern Topf daraus, wie es ihm gefiel.
[5]Da geschah des HERRN Wort zu mir: [6]Kann ich nicht ebenso mit
euch umgehen, ihr vom Hause Israel, wie dieser Töpfer? spricht der
HERR. Siehe, wie der Ton in des Töpfers Hand, so seid auch ihr vom
Hause Israel in meiner Hand. [7]Bald rede ich über ein Volk und König-
reich, daß ich es ausreißen, einreißen und zerstören will; [8]wenn es
sich aber bekehrt von seiner Bosheit, gegen die ich rede, so reut mich
auch das Unheil, das ich ihm gedachte zu tun.

Der zerschlagene Krug

19 So sprach der HERR: Geh hin und kaufe dir einen irdenen Krug
vom Töpfer und nimm mit etliche von den Ältesten des Volks
und von den Ältesten der Priester [2]und geh hinaus ins Tal Ben-
Hinnom, das vor dem Scherbentor liegt, und predige dort die Worte,

die ich dir sage, 3 und sprich: Höret des HERRN Wort, ihr Könige von
Juda und ihr Bürger Jerusalems! So spricht der HERR Zebaoth, der
Gott Israels: Siehe, ich will ein solches Unheil über diese Stätte
bringen, daß jedem, der es hören wird, die Ohren gellen sollen, 4 weil
sie mich verlassen und diese Stätte einem fremden Gott gegeben und
dort andern Göttern geopfert haben, die weder sie noch ihre Väter
noch die Könige von Juda kannten, und weil sie die Stätte voll
unschuldigen Blutes gemacht 5 und dem Baal Höhen gebaut haben,
um ihre Kinder dem Baal als Brandopfer zu verbrennen, was ich
weder geboten noch geredet habe und was mir nie in den Sinn
gekommen ist.

10 Und du sollst den Krug zerbrechen vor den Augen der Männer,
die mit dir gegangen sind, 11 und zu ihnen sagen: So spricht der HERR
Zebaoth: Wie man eines Töpfers Gefäß zerbricht, daß es nicht wieder
ganz werden kann, so will ich dies Volk und diese Stadt zerbrechen.

Jeremia wird gefoltert

14 Und als Jeremia zurückkam, trat er in den Vorhof am Hause des
HERRN und sprach zu allem Volk: 15 So spricht der HERR Zebaoth, der
Gott Israels: Siehe, ich will über diese Stadt und über alle ihre
Ortschaften all das Unheil kommen lassen, das ich gegen sie geredet
habe, weil sie halsstarrig sind und meine Worte nicht hören wollen.

20 Als aber Paschhur, der Priester, der zum Vorsteher im Hause
des HERRN bestellt war, hörte, wie Jeremia solche Worte weis-
sagte, 2 schlug er den Propheten Jeremia und schloß ihn in den Block
am oberen Benjamintor, das am Hause des HERRN ist.

3 Und am andern Morgen ließ Paschhur den Jeremia aus dem Block
los. Da sprach Jeremia zu ihm: Der HERR nennt dich nicht Paschhur,
sondern »Schrecken um und um«; 4 denn so spricht der HERR: Siehe,
ich will dich zum Schrecken machen für dich selbst und alle deine
Freunde; sie sollen fallen durchs Schwert ihrer Feinde, und du sollst
es mit eigenen Augen sehen.

Und ich will ganz Juda in die Hand des Königs von Babel geben;
der soll sie wegführen nach Babel und mit dem Schwert töten. 5 Auch
will ich alle Güter dieser Stadt und allen Ertrag ihrer Arbeit und alle
Kleinode und alle Schätze der Könige von Juda in die Hand ihrer
Feinde geben; die werden sie rauben, mitnehmen und nach Babel
bringen. 6 Und du, Paschhur, sollst mit allen deinen Hausgenossen
gefangen weggeführt werden und nach Babel kommen. Dort sollst du
sterben und begraben werden samt allen deinen Freunden, denen du
Lügen gepredigt hast.

Verfluchtes Prophetendasein

[7]HERR, du hast mich überredet, und ich habe mich überreden lassen.
Du bist mir zu stark gewesen und hast gewonnen; aber ich bin
darüber zum Spott geworden täglich, und jedermann verlacht mich.
[8]Denn sooft ich rede, muß ich schreien; »Frevel und Gewalt!« muß
ich rufen. Denn des HERRN Wort ist mir zu Hohn und Spott geworden
täglich.
[9]Da dachte ich: Ich will nicht mehr an ihn denken und nicht mehr
in seinem Namen predigen. Aber es ward in meinem Herzen wie ein
brennendes Feuer, in meinen Gebeinen verschlossen, daß ich's nicht
ertragen konnte; ich wäre schier vergangen. [10]Denn ich höre, wie viele
heimlich reden: »Schrecken ist um und um!« »Verklagt ihn!« »Wir
wollen ihn verklagen!« Alle meine Freunde und Gesellen lauern, ob
ich nicht falle: »Vielleicht läßt er sich überlisten, daß wir ihm bei-
kommen können und uns an ihm rächen.«
[11]Aber der HERR ist bei mir wie ein starker Held, darum werden
meine Verfolger fallen und nicht gewinnen. Sie müssen ganz
zuschanden werden, weil es ihnen nicht gelingt. Ewig wird ihre
Schande sein und nie vergessen werden.
[12]Und nun, HERR Zebaoth, der du die Gerechten prüfst, Nieren und
Herz durchschaust: Laß mich deine Vergeltung an ihnen sehen; denn
ich habe dir meine Sache befohlen. [13]Singet dem HERRN, rühmet den
HERRN, der des Armen Leben aus den Händen der Boshaften errettet!
[14]Verflucht sei der Tag, an dem ich geboren bin; der Tag soll un-
gesegnet sein, an dem mich meine Mutter geboren hat! [15]Verflucht sei,
der meinem Vater gute Botschaft brachte und sprach: »Du hast einen
Sohn«, so daß er ihn fröhlich machte! [18]Warum bin ich doch aus dem
Mutterleib hervorgekommen, wenn ich nur Jammer und Herzeleid
sehen muß und meine Tage in Schmach zubringe!

Das Ende steht bevor

21 Dies ist das Wort, das vom HERRN geschah zu Jeremia, als der
König Zedekia zu ihm sandte Paschhur und Zefanja, den
Priester, und ihm sagen ließ: [2]Befrage doch den HERRN für uns; denn
Nebukadnezar, der König von Babel, führt Krieg gegen uns. Vielleicht
wird der HERR doch an uns sein Wunder tun wie so manches Mal,
damit jener von uns abzieht. [3]Jeremia sprach zu ihnen: So sagt zu
Zedekia: [4]Das spricht der HERR, der Gott Israels: Siehe, ich will euch
zum Rückzug zwingen samt euren Waffen, die ihr in euren Händen
habt und mit denen ihr kämpft gegen den König von Babel und gegen

die Chaldäer, die euch draußen vor der Mauer belagern, und will euch
versammeln mitten in dieser Stadt. 5Und ich selbst will wider euch
streiten mit ausgestreckter Hand, mit starkem Arm, mit Zorn und
Grimm und ohne Erbarmen 6und will die Bürger dieser Stadt
schlagen, Menschen und Tiere, daß sie sterben sollen durch eine
große Pest.
7Und danach, spricht der HERR, will ich Zedekia, den König von
Juda, samt seinen Großen und dem Volk, das in dieser Stadt von Pest,
Schwert und Hunger übriggelassen wird, in die Hände Nebukad-
nezars, des Königs von Babel, geben und in die Hände ihrer Feinde
und in die Hände derer, die ihnen nach dem Leben trachten. Er wird
sie mit der Schärfe des Schwerts schlagen schonungslos, ohne Gnade
und Erbarmen.
8Und zu diesem Volk sage: So spricht der HERR: Siehe, ich lege
euch vor den Weg zum Leben und den Weg zum Tode. 9Wer in dieser
Stadt bleibt, der wird sterben müssen durch Schwert, Hunger und
Pest; wer sich aber hinausbegibt und überläuft zu den Chaldäern, die
euch belagern, der soll am Leben bleiben und soll sein Leben als
Beute behalten. 10Denn ich habe mein Angesicht gegen diese Stadt
gerichtet zum Unheil und nicht zum Heil, spricht der HERR. Sie soll
dem König von Babel übergeben werden, daß er sie mit Feuer ver-
brenne.

Gegen den ungerechten König

22 So sprach der HERR: Geh hinab in das Haus des Königs von
Juda und rede dort dies Wort 2und sprich: Höre des HERRN
Wort, du König von Juda, der du auf dem Thron Davids sitzest, du
und deine Großen und dein Volk, die durch diese Tore hineingehen.
3So spricht der HERR: Schaffet Recht und Gerechtigkeit und errettet
den Bedrückten von des Frevlers Hand und bedränget nicht die
Fremdlinge, Waisen und Witwen und tut niemand Gewalt an und
vergießt nicht unschuldiges Blut an dieser Stätte.
4Werdet ihr das tun, so sollen durch die Tore dieses Hauses ein-
ziehen Könige, die auf Davids Thron sitzen, und fahren mit Wagen
und Rossen samt ihren Großen und ihrem Volk. 5Werdet ihr aber
diesen Worten nicht gehorchen, so habe ich bei mir selbst geschwo-
ren, spricht der HERR: dies Haus soll zerstört werden.
13Weh dem, der sein Haus mit Sünden baut und seine Gemächer
mit Unrecht, der seinen Nächsten umsonst arbeiten läßt und gibt ihm
seinen Lohn nicht 14und denkt: »Wohlan, ich will mir ein großes Haus
bauen und weite Gemächer« und läßt sich Fenster ausbrechen und

mit Zedern täfeln und rot malen. 15 Meinst du, du seiest König, weil du
mit Zedern prangst? Hat dein Vater nicht auch gegessen und getrun-
ken und hielt dennoch auf Recht und Gerechtigkeit, und es ging ihm
gut? 16 Er half dem Elenden und Armen zum Recht, und es ging ihm
gut. Heißt dies nicht, mich recht erkennen? spricht der HERR. 17 Aber
deine Augen und dein Herz sind auf nichts anderes aus als auf un-
rechten Gewinn und darauf, unschuldig Blut zu vergießen, zu freveln
und zu unterdrücken.

18 Darum spricht der HERR über Jojakim, den Sohn Josias, den
König von Juda: Man wird ihn nicht beklagen: »Ach, Bruder! Ach,
Schwester!« Man wird ihn nicht beklagen: »Ach, Herr! Ach, Edler!«
19 Er soll wie ein Esel begraben werden, fortgeschleift und hinaus-
geworfen vor die Tore Jerusalems.

Ein gerechter König wird kommen

23 Weh euch Hirten, die ihr die Herde meiner Weide umkom-
men laßt und zerstreut! spricht der HERR. 2 Darum spricht der
HERR, der Gott Israels, von den Hirten, die mein Volk weiden: Ihr habt
meine Herde zerstreut und verstoßen und nicht nach ihr gesehen.
Siehe, ich will euch heimsuchen um eures bösen Tuns willen, spricht
der HERR. 3 Und ich will die Übriggebliebenen meiner Herde sammeln
aus allen Ländern, wohin ich sie verstoßen habe, und will sie wieder-
bringen zu ihren Weideplätzen, daß sie sollen wachsen und viel
werden. 4 Und ich will Hirten über sie setzen, die sie weiden sollen,
daß sie sich nicht mehr fürchten noch erschrecken noch heimgesucht
werden, spricht der HERR.

5 Siehe, es kommt die Zeit, spricht der HERR, daß ich dem David
einen gerechten Sproß erwecken will. Der soll ein König sein, der
wohl regieren und Recht und Gerechtigkeit im Lande üben wird. 6 Zu
seiner Zeit soll Juda geholfen werden und Israel sicher wohnen. Und
dies wird sein Name sein, mit dem man ihn nennen wird: »Der HERR
unsere Gerechtigkeit«.

Gegen falsche Propheten

16 So spricht der HERR Zebaoth: Hört nicht auf die Worte der Pro-
pheten, die euch weissagen! Sie betrügen euch; denn sie verkünden
euch Gesichte aus ihrem Herzen und nicht aus dem Mund des
HERRN. 17 Sie sagen denen, die des HERRN Wort verachten: Es wird
euch wohlgehen –, und allen, die nach ihrem verstockten Herzen
wandeln, sagen sie: Es wird kein Unheil über euch kommen.

21 Ich sandte die Propheten nicht, und doch laufen sie; ich redete
nicht zu ihnen, und doch weissagen sie. 22 Denn wenn sie in meinem
Rat gestanden hätten, so hätten sie meine Worte meinem Volk ge-
predigt, um es von seinem bösen Wandel und von seinem bösen
Tun zu bekehren.

25 Ich höre es wohl, was die Propheten reden, die Lüge weissagen
in meinem Namen und sprechen: Mir hat geträumt, mir hat geträumt.
26 Wann wollen doch die Propheten aufhören, die Lüge weissagen
und ihres Herzens Trug weissagen 27 und wollen, daß mein Volk
meinen Namen vergesse über ihren Träumen, die einer dem andern
erzählt, wie auch ihre Väter meinen Namen vergaßen über dem Baal?
28 Ein Prophet, der Träume hat, der erzähle Träume; wer aber mein
Wort hat, der predige mein Wort recht. Wie reimen sich Stroh und
Weizen zusammen? spricht der HERR. 29 Ist mein Wort nicht wie ein
Feuer, spricht der HERR, und wie ein Hammer, der Felsen zer-
schmeißt?

Es gibt kein Entrinnen

25 Dies ist das Wort, das zu Jeremia geschah über das ganze Volk
von Juda im vierten Jahr Jojakims, des Sohnes Josias, des
Königs von Juda; das ist das erste Jahr Nebukadnezars, des Königs
von Babel. 2 Und der Prophet Jeremia sprach zu dem ganzen Volk von
Juda und zu allen Bürgern Jerusalems: 3 Vom dreizehnten Jahr des
Josia an, des Königs von Juda, ist des HERRN Wort zu mir geschehen
bis auf diesen Tag, und ich habe zu euch nun dreiundzwanzig Jahre
lang immer wieder gepredigt, aber ihr habt nie hören wollen.

8 Darum spricht der HERR Zebaoth: Weil ihr denn meine Worte
nicht hören wollt, 9 siehe, so will ich ausschicken und kommen lassen
alle Völker des Nordens, spricht der HERR, auch meinen Knecht
Nebukadnezar, den König von Babel, und will sie bringen über dies
Land und über seine Bewohner und über alle diese Völker ringsum
und will an ihnen den Bann vollstrecken und sie zum Bild des Ent-
setzens und zum Spott und zur ewigen Wüste machen 10 und will
wegnehmen allen fröhlichen Gesang, die Stimme des Bräutigams und
der Braut, das Geräusch der Mühle und das Licht der Lampe, 11 so daß
dies ganze Land wüst und zerstört liegen soll.

Und diese Völker sollen dem König von Babel dienen siebzig Jahre.
12 Wenn aber die siebzig Jahre um sind, will ich heimsuchen den
König von Babel und jenes Volk, spricht der HERR, um ihrer Missetat
willen, dazu das Land der Chaldäer und will es zur ewigen Wüste
machen. 13 So lasse ich an diesem Lande, gegen das ich geredet habe,

alle meine Worte in Erfüllung gehen, nämlich alles, was in diesem
Buch geschrieben steht, was Jeremia geweissagt hat über alle Völker.

Jeremia wird im Tempel verhaftet

(vgl. Kapitel 7)

26 Im Anfang der Herrschaft Jojakims, des Sohnes Josias, des
Königs von Juda, geschah dies Wort vom HERRN: 2So spricht
der HERR: Tritt in den Vorhof am Hause des HERRN und predige
denen, die aus allen Städten Judas hereinkommen, um anzubeten im
Hause des HERRN, alle Worte, die ich dir befohlen habe, ihnen zu
sagen, und tu nichts davon weg, 3ob sie vielleicht hören wollen und
sich bekehren, ein jeder von seinem bösen Wege, damit mich auch
reuen könne das Übel, das ich gedenke, ihnen anzutun um ihrer
bösen Taten willen. 4Und sprich zu ihnen: So spricht der HERR:
Werdet ihr mir nicht gehorchen und nicht nach meinem Gesetz
wandeln, das ich euch vorgelegt habe, 5und nicht hören auf die Worte
meiner Knechte, der Propheten, die ich immer wieder zu euch sende
und auf die ihr doch nicht hören wollt, 6so will ich's mit diesem
Hause machen wie mit Silo und diese Stadt zum Fluchwort für alle
Völker auf Erden machen.

7Als aber die Priester, Propheten und alles Volk Jeremia hörten, daß
er solche Worte redete im Hause des HERRN, 8und Jeremia nun alles
gesagt hatte, was ihm der HERR befohlen hatte, allem Volk zu sagen,
ergriffen ihn die Priester, Propheten und das ganze Volk und
sprachen: Du mußt sterben! 9Warum weissagst du im Namen des
HERRN: »Es wird diesem Hause gehen wie Silo, und diese Stadt soll so
wüst werden, daß niemand mehr darin wohnt«?

Und das ganze Volk sammelte sich im Hause des HERRN wider
Jeremia. 10Als das die Oberen von Juda hörten, gingen sie aus des
Königs Hause hinauf ins Haus des HERRN und setzten sich zum
Gericht vor das neue Tor am Hause des HERRN. 11Und die Priester und
Propheten sprachen vor den Oberen und allem Volk: Dieser Mann ist
des Todes schuldig; denn er hat geweissagt gegen diese Stadt, wie ihr
mit eigenen Ohren gehört habt.

12Aber Jeremia sprach zu allen Oberen und zu allem Volk: Der
HERR hat mich gesandt, daß ich dies alles, was ihr gehört habt, weis-
sagen sollte gegen dies Haus und gegen diese Stadt. 13So bessert nun
eure Wege und euer Tun und gehorcht der Stimme des HERRN, eures
Gottes, dann wird den HERRN auch gereuen das Übel, das er gegen
euch geredet hat. 14Siehe, ich bin in euren Händen, ihr könnt mit mir
machen, wie es euch recht und gut dünkt. 15Doch sollt ihr wissen:

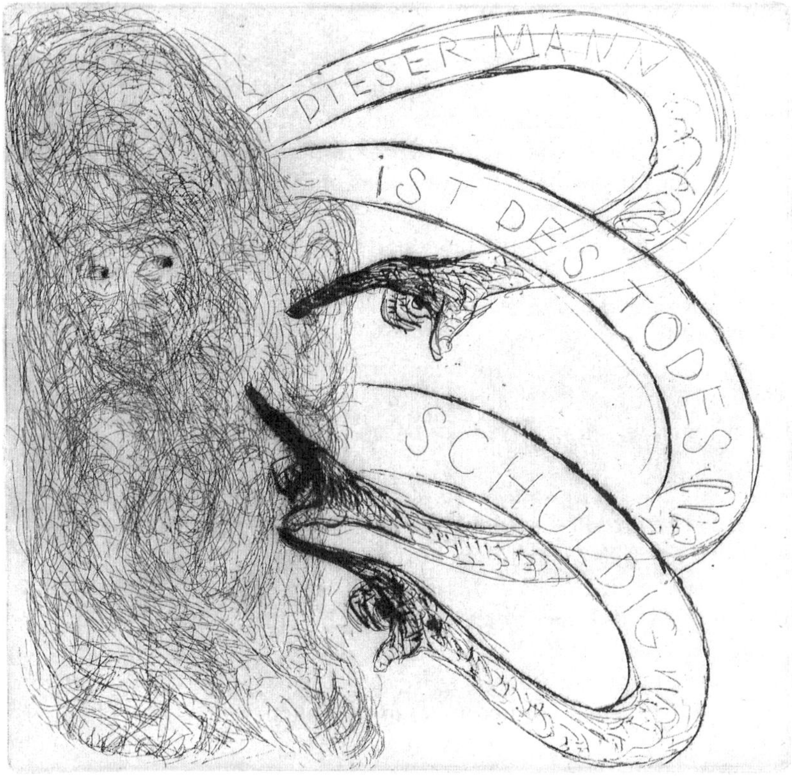

26,11

wenn ihr mich tötet, so werdet ihr unschuldig Blut auf euch laden, auf
diese Stadt und ihre Einwohner. Denn wahrlich, der HERR hat mich zu
euch gesandt, daß ich dies alles vor euren Ohren reden soll.
16 Da sprachen die Oberen und das ganze Volk zu den Priestern
und Propheten: Dieser Mann ist des Todes nicht schuldig; denn er hat
zu uns geredet im Namen des HERRN, unseres Gottes.

Das rettende Joch

27 Im Anfang der Herrschaft Zedekias, des Sohnes Josias, des
Königs von Juda, geschah dies Wort vom HERRN zu Jeremia:
2 So spricht der HERR zu mir: Mache dir ein Joch und lege es auf
deinen Nacken 3 und schicke Botschaft zum König von Edom, zum
König von Moab, zum König der Ammoniter, zum König von Tyrus
und zum König von Sidon durch die Boten, die zu Zedekia, dem
König von Juda, nach Jerusalem gekommen sind, 4 und befiehl ihnen,
daß sie ihren Herren sagen: So spricht der HERR Zebaoth, der Gott
Israels: So sollt ihr euren Herren sagen: 5 Ich habe die Erde gemacht
und Menschen und Tiere, die auf Erden sind, durch meine große Kraft
und meinen ausgereckten Arm und gebe sie, wem ich will. 6 Nun aber
habe ich alle diese Länder in die Hand meines Knechts Nebukad-
nezar, des Königs von Babel, gegeben und auch die Tiere auf dem
Felde, daß sie ihm untertan sein sollen. 7 Und es sollen alle Völker ihm
dienen und seinem Sohn und seines Sohnes Sohn, bis auch für sein
Land die Zeit kommt, daß es vielen Völkern und großen Königen
untertan sein muß. 8 Das Volk aber und das Königreich, das dem
König von Babel, Nebukadnezar, nicht untertan sein will und das
seinen Nacken nicht unter das Joch des Königs von Babel beugt, das
will ich heimsuchen mit Schwert, Hunger und Pest, spricht der HERR,
bis ich sie durch seine Hand umbringe.
12 Und ich redete alle diese Worte zu Zedekia, dem König von Juda,
und sprach: Beugt euren Nacken unter das Joch des Königs von Babel
und seid ihm und seinem Volk untertan, so sollt ihr am Leben
bleiben.
16 Und zu den Priestern und zu diesem ganzen Volk redete ich und
sprach: So spricht der HERR: Höret nicht auf die Worte eurer Pro-
pheten, die euch weissagen und sprechen: »Siehe, die Geräte aus dem
Hause des HERRN werden nun bald von Babel wieder herkommen!«
Denn sie weissagen euch Lüge. 17 Höret nicht auf sie, sondern seid
dem König von Babel untertan, so werdet ihr am Leben bleiben.
Warum soll diese Stadt zur Wüstenei werden? 19 Denn so spricht
der HERR Zebaoth, 21 der Gott Israels, von den Geräten, die übrig-

geblieben sind im Hause des HERRN und im Hause des Königs von
Juda und zu Jerusalem: 22sie sollen nach Babel geführt werden und
dort bleiben bis auf den Tag, an dem ich nach ihnen sehe, spricht der
HERR, und ich sie wieder zurückbringen lasse an diesen Ort.

Prophet gegen Prophet

28 In demselben Jahr, im Anfang der Herrschaft Zedekias, des
Königs von Juda, im fünften Monat des vierten Jahrs, sprach
Hananja, der Sohn Asurs, ein Prophet von Gibeon, zu mir im Hause
des HERRN in Gegenwart der Priester und des ganzen Volks: 2So
spricht der HERR Zebaoth, der Gott Israels: Ich habe das Joch des
Königs von Babel zerbrochen, 3und ehe zwei Jahre um sind, will ich
alle Geräte des Hauses des HERRN, die Nebukadnezar, der König von
Babel, von diesem Ort weggenommen und nach Babel geführt hat,
wieder an diesen Ort bringen; 4auch Jechonja, den Sohn Jojakims,
den König von Juda, samt allen Weggeführten aus Juda, die nach
Babel gekommen sind, will ich wieder an diesen Ort bringen, spricht
der HERR, denn ich will das Joch des Königs von Babel zerbrechen.

5Da sprach der Prophet Jeremia zu dem Propheten Hananja in
Gegenwart der Priester und des ganzen Volks, die im Hause des
HERRN standen, 6und sagte: Amen! Der HERR tue so; der HERR
bestätige dein Wort, das du geweissagt hast, daß er die Geräte aus
dem Hause des HERRN von Babel wiederbringe an diesen Ort und alle
Weggeführten. 7Doch höre dies Wort, das ich vor deinen Ohren
rede und vor den Ohren des ganzen Volks: 8Die Propheten, die vor
mir und vor dir gewesen sind von alters her, die haben gegen viele
Länder und große Königreiche geweissagt von Krieg, von Unheil und
Pest. 9Wenn aber ein Prophet von Heil weissagt – ob ihn der
HERR wahrhaftig gesandt hat, wird man daran erkennen, daß sein
Wort erfüllt wird.

10Da nahm der Prophet Hananja das Joch vom Nacken des Pro-
pheten Jeremia und zerbrach es. 11Und Hananja sprach in Gegenwart
des ganzen Volks: So spricht der HERR: Ebenso will ich zerbrechen
das Joch Nebukadnezars, des Königs von Babel, ehe zwei Jahre um
sind, und es vom Nacken aller Völker nehmen. Und der Prophet
Jeremia ging seines Weges.

12Aber des HERRN Wort geschah zu Jeremia, nachdem der Prophet
Hananja das Joch auf dem Nacken des Propheten Jeremia zerbrochen
hatte: 13Geh hin und sage Hananja: So spricht der HERR: Du hast das
hölzerne Joch zerbrochen, aber du hast nun ein eisernes Joch an seine
Stelle gesetzt. 14Denn so spricht der HERR Zebaoth, der Gott Israels:

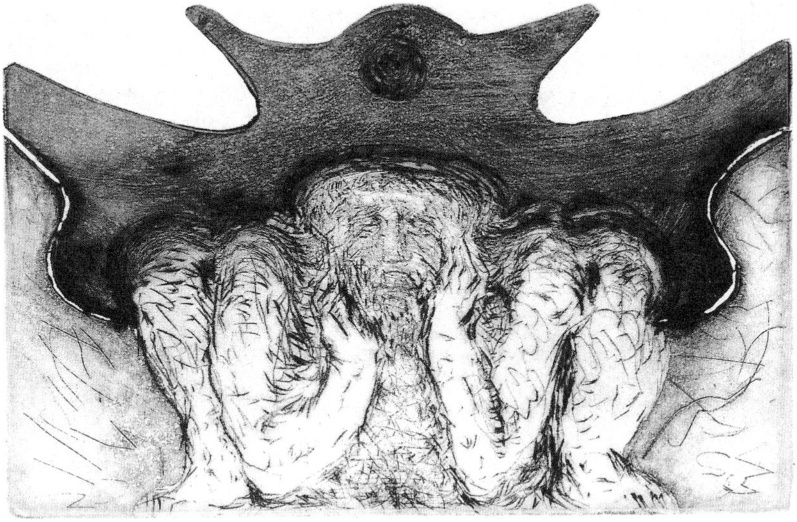

Ein eisernes Joch habe ich allen diesen Völkern auf den Nacken gelegt,
daß sie untertan sein sollen Nebukadnezar, dem König von Babel,
und ihm dienen, und auch die Tiere habe ich ihm gegeben.
15 Und der Prophet Jeremia sprach zum Propheten Hananja: Höre
doch, Hananja! Der HERR hat dich nicht gesandt; aber du machst, daß
dies Volk sich auf Lügen verläßt. 16 Darum spricht der HERR: Siehe, ich
will dich vom Erdboden nehmen; dies Jahr sollst du sterben, denn du
hast sie mit deiner Rede vom HERRN abgewendet. 17 Und der Prophet
Hananja starb im selben Jahr im siebenten Monat.

Ein Brief an die Gefangenen

29 Dies sind die Worte des Briefes, den der Prophet Jeremia von
Jerusalem sandte an den Rest der Ältesten, die weggeführt
waren, an die Priester und Propheten und an das ganze Volk, das
Nebukadnezar von Jerusalem nach Babel weggeführt hatte.

[4]So spricht der HERR Zebaoth, der Gott Israels, zu den Weg-
geführten, die ich von Jerusalem nach Babel habe wegführen lassen:
[5]Baut Häuser und wohnt darin; pflanzt Gärten und eßt ihre Früchte;
[6]nehmt euch Frauen und zeugt Söhne und Töchter, nehmt für eure
Söhne Frauen, und gebt eure Töchter Männern, daß sie Söhne und
Töchter gebären; mehret euch dort, daß ihr nicht weniger werdet.
[7]Suchet der Stadt Bestes, dahin ich euch habe wegführen lassen, und
betet für sie zum HERRN; denn wenn's ihr wohlgeht, so geht's auch
euch wohl.

[10]Denn so spricht der HERR: Wenn für Babel siebzig Jahre voll sind,
so will ich euch heimsuchen und will mein gnädiges Wort an euch
erfüllen, daß ich euch wieder an diesen Ort bringe. [11]Denn ich weiß
wohl, was ich für Gedanken über euch habe, spricht der HERR:
Gedanken des Friedens und nicht des Leides, daß ich euch gebe das
Ende, des ihr wartet [wörtlich: daß ich euch gebe Zukunft und
Hoffnung]. [12]Und ihr werdet mich anrufen und hingehen und
mich bitten, und ich will euch erhören. [13]Ihr werdet mich suchen
und finden; denn wenn ihr mich von ganzem Herzen suchen
werdet, [14]so will ich mich von euch finden lassen, spricht der
HERR, und will eure Gefangenschaft wenden und euch sammeln
aus allen Völkern und von allen Orten, wohin ich euch verstoßen
habe, spricht der HERR, und will euch wieder an diesen Ort
bringen, von wo ich euch habe wegführen lassen.

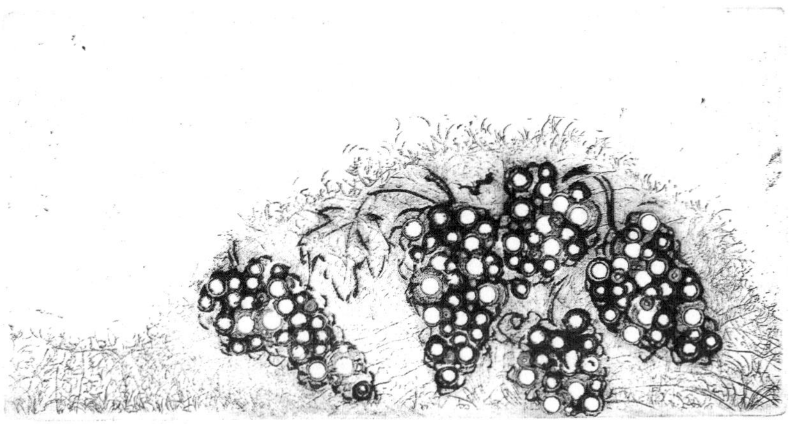

31,5

Es soll einen neuen Anfang geben

31 [2]So spricht der HERR: Das Volk, das dem Schwert entronnen
ist, hat Gnade gefunden in der Wüste; Israel zieht hin zu seiner
Ruhe. [3]Der HERR ist mir erschienen von ferne: Ich habe dich je und je
geliebt, darum habe ich dich zu mir gezogen aus lauter Güte. [4]Wohl-
an, ich will dich wiederum bauen, daß du gebaut sein sollst, du Jung-
frau Israel; du sollst dich wieder schmücken, Pauken schlagen und
herausgehen zum Tanz. [5]Du sollst wiederum Weinberge pflanzen
an den Bergen Samarias; pflanzen wird man sie und ihre Früchte
genießen. [6]Denn es wird die Zeit kommen, daß die Wächter auf dem
Gebirge Ephraim rufen: Wohlauf, laßt uns hinaufziehen nach Zion
zum HERRN, unserm Gott!

[29]Zu derselben Zeit wird man nicht mehr sagen: »Die Väter haben
saure Trauben gegessen, und den Kindern sind die Zähne stumpf
geworden«, [30]sondern ein jeder wird um seiner Schuld willen sterben,
und wer saure Trauben gegessen hat, dem sollen seine Zähne stumpf
werden.

[31]Siehe, es kommt die Zeit, spricht der HERR, da will ich mit dem
Hause Israel und mit dem Hause Juda einen neuen Bund schließen,
[32]nicht wie der Bund gewesen ist, den ich mit ihren Vätern schloß, als
ich sie bei der Hand nahm, um sie aus Ägyptenland zu führen, ein
Bund, den sie nicht gehalten haben, ob ich gleich ihr Herr war, spricht

der HERR; [33]sondern das soll der Bund sein, den ich mit dem Hause
Israel schließen will nach dieser Zeit, spricht der HERR: Ich will mein
Gesetz in ihr Herz geben und in ihren Sinn schreiben, und sie sollen
mein Volk sein, und ich will ihr Gott sein. [34]Und es wird keiner den
andern noch ein Bruder den andern lehren und sagen: »Erkenne den
HERRN«, sondern sie sollen mich alle erkennen, beide, klein und groß,
spricht der HERR; denn ich will ihnen ihre Missetat vergeben und
ihrer Sünde nimmermehr gedenken.

Ein Acker für die Zukunft

32 Dies ist das Wort, das vom HERRN geschah zu Jeremia im
zehnten Jahr Zedekias, des Königs von Juda, das ist das acht-
zehnte Jahr Nebukadnezars. [2]Damals belagerte das Heer des Königs
von Babel Jerusalem. Und der Prophet Jeremia lag gefangen im
Wachthof am Hause des Königs von Juda.

[6]Und Jeremia sprach: Es ist des HERRN Wort zu mir geschehen:
[7]Siehe, Hanamel, der Sohn deines Oheims, wird zu dir kommen und
sagen: Kaufe du meinen Acker in Anatot; denn dir kommt es als
Erstem zu, ihn einzulösen und zu kaufen.

[8]Da kam Hanamel, wie der HERR gesagt hatte, zu mir in den Wacht-
hof und sprach zu mir: Kaufe doch meinen Acker in Anatot, der im
Lande Benjamin liegt; denn dir kommt es zu, ihn zu erwerben und
einzulösen; kaufe du ihn! Da merkte ich, daß es des HERRN Wort war,
[9]und kaufte den Acker von Hanamel.

[10]Und ich schrieb einen Kaufbrief und versiegelte ihn und nahm
Zeugen dazu und wog das Geld dar auf der Waage nach Recht und
Gewohnheit. [11]Und ich nahm den versiegelten Kaufbrief und die
offene Abschrift [12]und gab beides Baruch, dem Sohn Nerijas, in
Gegenwart Hanamels, meines Vetters, und der Zeugen, die unter dem
Kaufbrief geschrieben standen, und aller Judäer, die im Wachthof sich
aufhielten, [13]und befahl Baruch vor ihren Augen: [14]So spricht der
HERR Zebaoth, der Gott Israels: Nimm diese Briefe, den versiegelten
Kaufbrief samt dieser offenen Abschrift, und lege sie in ein irdenes
Gefäß, daß sie lange erhalten bleiben. [15]Denn so spricht der HERR
Zebaoth, der Gott Israels: Man wird wieder Häuser, Äcker und Wein-
berge kaufen in diesem Lande.

Die Wahrheit kann man nicht verbrennen

36 Im vierten Jahr Jojakims, des Sohnes Josias, des Königs von
Juda, geschah dies Wort zu Jeremia vom HERRN: [2]Nimm eine

Schriftrolle und schreibe darauf alle Worte, die ich zu dir geredet habe
über Israel, über Juda und alle Völker. [3]Vielleicht wird das Haus Juda,
wenn sie hören von all dem Unheil, das ich ihnen zu tun gedenke,
sich bekehren, ein jeder von seinem bösen Wege, damit ich ihnen ihre
Schuld und Sünde vergeben kann.

[4]Da rief Jeremia Baruch, den Sohn Nerijas. Und Baruch schrieb auf
eine Schriftrolle alle Worte des HERRN, die er zu Jeremia geredet hatte,
wie Jeremia sie ihm sagte. [5]Und Jeremia gebot Baruch und sprach: Mir
ist's verwehrt, ich kann nicht in des HERRN Haus gehen. [6]Du aber geh
hin und lies die Schriftrolle, auf die du des HERRN Worte geschrieben
hast, dem Volk vor im Hause des HERRN am Fasttage, und du sollst sie
auch lesen vor den Ohren aller Judäer, die aus ihren Städten herein-
kommen. [7]Vielleicht werden sie sich mit Beten vor dem HERRN
demütigen und sich bekehren, ein jeder von seinem bösen Wege;
denn der Zorn und Grimm ist groß, den der HERR diesem Volk
angedroht hat. [8]Und Baruch, der Sohn Nerijas, tat alles, wie ihm der
Prophet Jeremia befohlen hatte.

[9]Es begab sich aber im fünften Jahr Jojakims, daß man ein Fasten
ausrief vor dem HERRN für alles Volk zu Jerusalem und für alles Volk,
das aus den Städten Judas nach Jerusalem kam. [10]Und Baruch las aus
der Schriftrolle die Worte Jeremias vor im Hause des HERRN, in der
Halle Gemarjas, des Sohnes Schafans, des Schreibers, vor dem ganzen
Volk.

[11]Als nun Michaja, der Sohn Gemarjas, alle Worte des HERRN
gehört hatte aus der Schriftrolle, [12]ging er hinab in des Königs Haus
in die Kanzlei. Und siehe, dort saßen alle Oberen. [13]Und Michaja
berichtete ihnen alle Worte, die er gehört hatte.

[14]Da sandten alle Oberen Jehudi, den Sohn Netanjas, zu Baruch
und ließen ihm sagen: Nimm die Schriftrolle, aus der du dem Volk
vorgelesen hast, mit dir und komm! Und Baruch nahm die Schriftrolle
mit sich und kam zu ihnen. [15]Und sie sprachen zu ihm: Setze dich
und lies, daß wir's hören! Und Baruch las vor ihren Ohren. [16]Und als
sie alle die Worte hörten, entsetzten sie sich untereinander und
sprachen zu Baruch: Wir müssen alle diese Worte dem König mit-
teilen. [17]Und sie fragten den Baruch: Sage uns, wie hast du alle diese
Worte aufgeschrieben? [18]Baruch sprach zu ihnen: Jeremia hat mir alle
diese Worte vorgesagt, und ich schrieb sie mit Tinte auf die Schrift-
rolle.

[19]Da sprachen die Oberen zu Baruch: Geh hin und verbirg dich
mit Jeremia, daß niemand wisse, wo ihr seid! [20]Sie aber gingen hinein
zum König in den Vorhof und ließen die Schriftrolle verwahren in der
Halle Elischamas, des Schreibers, und teilten dem König alle diese

Worte mit. 21Da sandte der König den Jehudi, die Schriftrolle zu holen.
Und Jehudi las dem König vor und allen Oberen, die bei dem König
standen. 22Der König aber saß im Winterhause vor dem Kohlen-
becken; denn es war im neunten Monat. 23Wenn aber Jehudi drei
oder vier Spalten gelesen hatte, schnitt er sie ab mit einem Schreib-
messer und warf sie ins Feuer, das im Kohlenbecken war, bis die
Schriftrolle ganz verbrannt war im Feuer. 24Und niemand entsetzte
sich und zerriß seine Kleider, weder der König noch seine Großen, die
doch alle diese Worte gehört hatten.

27Nachdem der König die Schriftrolle verbrannt hatte, geschah des
HERRN Wort zu Jeremia: 28Nimm dir eine neue Schriftrolle und
schreibe auf sie alle vorigen Worte, die auf der ersten Schriftrolle
standen. 29Über Jojakim aber, den König von Juda, sollst du sagen:
So spricht der HERR: Du hast diese Schriftrolle verbrannt und gesagt:
Warum hast du darauf geschrieben, daß der König von Babel
kommen und dies Land verderben werde, so daß weder Menschen
noch Vieh mehr darin sein werden? 30Darum spricht der HERR über
Jojakim, den König von Juda: Es soll keiner von den Seinen auf dem
Thron Davids sitzen, und sein Leichnam soll hingeworfen liegen, am
Tag in der Hitze und nachts im Frost. 31Und ich will ihn und seine
Nachkommen und seine Großen heimsuchen um ihrer Schuld willen,
und ich will über sie und über die Bürger Jerusalems und über die in
Juda kommen lassen all das Unheil, von dem ich zu ihnen geredet
habe, und sie gehorchten doch nicht.

32Da nahm Jeremia eine andere Schriftrolle und gab sie Baruch,
dem Schreiber. Der schrieb darauf, so wie ihm Jeremia vorsagte, alle
Worte, die auf der Schriftrolle gestanden hatten, die Jojakim, der König
von Juda, im Feuer hatte verbrennen lassen; und es wurden zu ihnen
noch viele ähnliche Worte hinzugetan.

Wieder im Gefängnis

37 5Es war aber das Heer des Pharao aus Ägypten aufgebrochen,
und als die Chaldäer, die vor Jerusalem lagen, davon hörten,
waren sie von Jerusalem abgezogen.

6Und des HERRN Wort geschah zum Propheten Jeremia: 7So
spricht der HERR, der Gott Israels: Sagt dem König von Juda, der euch
zu mir gesandt hat, mich zu befragen: Siehe, das Heer des Pharao, das
euch zu Hilfe ausgezogen ist, wird wieder heim nach Ägypten ziehen,
8und die Chaldäer werden wiederkommen und diese Stadt belagern
und sie erobern und mit Feuer verbrennen.

11Als nun der Chaldäer Heer von Jerusalem abgezogen war vor

37,17

dem Heere des Pharao, 12wollte Jeremia aus Jerusalem herausgehen
ins Land Benjamin, um mit seinen Verwandten ein Erbe zu teilen.
13Und als er zum Benjamintor kam, war dort ein Wachhabender, der
hielt den Propheten Jeremia an und sprach: Du willst zu den
Chaldäern überlaufen. 14Jeremia sprach: Das ist nicht wahr, ich will
nicht zu den Chaldäern überlaufen. 15Und die Oberen wurden zornig
über Jeremia und ließen ihn schlagen und warfen ihn ins Gefängnis
im Hause Jonatans, des Schreibers; denn das hatten sie zum Kerker
gemacht. 16So kam Jeremia in den überwölbten Raum einer Zisterne
und blieb dort lange Zeit.

Ein geheimes Treffen

17Aber Zedekia, der König, sandte hin und ließ ihn holen und fragte
ihn heimlich in seinem Haus und sprach: Ist wohl ein Wort vom
HERRN vorhanden? Jeremia sprach: Ja! Du wirst dem König von Babel
in die Hände gegeben werden.

18Und Jeremia sprach zum König Zedekia: Was hab ich gegen dich,
gegen deine Großen und gegen dies Volk gesündigt, daß sie mich in
den Kerker geworfen haben? 19Wo sind nun eure Propheten, die euch
weissagten und sprachen: Der König von Babel wird nicht über euch
noch über dies Land kommen? 20Und nun, mein Herr und König,
höre mich und laß meine Bitte vor dir gelten! Laß mich nicht wieder
in Jonatans, des Schreibers, Haus bringen, daß ich dort nicht sterbe.
21Da befahl der König Zedekia, daß man Jeremia im Wachthof
behalten sollte, und ließ ihm täglich aus der Bäckergasse einen Laib
Brot geben, bis alles Brot in der Stadt aufgezehrt war. So blieb Jeremia
im Wachthof.

Ein Mordversuch

38 Es hörten aber Schefatja, der Sohn Mattans, und Gedalja, der
Sohn Paschhurs, und Juchal, der Sohn Schelemjas, und
Paschhur, der Sohn Malkijas, die Worte, die Jeremia zu allem Volk
redete. 2So spricht der HERR: Wer in dieser Stadt bleibt, der wird
durch Schwert, Hunger und Pest sterben müssen; wer aber hinaus-
geht zu den Chaldäern, der soll am Leben bleiben und wird sein
Leben wie eine Beute davonbringen. 3Denn so spricht der HERR:
Diese Stadt soll übergeben werden dem Heer des Königs von Babel,
und es soll sie einnehmen.

4Da sprachen die Oberen zum König: Laß doch diesen Mann
töten; denn auf diese Weise nimmt er den Kriegsleuten, die noch

übrig sind in dieser Stadt, den Mut, desgleichen dem ganzen Volk, weil
er solche Worte zu ihnen sagt. Denn der Mann sucht nicht, was
diesem Volk zum Heil, sondern was zum Unheil dient. 5Der König
Zedekia sprach: Siehe, er ist in euren Händen; denn der König vermag
nichts wider euch. 6Da nahmen sie Jeremia und warfen ihn in die
Zisterne, die im Wachthof war, und ließen ihn an Seilen hinab. In der
Zisterne aber war kein Wasser, sondern Schlamm, und Jeremia sank
in den Schlamm.

7Als aber Ebed-Melech, der Mohr, ein Kämmerer in des Königs
Haus, hörte, daß man Jeremia in die Zisterne geworfen hatte, und der
König gerade im Benjamintor saß, 8da ging Ebed-Melech aus des
Königs Haus und redete mit dem König und sprach: 9Mein Herr und
König, diese Männer handeln übel an dem Propheten Jeremia, daß sie
ihn in die Zisterne geworfen haben; dort muß er vor Hunger sterben;
denn es ist kein Brot mehr in der Stadt. 10Da befahl der König Ebed-
Melech: Nimm von hier drei Männer mit dir und zieh den Propheten
Jeremia aus der Zisterne, ehe er stirbt. 11Und Ebed-Melech nahm die
Männer mit sich und ging in des Königs Haus in die Kleiderkammer
und nahm dort zerrissene, alte Lumpen und ließ sie an einem Seil
hinab zu Jeremia in die Zisterne. 12Und Ebed-Melech sprach zu
Jeremia: Lege diese zerrissenen, alten Lumpen unter deine Achseln
um das Seil; und Jeremia tat es. 13Und sie zogen Jeremia herauf aus
der Zisterne an den Stricken. Und so blieb Jeremia im Wachthof.

Kein Ausweg für den König

14Und der König Zedekia sandte hin und ließ den Propheten Jeremia
zu sich holen unter den dritten Eingang am Hause des HERRN. Und
der König sprach zu Jeremia: Ich will dich etwas fragen; verbirg mir
nichts! 15Jeremia sprach zu Zedekia: Sage ich dir etwas, so tötest du
mich doch; gebe ich dir aber einen Rat, so gehorchst du mir nicht.
16Da schwor der König Zedekia dem Jeremia heimlich und sprach: So
wahr der HERR lebt, der uns dies Leben gegeben hat: ich will dich
nicht töten noch den Männern in die Hände geben, die dir nach dem
Leben trachten. 17Und Jeremia sprach zu Zedekia: So spricht der
HERR, der Gott Zebaoth, der Gott Israels: Wirst du hinausgehen zu
den Obersten des Königs von Babel, so sollst du am Leben bleiben,
und diese Stadt soll nicht verbrannt werden, sondern du und dein
Haus sollen am Leben bleiben; 18wirst du aber nicht hinausgehen zu
den Obersten des Königs von Babel, so wird diese Stadt den
Chaldäern in die Hände gegeben, und sie werden sie mit Feuer ver-
brennen, und auch du wirst ihren Händen nicht entrinnen. 19Der

König Zedekia sprach zu Jeremia: Ich habe aber die Sorge, daß ich
den Judäern, die zu den Chaldäern übergelaufen sind, übergeben
werden könnte, daß sie mir übel mitspielen. [20]Jeremia sprach: Man
wird dich nicht übergeben. Gehorche doch der Stimme des HERRN,
die ich dir verkünde, so wird dir's wohlgehen, und du wirst am Leben
bleiben.

[28]Und Jeremia blieb im Wachthof bis auf den Tag, da Jerusalem
eingenommen wurde.

Das Ende Jerusalems

39 [28]Und es geschah, daß Jerusalem erobert wurde. [1]Denn im
neunten Jahr Zedekias, des Königs von Juda, im zehnten
Monat kam Nebukadnezar, der König von Babel, und sein ganzes
Heer vor Jerusalem und belagerten es. [2]Und im elften Jahr Zedekias,
am neunten Tage des vierten Monats, brach man in die Stadt ein.

[4]Als nun Zedekia und seine Kriegsleute das sahen, flohen sie bei
Nacht zur Stadt hinaus auf dem Wege zu des Königs Garten durchs
Tor zwischen den beiden Mauern und entwichen zum Jordantal hin.
[5]Aber die Kriegsleute der Chaldäer jagten ihnen nach und holten
Zedekia ein im Jordantal von Jericho und nahmen ihn gefangen und
brachten ihn zu Nebukadnezar, dem König von Babel, nach Ribla, das
im Lande Hamat liegt. Der sprach das Urteil über ihn. [6]Und der König
von Babel ließ die Söhne Zedekias vor seinen Augen töten in Ribla
und tötete auch alle Vornehmen Judas. [7]Aber Zedekia ließ er die
Augen ausstechen und ihn in Ketten legen, um ihn nach Babel zu
führen.

[8]Und die Chaldäer verbrannten das Haus des Königs und die
Häuser der Bürger und rissen die Mauern Jerusalems nieder. [9]Was
aber noch an Volk in der Stadt war, und wer sonst zu ihnen über-
gelaufen war, die führte Nebusaradan, der Oberste der Leibwache, alle
miteinander gefangen nach Babel. [10]Aber von dem niederen Volk, das
nichts hatte, ließ zur selben Zeit Nebusaradan etliche im Lande Juda
zurück und gab ihnen Weinberge und Felder.

Jeremia wird befreit

[11]Aber Nebukadnezar, der König von Babel, hatte Nebusaradan, dem
Obersten der Leibwache, Befehl gegeben wegen Jeremia und gesagt:
[12]Nimm ihn und laß ihn dir befohlen sein und tu ihm kein Leid,
sondern wie er's von dir begehrt, so mach's mit ihm. [13]Da sand-
ten hin Nebusaradan, der Oberste der Leibwache, und Nebuschas-

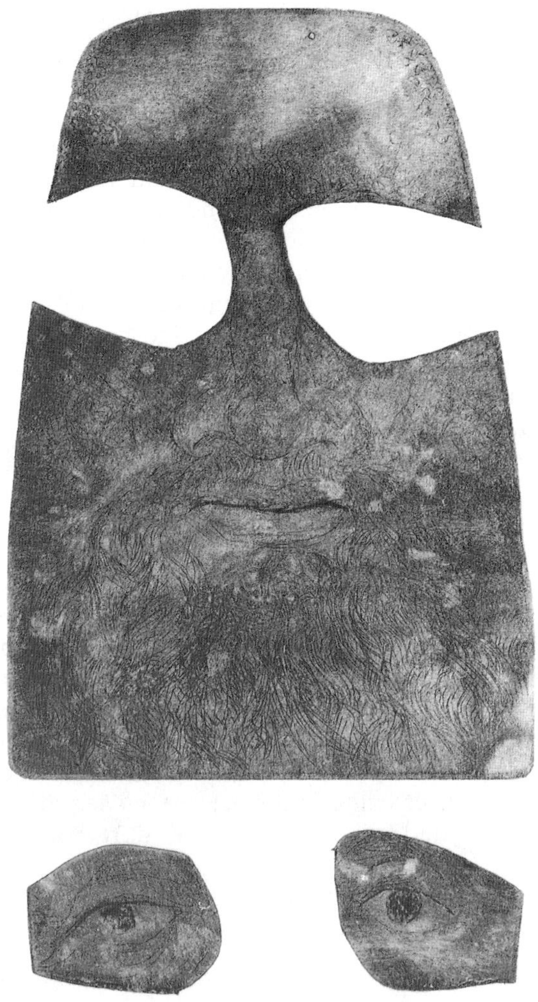

ban, der Oberkämmerer, Nergal-Sarezer, der Oberhofmeister, und alle
Obersten des Königs von Babel 14und ließen Jeremia aus dem Wacht-
hof holen.

40 2Als nun der Oberste der Leibwache Jeremia hatte zu sich
holen lassen, sprach er zu ihm: Der HERR, dein Gott, hat dies
Unglück über diese Stätte vorhergesagt 3und hat's auch kommen
lassen und getan, wie er geredet hat. 4Und nun siehe, ich mache dich
heute los von den Fesseln, mit denen deine Hände gebunden waren.
Gefällt dir's, mit mir nach Babel zu ziehen, so komm, du sollst mir
befohlen sein. Gefällt dir's aber nicht, mit mir nach Babel zu ziehen,
so laß es sein. Siehe, du hast das ganze Land vor dir; wo dich's gut
dünkt und dir's gefällt, da zieh hin. 5Denn weiter hinaus wird kein
Wiederkehren möglich sein. Darum magst du umkehren zu Gedalja,
dem Sohne Ahikams.

6So kam Jeremia zu Gedalja nach Mizpa und blieb bei ihm unter
dem Volk, das im Lande noch übriggeblieben war.

Heimtückischer Mord

41 Aber im siebenten Monat kam Jischmael, der Sohn Netanjas,
aus königlichem Stamm, einer von den Obersten des Königs,
und zehn Männer mit ihm zu Gedalja, dem Sohn Ahikams, nach
Mizpa, und sie aßen dort in Mizpa miteinander. 2Und Jischmael erhob
sich samt den zehn Männern, die bei ihm waren, und sie erschlugen
Gedalja mit dem Schwert, weil ihn der König von Babel über das Land
gesetzt hatte. 3Auch erschlug Jischmael alle Judäer, die bei Gedalja
waren in Mizpa, und die Chaldäer, die dort waren, sämtliche
Kriegsleute.

17Und sie zogen hin und kehrten ein in der Herberge Kimhams bei
Bethlehem, um von dort nach Ägypten zu ziehen 18aus Furcht vor
den Chaldäern.

Letztes Angebot zum Überleben

42 Da traten herzu alle Hauptleute des Heeres samt dem ganzen
Volk 2und sprachen zum Propheten Jeremia: Laß doch unsere
Bitte vor dir gelten und bete für uns zum HERRN, deinem Gott, für alle
diese [bei der Eroberung Jerusalems] Übriggebliebenen – denn leider
sind wir von vielen nur wenige übriggeblieben, wie du mit eigenen
Augen siehst –, 3daß der HERR, dein Gott, uns kundtun wolle, wohin
wir ziehen und was wir tun sollen.

7Und nach zehn Tagen geschah des HERRN Wort zu Jeremia:

10Werdet ihr in diesem Lande bleiben, so will ich euch bauen und
nicht einreißen; ich will euch pflanzen und nicht ausreißen; denn es
hat mich gereut das Unheil, das ich euch angetan habe. 11Ihr sollt euch
nicht fürchten vor dem König von Babel, vor dem ihr euch fürchtet,
spricht der HERR; ihr sollt euch vor ihm nicht fürchten, denn ich will
bei euch sein, daß ich euch helfe und von seiner Hand errette. 12Ich
will euch Barmherzigkeit erweisen und mich über euch erbarmen und
euch wieder auf eure Äcker bringen.

13Werdet ihr aber sagen: »Wir wollen nicht in diesem Lande
bleiben« und so der Stimme des HERRN, eures Gottes, nicht
gehorchen, 16so soll euch das Schwert, vor dem ihr euch fürchtet, in
Ägyptenland treffen, und der Hunger, vor dem ihr euch sorgt, soll
stets hinter euch her sein in Ägypten, und ihr sollt dort sterben.

Nach Ägypten verschleppt

43 Als Jeremia dem ganzen Volk alle Worte des HERRN, ihres
Gottes, ausgerichtet hatte, 2sprachen alle aufsässigen Männer
zu Jeremia: Du lügst! Der HERR, unser Gott, hat dich nicht zu uns
gesandt und gesagt: »Ihr sollt nicht nach Ägypten ziehen, um dort zu
wohnen«, 3sondern Baruch, der Sohn Nerijas, beredet dich zu unserm
Schaden, damit wir den Chaldäern übergeben werden und sie uns
töten oder nach Babel wegführen.

4Da gehorchten Johanan und alle Hauptleute des Heeres samt dem
ganzen Volk der Stimme des HERRN nicht, 5sondern nahmen zu sich
alle Übriggebliebenen von Juda, 6und auch den Propheten Jeremia
und Baruch. 7Und sie zogen nach Ägyptenland, denn sie wollten der
Stimme des HERRN nicht gehorchen, und kamen nach Tachpanhes.

Unheil bis zuletzt

44 Dies ist das Wort, das zu Jeremia geschah an alle Judäer, die in
Ägyptenland wohnten. 7Nun, so spricht der HERR, der Gott
Zebaoth, der Gott Israels: Warum tut ihr euch selbst ein so großes
Unheil an, daß bei euch ausgerottet werden aus Juda Mann und Frau,
Kind und Säugling und nichts von euch übrigbleibt, 8und erzürnet
mich so durch eurer Hände Werke und opfert andern Göttern in
Ägyptenland, wohin ihr gezogen seid, um dort zu wohnen?

15Da antworteten dem Jeremia alle Männer, die sehr wohl wußten,
daß ihre Frauen andern Göttern opferten, und alle Frauen, die dabei-
standen, eine große Menge, samt allem Volk, das in Ägyptenland und
in Patros wohnte, und sprachen: 16Den Worten, die du im Namen des

HERRN uns sagst, wollen wir nicht gehorchen, 17sondern wir wollen all
die Worte halten, die aus unserm eigenen Munde gekommen sind,
und wollen der Himmelskönigin opfern und ihr Trankopfer dar-
bringen, wie wir und unsere Väter, unsere Könige und Oberen getan
haben in den Städten Judas und auf den Gassen Jerusalems. Da hatten
wir auch Brot genug, und es ging uns gut, und wir sahen kein
Unglück.

18Seit der Zeit aber, da wir es unterlassen haben, der Himmels-
königin zu opfern und Trankopfer darzubringen, haben wir an allem
Mangel gelitten und sind durch Schwert und Hunger umgekommen.
19Und wenn wir Frauen der Himmelskönigin opfern und Trankopfer
darbringen, das tun wir ja nicht ohne den Willen unserer Männer,
wenn wir ihr Kuchen backen, um ein Bild von ihr zu machen, und ihr
Trankopfer darbringen.

20Da sprach Jeremia zu dem ganzen Volk, den Männern und
Frauen und allen Leuten, die ihm so geantwortet hatten: 26So höret
nun des HERRN Wort, ihr alle aus Juda, die ihr in Ägyptenland wohnt:
Siehe, ich schwöre bei meinem großen Namen, spricht der HERR, daß
mein Name nicht mehr genannt werden soll durch irgendeines
Menschen Mund aus Juda in ganz Ägyptenland, der da sagt: »So wahr
Gott der HERR lebt!« 27Siehe, ich will über sie wachen zum Unheil
und nicht zum Heil, daß, wer aus Juda in Ägyptenland ist, durch
Schwert und Hunger umkommen soll, bis es ein Ende mit ihnen hat.
28Die aber dem Schwert entrinnen, werden aus Ägyptenland ins Land
Juda zurückkommen als ein geringes Häuflein. So werden dann alle,
die übriggeblieben sind von Juda und die nach Ägyptenland gezogen
waren, dort zu wohnen, erkennen, wessen Wort wahr geworden ist,
meines oder ihres.

DIE KLAGELIEDER JEREMIAS

Jerusalem, mit dir ist es zu Ende!

1 Wie liegt die Stadt so verlassen, die voll Volks war! Sie ist wie eine
Witwe, die Fürstin unter den Völkern, und die eine Königin in den
Ländern war, muß nun dienen. [2]Sie weint des Nachts, daß ihr die
Tränen über die Backen laufen. Es ist niemand unter allen ihren Lieb-
habern, der sie tröstet. Alle ihre Freunde sind ihr untreu und ihre
Feinde geworden. [3]Juda ist gefangen in Elend und schwerem Dienst,
es wohnt unter den Heiden und findet keine Ruhe; alle seine Verfolger
kommen heran und bedrängen es. [4]Die Straßen nach Zion liegen
wüst, weil niemand auf ein Fest kommt. Alle Tore der Stadt stehen
öde, ihre Priester seufzen, ihre Jungfrauen sehen jammervoll drein,
und sie ist betrübt. [5]Ihre Widersacher sind obenauf, ihren Feinden
geht's gut; denn der HERR hat über die Stadt Jammer gebracht um
ihrer großen Sünden willen, und ihre Kinder sind gefangen vor dem
Feind dahingezogen. [6]Es ist von der Tochter Zion aller Schmuck
dahin.

Das muß Gottes Strafe sein!

2 Wie hat der Herr die Tochter Zion mit seinem Zorn überschüttet!
Er hat die Herrlichkeit Israels vom Himmel auf die Erde geworfen.
2Der Herr hat alle Wohnungen Jakobs ohne Erbarmen vertilgt, er hat
die Burgen der Tochter Juda abgebrochen in seinem Grimm und
geschleift. Er hat entweiht ihr Königreich und ihre Fürsten. 3Er hat alle
Macht Israels in seinem grimmigen Zorn zerbrochen, er hat seine
rechte Hand zurückgezogen, als der Feind kam, und hat in Jakob
gewütet wie ein flammendes Feuer, das alles ringsum verzehrt. 4Er hat
seinen Bogen gespannt wie ein Feind; seine rechte Hand hat er
geführt wie ein Widersacher und hat alles getötet, was lieblich
anzusehen war im Zelt der Tochter Zion, und hat seinen Grimm wie
Feuer ausgeschüttet. 5Der Herr ist wie ein Feind geworden, er hat
Israel vertilgt. Er hat zerstört alle Paläste und hat die Burgen ver-
nichtet; er hat der Tochter Juda viel Jammer und Leid gebracht.

Trotz allem hoffe ich!

3 Ich bin der Mann, der Elend sehen muß durch die Rute des
Grimmes Gottes. 2Er hat mich geführt und gehen lassen in die
Finsternis und nicht ins Licht. 3Er hat seine Hand gewendet gegen
mich und erhebt sie gegen mich Tag für Tag. 19Gedenke doch, wie ich
so elend und verlassen, mit Wermut und Bitterkeit getränkt bin!

20Du wirst ja daran gedenken, denn meine Seele sagt mir's. 21Dies
nehme ich zu Herzen, darum hoffe ich noch: 22Die Güte des HERRN
ist's, daß wir nicht gar aus sind, seine Barmherzigkeit hat noch kein
Ende, 23sondern sie ist alle Morgen neu, und deine Treue ist groß.
24Der HERR ist mein Teil, spricht meine Seele; darum will ich auf
ihn hoffen. 25Denn der HERR ist freundlich dem, der auf ihn harrt,
und dem Menschen, der nach ihm fragt. 26Es ist ein köstlich Ding,
geduldig sein und auf die Hilfe des HERRN hoffen. 31Denn der HERR
verstößt nicht ewig; 32sondern er betrübt wohl und erbarmt sich
wieder nach seiner großen Güte.

Bringe uns, Herr, zu dir zurück!

5 Gedenke, HERR, wie es uns geht; schau und sieh an unsre
Schmach! 2Unser Erbe ist den Fremden zuteil geworden und
unsre Häuser den Ausländern. 3Wir sind Waisen und haben keinen
Vater; unsre Mütter sind wie Witwen. 7Unsre Väter haben gesündigt
und leben nicht mehr, wir aber müssen ihre Schuld tragen.

19Aber du, HERR, der du ewiglich bleibest und dein Thron von
Geschlecht zu Geschlecht, 20warum willst du uns so ganz vergessen
und uns lebenslang so ganz verlassen? 21Bringe uns, HERR, zu dir
zurück, daß wir wieder heimkommen; erneure unsre Tage wie vor
alters! 22Hast du uns denn ganz verworfen, und bist du allzusehr
über uns erzürnt?

DER PROPHET HESEKIEL (EZECHIEL)

Ein Traumbild von Gottes Herrlichkeit

1 Als ich unter den Weggeführten am Fluß Kebar war, tat sich der
Himmel auf, und Gott zeigte mir Gesichte 2 – es war das fünfte
Jahr, nachdem der König Jojachin gefangen weggeführt war –.

4 Und ich sah, und siehe, es kam ein ungestümer Wind von Norden
her, eine mächtige Wolke und loderndes Feuer, und Glanz war rings
um sie her, und mitten im Feuer war es wie blinkendes Kupfer. 5 Und
mitten darin war etwas wie vier Gestalten; die waren anzusehen wie
Menschen. 6 Und jede von ihnen hatte vier Angesichter und vier
Flügel. 10 Ihre Angesichter waren vorn gleich einem Menschen und zur
rechten Seite gleich einem Löwen bei allen vieren und zur linken Seite
gleich einem Stier bei allen vieren und hinten gleich einem Adler bei
allen vieren. 11 Und ihre Flügel waren nach oben hin ausgebreitet; je
zwei Flügel berührten einander, und mit zwei Flügeln bedeckten sie
ihren Leib.

15 Als ich die Gestalten sah, siehe, da stand je ein Rad auf der Erde
bei den vier Gestalten, bei ihren vier Angesichtern. 16 Die Räder waren
anzuschauen wie ein Türkis und waren alle vier gleich, und sie waren
so gemacht, daß ein Rad im andern war. 17 Nach allen vier Seiten
konnten sie gehen; sie brauchten sich im Gehen nicht umzuwenden.
18 Und sie hatten Felgen, und ich sah, ihre Felgen waren voller Augen
ringsum bei allen vier Rädern. 19 Und wenn die Gestalten gingen, so
gingen auch die Räder mit, und wenn die Gestalten sich von der Erde
emporhoben, so hoben die Räder sich auch empor.

22 Aber über den Häuptern der Gestalten war es wie eine Himmels-
feste, wie ein Kristall, unheimlich anzusehen, oben über ihren Häup-
tern ausgebreitet. 26 Und über der Feste, die über ihrem Haupt war,
sah es aus wie ein Saphir, einem Thron gleich, und auf dem Thron saß
einer, der aussah wie ein Mensch. 28 Wie der Regenbogen steht in den
Wolken, wenn es geregnet hat, so glänzte es ringsumher. So war die
Herrlichkeit des HERRN anzusehen.

Und als ich sie gesehen hatte, fiel ich auf mein Angesicht und hörte
einen reden.

Warne sie in meinem Namen!

2 Und er sprach zu mir: Du Menschenkind, tritt auf deine Füße, so
will ich mit dir reden. 2Und als er so mit mir redete, kam Leben in
mich und stellte mich auf meine Füße, und ich hörte dem zu, der mit
mir redete. 3Und er sprach zu mir: Du Menschenkind, ich sende dich
zu den Israeliten, zu dem abtrünnigen Volk, das von mir abtrünnig
geworden ist. Sie und ihre Väter haben bis auf diesen heutigen Tag
wider mich gesündigt. 4Und die Söhne, zu denen ich dich sende,
haben harte Köpfe und verstockte Herzen. 6Und du, Menschenkind,
sollst dich vor ihnen nicht fürchten noch vor ihren Worten.

9Und ich sah, und siehe, da war eine Hand gegen mich aus-
gestreckt, die hielt eine Schriftrolle. 10Die breitete sie aus vor mir, und
sie war außen und innen beschrieben, und darin stand geschrieben
Klage, Ach und Weh.

3 Und er sprach zu mir: Du Menschenkind, iß, was du vor dir hast!
Iß diese Schriftrolle und geh hin und rede zum Hause Israel! 2Da
tat ich meinen Mund auf, und er gab mir die Rolle zu essen 3und
sprach zu mir: Du Menschenkind, du mußt diese Schriftrolle, die ich
dir gebe, in dich hinein essen und deinen Leib damit füllen. Da aß ich
sie, und sie war in meinem Munde so süß wie Honig. 4Und er sprach
zu mir: Du Menschenkind, geh hin zum Hause Israel und verkündige
ihnen meine Worte.

14Da hob mich der Geist empor und führte mich weg. Und ich fuhr
dahin im bitteren Grimm meines Geistes, und die Hand des HERRN
lag schwer auf mir. 15Und ich kam zu den Weggeführten, die am Fluß
Kebar wohnten, nach Tel-Abib und setzte mich zu denen, die dort
wohnten, und blieb dort unter ihnen sieben Tage ganz verstört. 16Und
als die sieben Tage um waren, geschah des HERRN Wort zu mir: 17Du
Menschenkind, ich habe dich zum Wächter gesetzt über das Haus
Israel. Du wirst aus meinem Munde das Wort hören und sollst sie in
meinem Namen warnen.

Sie werden untergehen!

5 5So spricht Gott der HERR: Das ist Jerusalem, das ich mitten unter
die Heiden gesetzt habe und unter die Länder ringsumher! 6Aber
es widersprach meinen Ordnungen und trieb es schlimmer als die
Heiden.

7Darum spricht Gott der HERR: Weil ihr es schlimmer getrieben
habt als die Heiden, die um euch her sind, und nach meinen Geboten
nicht gelebt und meine Ordnungen nicht gehalten habt und nicht

einmal nach den Ordnungen der Heiden gelebt habt, die um euch her
sind, [8]so spricht Gott der HERR: Siehe, auch ich will an dich und
Gericht über dich ergehen lassen, daß die Heiden zusehen sollen,
[9]und will so mit dir umgehen, wie ich es nie getan habe und auch
nicht mehr tun werde, um aller deiner Greuel willen.

6 Und des HERRN Wort geschah zu mir: [2]Du Menschenkind, richte
dein Angesicht gegen die Berge Israels und weissage gegen sie
[3]und sprich: Ihr Berge Israels, höret das Wort Gottes des HERRN! So
spricht Gott der HERR zu den Bergen und Hügeln, zu den Gründen
und Tälern: Siehe, ich will das Schwert über euch bringen und eure
Opferhöhen zerstören. [6]Überall, wo ihr wohnt, sollen die Städte ver-
wüstet und die Opferhöhen zur Einöde werden; denn man wird eure
Altäre wüst und zur Einöde machen und eure Götzen zerbrechen und
zunichte machen und eure Rauchopfersäulen zerschlagen und eure
Machwerke vertilgen.

Ihre Führer müssen umkommen!

11 Und der Geist hob mich empor und brachte mich zum Tor am
Hause des HERRN, das gegen Osten liegt. Und siehe, im Eingang
des Tores waren fünfundzwanzig Männer, und ich sah unter ihnen die
Obersten im Volk. [2]Und er sprach zu mir: Menschenkind, das sind
die Männer, die Unheil planen und schädlichen Rat geben in dieser
Stadt.

[5]Und der Geist des HERRN fiel auf mich, und er sprach zu mir:
Sage: [8]Das Schwert, das ihr fürchtet, das will ich über euch kommen
lassen, spricht Gott der HERR. [9]Ich will euch aus der Stadt hinaus-
treiben und Fremden in die Hand geben und will Gericht über euch
halten. [10]Ihr sollt durchs Schwert fallen; an der Grenze Israels will ich
euch richten; und ihr sollt erfahren, daß ich der HERR bin.

[13]Da fiel ich auf mein Angesicht und schrie mit lauter Stimme und
sprach: Ach, Herr HERR, willst du dem Rest Israels ganz und gar ein
Ende machen?

Die Verschleppten dürfen hoffen!

[14]Da geschah des HERRN Wort zu mir: [15]Du Menschenkind, die Leute,
die noch in Jerusalem wohnen, sagen von deinen Brüdern und
Verwandten und dem ganzen Haus Israel: Sie sind ferne vom HERRN,
aber uns ist das Land zum Eigentum gegeben. [16]Darum sage: So
spricht Gott der HERR: Ja, ich habe sie fern weg unter die Heiden

vertrieben und in die Länder zerstreut und bin ihnen nur wenig zum
Heiligtum geworden in den Ländern, in die sie gekommen sind.
[17]Darum sage: So spricht Gott der HERR: Ich will euch zusammen-
bringen aus den Völkern und will euch sammeln aus den Ländern, in
die ihr zerstreut seid, und will euch das Land Israels geben. [18]Dorthin
sollen sie kommen und alle seine Götzen und Greuel daraus wegtun.
[19]Und ich will ihnen ein anderes Herz geben und einen neuen Geist
in sie geben und will das steinerne Herz wegnehmen aus ihrem Leibe
und ihnen ein fleischernes Herz geben, [20]damit sie in meinen
Geboten wandeln und meine Ordnungen halten und danach tun.
Und sie sollen mein Volk sein, und ich will ihr Gott sein. [21]Denen
aber, die mit ihrem Herzen ihren Götzen und ihren Greueln nach-
wandeln, will ich ihr Tun auf ihren Kopf kommen lassen, spricht Gott
der HERR.

Es wird bald geschehen!

12 [21]Und des HERRN Wort geschah zu mir: [22]Du Menschenkind,
was habt ihr da für ein Gerede im Lande Israels? Ihr sagt: »Es
dauert so lange, und es wird nichts aus der Weissagung.« [23]Darum
sage zu ihnen: So spricht Gott der HERR: Ich will diesem Gerede ein
Ende machen, daß man es nicht mehr im Munde führen soll in Israel.
Sage vielmehr zu ihnen: Die Zeit ist nahe, und alles kommt, was
geweissagt ist. [24]Denn es soll hinfort keine trügenden Gesichte und
keine falsche Offenbarung mehr geben im Hause Israel. [25]Denn ich
bin der HERR. Was ich rede, das soll geschehen und sich nicht lange
hinausziehen, sondern in eurer Zeit, du Haus des Widerspruchs, rede
ich ein Wort und tue es auch, spricht Gott der HERR.

Die falschen Propheten werden verstoßen!

13 Und des HERRN Wort geschah zu mir: [2]Du Menschenkind,
weissage gegen die Propheten Israels und sprich zu denen, die
aus eigenem Antrieb heraus weissagen »Höret des HERRN Wort!«: [3]So
spricht Gott der HERR: Weh den törichten Propheten, die ihrem
eigenen Geist folgen und haben doch keine Gesichte! [7]Ist's nicht viel-
mehr so: Eure Gesichte sind nichtig, und euer Wahrsagen ist lauter
Lüge? Und ihr sprecht doch: »Der HERR hat's geredet«, wo ich doch
nichts geredet habe.
[8]Darum spricht Gott der HERR: Weil ihr Trug redet und Lügen
wahrsagt, siehe, darum will ich an euch, spricht Gott der HERR. [9]Und
meine Hand soll über die Propheten kommen, die Trug reden und

Lügen wahrsagen. Sie sollen in der Gemeinschaft meines Volks nicht
bleiben und in das Buch des Hauses Israel nicht eingeschrieben
werden und ins Land Israels nicht kommen – und ihr sollt erfahren,
daß ich Gott der HERR bin.

Wer seine Schuld bekennt, wird leben!

18 Und des HERRN Wort geschah zu mir: 2 Was habt ihr unter
euch im Lande Israels für ein Sprichwort: »Die Väter haben
saure Trauben gegessen, aber den Kindern sind die Zähne davon
stumpf geworden«?
3 So wahr ich lebe, spricht Gott der HERR: dies Sprichwort soll nicht
mehr unter euch umgehen in Israel. 4 Denn siehe, alle Menschen
gehören mir; die Väter gehören mir so gut wie die Söhne; jeder, der
sündigt, soll sterben. 21 Wenn sich aber der Gottlose bekehrt von allen
seinen Sünden, die er getan hat, und hält alle meine Gesetze und übt
Recht und Gerechtigkeit, so soll er am Leben bleiben und nicht
sterben. 22 Es soll an alle seine Übertretungen, die er begangen hat,
nicht gedacht werden, sondern er soll am Leben bleiben um der
Gerechtigkeit willen, die er getan hat. 23 Meinst du, daß ich Gefallen
habe am Tode des Gottlosen, spricht Gott der HERR, und nicht viel-
mehr daran, daß er sich bekehrt von seinen Wegen und am Leben
bleibt?

Ich selbst will ihr Hirte sein!

34 Und des HERRN Wort geschah zu mir: 2 Du Menschenkind,
weissage gegen die Hirten Israels, weissage und sprich zu
ihnen: So spricht Gott der HERR: Wehe den Hirten Israels, die sich
selbst weiden! Sollen die Hirten nicht die Herde weiden? 3 Aber ihr eßt
das Fett und kleidet euch mit der Wolle und schlachtet das
Gemästete, aber die Schafe wollt ihr nicht weiden. 4 Das Schwache
stärkt ihr nicht, und das Kranke heilt ihr nicht, das Verwundete ver-
bindet ihr nicht, das Verirrte holt ihr nicht zurück, und das Verlorene
sucht ihr nicht; das Starke aber tretet ihr nieder mit Gewalt. 5 Und
meine Schafe sind zerstreut, weil sie keinen Hirten haben, und sind
allen wilden Tieren zum Fraß geworden und zerstreut. 6 Sie irren
umher auf allen Bergen und auf allen hohen Hügeln und sind über
das ganze Land zerstreut, und niemand ist da, der nach ihnen fragt
oder auf sie achtet.
7 Darum hört, ihr Hirten, des HERRN Wort! 8 So wahr ich lebe,
spricht Gott der HERR: weil meine Schafe zum Raub geworden sind

und meine Herde zum Fraß für alle wilden Tiere, weil sie keinen
Hirten hatten und meine Hirten nach meiner Herde nicht fragten,
sondern die Hirten sich selbst weideten, aber meine Schafe nicht
weideten, 9darum, ihr Hirten, hört des HERRN Wort! 10So spricht Gott
der HERR: Siehe, ich will an die Hirten und will meine Herde von
ihren Händen fordern; ich will ein Ende damit machen, daß sie Hirten
sind, und sie sollen sich nicht mehr selbst weiden. Ich will meine
Schafe erretten aus ihrem Rachen, daß sie sie nicht mehr fressen
sollen.

11Denn so spricht Gott der HERR: Siehe, ich will mich meiner Herde
selbst annehmen und sie suchen. 12Wie ein Hirte seine Schafe sucht,
wenn sie von seiner Herde verirrt sind, so will ich meine Schafe
suchen und will sie erretten von allen Orten, wohin sie zerstreut
waren zur Zeit, als es trüb und finster war. 13Ich will sie aus allen
Völkern herausführen und aus allen Ländern sammeln und will sie in
ihr Land bringen und will sie weiden auf den Bergen Israels, in den
Tälern und an allen Plätzen des Landes. 14Ich will sie auf die beste
Weide führen, und auf den hohen Bergen in Israel sollen ihre Auen
sein; da werden sie auf guten Auen lagern und fette Weide haben auf
den Bergen Israels. 15Ich selbst will meine Schafe weiden, und ich will
sie lagern lassen, spricht Gott der HERR. 16Ich will das Verlorene
wieder suchen und das Verirrte zurückbringen und das Verwundete
verbinden und das Schwache stärken.

23Und ich will ihnen einen einzigen Hirten erwecken, der sie
weiden soll, nämlich meinen Knecht David. Der wird sie weiden und
soll ihr Hirte sein, 24und ich, der HERR, will ihr Gott sein, aber mein
Knecht David soll der Fürst unter ihnen sein; das sage ich, der HERR.

Ich will neues Leben für mein Volk!

37 Des HERRN Hand kam über mich, und er führte mich hinaus
im Geist des HERRN und stellte mich mitten auf ein weites
Feld; das lag voller Totengebeine. 2Und er führte mich überall
hindurch. Und siehe, es lagen sehr viele Gebeine über das Feld hin,
und siehe, sie waren ganz verdorrt.

3Und er sprach zu mir: Du Menschenkind, meinst du wohl, daß
diese Gebeine wieder lebendig werden? Und ich sprach: HERR, mein
Gott, du weißt es. 4Und er sprach zu mir: Weissage über diese
Gebeine und sprich zu ihnen: Ihr verdorrten Gebeine, höret des
HERRN Wort! 5So spricht Gott der HERR zu diesen Gebeinen: Siehe,
ich will Odem in euch bringen, daß ihr wieder lebendig werdet. 6Ich
will euch Sehnen geben und lasse Fleisch über euch wachsen und

überziehe euch mit Haut und will euch Odem geben, daß ihr wieder
lebendig werdet; und ihr sollt erfahren, daß ich der HERR bin.

7 Und ich weissagte, wie mir befohlen war. Und siehe, da rauschte
es, als ich weissagte, und siehe, es regte sich, und die Gebeine rückten
zusammen, Gebein zu Gebein. 8 Und ich sah, und siehe, es wuchsen
Sehnen und Fleisch darauf, und sie wurden mit Haut überzogen; es
war aber noch kein Odem in ihnen. 9 Und er sprach zu mir: Weissage
zum Odem; weissage, du Menschenkind, und sprich zum Odem: So
spricht Gott der HERR: Odem, komm herzu von den vier Winden und
blase diese Getöteten an, daß sie wieder lebendig werden! 10 Und ich
weissagte, wie er mir befohlen hatte. Da kam der Odem in sie, und sie
wurden wieder lebendig und stellten sich auf ihre Füße, ein überaus
großes Heer.

11 Und er sprach zu mir: Du Menschenkind, diese Gebeine sind das
ganze Haus Israel. Siehe, jetzt sprechen sie: Unsere Gebeine sind
verdorrt, und unsere Hoffnung ist verloren, und es ist aus mit uns.
12 Darum weissage und sprich zu ihnen: So spricht Gott der HERR:
Siehe, ich will eure Gräber auftun und hole euch, mein Volk, aus euren
Gräbern herauf und bringe euch ins Land Israels. 13 Und ihr sollt
erfahren, daß ich der HERR bin, wenn ich eure Gräber öffne und euch,
mein Volk, aus euren Gräbern heraufhole. 14 Und ich will meinen
Odem in euch geben, daß ihr wieder leben sollt, und will euch in euer
Land setzen, und ihr sollt erfahren, daß ich der HERR bin. Ich rede es
und tue es auch, spricht der HERR.

Das Traumbild von der neuen Stadt

40 Im fünfundzwanzigsten Jahr unserer Gefangenschaft, im vier-
zehnten Jahr, nachdem die Stadt eingenommen war, kam die
Hand des HERRN über mich und führte mich 2 ins Land Israel und
stellte mich auf einen sehr hohen Berg; darauf war etwas wie der Bau
einer Stadt gegen Süden.

43 2 Und siehe, die Herrlichkeit des Gottes Israels kam von Osten
und brauste, wie ein großes Wasser braust, und es ward sehr
licht auf der Erde von seiner Herrlichkeit. 3 Und es war ganz so wie
das Gesicht, das ich gesehen hatte am Fluß Kebar. Da fiel ich nieder
auf mein Angesicht. 4 Und die Herrlichkeit des HERRN kam hinein ins
Tempelhaus durch das Tor, das nach Osten liegt. 5 Da hob mich der
Geist auf und brachte mich in den inneren Vorhof; und siehe, die
Herrlichkeit des HERRN erfüllte das Haus.

6 Und ich hörte einen mit mir reden vom Hause heraus:
7 Du Menschenkind, das ist der Ort meines Thrones und die Stätte

meiner Fußsohlen; hier will ich für immer wohnen unter den
Israeliten.

48 35 Und alsdann soll die Stadt genannt werden »Hier ist der
HERR«.

DER PROPHET DANIEL

Im fremden Land

1 Im dritten Jahr der Herrschaft Jojakims, des Königs von Juda, zog
Nebukadnezar, der König von Babel, vor Jerusalem und belagerte
es. 2Und der HERR gab in seine Hand Jojakim, den König von Juda,
und einen Teil der Geräte aus dem Hause Gottes. Die ließ er ins Land
Schinar bringen, in den Tempel seines Gottes, und tat die Geräte in
die Schatzkammer seines Gottes.

3Und der König sprach zu Aschpenas, seinem obersten Kämmerer,
er sollte einige von den Israeliten auswählen, und zwar von könig-
lichem Stamm und von edler Herkunft, 4junge Leute, die keine
Gebrechen hätten, sondern schön, begabt, weise, klug und verständig
wären, also fähig, an des Königs Hof zu dienen; und er sollte sie in
Schrift und Sprache der Chaldäer unterrichten lassen. 5Und der König
bestimmte, was man ihnen täglich geben sollte von seiner Speise und
von dem Wein, den er selbst trank; so sollten sie drei Jahre erzogen
werden und danach vor dem König dienen.

6Unter ihnen waren aus Juda Daniel, Hananja, Mischaël und Asarja.
17Und diesen vier jungen Leuten gab Gott Einsicht und Verstand für
jede Art von Schrift und Weisheit. Daniel aber verstand sich auf
Gesichte und Träume jeder Art. 20Und der König fand sie in allen
Sachen, die er sie fragte, zehnmal klüger und verständiger als alle
Zeichendeuter und Weisen in seinem ganzen Reich.

Die Schrift an der Wand

5 König Belsazar machte ein herrliches Mahl für seine tausend
Mächtigen und soff sich voll mit ihnen. 2Und als er betrunken
war, ließ er die goldenen und silbernen Gefäße herbringen, die sein
Vater Nebukadnezar aus dem Tempel zu Jerusalem weggenommen
hatte, damit der König mit seinen Mächtigen, mit seinen Frauen und
mit seinen Nebenfrauen daraus tränke. 3Da wurden die goldenen und
silbernen Gefäße herbeigebracht, die aus dem Tempel, aus dem Hause
Gottes zu Jerusalem, weggenommen worden waren; und der König,
seine Mächtigen, seine Frauen und Nebenfrauen tranken daraus.
4Und als sie so tranken, lobten sie die goldenen, silbernen, ehernen,
eisernen, hölzernen und steinernen Götter.

[5]Im gleichen Augenblick gingen hervor Finger wie von einer
Menschenhand, die schrieben gegenüber dem Leuchter auf die
getünchte Wand in dem königlichen Saal. Und der König erblickte
die Hand, die da schrieb. [6]Da entfärbte sich der König, und seine
Gedanken erschreckten ihn, so daß er wie gelähmt war und ihm die
Beine zitterten. [7]Und der König rief laut, daß man die Weisen, Gelehr-
ten und Wahrsager herbeiholen solle. Und er ließ den Weisen von
Babel sagen: Welcher Mensch diese Schrift lesen kann und mir sagt,
was sie bedeutet, der soll mit Purpur gekleidet werden und eine
goldene Kette um den Hals tragen und der Dritte in meinem König-
reich sein. [8]Da wurden alle Weisen des Königs hereingeführt, aber sie
konnten weder die Schrift lesen noch die Deutung dem König kund-
tun. [9]Darüber erschrak der König Belsazar noch mehr und verlor
seine Farbe ganz, und seinen Mächtigen wurde angst und bange.
[10]Da ging auf die Worte des Königs und seiner Mächtigen die

Königinmutter in den Saal hinein und sprach: Der König lebe ewig!
Laß dich von deinen Gedanken nicht so erschrecken, und entfärbe
dich nicht! 11 Es ist ein Mann in deinem Königreich, der den Geist der
heiligen Götter hat. 12 Das ist Daniel, der wird sagen, was es bedeutet.

13 Da wurde Daniel vor den König geführt. Und der König sprach
zu Daniel: 16 Kannst du die Schrift lesen und mir sagen, was sie
bedeutet, so sollst du mit Purpur gekleidet werden und eine goldene
Kette um deinen Hals tragen und der Dritte in meinem Königreich
sein.

17 Da fing Daniel an und sprach vor dem König: Behalte deine
Gaben und gib dein Geschenk einem andern; ich will dennoch die
Schrift dem König lesen und kundtun, was sie bedeutet. 18 Mein König,
Gott der Höchste hat deinem Vater Nebukadnezar Königreich, Macht,
Ehre und Herrlichkeit gegeben. 19 Und um solcher Macht willen, die
ihm gegeben war, fürchteten und scheuten sich vor ihm alle Völker
und Leute aus so vielen verschiedenen Sprachen. Er tötete, wen er
wollte; er ließ leben, wen er wollte; er erhöhte, wen er wollte; er
demütigte, wen er wollte. 20 Als sich aber sein Herz überhob und er
stolz und hochmütig wurde, da wurde er vom königlichen Thron
gestoßen und verlor seine Ehre, 21 bis er lernte, daß Gott der Höchste
Gewalt hat über die Königreiche der Menschen und sie gibt, wem er
will.

22 Aber du, Belsazar, sein Sohn, hast dein Herz nicht gedemütigt,
obwohl du das alles wußtest, 23 sondern hast dich gegen den Herrn
des Himmels erhoben, und die Gefäße seines Hauses hat man vor
dich bringen müssen, und du, deine Mächtigen, deine Frauen und
deine Nebenfrauen, ihr habt daraus getrunken; dazu hast du die
silbernen, goldenen, ehernen, eisernen, hölzernen, steinernen Götter
gelobt, die weder sehen noch hören noch fühlen können. Den Gott
aber, der deinen Odem und alle deine Wege in seiner Hand hat, hast
du nicht verehrt. 24 Darum wurde von ihm diese Hand gesandt und
diese Schrift geschrieben.

25 So aber lautet die Schrift, die dort geschrieben steht: Mene mene
tekel u-parsin. 26 Und sie bedeutet dies: Mene, das ist, Gott hat dein
Königtum gezählt und beendet. 27 Tekel, das ist, man hat dich auf der
Waage gewogen und zu leicht befunden. 28 Peres, das ist, dein Reich
ist zerteilt und den Medern und Persern gegeben.

29 Da befahl Belsazar, daß man Daniel mit Purpur kleiden sollte
und ihm eine goldene Kette um den Hals geben; und er ließ von ihm
verkünden, daß er der Dritte im Königreich sei.

30 Aber in derselben Nacht wurde Belsazar, der König der Chaldäer,
getötet.

Den Löwen vorgeworfen

6 Und Darius aus Medien übernahm das Reich, als er zweiund-
sechzig Jahre alt war. 2 Und es gefiel Darius, über das ganze
Königreich hundertundzwanzig Statthalter zu setzen. 3 Über sie setzte
er drei Fürsten, von denen einer Daniel war. Ihnen sollten die Statt-
halter Rechenschaft ablegen, damit der König der Mühe enthoben
wäre. 4 Daniel aber übertraf alle Fürsten und Statthalter, denn es war
ein überragender Geist in ihm. Darum dachte der König daran, ihn
über das ganze Königreich zu setzen. 5 Da trachteten die Fürsten und
Statthalter danach, an Daniel etwas zu finden, das gegen das König-
reich gerichtet wäre. Aber sie konnten keinen Grund zur Anklage und
kein Vergehen finden; denn er war treu, so daß man keine Schuld und
kein Vergehen bei ihm finden konnte.
6 Da sprachen die Männer: Wir werden keinen Grund zur Anklage
gegen Daniel finden, es sei denn wegen seiner Gottesverehrung. 7 Da
kamen die Fürsten und Statthalter eilends vor den König gelaufen
und sprachen zu ihm: Der König Darius lebe ewig! 8 Es haben die
Fürsten des Königreichs, die Würdenträger, die Statthalter, die Räte
und Befehlshaber alle gedacht, es solle ein königlicher Befehl gegeben
und ein strenges Gebot erlassen werden, daß jeder, der in dreißig
Tagen etwas bitten wird von irgendeinem Gott oder Menschen außer
von dir, dem König, allein, zu den Löwen in die Grube geworfen
werden soll. 9 Darum, o König, wollest du ein solches Gebot ausgehen
lassen und ein Schreiben aufsetzen, das nicht wieder geändert werden
darf nach dem Gesetz der Meder und Perser, das unaufhebbar ist. 10 So
ließ der König Darius das Schreiben und das Gebot aufsetzen.
11 Als nun Daniel erfuhr, daß ein solches Gebot ergangen war, ging
er hinein in sein Haus. Er hatte aber an seinem Obergemach offene
Fenster nach Jerusalem, und er fiel dreimal am Tag auf seine Knie,
betete, lobte und dankte seinem Gott, wie er es auch vorher zu tun
pflegte. 12 Da kamen jene Männer eilends gelaufen und fanden Daniel,
wie er betete und flehte vor seinem Gott. 13 Da traten sie vor den
König und redeten mit ihm: 14 Daniel, einer der Gefangenen aus Juda,
der achtet weder dich noch dein Gebot, das du erlassen hast; denn er
betet dreimal am Tage.
15 Als der König das hörte, wurde er sehr betrübt und war darauf
bedacht, Daniel die Freiheit zu erhalten, und mühte sich, bis die
Sonne unterging, ihn zu erretten. 16 Aber die Männer kamen wieder
zum König gelaufen und sprachen zu ihm: Du weißt doch, König, es
ist das Gesetz der Meder und Perser, daß alle Gebote und Befehle, die
der König beschlossen hat, unverändert bleiben sollen. 17 Da befahl

der König, Daniel herzubringen. Und sie warfen ihn zu den Löwen in
die Grube. Der König aber sprach zu Daniel: Dein Gott, dem du ohne
Unterlaß dienst, der helfe dir! 18 Und sie brachten einen Stein, den
legten sie vor die Öffnung der Grube; den versiegelte der König mit
seinem eigenen Ring und mit dem Ringe seiner Mächtigen, damit
nichts anderes mit Daniel geschähe. 19 Und der König ging weg in
seinen Palast und fastete die Nacht über und ließ kein Essen vor sich
bringen und konnte auch nicht schlafen.

20 Früh am Morgen, als der Tag anbrach, stand der König auf und
ging eilends zur Grube, wo die Löwen waren. 21 Und als er zur Grube
kam, rief er Daniel mit angstvoller Stimme. Und der König sprach zu
Daniel: Daniel, du Knecht des lebendigen Gottes, hat dich dein Gott,
dem du ohne Unterlaß dienst, auch erretten können von den Löwen?
22 Daniel aber redete mit dem König: Der König lebe ewig! 23 Mein
Gott hat seinen Engel gesandt, der den Löwen den Rachen zugehalten
hat, so daß sie mir kein Leid antun konnten; denn vor ihm bin ich un-
schuldig, und auch gegen dich, mein König, habe ich nichts Böses
getan. 24 Da wurde der König sehr froh und ließ Daniel aus der Grube
herausziehen. Und sie zogen Daniel aus der Grube heraus, und man
fand keine Verletzung an ihm; denn er hatte seinem Gott vertraut.
25 Da ließ der König die Männer, die Daniel verklagt hatten, holen und
zu den Löwen in die Grube werfen.

26 Da ließ der König Darius allen Völkern und Leuten aus so vielen
verschiedenen Sprachen auf der ganzen Erde schreiben: Viel Friede
zuvor! 27 Das ist mein Befehl, daß man in meinem ganzen Königreich
den Gott Daniels fürchten und sich vor ihm scheuen soll. Denn er ist
der lebendige Gott, der ewig bleibt, und sein Reich ist unvergänglich,
und seine Herrschaft hat kein Ende. 28 Er ist ein Retter und Nothelfer,
und er tut Zeichen und Wunder im Himmel und auf Erden. Der hat
Daniel von den Löwen errettet.

29 Und Daniel hatte große Macht im Königreich des Darius und
auch im Königreich des Kyrus von Persien.

Das Geheimnis der Weltgeschichte

7 Im ersten Jahr Belsazars, des Königs von Babel, hatte Daniel einen
Traum; und er schrieb den Traum auf, und dies ist sein Inhalt:
2 Ich, Daniel, sah ein Gesicht in der Nacht, und siehe, die vier Winde
unter dem Himmel wühlten das große Meer auf. 3 Und vier große
Tiere stiegen herauf aus dem Meer, ein jedes anders als das andere.
4 Das erste war wie ein Löwe und hatte Flügel wie ein Adler. Ich sah,
wie ihm die Flügel genommen wurden. Und es wurde von der Erde

aufgehoben und auf zwei Füße gestellt wie ein Mensch, und es wurde
ihm ein menschliches Herz gegeben. 5Und siehe, ein anderes Tier, das
zweite, war gleich einem Bären und war auf der einen Seite aufgerich-
tet und hatte in seinem Maul zwischen seinen Zähnen drei Rippen.
Und man sprach zu ihm: Steh auf und friß viel Fleisch! 6Danach sah
ich, und siehe, ein anderes Tier, gleich einem Panther, das hatte vier
Flügel wie ein Vogel auf seinem Rücken, und das Tier hatte vier Köpfe,
und ihm wurde große Macht gegeben. 7Danach sah ich in diesem
Gesicht in der Nacht, und siehe, ein viertes Tier war furchtbar und
schrecklich und sehr stark und hatte große eiserne Zähne, fraß um
sich und zermalmte, und was übrigblieb, zertrat es mit seinen Füßen.
Es war auch ganz anders als die vorigen Tiere und hatte zehn Hörner.
8Als ich aber auf die Hörner achtgab, siehe, da brach ein anderes
kleines Horn zwischen ihnen hervor, vor dem drei der vorigen Hörner
ausgerissen wurden. Und siehe, das Horn hatte Augen wie Menschen-
augen und ein Maul; das redete große Dinge.

9Ich sah, wie Throne aufgestellt wurden, und einer, der uralt war,
setzte sich. Sein Kleid war weiß wie Schnee und das Haar auf seinem
Haupt rein wie Wolle; Feuerflammen waren sein Thron und dessen
Räder loderndes Feuer. 10Und von ihm ging aus ein langer feuriger
Strahl. Tausendmal Tausende dienten ihm, und zehntausendmal
Zehntausende standen vor ihm. Das Gericht wurde gehalten, und die
Bücher wurden aufgetan. 11Ich merkte auf um der großen Reden
willen, die das Horn redete, und ich sah, wie das Tier getötet wurde
und sein Leib umkam und ins Feuer geworfen wurde. 12Und mit der
Macht der andern Tiere war es auch aus; denn es war ihnen Zeit und
Stunde bestimmt, wie lang ein jedes leben sollte.

13Ich sah in diesem Gesicht in der Nacht, und siehe, es kam einer
mit den Wolken des Himmels wie eines Menschen Sohn und gelangte
zu dem, der uralt war, und wurde vor ihn gebracht. 14Der gab ihm
Macht, Ehre und Reich, daß ihm alle Völker und Leute aus so vielen
verschiedenen Sprachen dienen sollten. Seine Macht ist ewig und ver-
geht nicht, und sein Reich hat kein Ende. 15Ich, Daniel, war entsetzt,
und dies Gesicht erschreckte mich.

16Und ich ging zu einem von denen, die dastanden, und bat ihn,
daß er mir über das alles Genaueres berichtete. Und er redete mit mir
und sagte mir, was es bedeutete. 17Diese vier großen Tiere sind vier
Königreiche, die auf Erden kommen werden. 18Aber die Heiligen des
Höchsten werden das Reich empfangen und werden's immer und
ewig besitzen.

19Danach hätte ich gerne Genaueres gewußt über das vierte Tier,
das ganz anders war als alle andern, ganz furchtbar, mit eisernen

Zähnen und ehernen Klauen, das um sich fraß und zermalmte und
mit seinen Füßen zertrat, was übrigblieb; 20und über die zehn Hörner
auf seinem Haupt und über das andere Horn, das hervorbrach, vor
dem drei ausfielen; und es hatte Augen und ein Maul, das große
Dinge redete, und war größer als die Hörner, die neben ihm waren.
21Und ich sah das Horn kämpfen gegen die Heiligen, und es behielt
den Sieg über sie, 22bis der kam, der uralt war, und Recht schaffte den
Heiligen des Höchsten und bis die Zeit kam, daß die Heiligen das
Reich empfingen.

23Er sprach: Das vierte Tier wird das vierte Königreich auf Erden
sein; das wird ganz anders sein als alle andern Königreiche; es wird
alle Länder fressen, zertreten und zermalmen. 24Die zehn Hörner
bedeuten zehn Könige, die aus diesem Königreich hervorgehen
werden. Nach ihnen aber wird ein anderer aufkommen, der wird ganz
anders sein als die vorigen und wird drei Könige stürzen. 25Er wird
den Höchsten lästern und die Heiligen des Höchsten vernichten und
wird sich unterstehen, Festzeiten und Gesetz zu ändern. Sie werden in
seine Hand gegeben werden eine Zeit und zwei Zeiten und eine halbe
Zeit. 26Danach wird das Gericht gehalten werden; dann wird ihm
seine Macht genommen und ganz und gar vernichtet werden. 27Aber
das Reich und die Macht und die Gewalt über die Königreiche unter
dem ganzen Himmel wird dem Volk der Heiligen des Höchsten gege-
ben werden, dessen Reich ewig ist, und alle Mächte werden ihm
dienen und gehorchen.

Letzte Botschaft Gottes an Daniel

12 Zu jener Zeit wird Michael, der große Engelfürst, der für dein
Volk eintritt, sich aufmachen. Denn es wird eine Zeit so großer
Trübsal sein, wie sie nie gewesen ist, seitdem es Menschen gibt, bis zu
jener Zeit. Aber zu jener Zeit wird dein Volk errettet werden, alle, die
im Buch geschrieben stehen. 2Und viele, die unter der Erde schlafen
liegen, werden aufwachen, die einen zum ewigen Leben, die andern
zu ewiger Schmach und Schande. 3Und die da lehren, werden leuch-
ten wie des Himmels Glanz, und die viele zur Gerechtigkeit weisen,
wie die Sterne immer und ewiglich.

4Und du, Daniel, verbirg diese Worte, und versiegle dies Buch bis
auf die letzte Zeit.

DER PROPHET HOSEA

Wem lauft ihr denn nach?

4 Höret, ihr Israeliten, des HERRN Wort! Denn der HERR hat
Ursache, zu schelten, die im Lande wohnen; denn es ist keine
Treue, keine Liebe und keine Erkenntnis Gottes im Lande, 2sondern
Verfluchen, Lügen, Morden, Stehlen und Ehebrechen haben über-
handgenommen, und eine Blutschuld kommt nach der andern.
3Darum wird das Land dürre stehen, und alle seine Bewohner werden
dahinwelken; auch die Tiere auf dem Felde und die Vögel unter dem
Himmel und die Fische im Meer werden weggerafft.
5 10Die Oberen von Juda sind denen gleich, die die Grenze ver-
rücken; darum will ich meinen Zorn über sie ausschütten wie
Wasser. 11Ephraim leidet Gewalt, zertreten ist das Recht; denn es
gefiel ihm, dem Nichtigen nachzulaufen.
15Ich will wieder an meinen Ort gehen, bis sie ihre Schuld erken-
nen und mein Angesicht suchen; wenn's ihnen übel ergeht, so werden
6 sie mich suchen: 1»Kommt, wir wollen wieder zum HERRN; denn
er hat uns zerrissen, er wird uns auch heilen, er hat uns geschla-
gen, er wird uns auch verbinden. 2Er macht uns lebendig nach zwei
Tagen, er wird uns am dritten Tage aufrichten, daß wir vor ihm leben
werden. 3Laßt uns darauf achthaben und danach trachten, den HERRN
zu erkennen; denn er wird hervorbrechen wie die schöne Morgenröte
und wird zu uns kommen wie ein Regen, wie ein Spätregen, der das
Land feuchtet.«
4Was soll ich dir tun, Ephraim? Was soll ich dir tun, Juda? Denn
eure Liebe ist wie eine Wolke am Morgen und wie der Tau, der früh-
morgens vergeht. 5Darum schlage ich drein durch die Propheten und
töte sie durch die Worte meines Mundes, daß mein Recht wie das
Licht hervorkomme. 6Denn ich habe Lust an der Liebe und nicht am
Opfer, an der Erkenntnis Gottes und nicht am Brandopfer.

Wer soll euer Gott sein?

8 4Sie machen Könige, aber ohne mich; sie setzen Obere ein, und
ich darf es nicht wissen. Aus ihrem Silber und Gold machen sie
Götzen, damit sie ja bald ausgerottet werden! 5Dein Kalb, Samaria,
verwerfe ich. Mein Zorn ist gegen sie entbrannt. Wie lange soll das

noch andauern? Sie können doch nicht ungestraft bleiben, die Söhne
Israel. 6Ein Goldschmied hat das Kalb gemacht, und es kann doch
kein Gott sein; darum soll das Kalb Samarias zerpulvert werden.
7Denn sie säen Wind und werden Sturm ernten.

11Ephraim hat sich viele Altäre gemacht; aber sie sind ihm zur
Sünde geworden. 12Wenn ich ihm auch noch so viele meiner Gebote
aufschreibe, so werden sie doch geachtet wie eine fremde Lehre.
13Wenn sie auch viel opfern und Fleisch herbringen und essen's, so
hat doch der HERR kein Gefallen daran, sondern er will ihrer Schuld
gedenken und ihre Sünden heimsuchen. Sie sollen wieder zurück
nach Ägypten! 14Israel vergißt seinen Schöpfer und baut Paläste, und
Juda macht viele feste Städte; aber ich will Feuer in seine Städte
senden, das soll seine Paläste verzehren.

Wie könnte ich euch vergessen?

11 Als Israel jung war, hatte ich ihn lieb und rief ihn, meinen Sohn,
aus Ägypten; 2aber wenn man sie jetzt ruft, so wenden sie sich
davon und opfern den Baalen und räuchern den Bildern. 3Ich lehrte
Ephraim gehen und nahm ihn auf meine Arme; aber sie merkten's
nicht, wie ich ihnen half. 4Ich ließ sie ein menschliches Joch ziehen
und in Seilen der Liebe gehen und half ihnen das Joch auf ihrem
Nacken tragen und gab ihnen Nahrung, 5daß sie nicht wieder nach
Ägyptenland zurückkehren sollten.

Nun aber muß Assur ihr König sein; denn sie wollen sich nicht
bekehren. 6Darum soll das Schwert über ihre Städte kommen und
soll ihre Riegel zerbrechen und sie fressen um ihres Vorhabens willen.
7Mein Volk ist müde, sich zu mir zu kehren, und wenn man ihnen
predigt, so richtet sich keiner auf.

8Wie kann ich dich preisgeben, Ephraim, und dich ausliefern,
Israel? Mein Herz ist andern Sinnes, alle meine Barmherzigkeit ist ent-
brannt. 9Ich will nicht tun nach meinem grimmigen Zorn noch
Ephraim wieder verderben. Denn ich bin Gott und nicht ein Mensch
und bin der Heilige unter dir und will nicht kommen, zu verheeren.

13 4Ich aber bin der HERR, dein Gott, von Ägyptenland her, und
du solltest keinen andern Gott kennen als mich und keinen
Heiland als allein mich. 5Ich nahm mich ja deiner an in der Wüste, im
dürren Lande. 6Aber als sie geweidet wurden, daß sie satt wurden und
genug hatten, erhob sich ihr Herz; darum vergessen sie mich.

9Israel, du bringst dich ins Unglück; denn dein Heil steht allein bei
mir. 10Wo ist dein König, der dir helfen kann in allen deinen Städten,

und deine Richter, von denen du sagtest: Gib mir einen König und
Obere? 11Ich gebe dir Könige in meinem Zorn und will sie dir nehmen
in meinem Grimm.

12Die Schuld Ephraims ist zusammengebunden, und seine Sünde
ist sicher verwahrt. 13Wehen kommen, daß er geboren werden soll,
aber er ist ein unverständiges Kind: Wenn die Zeit gekommen ist, so
will er den Mutterschoß nicht durchbrechen. 14Aber ich will sie aus
dem Totenreich erlösen und vom Tode erretten. Tod, ich will dir ein
Gift sein; Totenreich, ich will dir eine Pest sein; Rache kenne ich nicht
mehr.

DER PROPHET JOEL

Der große Tag

2 Blast die Posaune zu Zion, ruft laut auf meinem heiligen Berge!
Erzittert, alle Bewohner des Landes! Denn der Tag des Herrn
kommt und ist nahe, 2 ein finsterer Tag, ein dunkler Tag, ein wolkiger
Tag, ein nebliger Tag! Gleichwie die Morgenröte sich ausbreitet über
die Berge, so kommt ein großes und mächtiges Volk, desgleichen vor-
mals nicht gewesen ist und hinfort nicht sein wird auf ewige Zeiten
für und für. 3 Vor ihm her geht ein verzehrendes Feuer und hinter ihm
eine brennende Flamme. Das Land ist vor ihm wie der Garten Eden,
aber nach ihm wie eine wüste Einöde, und niemand wird ihm ent-
gehen. 10 Vor ihm erzittert das Land und bebt der Himmel, Sonne und
Mond werden finster, und die Sterne halten ihren Schein zurück. 11 Ja,
der Tag des Herrn ist groß und voller Schrecken, wer kann ihn
ertragen?
12 Doch auch jetzt noch, spricht der Herr, bekehret euch zu mir
von ganzem Herzen mit Fasten, mit Weinen, mit Klagen! 13 Zerreißet
eure Herzen und nicht eure Kleider und bekehret euch zu dem
Herrn, eurem Gott! Denn er ist gnädig, barmherzig, geduldig und von
großer Güte, und es gereut ihn bald die Strafe. 14 Wer weiß, ob es ihn
nicht wieder gereut und er einen Segen zurückläßt, so daß ihr opfern
könnt Speisopfer und Trankopfer dem Herrn, eurem Gott.
15 Blast die Posaune zu Zion, sagt ein heiliges Fasten an, ruft die
Gemeinde zusammen! 16 Versammelt das Volk, heiliget die Gemeinde,
sammelt die Ältesten, bringt zusammen die Kinder und die Säuglinge!
Der Bräutigam gehe aus seiner Kammer und die Braut aus ihrem
Gemach! 17 Laßt die Priester, des Herrn Diener, weinen zwischen Vor-
halle und Altar und sagen: Herr, schone dein Volk und laß dein Erb-
teil nicht zuschanden werden, daß Heiden über sie spotten! Warum
willst du unter den Völkern sagen lassen: Wo ist nun ihr Gott?

Der mächtige Helfer

18 Dann wird der Herr um sein Land eifern und sein Volk verschonen.
19 Und der Herr wird antworten und zu seinem Volk sagen: Siehe, ich
will euch Getreide, Wein und Öl die Fülle schicken, daß ihr genug
daran haben sollt, und will euch nicht mehr unter den Heiden

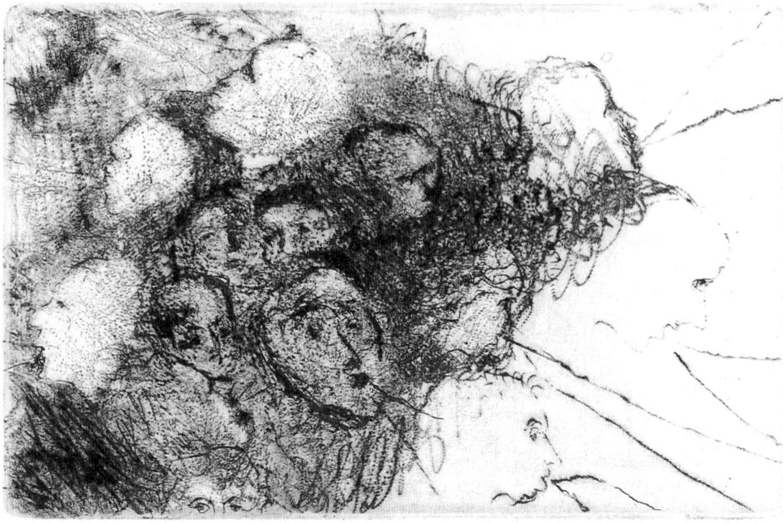

3,1

zuschanden werden lassen. 20 Und ich will den Feind aus Norden von
euch wegtreiben. 21 Fürchte dich nicht, liebes Land, sondern sei
fröhlich und getrost; denn der HERR kann auch Gewaltiges tun. 27 Und
ihr sollt's erfahren, daß ich mitten unter Israel bin und daß ich, der
HERR, euer Gott bin, und sonst keiner mehr, und mein Volk soll nicht
mehr zuschanden werden.

Der neue Geist

(vgl. Apostelgeschichte 2,16-21)

3 Und nach diesem will ich meinen Geist ausgießen über alles
Fleisch, und eure Söhne und Töchter sollen weissagen, eure Alten
sollen Träume haben, und eure Jünglinge sollen Gesichte sehen.
2 Auch will ich zur selben Zeit über Knechte und Mägde meinen Geist
ausgießen. 3 Und ich will Wunderzeichen geben am Himmel und auf
Erden: Blut, Feuer und Rauchdampf. 4 Die Sonne soll in Finsternis
und der Mond in Blut verwandelt werden, ehe denn der große und
schreckliche Tag des HERRN kommt. 5 Und es soll geschehen: wer des
HERRN Namen anrufen wird, der soll errettet werden. Denn auf dem
Berge Zion und zu Jerusalem wird Errettung sein, wie der HERR
verheißen hat, und bei den Entronnenen, die der HERR berufen wird.

DER PROPHET AMOS

Der Löwe brüllt, wer sollte sich nicht fürchten?

1 Dies ist's, was Amos, der unter den Schafzüchtern von Tekoa war,
gesehen hat über Israel zur Zeit Usijas, des Königs von Juda, und
Jerobeams, des Sohnes des Joasch, des Königs von Israel, zwei Jahre
vor dem Erdbeben. 2Und er sprach: Der HERR wird aus Zion brüllen
und seine Stimme aus Jerusalem hören lassen, daß die Auen der
Hirten vertrocknen werden und der Karmel oben verdorren wird.

2 4So spricht der HERR: Um drei, ja um vier Frevel willen derer
von Juda will ich sie nicht schonen, weil sie des HERRN Gesetz
verachten und seine Ordnungen nicht halten und sich von ihren
Lügengötzen verführen lassen, denen ihre Väter nachgefolgt sind;
5sondern ich will ein Feuer nach Juda schicken, das soll die Paläste
von Jerusalem verzehren.

6So spricht der HERR: Um drei, ja um vier Frevel willen derer von
Israel will ich sie nicht schonen, weil sie die Unschuldigen für Geld
und die Armen für ein Paar Schuhe verkaufen. 7Sie treten den Kopf
der Armen in den Staub und drängen die Elenden vom Wege. 8Und
bei allen Altären schlemmen sie auf den gepfändeten Kleidern und
trinken Wein vom Gelde der Bestraften im Hause ihres Gottes. 9Und
dabei habe ich den Amoriter vor ihnen her vertilgt, der so hoch war
wie die Zedern und so stark wie die Eichen, und ich vertilgte oben
seine Frucht und unten seine Wurzel. 10Auch habe ich euch aus
Ägyptenland geführt und vierzig Jahre in der Wüste geleitet, damit ihr
der Amoriter Land besäßet. 11Und ich habe aus euren Söhnen
Propheten erweckt und Gottgeweihte aus euren Jünglingen. Ist's nicht
so, ihr Israeliten? spricht der HERR. 12Aber ihr gebt den Gottgeweihten
Wein zu trinken und gebietet den Propheten und sprecht: Ihr sollt
nicht weissagen!

3 Höret, was der HERR wider euch redet, ihr Israeliten, wider alle
Geschlechter, die ich aus Ägyptenland geführt habe: 2Aus allen
Geschlechtern auf Erden habe ich allein euch erkannt, darum will ich
auch an euch heimsuchen alle eur Sünde.

3Können etwa zwei miteinander wandern, sie seien denn einig
untereinander? 4Brüllt etwa ein Löwe im Walde, wenn er keinen Raub

hat? Schreit etwa ein junger Löwe aus seiner Höhle, er habe denn
etwas gefangen? 5Fällt etwa ein Vogel zur Erde, wenn kein Fangnetz
da ist? Oder springt eine Falle auf von der Erde, sie habe denn etwas
gefangen? 6Bläst man etwa die Posaune in einer Stadt und das Volk
entsetzt sich nicht? Ist etwa ein Unglück in der Stadt, das der HERR
nicht tut? 7– Gott der HERR tut nichts, er offenbare denn seinen
Ratschluß den Propheten, seinen Knechten. – 8Der Löwe brüllt, wer
sollte sich nicht fürchten? Gott der HERR redet, wer sollte nicht
Prophet werden?

Sie achten kein Recht!

9Verkündigt in den Palästen von Aschdod und in den Palästen im
Lande Ägypten und sprecht: Sammelt euch auf den Bergen um
Samaria und sehet, welch ein großes Zetergeschrei und Unrecht darin
ist! 10Sie achten kein Recht, spricht der HERR; sie sammeln Schätze
von Frevel und Raub in ihren Palästen. 11Darum spricht Gott der
HERR: Man wird dies Land ringsumher bedrängen und dich von
deiner Macht herunterreißen und deine Häuser plündern.

4 Höret dies Wort, ihr fetten Kühe, die ihr auf dem Berge Samarias
seid und den Geringen Gewalt antut und schindet die Armen
und sprecht zu euren Herren: Bringt her, laßt uns saufen! 2Gott der
HERR hat geschworen bei seiner Heiligkeit: Siehe, es kommt die Zeit
über euch, daß man euch herausziehen wird mit Angeln und, was von
euch übrigbleibt, mit Fischhaken. 3Und ihr werdet zu den Mauer-
lücken hinaus müssen, eine jede vor sich hin, und zum Hermon weg-
geschleppt werden, spricht der HERR.

4Ja, kommt her nach Bethel und treibt Sünde, und nach Gilgal, um
noch viel mehr zu sündigen! Bringt eure Schlachtopfer am Morgen
und eure Zehnten am dritten Tage, 5räuchert Sauerteig zum Dank-
opfer und ruft freiwillige Opfer aus und verkündet sie; denn so habt
ihr's gern, ihr Israeliten, spricht Gott der HERR!

Vielleicht wird der Herr doch gnädig sein!

5 Höret, ihr vom Hause Israel, dies Wort; denn ich muß dies Klage-
lied über euch anstimmen:

2Die Jungfrau Israel ist gefallen, daß sie nicht wieder aufstehen
wird; sie ist zu Boden gestoßen, und niemand ist da, der ihr aufhelfe.
3Denn so spricht Gott der HERR: Die Stadt, aus der Tausend zum
Kampf ausziehen, soll nur Hundert übrigbehalten, und aus der
Hundert ausziehen, die soll nur Zehn übrigbehalten im Hause Israel.

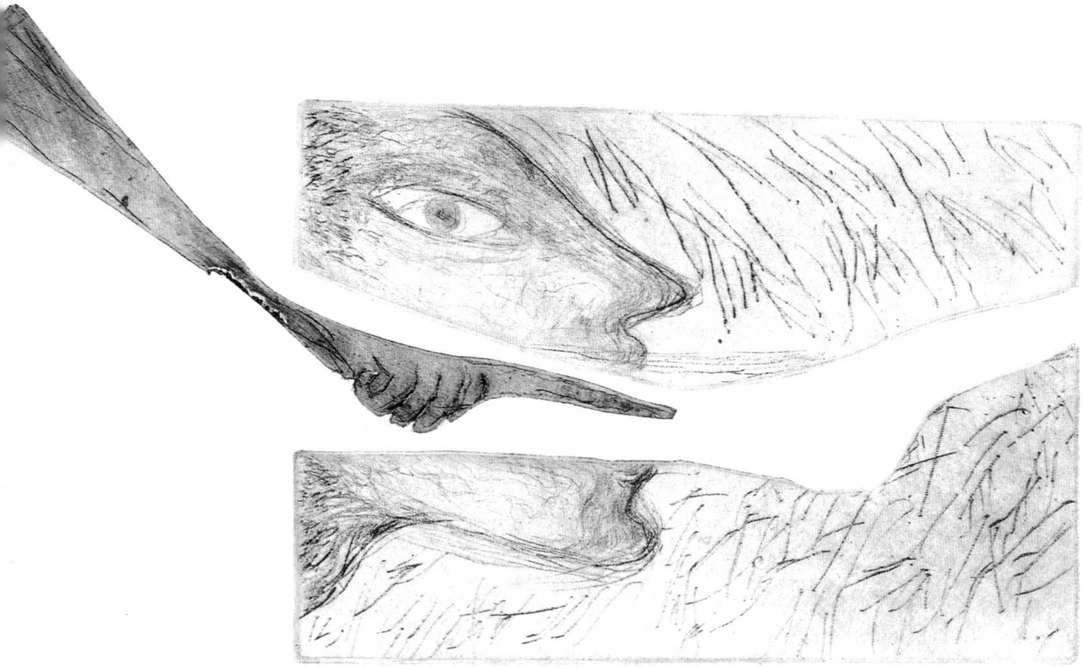

4Denn so spricht der HERR zum Hause Israel: Suchet mich, so
werdet ihr leben. 5Suchet nicht Bethel und kommt nicht nach Gilgal
und geht nicht nach Beerscheba; denn Gilgal wird gefangen wegge-
führt werden, und Bethel wird zunichte werden. 6Suchet den HERRN,
so werdet ihr leben.

11Darum, weil ihr die Armen unterdrückt und nehmt von ihnen
hohe Abgaben an Korn, so sollt ihr in den Häusern nicht wohnen, die
ihr von Quadersteinen gebaut habt, und den Wein nicht trinken, den
ihr in den feinen Weinbergen gepflanzt habt. 12Denn ich kenne eure
Freveltaten, die so viel sind, und eure Sünden, die so groß sind, wie
ihr die Gerechten bedrängt und Bestechungsgeld nehmt und die
Armen im Tor unterdrückt. 13Darum muß der Kluge zu dieser Zeit
schweigen; denn es ist eine böse Zeit.

14Suchet das Gute und nicht das Böse, auf daß ihr leben könnt,
so wird der HERR, der Gott Zebaoth, bei euch sein, wie ihr rühmt.
15Hasset das Böse und liebet das Gute, richtet das Recht auf im Tor,
vielleicht wird der HERR, der Gott Zebaoth, doch gnädig sein denen,
die von Josef übrigbleiben.

Tu weg von mir das Geplärr deiner Lieder!

18 Weh denen, die des HERRN Tag herbeiwünschen! Was soll er euch?
Denn des HERRN Tag ist Finsternis und nicht Licht, 19 gleichwie wenn
jemand vor dem Löwen flieht und ein Bär begegnet ihm und er
kommt in ein Haus und lehnt sich mit der Hand an die Wand, so
sticht ihn eine Schlange! 20 Ja, des HERRN Tag wird finster und nicht
licht sein, dunkel und nicht hell.

21 Ich bin euren Feiertagen gram und verachte sie und mag eure
Versammlungen nicht riechen. 22 Und wenn ihr mir auch Brandopfer
und Speisopfer opfert, so habe ich kein Gefallen daran und mag auch
eure fetten Dankopfer nicht ansehen. 23 Tu weg von mir das Geplärr
deiner Lieder; denn ich mag dein Harfenspiel nicht hören! 24 Es
ströme aber das Recht wie Wasser und die Gerechtigkeit wie ein nie
versiegender Bach.

Ach Herr, sei gnädig!

7 Gott der HERR ließ mich schauen, und siehe, da war einer, der
machte Heuschrecken zur Zeit, als das Grummet aufging; und
siehe, das Grummet war gewachsen, nachdem der König hatte mähen
lassen. 2 Als sie nun alles Gras im Lande abfressen wollten, sprach ich:
Ach Herr HERR, sei gnädig! Wer soll Jakob wieder aufhelfen? Er ist ja
so schwach. 3 Da reute es den HERRN, und er sprach: Wohlan, es soll
nicht geschehen.

4 Gott der HERR ließ mich schauen, und siehe, Gott der HERR rief
das Feuer, um damit zu strafen. Das verzehrte die große Tiefe und fraß
das Ackerland. 5 Da sprach ich: Ach Herr HERR, laß ab! Wer soll Jakob
wieder aufhelfen? Er ist ja so schwach. 6 Da reute den HERRN das auch,
und Gott der HERR sprach: Es soll auch nicht geschehen.

7 Er ließ mich abermals schauen, und siehe, der Herr stand auf der
Mauer, die mit einem Bleilot gerichtet war, und er hatte ein Bleilot in
seiner Hand. 8 Und der HERR sprach zu mir: Was siehst du, Amos? Ich
sprach: Ein Bleilot. Da sprach der Herr zu mir: Siehe, ich will das
Bleilot legen an mein Volk Israel und ihm nichts mehr übersehen,
9 sondern die Höhen Isaaks sollen verwüstet und die Heiligtümer
Israels zerstört werden, und ich will mich mit dem Schwert über das
Haus Jerobeam hermachen.

Das Land kann seine Worte nicht ertragen

10Da sandte Amazja, der Priester in Bethel, zu Jerobeam, dem König
von Israel, und ließ ihm sagen: Der Amos macht einen Aufruhr gegen
dich im Hause Israel; das Land kann seine Worte nicht ertragen.
11Denn so spricht Amos: Jerobeam wird durchs Schwert sterben, und
Israel wird aus seinem Lande gefangen weggeführt werden. 12Und
Amazja sprach zu Amos: Du Seher, geh weg und flieh ins Land Juda
und iß dort dein Brot und weissage daselbst. 13Aber weissage nicht
mehr in Bethel; denn es ist des Königs Heiligtum und der Tempel des
Königreichs.

14Amos antwortete und sprach zu Amazja: Ich bin kein Prophet
noch ein Prophetenjünger, sondern ich bin ein Hirt, der Maulbeeren
züchtet. 15Aber der HERR nahm mich von der Herde und sprach zu
mir: Geh hin und weissage meinem Volk Israel! 16So höre nun des
HERRN Wort! Du sprichst: Weissage nicht wider Israel und eifere nicht
wider das Haus Isaak! 17Darum spricht der HERR: Deine Frau wird in
der Stadt zur Hure werden, und deine Söhne und Töchter sollen
durchs Schwert fallen, und dein Acker soll mit der Meßschnur aus-
geteilt werden. Du aber sollst in einem unreinen Lande sterben, und
Israel soll aus seinem Lande vertrieben werden.

Reif zum Ende ist mein Volk

8 Gott der HERR ließ mich schauen, und siehe, da stand ein Korb
mit reifem Obst. 2Und er sprach: Was siehst du, Amos? Ich aber
antwortete: Einen Korb mit reifem Obst. Da sprach der HERR zu mir:
Reif zum Ende ist mein Volk Israel; ich will ihm nichts mehr über-
sehen. 3Und die Lieder im Tempel sollen in Heulen verkehrt werden
zur selben Zeit, spricht Gott der HERR. Es werden an allen Orten viele
Leichname liegen, die man heimlich hinwirft.

4Höret dies, die ihr die Armen unterdrückt und die Elenden im
Lande zugrunde richtet 5und sprecht: Wann will denn der Neumond
ein Ende haben, daß wir Getreide verkaufen, und der Sabbat, daß wir
Korn feilhalten können und das Maß verringern und den Preis
steigern und die Waage fälschen, 6damit wir die Armen um Geld und
die Geringen um ein Paar Schuhe in unsere Gewalt bringen und
Spreu für Korn verkaufen?

7Der HERR hat bei sich geschworen: Niemals werde ich diese ihre
Taten vergessen! 8Sollte nicht um solcher Taten willen das Land
erbeben müssen und alle Bewohner trauern? Ja, es soll sich heben wie
die Wasser des Nils und sich senken wie der Strom Ägyptens.

9Zur selben Zeit, spricht Gott der HERR, will ich die Sonne am Mit-
tag untergehen und das Land am hellen Tage finster werden lassen.
10Ich will eure Feiertage in Trauer und alle eure Lieder in Wehklagen
verwandeln. Ich will ein Trauern schaffen, wie man trauert über den
einzigen Sohn, und sie sollen ein bitteres Ende nehmen.

11Siehe, es kommt die Zeit, spricht Gott der HERR, daß ich einen
Hunger ins Land schicken werde, nicht einen Hunger nach Brot oder
Durst nach Wasser, sondern nach dem Wort des HERRN, es zu hören;
12daß sie hin und her von einem Meer zum andern, von Norden nach
Osten laufen und des HERRN Wort suchen und doch nicht finden
werden.

9 8Siehe, die Augen Gottes des HERRN sehen auf das sündige
Königreich, daß ich's vom Erdboden vertilge, wiewohl ich das
Haus Jakob nicht ganz vertilgen will, spricht der HERR. 9Denn siehe,
ich will befehlen und das Haus Israel unter allen Heiden schütteln las-
sen, gleichwie man mit einem Sieb schüttelt und kein Stein zur Erde
fällt. 10Alle Sünder in meinem Volk sollen durchs Schwert sterben, die
da sagen: Es wird das Unglück nicht so nahe sein noch uns begegnen.

Ich will wieder aufrichten, was abgebrochen ist

11Zur selben Zeit will ich die zerfallene Hütte Davids wieder aufrich-
ten und ihre Risse vermauern und, was abgebrochen ist, wieder auf-
richten und will sie bauen, wie sie vorzeiten gewesen ist. 13Siehe, es
kommt die Zeit, daß man zugleich ackern und ernten, zugleich
keltern und säen wird. Und die Berge werden von süßem Wein
triefen, und alle Hügel werden fruchtbar sein. 15Denn ich will sie in ihr
Land pflanzen, daß sie nicht mehr aus ihrem Land ausgerottet
werden, das ich ihnen gegeben habe, spricht der HERR, dein Gott.

DER PROPHET JONA

Die falsche Richtung

1 Es geschah das Wort des HERRN zu Jona, dem Sohn Amittais:
2Mache dich auf und geh in die große Stadt Ninive und predige
wider sie; denn ihre Bosheit ist vor mich gekommen.
3Aber Jona machte sich auf und wollte vor dem HERRN nach Tarsis
fliehen und kam hinab nach Jafo. Und als er ein Schiff fand, das nach
Tarsis fahren wollte, gab er Fährgeld und trat hinein, um mit ihnen
nach Tarsis zu fahren und dem HERRN aus den Augen zu kommen.
4Da ließ der HERR einen großen Wind aufs Meer kommen, und es
erhob sich ein großes Ungewitter auf dem Meer, daß man meinte, das
Schiff würde zerbrechen. 5Und die Schiffsleute fürchteten sich und
schrien, ein jeder zu seinem Gott, und warfen die Ladung, die im
Schiff war, ins Meer, daß es leichter würde. Aber Jona war hinunter in
das Schiff gestiegen, lag und schlief. 6Da trat zu ihm der Schiffsherr
und sprach zu ihm: Was schläfst du? Steh auf, rufe deinen Gott an!
Ob vielleicht dieser Gott an uns gedenken will, daß wir nicht ver-
derben. 7Und einer sprach zum andern: Kommt, wir wollen losen,
daß wir erfahren, um wessentwillen es uns so übel geht. Und als sie
losten, traf's Jona.
8Da sprachen sie zu ihm: Sage uns, warum geht es uns so übel?
Was ist dein Gewerbe, und wo kommst du her? Aus welchem Lande
bist du, und von welchem Volk bist du? 9Er sprach zu ihnen: Ich bin
ein Hebräer und fürchte den HERRN, den Gott des Himmels, der das
Meer und das Trockene gemacht hat. 10Da fürchteten sich die Leute
sehr und sprachen zu ihm: Warum hast du das getan? Denn sie
wußten, daß er vor dem HERRN floh; denn er hatte es ihnen gesagt.
11Da sprachen sie zu ihm: Was sollen wir denn mit dir tun, daß das
Meer stille werde und von uns ablasse? Denn das Meer ging immer
ungestümer. 12Er sprach zu ihnen: Nehmt mich und werft mich ins
Meer, so wird das Meer still werden und von euch ablassen. Denn
ich weiß, daß um meinetwillen dies große Ungewitter über euch
gekommen ist.
13Doch die Leute ruderten, daß sie wieder ans Land kämen; aber
sie konnten nicht, denn das Meer ging immer ungestümer gegen sie
an. 14Da riefen sie zu dem HERRN und sprachen: Ach, HERR, laß uns
nicht verderben um des Lebens dieses Mannes willen und rechne uns

nicht unschuldiges Blut zu; denn du, HERR, tust, wie dir's gefällt.
15 Und sie nahmen Jona und warfen ihn ins Meer. Da wurde das Meer
still und ließ ab von seinem Wüten. 16 Und die Leute fürchteten den
HERRN sehr und brachten dem HERRN Opfer dar und taten Gelübde.

Ein Gebet aus der Tiefe

2 Aber der HERR ließ einen großen Fisch kommen, Jona zu verschlingen. Und Jona war im Leibe des Fisches drei Tage und drei Nächte.

2 Und Jona betete zu dem HERRN, seinem Gott, im Leibe des
Fisches 3 und sprach:

Ich rief zu dem HERRN in meiner Angst,
und er antwortete mir.
Ich schrie aus dem Rachen des Todes,
und du hörtest meine Stimme.
4 Du warfest mich in die Tiefe, mitten ins Meer,
daß die Fluten mich umgaben.
Alle deine Wogen und Wellen
gingen über mich,
5 daß ich dachte, ich wäre von deinen Augen verstoßen,
ich würde deinen heiligen Tempel nicht mehr sehen.
6 Wasser umgaben mich und gingen mir ans Leben,
die Tiefe umringte mich, Schilf bedeckte mein Haupt.
7 Ich sank hinunter zu der Berge Gründen,
der Erde Riegel schlossen sich hinter mir ewiglich.
Aber du hast mein Leben aus dem Verderben geführt,
HERR, mein Gott!
8 Als meine Seele in mir verzagte,
gedachte ich an den HERRN,
und mein Gebet kam zu dir
in deinen heiligen Tempel.
9 Die sich halten an das Nichtige,
verlassen ihre Gnade.
10 Ich aber will mit Dank
dir Opfer bringen.
Meine Gelübde will ich erfüllen
dem HERRN, der mir geholfen hat.

11 Und der HERR sprach zu dem Fisch, und der spie Jona aus ans
Land.

Rede an die Stadt

3 Und es geschah das Wort des HERRN zum zweitenmal zu Jona:
2Mach dich auf, geh in die große Stadt Ninive und predige ihr,
was ich dir sage! 3Da machte sich Jona auf und ging hin nach Ninive,
wie der HERR gesagt hatte. Ninive aber war eine große Stadt vor Gott,
drei Tagereisen groß.
4Und als Jona anfing, in die Stadt hineinzugehen, und eine Tage-
reise weit gekommen war, predigte er und sprach: Es sind noch
vierzig Tage, so wird Ninive untergehen. 5Da glaubten die Leute von
Ninive an Gott und ließen ein Fasten ausrufen und zogen alle, groß
und klein, den Sack zur Buße an. 6Und als das vor den König von
Ninive kam, stand er auf von seinem Thron und legte seinen Purpur
ab und hüllte sich in den Sack und setzte sich in die Asche 7und ließ
ausrufen und sagen in Ninive als Befehl des Königs und seiner
Gewaltigen: Es sollen weder Mensch noch Vieh, weder Rinder noch
Schafe Nahrung zu sich nehmen, und man soll sie nicht weiden noch
Wasser trinken lassen; 8und sie sollen sich in den Sack hüllen,
Menschen und Vieh, und zu Gott rufen mit Macht. Und ein jeder
bekehre sich von seinem bösen Wege und vom Frevel seiner Hände!
9Wer weiß? Vielleicht läßt Gott es sich gereuen und wendet sich
ab von seinem grimmigen Zorn, daß wir nicht verderben.
10Als aber Gott ihr Tun sah, wie sie sich bekehrten von ihrem
bösen Wege, reute ihn das Übel, das er ihnen angekündigt hatte, und
tat's nicht.

Gottes grenzenlose Liebe

4 Das aber verdroß Jona sehr, und er ward zornig 2und betete zum
HERRN und sprach: Ach, HERR, das ist's ja, was ich dachte, als ich
noch in meinem Lande war, weshalb ich auch eilends nach Tarsis
fliehen wollte; denn ich wußte, daß du gnädig, barmherzig, langmütig
und von großer Güte bist und läßt dich des Übels gereuen. 3So nimm
nun, HERR, meine Seele von mir; denn ich möchte lieber tot sein als
leben. 4Aber der HERR sprach: Meinst du, daß du mit Recht zürnst?
5Und Jona ging zur Stadt hinaus und ließ sich östlich der Stadt
nieder und machte sich dort eine Hütte; darunter setzte er sich in den
Schatten, bis er sähe, was der Stadt widerfahren würde. 6Gott der
HERR aber ließ eine Staude wachsen; die wuchs über Jona, daß sie
Schatten gäbe seinem Haupt und ihm hülfe von seinem Unmut. Und
Jona freute sich sehr über die Staude. 7Aber am Morgen, als die
Morgenröte anbrach, ließ Gott einen Wurm kommen; der stach die

Staude, daß sie verdorrte. 8Als aber die Sonne aufgegangen war, ließ
Gott einen heißen Ostwind kommen, und die Sonne stach Jona auf
den Kopf, daß er matt wurde. Da wünschte er sich den Tod und
sprach: Ich möchte lieber tot sein als leben.
9Da sprach Gott zu Jona: Meinst du, daß du mit Recht zürnst um
der Staude willen? Und er sprach: Mit Recht zürne ich bis an den Tod.
10Und der HERR sprach: Dich jammert die Staude, um die du dich
nicht gemüht hast, hast sie auch nicht aufgezogen, die in einer Nacht
ward und in einer Nacht verdarb, 11und mich sollte nicht jammern
Ninive, eine so große Stadt, in der mehr als hundertundzwanzig-
tausend Menschen sind, die nicht wissen, was rechts oder links ist,
dazu auch viele Tiere?

DER PROPHET MICHA

Verführer in Juda

3 5So spricht der HERR wider die Propheten, die mein Volk ver-
führen, die da predigen, es werde gutgehen, wenn man ihnen zu
fressen gibt; wer ihnen aber nichts ins Maul gibt, dem predigen sie,
es werde ein Krieg kommen: 6»Darum soll euch die Nacht ohne
Gesichte sein und die Finsternis ohne Wahrsagung.« Die Sonne soll
über den Propheten untergehen und der Tag über ihnen finster
werden. 7Und die Seher sollen zuschanden und die Wahrsager zu
Spott werden; sie müssen alle ihren Bart verhüllen, weil kein Gottes-
wort dasein wird.

9So höret doch dies, ihr Häupter im Hause Jakob und ihr
Herren im Hause Israel, die ihr das Recht verabscheut und alles, was
gerade ist, krumm macht; 10die ihr Zion mit Blut baut und Jerusalem
mit Unrecht 11und euch dennoch auf den HERRN verlaßt und sprecht:
»Ist nicht der HERR unter uns? Es kann kein Unglück über uns
kommen«:

12Darum wird Zion um euretwillen wie ein Acker gepflügt werden,
und Jerusalem wird zu Steinhaufen werden und der Berg des Tempels
zu einer Höhe wilden Gestrüpps.

Welt ohne Krieg

4 In den letzten Tagen aber wird der Berg, darauf des HERRN Haus
ist, fest stehen, höher als alle Berge und über die Hügel erhaben.
Und die Völker werden herzulaufen, 2und viele Heiden werden hin-
gehen und sagen: Kommt, laßt uns hinauf zum Berge des HERRN
gehen und zum Hause des Gottes Jakobs, daß er uns lehre seine
Wege und wir in seinen Pfaden wandeln! Denn von Zion wird
Weisung ausgehen und des HERRN Wort von Jerusalem.

3Er wird unter großen Völkern richten und viele Heiden zurecht-
weisen in fernen Landen. Sie werden ihre Schwerter zu Pflugscharen
und ihre Spieße zu Sicheln machen. Es wird kein Volk wider das
andere das Schwert erheben, und sie werden hinfort nicht mehr ler-
nen, Krieg zu führen. 4Ein jeder wird unter seinem Weinstock und
Feigenbaum wohnen, und niemand wird sie schrecken. Denn der
Mund des HERRN Zebaoth hat's geredet. 5Ein jedes Volk wandelt im

Namen seines Gottes, aber wir wandeln im Namen des HERRN,
unseres Gottes, immer und ewiglich!

5 Und du, Bethlehem Efrata, die du klein bist unter den Städten in
Juda, aus dir soll mir der kommen, der in Israel Herr sei, dessen
Ausgang von Anfang und von Ewigkeit her gewesen ist. [3]Er aber wird
auftreten und weiden in der Kraft des HERRN und in der Macht des
Namens des HERRN, seines Gottes. Und sie werden sicher wohnen;
denn er wird zur selben Zeit herrlich werden, so weit die Welt ist.
[4]Und er wird der Friede sein.

Der rechte Gottesdienst

6 Höret doch, was der HERR sagt: »Mach dich auf, führe deine
Sache vor den Bergen und laß die Hügel deine Stimme hören!«
[2]Höret, ihr Berge, wie der HERR rechten will, und merket auf, ihr
Grundfesten der Erde; denn der HERR will mit seinem Volk rechten
und mit Israel ins Gericht gehen!

[6]»Womit soll ich mich dem HERRN nahen, mich beugen vor dem
hohen Gott? Soll ich mich ihm mit Brandopfern nahen und mit ein-
jährigen Kälbern? [7]Wird wohl der HERR Gefallen haben an viel
tausend Widdern, an unzähligen Strömen von Öl? Soll ich meinen
Erstgeborenen für meine Übertretung geben, meines Leibes Frucht für
meine Sünde?«

[8]Es ist dir gesagt, Mensch, was gut ist und was der HERR von dir
fordert, nämlich Gottes Wort halten und Liebe üben und demütig sein
vor deinem Gott.

DER PROPHET HABAKUK

Überall nur Gewalt

1 Dies ist die Last, die der Prophet Habakuk geschaut hat.
2HERR, wie lange soll ich schreien, und du willst nicht hören?
Wie lange soll ich zu dir rufen: »Frevel!«, und du willst nicht helfen?
3Warum läßt du mich Bosheit sehen und siehst dem Jammer zu?
Raub und Frevel sind vor mir; es geht Gewalt vor Recht. 4Darum ist
das Gesetz ohnmächtig, und die rechte Sache kann nie gewinnen;
denn der Gottlose übervorteilt den Gerechten; darum ergehen ver-
kehrte Urteile.

5Schauet hin unter die Heiden, sehet und verwundert euch! Denn
ich will etwas tun zu euren Zeiten, was ihr nicht glauben werdet,
wenn man davon sagen wird. 6Denn siehe, ich will die Chaldäer
erwecken, ein grimmiges und schnelles Volk, das hinziehen wird,
so weit die Erde ist, um Wohnstätten einzunehmen, die ihm nicht
gehören. 9Sie kommen allesamt, um Schaden zu tun; wo sie hin-
wollen, stürmen sie vorwärts und raffen Gefangene zusammen wie
Sand. 11Alsdann brausen sie dahin wie ein Sturm und jagen weiter;
mit alledem machen sie ihre Kraft zu ihrem Gott.

12Aber du, HERR, mein Gott, mein Heiliger, der du von Ewigkeit
her bist, laß uns nicht sterben; sondern laß sie uns, o HERR, nur eine
Strafe sein, und laß sie, o unser Fels, uns nur züchtigen.

Von Gott nicht vergessen

2 Hier stehe ich auf meiner Warte und stelle mich auf meinen Turm
und schaue und sehe zu, was er mir sagen und antworten werde
auf das, was ich ihm vorgehalten habe. 2Der HERR aber antwortete mir
und sprach: Schreib auf, was du geschaut hast, deutlich auf eine Tafel,
daß es lesen könne, wer vorüberläuft! 3Die Weissagung wird ja noch
erfüllt werden zu ihrer Zeit und wird endlich frei an den Tag kommen
und nicht trügen. Wenn sie sich auch hinzieht, so harre ihrer; sie wird
gewiß kommen und nicht ausbleiben.

4Siehe, wer halsstarrig ist, der wird keine Ruhe in seinem Herzen
haben, der Gerechte aber wird durch seinen Glauben leben.

DER PROPHET ZEFANJA

Ein Tag der Freude

3 [12]Ich will in dir übriglassen ein armes und geringes Volk; die
werden auf des HERRN Namen trauen. [13]Und diese Übrig-
gebliebenen in Israel werden nichts Böses tun noch Lüge reden, und
man wird in ihrem Munde keine betrügerische Zunge finden, sondern
sie sollen weiden und lagern ohne alle Furcht.

[14]Jauchze, du Tochter Zion! Frohlocke, Israel! Freue dich und sei
fröhlich von ganzem Herzen, du Tochter Jerusalem! [15]Denn der HERR
hat deine Strafe weggenommen und deine Feinde abgewendet. Der
HERR, der König Israels, ist bei dir, daß du dich vor keinem Unheil
mehr fürchten mußt. [16]Zur selben Zeit wird man sprechen zu
Jerusalem: Fürchte dich nicht, Zion! Laß deine Hände nicht sinken!
[17]Denn der HERR, dein Gott, ist bei dir, ein starker Heiland. Er wird
sich über dich freuen und dir freundlich sein, er wird dir vergeben in
seiner Liebe und wird über dich mit Jauchzen fröhlich sein. [18]Wie an
einem festlichen Tage nehme ich von dir hinweg das Unheil, daß du
seinetwegen keine Schmach mehr trägst.

DER PROPHET SACHARJA

Erinnert euch!

1 Im achten Monat des zweiten Jahrs des Königs Darius geschah
das Wort des HERRN zu Sacharja, dem Sohn Berechjas, dem Pro-
pheten:
2Der HERR ist zornig gewesen über eure Väter. 3Aber sprich zum
Volk: So spricht der HERR Zebaoth: Kehrt euch zu mir, so will ich
mich zu euch kehren.
7 7Ist's nicht das, was der HERR durch die früheren Propheten
predigen ließ, als Jerusalem bewohnt war und Frieden hatte samt
seinen Städten ringsum und Leute im Südland und im Hügelland
wohnten, 9daß der HERR Zebaoth sprach: Richtet recht, und ein jeder
erweise seinem Bruder Güte und Barmherzigkeit, 10und tut nicht
Unrecht den Witwen, Waisen, Fremdlingen und Armen, und denke
keiner gegen seinen Bruder etwas Arges in seinem Herzen!
11Aber sie wollten nicht aufmerken und kehrten mir den Rücken
zu und verstockten ihre Ohren, um nicht zu hören, 12und machten
ihre Herzen hart wie Diamant, damit sie nicht hörten das Gesetz und
die Worte, die der HERR Zebaoth durch seinen Geist sandte durch die
früheren Propheten. Daher ist so großer Zorn vom HERRN Zebaoth
gekommen.
13Und es ist so ergangen: Gleichwie gepredigt wurde und sie nicht
hörten, so wollte ich auch nicht hören, als sie riefen, spricht der HERR
Zebaoth. 14Darum habe ich sie zerstreut unter alle Heiden, die sie
nicht kannten, und das Land blieb verwüstet hinter ihnen liegen, so
daß niemand mehr darin hin- und herzog; so haben sie das liebliche
Land zur Wüste gemacht.

Der König des Friedens kommt!

8 3So spricht der HERR: Ich kehre wieder auf den Zion zurück und
will zu Jerusalem wohnen, daß Jerusalem eine Stadt der Treue
heißen soll und der Berg des HERRN Zebaoth ein heiliger Berg. 4Es
sollen hinfort wieder sitzen auf den Plätzen Jerusalems alte Männer
und Frauen, jeder mit seinem Stock in der Hand vor hohem Alter,
5und die Plätze der Stadt sollen voll sein von Knaben und Mädchen,
die dort spielen.

6Erscheint dies auch unmöglich in den Augen derer, die in dieser
Zeit übriggeblieben sind von diesem Volk, sollte es darum auch
unmöglich erscheinen in meinen Augen? spricht der HERR Zebaoth.
7Siehe, ich will mein Volk erlösen aus dem Lande gegen Aufgang und
aus dem Lande gegen Niedergang der Sonne 8und will sie heim-
bringen, daß sie in Jerusalem wohnen. Und sie sollen mein Volk sein,
und ich will ihr Gott sein in Treue und Gerechtigkeit. 13Und es soll
geschehen: Wie ihr vom Hause Juda und vom Hause Israel ein Fluch
gewesen seid unter den Heiden, so will ich euch erlösen, daß ihr ein
Segen sein sollt. Fürchtet euch nur nicht und stärket eure Hände!

16Das ist's aber, was ihr tun sollt: Rede einer mit dem andern
Wahrheit und richtet recht, schafft Frieden in euren Toren, 17und
keiner ersinne Arges in seinem Herzen gegen seinen Nächsten, und
liebt nicht falsche Eide; denn das alles hasse ich, spricht der HERR.

9 9Du, Tochter Zion, freue dich sehr, und du, Tochter Jerusalem,
jauchze! Siehe, dein König kommt zu dir, ein Gerechter und ein
Helfer, arm und reitet auf einem Esel, auf einem Füllen der Eselin.
10Denn ich will die Wagen wegtun aus Ephraim und die Rosse aus
Jerusalem, und der Kriegsbogen soll zerbrochen werden. Denn er
wird Frieden gebieten den Völkern, und seine Herrschaft wird sein
von einem Meer bis zum andern und vom Strom bis an die Enden
der Erde.

Das
Neue Testament

WO IST DER
NEUGEBORENE
KÖNIG

DAS EVANGELIUM NACH MATTHÄUS

Der Retter ist da!

1 Dies ist das Buch von der Geschichte Jesu Christi, des Sohnes Davids, des Sohnes Abrahams.

[18]Die Geburt Jesu Christi geschah aber so: Als Maria, seine Mutter, dem Josef vertraut war, fand es sich, ehe er sie heimholte, daß sie schwanger war von dem heiligen Geist. [19]Josef aber, ihr Mann, war fromm und wollte sie nicht in Schande bringen, gedachte aber, sie heimlich zu verlassen.

[20]Als er das noch bedachte, siehe, da erschien ihm der Engel des Herrn im Traum und sprach: Josef, du Sohn Davids, fürchte dich nicht, Maria, deine Frau, zu dir zu nehmen; denn was sie empfangen hat, das ist von dem heiligen Geist. [21]Und sie wird einen Sohn gebären, dem sollst du den Namen Jesus geben, denn er wird sein Volk retten von ihren Sünden.

[22]Das ist aber alles geschehen, damit erfüllt würde, was der Herr durch den Propheten gesagt hat, der da spricht [Jesaja 7,14]: [23]»Siehe, eine Jungfrau wird schwanger sein und einen Sohn gebären, und sie werden ihm den Namen Immanuel geben«, das heißt übersetzt: Gott mit uns.

[24]Als nun Josef vom Schlaf erwachte, tat er, wie ihm der Engel des Herrn befohlen hatte, und nahm seine Frau zu sich. [25]Und er berührte sie nicht, bis sie einen Sohn gebar; und er gab ihm den Namen Jesus.

Ein Stern über Bethlehem

2 Als Jesus geboren war in Bethlehem in Judäa zur Zeit des Königs Herodes, siehe, da kamen Weise aus dem Morgenland nach Jerusalem und sprachen: [2]Wo ist der neugeborene König der Juden? Wir haben seinen Stern gesehen im Morgenland und sind gekommen, ihn anzubeten. [3]Als das der König Herodes hörte, erschrak er und mit ihm ganz Jerusalem, [4]und er ließ zusammenkommen alle Hohenpriester und Schriftgelehrten des Volkes und erforschte von ihnen, wo der Christus geboren werden sollte. [5]Und sie sagten ihm: In Bethlehem in Judäa; denn so steht geschrieben durch den Propheten [Micha 5,1]: [6]»Und du, Bethlehem im jüdischen Lande, bist keines-

wegs die kleinste unter den Städten in Juda; denn aus dir wird
kommen der Fürst, der mein Volk Israel weiden soll.«
7Da rief Herodes die Weisen heimlich zu sich und erkundete genau
von ihnen, wann der Stern erschienen wäre, 8und schickte sie nach
Bethlehem und sprach: Zieht hin und forscht fleißig nach dem Kind-
lein; und wenn ihr's findet, so sagt mir's wieder, daß auch ich komme
und es anbete. 9Als sie nun den König gehört hatten, zogen sie hin.
Und siehe, der Stern, den sie im Morgenland gesehen hatten, ging vor
ihnen her, bis er über dem Ort stand, wo das Kindlein war. 10Als sie
den Stern sahen, wurden sie hocherfreut 11und gingen in das Haus
und fanden das Kindlein mit Maria, seiner Mutter, und fielen nieder
und beteten es an und taten ihre Schätze auf und schenkten ihm
Gold, Weihrauch und Myrrhe.
12Und Gott befahl ihnen im Traum, nicht wieder zu Herodes zu-
rückzukehren; und sie zogen auf einem andern Weg wieder in ihr
Land.

Von Anfang an bedroht

13Als sie aber hinweggezogen waren, siehe, da erschien der Engel des
Herrn dem Josef im Traum und sprach: Steh auf, nimm das Kindlein
und seine Mutter mit dir und flieh nach Ägypten und bleib dort, bis
ich dir's sage; denn Herodes hat vor, das Kindlein zu suchen, um es
umzubringen. 14Da stand er auf und nahm das Kindlein und seine
Mutter mit sich bei Nacht und entwich nach Ägypten 15und blieb dort
bis nach dem Tod des Herodes, damit erfüllt würde, was der Herr
durch den Propheten gesagt hat, der da spricht [Hosea 11,1]: »Aus
Ägypten habe ich meinen Sohn gerufen.«
16Als Herodes nun sah, daß er von den Weisen betrogen war,
wurde er sehr zornig und schickte aus und ließ alle Kinder in Beth-
lehem töten und in der ganzen Gegend, die zweijährig und darunter
waren, nach der Zeit, die er von den Weisen genau erkundet hatte.
17Da wurde erfüllt, was gesagt ist durch den Propheten Jeremia, der da
spricht [Jeremia 31,15]: 18»In Rama hat man ein Geschrei gehört, viel
Weinen und Wehklagen; Rahel beweinte ihre Kinder und wollte sich
nicht trösten lassen, denn es war aus mit ihnen.«

19Als aber Herodes gestorben war, siehe, da erschien der Engel des
Herrn dem Josef im Traum in Ägypten 20und sprach: Steh auf, nimm
das Kindlein und seine Mutter mit dir und zieh hin in das Land Israel;
sie sind gestorben, die dem Kindlein nach dem Leben getrachtet
haben. 21Da stand er auf und nahm das Kindlein und seine Mutter mit
sich und kam in das Land Israel. 22Als er aber hörte, daß Archelaus in

Judäa König war anstatt seines Vaters Herodes, fürchtete er sich, dort-
hin zu gehen. Und im Traum empfing er Befehl von Gott und zog ins
galiläische Land [23]und kam und wohnte in einer Stadt mit Namen
Nazareth, damit erfüllt würde, was gesagt ist durch die Propheten: Er
soll Nazoräer heißen.

Von Gott erwählt

Jesu Taufe

(Mk 1,9-11; Lk 3,21.22)

3 [13]Jesus kam aus Galiläa an den Jordan zu Johannes, daß er sich
von ihm taufen ließe. [14]Aber Johannes wehrte ihm und sprach:
Ich bedarf dessen, daß ich von dir getauft werde, und du kommst zu
mir? [15]Jesus aber antwortete und sprach zu ihm: Laß es jetzt gesche-
hen! Denn so gebührt es uns, alle Gerechtigkeit zu erfüllen. Da ließ
er's geschehen. [16]Und als Jesus getauft war, stieg er alsbald herauf aus
dem Wasser. Und siehe, da tat sich ihm der Himmel auf, und er sah
den Geist Gottes wie eine Taube herabfahren und über sich kommen.
[17]Und siehe, eine Stimme vom Himmel herab sprach: Dies ist mein
lieber Sohn, an dem ich Wohlgefallen habe.

In Versuchung geführt

(Mk 1,12.13; Lk 4,1-13)

4 Da wurde Jesus vom Geist in die Wüste geführt, damit er von
dem Teufel versucht würde. [2]Und da er vierzig Tage und vierzig
Nächte gefastet hatte, hungerte ihn. [3]Und der Versucher trat zu ihm
und sprach: Bist du Gottes Sohn, so sprich, daß diese Steine Brot
werden. [4]Er aber antwortete und sprach: Es steht geschrieben
[5.Mose 8,3]: »Der Mensch lebt nicht vom Brot allein, sondern von
einem jeden Wort, das aus dem Mund Gottes geht.«

[5]Da führte ihn der Teufel mit sich in die heilige Stadt und stellte ihn
auf die Zinne des Tempels [6]und sprach zu ihm: Bist du Gottes Sohn,
so wirf dich hinab; denn es steht geschrieben [Psalm 91,11.12]: »Er
wird seinen Engeln deinetwegen Befehl geben; und sie werden dich
auf Händen tragen, damit du deinen Fuß nicht an einen Stein stößt.«
[7]Da sprach Jesus zu ihm: Wiederum steht auch geschrieben [5.Mose
6,16]: »Du sollst den Herrn, deinen Gott, nicht versuchen.«

[8]Darauf führte ihn der Teufel mit sich auf einen sehr hohen Berg
und zeigte ihm alle Reiche der Welt und ihre Herrlichkeit [9]und sprach
zu ihm: Das alles will ich dir geben, wenn du niederfällst und mich
anbetest. [10]Da sprach Jesus zu ihm: Weg mit dir, Satan! denn es steht

geschrieben [5. Mose 6,13]: »Du sollst anbeten den Herrn, deinen
Gott, und ihm allein dienen.« 11Da verließ ihn der Teufel. Und siehe,
da traten Engel zu ihm und dienten ihm.

Jesus kündigt Gottes neue Welt an

12Als nun Jesus hörte, daß Johannes gefangengesetzt worden war, zog
er sich nach Galiläa zurück. 13Und er verließ Nazareth, kam und
wohnte in Kapernaum, das am See liegt im Gebiet von Sebulon und
Naftali.

17Seit der Zeit fing Jesus an zu predigen: Tut Buße, denn das
Himmelreich ist nahe herbeigekommen!

Seine ersten Jünger

(Mk 1,16-20; Lk 5,1-11; Joh 1,35-51)

18Als nun Jesus am Galiläischen Meer entlangging, sah er zwei Brüder,
Simon, der Petrus genannt wird, und Andreas, seinen Bruder; die
warfen ihre Netze ins Meer; denn sie waren Fischer. 19Und er sprach
zu ihnen: Folgt mir nach; ich will euch zu Menschenfischern machen!
20Sogleich verließen sie ihre Netze und folgten ihm nach. 21Und als
er von dort weiterging, sah er zwei andere Brüder, Jakobus, den Sohn
des Zebedäus, und Johannes, seinen Bruder, im Boot mit ihrem Vater
Zebedäus, wie sie ihre Netze flickten. Und er rief sie. 22Sogleich ver-
ließen sie das Boot und ihren Vater und folgten ihm nach.

Menschen werden geheilt

23Und Jesus zog umher in ganz Galiläa, lehrte in ihren Synagogen
und predigte das Evangelium von dem Reich und heilte alle Krank-
heiten und alle Gebrechen im Volk. 24Und die Kunde von ihm
erscholl durch ganz Syrien. Und sie brachten zu ihm alle Kranken, mit
mancherlei Leiden und Plagen behaftet, Besessene, Mondsüchtige
und Gelähmte; und er machte sie gesund. 25Und es folgte ihm eine
große Menge aus Galiläa, aus den Zehn Städten, aus Jerusalem, aus
Judäa und von jenseits des Jordans.

Von der neuen Welt Gottes

Die Bergpredigt (Kapitel 5–7)
(Lk 6,20-36)

Freut euch!

Seligpreisungen

5 Als er aber das Volk sah, ging er auf einen Berg und setzte sich;
und seine Jünger traten zu ihm. [2]Und er tat seinen Mund auf,
lehrte sie und sprach:
[3]Selig sind, die da geistlich arm sind; denn ihrer ist das Him-
melreich.
[4]Selig sind, die da Leid tragen; denn sie sollen getröstet werden.
[5]Selig sind die Sanftmütigen; denn sie werden das Erdreich
besitzen.
[6]Selig sind, die da hungert und dürstet nach der Gerechtigkeit;
denn sie sollen satt werden.
[7]Selig sind die Barmherzigen; denn sie werden Barmherzigkeit
erlangen.
[8]Selig sind, die reinen Herzens sind; denn sie werden Gott
schauen.
[9]Selig sind die Friedfertigen; denn sie werden Gottes Kinder
heißen.
[10]Selig sind, die um der Gerechtigkeit willen verfolgt werden; denn
ihrer ist das Himmelreich.
[11]Selig seid ihr, wenn euch die Menschen um meinetwillen
schmähen und verfolgen und reden allerlei Übles gegen euch, wenn
sie damit lügen. [12]Seid fröhlich und getrost; es wird euch im Himmel
reichlich belohnt werden. Denn ebenso haben sie verfolgt die
Propheten, die vor euch gewesen sind.

Mischt euch ein!

[13]Ihr seid das Salz der Erde. Wenn nun das Salz nicht mehr salzt,
womit soll man salzen? Es ist zu nichts mehr nütze, als daß man es
wegschüttet und läßt es von den Leuten zertreten.
[14]Ihr seid das Licht der Welt. Es kann die Stadt, die auf einem Berge
liegt, nicht verborgen sein. [15]Man zündet auch nicht ein Licht an und
setzt es unter einen Scheffel, sondern auf einen Leuchter; so leuchtet
es allen, die im Hause sind. [16]So laßt euer Licht leuchten vor den

Leuten, damit sie eure guten Werke sehen und euren Vater im
Himmel preisen.

Achtet Gottes Ordnung!

[17]Ihr sollt nicht meinen, daß ich gekommen bin, das Gesetz oder die
Propheten aufzulösen; ich bin nicht gekommen aufzulösen, sondern
zu erfüllen. [18]Denn wahrlich, ich sage euch: Bis Himmel und Erde
vergehen, wird nicht vergehen der kleinste Buchstabe noch ein
Tüpfelchen vom Gesetz, bis es alles geschieht. [19]Wer nun eines von
diesen kleinsten Geboten auflöst und lehrt die Leute so, der wird der
Kleinste heißen im Himmelreich; wer es aber tut und lehrt, der wird
groß heißen im Himmelreich.

[20]Denn ich sage euch: Wenn eure Gerechtigkeit nicht besser ist als
die der Schriftgelehrten und Pharisäer, so werdet ihr nicht in das
Himmelreich kommen.

Wendet keine Gewalt an!

[21]Ihr habt gehört, daß zu den Alten gesagt ist: »Du sollst nicht töten»;
wer aber tötet, der soll des Gerichts schuldig sein [2.Mose 20,13;
21,12]. [22]Ich aber sage euch: Wer mit seinem Bruder zürnt, der ist des
Gerichts schuldig; wer aber zu seinem Bruder sagt: Du Nichtsnutz!,
der ist des Hohen Rats schuldig; wer aber sagt: Du Narr!, der ist des
höllischen Feuers schuldig.

[23]Darum: wenn du deine Gabe auf dem Altar opferst und dort
kommt dir in den Sinn, daß dein Bruder etwas gegen dich hat, [24]so
laß dort vor dem Altar deine Gabe und geh zuerst hin und versöhne
dich mit deinem Bruder und dann komm und opfere deine Gabe.
[25]Vertrage dich mit deinem Gegner sogleich, solange du noch mit ihm
auf dem Weg bist, damit dich der Gegner nicht dem Richter über-
antworte und der Richter dem Gerichtsdiener und du ins Gefängnis
geworfen werdest. [26]Wahrlich, ich sage dir: Du wirst nicht von dort
herauskommen, bis du auch den letzten Pfennig bezahlt hast.

Seid treu!

[27]Ihr habt gehört, daß gesagt ist: »Du sollst nicht ehebrechen«
[2.Mose 20,14]. [28]Ich aber sage euch: Wer eine Frau ansieht, sie zu
begehren, der hat schon mit ihr die Ehe gebrochen in seinem Herzen.
[29]Wenn dich aber dein rechtes Auge zum Abfall verführt, so reiß es
aus und wirf's von dir. Es ist besser für dich, daß eins deiner Glieder

verderbe und nicht der ganze Leib in die Hölle geworfen werde.
30Wenn dich deine rechte Hand zum Abfall verführt, so hau sie ab
und wirf sie von dir. Es ist besser für dich, daß eins deiner Glieder
verderbe und nicht der ganze Leib in die Hölle fahre.

31Es ist auch gesagt: »Wer sich von seiner Frau scheidet, der soll
ihr einen Scheidebrief geben« [5.Mose 24,1]. 32Ich aber sage euch:
Wer sich von seiner Frau scheidet, es sei denn wegen Ehebruchs,
der macht, daß sie die Ehe bricht; und wer eine Geschiedene heiratet,
der bricht die Ehe.

Seid verläßlich!

33Ihr habt weiter gehört, daß zu den Alten gesagt ist: »Du sollst
keinen falschen Eid schwören und sollst dem Herrn deinen Eid
halten« [3.Mose 19,12; 4.Mose 30,3]. 34Ich aber sage euch, daß ihr
überhaupt nicht schwören sollt, weder bei dem Himmel, denn er ist
Gottes Thron; 35noch bei der Erde, denn sie ist der Schemel seiner
Füße; noch bei Jerusalem, denn sie ist die Stadt des großen Königs.
36Auch sollst du nicht bei deinem Haupt schwören; denn du vermagst nicht ein einziges Haar weiß oder schwarz zu machen. 37Eure
Rede aber sei: Ja, ja; nein, nein. Was darüber ist, das ist vom Übel.

Besteht nicht auf eurem Recht!

38 Ihr habt gehört, daß gesagt ist: »Auge um Auge, Zahn um Zahn«
[2.Mose 21,24]. 39 Ich aber sage euch, daß ihr nicht widerstreben sollt
dem Übel, sondern: wenn dich jemand auf deine rechte Backe schlägt,
dem biete die andere auch dar. 40 Und wenn jemand mit dir rechten
will und dir deinen Rock nehmen, dem laß auch den Mantel. 41 Und
wenn dich jemand nötigt, eine Meile mitzugehen, so geh mit ihm
zwei. 42 Gib dem, der dich bittet, und wende dich nicht ab von dem,
der etwas von dir borgen will.

Liebt eure Feinde!

43 Ihr habt gehört, daß gesagt ist: »Du sollst deinen Nächsten lieben«
[3.Mose 19,18] und deinen Feind hassen. 44 Ich aber sage euch: Liebt
eure Feinde und bittet für die, die euch verfolgen, 45 damit ihr Kinder
seid eures Vaters im Himmel. Denn er läßt seine Sonne aufgehen über
Böse und Gute und läßt regnen über Gerechte und Ungerechte.
46 Denn wenn ihr liebt, die euch lieben, was werdet ihr für Lohn
haben? Tun nicht dasselbe auch die Zöllner? 47 Und wenn ihr nur
zu euren Brüdern freundlich seid, was tut ihr Besonderes? Tun nicht
dasselbe auch die Heiden? 48 Darum sollt ihr vollkommen sein, wie
euer Vater im Himmel vollkommen ist.

Tut Gutes im Verborgenen!

6 Habt acht auf eure Frömmigkeit, daß ihr die nicht übt vor den
Leuten, um von ihnen gesehen zu werden; ihr habt sonst keinen
Lohn bei eurem Vater im Himmel.

2 Wenn du nun Almosen gibst, sollst du es nicht vor dir aus-
posaunen lassen, wie es die Heuchler tun in den Synagogen und auf
den Gassen, damit sie von den Leuten gepriesen werden. Wahrlich,
ich sage euch: Sie haben ihren Lohn schon gehabt. 3 Wenn du aber
Almosen gibst, so laß deine linke Hand nicht wissen, was die rechte
tut, 4 damit dein Almosen verborgen bleibe; und dein Vater, der in das
Verborgene sieht, wird dir's vergelten.

So sollt ihr beten!

Das Vaterunser

5 Und wenn ihr betet, sollt ihr nicht sein wie die Heuchler, die gern in
den Synagogen und an den Straßenecken stehen und beten, damit sie

von den Leuten gesehen werden. Wahrlich, ich sage euch: Sie haben
ihren Lohn schon gehabt. 6 Wenn du aber betest, so geh in dein
Kämmerlein und schließ die Tür zu und bete zu deinem Vater, der im
Verborgenen ist; und dein Vater, der in das Verborgene sieht, wird
dir's vergelten. 7 Und wenn ihr betet, sollt ihr nicht viel plappern wie
die Heiden; denn sie meinen, sie werden erhört, wenn sie viele Worte
machen. 8 Darum sollt ihr ihnen nicht gleichen. Denn euer Vater weiß,
was ihr bedürft, bevor ihr ihn bittet. 9 Darum sollt ihr so beten:

Unser Vater im Himmel!
Dein Name werde geheiligt.
10 Dein Reich komme.
Dein Wille geschehe wie im Himmel so auf Erden.
11 Unser tägliches Brot gib uns heute.
12 Und vergib uns unsere Schuld,
wie auch wir vergeben unsern Schuldigern.
13 Und führe uns nicht in Versuchung,
sondern erlöse uns von dem Bösen.
[Denn dein ist das Reich und die Kraft
und die Herrlichkeit in Ewigkeit. Amen.]*

14 Denn wenn ihr den Menschen ihre Verfehlungen vergebt, so wird
euch euer himmlischer Vater auch vergeben. 15 Wenn ihr aber den
Menschen nicht vergebt, so wird euch euer Vater eure Verfehlungen
auch nicht vergeben.

Fastet mit Freude!

16 Wenn ihr fastet, sollt ihr nicht sauer dreinsehen wie die Heuchler;
denn sie verstellen ihr Gesicht, um sich vor den Leuten zu zeigen mit
ihrem Fasten. Wahrlich, ich sage euch: Sie haben ihren Lohn schon
gehabt. 17 Wenn du aber fastest, so salbe dein Haupt und wasche dein
Gesicht, 18 damit du dich nicht vor den Leuten zeigst mit deinem
Fasten, sondern vor deinem Vater, der im Verborgenen ist; und dein
Vater, der in das Verborgene sieht, wird dir's vergelten.

Sorgt euch nicht!

19 Ihr sollt euch nicht Schätze sammeln auf Erden, wo sie die Motten
und der Rost fressen und wo die Diebe einbrechen und stehlen.

* Der eingeklammerte Abschluß des Gebets ist erst in späteren Handschriften bezeugt, findet sich aber im gleichen Wortlaut schon in einer Kirchenordnung vom Anfang des 2. Jahrhunderts.

20Sammelt euch aber Schätze im Himmel, wo sie weder Motten noch
Rost fressen und wo die Diebe nicht einbrechen und stehlen. 21Denn
wo dein Schatz ist, da ist auch dein Herz.

22Das Auge ist das Licht des Leibes. Wenn dein Auge lauter ist, so
wird dein ganzer Leib licht sein. 23Wenn aber dein Auge böse ist, so
wird dein ganzer Leib finster sein. Wenn nun das Licht, das in dir ist,
Finsternis ist, wie groß wird dann die Finsternis sein!

24Niemand kann zwei Herren dienen: entweder er wird den einen
hassen und den andern lieben, oder er wird an dem einen hängen
und den andern verachten. Ihr könnt nicht Gott dienen und dem
Mammon. 25Darum sage ich euch: Sorgt nicht um euer Leben, was
ihr essen und trinken werdet; auch nicht um euren Leib, was ihr an-
ziehen werdet. Ist nicht das Leben mehr als die Nahrung und der
Leib mehr als die Kleidung?

26Seht die Vögel unter dem Himmel an: sie säen nicht, sie ernten
nicht, sie sammeln nicht in die Scheunen; und euer himmlischer Vater
ernährt sie doch. Seid ihr denn nicht viel mehr als sie? 27Wer ist unter
euch, der seines Lebens Länge eine Spanne zusetzen könnte, wie sehr
er sich auch darum sorgt? 28Und warum sorgt ihr euch um die
Kleidung? Schaut die Lilien auf dem Feld an, wie sie wachsen: sie
arbeiten nicht, auch spinnen sie nicht. 29Ich sage euch, daß auch
Salomo in aller seiner Herrlichkeit nicht gekleidet gewesen ist wie
eine von ihnen. 30Wenn nun Gott das Gras auf dem Feld so kleidet,
das doch heute steht und morgen in den Ofen geworfen wird: sollte
er das nicht viel mehr für euch tun, ihr Kleingläubigen?

31Darum sollt ihr nicht sorgen und sagen: Was werden wir essen?
Was werden wir trinken? Womit werden wir uns kleiden? 32Nach
dem allen trachten die Heiden. Denn euer himmlischer Vater weiß,
daß ihr all dessen bedürft. 33Trachtet zuerst nach dem Reich Gottes
und nach seiner Gerechtigkeit, so wird euch das alles zufallen.
34Darum sorgt nicht für morgen, denn der morgige Tag wird für das
Seine sorgen. Es ist genug, daß jeder Tag seine eigene Plage hat.

Richtet nicht!

7 Richtet nicht, damit ihr nicht gerichtet werdet. 2Denn nach
welchem Recht ihr richtet, werdet ihr gerichtet werden; und mit
welchem Maß ihr meßt, wird euch zugemessen werden. 3Was siehst
du aber den Splitter in deines Bruders Auge und nimmst nicht wahr
den Balken in deinem Auge? 4Oder wie kannst du sagen zu deinem
Bruder: Halt, ich will dir den Splitter aus deinem Auge ziehen?, und
siehe, ein Balken ist in deinem Auge. 5Du Heuchler, zieh zuerst den

Balken aus deinem Auge; danach sieh zu, wie du den Splitter aus
deines Bruders Auge ziehst.
6 Ihr sollt das Heilige nicht den Hunden geben, und eure Perlen
sollt ihr nicht vor die Säue werfen, damit die sie nicht zertreten mit
ihren Füßen und sich umwenden und euch zerreißen.

Wer bittet, der empfängt!

7 Bittet, so wird euch gegeben; suchet, so werdet ihr finden; klopfet an,
so wird euch aufgetan. 8 Denn wer da bittet, der empfängt; und wer da
sucht, der findet; und wer da anklopft, dem wird aufgetan. 9 Wer ist
unter euch Menschen, der seinem Sohn, wenn er ihn bittet um Brot,
einen Stein biete? 10 oder, wenn er ihn bittet um einen Fisch, eine
Schlange biete? 11 Wenn nun ihr, die ihr doch böse seid, dennoch

7,15

euren Kindern gute Gaben geben könnt, wieviel mehr wird euer Vater
im Himmel Gutes geben denen, die ihn bitten!

Auf das Tun kommt es an!

12 Alles nun, was ihr wollt, daß euch die Leute tun sollen, das tut ihnen
auch! Das ist das Gesetz und die Propheten.
13 Geht hinein durch die enge Pforte. Denn die Pforte ist weit, und
der Weg ist breit, der zur Verdammnis führt, und viele sind's, die auf
ihm hineingehen. 14 Wie eng ist die Pforte und wie schmal der Weg,
der zum Leben führt, und wenige sind's, die ihn finden!
15 Seht euch vor vor den falschen Propheten, die in Schafskleidern
zu euch kommen, inwendig aber sind sie reißende Wölfe. 16 An ihren
Früchten sollt ihr sie erkennen. Kann man denn Trauben lesen von
den Dornen oder Feigen von den Disteln? 17 So bringt jeder gute Baum
gute Früchte; aber ein fauler Baum bringt schlechte Früchte. 18 Ein
guter Baum kann nicht schlechte Früchte bringen, und ein fauler
Baum kann nicht gute Früchte bringen. 19 Jeder Baum, der nicht gute
Früchte bringt, wird abgehauen und ins Feuer geworfen. 20 Darum: an
ihren Früchten sollt ihr sie erkennen.
21 Es werden nicht alle, die zu mir sagen: Herr, Herr!, in das
Himmelreich kommen, sondern die den Willen tun meines Vaters im
Himmel. 22 Es werden viele zu mir sagen an jenem Tage: Herr, Herr,
haben wir nicht in deinem Namen geweissagt? Haben wir nicht in

deinem Namen böse Geister ausgetrieben? Haben wir nicht in
deinem Namen viele Wunder getan? 23Dann werde ich ihnen beken-
nen: Ich habe euch noch nie gekannt; weicht von mir, ihr Übeltäter!
24Darum, wer diese meine Rede hört und tut sie, der gleicht einem
klugen Mann, der sein Haus auf Fels baute. 25Als nun ein Platzregen
fiel und die Wasser kamen und die Winde wehten und stießen an das
Haus, fiel es doch nicht ein; denn es war auf Fels gegründet. 26Und
wer diese meine Rede hört und tut sie nicht, der gleicht einem törich-
ten Mann, der sein Haus auf Sand baute. 27Als nun ein Platzregen fiel
und die Wasser kamen und die Winde wehten und stießen an das
Haus, da fiel es ein, und sein Fall war groß.
28Und es begab sich, als Jesus diese Rede vollendet hatte, daß sich
das Volk entsetzte über seine Lehre; 29denn er lehrte sie mit
Vollmacht und nicht wie ihre Schriftgelehrten.

Vertrauen überwindet Grenzen

8 5Als aber Jesus nach Kapernaum hineinging, trat ein Hauptmann
zu ihm; der bat ihn 6und sprach: Herr, mein Knecht liegt zu
Hause und ist gelähmt und leidet große Qualen. 7Jesus sprach zu
ihm: Ich will kommen und ihn gesund machen. 8Der Hauptmann
antwortete und sprach: Herr, ich bin nicht wert, daß du unter mein
Dach gehst, sondern sprich nur ein Wort, so wird mein Knecht
gesund. 9Denn auch ich bin ein Mensch, der Obrigkeit untertan, und
habe Soldaten unter mir; und wenn ich zu einem sage: Geh hin!, so
geht er; und zu einem andern: Komm her!, so kommt er; und zu
meinem Knecht: Tu das!, so tut er's.
10Als das Jesus hörte, wunderte er sich und sprach zu denen, die
ihm nachfolgten: Wahrlich, ich sage euch: Solchen Glauben habe ich
in Israel bei keinem gefunden! 11Aber ich sage euch: Viele werden
kommen von Osten und von Westen und mit Abraham und Isaak
und Jakob im Himmelreich zu Tisch sitzen; 12aber die Kinder des
Reichs werden hinausgestoßen in die Finsternis; da wird sein Heulen
und Zähneklappern. 13Und Jesus sprach zu dem Hauptmann: Geh
hin; dir geschehe, wie du geglaubt hast. Und sein Knecht wurde
gesund zu derselben Stunde.

Mit Jesus unterwegs

18Als aber Jesus die Menge um sich sah, befahl er, hinüber ans andre
Ufer zu fahren. 19Und es trat ein Schriftgelehrter herzu und sprach zu
ihm: Meister, ich will dir folgen, wohin du gehst. 20Jesus sagt zu ihm:

Die Füchse haben Gruben, und die Vögel unter dem Himmel haben
Nester; aber der Menschensohn hat nichts, wo er sein Haupt hinlege.
21 Und ein anderer unter den Jüngern sprach zu ihm: Herr, erlaube
mir, daß ich zuvor hingehe und meinen Vater begrabe. 22 Aber Jesus
spricht zu ihm: Folge du mir, und laß die Toten ihre Toten begraben!

Mitten im Sturm

(Mk 4,35-41)

23 Und er stieg in das Boot, und seine Jünger folgten ihm. 24 Und siehe,
da erhob sich ein gewaltiger Sturm auf dem See, so daß auch das Boot
von Wellen zugedeckt wurde. Er aber schlief. 25 Und sie traten zu ihm,
weckten ihn auf und sprachen: Herr, hilf, wir kommen um! 26 Da sagt
er zu ihnen: Ihr Kleingläubigen, warum seid ihr so furchtsam? Und
stand auf und bedrohte den Wind und das Meer. Da wurde es ganz
stille. 27 Die Menschen aber verwunderten sich und sprachen: Was ist
das für ein Mann, daß ihm Wind und Meer gehorsam sind?

Matthäus geht mit

(Mk 2,13-17)

9 9 Und als Jesus von dort wegging, sah er einen Menschen am Zoll
sitzen, der hieß Matthäus; und er sprach zu ihm: Folge mir! Und
er stand auf und folgte ihm.

10 Und es begab sich, als er zu Tisch saß im Hause, siehe, da kamen
viele Zöllner und Sünder und saßen zu Tisch mit Jesus und seinen
Jüngern. 11 Als das die Pharisäer sahen, sprachen sie zu seinen
Jüngern: Warum ißt euer Meister mit den Zöllnern und Sündern?
12 Als das Jesus hörte, sprach er: Die Starken bedürfen des Arztes
nicht, sondern die Kranken. 13 Geht aber hin und lernt, was das heißt
[Hosea 6,6]: »Ich habe Wohlgefallen an Barmherzigkeit und nicht
am Opfer.« Ich bin gekommen, die Sünder zu rufen und nicht die
Gerechten.

Blinde sehen, Stumme reden

27 Und als Jesus von dort weiterging, folgten ihm zwei Blinde, die
schrien: Ach, du Sohn Davids, erbarme dich unser! 28 Und als er
heimkam, traten die Blinden zu ihm. Und Jesus sprach zu ihnen:
Glaubt ihr, daß ich das tun kann? Da sprachen sie zu ihm: Ja, Herr.
29 Da berührte er ihre Augen und sprach: Euch geschehe nach eurem
Glauben! 30 Und ihre Augen wurden geöffnet. Und Jesus drohte ihnen

9,9

und sprach: Seht zu, daß es niemand erfahre! 31Aber sie gingen
hinaus und verbreiteten die Kunde von ihm in diesem ganzen
Lande.

32Als diese nun hinausgegangen waren, siehe, da brachten sie zu
ihm einen Menschen, der war stumm und besessen. 33Als aber der
böse Geist ausgetrieben war, redete der Stumme. Und das Volk ver-
wunderte sich und sprach: So etwas ist noch nie in Israel gesehen
worden. 34Aber die Pharisäer sprachen: Er treibt die bösen Geister
aus durch ihren Obersten.

Jesus braucht Arbeiter für Gottes neue Welt

35Und Jesus ging ringsum in alle Städte und Dörfer, lehrte in ihren
Synagogen und predigte das Evangelium von dem Reich und heilte
alle Krankheiten und alle Gebrechen. 36Und als er das Volk sah,
jammerte es ihn; denn sie waren verschmachtet und zerstreut wie die
Schafe, die keinen Hirten haben. 37Da sprach er zu seinen Jüngern:
Die Ernte ist groß, aber wenige sind der Arbeiter. 38Darum bittet den
Herrn der Ernte, daß er Arbeiter in seine Ernte sende.

Der Auftrag an die Jünger

10 Und er rief seine zwölf Jünger zu sich und gab ihnen Macht
über die unreinen Geister, daß sie die austrieben und heilten
alle Krankheiten und alle Gebrechen.

5Diese Zwölf sandte Jesus aus, gebot ihnen und sprach: Geht nicht
den Weg zu den Heiden und zieht in keine Stadt der Samariter,
6sondern geht hin zu den verlorenen Schafen aus dem Hause Israel.
7Geht aber und predigt und sprecht: Das Himmelreich ist nahe
herbeigekommen. 8Macht Kranke gesund, weckt Tote auf, macht Aus-
sätzige rein, treibt böse Geister aus. Umsonst habt ihr's empfangen,
umsonst gebt es auch. 9Ihr sollt weder Gold noch Silber noch Kupfer
in euren Gürteln haben, 10auch keine Reisetasche, auch nicht zwei
Hemden, keine Schuhe, auch keinen Stecken. Denn ein Arbeiter ist
seiner Speise wert. 11Wenn ihr aber in eine Stadt oder ein Dorf geht,
da erkundigt euch, ob jemand darin ist, der es wert ist; und bei dem
bleibt, bis ihr weiterzieht. 12Wenn ihr aber in ein Haus geht, so grüßt
es; 13und wenn es das Haus wert ist, wird euer Friede auf sie
kommen. Ist es aber nicht wert, so wird sich euer Friede wieder zu
euch wenden. 14Und wenn euch jemand nicht aufnehmen und eure
Rede nicht hören wird, so geht heraus aus diesem Hause oder dieser
Stadt und schüttelt den Staub von euren Füßen. 15Wahrlich, ich sage
euch: Dem Land der Sodomer und Gomorrer wird es erträglicher
ergehen am Tage des Gerichts als dieser Stadt.

16Siehe, ich sende euch wie Schafe mitten unter die Wölfe. Darum
seid klug wie die Schlangen und ohne Falsch wie die Tauben. 17Hütet
euch aber vor den Menschen; denn sie werden euch den Gerichten
überantworten und werden euch geißeln in ihren Synagogen. 18Und
man wird euch vor Statthalter und Könige führen um meinetwillen,
ihnen und den Heiden zum Zeugnis. 19Wenn sie euch nun überant-
worten werden, so sorgt nicht, wie oder was ihr reden sollt; denn es
soll euch zu der Stunde gegeben werden, was ihr reden sollt. 20Denn

nicht ihr seid es, die da reden, sondern eures Vaters Geist ist es, der
durch euch redet.

28 Und fürchtet euch nicht vor denen, die den Leib töten, doch die
Seele nicht töten können; fürchtet euch aber viel mehr vor dem, der
Leib und Seele verderben kann in der Hölle. 29 Kauft man nicht zwei
Sperlinge für einen Groschen? Dennoch fällt keiner von ihnen auf die
Erde ohne euren Vater. 30 Nun aber sind auch eure Haare auf dem
Haupt alle gezählt. 31 Darum fürchtet euch nicht; ihr seid besser als
viele Sperlinge. 32 Wer nun mich bekennt vor den Menschen, den will
ich auch bekennen vor meinem himmlischen Vater. 33 Wer mich aber
verleugnet vor den Menschen, den will ich auch verleugnen vor
meinem himmlischen Vater.

34 Ihr sollt nicht meinen, daß ich gekommen bin, Frieden zu
bringen auf die Erde. Ich bin nicht gekommen, Frieden zu bringen,
sondern das Schwert. 35 Denn ich bin gekommen, den Menschen zu
entzweien mit seinem Vater und die Tochter mit ihrer Mutter und die
Schwiegertochter mit ihrer Schwiegermutter. 36 Und des Menschen
Feinde werden seine eigenen Hausgenossen sein. 37 Wer Vater oder
Mutter mehr liebt als mich, der ist meiner nicht wert; und wer Sohn
oder Tochter mehr liebt als mich, der ist meiner nicht wert. 38 Und wer
nicht sein Kreuz auf sich nimmt und folgt mir nach, der ist meiner
nicht wert. 39 Wer sein Leben findet, der wird's verlieren; und wer sein
Leben verliert um meinetwillen, der wird's finden.

40 Wer euch aufnimmt, der nimmt mich auf; und wer mich
aufnimmt, der nimmt den auf, der mich gesandt hat.

Was ist mit Johannes dem Täufer?

11 2 Als aber Johannes im Gefängnis von den Werken Christi hörte,
sandte er seine Jünger 3 und ließ ihn fragen: Bist du es, der da
kommen soll, oder sollen wir auf einen andern warten? 4 Jesus ant-
wortete und sprach zu ihnen: Geht hin und sagt Johannes wieder, was
ihr hört und seht: 5 Blinde sehen und Lahme gehen, Aussätzige wer-
den rein und Taube hören, Tote stehen auf, und Armen wird das
Evangelium gepredigt; 6 und selig ist, wer sich nicht an mir ärgert.

7 Als sie fortgingen, fing Jesus an, zu dem Volk von Johannes zu
reden: Was seid ihr hinausgegangen in die Wüste zu sehen? Wolltet
ihr ein Rohr sehen, das der Wind hin- und herweht? 8 Oder was seid
ihr hinausgegangen zu sehen? Wolltet ihr einen Menschen in weichen
Kleidern sehen? Siehe, die weiche Kleider tragen, sind in den Häusern
der Könige. 9 Oder was seid ihr hinausgegangen zu sehen? Wolltet ihr
einen Propheten sehen? Ja, ich sage euch: er ist mehr als ein Prophet.

10 Dieser ist's, von dem geschrieben steht [Maleachi 3,1]: »Siehe, ich
sende meinen Boten vor dir her, der deinen Weg vor dir bereiten soll.«
11 Wahrlich, ich sage euch: Unter allen, die von einer Frau geboren
sind, ist keiner aufgetreten, der größer ist als Johannes der Täufer; der
aber der Kleinste ist im Himmelreich, ist größer als er. 12 Aber von den
Tagen Johannes des Täufers bis heute leidet das Himmelreich Gewalt,
und die Gewalttätigen reißen es an sich. 13 Denn alle Propheten und
das Gesetz haben geweissagt bis hin zu Johannes; 14 und wenn ihr's
annehmen wollt: er ist Elia, der da kommen soll. 15 Wer Ohren hat, der
höre!
16 Mit wem soll ich aber dieses Geschlecht vergleichen? Es gleicht
den Kindern, die auf dem Markt sitzen und rufen den andern zu:
17 Wir haben euch aufgespielt, und ihr wolltet nicht tanzen; wir haben
Klagelieder gesungen, und ihr wolltet nicht weinen. 18 Johannes ist
gekommen, aß nicht und trank nicht; so sagen sie: Er ist besessen.
19 Der Menschensohn ist gekommen, ißt und trinkt; so sagen sie:
Siehe, was ist dieser Mensch für ein Fresser und Weinsäufer, ein
Freund der Zöllner und Sünder! Und doch ist die Weisheit gerecht-
fertigt worden aus ihren Werken.

Galiläa merkt nichts!

20 Da fing er an, die Städte zu schelten, in denen die meisten seiner
Taten geschehen waren; denn sie hatten nicht Buße getan: 21 Wehe
dir, Chorazin! Weh dir, Betsaida! Wären solche Taten in Tyrus und
Sidon geschehen, wie sie bei euch geschehen sind, sie hätten längst in
Sack und Asche Buße getan. 22 Doch ich sage euch: Es wird Tyrus
und Sidon erträglicher ergehen am Tage des Gerichts als euch. 23 Und
du, Kapernaum, wirst du bis zum Himmel erhoben werden? Du wirst
bis in die Hölle hinuntergestoßen werden. Denn wenn in Sodom die
Taten geschehen wären, die in dir geschehen sind, es stünde noch
heutigen Tages. 24 Doch ich sage euch: Es wird dem Land der
Sodomer erträglicher ergehen am Tage des Gerichts als dir.

Einladung an alle

25 Zu der Zeit fing Jesus an und sprach: Ich preise dich, Vater, Herr des
Himmels und der Erde, weil du dies den Weisen und Klugen ver-
borgen hast und hast es den Unmündigen offenbart. 26 Ja, Vater; denn
so hat es dir wohlgefallen. 27 Alles ist mir übergeben von meinem
Vater; und niemand kennt den Sohn als nur der Vater; und niemand
kennt den Vater als nur der Sohn und wem es der Sohn offenbaren will.

28 Kommt her zu mir, alle, die ihr mühselig und beladen seid; ich
will euch erquicken. 29 Nehmt auf euch mein Joch und lernt von mir;
denn ich bin sanftmütig und von Herzen demütig; so werdet ihr Ruhe
finden für eure Seelen. 30 Denn mein Joch ist sanft, und meine Last ist
leicht.

Hast du Beweise?

12 38 Da fingen einige von den Schriftgelehrten und Pharisäern an
und sprachen zu ihm: Meister, wir möchten gern ein Zeichen
von dir sehen. 39 Und er antwortete und sprach zu ihnen: Ein böses
und abtrünniges Geschlecht fordert ein Zeichen, aber es wird ihm
kein Zeichen gegeben werden, es sei denn das Zeichen des Propheten
Jona. 40 Denn wie Jona drei Tage und drei Nächte im Bauch des Fisches
war, so wird der Menschensohn drei Tage und drei Nächte im
Schoß der Erde sein. 41 Die Leute von Ninive werden auftreten beim
Jüngsten Gericht mit diesem Geschlecht und werden es verdammen;
denn sie taten Buße nach der Predigt des Jona. Und siehe, hier ist
mehr als Jona. 42 Die Königin vom Süden wird auftreten beim
Jüngsten Gericht mit diesem Geschlecht und wird es verdammen;
denn sie kam vom Ende der Erde, um Salomos Weisheit zu hören.
Und siehe, hier ist mehr als Salomo.

Jesus erzählt von Gottes neuer Welt (Kapitel 13)

Ein Bauer sät

13 An demselben Tage ging Jesus aus dem Hause und setzte sich
an den See. 2 Und es versammelte sich eine große Menge bei
ihm, so daß er in ein Boot stieg und sich setzte, und alles Volk stand
am Ufer.

3 Und er redete vieles zu ihnen in Gleichnissen und sprach: Siehe,
es ging ein Sämann aus, zu säen. 4 Und indem er säte, fiel einiges auf
den Weg; da kamen die Vögel und fraßen's auf. 5 Einiges fiel auf
felsigen Boden, wo es nicht viel Erde hatte, und ging bald auf, weil es
keine tiefe Erde hatte. 6 Als aber die Sonne aufging, verwelkte es, und
weil es keine Wurzel hatte, verdorrte es. 7 Einiges fiel unter die
Dornen; und die Dornen wuchsen empor und erstickten's. 8 Einiges
fiel auf gutes Land und trug Frucht, einiges hundertfach, einiges
sechzigfach, einiges dreißigfach. 9 Wer Ohren hat, der höre!

Warum Jesus Gleichnisse erzählt

10Und die Jünger traten zu ihm und sprachen: Warum redest du zu
ihnen in Gleichnissen? 11Er antwortete und sprach zu ihnen: Euch
ist's gegeben, die Geheimnisse des Himmelreichs zu verstehen, diesen
aber ist's nicht gegeben. 12Denn wer da hat, dem wird gegeben, daß er
die Fülle habe; wer aber nicht hat, dem wird auch das genommen,
was er hat. 13Darum rede ich zu ihnen in Gleichnissen. Denn mit
sehenden Augen sehen sie nicht, und mit hörenden Ohren hören sie
nicht; und sie verstehen es nicht. 14Und an ihnen wird die Weis-
sagung Jesajas erfüllt, die da sagt [Jesaja 6,9.10]: »Mit den Ohren
werdet ihr hören und werdet es nicht verstehen; und mit sehenden
Augen werdet ihr sehen und werdet es nicht erkennen. 15Denn das
Herz dieses Volkes ist verstockt: ihre Ohren hören schwer, und ihre
Augen sind geschlossen, damit sie nicht etwa mit den Augen sehen
und mit den Ohren hören und mit dem Herzen verstehen und sich
bekehren, und ich ihnen helfe.« 16Aber selig sind eure Augen, daß sie
sehen, und eure Ohren, daß sie hören. 17Wahrlich, ich sage euch:
Viele Propheten und Gerechte haben begehrt, zu sehen, was ihr seht,
und haben's nicht gesehen, und zu hören, was ihr hört, und haben's
nicht gehört.

Das Gleichnis vom Bauern wird erklärt

19Wenn jemand das Wort von dem Reich hört und nicht versteht, so
kommt der Böse und reißt hinweg, was in sein Herz gesät ist; das ist
der, bei dem auf den Weg gesät ist. 20Bei dem aber auf felsigen Boden
gesät ist, das ist, der das Wort hört und es gleich mit Freuden auf-
nimmt; 21aber er hat keine Wurzel in sich, sondern er ist wetter-
wendisch; wenn sich Bedrängnis oder Verfolgung erhebt um des
Wortes willen, so fällt er gleich ab. 22Bei dem aber unter die Dornen
gesät ist, das ist, der das Wort hört, und die Sorge der Welt und der
betrügerische Reichtum ersticken das Wort, und er bringt keine
Frucht. 23Bei dem aber auf gutes Land gesät ist, das ist, der das Wort
hört und versteht und dann auch Frucht bringt; und der eine trägt
hundertfach, der andere sechzigfach, der dritte dreißigfach.

Der Weizen und das Unkraut

24Er legte ihnen ein anderes Gleichnis vor und sprach: Das Himmel-
reich gleicht einem Menschen, der guten Samen auf seinen Acker säte.
25Als aber die Leute schliefen, kam sein Feind und säte Unkraut

zwischen den Weizen und ging davon. 26Als nun die Saat wuchs und
Frucht brachte, da fand sich auch das Unkraut. 27Da traten die Knech-
te zu dem Hausvater und sprachen: Herr, hast du nicht guten Samen
auf deinen Acker gesät? Woher hat er denn das Unkraut? 28Er sprach
zu ihnen: Das hat ein Feind getan. Da sprachen die Knechte: Willst du
denn, daß wir hingehen und es ausjäten? 29Er sprach: Nein! damit ihr
nicht zugleich den Weizen mit ausrauft, wenn ihr das Unkraut ausjä-
tet. 30Laßt beides miteinander wachsen bis zur Ernte; und um die
Erntezeit will ich zu den Schnittern sagen: Sammelt zuerst das Un-
kraut und bindet es in Bündel, damit man es verbrenne; aber den
Weizen sammelt mir in meine Scheune.

Das Große beginnt ganz klein

31Ein anderes Gleichnis legte er ihnen vor und sprach: Das Himmel-
reich gleicht einem Senfkorn, das ein Mensch nahm und auf seinen
Acker säte; 32das ist das kleinste unter allen Samenkörnern; wenn es
aber gewachsen ist, so ist es größer als alle Kräuter und wird ein
Baum, so daß die Vögel unter dem Himmel kommen und wohnen in
seinen Zweigen.

33Ein anderes Gleichnis sagte er ihnen: Das Himmelreich gleicht
einem Sauerteig, den eine Frau nahm und unter einen halben Zentner
Mehl mengte, bis es ganz durchsäuert war.

34Das alles redete Jesus in Gleichnissen zu dem Volk, und ohne
Gleichnisse redete er nichts zu ihnen, 35damit erfüllt würde, was
gesagt ist durch den Propheten, der da spricht [Psalm 78,2]: »Ich will
meinen Mund auftun in Gleichnissen und will aussprechen, was ver-
borgen war vom Anfang der Welt an.«

Das Gleichnis vom Weizen und vom Unkraut wird erklärt

36Da ließ Jesus das Volk gehen und kam heim. Und seine Jünger
traten zu ihm und sprachen: Deute uns das Gleichnis vom Unkraut
auf dem Acker. 37Er antwortete und sprach zu ihnen: Der Menschen-
sohn ist's, der den guten Samen sät. 38Der Acker ist die Welt. Der gute
Same sind die Kinder des Reichs. Das Unkraut sind die Kinder des
Bösen. 39Der Feind, der es sät, ist der Teufel. Die Ernte ist das Ende
der Welt. Die Schnitter sind die Engel. 40Wie man nun das Unkraut
ausjätet und mit Feuer verbrennt, so wird's auch am Ende der Welt
gehen. 41Der Menschensohn wird seine Engel senden, und sie werden
sammeln aus seinem Reich alles, was zum Abfall verführt, und die da
Unrecht tun, 42und werden sie in den Feuerofen werfen; da wird

Heulen und Zähneklappern sein. 43Dann werden die Gerechten
leuchten wie die Sonne in ihres Vaters Reich. Wer Ohren hat, der höre!

Ein wertvoller Schatz

44Das Himmelreich gleicht einem Schatz, verborgen im Acker, den ein
Mensch fand und verbarg; und in seiner Freude ging er hin und ver-
kaufte alles, was er hatte, und kaufte den Acker.
45Wiederum gleicht das Himmelreich einem Kaufmann, der gute
Perlen suchte, 46und als er eine kostbare Perle fand, ging er hin und
verkaufte alles, was er hatte, und kaufte sie.

Das Netz mit den Fischen

47Wiederum gleicht das Himmelreich einem Netz, das ins Meer
geworfen ist und Fische aller Art fängt. 48Wenn es aber voll ist, ziehen
sie es heraus an das Ufer, setzen sich und lesen die guten in Gefäße
zusammen, aber die schlechten werfen sie weg. 49So wird es auch am
Ende der Welt gehen: die Engel werden ausgehen und die Bösen von
den Gerechten scheiden 50und werden sie in den Feuerofen werfen;
da wird Heulen und Zähneklappern sein.

51Habt ihr das alles verstanden? Sie antworteten: Ja. 52Da sprach er:
Darum gleicht jeder Schriftgelehrte, der ein Jünger des Himmereichs
geworden ist, einem Hausvater, der aus seinem Schatz Neues und
Altes hervorholt.

Petrus wird gerettet

(Mk 6,45-56)

14 22Und alsbald trieb Jesus seine Jünger, in das Boot zu steigen
und vor ihm hinüberzufahren, bis er das Volk gehen ließe.
23Und als er das Volk hatte gehen lassen, stieg er allein auf einen Berg,
um zu beten. Und am Abend war er dort allein. 24Und das Boot war
schon weit vom Land entfernt und kam in Not durch die Wellen;
denn der Wind stand ihm entgegen. 25Aber in der vierten Nacht-
wache kam Jesus zu ihnen und ging auf dem See. 26Und als ihn die
Jünger sahen auf dem See gehen, erschraken sie und riefen: Es ist ein
Gespenst! und schrien vor Furcht. 27Aber sogleich redete Jesus mit
ihnen und sprach: Seid getrost, ich bin's; fürchtet euch nicht!
28Petrus aber antwortete ihm und sprach: Herr, bist du es, so
befiehl mir, zu dir zu kommen auf dem Wasser. 29Und er sprach:

14,30

Komm her! Und Petrus stieg aus dem Boot und ging auf dem Wasser
und kam auf Jesus zu. 30Als er aber den starken Wind sah, erschrak er
und begann zu sinken und schrie: Herr, hilf mir! 31Jesus aber streckte
sogleich die Hand aus und ergriff ihn und sprach zu ihm: Du Klein-
gläubiger, warum hast du gezweifelt? 32Und sie traten in das Boot,
und der Wind legte sich. 33Die aber im Boot waren, fielen vor ihm
nieder und sprachen: Du bist wahrhaftig Gottes Sohn!

Petrus soll andere retten

(Mk 8,27-30)

16 13Da kam Jesus in die Gegend von Cäsarea Philippi und fragte
seine Jünger und sprach: Wer sagen die Leute, daß der
Menschensohn sei? 14Sie sprachen: Einige sagen, du seist Johannes
der Täufer, andere, du seist Elia, wieder andere, du seist Jeremia oder
einer der Propheten. 15Er fragte sie: Wer sagt denn ihr, daß ich sei?
16Da antwortete Simon Petrus und sprach: Du bist Christus, des
lebendigen Gottes Sohn! 17Und Jesus antwortete und sprach zu ihm:
Selig bist du, Simon, Jonas Sohn; denn Fleisch und Blut haben dir das
nicht offenbart, sondern mein Vater im Himmel. 18Und ich sage dir
auch: Du bist Petrus, und auf diesen Felsen will ich meine Gemeinde
bauen, und die Pforten der Hölle sollen sie nicht überwältigen. 19Ich
will dir die Schlüssel des Himmelreichs geben: alles, was du auf Erden
binden wirst, soll auch im Himmel gebunden sein, und alles, was du
auf Erden lösen wirst, soll auch im Himmel gelöst sein.

20Da gebot er seinen Jüngern, niemandem zu sagen, daß er der
Christus sei.

Wer ist der Größte?

18 [Es] traten die Jünger zu Jesus und fragten: Wer ist doch der
Größte im Himmelreich? 2Jesus rief ein Kind zu sich und
stellte es mitten unter sie 3und sprach: Wahrlich, ich sage euch: Wenn
ihr nicht umkehrt und werdet wie die Kinder, so werdet ihr nicht ins
Himmelreich kommen. 4Wer nun sich selbst erniedrigt und wird wie
dies Kind, der ist der Größte im Himmelreich. 5Und wer ein solches
Kind aufnimmt in meinem Namen, der nimmt mich auf.

So soll die Gemeinde leben

15Sündigt dein Bruder an dir, so geh hin und weise ihn zurecht
zwischen dir und ihm allein. Hört er auf dich, so hast du deinen

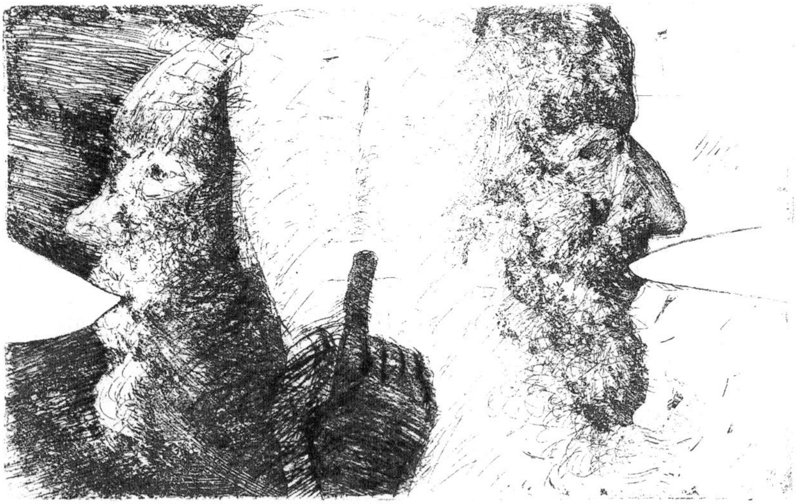

16,20

Bruder gewonnen. 16 Hört er nicht auf dich, so nimm noch einen oder
zwei zu dir, damit jede Sache durch den Mund von zwei oder drei
Zeugen bestätigt werde. 17 Hört er auf die nicht, so sage es der
Gemeinde. Hört er auch auf die Gemeinde nicht, so sei er für dich wie
ein Heide und Zöllner.
18 Wahrlich, ich sage euch: Was ihr auf Erden binden werdet, soll
auch im Himmel gebunden sein, und was ihr auf Erden lösen werdet,
soll auch im Himmel gelöst sein. 19 Wahrlich, ich sage euch auch:
Wenn zwei unter euch eins werden auf Erden, worum sie bitten
wollen, so soll es ihnen widerfahren von meinem Vater im Himmel.
20 Denn wo zwei oder drei versammelt sind in meinem Namen, da bin
ich mitten unter ihnen.

Vergeben? – Wie man es nicht machen soll!

[21]Da trat Petrus zu ihm und fragte: Herr, wie oft muß ich denn
meinem Bruder, der an mir sündigt, vergeben? Genügt es siebenmal?
[22]Jesus sprach zu ihm: Ich sage dir: nicht siebenmal, sondern siebzig-
mal siebenmal.
[23]Darum gleicht das Himmelreich einem König, der mit seinen
Knechten abrechnen wollte. [24]Und als er anfing abzurechnen, wurde
einer vor ihn gebracht, der war ihm zehntausend Zentner Silber
schuldig. [25]Da er's nun nicht bezahlen konnte, befahl der Herr, ihn
und seine Frau und seine Kinder und alles, was er hatte, zu verkaufen
und damit zu bezahlen. [26]Da fiel ihm der Knecht zu Füßen und
flehte ihn an und sprach: Hab Geduld mit mir; ich will dir's alles
bezahlen. [27]Da hatte der Herr Erbarmen mit diesem Knecht und ließ
ihn frei, und die Schuld erließ er ihm auch.
[28]Da ging dieser Knecht hinaus und traf einen seiner Mitknechte,
der war ihm hundert Silbergroschen schuldig; und er packte und
würgte ihn und sprach: Bezahle, was du mir schuldig bist! [29]Da fiel
sein Mitknecht nieder und bat ihn und sprach: Hab Geduld mit mir;
ich will dir's bezahlen. [30]Er wollte aber nicht, sondern ging hin und
warf ihn ins Gefängnis, bis er bezahlt hätte, was er schuldig war. [31]Als
aber seine Mitknechte das sahen, wurden sie sehr betrübt und kamen
und brachten bei ihrem Herrn alles vor, was sich begeben hatte. [32]Da
forderte ihn sein Herr vor sich und sprach zu ihm: Du böser Knecht!
Deine ganze Schuld habe ich dir erlassen, weil du mich gebeten hast;
[33]hättest du dich da nicht auch erbarmen sollen über deinen
Mitknecht, wie ich mich über dich erbarmt habe? [34]Und sein Herr
wurde zornig und überantwortete ihn den Peinigern, bis er alles
bezahlt hätte, was er ihm schuldig war.
[35]So wird auch mein himmlischer Vater an euch tun, wenn ihr
einander nicht von Herzen vergebt, ein jeder seinem Bruder.

Lohnt es sich, alles aufzugeben?

19 [27]Da fing Petrus an und sprach zu ihm: Siehe, wir haben alles
verlassen und sind dir nachgefolgt; was wird uns dafür ge-
geben? [28]Jesus aber sprach zu ihnen: Wahrlich, ich sage euch: Ihr,
die ihr mir nachgefolgt seid, werdet bei der Wiedergeburt, wenn der
Menschensohn sitzen wird auf dem Thron seiner Herrlichkeit, auch
sitzen auf zwölf Thronen und richten die zwölf Stämme Israels. [29]Und
wer Häuser oder Brüder oder Schwestern oder Vater oder Mutter oder
Kinder oder Äcker verläßt um meines Namens willen, der wird's

hundertfach empfangen und das ewige Leben ererben. 30Aber viele,
die die Ersten sind, werden die Letzten und die Letzten werden die
Ersten sein.

Ein ungerechter Arbeitgeber?

20 Denn das Himmelreich gleicht einem Hausherrn, der früh am
Morgen ausging, um Arbeiter für seinen Weinberg einzu-
stellen. 2Und als er mit den Arbeitern einig wurde über einen Silber-
groschen als Tagelohn, sandte er sie in seinen Weinberg. 3Und er ging
aus um die dritte Stunde und sah andere müßig auf dem Markt
stehen 4und sprach zu ihnen: Geht ihr auch hin in den Weinberg; ich
will euch geben, was recht ist. 5Und sie gingen hin. Abermals ging er
aus um die sechste und um die neunte Stunde und tat dasselbe. 6Um
die elfte Stunde aber ging er aus und fand andere und sprach zu
ihnen: Was steht ihr den ganzen Tag müßig da? 7Sie sprachen zu ihm:
Es hat uns niemand eingestellt. Er sprach zu ihnen: Geht ihr auch hin
in den Weinberg.

8Als es nun Abend wurde, sprach der Herr des Weinbergs zu
seinem Verwalter: Ruf die Arbeiter und gib ihnen den Lohn und fang
an bei den letzten bis zu den ersten. 9Da kamen, die um die elfte
Stunde eingestellt waren, und jeder empfing seinen Silbergroschen.
10Als aber die ersten kamen, meinten sie, sie würden mehr empfan-
gen; und auch sie empfingen ein jeder seinen Silbergroschen. 11Und
als sie den empfingen, murrten sie gegen den Hausherrn 12und
sprachen: Diese letzten haben nur eine Stunde gearbeitet, doch du

20,16

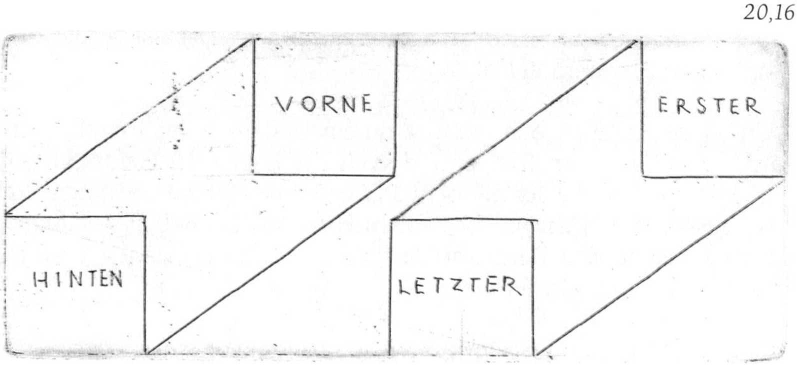

hast sie uns gleichgestellt, die wir des Tages Last und Hitze getragen
haben. [13]Er antwortete aber und sagte zu einem von ihnen: Mein
Freund, ich tu dir nicht Unrecht. Bist du nicht mit mir einig geworden
über einen Silbergroschen? [14]Nimm, was dein ist, und geh! Ich will
aber diesem letzten dasselbe geben wie dir. [15]Oder habe ich nicht
Macht zu tun, was ich will, mit dem, was mein ist? Siehst du scheel
drein, weil ich so gütig bin? [16]So werden die Letzten die Ersten und
die Ersten die Letzten sein.

Die Entscheidung steht bevor

Einzug in Jerusalem

(Mk 11,1-10.15-19; Joh 12,12-16)

21 Als sie nun in die Nähe von Jerusalem kamen, nach Betfage an
den Ölberg, sandte Jesus zwei Jünger voraus [2]und sprach zu
ihnen: Geht hin in das Dorf, das vor euch liegt, und gleich werdet ihr
eine Eselin angebunden finden und ein Füllen bei ihr; bindet sie los
und führt sie zu mir! [3]Und wenn euch jemand etwas sagen wird, so
sprecht: Der Herr bedarf ihrer. Sogleich wird er sie euch überlassen.
[4]Das geschah aber, damit erfüllt würde, was gesagt ist durch den
Propheten, der da spricht [Sacharja 9,9]: [5]»Sagt der Tochter Zion:
Siehe, dein König kommt zu dir sanftmütig und reitet auf einem Esel
und auf einem Füllen, dem Jungen eines Lasttiers.«

[6]Die Jünger gingen hin und taten, wie ihnen Jesus befohlen hatte,
[7]und brachten die Eselin und das Füllen und legten ihre Kleider
darauf, und er setzte sich darauf. [8]Aber eine sehr große Menge breitete
ihre Kleider auf den Weg; andere hieben Zweige von den Bäumen
und streuten sie auf den Weg. [9]Die Menge aber, die ihm voranging
und nachfolgte, schrie: Hosianna dem Sohn Davids! Gelobt sei, der da
kommt in dem Namen des Herrn! Hosianna in der Höhe!

[10]Und als er in Jerusalem einzog, erregte sich die ganze Stadt und
fragte: Wer ist der? [11]Die Menge aber sprach: Das ist Jesus, der
Prophet aus Nazareth in Galiläa.

[12]Und Jesus ging in den Tempel hinein und trieb heraus alle Ver-
käufer und Käufer im Tempel und stieß die Tische der Geldwechsler
um und die Stände der Taubenhändler [13]und sprach zu ihnen: Es
steht geschrieben [Jesaja 56,7]: »Mein Haus soll ein Bethaus heißen«;
ihr aber macht eine Räuberhöhle daraus. [14]Und es gingen zu ihm
Blinde und Lahme im Tempel, und er heilte sie. [15]Als aber die Hohen-
priester und Schriftgelehrten die Wunder sahen, die er tat, und die
Kinder, die im Tempel schrien: Hosianna dem Sohn Davids!, ent-

rüsteten sie sich 16und sprachen zu ihm: Hörst du auch, was diese
sagen? Jesus antwortete ihnen: Ja! Habt ihr nie gelesen [Psalm 8,3]:
»Aus dem Munde der Unmündigen und Säuglinge hast du dir Lob
bereitet«? 17Und er ließ sie stehen und ging zur Stadt hinaus nach
Betanien und blieb dort über Nacht.

Die Frage nach der Steuer

22 15Da gingen die Pharisäer hin und hielten Rat, wie sie ihn in
seinen Worten fangen könnten; 16und sandten zu ihm ihre
Jünger samt den Anhängern des Herodes. Die sprachen: Meister, wir
wissen, daß du wahrhaftig bist und lehrst den Weg Gottes recht und
fragst nach niemand; denn du achtest nicht das Ansehen der
Menschen. 17Darum sage uns, was meinst du: Ist's recht, daß man
dem Kaiser Steuern zahlt oder nicht? 18Als nun Jesus ihre Bosheit
merkte, sprach er: Ihr Heuchler, was versucht ihr mich? 19Zeigt mir die
Steuermünze! Und sie reichten ihm einen Silbergroschen. 20Und er
sprach zu ihnen: Wessen Bild und Aufschrift ist das? 21Sie sprachen
zu ihm: Des Kaisers. Da sprach er zu ihnen: So gebt dem Kaiser, was
des Kaisers ist, und Gott, was Gottes ist! 22Als sie das hörten, wun-
derten sie sich, ließen von ihm ab und gingen davon.

Das wichtigste Gebot

35Und einer von ihnen, ein Schriftgelehrter, versuchte ihn und fragte:
36Meister, welches ist das höchste Gebot im Gesetz? 37Jesus aber ant-
wortete ihm: »Du sollst den Herrn, deinen Gott, lieben von ganzem
Herzen, von ganzer Seele und von ganzem Gemüt« [5.Mose 6,5].
38Dies ist das höchste und größte Gebot. 39Das andere aber ist dem
gleich: »Du sollst deinen Nächsten lieben wie dich selbst« [3.Mose
19,18]. 40In diesen beiden Geboten hängt das ganze Gesetz und die
Propheten.

Harte Worte

23 Da redete Jesus zu dem Volk und zu seinen Jüngern 2und
sprach: Auf dem Stuhl des Mose sitzen die Schriftgelehrten
und Pharisäer. 3Alles nun, was sie euch sagen, das tut und haltet; aber
nach ihren Werken sollt ihr nicht handeln; denn sie sagen's zwar,
tun's aber nicht. 4Sie binden schwere und unerträgliche Bürden und
legen sie den Menschen auf die Schultern; aber sie selbst wollen
keinen Finger dafür krümmen. 5Alle ihre Werke aber tun sie, damit sie

von den Leuten gesehen werden. Sie machen ihre Gebetsriemen breit
und die Quasten an ihren Kleidern groß. 6Sie sitzen gern obenan bei
Tisch und in den Synagogen 7und haben's gern, daß sie auf dem
Markt gegrüßt und von den Leuten Rabbi genannt werden.

8Aber ihr sollt euch nicht Rabbi nennen lassen; denn einer ist euer
Meister; ihr aber seid alle Brüder. 9Und ihr sollt niemanden unter
euch Vater nennen auf Erden; denn einer ist euer Vater, der im
Himmel ist. 10Und ihr sollt euch nicht Lehrer nennen lassen; denn
einer ist euer Lehrer: Christus. 11Der größte unter euch soll euer
Diener sein. 12Denn wer sich selbst erhöht, der wird erniedrigt; und
wer sich selbst erniedrigt, der wird erhöht.

13Weh euch, Schriftgelehrte und Pharisäer, ihr Heuchler, die ihr das
Himmelreich zuschließt vor den Menschen! Ihr geht nicht hinein, und
die hinein wollen, laßt ihr nicht hineingehen.

23Weh euch, Schriftgelehrte und Pharisäer, ihr Heuchler, die ihr den
Zehnten gebt von Minze, Dill und Kümmel und laßt das Wichtigste
im Gesetz beiseite, nämlich das Recht, die Barmherzigkeit und
den Glauben! Doch dies sollte man tun und jenes nicht lassen. 24Ihr
verblendeten Führer, die ihr Mücken aussiebt, aber Kamele verschluckt!

25Weh euch, Schriftgelehrte und Pharisäer, ihr Heuchler, die ihr die
Becher und Schüsseln außen reinigt, innen aber sind sie voller Raub
und Gier! 26Du blinder Pharisäer, reinige zuerst das Innere des
Bechers, damit auch das Äußere rein wird!

27Weh euch, Schriftgelehrte und Pharisäer, ihr Heuchler, die ihr
seid wie die übertünchten Gräber, die von außen hübsch aussehen,
aber innen sind sie voller Totengebeine und lauter Unrat! 28So auch
ihr: von außen scheint ihr vor den Menschen fromm, aber innen seid
ihr voller Heuchelei und Unrecht. 33Ihr Schlangen, ihr Otternbrut!
Wie wollt ihr der höllischen Verdammnis entrinnen?

34Darum: siehe, ich sende zu euch Propheten und Weise und
Schriftgelehrte; und von ihnen werdet ihr einige töten und kreuzigen,
und einige werdet ihr geißeln in euren Synagogen und werdet sie
verfolgen von einer Stadt zur andern, 35damit über euch komme all
das gerechte Blut, das vergossen ist auf Erden, von dem Blut des
gerechten Abel an.

Leichtsinnig sein und klug sein

25 Dann wird das Himmelreich gleichen zehn Jungfrauen, die
ihre Lampen nahmen und gingen hinaus, dem Bräutigam entgegen.
2Aber fünf von ihnen waren töricht, und fünf waren klug. 3Die

törichten nahmen ihre Lampen, aber sie nahmen kein Öl mit. 4Die
klugen aber nahmen Öl mit in ihren Gefäßen, samt ihren Lampen.
5Als nun der Bräutigam lange ausblieb, wurden sie alle schläfrig
und schliefen ein. 6Um Mitternacht aber erhob sich lautes Rufen:
Siehe, der Bräutigam kommt! Geht hinaus, ihm entgegen! 7Da
standen diese Jungfrauen alle auf und machten ihre Lampen fertig.
8Die törichten aber sprachen zu den klugen: Gebt uns von eurem Öl,
denn unsre Lampen verlöschen. 9Da antworteten die klugen und
sprachen: Nein, sonst würde es für uns und euch nicht genug sein;
geht aber zum Kaufmann und kauft für euch selbst. 10Und als sie hin-
gingen zu kaufen, kam der Bräutigam; und die bereit waren, gingen
mit ihm hinein zur Hochzeit, und die Tür wurde verschlossen.
11Später kamen auch die andern Jungfrauen und sprachen: Herr, Herr,
tu uns auf! 12Er antwortete aber und sprach: Wahrlich, ich sage euch:
Ich kenne euch nicht.
13Darum wachet! Denn ihr wißt weder Tag noch Stunde.

Das Gleichnis vom geliehenen Geld

14Denn es ist wie mit einem Menschen, der außer Landes ging: er rief
seine Knechte und vertraute ihnen sein Vermögen an; 15dem einen
gab er fünf Zentner Silber, dem andern zwei, dem dritten einen, jedem
nach seiner Tüchtigkeit, und zog fort. 16Sogleich ging der hin, der fünf
Zentner empfangen hatte, und handelte mit ihnen und gewann
weitere fünf dazu. 17Ebenso gewann der, der zwei Zentner empfangen
hatte, zwei weitere dazu. 18Der aber einen empfangen hatte, ging hin,
grub ein Loch in die Erde und verbarg das Geld seines Herrn.
19Nach langer Zeit kam der Herr dieser Knechte und forderte
Rechenschaft von ihnen. 20Da trat herzu, der fünf Zentner empfangen
hatte, und legte weitere fünf Zentner dazu und sprach: Herr, du hast
mir fünf Zentner anvertraut; siehe da, ich habe damit weitere fünf
Zentner gewonnen. 21Da sprach sein Herr zu ihm: Recht so, du tüch-
tiger und treuer Knecht, du bist über wenigem treu gewesen, ich will
dich über viel setzen; geh hinein zu deines Herrn Freude! 22Da trat
auch herzu, der zwei Zentner empfangen hatte, und sprach: Herr, du
hast mir zwei Zentner anvertraut; siehe da, ich habe damit zwei
weitere gewonnen. 23Sein Herr sprach zu ihm: Recht so, du tüchtiger
und treuer Knecht, du bist über wenigem treu gewesen, ich will dich
über viel setzen; geh hinein zu deines Herrn Freude!
24Da trat auch herzu, der einen Zentner empfangen hatte, und
sprach: Herr, ich wußte, daß du ein harter Mann bist: du erntest, wo
du nicht gesät hast, und sammelst ein, wo du nicht ausgestreut hast;

25 und ich fürchtete mich, ging hin und verbarg deinen Zentner in der
Erde. Siehe, da hast du das Deine. 26 Sein Herr aber antwortete und
sprach zu ihm: Du böser und fauler Knecht! Wußtest du, daß ich
ernte, wo ich nicht gesät habe, und einsammle, wo ich nicht ausge-
streut habe? 27 Dann hättest du mein Geld zu den Wechslern bringen
sollen, und wenn ich gekommen wäre, hätte ich das Meine wieder-
bekommen mit Zinsen. 28 Darum nehmt ihm den Zentner ab und
gebt ihn dem, der zehn Zentner hat. 29 Denn wer da hat, dem wird
gegeben werden, und er wird die Fülle haben; wer aber nicht hat, dem
wird auch, was er hat, genommen werden. 30 Und den unnützen
Knecht werft in die Finsternis hinaus; da wird sein Heulen und
Zähneklappern.

Der Richter der Welt ist mitten unter uns

31 Wenn aber der Menschensohn kommen wird in seiner Herrlichkeit,
und alle Engel mit ihm, dann wird er sitzen auf dem Thron seiner
Herrlichkeit, 32 und alle Völker werden vor ihm versammelt werden.
Und er wird sie voneinander scheiden, wie ein Hirt die Schafe von
den Böcken scheidet, 33 und wird die Schafe zu seiner Rechten stellen
und die Böcke zur Linken.

34 Da wird dann der König sagen zu denen zu seiner Rechten:
Kommt her, ihr Gesegneten meines Vaters, ererbt das Reich, das euch
bereitet ist von Anbeginn der Welt! 35 Denn ich bin hungrig gewesen,
und ihr habt mir zu essen gegeben. Ich bin durstig gewesen, und ihr
habt mir zu trinken gegeben. Ich bin ein Fremder gewesen, und ihr
habt mich aufgenommen. 36 Ich bin nackt gewesen, und ihr
habt mich gekleidet. Ich bin krank gewesen, und ihr habt mich
besucht. Ich bin im Gefängnis gewesen, und ihr seid zu mir gekom-
men.

37 Dann werden ihm die Gerechten antworten und sagen: Herr,
wann haben wir dich hungrig gesehen und haben dir zu essen gege-
ben? oder durstig und haben dir zu trinken gegeben? 38 Wann haben
wir dich als Fremden gesehen und haben dich aufgenommen? oder
nackt und haben dich gekleidet? 39 Wann haben wir dich krank oder
im Gefängnis gesehen und sind zu dir gekommen? 40 Und der König
wird antworten und zu ihnen sagen: Wahrlich, ich sage euch: Was ihr
getan habt einem von diesen meinen geringsten Brüdern, das habt ihr
mir getan.

41 Dann wird er auch sagen zu denen zur Linken: Geht weg von
mir, ihr Verfluchten, in das ewige Feuer, das bereitet ist dem Teufel und
seinen Engeln! 42 Denn ich bin hungrig gewesen, und ihr habt mir

nicht zu essen gegeben. Ich bin durstig gewesen, und ihr habt mir
nicht zu trinken gegeben. 43 Ich bin ein Fremder gewesen, und ihr habt
mich nicht aufgenommen. Ich bin nackt gewesen, und ihr habt mich
nicht gekleidet. Ich bin krank und im Gefängnis gewesen, und ihr
habt mich nicht besucht.
44 Dann werden sie ihm auch antworten und sagen: Herr, wann
haben wir dich hungrig oder durstig gesehen oder als Fremden oder
nackt oder krank oder im Gefängnis und haben dir nicht gedient?
45 Dann wird er ihnen antworten und sagen: Wahrlich, ich sage euch:
Was ihr nicht getan habt einem von diesen Geringsten, das habt ihr
mir auch nicht getan. 46 Und sie werden hingehen: diese zur ewigen
Strafe, aber die Gerechten in das ewige Leben.

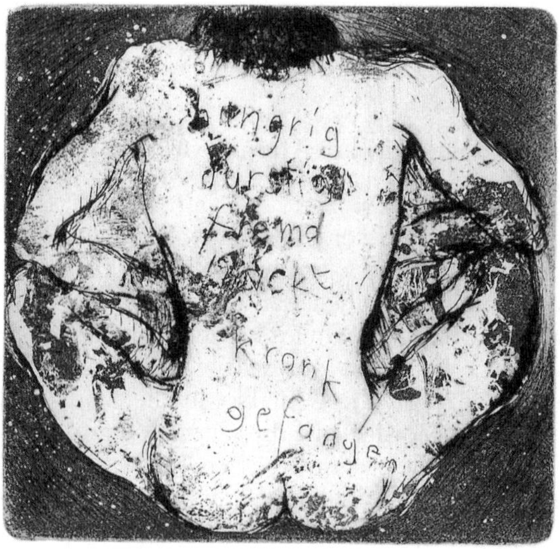

DAS LEIDEN UND STERBEN JESU (KAPITEL 26–27)

(Mk 14–15; Lk 22–23; Joh 18–19)

Die Entscheidung fällt

26 Und es begab sich, als Jesus alle diese Reden vollendet hatte,
daß er zu seinen Jüngern sprach: 2 Ihr wißt, daß in zwei Tagen
Passa ist; und der Menschensohn wird überantwortet werden, daß er
gekreuzigt werde.

3 Da versammelten sich die Hohenpriester und die Ältesten des
Volkes im Palast des Hohenpriesters, der hieß Kaiphas, 4 und hielten
Rat, wie sie Jesus mit List ergreifen und töten könnten. 5 Sie sprachen
aber: Ja nicht bei dem Fest, damit es nicht einen Aufruhr gebe im Volk.

Ein Zeichen der Liebe

6 Als nun Jesus in Betanien war im Hause Simons des Aussätzigen,
7 trat zu ihm eine Frau, die hatte ein Glas mit kostbarem Salböl und
goß es auf sein Haupt, als er zu Tisch saß. 8 Als das die Jünger sahen,
wurden sie unwillig und sprachen: Wozu diese Vergeudung? 9 Es
hätte teuer verkauft und das Geld den Armen gegeben werden
können. 10 Als Jesus das merkte, sprach er zu ihnen: Was betrübt ihr
die Frau? Sie hat ein gutes Werk an mir getan. 11 Denn Arme habt ihr
allezeit bei euch, mich aber habt ihr nicht allezeit. 12 Daß sie das Öl auf
meinen Leib gegossen hat, das hat sie für mein Begräbnis getan.
13 Wahrlich, ich sage euch: Wo dies Evangelium gepredigt wird in der
ganzen Welt, da wird man auch sagen zu ihrem Gedächtnis, was sie
getan hat.

Das Festmahl am Abend vor dem Passa

14 Da ging einer von den Zwölfen, mit Namen Judas Iskariot, hin zu
den Hohenpriestern 15 und sprach: Was wollt ihr mir geben? Ich will
ihn euch verraten. Und sie boten ihm dreißig Silberlinge. 16 Und von
da an suchte er eine Gelegenheit, daß er ihn verriete.

17 Aber am ersten Tage der Ungesäuerten Brote traten die Jünger zu
Jesus und fragten: Wo willst du, daß wir dir das Passalamm zum
Essen bereiten? 18 Er sprach: Geht hin in die Stadt zu einem und
sprecht zu ihm: Der Meister läßt dir sagen: Meine Zeit ist nahe; ich
will bei dir das Passa feiern mit meinen Jüngern. 19 Und die Jünger
taten, wie ihnen Jesus befohlen hatte, und bereiteten das Passalamm.

20 Und am Abend setzte er sich zu Tisch mit den Zwölfen. 21 Und

als sie aßen, sprach er: Wahrlich, ich sage euch: Einer unter euch wird
mich verraten. 22Und sie wurden sehr betrübt und fingen an, jeder
einzeln, ihn zu fragen: Herr, bin ich's? 23Er antwortete und sprach:
Der die Hand mit mir in die Schüssel taucht, der wird mich verraten.
24Der Menschensohn geht zwar dahin, wie von ihm geschrieben
steht; doch weh dem Menschen, durch den der Menschensohn ver-
raten wird! Es wäre für diesen Menschen besser, wenn er nie geboren
wäre. 25Da antwortete Judas, der ihn verriet, und sprach: Bin ich's,
Rabbi? Er sprach zu ihm: Du sagst es.

26Als sie aber aßen, nahm Jesus das Brot, dankte und brach's und
gab's den Jüngern und sprach: Nehmet, esset; das ist mein Leib.
27Und er nahm den Kelch und dankte, gab ihnen den und sprach:
Trinket alle daraus; 28das ist mein Blut des Bundes, das vergossen
wird für viele zur Vergebung der Sünden. 29Ich sage euch: Ich werde
von nun an nicht mehr von diesem Gewächs des Weinstocks trinken
bis an den Tag, an dem ich von neuem davon trinken werde mit euch
in meines Vaters Reich.

30Und als sie den Lobgesang gesungen hatten, gingen sie hinaus
an den Ölberg.

Der Weg in die Verlassenheit

31Da sprach Jesus zu ihnen: In dieser Nacht werdet ihr alle Ärgernis
nehmen an mir. Denn es steht geschrieben [Sacharja 13,7]: »Ich werde
den Hirten schlagen, und die Schafe der Herde werden sich zer-
streuen.« 32Wenn ich aber auferstanden bin, will ich vor euch hin-
gehen nach Galiläa.

33Petrus aber antwortete und sprach zu ihm: Wenn sie auch alle
Ärgernis nehmen, so will ich doch niemals Ärgernis nehmen an dir.
34Jesus sprach zu ihm: Wahrlich, ich sage dir: In dieser Nacht, ehe der
Hahn kräht, wirst du mich dreimal verleugnen. 35Petrus sprach zu
ihm: Und wenn ich mit dir sterben müßte, will ich dich nicht verleug-
nen. Das gleiche sagten auch alle Jünger.

In Gethsemane

36Da kam Jesus mit ihnen zu einem Garten, der hieß Gethsemane,
und sprach zu den Jüngern: Setzt euch hier, solange ich dorthin gehe
und bete. 37Und er nahm mit sich Petrus und die zwei Söhne des
Zebedäus und fing an zu trauern und zu zagen. 38Da sprach Jesus zu
ihnen: Meine Seele ist betrübt bis an den Tod; bleibt hier und wacht
mit mir!

[39]Und er ging ein wenig weiter, fiel nieder auf sein Angesicht und
betete und sprach: Mein Vater, ist's möglich, so gehe dieser Kelch an
mir vorüber; doch nicht wie ich will, sondern wie du willst! [40]Und er
kam zu seinen Jüngern und fand sie schlafend und sprach zu Petrus:
Könnt ihr denn nicht eine Stunde mit mir wachen? [41]Wachet und
betet, daß ihr nicht in Anfechtung fallt! Der Geist ist willig; aber das
Fleisch ist schwach.

[42]Zum zweiten Mal ging er wieder hin, betete und sprach: Mein
Vater, ist's nicht möglich, daß dieser Kelch an mir vorübergehe, ohne
daß ich ihn trinke, so geschehe dein Wille! [43]Und er kam und fand
sie abermals schlafend, und ihre Augen waren voller Schlaf.

[44]Und er ließ sie und ging abermals hin und betete zum dritten
Mal und redete dieselben Worte. [45]Dann kam er zu seinen Jüngern
und sprach zu ihnen: Ach, wollt ihr weiter schlafen und ruhen? Siehe,
die Stunde ist da, daß der Menschensohn in die Hände der Sünder
überantwortet wird. [46]Steht auf, laßt uns gehen! Siehe, er ist da, der
mich verrät.

Jesus wird verhaftet

[47]Und als er noch redete, siehe, da kam Judas, einer von den Zwölfen,
und mit ihm eine große Schar mit Schwertern und mit Stangen, von
den Hohenpriestern und Ältesten des Volkes. [48]Und der Verräter
hatte ihnen ein Zeichen genannt und gesagt: Welchen ich küssen
werde, der ist's; den ergreift. [49]Und alsbald trat er zu Jesus und
sprach: Sei gegrüßt, Rabbi! und küßte ihn. [50]Jesus aber sprach zu
ihm: Mein Freund, dazu bist du gekommen? Da traten sie heran und
legten Hand an Jesus und ergriffen ihn.

[51]Und siehe, einer von denen, die bei Jesus waren, streckte die
Hand aus und zog sein Schwert und schlug nach dem Knecht des
Hohenpriesters und hieb ihm ein Ohr ab. [52]Da sprach Jesus zu ihm:
Stecke dein Schwert an seinen Ort! Denn wer das Schwert nimmt, der
soll durchs Schwert umkommen. [53]Oder meinst du, ich könnte
meinen Vater nicht bitten, daß er mir sogleich mehr als zwölf
Legionen Engel schickte? [54]Wie würde dann aber die Schrift erfüllt,
daß es so geschehen muß? [55]Zu der Stunde sprach Jesus zu der
Schar: Ihr seid ausgezogen wie gegen einen Räuber mit Schwertern
und mit Stangen, mich zu fangen. Habe ich doch täglich im Tempel
gesessen und gelehrt, und ihr habt mich nicht ergriffen. [56]Aber das ist
alles geschehen, damit erfüllt würden die Schriften der Propheten.

Da verließen ihn alle Jünger und flohen.

26,68

Vor dem Religionsgericht

57 Die aber Jesus ergriffen hatten, führten ihn zu dem Hohenpriester
Kaiphas, wo die Schriftgelehrten und Ältesten sich versammelt hatten.
58 Petrus aber folgte ihm von ferne bis zum Palast des Hohenpriesters
und ging hinein und setzte sich zu den Knechten, um zu sehen,
worauf es hinaus wollte. 59 Die Hohenpriester aber und der ganze
Hohe Rat suchten falsches Zeugnis gegen Jesus, daß sie ihn töteten.
60 Und obwohl viele falsche Zeugen herzutraten, fanden sie doch
nichts.

Zuletzt traten zwei herzu 61 und sprachen: Er hat gesagt: Ich kann
den Tempel Gottes abbrechen und in drei Tagen aufbauen. 62 Und der
Hohepriester stand auf und sprach zu ihm: Antwortest du nichts auf
das, was diese gegen dich bezeugen? 63 Aber Jesus schwieg still. Und
der Hohepriester sprach zu ihm: Ich beschwöre dich bei dem leben-
digen Gott, daß du uns sagst, ob du der Christus bist, der Sohn
Gottes. 64 Jesus sprach zu ihm: Du sagst es. Doch sage ich euch: Von
nun an werdet ihr sehen den Menschensohn sitzen zur Rechten der
Kraft und kommen auf den Wolken des Himmels.

65 Da zerriß der Hohepriester seine Kleider und sprach: Er hat Gott
gelästert! Was bedürfen wir weiterer Zeugen? Siehe, jetzt habt ihr die
Gotteslästerung gehört. 66 Was ist euer Urteil? Sie antworteten und
sprachen: Er ist des Todes schuldig. 67 Da spien sie ihm ins Angesicht
und schlugen ihn mit Fäusten. Einige aber schlugen ihn ins Angesicht
68 und sprachen: Weissage uns, Christus, wer ist's, der dich schlug?

Die Verleugnung des Petrus

69 Petrus aber saß draußen im Hof; da trat eine Magd zu ihm und
sprach: Und du warst auch mit dem Jesus aus Galiläa. 70 Er leugnete
aber vor ihnen allen und sprach: Ich weiß nicht, was du sagst. 71 Als er
aber hinausging in die Torhalle, sah ihn eine andere und sprach zu
denen, die da waren: Dieser war auch mit dem Jesus von Nazareth.
72 Und er leugnete abermals und schwor dazu: Ich kenne den
Menschen nicht. 73 Und nach einer kleinen Weile traten hinzu, die da
standen, und sprachen zu Petrus: Wahrhaftig, du bist auch einer von
denen, denn deine Sprache verrät dich. 74 Da fing er an, sich zu ver-
fluchen und zu schwören: Ich kenne den Menschen nicht. Und als-
bald krähte der Hahn.

75 Da dachte Petrus an das Wort, das Jesus zu ihm gesagt hatte: Ehe
der Hahn kräht, wirst du mich dreimal verleugnen. Und er ging
hinaus und weinte bitterlich.

27 Am Morgen aber faßten alle Hohenpriester und die Ältesten
des Volkes den Beschluß über Jesus, ihn zu töten, 2und sie
banden ihn, führten ihn ab und überantworteten ihn dem Statthalter
Pilatus.

Judas verzweifelt

3Als Judas, der ihn verraten hatte, sah, daß er zum Tode verurteilt war,
reute es ihn, und er brachte die dreißig Silberlinge den Hohen-
priestern und Ältesten zurück 4und sprach: Ich habe Unrecht getan,
daß ich unschuldiges Blut verraten habe. Sie aber sprachen: Was geht
uns das an? Da sieh du zu! 5Und er warf die Silberlinge in den
Tempel, ging fort und erhängte sich.

6Aber die Hohenpriester nahmen die Silberlinge und sprachen:
Es ist nicht recht, daß wir sie in den Gotteskasten legen; denn es ist
Blutgeld. 7Sie beschlossen aber, den Töpferacker davon zu kaufen
zum Begräbnis für Fremde. 8Daher heißt dieser Acker Blutacker
bis auf den heutigen Tag.

Der römische Statthalter befiehlt die Hinrichtung

11Jesus aber stand vor dem Statthalter; und der Statthalter fragte ihn
und sprach: Bist du der König der Juden? Jesus aber sprach: Du sagst
es. 12Und als er von den Hohenpriestern und Ältesten verklagt wurde,
antwortete er nichts. 13Da sprach Pilatus zu ihm: Hörst du nicht, wie
hart sie dich verklagen? 14Und er antwortete ihm nicht auf ein ein-
ziges Wort, so daß sich der Statthalter sehr verwunderte.

15Zum Fest aber hatte der Statthalter die Gewohnheit, dem Volk
einen Gefangenen loszugeben, welchen sie wollten. 16Sie hatten aber
zu der Zeit einen berüchtigten Gefangenen, der hieß Jesus Barabbas.
17Und als sie versammelt waren, sprach Pilatus zu ihnen: Welchen
wollt ihr? Wen soll ich euch losgeben, Jesus Barabbas oder Jesus, von
dem gesagt wird, er sei der Christus? 18Denn er wußte, daß sie ihn aus
Neid überantwortet hatten.

19Und als er auf dem Richterstuhl saß, schickte seine Frau zu ihm
und ließ ihm sagen: Habe du nichts zu schaffen mit diesem Gerech-
ten; denn ich habe heute viel erlitten im Traum um seinetwillen.
20Aber die Hohenpriester und Ältesten überredeten das Volk, daß sie
um Barabbas bitten, Jesus aber umbringen sollten. 21Da fing der Statt-
halter an und sprach zu ihnen: Welchen wollt ihr? Wen von den bei-
den soll ich euch losgeben? Sie sprachen: Barabbas! 22Pilatus sprach
zu ihnen: Was soll ich denn machen mit Jesus, von dem gesagt wird,
er sei der Christus? Sie sprachen alle: Laß ihn kreuzigen! 23Er aber

sagte: Was hat er denn Böses getan? Sie schrien aber noch mehr: Laß
ihn kreuzigen!
24 Als aber Pilatus sah, daß er nichts ausrichtete, sondern das
Getümmel immer größer wurde, nahm er Wasser und wusch sich die
Hände vor dem Volk und sprach: Ich bin unschuldig an seinem Blut;
seht ihr zu! 25 Da antwortete das ganze Volk und sprach: Sein Blut
komme über uns und unsere Kinder! 26 Da gab er ihnen Barabbas los,
aber Jesus ließ er geißeln und überantwortete ihn, daß er gekreuzigt
werde.

Jesus wird gefoltert und gekreuzigt

27 Da nahmen die Soldaten des Statthalters Jesus mit sich in das Präto-
rium und sammelten die ganze Abteilung um ihn. 28 Und zogen ihn
aus und legten ihm einen Purpurmantel an 29 und flochten eine
Dornenkrone und setzten sie ihm aufs Haupt und gaben ihm ein
Rohr in seine rechte Hand und beugten die Knie vor ihm und ver-
spotteten ihn und sprachen: Gegrüßet seist du, der Juden König!
30 und spien ihn an und nahmen das Rohr und schlugen damit sein
Haupt.
31 Und als sie ihn verspottet hatten, zogen sie ihm den Mantel aus
und zogen ihm seine Kleider an und führten ihn ab, um ihn zu
kreuzigen. 32 Und als sie hinausgingen, fanden sie einen Menschen
aus Kyrene mit Namen Simon; den zwangen sie, daß er ihm sein
Kreuz trug.
33 Und als sie an die Stätte kamen mit Namen Golgatha, das heißt:
Schädelstätte, 34 gaben sie ihm Wein zu trinken mit Galle vermischt;
und als er's schmeckte, wollte er nicht trinken. 35 Als sie ihn aber
gekreuzigt hatten, verteilten sie seine Kleider und warfen das Los
darum. 36 Und sie saßen da und bewachten ihn. 37 Und oben über
sein Haupt setzten sie eine Aufschrift mit der Ursache seines Todes:
Dies ist Jesus, der Juden König.
38 Und da wurden zwei Räuber mit ihm gekreuzigt, einer zur Rech-
ten und einer zur Linken. 39 Die aber vorübergingen, lästerten ihn und
schüttelten ihre Köpfe 40 und sprachen: Der du den Tempel abbrichst
und baust ihn auf in drei Tagen, hilf dir selber, wenn du Gottes Sohn
bist, und steig herab vom Kreuz!
41 Desgleichen spotteten auch die Hohenpriester mit den Schrift-
gelehrten und Ältesten und sprachen: 42 Andern hat er geholfen und
kann sich selber nicht helfen. Ist er der König von Israel, so steige
er nun vom Kreuz herab. Dann wollen wir an ihn glauben. 43 Er
hat Gott vertraut; der erlöse ihn nun, wenn er Gefallen an ihm hat;

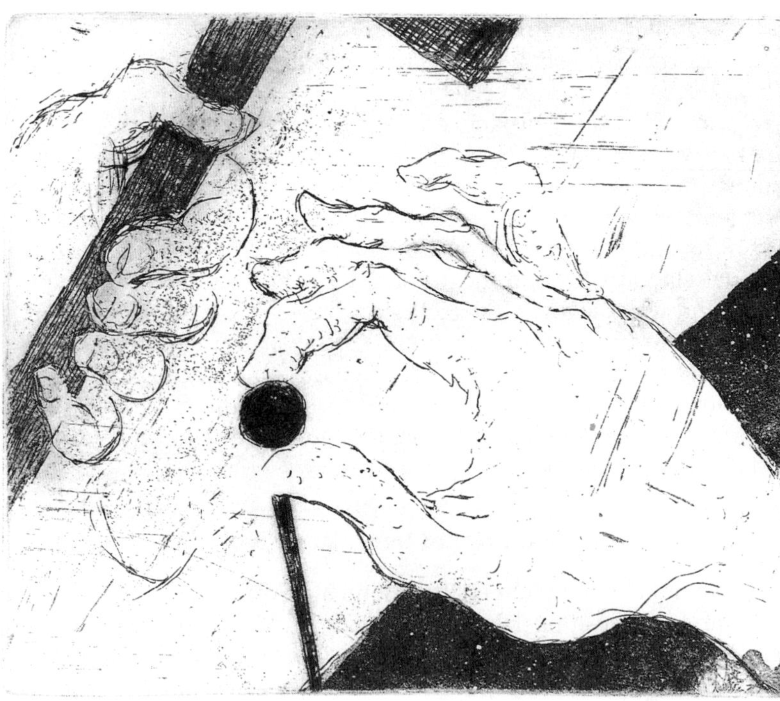

denn er hat gesagt: Ich bin Gottes Sohn. 44Desgleichen schmähten
ihn auch die Räuber, die mit ihm gekreuzigt waren.

Jesus stirbt

45Und von der sechsten Stunde an kam eine Finsternis über das
ganze Land bis zur neunten Stunde. 46Und um die neunte Stunde
schrie Jesus laut: Eli, Eli, lama asabtani? das heißt: Mein Gott, mein
Gott, warum hast du mich verlassen? 47Einige aber, die da standen,
als sie das hörten, sprachen sie: Der ruft nach Elia. 48Und sogleich lief
einer von ihnen, nahm einen Schwamm und füllte ihn mit Essig und
steckte ihn auf ein Rohr und gab ihm zu trinken. 49Die andern aber
sprachen: Halt, laß sehen, ob Elia komme und ihm helfe! 50Aber Jesus
schrie abermals laut und verschied.

51Und siehe, der Vorhang im Tempel zerriß in zwei Stücke von
oben an bis unten aus. 52Und die Erde erbebte, und die Felsen zerris-
sen, und die Gräber taten sich auf, und viele Leiber der entschlafenen
Heiligen standen auf 53und gingen aus den Gräbern nach seiner Auf-
erstehung und kamen in die heilige Stadt und erschienen vielen. 54Als
aber der Hauptmann und die mit ihm Jesus bewachten das Erdbeben
sahen und was da geschah, erschraken sie sehr und sprachen: Wahr-
lich, dieser ist Gottes Sohn gewesen!

55Und es waren viele Frauen da, die von ferne zusahen; die waren
Jesus aus Galiläa nachgefolgt und hatten ihm gedient; 56unter ihnen
war Maria von Magdala und Maria, die Mutter des Jakobus und Josef,
und die Mutter der Söhne des Zebedäus.

Ein Freund begräbt Jesus

57Am Abend aber kam ein reicher Mann aus Arimathäa, der hieß Josef
und war auch ein Jünger Jesu. 58Der ging zu Pilatus und bat um den
Leib Jesu. Da befahl Pilatus, man sollte ihm ihn geben. 59Und Josef
nahm den Leib und wickelte ihn in ein reines Leinentuch 60und legte
ihn in sein eigenes neues Grab, das er in einen Felsen hatte hauen las-
sen, und wälzte einen großen Stein vor die Tür des Grabes und ging
davon. 61Es waren aber dort Maria von Magdala und die andere
Maria; die saßen dem Grab gegenüber.

62Am nächsten Tag, der auf den Rüsttag folgt, kamen die Hohen-
priester mit den Pharisäern zu Pilatus 63und sprachen: Herr, wir
haben daran gedacht, daß dieser Verführer sprach, als er noch lebte:
Ich will nach drei Tagen auferstehen. 64Darum befiehl, daß man das
Grab bewache bis zum dritten Tag, damit nicht seine Jünger kommen

und ihn stehlen und zum Volk sagen: Er ist auferstanden von den
Toten, und der letzte Betrug ärger wird als der erste. 65 Pilatus sprach
zu ihnen: Da habt ihr die Wache; geht hin und bewacht es, so gut ihr
könnt. 66 Sie gingen hin und sicherten das Grab mit der Wache und
versiegelten den Stein.

Jesus ist auferstanden

(Mk 16,1–10; Lk 24,1–10; Joh 20,1–18)

28 Als aber der Sabbat vorüber war und der erste Tag der Woche
anbrach, kamen Maria von Magdala und die andere Maria,
um nach dem Grab zu sehen. 2 Und siehe, es geschah ein großes Erd-
beben. Denn der Engel des Herrn kam vom Himmel herab, trat hinzu
und wälzte den Stein weg und setzte sich darauf. 3 Seine Gestalt war
wie der Blitz und sein Gewand weiß wie der Schnee. 4 Die Wachen
aber erschraken aus Furcht vor ihm und wurden, als wären sie tot.
5 Aber der Engel sprach zu den Frauen: Fürchtet euch nicht! Ich weiß,
daß ihr Jesus, den Gekreuzigten, sucht. 6 Er ist nicht hier; er ist auf-
erstanden, wie er gesagt hat. Kommt her und seht die Stätte, wo er
gelegen hat; 7 und geht eilends hin und sagt seinen Jüngern, daß er
auferstanden ist von den Toten. Und siehe, er wird vor euch hingehen
nach Galiläa; dort werdet ihr ihn sehen. Siehe, ich habe es euch
gesagt.

8 Und sie gingen eilends weg vom Grab mit Furcht und großer
Freude und liefen, um es seinen Jüngern zu verkündigen. 9 Und siehe,
da begegnete ihnen Jesus und sprach: Seid gegrüßt! Und sie traten zu
ihm und umfaßten seine Füße und fielen vor ihm nieder. 10 Da sprach
Jesus zu ihnen: Fürchtet euch nicht! Geht hin und verkündigt es
meinen Brüdern, daß sie nach Galiläa gehen: dort werden sie mich
sehen.

11 Als sie aber hingingen, siehe, da kamen einige von der Wache in
die Stadt und verkündeten den Hohenpriestern alles, was geschehen
war. 12 Und sie kamen mit den Ältesten zusammen, hielten Rat und
gaben den Soldaten viel Geld 13 und sprachen: Sagt, seine Jünger
sind in der Nacht gekommen und haben ihn gestohlen, während
wir schliefen. 14 Und wenn es dem Statthalter zu Ohren kommt,
wollen wir ihn beschwichtigen und dafür sorgen, daß ihr sicher
seid. 15 Sie nahmen das Geld und taten, wie sie angewiesen waren.
Und so ist dies zum Gerede geworden bei den Juden bis auf den
heutigen Tag.

Der Auferstandene sendet seine Jünger in die Welt

16Aber die elf Jünger gingen nach Galiläa auf den Berg, wohin Jesus
sie beschieden hatte. 17Und als sie ihn sahen, fielen sie vor ihm
nieder; einige aber zweifelten. 18Und Jesus trat herzu und sprach zu
ihnen: Mir ist gegeben alle Gewalt im Himmel und auf Erden.
19Darum gehet hin und machet zu Jüngern alle Völker: Taufet sie
auf den Namen des Vaters und des Sohnes und des heiligen Geistes
20und lehret sie halten alles, was ich euch befohlen habe. Und siehe,
ich bin bei euch alle Tage bis an der Welt Ende.

DAS EVANGELIUM NACH MARKUS

Er kommt, auf den ihr wartet!

1 Dies ist der Anfang des Evangeliums von Jesus Christus, dem
Sohn Gottes.
[2]Wie geschrieben steht im Propheten Jesaja: »Siehe, ich sende meinen
Boten vor dir her, der deinen Weg bereiten soll.« [3]»Es ist eine Stimme
eines Predigers in der Wüste: Bereitet den Weg des Herrn, macht
seine Steige eben!« [Jesaja 40,3]: [4]Johannes der Täufer war in der
Wüste und predigte die Taufe der Buße zur Vergebung der Sünden.
[5]Und es ging zu ihm hinaus das ganze jüdische Land und alle Leute
von Jerusalem und ließen sich von ihm taufen im Jordan und
bekannten ihre Sünden. [6]Johannes aber trug ein Gewand aus Kamel-
haaren und einen ledernen Gürtel um seine Lenden und aß Heu-
schrecken und wilden Honig [7]und predigte und sprach: Es kommt
einer nach mir, der ist stärker als ich; und ich bin nicht wert, daß ich
mich vor ihm bücke und die Riemen seiner Schuhe löse. [8]Ich taufe
euch mit Wasser; aber er wird euch mit dem heiligen Geist taufen.

Der Himmel öffnet sich

Jesu Taufe

[9]Und es begab sich zu der Zeit, daß Jesus aus Nazareth in Galiläa
kam und ließ sich taufen von Johannes im Jordan. [10]Und alsbald, als
er aus dem Wasser stieg, sah er, daß sich der Himmel auftat und der
Geist wie eine Taube herabkam auf ihn. [11]Und da geschah eine
Stimme vom Himmel: Du bist mein lieber Sohn, an dir habe ich
Wohlgefallen.

[12]Und alsbald trieb ihn der Geist in die Wüste; [13]und er war in der
Wüste vierzig Tage und wurde versucht von dem Satan und war bei
den wilden Tieren, und die Engel dienten ihm.

Es beginnt in Galiläa

[14]Nachdem aber Johannes gefangengesetzt war, kam Jesus nach
Galiläa und predigte das Evangelium Gottes [15]und sprach: Die Zeit ist
erfüllt, und das Reich Gottes ist herbeigekommen. Tut Buße und
glaubt an das Evangelium!

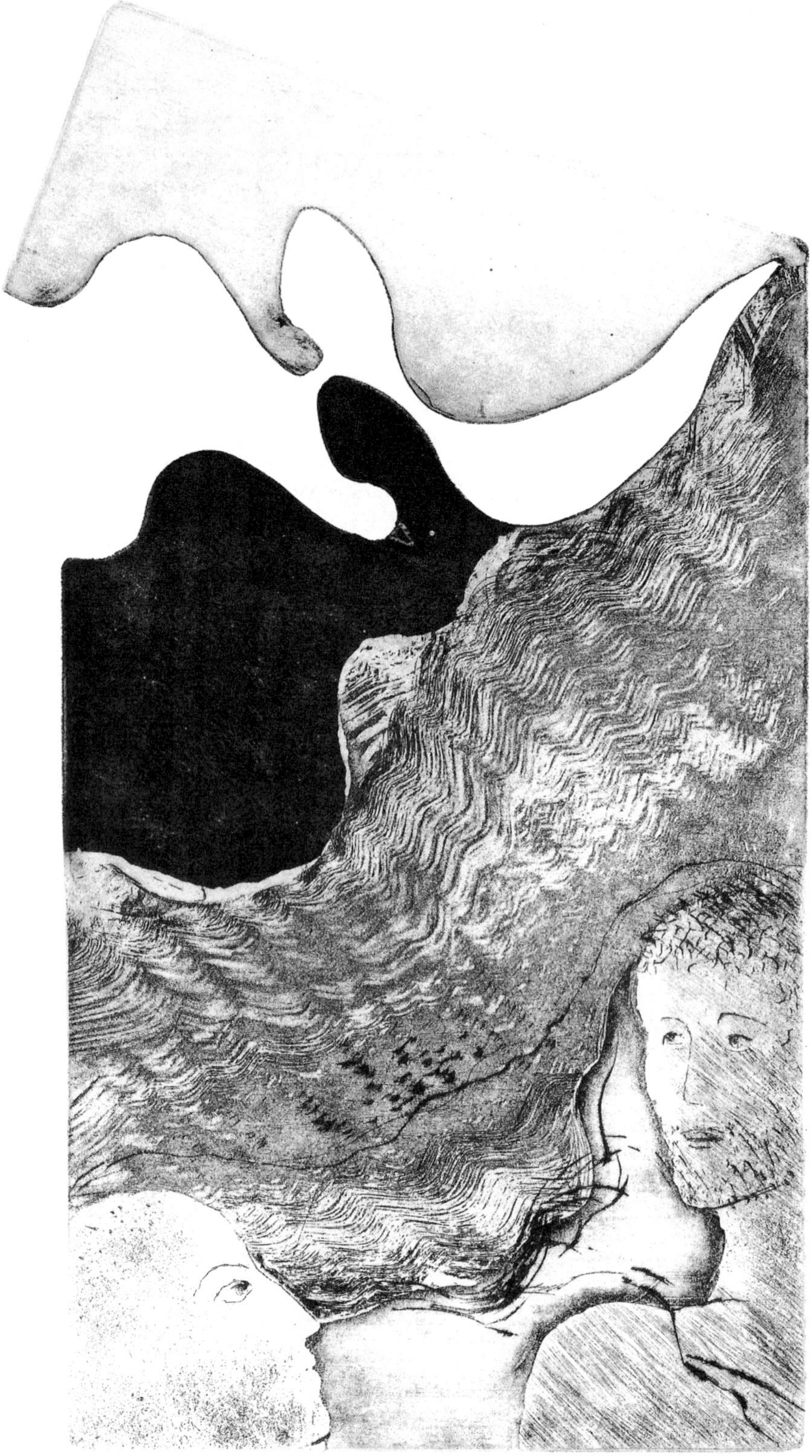

16Als er aber am Galiläischen Meer entlangging, sah er Simon und
Andreas, Simons Bruder, wie sie ihre Netze ins Meer warfen; denn sie
waren Fischer. 17Und Jesus sprach zu ihnen: Folgt mir nach; ich will
euch zu Menschenfischern machen! 18Sogleich verließen sie ihre
Netze und folgten ihm nach. 19Und als er ein wenig weiterging, sah er
Jakobus, den Sohn des Zebedäus, und Johannes, seinen Bruder, wie
sie im Boot die Netze flickten. 20Und alsbald rief er sie, und sie ließen
ihren Vater Zebedäus im Boot mit den Tagelöhnern und folgten ihm
nach.

21Und sie gingen hinein nach Kapernaum; und alsbald am Sabbat
ging er in die Synagoge und lehrte. 22Und sie entsetzten sich über
seine Lehre; denn er lehrte mit Vollmacht und nicht wie die Schrift-
gelehrten.

Kraft, die heilt

23Und alsbald war in ihrer Synagoge ein Mensch, besessen von einem
unreinen Geist; der schrie: 24Was willst du von uns, Jesus von Naza-
reth? Du bist gekommen, uns zu vernichten. Ich weiß, wer du bist: der
Heilige Gottes! 25Und Jesus bedrohte ihn und sprach: Verstumme
und fahre aus von ihm! 26Und der unreine Geist riß ihn und schrie
laut und fuhr aus von ihm. 27Und sie entsetzten sich alle, so daß sie
sich untereinander befragten und sprachen: Was ist das? Eine neue
Lehre in Vollmacht! Er gebietet auch den unreinen Geistern, und sie
gehorchen ihm! 28Und die Kunde von ihm erscholl alsbald überall im
ganzen galiläischen Land.

29Und alsbald gingen sie aus der Synagoge und kamen in das
Haus des Simon und Andreas mit Jakobus und Johannes. 30Und die
Schwiegermutter Simons lag darnieder und hatte das Fieber; und als-
bald sagten sie ihm von ihr. 31Da trat er zu ihr, faßte sie bei der Hand
und richtete sie auf; und das Fieber verließ sie, und sie diente ihnen.

32Am Abend aber, als die Sonne untergegangen war, brachten sie
zu ihm alle Kranken und Besessenen. 33Und die ganze Stadt war ver-
sammelt vor der Tür. 34Und er half vielen Kranken, die mit mancherlei
Gebrechen beladen waren, und trieb viele böse Geister aus und ließ
die Geister nicht reden; denn sie kannten ihn.

35Und am Morgen, noch vor Tage, stand er auf und ging hinaus.
Und er ging an eine einsame Stätte und betete dort. 36Simon aber und
die bei ihm waren, eilten ihm nach. 37Und als sie ihn fanden, sprachen
sie zu ihm: Jedermann sucht dich. 38Und er sprach zu ihnen: Laßt
uns anderswohin gehen, in die nächsten Städte, daß ich auch dort
predige; denn dazu bin ich gekommen. 39Und er kam und

predigte in ihren Synagogen in ganz Galiläa und trieb die bösen
Geister aus.

Ein Aussätziger wird gesund

40Und es kam zu ihm ein Aussätziger, der bat ihn, kniete nieder und
sprach zu ihm: Willst du, so kannst du mich reinigen. 41Und es
jammerte ihn, und er streckte die Hand aus, rührte ihn an und sprach
zu ihm: Ich will's tun; sei rein! 42Und sogleich wich der Aussatz von
ihm, und er wurde rein. 43Und Jesus drohte ihm und trieb ihn alsbald
von sich 44und sprach zu ihm: Sieh zu, daß du niemandem etwas
sagst; sondern geh hin und zeige dich dem Priester und opfere für
deine Reinigung, was Mose geboten hat, ihnen zum Zeugnis.

45Er aber ging fort und fing an, viel davon zu reden und die
Geschichte bekanntzumachen, so daß Jesus hinfort nicht mehr öffent-
lich in eine Stadt gehen konnte; sondern er war draußen an einsamen
Orten; doch sie kamen zu ihm von allen Enden.

Ein Gelähmter kann gehen

2 Und nach einigen Tagen ging er wieder nach Kapernaum; und es
wurde bekannt, daß er im Hause war. 2Und es versammelten sich
viele, so daß sie nicht Raum hatten, auch nicht draußen vor der Tür;
und er sagte ihnen das Wort. 3Und es kamen einige zu ihm, die
brachten einen Gelähmten, von vieren getragen. 4Und da sie ihn nicht
zu ihm bringen konnten wegen der Menge, deckten sie das Dach auf,
wo er war, machten ein Loch und ließen das Bett herunter, auf dem
der Gelähmte lag. 5Als nun Jesus ihren Glauben sah, sprach er zu dem
Gelähmten: Mein Sohn, deine Sünden sind dir vergeben.

6Es saßen da aber einige Schriftgelehrte und dachten in ihren
Herzen: 7Wie redet der so? Er lästert Gott! Wer kann Sünden ver-
geben als Gott allein? 8Und Jesus erkannte sogleich in seinem Geist,
daß sie so bei sich selbst dachten, und sprach zu ihnen: Was denkt
ihr solches in euren Herzen? 9Was ist leichter, zu dem Gelähmten zu
sagen: Dir sind deine Sünden vergeben, oder zu sagen: Steh auf,
nimm dein Bett und geh umher? 10Damit ihr aber wißt, daß der
Menschensohn Vollmacht hat, Sünden zu vergeben auf Erden –
sprach er zu dem Gelähmten: 11Ich sage dir, steh auf, nimm dein Bett
und geh heim! 12Und er stand auf, nahm sein Bett und ging alsbald
hinaus vor aller Augen, so daß sie sich alle entsetzten und Gott
priesen und sprachen: Wir haben so etwas noch nie gesehen.

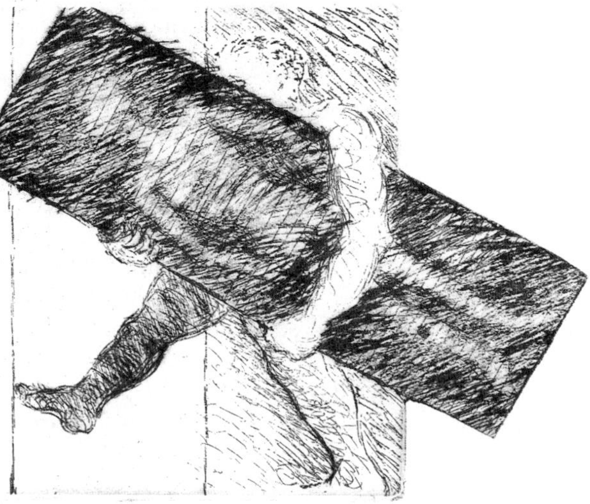

Niemand wird ausgeschlossen

13 Und er ging wieder hinaus an den See; und alles Volk kam zu ihm,
und er lehrte sie. 14 Und als er vorüberging, sah er Levi, den Sohn des
Alphäus, am Zoll sitzen und sprach zu ihm: Folge mir nach! Und er
stand auf und folgte ihm nach.

15 Und es begab sich, daß er zu Tisch saß in seinem Hause, da
setzten sich viele Zöllner und Sünder zu Tisch mit Jesus und seinen
Jüngern; denn es waren viele, die ihm nachfolgten. 16 Und als die
Schriftgelehrten unter den Pharisäern sahen, daß er mit den Sündern
und Zöllnern aß, sprachen sie zu seinen Jüngern: Ißt er mit den
Zöllnern und Sündern? 17 Als das Jesus hörte, sprach er zu ihnen: Die
Starken bedürfen keines Arztes, sondern die Kranken. Ich bin gekom-
men, die Sünder zu rufen und nicht die Gerechten.

Beim Feiern kann man nicht fasten

18Und die Jünger des Johannes und die Pharisäer fasteten viel; und es
kamen einige, die sprachen zu ihm: Warum fasten die Jünger des
Johannes und die Jünger der Pharisäer, und deine Jünger fasten nicht?
19Und Jesus sprach zu ihnen: Wie können die Hochzeitsgäste fasten,
während der Bräutigam bei ihnen ist? Solange der Bräutigam bei
ihnen ist, können sie nicht fasten. 20Es wird aber die Zeit kommen,
daß der Bräutigam von ihnen genommen wird; dann werden sie
fasten, an jenem Tage. 21Niemand flickt einen Lappen von neuem
Tuch auf ein altes Kleid; sonst reißt der neue Lappen vom alten ab,
und der Riß wird ärger. 22Und niemand füllt neuen Wein in alte
Schläuche; sonst zerreißt der Wein die Schläuche, und der Wein ist
verloren und die Schläuche auch; sondern man soll neuen Wein in
neue Schläuche füllen.

Am Sabbat scheiden sich die Geister

23Und es begab sich, daß er am Sabbat durch ein Kornfeld ging, und
seine Jünger fingen an, während sie gingen, Ähren auszuraufen.
24Und die Pharisäer sprachen zu ihm: Sieh doch! Warum tun deine
Jünger am Sabbat, was nicht erlaubt ist? 25Und er sprach zu ihnen:
Habt ihr nie gelesen, was David tat, als er in Not war und ihn
hungerte, ihn und die bei ihm waren: 26wie er ging in das Haus
Gottes zur Zeit Abjatars, des Hohenpriesters, und aß die Schaubrote,
die niemand essen darf als die Priester, und gab sie auch denen, die
bei ihm waren? 27Und er sprach zu ihnen: Der Sabbat ist um des
Menschen willen gemacht und nicht der Mensch um des Sabbats
willen. 28So ist der Menschensohn ein Herr auch über den Sabbat.

3 Und er ging abermals in die Synagoge. Und es war dort ein
Mensch, der hatte eine verdorrte Hand. 2Und sie lauerten darauf,
ob er auch am Sabbat ihn heilen würde, damit sie ihn verklagen könn-
ten. 3Und er sprach zu dem Menschen mit der verdorrten Hand: Tritt
hervor! 4Und er sprach zu ihnen: Soll man am Sabbat Gutes tun oder
Böses tun, Leben erhalten oder töten? Sie aber schwiegen still. 5Und
er sah sie ringsum an mit Zorn und war betrübt über ihr verstocktes
Herz und sprach zu dem Menschen: Strecke deine Hand aus! Und er
streckte sie aus; und seine Hand wurde gesund.

6Und die Pharisäer gingen hinaus und hielten alsbald Rat über ihn
mit den Anhängern des Herodes, wie sie ihn umbrächten.

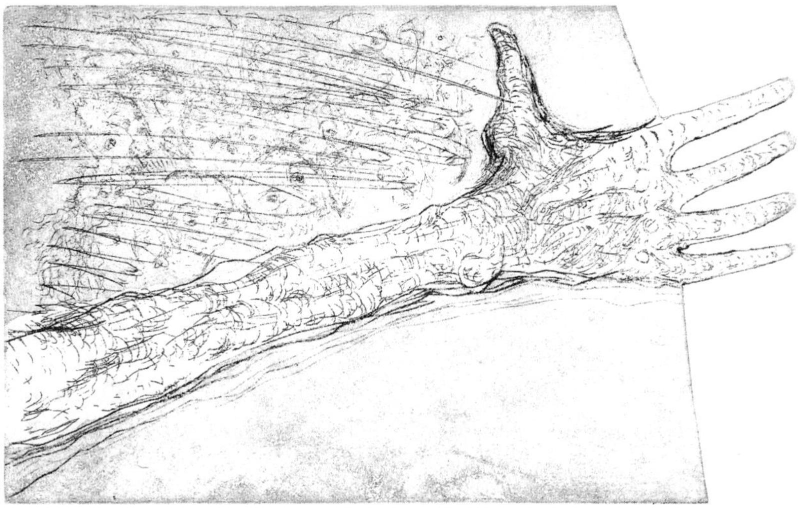

Menschen bedrängen Jesus in ihrer Not

7 Aber Jesus entwich mit seinen Jüngern an den See, und eine große
Menge aus Galiläa folgte ihm; auch aus Judäa 8 und Jerusalem, aus
Idumäa und von jenseits des Jordans und aus der Umgebung von
Tyrus und Sidon kam eine große Menge zu ihm, die von seinen Taten
gehört hatte. 9 Und er sagte zu seinen Jüngern, sie sollten ihm ein
kleines Boot bereithalten, damit die Menge ihn nicht bedränge.
10 Denn er heilte viele, so daß alle, die geplagt waren, über ihn her-
fielen, um ihn anzurühren. 11 Und wenn ihn die unreinen Geister
sahen, fielen sie vor ihm nieder und schrien: Du bist Gottes Sohn!
12 Und er gebot ihnen streng, daß sie ihn nicht offenbar machten.

Der Auftrag an die Jünger

13 Und er ging auf einen Berg und rief zu sich, welche er wollte, und
die gingen hin zu ihm. 14 Und er setzte zwölf ein, die er auch Apostel

nannte, daß sie bei ihm sein sollten und daß er sie aussendete zu pre-
digen [15]und daß sie Vollmacht hätten, die bösen Geister auszutreiben.
[16]Und er setzte die Zwölf ein und gab Simon den Namen Petrus;
[17]weiter: Jakobus, den Sohn des Zebedäus, und Johannes, den Bruder
des Jakobus, und gab ihnen den Namen Boanerges, das heißt: Don-
nersöhne; [18]weiter: Andreas und Philippus und Bartholomäus und
Matthäus und Thomas und Jakobus, den Sohn des Alphäus, und
Thaddäus und Simon Kananäus [19]und Judas Iskariot, der ihn dann
verriet.

Es gibt kein Zurück mehr

[20]Und er ging in ein Haus. Und da kam abermals das Volk zusam-
men, so daß sie nicht einmal essen konnten. [21]Und als es die Seinen
hörten, machten sie sich auf und wollten ihn festhalten; denn sie
sprachen: Er ist von Sinnen.

[22]Die Schriftgelehrten aber, die von Jerusalem herabgekommen
waren, sprachen: Er hat den Beelzebul, und: Er treibt die bösen
Geister aus durch ihren Obersten. [23]Jesus aber rief sie zusammen und
sprach zu ihnen in Gleichnissen: Wie kann der Satan den Satan aus-
treiben? [24]Wenn ein Reich mit sich selbst uneins wird, kann es nicht
bestehen. [25]Und wenn ein Haus mit sich selbst uneins wird, kann es
nicht bestehen. [26]Erhebt sich nun der Satan gegen sich selbst und ist
mit sich selbst uneins, so kann er nicht bestehen, sondern es ist aus
mit ihm. [27]Niemand kann aber in das Haus eines Starken eindringen
und seinen Hausrat rauben, wenn er nicht zuvor den Starken fesselt;
erst dann kann er sein Haus berauben. [28]Wahrlich, ich sage euch: Alle
Sünden werden den Menschenkindern vergeben, auch die Lästerun-
gen, wieviel sie auch lästern mögen; [29]wer aber den heiligen Geist
lästert, der hat keine Vergebung in Ewigkeit, sondern ist ewiger Sünde
schuldig. [30]Denn sie sagten: Er hat einen unreinen Geist.

[31]Und es kamen seine Mutter und seine Brüder und standen
draußen, schickten zu ihm und ließen ihn rufen. [32]Und das Volk saß
um ihn. Und sie sprachen zu ihm: Siehe, deine Mutter und deine
Brüder und deine Schwestern draußen fragen nach dir. [33]Und er ant-
wortete ihnen und sprach: Wer ist meine Mutter und meine Brüder?
[34]Und er sah ringsum auf die, die um ihn im Kreise saßen, und
sprach: Siehe, das ist meine Mutter und das sind meine Brüder!
[35]Denn wer Gottes Willen tut, der ist mein Bruder und meine
Schwester und meine Mutter.

Das Gleichnis vom Säen

4 Und er fing abermals an, am See zu lehren. Und es versammelte
sich eine sehr große Menge bei ihm, so daß er in ein Boot steigen
mußte, das im Wasser lag; er setzte sich, und alles Volk stand auf dem
Lande am See.
2Und er lehrte sie vieles in Gleichnissen; und in seiner Predigt
sprach er zu ihnen: 3Hört zu! Siehe, es ging ein Sämann aus zu säen.
4Und es begab sich, indem er säte, daß einiges auf den Weg fiel; da
kamen die Vögel und fraßen's auf. 5Einiges fiel auf felsigen Boden, wo
es nicht viel Erde hatte, und ging alsbald auf, weil es keine tiefe Erde
hatte. 6Als nun die Sonne aufging, verwelkte es, und weil es keine
Wurzel hatte, verdorrte es. 7Und einiges fiel unter die Dornen, und die
Dornen wuchsen empor und erstickten's, und es brachte keine
Frucht. 8Und einiges fiel auf gutes Land, ging auf und wuchs und
brachte Frucht, und einiges trug dreißigfach und einiges sechzigfach
und einiges hundertfach. 9Und er sprach: Wer Ohren hat zu hören,
der höre!
10Und als er allein war, fragten ihn, die um ihn waren, samt den
Zwölfen, nach den Gleichnissen. 11Und er sprach zu ihnen: Euch ist
das Geheimnis des Reiches Gottes gegeben; denen aber draußen
widerfährt es alles in Gleichnissen, 12damit sie es mit sehenden Augen
sehen und doch nicht erkennen, und mit hörenden Ohren hören und
doch nicht verstehen, damit sie sich nicht etwa bekehren und ihnen
vergeben werde.
13Und er sprach zu ihnen: Versteht ihr dies Gleichnis nicht, wie
wollt ihr dann die andern alle verstehen? 14Der Sämann sät das Wort.
15Das aber sind die auf dem Wege: wenn das Wort gesät wird und sie
es gehört haben, kommt sogleich der Satan und nimmt das Wort weg,
das in sie gesät war. 16Desgleichen auch die, bei denen auf felsigen
Boden gesät ist: wenn sie das Wort gehört haben, nehmen sie es
sogleich mit Freuden auf, 17aber sie haben keine Wurzel in sich,
sondern sind wetterwendisch; wenn sich Bedrängnis oder Verfolgung
um des Wortes willen erhebt, so fallen sie sogleich ab. 18Und andere
sind die, bei denen unter die Dornen gesät ist: die hören das Wort,
19und die Sorgen der Welt und der betrügerische Reichtum und die
Begierden nach allem andern dringen ein und ersticken das Wort,
und es bleibt ohne Frucht. 20Diese aber sind's, bei denen auf gutes
Land gesät ist: die hören das Wort und nehmen's an und bringen
Frucht, einige dreißigfach und einige sechzigfach und einige hundert-
fach.

Das Gleichnis vom Licht

21Und er sprach zu ihnen: Zündet man etwa ein Licht an, um es unter
den Scheffel oder unter die Bank zu setzen? Keineswegs, sondern um
es auf den Leuchter zu setzen. 22Denn es ist nichts verborgen, was
nicht offenbar werden soll, und ist nichts geheim, was nicht an den
Tag kommen soll. 23Wer Ohren hat zu hören, der höre!

24Und er sprach zu ihnen: Seht zu, was ihr hört! Mit welchem Maß
ihr meßt, wird man euch wieder messen, und man wird euch noch
dazugeben. 25Denn wer da hat, dem wird gegeben; und wer nicht hat,
dem wird man auch das nehmen, was er hat.

Zwei Gleichnisse vom Wachsen

26Und er sprach: Mit dem Reich Gottes ist es so, wie wenn ein
Mensch Samen aufs Land wirft 27und schläft und aufsteht, Nacht und
Tag; und der Same geht auf und wächst – er weiß nicht, wie. 28Denn
von selbst bringt die Erde Frucht, zuerst den Halm, danach die Ähre,
danach den vollen Weizen in der Ähre. 29Wenn sie aber die Frucht
gebracht hat, so schickt er alsbald die Sichel hin; denn die Ernte ist da.

30Und er sprach: Womit wollen wir das Reich Gottes vergleichen,
und durch welches Gleichnis wollen wir es abbilden? 31Es ist wie ein
Senfkorn: wenn das gesät wird aufs Land, so ist's das kleinste unter
allen Samenkörnern auf Erden; 32und wenn es gesät ist, so geht es auf
und wird größer als alle Kräuter und treibt große Zweige, so daß die
Vögel unter dem Himmel unter seinem Schatten wohnen können.

33Und durch viele solche Gleichnisse sagte er ihnen das Wort so,
wie sie es zu hören vermochten. 34Und ohne Gleichnisse redete er
nicht zu ihnen; aber wenn sie allein waren, legte er seinen Jüngern
alles aus.

Die Naturgewalten müssen gehorchen

35Und am Abend desselben Tages sprach er zu ihnen: Laßt uns hin-
überfahren. 36Und sie ließen das Volk gehen und nahmen ihn mit,
wie er im Boot war, und es waren noch andere Boote bei ihm. 37Und
es erhob sich ein großer Windwirbel, und die Wellen schlugen in das
Boot, so daß das Boot schon voll wurde. 38Und er war hinten im Boot
und schlief auf einem Kissen. Und sie weckten ihn auf und sprachen
zu ihm: Meister, fragst du nichts danach, daß wir umkommen? 39Und
er stand auf und bedrohte den Wind und sprach zu dem Meer:
Schweig und verstumme! Und der Wind legte sich, und es entstand

eine große Stille. 40Und er sprach zu ihnen: Was seid ihr so furcht-
sam? Habt ihr noch keinen Glauben? 41Sie aber fürchteten sich sehr
und sprachen untereinander: Wer ist der? Auch Wind und Meer sind
ihm gehorsam!

Die bösen Mächte müssen weichen

5 Und sie kamen ans andre Ufer des Sees in die Gegend der
Gerasener. 2Und als er aus dem Boot trat, lief ihm alsbald von den
Gräbern her ein Mensch entgegen mit einem unreinen Geist, 3der
hatte seine Wohnung in den Grabhöhlen. Und niemand konnte ihn
mehr binden, auch nicht mit Ketten; 4denn er war oft mit Fesseln und
Ketten gebunden gewesen und hatte die Ketten zerrissen und die
Fesseln zerrieben; und niemand konnte ihn bändigen. 5Und er war
allezeit, Tag und Nacht, in den Grabhöhlen und auf den Bergen, schrie
und schlug sich mit Steinen.

6Als er aber Jesus sah von ferne, lief er hinzu und fiel vor ihm
nieder 7und schrie laut: Was willst du von mir, Jesus, du Sohn Gottes,
des Allerhöchsten? Ich beschwöre dich bei Gott: Quäle mich nicht!
8Denn er hatte zu ihm gesagt: Fahre aus, du unreiner Geist, von dem
Menschen! 9Und er fragte ihn: Wie heißt du? Und er sprach: Legion
heiße ich; denn wir sind viele. 10Und er bat Jesus sehr, daß er sie nicht
aus der Gegend vertreibe. 11Es war aber dort an den Bergen eine große
Herde Säue auf der Weide. 12Und die unreinen Geister baten ihn und
sprachen: Laß uns in die Säue fahren! 13Und er erlaubte es ihnen. Da
fuhren die unreinen Geister aus und fuhren in die Säue, und die
Herde stürmte den Abhang hinunter in den See, etwa zweitausend,
und sie ersoffen im See.

14Und die Sauhirten flohen und verkündeten das in der Stadt und
auf dem Lande. Und die Leute gingen hinaus, um zu sehen, was
geschehen war, 15und kamen zu Jesus und sahen den Besessenen,
wie er dasaß, bekleidet und vernünftig, den, der die Legion unreiner
Geister gehabt hatte; und sie fürchteten sich. 16Und die es gesehen
hatten, erzählten ihnen, was mit dem Besessenen geschehen war, und
das von den Säuen. 17Und sie fingen an und baten Jesus, aus ihrem
Gebiet fortzugehen. 18Und als er in das Boot trat, bat ihn der Beses-
sene, daß er bei ihm bleiben dürfe. 19Aber er ließ es ihm nicht zu,
sondern sprach zu ihm: Geh hin in dein Haus zu den Deinen und
verkünde ihnen, welch große Wohltat dir der Herr getan und wie er
sich deiner erbarmt hat. 20Und er ging hin und fing an, in den Zehn
Städten auszurufen, welch große Wohltat ihm Jesus getan hatte; und
jedermann verwunderte sich.

Die Macht des Todes ist gebrochen

21 Und als Jesus wieder herübergefahren war im Boot, versammelte
sich eine große Menge bei ihm, und er war am See. 22 Da kam einer
von den Vorstehern der Synagoge, mit Namen Jaïrus. Und als er Jesus
sah, fiel er ihm zu Füßen 23 und bat ihn sehr und sprach: Meine
Tochter liegt in den letzten Zügen; komm doch und lege deine Hände
auf sie, damit sie gesund werde und lebe. 24 Und er ging hin mit ihm.

Und es folgte ihm eine große Menge, und sie umdrängten ihn.
25 Und da war eine Frau, die hatte den Blutfluß seit zwölf Jahren
26 und hatte viel erlitten von vielen Ärzten und all ihr Gut dafür auf-
gewandt; und es hatte ihr nichts geholfen, sondern es war noch
schlimmer mit ihr geworden. 27 Als die von Jesus hörte, kam sie in der
Menge von hinten heran und berührte sein Gewand. 28 Denn sie sagte
sich: Wenn ich nur seine Kleider berühren könnte, so würde ich
gesund. 29 Und sogleich versiegte die Quelle ihres Blutes, und sie
spürte es am Leibe, daß sie von ihrer Plage geheilt war.

30 Und Jesus spürte sogleich an sich selbst, daß eine Kraft von ihm
ausgegangen war, und wandte sich um in der Menge und sprach: Wer
hat meine Kleider berührt? 31 Und seine Jünger sprachen zu ihm: Du
siehst, daß dich die Menge umdrängt, und fragst: Wer hat mich berührt?
32 Und er sah sich um nach der, die das getan hatte. 33 Die Frau aber
fürchtete sich und zitterte, denn sie wußte, was an ihr geschehen war;
sie kam und fiel vor ihm nieder und sagte ihm die ganze Wahrheit.
34 Er aber sprach zu ihr: Meine Tochter, dein Glaube hat dich gesund
gemacht; geh hin in Frieden und sei gesund von deiner Plage!

35 Als er noch so redete, kamen einige aus dem Hause des Vor-
stehers der Synagoge und sprachen: Deine Tochter ist gestorben;
was bemühst du weiter den Meister? 36 Jesus aber hörte mit an, was
gesagt wurde, und sprach zu dem Vorsteher: Fürchte dich nicht,
glaube nur!

37 Und er ließ niemanden mit sich gehen als Petrus und Jakobus
und Johannes, den Bruder des Jakobus. 38 Und sie kamen in das Haus
des Vorstehers, und er sah das Getümmel, und wie sehr sie weinten
und heulten. 39 Und er ging hinein und sprach zu ihnen: Was lärmt
und weint ihr? Das Kind ist nicht gestorben, sondern es schläft.
40 Und sie verlachten ihn. Er aber trieb sie alle hinaus und nahm mit
sich den Vater des Kindes und die Mutter und die bei ihm waren und
ging hinein, wo das Kind lag, 41 und ergriff das Kind bei der Hand und
sprach zu ihm: Talita kum! – das heißt übersetzt: Mädchen, ich sage
dir, steh auf! 42 Und sogleich stand das Mädchen auf und ging umher;
es war aber zwölf Jahre alt.

Und sie entsetzten sich sogleich über die Maßen. 43Und er gebot
ihnen streng, daß es niemand wissen sollte, und sagte, sie sollten ihr
zu essen geben.

In Nazareth abgelehnt

6 Und er ging von dort weg und kam in seine Vaterstadt, und seine
Jünger folgten ihm nach. 2Und als der Sabbat kam, fing er an, zu
lehren in der Synagoge.
Und viele, die zuhörten, verwunderten sich und sprachen: Woher
hat er das? Und was ist das für eine Weisheit, die ihm gegeben ist? Und
solche mächtigen Taten, die durch seine Hände geschehen? 3Ist er nicht
der Zimmermann, Marias Sohn, und der Bruder des Jakobus und Joses
und Judas und Simon? Sind nicht auch seine Schwestern hier bei uns?
Und sie ärgerten sich an ihm.
4Jesus aber sprach zu ihnen: Ein Prophet gilt nirgends weniger als
in seinem Vaterland und bei seinen Verwandten und in seinem Hause.
5Und er konnte dort nicht eine einzige Tat tun, außer daß er wenigen
Kranken die Hände auflegte und sie heilte. 6Und er wunderte sich
über ihren Unglauben. Und er ging rings umher in die Dörfer und
lehrte.

Die Boten Jesu sind unterwegs

7Und er rief die Zwölf zu sich und fing an, sie auszusenden je zwei
und zwei, und gab ihnen Macht über die unreinen Geister 8und gebot
ihnen, nichts mitzunehmen auf den Weg als allein einen Stab, kein
Brot, keine Tasche, kein Geld im Gürtel, 9wohl aber Schuhe, und nicht
zwei Hemden anzuziehen. 10Und er sprach zu ihnen: Wo ihr in ein
Haus gehen werdet, da bleibt, bis ihr von dort weiterzieht. 11Und wo
man euch nicht aufnimmt und nicht hört, da geht hinaus und
schüttelt den Staub von euren Füßen zum Zeugnis gegen sie. 12Und
sie zogen aus und predigten, man solle Buße tun, 13und trieben viele
böse Geister aus und salbten viele Kranke mit Öl und machten sie
gesund.

Johannes der Täufer wird umgebracht

14Und es kam dem König Herodes zu Ohren; denn der Name Jesu
war nun bekannt. Und die Leute sprachen: Johannes der Täufer ist
von den Toten auferstanden; darum tut er solche Taten. 15Einige aber
sprachen: Er ist Elia; andere aber: Er ist ein Prophet wie einer der

Propheten. 16Als es aber Herodes hörte, sprach er: Es ist Johannes,
den ich enthauptet habe, der ist auferstanden.
17Denn er, Herodes, hatte ausgesandt und Johannes ergriffen und
ins Gefängnis geworfen um der Herodias willen, der Frau seines
Bruders Philippus; denn er hatte sie geheiratet. 18Johannes hatte
nämlich zu Herodes gesagt: Es ist nicht recht, daß du die Frau deines
Bruders hast. 19Herodias aber stellte ihm nach und wollte ihn töten
und konnte es nicht. 20Denn Herodes fürchtete Johannes, weil er
wußte, daß er ein frommer und heiliger Mann war, und hielt ihn in
Gewahrsam; und wenn er ihn hörte, wurde er sehr unruhig; doch
hörte er ihn gern.
21Und es kam ein gelegener Tag, als Herodes an seinem Geburtstag
ein Festmahl gab für seine Großen und die Obersten und die Vor-
nehmsten von Galiläa. 22Da trat herein die Tochter der Herodias und
tanzte und gefiel Herodes und denen, die mit am Tisch saßen. Da
sprach der König zu dem Mädchen: Bitte von mir, was du willst, ich
will dir's geben. 23Und er schwor ihr einen Eid: Was du von mir
bittest, will ich dir geben, bis zur Hälfte meines Königreichs. 24Und sie
ging hinaus und fragte ihre Mutter: Was soll ich bitten? Die sprach:
Das Haupt Johannes des Täufers. 25Da ging sie sogleich eilig hinein
zum König, bat ihn und sprach: Ich will, daß du mir gibst, jetzt gleich
auf einer Schale, das Haupt Johannes des Täufers. 26Und der König
wurde sehr betrübt. Doch wegen des Eides und derer, die mit am
Tisch saßen, wollte er sie keine Fehlbitte tun lassen. 27Und sogleich
schickte der König den Henker hin und befahl, das Haupt des
Johannes herzubringen. Der ging hin und enthauptete ihn im
Gefängnis 28und trug sein Haupt herbei auf einer Schale und gab's
dem Mädchen, und das Mädchen gab's seiner Mutter. 29Und als das
seine Jünger hörten, kamen sie und nahmen seinen Leichnam und
legten ihn in ein Grab.

Alle können satt werden

Speisung der Fünftausend

(Mt 14,13–21; Lk 9,10–17; Joh 6,1–13)

30Und die Apostel kamen bei Jesus zusammen und verkündeten ihm
alles, was sie getan und gelehrt hatten. 31Und er sprach zu ihnen:
Geht ihr allein an eine einsame Stätte und ruht ein wenig. Denn es
waren viele, die kamen und gingen, und sie hatten nicht Zeit genug
zum Essen. 32Und sie fuhren in einem Boot an eine einsame Stätte für
sich allein. 33Und man sah sie wegfahren, und viele merkten es und
liefen aus allen Städten zu Fuß dorthin zusammen und kamen ihnen

6,25-28

zuvor. 34Und Jesus stieg aus und sah die große Menge; und sie
jammerten ihn, denn sie waren wie Schafe, die keinen Hirten haben.
Und er fing eine lange Predigt an.

35Als nun der Tag fast vorüber war, traten seine Jünger zu ihm und
sprachen: Es ist öde hier, und der Tag ist fast vorüber; 36laß sie gehen,
damit sie in die Höfe und Dörfer ringsum gehen und sich Brot kaufen.
37Er aber antwortete und sprach zu ihnen: Gebt ihr ihnen zu essen!
Und sie sprachen zu ihm: Sollen wir denn hingehen und für zwei-
hundert Silbergroschen Brot kaufen und ihnen zu essen geben? 38Er
aber sprach zu ihnen: Wieviel Brote habt ihr? Geht hin und seht!
Und als sie es erkundet hatten, sprachen sie: Fünf und zwei Fische.

39Und er gebot ihnen, daß sie sich alle lagerten, tischweise, auf das
grüne Gras. 40Und sie setzten sich, in Gruppen zu hundert und zu
fünfzig. 41Und er nahm die fünf Brote und zwei Fische und sah auf
zum Himmel, dankte und brach die Brote und gab sie den Jüngern,
damit sie unter ihnen austeilten, und die zwei Fische teilte er unter sie
alle. 42Und sie aßen alle und wurden satt. 43Und sie sammelten die
Brocken auf, zwölf Körbe voll, und von den Fischen. 44Und die die
Brote gegessen hatten, waren fünftausend Mann.

Die Jünger begreifen nichts

45Und alsbald trieb er seine Jünger, in das Boot zu steigen und vor
ihm hinüberzufahren nach Betsaida, bis er das Volk gehen ließe.
46Und als er sie fortgeschickt hatte, ging er hin auf einen Berg, um zu
beten.

47Und am Abend war das Boot mitten auf dem See und er auf dem
Land allein. 48Und er sah, daß sie sich abplagten beim Rudern, denn
der Wind stand ihnen entgegen. Um die vierte Nachtwache kam er zu
ihnen und ging auf dem See und wollte an ihnen vorübergehen.
49Und als sie ihn sahen auf dem See gehen, meinten sie, es wäre ein
Gespenst, und schrien; 50denn sie sahen ihn alle und erschraken.
Aber sogleich redete er mit ihnen und sprach zu ihnen: Seid getrost,
ich bin's: fürchtet euch nicht! 51und trat zu ihnen ins Boot, und der
Wind legte sich. Und sie entsetzten sich über die Maßen; 52denn sie
waren um nichts verständiger geworden angesichts der Brote,
sondern ihr Herz war verhärtet.

Fremde Menschen suchen bei Jesus Hilfe

53Und als sie hinübergefahren waren ans Land, kamen sie nach
Genezareth und legten an. 54Und als sie aus dem Boot stiegen,

erkannten ihn die Leute alsbald 55und liefen im ganzen Land umher
und fingen an, die Kranken auf Bahren überall dorthin zu tragen, wo
sie hörten, daß er war. 56Und wo er in Dörfer, Städte und Höfe hinein-
ging, da legten sie die Kranken auf den Markt und baten ihn, daß
diese auch nur den Saum seines Gewandes berühren dürften; und
alle, die ihn berührten, wurden gesund.

Was wirklich unrein macht

7 Und es versammelten sich bei ihm die Pharisäer und einige von
den Schriftgelehrten, die aus Jerusalem gekommen waren. 2Und
sie sahen einige seiner Jünger mit unreinen, das heißt: ungewasche-
nen Händen das Brot essen. 3Denn die Pharisäer und alle Juden essen
nicht, wenn sie nicht die Hände mit einer Handvoll Wasser
gewaschen haben, und halten so die Satzungen der Ältesten; 4und
wenn sie vom Markt kommen, essen sie nicht, wenn sie sich nicht
gewaschen haben. Und es gibt viele andre Dinge, die sie zu halten
angenommen haben, wie: Trinkgefäße und Krüge und Kessel und
Bänke zu waschen.

5Da fragten ihn die Pharisäer und Schriftgelehrten: Warum leben
deine Jünger nicht nach den Satzungen der Ältesten, sondern essen
das Brot mit unreinen Händen? 6Er aber sprach zu ihnen: Wie fein
hat von euch Heuchlern Jesaja geweissagt, wie geschrieben steht
[Jesaja 29,13]: »Dies Volk ehrt mich mit den Lippen; aber ihr Herz ist
fern von mir. 7Vergeblich dienen sie mir, weil sie lehren solche Lehren,
die nichts sind als Menschengebote.« 8Ihr verlaßt Gottes Gebot und
haltet der Menschen Satzungen.

9Und er sprach zu ihnen: Wie fein hebt ihr Gottes Gebot auf,
damit ihr eure Satzungen aufrichtet! 10Denn Mose hat gesagt [2.Mose
20,12; 21,17]: »Du sollst deinen Vater und deine Mutter ehren«, und:
»Wer Vater oder Mutter flucht, der soll des Todes sterben.« 11Ihr aber
lehrt: Wenn einer zu Vater oder Mutter sagt: Korban – das heißt:
Opfergabe soll sein, was dir von mir zusteht –, 12so laßt ihr ihn nichts
mehr tun für seinen Vater oder seine Mutter 13und hebt so Gottes
Wort auf durch eure Satzungen, die ihr überliefert habt; und der-
gleichen tut ihr viel.

14Und er rief das Volk wieder zu sich und sprach zu ihnen: Hört
mir alle zu und begreift's! 15Es gibt nichts, was von außen in den
Menschen hineingeht, das ihn unrein machen könnte; sondern was
aus dem Menschen herauskommt, das ist's, was den Menschen
unrein macht. 17Und als er von dem Volk ins Haus kam, fragten ihn
seine Jünger nach diesem Gleichnis.

18Und er sprach zu ihnen: Seid ihr denn auch so unverständig?
Merkt ihr nicht, daß alles, was von außen in den Menschen hinein-
geht, ihn nicht unrein machen kann? 19Denn es geht nicht in sein
Herz, sondern in den Bauch, und kommt heraus in die Grube. Damit
erklärte er alle Speisen für rein. 20Und er sprach: Was aus dem
Menschen herauskommt, das macht den Menschen unrein; 21denn
von innen, aus dem Herzen der Menschen, kommen heraus böse
Gedanken, Unzucht, Diebstahl, Mord, 22Ehebruch, Habgier, Bosheit,
Arglist, Ausschweifung, Mißgunst, Lästerung, Hochmut, Unvernunft.
23Alle diese bösen Dinge kommen von innen heraus und machen
den Menschen unrein.

Es gelten keine Grenzen mehr

24Und er stand auf und ging von dort in das Gebiet von Tyrus. Und er
ging in ein Haus und wollte es niemanden wissen lassen und konnte
doch nicht verborgen bleiben, 25sondern alsbald hörte eine Frau von
ihm, deren Töchterlein einen unreinen Geist hatte. Und sie kam und
fiel nieder zu seinen Füßen 26– die Frau war aber eine Griechin aus
Syrophönizien – und bat ihn, daß er den bösen Geist von ihrer Toch-
ter austreibe. 27Jesus aber sprach zu ihr: Laß zuvor die Kinder satt
werden; es ist nicht recht, daß man den Kindern das Brot wegnehme
und werfe es vor die Hunde. 28Sie antwortete aber und sprach zu
ihm: Ja, Herr; aber doch fressen die Hunde unter dem Tisch von den
Brosamen der Kinder. 29Und er sprach zu ihr: Um dieses Wortes
willen geh hin, der böse Geist ist von deiner Tochter ausgefahren.
30Und sie ging hin in ihr Haus und fand das Kind auf dem Bett liegen,
und der böse Geist war ausgefahren.

Ein Stummer kann sprechen

31Und als er wieder fortging aus dem Gebiet von Tyrus, kam er durch
Sidon an das Galiläische Meer, mitten in das Gebiet der Zehn Städte.
32Und sie brachten zu ihm einen, der taub und stumm war, und baten
ihn, daß er die Hand auf ihn lege. 33Und er nahm ihn aus der Menge
beiseite und legte ihm die Finger in die Ohren und berührte seine
Zunge mit Speichel und 34sah auf zum Himmel und seufzte und
sprach zu ihm: Hefata!, das heißt: Tu dich auf! 35Und sogleich taten
sich seine Ohren auf, und die Fessel seiner Zunge löste sich, und er
redete richtig.

36Und er gebot ihnen, sie sollten's niemandem sagen. Je mehr er's
aber verbot, desto mehr breiteten sie es aus. 37Und sie wunderten sich

über die Maßen und sprachen: Er hat alles wohl gemacht; die Tauben
macht er hörend und die Sprachlosen redend.

Der Hunger wird gestillt

8 Zu der Zeit, als wieder eine große Menge da war und sie nichts zu
essen hatten, rief Jesus die Jünger zu sich und sprach zu ihnen:
2 Mich jammert das Volk, denn sie haben nun drei Tage bei mir aus-
geharrt und haben nichts zu essen. 3 Und wenn ich sie hungrig heim-
gehen ließe, würden sie auf dem Wege verschmachten; denn einige
sind von ferne gekommen. 4 Seine Jünger antworteten ihm: Wie kann
sie jemand hier in der Wüste mit Brot sättigen? 5 Und er fragte sie:
Wieviel Brote habt ihr? Sie sprachen: Sieben.
6 Und er gebot dem Volk, sich auf die Erde zu lagern. Und er nahm
die sieben Brote, dankte und brach sie und gab sie seinen Jüngern,
damit sie sie austeilten, und sie teilten sie unter das Volk aus. 7 Und sie
hatten auch einige Fische, und er dankte und ließ auch diese aus-
teilen. 8 Sie aßen aber und wurden satt und sammelten die übrigen
Brocken auf, sieben Körbe voll. 9 Und es waren etwa viertausend; und
er ließ sie gehen.

Was soll denn noch geschehen?

10 Und alsbald stieg er in das Boot mit seinen Jüngern und kam in die
Gegend von Dalmanuta. 11 Und die Pharisäer kamen heraus und
fingen an, mit ihm zu streiten, versuchten ihn und forderten von ihm
ein Zeichen vom Himmel. 12 Und er seufzte in seinem Geist und
sprach: Was fordert doch dieses Geschlecht ein Zeichen? Wahrlich,
ich sage euch: Es wird diesem Geschlecht kein Zeichen gegeben
werden! 13 Und er verließ sie und stieg wieder in das Boot und fuhr
hinüber.
14 Und sie hatten vergessen, Brot mitzunehmen, und hatten nicht
mehr mit sich im Boot als ein Brot. 15 Und er gebot ihnen und sprach:
Schaut zu und seht euch vor vor dem Sauerteig der Pharisäer und vor
dem Sauerteig des Herodes. 16 Und sie bedachten hin und her, daß sie
kein Brot hätten. 17 Und er merkte das und sprach zu ihnen: Was
bekümmert ihr euch doch, daß ihr kein Brot habt? Versteht ihr noch
nicht, und begreift ihr noch nicht? Habt ihr noch ein verhärtetes Herz
in euch? 18 Habt Augen und seht nicht, und habt Ohren und hört
nicht? und denkt nicht daran: 19 als ich die fünf Brote brach für die
fünftausend, wieviel Körbe voll Brocken habt ihr da aufgesammelt?
Sie sagten: Zwölf. 20 Und als ich die sieben brach für die viertausend,

wieviel Körbe voll Brocken habt ihr da aufgesammelt? Sie sagten:
Sieben. 21Und er sprach zu ihnen: Begreift ihr denn noch nicht?

Ein Blinder lernt sehen

22Und sie kamen nach Betsaida. Und sie brachten zu ihm einen
Blinden und baten ihn, daß er ihn anrühre. 23Und er nahm den
Blinden bei der Hand und führte ihn hinaus vor das Dorf, tat Speichel
auf seine Augen, legte seine Hände auf ihn und fragte ihn: Siehst du
etwas?

24Und er sah auf und sprach: Ich sehe die Menschen, als sähe ich
Bäume umhergehen. 25Danach legte er abermals die Hände auf seine
Augen. Da sah er deutlich und wurde wieder zurechtgebracht, so daß
er alles scharf sehen konnte. 26Und er schickte ihn heim und sprach:
Geh nicht hinein in das Dorf!

Ein Bekenntnis mit Folgen

(Mt 16,13–20; Lk 9,18–21; Joh 6,67–69)

27Und Jesus ging fort mit seinen Jüngern in die Dörfer bei Cäsarea
Philippi. Und auf dem Wege fragte er seine Jünger und sprach zu
ihnen: Wer sagen die Leute, daß ich sei? 28Sie antworteten ihm:
Einige sagen, du seist Johannes der Täufer; einige sagen, du seist Elia;
andere, du seist einer der Propheten. 29Und er fragte sie: Ihr aber, wer
sagt ihr, daß ich sei? Da antwortete Petrus und sprach zu ihm: Du bist
der Christus! 30Und er gebot ihnen, daß sie niemandem von ihm
sagen sollten.

31Und er fing an, sie zu lehren: Der Menschensohn muß viel leiden
und verworfen werden von den Ältesten und Hohenpriestern und
Schriftgelehrten und getötet werden und nach drei Tagen auferstehen.
32Und er redete das Wort frei und offen. Und Petrus nahm ihn bei-
seite und fing an, ihm zu wehren. 33Er aber wandte sich um, sah seine
Jünger an und bedrohte Petrus und sprach: Geh weg von mir, Satan!
denn du meinst nicht, was göttlich, sondern was menschlich ist.

34Und er rief zu sich das Volk samt seinen Jüngern und sprach zu
ihnen: Wer mir nachfolgen will, der verleugne sich selbst und nehme
sein Kreuz auf sich und folge mir nach. 35Denn wer sein Leben erhal-
ten will, der wird's verlieren; und wer sein Leben verliert um meinet-
willen und um des Evangeliums willen, der wird's erhalten. 36Denn
was hülfe es dem Menschen, wenn er die ganze Welt gewönne und
nähme an seiner Seele Schaden? 37Denn was kann der Mensch geben,
womit er seine Seele auslöse?

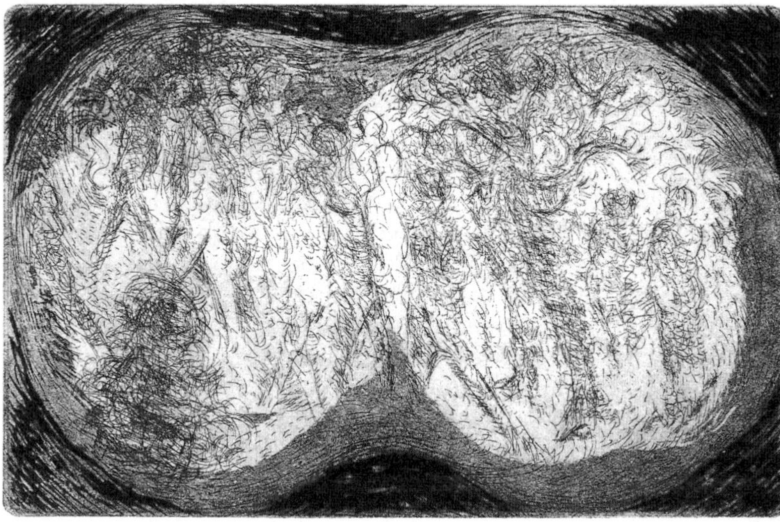

8,24

38Wer sich aber meiner und meiner Worte schämt unter diesem
abtrünnigen und sündigen Geschlecht, dessen wird sich auch der
Menschensohn schämen, wenn er kommen wird in der Herrlichkeit
seines Vaters mit den heiligen Engeln.
9 Und er sprach zu ihnen: Wahrlich, ich sage euch: Es stehen
einige hier, die werden den Tod nicht schmecken, bis sie sehen
das Reich Gottes kommen mit Kraft.

Gott bekennt sich zu Jesus

2Und nach sechs Tagen nahm Jesus mit sich Petrus, Jakobus und
Johannes und führte sie auf einen hohen Berg, nur sie allein. Und er
wurde vor ihnen verklärt; 3und seine Kleider wurden hell und sehr
weiß, wie sie kein Bleicher auf Erden so weiß machen kann. 4Und es
erschien ihnen Elia mit Mose, und sie redeten mit Jesus. 5Und Petrus
fing an und sprach zu Jesus: Rabbi, hier ist für uns gut sein. Wir

wollen drei Hütten bauen, dir eine, Mose eine und Elia eine. 6Er wußte
aber nicht, was er redete; denn sie waren ganz verstört. 7Und es kam
eine Wolke, die überschattete sie. Und eine Stimme geschah aus der
Wolke: Das ist mein lieber Sohn; den sollt ihr hören! 8Und auf ein-
mal, als sie um sich blickten, sahen sie niemand mehr bei sich als
Jesus allein.

9Als sie aber vom Berge hinabgingen, gebot ihnen Jesus, daß sie
niemandem sagen sollten, was sie gesehen hatten, bis der Menschen-
sohn auferstünde von den Toten. 10Und sie behielten das Wort und
befragten sich untereinander: Was ist das, auferstehen von den Toten?

11Und sie fragten ihn und sprachen: Sagen nicht die Schrift-
gelehrten, daß zuvor Elia kommen muß? 12Er aber sprach zu ihnen:
Elia soll ja zuvor kommen und alles wieder zurechtbringen. Und wie
steht dann geschrieben von dem Menschensohn, daß er viel leiden
und verachtet werden soll? 13Aber ich sage euch: Elia ist gekommen,
und sie haben ihm angetan, was sie wollten, wie von ihm geschrieben
steht.

Vertrauen rettet

14Und sie kamen zu den Jüngern und sahen eine große Menge um sie
herum und Schriftgelehrte, die mit ihnen stritten. 15Und sobald die
Menge ihn sah, entsetzten sich alle, liefen herbei und grüßten ihn.
16Und er fragte sie: Was streitet ihr mit ihnen?

17Einer aber aus der Menge antwortete: Meister, ich habe meinen
Sohn hergebracht zu dir, der hat einen sprachlosen Geist. 18Und wo er
ihn erwischt, reißt er ihn; und er hat Schaum vor dem Mund und
knirscht mit den Zähnen und wird starr. Und ich habe mit deinen
Jüngern geredet, daß sie ihn austreiben sollen, und sie konnten's
nicht. 19Er aber antwortete ihnen und sprach: O du ungläubiges
Geschlecht, wie lange soll ich bei euch sein? Wie lange soll ich euch
ertragen? Bringt ihn her zu mir! 20Und sie brachten ihn zu ihm. Und
sogleich, als ihn der Geist sah, riß er ihn. Und er fiel auf die Erde,
wälzte sich und hatte Schaum vor dem Mund. 21Und Jesus fragte
seinen Vater: Wie lange ist's, daß ihm das widerfährt? Er sprach: Von
Kind auf. 22Und oft hat er ihn ins Feuer und ins Wasser geworfen, daß
er ihn umbrächte. Wenn du aber etwas kannst, so erbarme dich unser
und hilf uns! 23Jesus aber sprach zu ihm: Du sagst: Wenn du kannst –
alle Dinge sind möglich dem, der da glaubt. 24Sogleich schrie der
Vater des Kindes: Ich glaube; hilf meinem Unglauben!

25Als nun Jesus sah, daß das Volk herbeilief, bedrohte er den unrei-
nen Geist und sprach zu ihm: Du sprachloser und tauber Geist,

ich gebiete dir: Fahre von ihm aus und fahre nicht mehr in ihn hinein!
26Da schrie er und riß ihn sehr und fuhr aus. Und der Knabe lag da
wie tot, so daß die Menge sagte: Er ist tot. 27Jesus aber ergriff ihn bei
der Hand und richtete ihn auf, und er stand auf. 28Und als er heim-
kam, fragten ihn seine Jünger für sich allein: Warum konnten wir ihn
nicht austreiben? 29Und er sprach: Diese Art kann durch nichts aus-
fahren als durch Beten.

Jesus spricht von Leiden und Tod

30Und sie gingen von dort weg und zogen durch Galiläa; und er
wollte nicht, daß es jemand wissen sollte. 31Denn er lehrte seine
Jünger und sprach zu ihnen: Der Menschensohn wird überantwortet
werden in die Hände der Menschen, und sie werden ihn töten; und
wenn er getötet ist, so wird er nach drei Tagen auferstehen. 32Sie aber
verstanden das Wort nicht und fürchteten sich, ihn zu fragen.

Was Jesus wichtig ist

33Und sie kamen nach Kapernaum. Und als er daheim war, fragte er
sie: Was habt ihr auf dem Weg verhandelt? 34Sie aber schwiegen;
denn sie hatten auf dem Weg miteinander verhandelt, wer der Größte
sei. 35Und er setzte sich und rief die Zwölf und sprach zu ihnen:
Wenn jemand will der Erste sein, der soll der Letzte sein von allen
und aller Diener. 36Und er nahm ein Kind, stellte es mitten unter sie
und herzte es und sprach zu ihnen: 37Wer ein solches Kind in mei-
nem Namen aufnimmt, der nimmt mich auf; und wer mich aufnimmt,
der nimmt nicht mich auf, sondern den, der mich gesandt hat.

38Johannes sprach zu ihm: Meister, wir sahen einen, der trieb böse
Geister in deinem Namen aus, und wir verboten's ihm, weil er uns
nicht nachfolgt. 39Jesus aber sprach: Ihr sollt's ihm nicht verbieten.
Denn niemand, der ein Wunder tut in meinem Namen, kann so bald
übel von mir reden. 40Denn wer nicht gegen uns ist, der ist für uns.

41Denn wer euch einen Becher Wasser zu trinken gibt deshalb, weil
ihr Christus angehört, wahrlich, ich sage euch: Es wird ihm nicht
unvergolten bleiben.

42Und wer einen dieser Kleinen, die an mich glauben, zum Abfall
verführt, für den wäre es besser, daß ihm ein Mühlstein an den Hals
gehängt und er ins Meer geworfen würde. 43Wenn dich aber deine
Hand zum Abfall verführt, so haue sie ab! Es ist besser für dich, daß
du verkrüppelt zum Leben eingehst, als daß du zwei Hände hast und
fährst in die Hölle, in das Feuer, das nie verlöscht. 45Wenn dich dein

Fuß zum Abfall verführt, so haue ihn ab! Es ist besser für dich, daß du
lahm zum Leben eingehst, als daß du zwei Füße hast und wirst in die
Hölle geworfen. [47]Wenn dich dein Auge zum Abfall verführt, so wirf's
von dir! Es ist besser für dich, daß du einäugig in das Reich Gottes
gehst, als daß du zwei Augen hast und wirst in die Hölle geworfen,
[48]wo ihr Wurm nicht stirbt und das Feuer nicht verlöscht.

[49]Denn jeder wird mit Feuer gesalzen werden. [50]Das Salz ist gut;
wenn aber das Salz nicht mehr salzt, womit wird man's würzen? Habt
Salz bei euch und habt Frieden untereinander!

Füreinander geschaffen

10 Und er machte sich auf und kam von dort in das Gebiet von
Judäa und jenseits des Jordans. Und abermals lief das Volk in
Scharen bei ihm zusammen, und wie es seine Gewohnheit war, lehrte
er sie abermals.

[2]Und Pharisäer traten zu ihm und fragten ihn, ob ein Mann sich
scheiden dürfe von seiner Frau; und sie versuchten ihn damit. [3]Er
antwortete aber und sprach zu ihnen: Was hat euch Mose geboten?
[4]Sie sprachen: Mose hat zugelassen, einen Scheidebrief zu schreiben
und sich zu scheiden. [5]Jesus aber sprach zu ihnen: Um eures Herzens
Härte willen hat er euch dieses Gebot geschrieben; [6]aber von Beginn
der Schöpfung an hat Gott sie geschaffen als Mann und Frau. [7]Darum
wird ein Mann seinen Vater und seine Mutter verlassen und wird an
seiner Frau hängen, [8]und die zwei werden ein Fleisch sein. So sind
sie nun nicht mehr zwei, sondern ein Fleisch. [9]Was nun Gott zu-
sammengefügt hat, soll der Mensch nicht scheiden.

[10]Und daheim fragten ihn abermals seine Jünger danach. [11]Und er
sprach zu ihnen: Wer sich scheidet von seiner Frau und heiratet eine
andere, der bricht ihr gegenüber die Ehe; [12]und wenn sich eine Frau
scheidet von ihrem Mann und heiratet einen andern, bricht sie ihre
Ehe.

Kinder als Vorbild

[13]Und sie brachten Kinder zu ihm, damit er sie anrühre. Die Jünger
aber fuhren sie an. [14]Als es aber Jesus sah, wurde er unwillig und
sprach zu ihnen: Laßt die Kinder zu mir kommen und wehret ihnen
nicht; denn solchen gehört das Reich Gottes. [15]Wahrlich, ich sage
euch: Wer das Reich Gottes nicht empfängt wie ein Kind, der wird
nicht hineinkommen. [16]Und er herzte sie und legte die Hände auf sie
und segnete sie.

Reichtum kann eine Fessel sein

17Und als er sich auf den Weg machte, lief einer herbei, kniete vor ihm
nieder und fragte ihn: Guter Meister, was soll ich tun, damit ich das
ewige Leben ererbe? 18Aber Jesus sprach zu ihm: Was nennst du
mich gut? Niemand ist gut als Gott allein. 19Du kennst die Gebote:
»Du sollst nicht töten; du sollst nicht ehebrechen; du sollst nicht
stehlen; du sollst nicht falsch Zeugnis reden; du sollst niemanden
berauben; ehre Vater und Mutter.« 20Er aber sprach zu ihm: Meister,
das habe ich alles gehalten von meiner Jugend auf. 21Und Jesus sah
ihn an und gewann ihn lieb und sprach zu ihm: Eines fehlt dir. Geh
hin, verkaufe alles, was du hast, und gib's den Armen, so wirst du
einen Schatz im Himmel haben, und komm und folge mir nach!
22Er aber wurde unmutig über das Wort und ging traurig davon;
denn er hatte viele Güter.

23Und Jesus sah um sich und sprach zu seinen Jüngern: Wie
schwer werden die Reichen in das Reich Gottes kommen! 24Die
Jünger aber entsetzten sich über seine Worte. Aber Jesus antwortete
wiederum und sprach zu ihnen: Liebe Kinder, wie schwer ist's, ins
Reich Gottes zu kommen! 25Es ist leichter, daß ein Kamel durch ein
Nadelöhr gehe, als daß ein Reicher ins Reich Gottes komme. 26Sie
entsetzten sich aber noch viel mehr und sprachen untereinander: Wer
kann dann selig werden? 27Jesus aber sah sie an und sprach: Bei den
Menschen ist's unmöglich, aber nicht bei Gott; denn alle Dinge sind
möglich bei Gott.

28Da fing Petrus an und sagte zu ihm: Siehe, wir haben alles ver-
lassen und sind dir nachgefolgt. 29Jesus sprach: Wahrlich, ich sage
euch: Es ist niemand, der Haus oder Brüder oder Schwestern oder
Mutter oder Vater oder Kinder oder Äcker verläßt um meinetwillen
und um des Evangeliums willen, 30der nicht hundertfach empfange:
jetzt in dieser Zeit Häuser und Brüder und Schwestern und Mütter
und Kinder und Äcker mitten unter Verfolgungen – und in der
zukünftigen Welt das ewige Leben. 31Viele aber werden die Letzten
sein, die die Ersten sind, und die Ersten sein, die die Letzten sind.

Auf dem Weg ins Leiden

32Sie waren aber auf dem Wege hinauf nach Jerusalem, und Jesus
ging ihnen voran; und sie entsetzten sich; die ihm aber nachfolgten,
fürchteten sich. Und er nahm abermals die Zwölf zu sich und fing an,
ihnen zu sagen, was ihm widerfahren werde: 33Siehe, wir gehen
hinauf nach Jerusalem, und der Menschensohn wird überantwortet

werden den Hohenpriestern und Schriftgelehrten, und sie werden ihn
zum Tode verurteilen und den Heiden überantworten. 34Die werden
ihn verspotten und anspeien und geißeln und töten, und nach drei
Tagen wird er auferstehen.

Nicht herrschen, sondern dienen

35Da gingen zu ihm Jakobus und Johannes, die Söhne des Zebedäus,
und sprachen: Meister, wir wollen, daß du für uns tust, um was wir
dich bitten werden. 36Er sprach zu ihnen: Was wollt ihr, daß ich für
euch tue? 37Sie sprachen zu ihm: Gib uns, daß wir sitzen einer zu
deiner Rechten und einer zu deiner Linken in deiner Herrlichkeit.
38Jesus aber sprach zu ihnen: Ihr wißt nicht, was ihr bittet. Könnt ihr
den Kelch trinken, den ich trinke, oder euch taufen lassen mit der
Taufe, mit der ich getauft werde? 39Sie sprachen zu ihm: Ja, das
können wir. Jesus aber sprach zu ihnen: Ihr werdet zwar den Kelch
trinken, den ich trinke, und getauft werden mit der Taufe, mit der ich
getauft werde; 40zu sitzen aber zu meiner Rechten oder zu meiner
Linken, das steht mir nicht zu, euch zu geben, sondern das wird
denen zuteil, für die es bestimmt ist.

41Und als das die Zehn hörten, wurden sie unwillig über Jakobus
und Johannes. 42Da rief Jesus sie zu sich und sprach zu ihnen: Ihr
wißt, die als Herrscher gelten, halten ihre Völker nieder, und ihre
Mächtigen tun ihnen Gewalt an. 43Aber so ist es unter euch nicht;
sondern wer groß sein will unter euch, der soll euer Diener sein;
44und wer unter euch der Erste sein will, der soll aller Knecht sein.
45Denn auch der Menschensohn ist nicht gekommen, daß er sich
dienen lasse, sondern daß er diene und sein Leben gebe als Lösegeld
für viele.

Bartimäus – ein Blinder erkennt seinen Retter

46Und sie kamen nach Jericho. Und als er aus Jericho wegging, er und
seine Jünger und eine große Menge, da saß ein blinder Bettler am
Wege, Bartimäus, der Sohn des Timäus. 47Und als er hörte, daß es
Jesus von Nazareth war, fing er an, zu schreien und zu sagen: Jesus, du
Sohn Davids, erbarme dich meiner! 48Und viele fuhren ihn an, er solle
stillschweigen. Er aber schrie noch viel mehr: Du Sohn Davids, erbar-
me dich meiner! 49Und Jesus blieb stehen und sprach: Ruft ihn her!
Und sie riefen den Blinden und sprachen zu ihm: Sei getrost, steh auf!
Er ruft dich! 50Da warf er seinen Mantel von sich, sprang auf und kam
zu Jesus. 51Und Jesus antwortete und sprach zu ihm: Was willst du,

daß ich für dich tun soll? Der Blinde sprach zu ihm: Rabbuni, daß ich
sehend werde. 52 Jesus aber sprach zu ihm: Geh hin, dein Glaube hat
dir geholfen. Und sogleich wurde er sehend und folgte ihm nach auf
dem Wege.

Jesus wird als Messias gefeiert

11 Und als sie in die Nähe von Jerusalem kamen, nach Betfage und
Betanien an den Ölberg, sandte er zwei seiner Jünger 2 und
sprach zu ihnen: Geht hin in das Dorf, das vor euch liegt. Und sobald
ihr hineinkommt, werdet ihr ein Füllen angebunden finden, auf dem
noch nie ein Mensch gesessen hat; bindet es los und führt es her!
3 Und wenn jemand zu euch sagen wird: Warum tut ihr das?, so
sprecht: Der Herr bedarf seiner, und er sendet es alsbald wieder her.
4 Und sie gingen hin und fanden das Füllen angebunden an einer Tür
draußen am Weg und banden's los. 5 Und einige, die dort standen,
sprachen zu ihnen: Was macht ihr da, daß ihr das Füllen losbindet?
6 Sie sagten aber zu ihnen, wie ihnen Jesus geboten hatte, und die
ließen's zu.

7 Und sie führten das Füllen zu Jesus und legten ihre Kleider darauf,
und er setzte sich darauf. 8 Und viele breiteten ihre Kleider auf den
Weg, andere aber grüne Zweige, die sie auf den Feldern abgehauen
hatten. 9 Und die vorangingen und die nachfolgten, schrien: Hosianna!
Gelobt sei, der da kommt in dem Namen des Herrn! 10 Gelobt sei das
Reich unseres Vaters David, das da kommt! Hosianna in der Höhe!
11 Und Jesus ging hinein nach Jerusalem in den Tempel, und er besah
ringsum alles, und spät am Abend ging er hinaus nach Betanien mit
den Zwölfen.

Es geht um den Glauben

12 Und am nächsten Tag, als sie von Betanien weggingen, hungerte
ihn. 13 Und er sah einen Feigenbaum von ferne, der Blätter hatte; da
ging er hin, ob er etwas darauf fände. Und als er zu ihm kam, fand er
nichts als Blätter; denn es war nicht die Zeit für Feigen. 14 Da fing Jesus
an und sprach zu ihm: Nun esse niemand mehr eine Frucht von dir in
Ewigkeit! Und seine Jünger hörten das.

15 Und sie kamen nach Jerusalem. Und Jesus ging in den Tempel
und fing an, auszutreiben die Verkäufer und Käufer im Tempel;
und die Tische der Geldwechsler und die Stände der Taubenhändler
stieß er um 16 und ließ nicht zu, daß jemand etwas durch den Tempel
trage. 17 Und er lehrte und sprach zu ihnen: Steht nicht geschrieben

[Jesaja 56,7]: »Mein Haus soll ein Bethaus heißen für alle Völker«? Ihr aber habt eine Räuberhöhle daraus gemacht. [18]Und es kam vor die Hohenpriester und Schriftgelehrten, und sie trachteten danach, wie sie ihn umbrächten. Sie fürchteten sich nämlich vor ihm; denn alles Volk verwunderte sich über seine Lehre. [19]Und abends gingen sie hinaus vor die Stadt.

[20]Und als sie am Morgen an dem Feigenbaum vorbeigingen, sahen sie, daß er verdorrt war bis zur Wurzel. [21]Und Petrus dachte daran und sprach zu ihm: Rabbi, sieh, der Feigenbaum, den du verflucht hast, ist verdorrt. [22]Und Jesus antwortete und sprach zu ihnen: Habt Glauben an Gott! [23]Wahrlich, ich sage euch: Wer zu diesem Berge spräche: Heb dich und wirf dich ins Meer! und zweifelte nicht in seinem Herzen, sondern glaubte, daß geschehen werde, was er sagt, so wird's ihm geschehen. [24]Darum sage ich euch: Alles, was ihr bittet in eurem Gebet, glaubt nur, daß ihr's empfangt, so wird's euch zuteil werden. [25]Und wenn ihr steht und betet, so vergebt, wenn ihr etwas gegen jemanden habt, damit auch eurer Vater im Himmel euch vergebe eure Übertretungen.

Die Antwort wird verweigert

[27]Und sie kamen wieder nach Jerusalem. Und als er im Tempel umherging, kamen zu ihm die Hohenpriester und Schriftgelehrten und Ältesten [28]und fragten ihn: Aus welcher Vollmacht tust du das? oder wer hat dir diese Vollmacht gegeben, daß du das tust? [29]Jesus aber sprach zu ihnen: Ich will euch auch eine Sache fragen; antwortet mir, so will ich euch sagen, aus welcher Vollmacht ich das tue. [30]Die Taufe des Johannes – war sie vom Himmel oder von Menschen? Antwortet mir! [31]Und sie bedachten bei sich selbst und sprachen: Sagen wir, sie war vom Himmel, so wird er sagen: Warum habt ihr ihm dann nicht geglaubt? [32]Oder sollen wir sagen, sie war von Menschen? – da fürchteten sie sich vor dem Volk. Denn sie hielten alle Johannes wirklich für einen Propheten. [33]Und sie antworteten und sprachen zu Jesus: Wir wissen's nicht. Und Jesus sprach zu ihnen: So sage ich euch auch nicht, aus welcher Vollmacht ich das tue.

Die Geschichte vom Mord im Weinberg

12 Und er fing an, zu ihnen in Gleichnissen zu reden: Ein Mensch pflanzte einen Weinberg und zog einen Zaun darum und grub eine Kelter und baute einen Turm und verpachtete ihn an Weingärtner und ging außer Landes. [2]Und er sandte, als die Zeit kam,

einen Knecht zu den Weingärtnern, damit er von den Weingärtnern
seinen Anteil an den Früchten des Weinbergs hole. 3Sie nahmen ihn
aber, schlugen ihn und schickten ihn mit leeren Händen fort. 4Aber-
mals sandte er zu ihnen einen andern Knecht; dem schlugen sie auf
den Kopf und schmähten ihn. 5Und er sandte noch einen andern,
den töteten sie; und viele andere: die einen schlugen sie, die andern
töteten sie. 6Da hatte er noch einen, seinen geliebten Sohn; den sandte
er als letzten auch zu ihnen und sagte sich: Sie werden sich vor
meinem Sohn scheuen. 7Sie aber, die Weingärtner, sprachen unter-
einander: Dies ist der Erbe; kommt, laßt uns ihn töten, so wird das
Erbe unser sein! 8Und sie nahmen ihn und töteten ihn und warfen
ihn hinaus vor den Weinberg. 9Was wird nun der Herr des Weinbergs
tun? Er wird kommen und die Weingärtner umbringen und den
Weinberg andern geben. 10Habt ihr denn nicht dieses Schriftwort
gelesen [Psalm 118,22.23]: »Der Stein, den die Bauleute verworfen
haben, der ist zum Eckstein geworden. 11Vom Herrn ist das geschehen
und ist ein Wunder vor unsern Augen«?

12Und sie trachteten danach, ihn zu ergreifen, und fürchteten sich
doch vor dem Volk; denn sie verstanden, daß er auf sie hin dies
Gleichnis gesagt hatte. Und sie ließen ihn und gingen davon.

Eine Fangfrage und Jesu Antwort

13Und sie sandten zu ihm einige von den Pharisäern und von den
Anhängern des Herodes, daß sie ihn fingen in Worten. 14Und sie
kamen und sprachen zu ihm: Meister, wir wissen, daß du wahrhaftig
bist und fragst nach niemand; denn du achtest nicht das Ansehen der
Menschen, sondern du lehrst den Weg Gottes recht. Ist's recht, daß
man dem Kaiser Steuern zahlt oder nicht? Sollen wir sie zahlen oder
nicht zahlen? 15Er aber merkte ihre Heuchelei und sprach zu ihnen:
Was versucht ihr mich? Bringt mir einen Silbergroschen, daß ich ihn
sehe! 16Und sie brachten einen. Da sprach er: Wessen Bild und Auf-
schrift ist das? Sie sprachen zu ihm: Des Kaisers. 17Da sprach Jesus zu
ihnen: So gebt dem Kaiser, was des Kaisers ist, und Gott, was Gottes
ist! Und sie wunderten sich über ihn.

Streit um die Auferstehung

18Da traten die Sadduzäer zu ihm, die lehren, es gebe keine Auf-
erstehung; die fragten ihn und sprachen: 19Meister, Mose hat uns vor-
geschrieben [5.Mose 25,5.6]: »Wenn jemand stirbt und hinterläßt
eine Frau, aber keine Kinder, so soll sein Bruder sie zur Frau nehmen

und seinem Bruder Nachkommen erwecken.« 20Nun waren sieben
Brüder. Der erste nahm eine Frau; der starb und hinterließ keine
Kinder. 21Und der zweite nahm sie und starb und hinterließ auch
keine Kinder. Und der dritte ebenso. 22Und alle sieben hinterließen
keine Kinder. Zuletzt nach allen starb die Frau auch. 23Nun in der
Auferstehung, wenn sie auferstehen: wessen Frau wird sie sein unter
ihnen? Denn alle sieben haben sie zur Frau gehabt.

24Da sprach Jesus zu ihnen: Ist's nicht so? Ihr irrt, weil ihr weder
die Schrift kennt noch die Kraft Gottes. 25Wenn sie von den Toten
auferstehen werden, so werden sie weder heiraten noch sich heiraten
lassen, sondern sie sind wie die Engel im Himmel. 26Aber von den
Toten, daß sie auferstehen, habt ihr nicht gelesen im Buch des Mose,
bei dem Dornbusch, wie Gott zu ihm sagte und sprach [2.Mose 3,6]:
»Ich bin der Gott Abrahams und der Gott Isaaks und der Gott
Jakobs«? 27Gott ist nicht ein Gott der Toten, sondern der Lebenden.
Ihr irrt sehr.

Von ganzem Herzen lieben

(Mt 22,35–40; Lk 10,25–28)

28Und es trat zu ihm einer von den Schriftgelehrten, der ihnen
zugehört hatte, wie sie miteinander stritten. Und als er sah, daß er
ihnen gut geantwortet hatte, fragte er ihn: Welches ist das höchste
Gebot von allen? 29Jesus aber antwortete ihm: Das höchste Gebot ist
das: »Höre, Israel, der Herr, unser Gott, ist der Herr allein, 30und du
sollst den Herrn, deinen Gott, lieben von ganzem Herzen, von ganzer
Seele, von ganzem Gemüt und von allen deinen Kräften« [5.Mose
6,4.5] 31Das andre ist dies: »Du sollst deinen Nächsten lieben wie
dich selbst« [3.Mose 19,18]. Es ist kein anderes Gebot größer als diese.

32Und der Schriftgelehrte sprach zu ihm: Meister, du hast wahr-
haftig recht geredet! Er ist nur einer, und ist kein anderer außer ihm;
33und ihn lieben von ganzem Herzen, von ganzem Gemüt und von
allen Kräften, und seinen Nächsten lieben wie sich selbst, das ist mehr
als alle Brandopfer und Schlachtopfer. 34Als Jesus aber sah, daß er
verständig antwortete, sprach er zu ihm: Du bist nicht fern vom Reich
Gottes. Und niemand wagte mehr, ihn zu fragen.

Warnung vor falschen Lehrern

35Und Jesus fing an und sprach, als er im Tempel lehrte: Wieso sagen
die Schriftgelehrten, der Christus sei Davids Sohn? 36David selbst hat
durch den heiligen Geist gesagt [Psalm 110,1]: »Der Herr sprach zu

meinem Herrn: Setze dich zu meiner Rechten, bis ich deine Feinde
unter deine Füße lege.« 37 Da nennt ihn ja David selbst seinen Herrn.
Woher ist er dann sein Sohn? Und alles Volk hörte ihn gern.
38 Und er lehrte sie und sprach zu ihnen: Seht euch vor vor den
Schriftgelehrten, die gern in langen Gewändern gehen und lassen sich
auf dem Markt grüßen 39 und sitzen gern obenan in den Synagogen
und am Tisch beim Mahl; 40 sie fressen die Häuser der Witwen und
verrichten zum Schein lange Gebete. Die werden ein um so härteres
Urteil empfangen.

Wer hat mehr gegeben?

41 Und Jesus setzte sich dem Gotteskasten gegenüber und sah zu, wie
das Volk Geld einlegte in den Gotteskasten. Und viele Reiche legten
viel ein. 42 Und es kam eine arme Witwe und legte zwei Scherflein ein;
das macht zusammen einen Pfennig. 43 Und er rief seine Jünger zu
sich und sprach zu ihnen: Wahrlich, ich sage euch: Diese arme Witwe
hat mehr in den Gotteskasten gelegt als alle, die etwas eingelegt
haben. 44 Denn sie haben alle etwas von ihrem Überfluß eingelegt;
diese aber hat von ihrer Armut ihre ganze Habe eingelegt, alles, was
sie zum Leben hatte.

Fürchtet euch nicht vor dem, was kommt

13 Und als er aus dem Tempel ging, sprach zu ihm einer seiner
Jünger: Meister, siehe, was für Steine und was für Bauten! 2 Und
Jesus sprach zu ihm: Siehst du diese großen Bauten? Nicht ein Stein
wird auf dem andern bleiben, der nicht zerbrochen werde.
3 Und als er auf dem Ölberg saß gegenüber dem Tempel, fragten
ihn Petrus und Jakobus und Johannes und Andreas, als sie allein
waren: 4 Sage uns, wann wird das geschehen? und was wird das
Zeichen sein, wenn das alles vollendet werden soll? 5 Jesus fing an und
sagte zu ihnen: Seht zu, daß euch nicht jemand verführe! 6 Es werden
viele kommen unter meinem Namen und sagen: Ich bin's, und
werden viele verführen. 7 Wenn ihr aber hören werdet von Kriegen
und Kriegsgeschrei, so fürchtet euch nicht. Es muß so geschehen.
Aber das Ende ist noch nicht da. 8 Denn es wird sich ein Volk gegen
das andere erheben und ein Königreich gegen das andere. Es werden
Erdbeben geschehen hier und dort, es werden Hungersnöte sein. Das
ist der Anfang der Wehen.
9 Ihr aber seht euch vor! Denn sie werden euch den Gerichten
überantworten, und in den Synagogen werdet ihr gegeißelt werden,

und vor Statthalter und Könige werdet ihr geführt werden um meinet-
willen, ihnen zum Zeugnis. 10Und das Evangelium muß zuvor
gepredigt werden unter allen Völkern. 11Wenn sie euch nun hinführen
und überantworten werden, so sorgt euch nicht vorher, was ihr reden
sollt; sondern was euch in jener Stunde gegeben wird, das redet. Denn
ihr seid's nicht, die da reden, sondern der heilige Geist.

12Und es wird ein Bruder den andern dem Tod preisgeben und der
Vater den Sohn, und die Kinder werden sich empören gegen die
Eltern und werden sie töten helfen. 13Und ihr werdet gehaßt sein von
jedermann um meines Namens willen. Wer aber beharrt bis an das
Ende, der wird selig.

14Wenn ihr aber sehen werdet das Greuelbild der Verwüstung
stehen, wo es nicht soll – wer es liest, der merke auf! –, alsdann, wer in
Judäa ist, der fliehe auf die Berge. 15Wer auf dem Dach ist, der steige
nicht hinunter und gehe nicht hinein, etwas aus seinem Hause zu
holen. 16Und wer auf dem Feld ist, der wende sich nicht um, seinen
Mantel zu holen. 17Weh aber den Schwangeren und den Stillenden zu
jener Zeit! 18Bittet aber, daß es nicht im Winter geschehe. 19Denn in
diesen Tagen wird eine solche Bedrängnis sein, wie sie nie gewesen ist
bis jetzt vom Anfang der Schöpfung, die Gott geschaffen hat, und auch
nicht wieder werden wird. 20Und wenn der Herr diese Tage nicht
verkürzt hätte, würde kein Mensch selig; aber um der Auserwählten
willen, die er auserwählt hat, hat er diese Tage verkürzt.

21Wenn dann jemand zu euch sagen wird: Siehe, hier ist der
Christus! siehe, da ist er!, so glaubt es nicht. 22Denn es werden sich
erheben falsche Christusse und falsche Propheten, die Zeichen und
Wunder tun, so daß sie die Auserwählten verführen würden, wenn es
möglich wäre. 23Ihr aber seht euch vor! Ich habe euch alles zuvor
gesagt!

24Aber zu jener Zeit, nach dieser Bedrängnis, wird die Sonne sich
verfinstern und der Mond seinen Schein verlieren, 25und die Sterne
werden vom Himmel fallen, und die Kräfte der Himmel werden ins
Wanken kommen. 26Und dann werden sie sehen den Menschensohn
kommen in den Wolken mit großer Kraft und Herrlichkeit. 27Und
dann wird er die Engel senden und wird seine Auserwählten ver-
sammeln von den vier Winden, vom Ende der Erde bis zum Ende des
Himmels.

28An dem Feigenbaum aber lernt ein Gleichnis: Wenn jetzt seine
Zweige saftig werden und Blätter treiben, so wißt ihr, daß der Sommer
nahe ist. 29Ebenso auch: wenn ihr seht, daß dies geschieht, so wißt,
daß er nahe vor der Tür ist. 30Wahrlich, ich sage euch: Dieses
Geschlecht wird nicht vergehen, bis dies alles geschieht. 31Himmel

und Erde werden vergehen; meine Worte aber werden nicht vergehen.
32 Von dem Tage aber und der Stunde weiß niemand, auch die Engel
im Himmel nicht, auch der Sohn nicht, sondern allein der Vater.
33 Seht euch vor, wachet! denn ihr wißt nicht, wann die Zeit da ist.
34 Wie bei einem Menschen, der über Land zog und verließ sein Haus
und gab seinen Knechten Vollmacht, einem jeden seine Arbeit, und
gebot dem Türhüter, er solle wachen: 35 so wacht nun; denn ihr wißt
nicht, wann der Herr des Hauses kommt, ob am Abend oder zu
Mitternacht oder um den Hahnenschrei oder am Morgen, 36 damit er
euch nicht schlafend finde, wenn er plötzlich kommt. 37 Was ich aber
euch sage, das sage ich allen: Wachet!

14,3

DAS LEIDEN UND STERBEN JESU (KAPITEL 14–15)
(Mt 26–27; Lk 22–23; Joh 18–19)

Die Entscheidung fällt

14 Es waren noch zwei Tage bis zum Passafest und den Tagen der
Ungesäuerten Brote. Und die Hohenpriester und Schrift-
gelehrten suchten, wie sie ihn mit List ergreifen und töten könnten.
2Denn sie sprachen: Ja nicht bei dem Fest, damit es nicht einen
Aufruhr im Volk gebe.

Ein Zeichen der Liebe

3Und als er in Betanien war im Hause Simons des Aussätzigen und
saß zu Tisch, da kam eine Frau, die hatte ein Glas mit unverfälschtem
und kostbarem Nardenöl, und sie zerbrach das Glas und goß es auf
sein Haupt. 4Da wurden einige unwillig und sprachen untereinander:
Was soll diese Vergeudung des Salböls? 5Man hätte dieses Öl für
mehr als dreihundert Silbergroschen verkaufen können und das Geld
den Armen geben. Und sie fuhren sie an. 6Jesus aber sprach: Laßt sie
in Frieden! Was betrübt ihr sie? Sie hat ein gutes Werk an mir getan.
7Denn ihr habt allezeit Arme bei euch, und wenn ihr wollt, könnt ihr
ihnen Gutes tun; mich aber habt ihr nicht allezeit. 8Sie hat getan, was
sie konnte; sie hat meinen Leib im voraus gesalbt für mein Begräbnis.
9Wahrlich, ich sage euch: Wo das Evangelium gepredigt wird in aller
Welt, da wird man auch das sagen zu ihrem Gedächtnis, was sie jetzt
getan hat.

Das Festmahl am Abend vor dem Passa

10Und Judas Iskariot, einer von den Zwölfen, ging hin zu den Hohen-
priestern, daß er ihn an sie verriete. 11Als die das hörten, wurden sie
froh und versprachen, ihm Geld zu geben. Und er suchte, wie er ihn
bei guter Gelegenheit verraten könnte.

12Und am ersten Tage der Ungesäuerten Brote, als man das Passa-
lamm opferte, sprachen seine Jünger zu ihm: Wo willst du, daß wir
hingehen und das Passalamm bereiten, damit du es essen kannst?
13Und er sandte zwei seiner Jünger und sprach zu ihnen: Geht hin in
die Stadt, und es wird euch ein Mensch begegnen, der trägt einen
Krug mit Wasser; folgt ihm, 14und wo er hineingeht, da sprecht zu

dem Hausherrn: Der Meister läßt dir sagen: Wo ist der Raum, in dem
ich das Passalamm essen kann mit meinen Jüngern? 15Und er wird
euch einen großen Saal zeigen, der mit Polstern versehen und vorbe-
reitet ist; dort richtet für uns zu. 16Und die Jünger gingen hin und
kamen in die Stadt und fanden's, wie er ihnen gesagt hatte, und
bereiteten das Passalamm.

17Und am Abend kam er mit den Zwölfen. 18Und als sie bei Tisch
waren und aßen, sprach Jesus: Wahrlich, ich sage euch: Einer unter
euch, der mit mir ißt, wird mich verraten. 19Und sie wurden traurig
und fragten ihn, einer nach dem andern: Bin ich's? 20Er aber sprach
zu ihnen: Einer von den Zwölfen, der mit mir seinen Bissen in die
Schüssel taucht. 21Der Menschensohn geht zwar hin, wie von ihm
geschrieben steht; weh aber dem Menschen, durch den der
Menschensohn verraten wird! Es wäre für diesen Menschen besser,
wenn er nie geboren wäre.

22Und als sie aßen, nahm Jesus das Brot, dankte und brach's und
gab's ihnen und sprach: Nehmet; das ist mein Leib.

23Und er nahm den Kelch, dankte und gab ihnen den; und sie
tranken alle daraus. 24Und er sprach zu ihnen: Das ist mein Blut des
Bundes, das für viele vergossen wird. 25Wahrlich, ich sage euch, daß
ich nicht mehr trinken werde vom Gewächs des Weinstocks bis an
den Tag, an dem ich aufs neue davon trinke im Reich Gottes.

Der Weg in die Verlassenheit

26Und als sie den Lobgesang gesungen hatten, gingen sie hinaus
an den Ölberg. 27Und Jesus sprach zu ihnen: Ihr werdet alle Ärgernis
nehmen; denn es steht geschrieben [Sacharja 13,7]: »Ich werde den
Hirten schlagen, und die Schafe werden sich zerstreuen.« 28Wenn ich
aber auferstanden bin, will ich vor euch hingehen nach Galiläa.
29Petrus aber sagte zu ihm: Und wenn sie alle Ärgernis nehmen, so
doch ich nicht! 30Und Jesus sprach zu ihm: Wahrlich, ich sage dir:
Heute, in dieser Nacht, ehe der Hahn zweimal kräht, wirst du mich
dreimal verleugnen. 31Er aber redete noch weiter: Auch wenn ich mit
dir sterben müßte, werde ich dich nicht verleugnen! Das gleiche sag-
ten sie alle.

In Gethsemane

32Und sie kamen zu einem Garten mit Namen Gethsemane. Und
er sprach zu seinen Jüngern: Setzt euch hierher, bis ich gebetet habe.
33Und er nahm mit sich Petrus und Jakobus und Johannes und fing

an zu zittern und zu zagen 34und sprach zu ihnen: Meine Seele ist
betrübt bis an den Tod; bleibt hier und wachet! 35Und er ging ein
wenig weiter, warf sich auf die Erde und betete, daß, wenn es möglich
wäre, die Stunde an ihm vorüberginge, 36und sprach: Abba, mein
Vater, alles ist dir möglich; nimm diesen Kelch von mir; doch nicht,
was ich will, sondern was du willst!

37Und er kam und fand sie schlafend und sprach zu Petrus: Simon,
schläfst du? Vermochtest du nicht, eine Stunde zu wachen? 38Wachet
und betet, daß ihr nicht in Versuchung fallt! Der Geist ist willig; aber
das Fleisch ist schwach. 39Und er ging wieder hin und betete und
sprach dieselben Worte 40und kam zurück und fand sie abermals
schlafend; denn ihre Augen waren voller Schlaf, und sie wußten nicht,
was sie ihm antworten sollten.

41Und er kam zum dritten Mal und sprach zu ihnen: Ach, wollt ihr
weiter schlafen und ruhen? Es ist genug; die Stunde ist gekommen.
Siehe, der Menschensohn wird überantwortet in die Hände der
Sünder. 42Steht auf, laßt uns gehen! Siehe, der mich verrät, ist nahe.

Jesus wird verhaftet

43Und alsbald, während er noch redete, kam herzu Judas, einer von
den Zwölfen, und mit ihm eine Schar mit Schwertern und mit
Stangen, von den Hohenpriestern und Schriftgelehrten und Ältesten.
44Und der Verräter hatte ihnen ein Zeichen genannt und gesagt:
Welchen ich küssen werde, der ist's; den ergreift und führt ihn sicher
ab. 45Und als er kam, trat er alsbald zu ihm und sprach: Rabbi! und
küßte ihn. 46Die aber legten Hand an ihn und ergriffen ihn.

47Einer aber von denen, die dabeistanden, zog sein Schwert und
schlug nach dem Knecht des Hohenpriesters und hieb ihm ein Ohr
ab. 48Und Jesus antwortete und sprach zu ihnen: Ihr seid ausgezogen
wie gegen einen Räuber mit Schwertern und mit Stangen, mich zu
fangen. 49Ich bin täglich bei euch im Tempel gewesen und habe
gelehrt, und ihr habt mich nicht ergriffen. Aber so muß die Schrift
erfüllt werden. 50Da verließen ihn alle und flohen.

51Ein junger Mann aber folgte ihm nach, der war mit einem Leinen-
gewand bekleidet auf der bloßen Haut; und sie griffen nach ihm. 52Er
aber ließ das Gewand fahren und floh nackt davon.

Vor dem Religionsgericht

53Und sie führten Jesus zu dem Hohenpriester; und es versammelten
sich alle Hohenpriester und Ältesten und Schriftgelehrten. 54Petrus

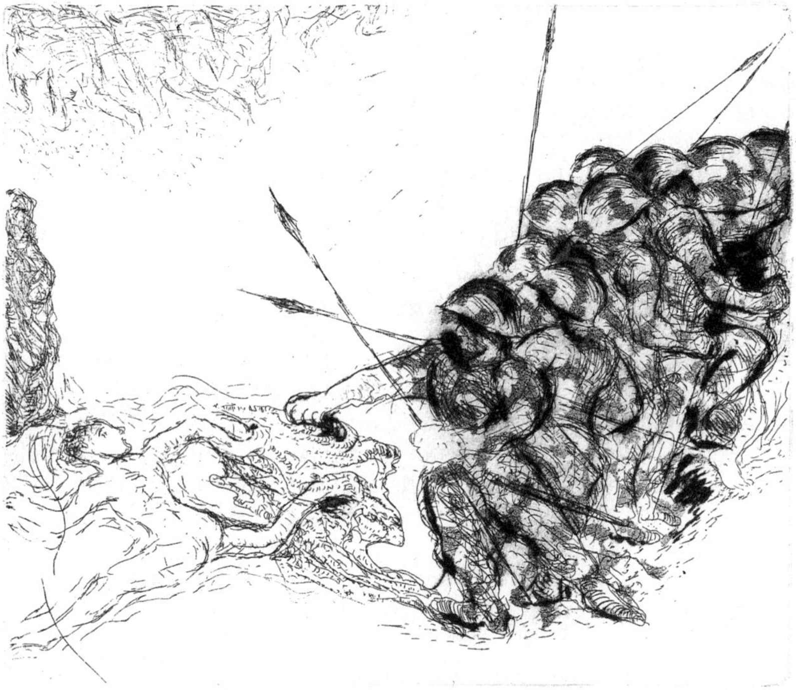

14,51-52

aber folgte ihm nach von ferne, bis hinein in den Palast des Hohen-
priesters, und saß da bei den Knechten und wärmte sich am Feuer.
55Aber die Hohenpriester und der ganze Hohe Rat suchten Zeugnis
gegen Jesus, daß sie ihn zu Tode brächten, und fanden nichts. 56Denn
viele gaben falsches Zeugnis ab gegen ihn; aber ihr Zeugnis stimmte
nicht überein. 57Und einige standen auf und gaben falsches Zeugnis
ab gegen ihn und sprachen: 58Wir haben gehört, daß er gesagt hat:
Ich will diesen Tempel, der mit Händen gemacht ist, abbrechen und in
drei Tagen einen andern bauen, der nicht mit Händen gemacht ist.
59Aber ihr Zeugnis stimmte auch so nicht überein.

60Und der Hohepriester stand auf, trat in die Mitte und fragte Jesus
und sprach: Antwortest du nichts auf das, was diese gegen dich
bezeugen? 61Er aber schwieg still und antwortete nichts. Da fragte ihn
der Hohepriester abermals und sprach zu ihm: Bist du der Christus,
der Sohn des Hochgelobten? 61Jesus aber sprach: Ich bin's; und ihr

werdet sehen den Menschensohn sitzen zur Rechten der Kraft und
kommen mit den Wolken des Himmels.
63Da zerriß der Hohepriester seine Kleider und sprach: Was
bedürfen wir weiterer Zeugen? 64Ihr habt die Gotteslästerung gehört.
Was ist euer Urteil? Sie aber verurteilten ihn alle, daß er des Todes
schuldig sei. 65Da fingen einige an, ihn anzuspeien und sein Ange-
sicht zu verdecken und ihn mit Fäusten zu schlagen und zu ihm zu
sagen: Weissage uns! Und die Knechte schlugen ihn ins Angesicht.

Die Verleugnung des Petrus

66Und Petrus war unten im Hof. Da kam eine von den Mägden
des Hohenpriesters; 67und als sie Petrus sah, wie er sich wärmte,
schaute sie ihn an und sprach: Und du warst auch mit dem Jesus von
Nazareth. 68Er leugnete aber und sprach: Ich weiß nicht und verstehe
nicht, was du sagst. Und er ging hinaus in den Vorhof, und der Hahn
krähte. 69Und die Magd sah ihn und fing abermals an, denen zu
sagen, die dabeistanden: Das ist einer von denen. 70Und er leugnete
abermals. Und nach einer kleinen Weile sprachen die, die dabei-
standen, abermals zu Petrus: Wahrhaftig, du bist einer von denen;
denn du bist auch ein Galiläer. 71Er aber fing an, sich zu verfluchen
und zu schwören: Ich kenne den Menschen nicht, von dem ihr redet.
72Und alsbald krähte der Hahn zum zweiten Mal. Da gedachte Petrus
an das Wort, das Jesus zu ihm gesagt hatte: Ehe der Hahn zweimal
kräht, wirst du mich dreimal verleugnen. Und er fing an zu weinen.

Der römische Statthalter befiehlt die Hinrichtung

15 Und alsbald am Morgen hielten die Hohenpriester Rat mit den
Ältesten und Schriftgelehrten und dem ganzen Hohen Rat, und
sie banden Jesus, führten ihn ab und überantworteten ihn Pilatus.
2Und Pilatus fragte ihn: Bist du der König der Juden? Er aber ant-
wortete und sprach zu ihm: Du sagst es. 3Und die Hohenpriester
beschuldigten ihn hart. 4Pilatus aber fragte ihn abermals: Antwortest
du nichts? Siehe, wie hart sie dich verklagen! 5Jesus aber antwortete
nichts mehr, so daß sich Pilatus verwunderte.
6Er pflegte ihnen aber zum Fest einen Gefangenen loszugeben,
welchen sie erbaten. 7Es war aber einer, genannt Barabbas, gefangen
mit den Aufrührern, die beim Aufruhr einen Mord begangen hatten.
8Und das Volk ging hinauf und bat, daß er tue, wie er zu tun pflegte.
9Pilatus aber antwortete ihnen: Wollt ihr, daß ich euch den König der
Juden losgebe? 10Denn er erkannte, daß ihn die Hohenpriester aus

Neid überantwortet hatten. 11Aber die Hohenpriester reizten das Volk
auf, daß er ihnen viel lieber den Barabbas losgebe.
12Pilatus aber fing wiederum an und sprach zu ihnen: Was wollt
ihr denn, daß ich tue mit dem, den ihr den König der Juden nennt?
13Sie schrien abermals: Kreuzige ihn! 14Pilatus aber sprach zu ihnen:
Was hat er denn Böses getan? Aber sie schrien noch viel mehr:
Kreuzige ihn! 15Pilatus aber wollte dem Volk zu Willen sein und gab
ihnen Barabbas los und ließ Jesus geißeln und überantwortete ihn,
daß er gekreuzigt werde.

Jesus wird gefoltert und gekreuzigt

16Die Soldaten aber führten ihn hinein in den Palast, das ist ins Präto-
rium, und riefen die ganze Abteilung zusammen 17und zogen ihm
einen Purpurmantel an und flochten eine Dornenkrone und setzten
sie ihm auf 18und fingen an, ihn zu grüßen: Gegrüßet seist du, der
Juden König! 19Und sie schlugen ihn mit einem Rohr auf das Haupt
und spien ihn an und fielen auf die Knie und huldigten ihm. 20Und
als sie ihn verspottet hatten, zogen sie ihm den Purpurmantel aus und
zogen ihm seine Kleider an.
Und sie führten ihn hinaus, daß sie ihn kreuzigten. 21Und zwangen
einen, der vorüberging, mit Namen Simon von Kyrene, der vom Feld
kam, den Vater des Alexander und des Rufus, daß er ihm das Kreuz
trage. 22Und sie brachten ihn zu der Stätte Golgatha, das heißt über-
setzt: Schädelstätte. 23Und sie gaben ihm Myrrhe in Wein zu trinken;
aber er nahm's nicht.
24Und sie kreuzigten ihn. Und sie teilten seine Kleider und warfen
das Los, wer was bekommen solle. 25Und es war die dritte Stunde, als
sie ihn kreuzigten. 26Und es stand über ihm geschrieben, welche
Schuld man ihm gab, nämlich: Der König der Juden. 27Und sie
kreuzigten mit ihm zwei Räuber, einen zu seiner Rechten und einen
zu seiner Linken.
29Und die vorübergingen, lästerten ihn und schüttelten ihre Köpfe
und sprachen: Ha, der du den Tempel abbrichst und baust ihn auf
in drei Tagen, 30hilf dir nun selber und steig herab vom Kreuz!
31Desgleichen verspotteten ihn auch die Hohenpriester untereinander
samt den Schriftgelehrten und sprachen: Er hat andern geholfen und
kann sich selber nicht helfen. 32Ist er der Christus, der König von
Israel, so steige er nun vom Kreuz, damit wir sehen und glauben. Und
die mit ihm gekreuzigt waren, schmähten ihn auch.

Jesus stirbt

33Und zur sechsten Stunde kam eine Finsternis über das ganze Land
bis zur neunten Stunde. 34Und zu der neunten Stunde rief Jesus laut:
Eli, Eli, lama asabtani? das heißt übersetzt: Mein Gott, mein Gott,
warum hast du mich verlassen? 35Und einige, die dabeistanden, als
sie das hörten, sprachen sie: Siehe, er ruft den Elia. 36Da lief einer und
füllte einen Schwamm mit Essig, steckte ihn auf ein Rohr, gab ihm zu
trinken und sprach: Halt, laßt sehen, ob Elia komme und ihn herab-
nehme! 37Aber Jesus schrie laut und verschied.

38Und der Vorhang im Tempel zerriß in zwei Stücke von oben an
bis unten aus. 39Der Hauptmann aber, der dabeistand, ihm gegenüber,
und sah, daß er so verschied, sprach: Wahrlich, dieser Mensch ist
Gottes Sohn gewesen!

40Und es waren auch Frauen da, die von ferne zuschauten, unter
ihnen Maria von Magdala und Maria, die Mutter Jakobus' des Kleinen
und des Joses, und Salome, 41die ihm nachgefolgt waren, als er in
Galiläa war, und ihm gedient hatten, und viele andere Frauen, die mit
ihm hinauf nach Jerusalem gegangen waren.

Ein Freund begräbt Jesus

42Und als es schon Abend wurde, und weil Rüsttag war, das ist der
Tag vor dem Sabbat, 43kam Josef von Arimathäa, ein angesehener
Ratsherr, der auch auf das Reich Gottes wartete, der wagte es und ging
hinein zu Pilatus und bat um den Leichnam Jesu. 44Pilatus aber
wunderte sich, daß er schon tot sei, und rief den Hauptmann und
fragte ihn, ob er schon lange gestorben sei. 45Und als er's erkundet
hatte von dem Hauptmann, gab er Josef den Leichnam. 46Und der
kaufte ein Leinentuch und nahm ihn ab und wickelte ihn in das Tuch
und legte ihn in ein Grab, das war in einen Felsen gehauen, und
wälzte einen Stein vor des Grabes Tür. 47Aber Maria von Magdala und
Maria, die Mutter des Joses, sahen, wo er hingelegt wurde.

15,40

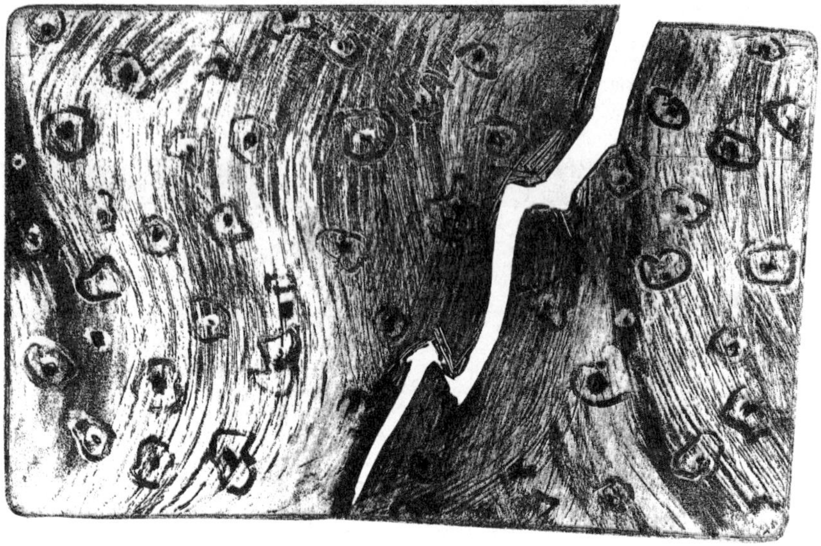

15,38

Jesus ist auferstanden

(Mt 28,1–10; Lk 24,1–12; Joh 20,1–10)

16 Und als der Sabbat vergangen war, kauften Maria von Magdala
und Maria, die Mutter des Jakobus, und Salome wohlriechende
Öle, um hinzugehen und ihn zu salben. 2 Und sie kamen zum Grab
am ersten Tag der Woche, sehr früh, als die Sonne aufging. 3 Und sie
sprachen untereinander: Wer wälzt uns den Stein von des Grabes
Tür? 4 Und sie sahen hin und wurden gewahr, daß der Stein wegge-
wälzt war; denn er war sehr groß.

5 Und sie gingen hinein in das Grab und sahen einen Jüngling zur
rechten Hand sitzen, der hatte ein langes weißes Gewand an, und sie
entsetzten sich. 6 Er aber sprach zu ihnen: Entsetzt euch nicht! Ihr
sucht Jesus von Nazareth, den Gekreuzigten. Er ist auferstanden, er ist
nicht hier. Siehe da die Stätte, wo sie ihn hinlegten. 7 Geht aber hin und
sagt seinen Jüngern und Petrus, daß er vor euch hingehen wird nach
Galiläa; dort werdet ihr ihn sehen, wie er euch gesagt hat.

8 Und sie gingen hinaus und flohen von dem Grab; denn Zittern
und Entsetzen hatte sie ergriffen. Und sie sagten niemandem etwas;
denn sie fürchteten sich.

DAS EVANGELIUM NACH LUKAS

Vorrede

1 Viele haben es schon unternommen, Bericht zu geben von den
Geschichten, die unter uns geschehen sind, 2wie uns das über-
liefert haben, die es von Anfang an selbst gesehen haben und Diener
des Worts gewesen sind. 3So habe auch ich's für gut gehalten, nach-
dem ich alles von Anfang an sorgfältig erkundet habe, es für dich,
hochgeehrter Theophilus, in guter Ordnung aufzuschreiben, 4damit
du den sicheren Grund der Lehre erfahrest, in der du unterrichtet bist.

Ein Prophet wird kommen

5Zu der Zeit des Herodes, des Königs von Judäa, lebte ein Priester von
der Ordnung Abija, mit Namen Zacharias, und seine Frau war aus
dem Geschlecht Aaron und hieß Elisabeth. 6Sie waren aber alle beide
fromm vor Gott und lebten in allen Geboten und Satzungen des
Herrn untadelig. 7Und sie hatten kein Kind; denn Elisabeth war
unfruchtbar, und beide waren hochbetagt.

8Und es begab sich, als Zacharias den Priesterdienst vor Gott ver-
sah, da seine Ordnung an der Reihe war, 9daß ihn nach dem Brauch
der Priesterschaft das Los traf, das Räucheropfer darzubringen; und er
ging in den Tempel des Herrn. 10Und die ganze Menge des Volkes
stand draußen und betete zur Stunde des Räucheropfers. 11Da
erschien ihm der Engel des Herrn und stand an der rechten Seite des
Räucheraltars. 12Und als Zacharias ihn sah, erschrak er, und es kam
Furcht über ihn.

13Aber der Engel sprach zu ihm: Fürchte dich nicht, Zacharias,
denn dein Gebet ist erhört, und deine Frau Elisabeth wird dir einen
Sohn gebären, und du sollst ihm den Namen Johannes geben. 14Und
du wirst Freude und Wonne haben, und viele werden sich über seine
Geburt freuen. 15Denn er wird groß sein vor dem Herrn; Wein und
starkes Getränk wird er nicht trinken und wird schon von Mutterleib
an erfüllt werden mit dem heiligen Geist. 16Und er wird vom Volk
Israel viele zu dem Herrn, ihrem Gott, bekehren. 17Und er wird vor
ihm hergehen im Geist und in der Kraft Elias, zu bekehren die Herzen
der Väter zu den Kindern und die Ungehorsamen zu der Klugheit der
Gerechten, zuzurichten dem Herrn ein Volk, das wohl vorbereitet ist.

18Und Zacharias sprach zu dem Engel: Woran soll ich das er-
kennen? Denn ich bin alt, und meine Frau ist betagt. 19Der Engel ant-
wortete und sprach zu ihm: Ich bin Gabriel, der vor Gott steht, und
bin gesandt, mit dir zu reden und dir dies zu verkündigen. 20Und
siehe, du wirst stumm werden und nicht reden können bis zu dem
Tag, an dem dies geschehen wird, weil du meinen Worten nicht ge-
glaubt hast, die erfüllt werden sollen zu ihrer Zeit.

21Und das Volk wartete auf Zacharias und wunderte sich, daß er so
lange im Tempel blieb. 22Als er aber herauskam, konnte er nicht mit
ihnen reden; und sie merkten, daß er eine Erscheinung gehabt hatte
im Tempel. Und er winkte ihnen und blieb stumm. 23Und es begab
sich, als die Zeit seines Dienstes um war, da ging er heim in sein Haus.
24Nach diesen Tagen wurde seine Frau Elisabeth schwanger und hielt
sich fünf Monate verborgen und sprach: 25So hat der Herr an mir
getan in den Tagen, als er mich angesehen hat, um meine Schmach
unter den Menschen von mir zu nehmen.

Die Geburt Jesu wird angekündigt

26Und im sechsten Monat wurde der Engel Gabriel von Gott gesandt
in eine Stadt in Galiläa, die heißt Nazareth, 27zu einer Jungfrau, die
vertraut war einem Mann mit Namen Josef vom Hause David; und die
Jungfrau hieß Maria. 28Und der Engel kam zu ihr hinein und sprach:
Sei gegrüßt, du Begnadete! Der Herr ist mit dir! 29Sie aber erschrak
über die Rede und dachte: Welch ein Gruß ist das?

30Und der Engel sprach zu ihr: Fürchte dich nicht, Maria, du hast
Gnade bei Gott gefunden. 31Siehe, du wirst schwanger werden und
einen Sohn gebären, und du sollst ihm den Namen Jesus geben. 32Der
wird groß sein und Sohn des Höchsten genannt werden; und Gott
der Herr wird ihm den Thron seines Vaters David geben, 33und er
wird König sein über das Haus Jakob in Ewigkeit, und sein Reich wird
kein Ende haben.

34Da sprach Maria zu dem Engel: Wie soll das zugehen, da ich
doch von keinem Mann weiß? 35Der Engel antwortete und sprach zu
ihr: Der heilige Geist wird über dich kommen, und die Kraft des
Höchsten wird dich überschatten; darum wird auch das Heilige, das
geboren wird, Gottes Sohn genannt werden. 36Und siehe, Elisabeth,
deine Verwandte, ist auch schwanger mit einem Sohn, in ihrem Alter,
und ist jetzt im sechsten Monat, von der man sagt, daß sie unfrucht-
bar sei. 37Denn bei Gott ist kein Ding unmöglich. 38Maria aber
sprach: Siehe, ich bin des Herrn Magd; mir geschehe, wie du gesagt
hast. Und der Engel schied von ihr.

Freude breitet sich aus

39Maria aber machte sich auf in diesen Tagen und ging eilends in das
Gebirge zu einer Stadt in Juda 40und kam in das Haus des Zacharias
und begrüßte Elisabeth. 41Und es begab sich, als Elisabeth den Gruß
Marias hörte, hüpfte das Kind in ihrem Leibe.

Und Elisabeth wurde vom heiligen Geist erfüllt 42und rief laut und
sprach: Gepriesen bist du unter den Frauen, und gepriesen ist die
Frucht deines Leibes! 43Und wie geschieht mir das, daß die Mutter
meines Herrn zu mir kommt? 44Denn siehe, als ich die Stimme deines
Grußes hörte, hüpfte das Kind vor Freude in meinem Leibe. 45Und
selig bist du, die du geglaubt hast! Denn es wird vollendet werden,
was dir gesagt ist von dem Herrn.

46Und Maria sprach:

Meine Seele erhebt den Herrn,
47und mein Geist freut sich Gottes, meines Heilandes;
48denn er hat die Niedrigkeit seiner Magd angesehen.
Siehe, von nun an werden mich selig preisen alle
Kindeskinder.
49Denn er hat große Dinge an mir getan,
der da mächtig ist und dessen Name heilig ist.
50Und seine Barmherzigkeit währt von Geschlecht zu
Geschlecht
bei denen, die ihn fürchten.
51Er übt Gewalt mit seinem Arm
und zerstreut, die hoffärtig sind in ihres Herzens Sinn.
52Er stößt die Gewaltigen vom Thron
und erhebt die Niedrigen.
53Die Hungrigen füllt er mit Gütern
und läßt die Reichen leer ausgehen.
54Er gedenkt der Barmherzigkeit
und hilft seinem Diener Israel auf,
55wie er geredet hat zu unsern Vätern,
Abraham und seinen Kindern in Ewigkeit.

56Und Maria blieb bei ihr etwa drei Monate; danach kehrte sie
wieder heim.

Johannes der Täufer wird geboren

57Und für Elisabeth kam die Zeit, daß sie gebären sollte; und sie gebar
einen Sohn. 58Und ihre Nachbarn und Verwandten hörten, daß der
Herr große Barmherzigkeit an ihr getan hatte, und freuten sich mit

ihr. 59 Und es begab sich am achten Tag, da kamen sie, das Kindlein zu
beschneiden, und wollten es nach seinem Vater Zacharias nennen.
60 Aber seine Mutter antwortete und sprach: Nein, sondern er soll
Johannes heißen. 61 Und sie sprachen zu ihr: Ist doch niemand in
deiner Verwandtschaft, der so heißt. 62 Und sie winkten seinem Vater,
wie er ihn nennen lassen wollte. 63 Und er forderte eine kleine Tafel
und schrieb: Er heißt Johannes. Und sie wunderten sich alle.

64 Und sogleich wurde sein Mund aufgetan und seine Zunge gelöst,
und er redete und lobte Gott. 65 Und es kam Furcht über alle Nach-
barn; und diese ganze Geschichte wurde bekannt auf dem ganzen
Gebirge Judäas. 66 Und alle, die es hörten, nahmen's zu Herzen und
sprachen: Was meinst du, will aus diesem Kindlein werden? Denn die
Hand des Herrn war mit ihm.

67 Und sein Vater Zacharias wurde vom heiligen Geist erfüllt, weissagte und sprach:

68 Gelobt sei der Herr, der Gott Israels!
Denn er hat besucht und erlöst sein Volk
69 und hat uns aufgerichtet eine Macht des Heils
im Hause seines Dieners David
70 – wie er vorzeiten geredet hat
durch den Mund seiner heiligen Propheten –,
71 daß er uns errettete von unsern Feinden
und aus der Hand aller, die uns hassen,
72 und Barmherzigkeit erzeigte unsern Vätern
und gedächte an seinen heiligen Bund
73 und an den Eid, den er geschworen hat unserm Vater Abraham,
uns zu geben, 74 daß wir, erlöst aus der Hand unsrer Feinde,
75 ihm dienten ohne Furcht unser Leben lang
in Heiligkeit und Gerechtigkeit vor seinen Augen.
76 Und du, Kindlein, wirst ein Prophet des Höchsten heißen.
Denn du wirst dem Herrn vorangehen, daß du seinen Weg bereitest,
77 und Erkenntnis des Heils gebest seinem Volk
in der Vergebung ihrer Sünden,
78 durch die herzliche Barmherzigkeit unseres Gottes,
durch die uns besuchen wird das aufgehende Licht aus der Höhe,
79 damit es erscheine denen, die sitzen in Finsternis und Schatten des Todes,
und richte unsere Füße auf den Weg des Friedens.

80 Und das Kindlein wuchs und wurde stark im Geist. Und er war
in der Wüste bis zu dem Tag, an dem er vor das Volk Israel treten
sollte.

Jesus wird in Armut geboren

2 Es begab sich aber zu der Zeit, daß ein Gebot von dem Kaiser
Augustus ausging, daß alle Welt geschätzt würde. 2 Und diese
Schätzung war die allererste und geschah zur Zeit, da Quirinius Statt-
halter in Syrien war. 3 Und jedermann ging, daß er sich schätzen ließe,
ein jeder in seine Stadt. 4 Da machte sich auf auch Josef aus Galiläa,
aus der Stadt Nazareth, in das jüdische Land zur Stadt Davids, die da
heißt Bethlehem, weil er aus dem Hause und Geschlechte Davids war,
5 damit er sich schätzen ließe mit Maria, seinem vertrauten Weibe; die
war schwanger. 6 Und als sie dort waren, kam die Zeit, daß sie gebären
sollte. 7 Und sie gebar ihren ersten Sohn und wickelte ihn in Windeln
und legte ihn in eine Krippe; denn sie hatten sonst keinen Raum in
der Herberge.

8 Und es waren Hirten in derselben Gegend auf dem Felde bei den
Hürden, die hüteten des Nachts ihre Herde. 9 Und der Engel des Herrn
trat zu ihnen, und die Klarheit des Herrn leuchtete um sie; und sie
fürchteten sich sehr. 10 Und der Engel sprach zu ihnen: Fürchtet euch
nicht! Siehe, ich verkündige euch große Freude, die allem Volk wider-
fahren wird; 11 denn euch ist heute der Heiland geboren, welcher ist
Christus, der Herr, in der Stadt Davids. 12 Und das habt zum Zeichen:
ihr werdet finden das Kind in Windeln gewickelt und in einer Krippe
liegen.

13 Und alsbald war da bei dem Engel die Menge der himmlischen
Heerscharen, die lobten Gott und sprachen: 14 Ehre sei Gott in
der Höhe und Friede auf Erden bei den Menschen seines Wohl-
gefallens.

15 Und als die Engel von ihnen gen Himmel fuhren, sprachen die
Hirten untereinander: Laßt uns nun gehen nach Bethlehem und die
Geschichte sehen, die da geschehen ist, die uns der Herr kundgetan
hat. 16 Und sie kamen eilend und fanden beide, Maria und Josef,
dazu das Kind in der Krippe liegen. 17 Als sie es aber gesehen hatten,
breiteten sie das Wort aus, das zu ihnen von diesem Kinde gesagt war.
18 Und alle, vor die es kam, wunderten sich über das, was ihnen die
Hirten gesagt hatten. 19 Maria aber behielt alle diese Worte und beweg-
te sie in ihrem Herzen. 20 Und die Hirten kehrten wieder um, priesen
und lobten Gott für alles, was sie gehört und gesehen hatten, wie
denn zu ihnen gesagt war.

21Und als acht Tage um waren und man das Kind beschneiden
mußte, gab man ihm den Namen Jesus, wie er genannt war von dem
Engel, ehe er im Mutterleib empfangen war.

Jesus, der Heiland der Welt

22Und als die Tage ihrer Reinigung nach dem Gesetz des Mose um
waren, brachten sie ihn nach Jerusalem, um ihn dem Herrn dar-
zustellen, 23wie geschrieben steht im Gesetz des Herrn [2.Mose
13,2.15]: »Alles Männliche, das zuerst den Mutterschoß durchbricht,
soll dem Herrn geheiligt heißen«, 24und um das Opfer darzubringen,
wie es gesagt ist im Gesetz des Herrn: »ein Paar Turteltauben oder
zwei junge Tauben« [3.Mose 12,6-8].
25Und siehe, ein Mann war in Jerusalem, mit Namen Simeon; und
dieser Mann war fromm und gottesfürchtig und wartete auf den Trost
Israels, und der heilige Geist war mit ihm. 26Und ihm war ein Wort

zuteil geworden von dem heiligen Geist, er solle den Tod nicht sehen,
er habe denn zuvor den Christus des Herrn gesehen. [27]Und er kam
auf Anregen des Geistes in den Tempel. Und als die Eltern das Kind
Jesus in den Tempel brachten, um mit ihm zu tun, wie es Brauch ist
nach dem Gesetz, [28]da nahm er ihn auf seine Arme und lobte Gott
und sprach: [29]Herr, nun läßt du deinen Diener in Frieden fahren, wie
du gesagt hast; [30]denn meine Augen haben deinen Heiland gesehen,
[31]den du bereitet hast vor allen Völkern, [32]ein Licht, zu erleuchten die
Heiden und zum Preis deines Volkes Israel.

[33]Und sein Vater und seine Mutter wunderten sich über das, was
von ihm gesagt wurde. [34]Und Simeon segnete sie und sprach zu
Maria, seiner Mutter: Siehe, dieser ist gesetzt zum Fall und zum Auf-
stehen für viele in Israel und zu einem Zeichen, dem widersprochen
wird [35]– und auch durch deine Seele wird ein Schwert dringen –,
damit vieler Herzen Gedanken offenbar werden.

[36]Und es war eine Prophetin, Hanna, eine Tochter Phanuëls, aus
dem Stamm Asser; die war hochbetagt. Sie hatte sieben Jahre mit
ihrem Mann gelebt, nachdem sie geheiratet hatte, [37]und war nun eine
Witwe an die vierundachtzig Jahre; die wich nicht vom Tempel und
diente Gott mit Fasten und Beten Tag und Nacht. [38]Die trat auch
hinzu zu derselben Stunde und pries Gott und redete von ihm zu
allen, die auf die Erlösung Jerusalems warteten.

[39]Und als sie alles vollendet hatten nach dem Gesetz des Herrn,
kehrten sie wieder zurück nach Galiläa in ihre Stadt Nazareth. [40]Das
Kind aber wuchs und wurde stark, voller Weisheit, und Gottes Gnade
war bei ihm.

Jesus im Haus seines Vaters

[41]Und seine Eltern gingen alle Jahre nach Jerusalem zum Passafest.
[42]Und als er zwölf Jahre alt war, gingen sie hinauf nach dem Brauch
des Festes. [43]Und als die Tage vorüber waren und sie wieder nach
Hause gingen, blieb der Knabe Jesus in Jerusalem, und seine Eltern
wußten's nicht. [44]Sie meinten aber, er wäre unter den Gefährten, und
kamen eine Tagereise weit und suchten ihn unter den Verwandten
und Bekannten. [45]Und da sie ihn nicht fanden, gingen sie wieder
nach Jerusalem und suchten ihn. [46]Und es begab sich nach drei
Tagen, da fanden sie ihn im Tempel sitzen, mitten unter den Lehrern,
wie er ihnen zuhörte und sie fragte. [47]Und alle, die ihm zuhörten, ver-
wunderten sich über seinen Verstand und seine Antworten.

[48]Und als sie ihn sahen, entsetzten sie sich. Und seine Mutter
sprach zu ihm: Mein Sohn, warum hast du uns das getan? Siehe, dein

Vater und ich haben dich mit Schmerzen gesucht. 49Und er sprach zu
ihnen: Warum habt ihr mich gesucht? Wißt ihr nicht, daß ich sein
muß in dem, was meines Vaters ist? 50Und sie verstanden das Wort
nicht, das er zu ihnen sagte. 51Und er ging mit ihnen hinab und kam
nach Nazareth und war ihnen untertan.

Johannes der Täufer ruft zur Umkehr auf

3 Im fünfzehnten Jahr der Herrschaft des Kaisers Tiberius, als
Pontius Pilatus Statthalter in Judäa war und Herodes Landesfürst
von Galiläa und sein Bruder Philippus Landesfürst von Ituräa und der
Landschaft Trachonitis und Lysanias Landesfürst von Abilene, 2als
Hannas und Kaiphas Hohepriester waren, da geschah das Wort
Gottes zu Johannes, dem Sohn des Zacharias, in der Wüste. 3Und er
kam in die ganze Gegend um den Jordan und predigte die Taufe der
Buße zur Vergebung der Sünden, 4wie geschrieben steht im Buch der
Reden des Propheten Jesaja [Jesaja 40,3-5]:

»Es ist eine Stimme eines Predigers in der Wüste: Bereitet den Weg
des Herrn und macht seine Steige eben! 5Alle Täler sollen erhöht
werden, und alle Berge und Hügel sollen erniedrigt werden; und was
krumm ist, soll gerade werden, und was uneben ist, soll ebener Weg
werden. 6Und alle Menschen werden den Heiland Gottes sehen.«

7Da sprach Johannes zu der Menge, die hinausging, um sich von
ihm taufen zu lassen: Ihr Schlangenbrut, wer hat denn euch gewiß
gemacht, daß ihr dem künftigen Zorn entrinnen werdet? 8Seht zu,
bringt rechtschaffene Früchte der Buße; und nehmt euch nicht vor zu
sagen: Wir haben Abraham zum Vater. Denn ich sage euch: Gott
kann dem Abraham aus diesen Steinen Kinder erwecken. 9Es ist
schon die Axt den Bäumen an die Wurzel gelegt; jeder Baum, der
nicht gute Frucht bringt, wird abgehauen und ins Feuer geworfen.

10Und die Menge fragte ihn und sprach: Was sollen wir denn tun?
11Er antwortete und sprach zu ihnen: Wer zwei Hemden hat, der gebe
dem, der keines hat; und wer zu essen hat, tue ebenso. 12Es kamen
auch die Zöllner, um sich taufen zu lassen, und sprachen zu ihm:
Meister, was sollen denn wir tun? 13Er sprach zu ihnen: Fordert nicht
mehr, als euch vorgeschrieben ist! 14Da fragten ihn auch die Soldaten
und sprachen: Was sollen denn wir tun? Und er sprach zu ihnen: Tut
niemandem Gewalt oder Unrecht und laßt euch genügen an eurem
Sold!

15Als aber das Volk voll Erwartung war und alle dachten in ihren
Herzen von Johannes, ob er vielleicht der Christus wäre, 16antwortete
Johannes und sprach zu allen: Ich taufe euch mit Wasser; es kommt

3,7-8

aber einer, der ist stärker als ich, und ich bin nicht wert, daß ich ihm
die Riemen seiner Schuhe löse; der wird euch mit dem heiligen Geist
und mit Feuer taufen. [17]In seiner Hand ist die Worfschaufel, und er
wird seine Tenne fegen und wird den Weizen in seine Scheune sam-
meln, die Spreu aber wird er mit unauslöschlichem Feuer verbrennen.
[18]Und mit vielem andern mehr ermahnte er das Volk und ver-
kündigte ihm das Heil. [19]Der Landesfürst Herodes aber, der von
Johannes zurechtgewiesen wurde wegen der Herodias, der Frau
seines Bruders, und wegen alles Bösen, das er getan hatte, [20]fügte zu
dem allen noch dies hinzu: er warf Johannes ins Gefängnis.

Von Gott bestätigt

Jesu Taufe

(Mt 3,13–17; Mk 1,9–11)

[21]Und es begab sich, als alles Volk sich taufen ließ und Jesus auch
getauft worden war und betete, da tat sich der Himmel auf, [22]und der
heilige Geist fuhr hernieder auf ihn in leiblicher Gestalt wie ein Taube,
und eine Stimme kam aus dem Himmel: Du bist mein lieber Sohn, an
dir habe ich Wohlgefallen.

In Versuchung geführt

(Mt 4,1–11; Mk 1,12.13)

4 Jesus aber, voll heiligen Geistes, kam zurück vom Jordan und
wurde vom Geist in die Wüste geführt [2]und vierzig Tage lang
von dem Teufel versucht. Und er aß nichts in diesen Tagen, und als sie
ein Ende hatten, hungerte ihn. [3]Der Teufel aber sprach zu ihm: Bist du
Gottes Sohn, so sprich zu diesem Stein, daß er Brot werde. [4]Und Jesus
antwortete ihm: Es steht geschrieben [5.Mose 8,3]: »Der Mensch lebt
nicht allein vom Brot.«
[5]Und der Teufel führte ihn hoch hinauf und zeigte ihm alle Reiche
der Welt in einem Augenblick [6]und sprach zu ihm: Alle diese Macht
will ich dir geben und ihre Herrlichkeit; denn sie ist mir übergeben,
und ich gebe sie, wem ich will. [7]Wenn du mich nun anbetest, so soll
sie ganz dein sein. [8]Jesus antwortete ihm und sprach: Es steht
geschrieben [5.Mose 6,13]: »Du sollst den Herrn, deinen Gott,
anbeten und ihm allein dienen.«
[9]Und er führte ihn nach Jerusalem und stellte ihn auf die Zinne des
Tempels und sprach zu ihm: Bist du Gottes Sohn, so wirf dich von
hier hinunter; [10]denn es steht geschrieben [Psalm 91,11.12]: »Er wird
seinen Engeln deinetwegen befehlen, daß sie dich bewahren. [11]Und

sie werden dich auf den Händen tragen, damit du deinen Fuß nicht an
einen Stein stößt.« 12Jesus antwortete und sprach zu ihm: Es ist gesagt
[5.Mose 6,16]: »Du sollst den Herrn, deinen Gott, nicht versuchen.«

13Und als der Teufel alle Versuchungen vollendet hatte, wich er von
ihm eine Zeitlang.

Gute Botschaft für die Armen

14Und Jesus kam in der Kraft des Geistes wieder nach Galiläa, und die
Kunde von ihm erscholl durch alle umliegenden Orte. 15Und er lehrte
in ihren Synagogen und wurde von jedermann gepriesen.

16Und er kam nach Nazareth, wo er aufgewachsen war, und ging
nach seiner Gewohnheit am Sabbat in die Synagoge und stand auf
und wollte lesen. 17Da wurde ihm das Buch des Propheten Jesaja
gereicht. Und als er das Buch auftat, fand er die Stelle, wo geschrieben
steht [Jesaja 61,1.2]: 18»Der Geist des Herrn ist auf mir, weil er mich
gesalbt hat, zu verkündigen das Evangelium den Armen; er hat mich
gesandt, zu predigen den Gefangenen, daß sie frei sein sollen, und
den Blinden, daß sie sehen sollen, und den Zerschlagenen, daß sie frei
und ledig sein sollen, 19zu verkündigen das Gnadenjahr des Herrn.«
20Und als er das Buch zutat, gab er's dem Diener und setzte sich. Und
aller Augen in der Synagoge sahen auf ihn. 21Und er fing an, zu ihnen
zu reden: Heute ist dieses Wort der Schrift erfüllt vor euren Ohren.

22Und sie gaben alle Zeugnis von ihm und wunderten sich, daß
solche Worte der Gnade aus seinem Munde kamen, und sprachen:
Ist das nicht Josefs Sohn? 23Und er sprach zu ihnen: Ihr werdet mir
freilich dies Sprichwort sagen: Arzt, hilf dir selber! Denn wie große
Dinge haben wir gehört, die in Kapernaum geschehen sind! Tu so
auch hier in deiner Vaterstadt! 24Er sprach aber: Wahrlich, ich sage
euch: Kein Prophet gilt etwas in seinem Vaterland. 25Aber wahrhaftig,
ich sage euch: Es waren viele Witwen in Israel zur Zeit des Elia, als
der Himmel verschlossen war drei Jahre und sechs Monate und eine
große Hungersnot herrschte im ganzen Lande, 26und zu keiner von
ihnen wurde Elia gesandt als allein zu einer Witwe nach Sarepta im
Gebiet von Sidon. 27Und viele Aussätzige waren in Israel zur Zeit des
Propheten Elisa, und keiner von ihnen wurde rein als allein Naaman
aus Syrien.

28Und alle, die in der Synagoge waren, wurden von Zorn erfüllt, als
sie das hörten. 29Und sie standen auf und stießen ihn zur Stadt
hinaus und führten ihn an den Abhang des Berges, auf dem ihre Stadt
gebaut war, um ihn hinabzustürzen. 30Aber er ging mitten durch sie
hinweg.

Ein unheimlicher Fang

5 Es begab sich aber, als sich die Menge zu ihm drängte, um das
Wort Gottes zu hören, da stand er am See Genezareth 2und sah
zwei Boote am Ufer liegen; die Fischer aber waren ausgestiegen und
wuschen ihre Netze. 3Da stieg er in eins der Boote, das Simon gehörte,
und bat ihn, ein wenig vom Land wegzufahren. Und er setzte sich und
lehrte die Menge vom Boot aus.
4Und als er aufgehört hatte zu reden, sprach er zu Simon: Fahre
hinaus, wo es tief ist, und werft eure Netze zum Fang aus! 5Und
Simon antwortete und sprach: Meister, wir haben die ganze Nacht
gearbeitet und nichts gefangen; aber auf dein Wort will ich die Netze
auswerfen. 6Und als sie das taten, fingen sie eine große Menge Fische,
und ihre Netze begannen zu reißen. 7Und sie winkten ihren
Gefährten, die im andern Boot waren, sie sollten kommen und mit
ihnen ziehen. Und sie kamen und füllten beide Boote voll, so daß sie
fast sanken.
8Als das Simon Petrus sah, fiel er Jesus zu Füßen und sprach: Herr,
geh weg von mir! Ich bin ein sündiger Mensch. 9Denn ein Schrecken
hatte ihn erfaßt und alle, die bei ihm waren, über diesen Fang, den sie
miteinander getan hatten, 10ebenso auch Jakobus und Johannes, die
Söhne des Zebedäus, Simons Gefährten. Und Jesus sprach zu Simon:
Fürchte dich nicht! Von nun an wirst du Menschen fangen. 11Und sie
brachten die Boote ans Land und verließen alles und folgten ihm
nach.

Wer sich freuen kann

(Mt 5,3–12)

6 17Und er ging mit ihnen hinab und trat auf ein ebenes Feld. Und
um ihn war eine große Schar seiner Jünger und eine große Menge
des Volkes aus ganz Judäa und Jerusalem und aus dem Küstenland
von Tyrus und Sidon.
20Und er hob seine Augen auf über seine Jünger und sprach: Selig
seid ihr Armen; denn das Reich Gottes ist euer. 21Selig seid ihr, die ihr
jetzt hungert; denn ihr sollt satt werden. Selig seid ihr, die ihr jetzt
weint; denn ihr werdet lachen. 22Selig seid ihr, wenn euch die
Menschen hassen und euch ausstoßen und schmähen und verwerfen
euren Namen als böse um des Menschensohnes willen. 23Freut euch
an jenem Tage und springt vor Freude; denn siehe, euer Lohn ist groß
im Himmel. Denn das gleiche haben ihre Väter den Propheten getan.

5,6

Anders denken, anders handeln

(Mt 5,39–48)

27Aber ich sage euch, die ihr zuhört: Liebt eure Feinde; tut wohl
denen, die euch hassen; 28segnet, die euch verfluchen; bittet für die,
die euch beleidigen. 29Und wer dich auf die eine Backe schlägt, dem
biete die andere auch dar; und wer dir den Mantel nimmt, dem
verweigere auch den Rock nicht. 30Wer dich bittet, dem gib; und wer
dir das Deine nimmt, von dem fordere es nicht zurück. 31Und wie ihr
wollt, daß euch die Leute tun sollen, so tut ihnen auch! 32Und wenn
ihr die liebt, die euch lieben, welchen Dank habt ihr davon? Denn
auch die Sünder lieben ihre Freunde. 33Und wenn ihr euren Wohl-
tätern wohltut, welchen Dank habt ihr davon? Denn die Sünder tun
dasselbe auch. 34Und wenn ihr denen leiht, von denen ihr etwas zu
bekommen hofft, welchen Dank habt ihr davon? Auch die Sünder
leihen den Sündern, damit sie das Gleiche bekommen. 35Vielmehr
liebt eure Feinde; tut Gutes und leiht, wo ihr nichts dafür zu bekom-
men hofft. So wird euer Lohn groß sein, und ihr werdet Kinder des
Allerhöchsten sein; denn er ist gütig gegen die Undankbaren und
Bösen. 36Seid barmherzig, wie auch euer Vater barmherzig ist.

Aufstand gegen den Tod

7 11Und es begab sich danach, daß er in eine Stadt mit Namen Nain
ging; und seine Jünger gingen mit ihm und eine große Menge.
12Als er aber nahe an das Stadttor kam, siehe, da trug man einen Toten
heraus, der der einzige Sohn seiner Mutter war, und sie war eine
Witwe; und eine große Menge aus der Stadt ging mit ihr. 13Und als sie
der Herr sah, jammerte sie ihn, und er sprach zu ihr: Weine nicht!
14Und trat hinzu und berührte den Sarg, und die Träger blieben
stehen. Und er sprach: Jüngling, ich sage dir, steh auf! 15Und der Tote
richtete sich auf und fing an zu reden, und Jesus gab ihn seiner Mutter.
16Und Furcht ergriff sie alle, und sie priesen Gott und sprachen: Es ist
ein großer Prophet unter uns aufgestanden, und: Gott hat sein Volk
besucht. 17Und diese Kunde von ihm erscholl in ganz Judäa und im
ganzen umliegenden Land.

Auf die Liebe kommt es an

36Es bat ihn aber einer der Pharisäer, bei ihm zu essen. Und er ging
hinein in das Haus des Pharisäers und setzte sich zu Tisch. 37Und
siehe, eine Frau war in der Stadt, die war eine Sünderin. Als die

vernahm, daß er zu Tisch saß im Haus des Pharisäers, brachte sie ein
Glas mit Salböl 38und trat von hinten zu seinen Füßen, weinte und
fing an, seine Füße mit Tränen zu benetzen und mit den Haaren ihres
Hauptes zu trocknen, und küßte seine Füße und salbte sie mit Salböl.
39Als aber das der Pharisäer sah, der ihn eingeladen hatte, sprach er
bei sich selbst und sagte: Wenn dieser ein Prophet wäre, so wüßte er,
wer und was für eine Frau das ist, die ihn anrührt; denn sie ist eine
Sünderin. 40Jesus antwortete und sprach zu ihm: Simon, ich habe dir
etwas zu sagen. Er aber sprach: Meister, sag es!
41Ein Gläubiger hatte zwei Schuldner. Einer war fünfhundert Silber-
groschen schuldig, der andere fünfzig. 42Da sie aber nicht bezahlen
konnten, schenkte er's beiden. Wer von ihnen wird ihn am meisten
lieben? 43Simon antwortete und sprach: Ich denke, der, dem er am
meisten geschenkt hat. Er aber sprach zu ihm: Du hast recht geurteilt.
44Und er wandte sich zu der Frau und sprach zu Simon: Siehst du
diese Frau? Ich bin in dein Haus gekommen; du hast mir kein Wasser
für meine Füße gegeben; diese aber hat meine Füße mit Tränen
benetzt und mit ihren Haaren getrocknet. 45Du hast mir keinen Kuß
gegeben; diese aber hat, seit ich hereingekommen bin, nicht abge-
lassen, meine Füße zu küssen. 46Du hast mein Haupt nicht mit Öl

gesalbt; sie aber hat meine Füße mit Salböl gesalbt. 47Deshalb sage
ich dir: Ihre vielen Sünden sind vergeben, denn sie hat viel Liebe
gezeigt; wem aber wenig vergeben wird, der liebt wenig.
48Und er sprach zu ihr: Dir sind deine Sünden vergeben. 49Da
fingen die an, die mit zu Tisch saßen, und sprachen bei sich selbst:
Wer ist dieser, der auch die Sünden vergibt? 50Er aber sprach zu der
Frau: Dein Glaube hat dir geholfen; geh hin in Frieden!

Frauen, die Jesus begleiten

8 Und es begab sich danach, daß er durch Städte und Dörfer zog
und predigte und verkündigte das Evangelium vom Reich Gottes;
und die Zwölf waren mit ihm, 2dazu einige Frauen, die er gesund
gemacht hatte von bösen Geistern und Krankheiten, nämlich Maria,
genannt Magdalena, von der sieben böse Geister ausgefahren waren,
3und Johanna, die Frau des Chuzas, eines Verwalters des Herodes,
und Susanna und viele andere, die ihnen dienten mit ihrer Habe.

Keine Gewalt!

9 51Es begab sich aber, als die Zeit erfüllt war, daß er hinweg-
genommen werden sollte, da wandte er sein Angesicht, stracks
nach Jerusalem zu wandern. 52Und er sandte Boten vor sich her; die
gingen hin und kamen in ein Dorf der Samariter, ihm Herberge zu
bereiten. 53Und sie nahmen ihn nicht auf, weil er sein Angesicht
gewandt hatte, nach Jerusalem zu wandern. 54Als aber das seine
Jünger Jakobus und Johannes sahen, sprachen sie: Herr, willst du, so
wollen wir sagen, daß Feuer vom Himmel falle und sie verzehre.
55Jesus aber wandte sich um und wies sie zurecht. 56Und sie gingen
in ein andres Dorf.

Ganz oder gar nicht

(Mt 8,19–22)

57Und als sie auf dem Wege waren, sprach einer zu ihm: Ich will dir
folgen, wohin du gehst. 58Und Jesus sprach zu ihm: Die Füchse
haben Gruben, und die Vögel unter dem Himmel haben Nester; aber
der Menschensohn hat nichts, wo er sein Haupt hinlege.
59Und er sprach zu einem andern: Folge mir nach! Der sprach
aber: Herr, erlaube mir, daß ich zuvor hingehe und meinen Vater
begrabe. 60Aber Jesus sprach zu ihm: Laß die Toten ihre Toten
begraben; du aber geh hin und verkündige das Reich Gottes!

61Und ein andrer sprach: Herr, ich will dir nachfolgen; aber erlau-
be mir zuvor, daß ich Abschied nehme von denen, die in meinem
Haus sind. 62Jesus aber sprach zu ihm: Wer seine Hand an den Pflug
legt und sieht zurück, der ist nicht geschickt für das Reich Gottes.

Im Auftrag Jesu unterwegs

10 Danach setzte der Herr weitere zweiundsiebzig Jünger ein und
sandte sie je zwei und zwei vor sich her in alle Städte und Orte,
wohin er gehen wollte, 2und sprach zu ihnen: Die Ernte ist groß, der
Arbeiter aber sind wenige. Darum bittet den Herrn der Ernte, daß er
Arbeiter aussende in seine Ernte. 3Geht hin; siehe, ich sende euch wie
Lämmer mitten unter die Wölfe. 4Tragt keinen Geldbeutel bei euch,
keine Tasche und keine Schuhe, und grüßt niemanden unterwegs.
5Wenn ihr in ein Haus kommt, sprecht zuerst: Friede sei diesem
Hause! 6Und wenn dort ein Kind des Friedens ist, so wird euer Friede
auf ihm ruhen; wenn aber nicht, so wird sich euer Friede wieder zu
euch wenden. 7In demselben Haus aber bleibt, eßt und trinkt, was
man euch gibt; denn ein Arbeiter ist seines Lohnes wert. Ihr sollt nicht
von einem Haus zum andern gehen. 8Und wenn ihr in eine Stadt
kommt und sie euch aufnehmen, dann eßt, was euch vorgesetzt wird,
9und heilt die Kranken, die dort sind, und sagt ihnen: Das Reich Got-
tes ist nahe zu euch gekommen. 10Wenn ihr aber in eine Stadt kommt
und sie euch nicht aufnehmen, so geht hinaus auf ihre Straßen und
sprecht: 11Auch den Staub aus eurer Stadt, der sich an unsre Füße
gehängt hat, schütteln wir ab auf euch. Doch sollt ihr wissen: das
Reich Gottes ist nahe herbeigekommen.

12Ich sage euch: Es wird Sodom erträglicher ergehen an jenem Tage
als dieser Stadt. 16Wer euch hört, der hört mich; und wer euch ver-
achtet, der verachtet mich; wer aber mich verachtet, der verachtet den,
der mich gesandt hat.

17Die Zweiundsiebzig aber kamen zurück voll Freude und
sprachen: Herr, auch die bösen Geister sind uns untertan in deinem
Namen. 18Er sprach aber zu ihnen: Ich sah den Satan vom Himmel
fallen wie einen Blitz. 19Seht, ich habe euch Macht gegeben, zu treten
auf Schlangen und Skorpione, und Macht über alle Gewalt des
Feindes; und nichts wird euch schaden. 20Doch darüber freut euch
nicht, daß euch die Geister untertan sind. Freut euch aber, daß eure
Namen im Himmel geschrieben sind.

21Zu der Stunde freute sich Jesus im heiligen Geist und sprach: Ich
preise dich, Vater, Herr des Himmels und der Erde, weil du dies den
Weisen und Klugen verborgen hast und hast es den Unmündigen

offenbart. Ja, Vater, so hat es dir wohlgefallen. [22]Alles ist mir über-
geben von meinem Vater. Und niemand weiß, wer der Sohn ist, als
nur der Vater, noch, wer der Vater ist, als nur der Sohn und wem es
der Sohn offenbaren will.
[23]Und er wandte sich zu seinen Jüngern und sprach zu ihnen
allein: Selig sind die Augen, die sehen, was ihr seht. [24]Denn ich sage
euch: Viele Propheten und Könige wollten sehen, was ihr seht, und
haben's nicht gesehen, und hören, was ihr hört, und haben's nicht
gehört.

Wer ist denn mein Nächster?

Das Beispiel des barmherzigen Samariters

[25]Und siehe, da stand ein Schriftgelehrter auf, versuchte ihn und
sprach: Meister, was muß ich tun, daß ich das ewige Leben ererbe?
[26]Er aber sprach zu ihm: Was steht im Gesetz geschrieben? Was liest
du? [27]Er antwortete und sprach: »Du sollst den Herrn, deinen Gott,
lieben von ganzem Herzen, von ganzer Seele, von allen Kräften
und von ganzem Gemüt, und deinen Nächsten wie dich selbst«
[5.Mose 6,5; 3.Mose 19,18]. [28]Er aber sprach zu ihm: Du hast recht
geantwortet; tu das, so wirst du leben.
[29]Er aber wollte sich selbst rechtfertigen und sprach zu Jesus: Wer
ist denn mein Nächster?
[30]Da antwortete Jesus und sprach: Es war ein Mensch, der ging
von Jerusalem hinab nach Jericho und fiel unter die Räuber; die zogen
ihn aus und schlugen ihn und machten sich davon und ließen ihn
halbtot liegen. [31]Es traf sich aber, daß ein Priester dieselbe Straße hin-
abzog; und als er ihn sah, ging er vorüber. [32]Desgleichen auch ein
Levit: als er zu der Stelle kam und ihn sah, ging er vorüber. [33]Ein
Samariter aber, der auf der Reise war, kam dahin; und als er ihn sah,
jammerte er ihn; [34]und er ging zu ihm, goß Öl und Wein auf seine
Wunden und verband sie ihm, hob ihn auf sein Tier und brachte ihn
in eine Herberge und pflegte ihn. [35]Am nächsten Tag zog er zwei
Silbergroschen heraus, gab sie dem Wirt und sprach: Pflege ihn; und
wenn du mehr ausgibst, will ich dir's bezahlen, wenn ich wieder-
komme.
[36]Wer von diesen dreien, meinst du, ist der Nächste gewesen dem,
der unter die Räuber gefallen war? [37]Er sprach: Der die Barmherzig-
keit an ihm tat. Da sprach Jesus zu ihm: So geh hin und tu des-
gleichen!

Was jetzt nötig ist

38Als sie aber weiterzogen, kam er in ein Dorf. Da war eine Frau mit
Namen Marta, die nahm ihn auf. 39Und sie hatte eine Schwester, die
hieß Maria; die setzte sich dem Herrn zu Füßen und hörte seiner
Rede zu. 40Marta aber machte sich viel zu schaffen, ihm zu dienen.
Und sie trat hinzu und sprach: Herr, fragst du nicht danach, daß mich
meine Schwester läßt allein dienen? Sage ihr doch, daß sie mir helfen
soll! 41Der Herr aber antwortete und sprach zu ihr: Marta, Marta, du
hast viel Sorge und Mühe. 42Eins aber ist not. Maria hat das gute Teil
erwählt; das soll nicht von ihr genommen werden.

Beten lernen

Das Vaterunser

(Mt 6,9–13)

11 Und es begab sich, daß er an einem Ort war und betete. Als er
aufgehört hatte, sprach einer seiner Jünger zu ihm: Herr, lehre
uns beten, wie auch Johannes seine Jünger lehrte. 2Er aber sprach zu
ihnen: Wenn ihr betet, so sprecht:

Vater! Dein Name werde geheiligt.
Dein Reich komme.
3Unser tägliches Brot gib uns Tag für Tag
4und vergib uns unsre Sünden;
denn auch wir vergeben allen, die an uns schuldig werden.
Und führe uns nicht in Versuchung.

5Und er sprach zu ihnen: Wenn jemand unter euch einen Freund
hat und ginge zu ihm um Mitternacht und spräche zu ihm: Lieber
Freund, leih mir drei Brote; 6denn mein Freund ist zu mir gekommen
auf der Reise, und ich habe nichts, was ich ihm vorsetzen kann, 7und
der drinnen würde antworten und sprechen: Mach mir keine Unruhe!
Die Tür ist schon zugeschlossen, und meine Kinder und ich liegen
schon zu Bett; ich kann nicht aufstehen und dir etwas geben. 8Ich
sage euch: Und wenn er schon nicht aufsteht und ihm etwas gibt, weil
er sein Freund ist, dann wird er doch wegen seines unverschämten
Drängens aufstehen und ihm geben, soviel er bedarf.

9Und ich sage euch auch: Bittet, so wird euch gegeben; suchet, so
werdet ihr finden; klopfet an, so wird euch aufgetan. 10Denn wer da
bittet, der empfängt; und wer da sucht, der findet; und wer da
anklopft, dem wird aufgetan.

Den bösen Mächten überlegen

14 Und er trieb einen bösen Geist aus, der war stumm. Und es geschah,
als der Geist ausfuhr, da redete der Stumme. Und die Menge ver-
wunderte sich. 15 Einige aber unter ihnen sprachen: Er treibt die bösen
Geister aus durch Beelzebul, ihren Obersten. 16 Andere aber ver-
suchten ihn und forderten von ihm ein Zeichen vom Himmel.

17 Er aber erkannte ihre Gedanken und sprach zu ihnen: Jedes Reich,
das mit sich selbst uneins ist, wird verwüstet, und ein Haus fällt über
das andre. 18 Ist aber der Satan auch mit sich selbst uneins, wie kann
sein Reich bestehen? Denn ihr sagt, ich treibe die bösen Geister aus
durch Beelzebul. 19 Wenn aber ich die bösen Geister durch Beelzebul
austreibe, durch wen treiben eure Söhne sie aus? Darum werden sie eure
Richter sein. 20 Wenn ich aber durch Gottes Finger die bösen Geister
austreibe, so ist ja das Reich Gottes zu euch gekommen. 21 Wenn ein
Starker gewappnet seinen Palast bewacht, so bleibt, was er hat, in
Frieden. 22 Wenn aber ein Stärkerer über ihn kommt und überwindet
ihn, so nimmt er ihm seine Rüstung, auf die er sich verließ, und ver-
teilt die Beute. 23 Wer nicht mit mir ist, der ist gegen mich; und wer
nicht mit mir sammelt, der zerstreut.

24 Wenn der unreine Geist von einem Menschen ausgefahren ist, so
durchstreift er dürre Stätten, sucht Ruhe und findet sie nicht; dann
spricht er: Ich will wieder zurückkehren in mein Haus, aus dem ich
fortgegangen bin. 25 Und wenn er kommt, so findet er's gekehrt und
geschmückt. 26 Dann geht er hin und nimmt sieben andre Geister mit
sich, die böser sind als er selbst; und wenn sie hineinkommen,
wohnen sie darin, und es wird mit diesem Menschen hernach ärger
als zuvor.

Haben wollen macht blind

12 13 Es sprach aber einer aus dem Volk zu ihm: Meister, sage
meinem Bruder, daß er mit mir das Erbe teile. 14 Er aber sprach
zu ihm: Mensch, wer hat mich zum Richter oder Erbschlichter über
euch gesetzt? 15 Und er sprach zu ihnen: Seht zu und hütet euch vor
aller Habgier; denn niemand lebt davon, daß er viele Güter hat.

16 Und er sagte ihnen ein Gleichnis und sprach: Es war ein reicher
Mensch, dessen Feld hatte gut getragen. 17 Und er dachte bei sich
selbst und sprach: Was soll ich tun? Ich habe nichts, wohin ich meine
Früchte sammle. 18 Und sprach: Das will ich tun: ich will meine
Scheunen abbrechen und größere bauen, und will darin sammeln all
mein Korn und meine Vorräte 19 und will sagen zu meiner Seele: Liebe

Seele, du hast einen großen Vorrat für viele Jahre; habe nun Ruhe, iß,
trink und habe guten Mut! 20Aber Gott sprach zu ihm: Du Narr!
Diese Nacht wird man deine Seele von dir fordern; und wem wird
dann gehören, was du angehäuft hast? 21So geht es dem, der sich
Schätze sammelt und ist nicht reich bei Gott.

Die Ankunft nicht verpassen

35Laßt eure Lenden umgürtet sein und eure Lichter brennen 36und
seid gleich den Menschen, die auf ihren Herrn warten, wann er auf-
brechen wird von der Hochzeit, damit, wenn er kommt und anklopft,
sie ihm sogleich auftun. 37Selig sind die Knechte, die der Herr, wenn er
kommt, wachend findet. Wahrlich, ich sage euch: Er wird sich schür-
zen und wird sie zu Tisch bitten und kommen und ihnen dienen.
38Und wenn er kommt in der zweiten oder in der dritten Nachtwache
und findet's so: selig sind sie. 39Das sollt ihr aber wissen: Wenn ein
Hausherr wüßte, zu welcher Stunde der Dieb kommt, so ließe er nicht
in sein Haus einbrechen. 40Seid auch ihr bereit! Denn der Menschen-
sohn kommt zu einer Stunde, da ihr's nicht meint.

41Petrus aber sprach: Herr, sagst du dies Gleichnis zu uns oder
auch zu allen? 42Der Herr aber sprach: Wer ist denn der treue und
kluge Verwalter, den der Herr über seine Leute setzt, damit er ihnen
zur rechten Zeit gibt, was ihnen zusteht? 43Selig ist der Knecht, den
sein Herr, wenn er kommt, das tun sieht. 44Wahrlich, ich sage euch:
Er wird ihn über alle seine Güter setzen. 45Wenn aber jener Knecht in
seinem Herzen sagt: Mein Herr kommt noch lange nicht, und fängt
an, die Knechte und Mägde zu schlagen, auch zu essen und zu trinken
und sich vollzusaufen, 46dann wird der Herr dieses Knechtes
kommen an einem Tage, an dem er's nicht erwartet, und zu einer
Stunde, die er nicht kennt, und wird ihn in Stücke hauen lassen und
wird ihm sein Teil geben bei den Ungläubigen.

47Der Knecht aber, der den Willen seines Herrn kennt, hat aber
nichts vorbereitet noch nach seinem Willen getan, der wird viel
Schläge erleiden müssen. 48Wer ihn aber nicht kennt und getan hat,
was Schläge verdient, wird wenig Schläge erleiden. Denn wem viel
gegeben ist, bei dem wird man viel suchen; und wem viel anvertraut
ist, von dem wird man um so mehr fordern.

Es wird Streit und Feindschaft geben

49Ich bin gekommen, ein Feuer anzuzünden auf Erden; was wollte ich
lieber, als daß es schon brennte! 50Aber ich muß mich zuvor taufen
lassen mit einer Taufe, und wie ist mir so bange, bis sie vollbracht ist!
51Meint ihr, daß ich gekommen bin, Frieden zu bringen auf Erden? Ich
sage: Nein, sondern Zwietracht. 52Denn von nun an werden fünf in
einem Hause uneins sein, drei gegen zwei und zwei gegen drei. 53Es
wird der Vater gegen den Sohn sein und der Sohn gegen den Vater,
die Mutter gegen die Tochter und die Tochter gegen die Mutter, die

Schwiegermutter gegen die Schwiegertochter und die Schwieger-
tochter gegen die Schwiegermutter.

Noch ist Zeit, umzukehren

54 Er sprach aber zu der Menge: Wenn ihr eine Wolke aufsteigen seht
vom Westen her, so sagt ihr gleich: Es gibt Regen. Und es geschieht
so. 55 Und wenn der Südwind weht, so sagt ihr: Es wird heiß werden.
Und es geschieht so. 56 Ihr Heuchler! Über das Aussehen der Erde
und des Himmels könnt ihr urteilen; warum aber könnt ihr über
diese Zeit nicht urteilen?

57 Warum aber urteilt ihr nicht auch von euch aus darüber, was
recht ist? 58 Denn wenn du mit deinem Gegner zum Gericht gehst, so
bemühe dich auf dem Wege, von ihm loszukommen, damit er nicht
etwa dich vor den Richter ziehe, und der Richter überantworte dich
dem Gerichtsdiener, und der Gerichtsdiener werfe dich ins Gefängnis.
59 Ich sage dir: Du wirst von dort nicht herauskommen, bis du den
allerletzten Heller bezahlt hast.

13 Es kamen aber zu der Zeit einige, die berichteten ihm von den
Galiläern, deren Blut Pilatus mit ihren Opfern vermischt hatte.
2 Und Jesus antwortete und sprach zu ihnen: Meint ihr, daß diese
Galiläer mehr gesündigt haben als alle andern Galiläer, weil sie das
erlitten haben? 3 Ich sage euch: Nein; sondern wenn ihr nicht Buße
tut, werdet ihr alle auch so umkommen. 4 Oder meint ihr, daß die
achtzehn, auf die der Turm in Siloah fiel und erschlug sie, schuldiger
gewesen sind als alle andern Menschen, die in Jerusalem wohnen?
5 Ich sage euch: Nein; sondern wenn ihr nicht Buße tut, werdet ihr alle
auch so umkommen.

Geschenkte Zeit

6 Er sagte ihnen aber dies Gleichnis: Es hatte einer einen Feigenbaum,
der war gepflanzt in seinem Weinberg, und er kam und suchte Frucht
darauf und fand keine. 7 Da sprach er zu dem Weingärtner: Siehe, ich
bin nun drei Jahre lang gekommen und habe Frucht gesucht an
diesem Feigenbaum, und finde keine. So hau ihn ab! Was nimmt er
dem Boden die Kraft? 8 Er aber antwortete und sprach zu ihm: Herr,
laß ihn noch dies Jahr, bis ich um ihn grabe und ihn dünge; 9 vielleicht
bringt er doch noch Frucht; wenn aber nicht, so hau ihn ab.

Helfen ist immer erlaubt

10Und er lehrte in einer Synagoge am Sabbat. 11Und siehe, eine Frau
war da, die hatte seit achtzehn Jahren einen Geist, der sie krank
machte; und sie war verkrümmt und konnte sich nicht mehr auf-
richten. 12Als aber Jesus sie sah, rief er sie zu sich und sprach zu ihr:
Frau, sei frei von deiner Krankheit! 13Und legte die Hände auf sie; und
sogleich richtete sie sich auf und pries Gott.

14Da antwortete der Vorsteher der Synagoge, denn er war unwillig,
daß Jesus am Sabbat heilte, und sprach zu dem Volk: Es sind sechs
Tage, an denen man arbeiten soll; an denen kommt und laßt euch
heilen, aber nicht am Sabbattag. 15Da antwortete ihm der Herr und
sprach: Ihr Heuchler! Bindet nicht jeder von euch am Sabbat seinen
Ochsen oder seinen Esel von der Krippe los und führt ihn zur
Tränke? 16Sollte dann nicht diese, die doch Abrahams Tochter ist, die
der Satan schon achtzehn Jahre gebunden hatte, am Sabbat von dieser
Fessel gelöst werden? 17Und als er das sagte, mußten sich schämen
alle, die gegen ihn gewesen waren. Und alles Volk freute sich über alle
herrlichen Taten, die durch ihn geschahen.

Es ist noch nichts entschieden

22Und er ging durch Städte und Dörfer und lehrte und nahm seinen
Weg nach Jerusalem. 23Es sprach aber einer zu ihm: Herr, meinst du,
daß nur wenige selig werden?

Er aber sprach zu ihnen: 24Ringt darum, daß ihr durch die enge
Pforte hineingeht; denn viele, das sage ich euch, werden danach
trachten, wie sie hineinkommen, und werden's nicht können. 25Wenn
der Hausherr aufgestanden ist und die Tür verschlossen hat, und ihr
anfangt, draußen zu stehen und an die Tür zu klopfen und zu sagen:
Herr, tu uns auf!, dann wird er antworten und zu euch sagen: Ich
kenne euch nicht; wo seid ihr her? 26Dann werdet ihr anfangen zu
sagen: Wir haben vor dir gegessen und getrunken, und auf unsern
Straßen hast du gelehrt. 27Und er wird zu euch sagen: Ich kenne euch
nicht; wo seid ihr her? Weicht alle von mir, ihr Übeltäter! 28Da wird
Heulen und Zähneklappern sein, wenn ihr sehen werdet Abraham,
Isaak und Jakob und alle Propheten im Reich Gottes, euch aber
hinausgestoßen. 29Und es werden kommen von Osten und von
Westen, von Norden und von Süden, die zu Tisch sitzen werden im
Reich Gottes. 30Und siehe, es sind Letzte, die werden die Ersten sein,
und sind Erste, die werden die Letzten sein.

Das Ende kommt in Sicht

[31]Zu dieser Stunde kamen einige Pharisäer und sprachen zu ihm:
Mach dich auf und geh weg von hier; denn Herodes will dich töten.
[32]Und er sprach zu ihnen: Geht hin und sagt diesem Fuchs: Siehe, ich
treibe böse Geister aus und mache gesund heute und morgen, und
am dritten Tage werde ich vollendet sein. [33]Doch muß ich heute und
morgen und am folgenden Tage noch wandern; denn es geht nicht an,
daß ein Prophet umkomme außerhalb von Jerusalem.

[34]Jerusalem, Jerusalem, die du tötest die Propheten und steinigst,
die zu dir gesandt werden, wie oft habe ich deine Kinder versammeln
wollen wie eine Henne ihre Küken unter ihre Flügel, und ihr habt
nicht gewollt!

[35]Seht, »euer Haus soll euch wüst gelassen werden« [Jeremia 22,5;
Psalm 69,26]. Aber ich sage euch: Ihr werdet mich nicht mehr sehen,
bis die Zeit kommt, da ihr sagen werdet: Gelobt ist, der da kommt in
dem Namen des Herrn!

Wo ist mein Platz?

14 Und es begab sich, daß er an einem Sabbat in das Haus
eines Oberen der Pharisäer kam, das Brot zu essen, und sie
belauerten ihn. [7]Er sagte aber ein Gleichnis zu den Gästen, als er
merkte, wie sie suchten, obenan zu sitzen, und sprach zu ihnen:

[8]Wenn du von jemandem zur Hochzeit geladen bist, so setze dich
nicht obenan; denn es könnte einer eingeladen sein, der vornehmer
ist als du, [9]und dann kommt der, der dich und ihn eingeladen hat,
und sagt zu dir: Weiche diesem!, und du mußt dann beschämt unten-
an sitzen. [10]Sondern wenn du eingeladen bist, so geh hin und setz
dich untenan, damit, wenn der kommt, der dich eingeladen hat, er zu
dir sagt: Freund, rücke hinauf! Dann wirst du Ehre haben vor allen,
die mit dir zu Tisch sitzen. [11]Denn wer sich selbst erhöht, der soll
erniedrigt werden; und wer sich selbst erniedrigt, der soll erhöht
werden.

Ein ungewöhnliches Festmahl

[12]Er sprach aber auch zu dem, der ihn eingeladen hatte: Wenn du ein
Mittags- oder Abendmahl machst, so lade weder deine Freunde noch
deine Brüder noch deine Verwandten noch reiche Nachbarn ein,
damit sie dich nicht etwa wieder einladen und dir vergolten wird.
[13]Sondern wenn du ein Mahl machst, so lade Arme, Verkrüppelte,

Lahme und Blinde ein, 14dann wirst du selig sein, denn sie haben
nichts, um es dir zu vergelten; es wird dir aber vergolten werden bei
der Auferstehung der Gerechten.
15Als aber einer das hörte, der mit zu Tisch saß, sprach er zu Jesus:
Selig ist, der das Brot ißt im Reich Gottes!
16Er aber sprach zu ihm: Es war ein Mensch, der machte ein großes
Abendmahl und lud viele dazu ein. 17Und er sandte seinen Knecht
aus zur Stunde des Abendmahls, den Geladenen zu sagen: Kommt,
denn es ist alles bereit! 18Und sie fingen an alle nacheinander, sich zu
entschuldigen. Der erste sprach zu ihm: Ich habe einen Acker gekauft
und muß hinausgehen und ihn besehen; ich bitte dich, entschuldige
mich. 19Und der zweite sprach: Ich habe fünf Gespanne Ochsen
gekauft und ich gehe jetzt hin, sie zu besehen; ich bitte dich, ent-
schuldige mich. 20Und der dritte sprach: Ich habe eine Frau
genommen; darum kann ich nicht kommen. 21Und der Knecht kam
zurück und sagte das seinem Herrn. Da wurde der Hausherr zornig
und sprach zu seinem Knecht: Geh schnell hinaus auf die Straßen
und Gassen der Stadt und führe die Armen, Verkrüppelten, Blinden
und Lahmen herein. 22Und der Knecht sprach: Herr, es ist geschehen,
was du befohlen hast; es ist aber noch Raum da. 23Und der Herr
sprach zu dem Knecht: Geh hinaus auf die Landstraßen und an die
Zäune und nötige sie hereinzukommen, daß mein Haus voll werde.
24Denn ich sage euch, daß keiner der Männer, die eingeladen waren,
mein Abendmahl schmecken wird.

Was es kostet, Jesus nachzufolgen

25Es ging aber eine große Menge mit ihm; und er wandte sich um
und sprach zu ihnen: 26Wenn jemand zu mir kommt und haßt nicht
seinen Vater, Mutter, Frau, Kinder, Brüder, Schwestern und dazu sich
selbst, der kann nicht mein Jünger sein. 27Und wer nicht sein Kreuz
trägt und mir nachfolgt, der kann nicht mein Jünger sein.
28Denn wer ist unter euch, der einen Turm bauen will und setzt
sich nicht zuvor hin und überschlägt die Kosten, ob er genug habe,
um es auszuführen? 29damit nicht, wenn er den Grund gelegt hat und
kann's nicht ausführen, alle, die es sehen, anfangen, über ihn zu
spotten, 30und sagen: Dieser Mensch hat angefangen zu bauen und
kann's nicht ausführen. 31Oder welcher König will sich auf einen
Krieg einlassen gegen einen andern König und setzt sich nicht zuvor
hin und hält Rat, ob er mit Zehntausend dem begegnen kann, der
über ihn kommt mit Zwanzigtausend? 32Wenn nicht, so schickt er
eine Gesandtschaft, solange jener noch fern ist, und bittet um Frieden.

33 So auch jeder unter euch, der sich nicht lossagt von allem, was er
hat, der kann nicht mein Jünger sein.
34 Das Salz ist etwas Gutes; wenn aber das Salz nicht mehr salzt,
womit soll man würzen? 35 Es ist weder für den Acker noch für den
Mist zu gebrauchen, sondern man wird's wegwerfen. Wer Ohren hat
zu hören, der höre!

Grund zur großen Freude

Das weggelaufene Schaf ist gerettet

15 Es nahten sich ihm aber allerlei Zöllner und Sünder, um ihn zu
hören. 2 Und die Pharisäer und Schriftgelehrten murrten und
sprachen: Dieser nimmt die Sünder an und ißt mit ihnen. 3 Er sagte
aber zu ihnen dies Gleichnis und sprach:
4 Welcher Mensch ist unter euch, der hundert Schafe hat und, wenn
er eins von ihnen verliert, nicht die neunundneunzig in der Wüste läßt
und geht dem verlorenen nach, bis er's findet? 5 Und wenn er's
gefunden hat, so legt er sich's auf die Schultern voller Freude. 6 Und
wenn er heimkommt, ruft er seine Freunde und Nachbarn und spricht
zu ihnen: Freut euch mit mir; denn ich habe mein Schaf gefunden,
das verloren war. 7 Ich sage euch: So wird auch Freude im Himmel
sein über einen Sünder, der Buße tut, mehr als über neunundneunzig
Gerechte, die der Buße nicht bedürfen.

Das verlorene Geldstück ist gefunden

8 Oder welche Frau, die zehn Silbergroschen hat und einen davon
verliert, zündet nicht ein Licht an und kehrt das Haus und sucht mit
Fleiß, bis sie ihn findet? 9 Und wenn sie ihn gefunden hat, ruft sie ihre
Freundinnen und Nachbarinnen und spricht: Freut euch mit mir;
denn ich habe meinen Silbergroschen gefunden, den ich verloren
hatte. 10 So, sage ich euch, wird Freude sein vor den Engeln Gottes
über einen Sünder, der Buße tut.

Der tote Sohn lebt wieder

11 Und er sprach: Ein Mensch hatte zwei Söhne. 12 Und der jüngere von
ihnen sprach zu dem Vater: Gib mir, Vater, das Erbteil, das mir zusteht.
Und er teilte Hab und Gut unter sie. 13 Und nicht lange danach
sammelte der jüngere Sohn alles zusammen und zog in ein fernes
Land; und dort brachte er sein Erbteil durch mit Prassen. 14 Als er nun
all das Seine verbraucht hatte, kam eine große Hungersnot über jenes

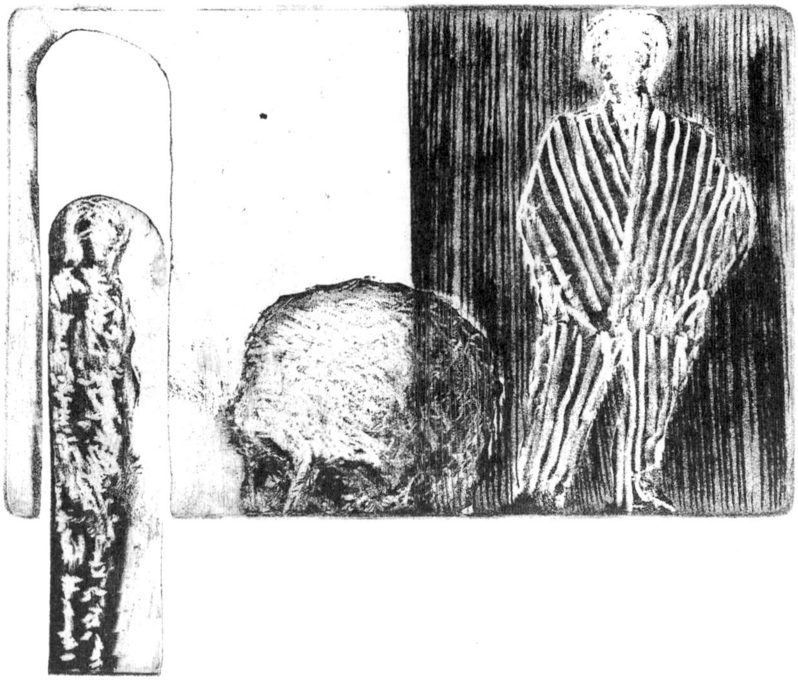

Land, und er fing an zu darben
15 und ging hin und hängte sich an einen Bürger jenes Landes; der schickte ihn auf seinen Acker, die Säue zu hüten.
16 Und er begehrte, seinen Bauch zu füllen mit den Schoten, die die Säue fraßen; und niemand gab sie ihm.
17 Da ging er in sich und sprach: Wie viele Tagelöhner hat mein Vater, die Brot in Fülle haben, und ich verderbe hier im Hunger!
18 Ich will mich aufmachen und zu meinem Vater gehen und zu ihm sagen: Vater, ich habe gesündigt gegen den Himmel und vor dir.
19 Ich bin hinfort nicht mehr wert, daß ich dein Sohn heiße; mache mich zu einem deiner Tagelöhner!
20 Und er machte sich auf und kam zu seinem Vater. Als er aber

noch weit entfernt war, sah ihn sein Vater, und es jammerte ihn; er lief
und fiel ihm um den Hals und küßte ihn. [21]Der Sohn aber sprach zu
ihm: Vater, ich habe gesündigt gegen den Himmel und vor dir; ich bin
hinfort nicht mehr wert, daß ich dein Sohn heiße. [22]Aber der Vater
sprach zu seinen Knechten: Bringt schnell das beste Gewand her und
zieht es ihm an und gebt ihm einen Ring an seine Hand und Schuhe
an seine Füße [23]und bringt das gemästete Kalb und schlachtet's; laßt
uns essen und fröhlich sein! [24]Denn dieser mein Sohn war tot und ist
wieder lebendig geworden; er war verloren und ist gefunden worden.
Und sie fingen an, fröhlich zu sein.

[25]Aber der ältere Sohn war auf dem Feld. Und als er nahe zum
Hause kam, hörte er Singen und Tanzen [26]und rief zu sich einen der
Knechte, und fragte, was das wäre. [27]Der aber sagte ihm: Dein Bruder
ist gekommen, und dein Vater hat das gemästete Kalb geschlachtet,
weil er ihn gesund wiederhat. [28]Da wurde er zornig und wollte nicht
hineingehen.

Da ging sein Vater heraus und bat ihn. [29]Er antwortete aber und
sprach zu seinem Vater: Siehe, so viele Jahre diene ich dir und habe
dein Gebot noch nie übertreten, und du hast mir nie einen Bock
gegeben, daß ich mit meinen Freunden fröhlich gewesen wäre. [30]Nun
aber, da dieser dein Sohn gekommen ist, der dein Hab und Gut mit
Huren verpraßt hat, hast du ihm das gemästete Kalb geschlachtet. [31]Er
aber sprach zu ihm: Mein Sohn, du bist allezeit bei mir, und alles, was
mein ist, das ist dein. [32]Du solltest aber fröhlich und guten Mutes
sein; denn dieser dein Bruder war tot und ist wieder lebendig
geworden, er war verloren und ist wiedergefunden.

Alles tun, um sich zu retten

16 Er sprach aber auch zu den Jüngern: Es war ein reicher Mann,
der hatte einen Verwalter; der wurde bei ihm beschuldigt, er
verschleudere ihm seinen Besitz. [2]Und er ließ ihn rufen und sprach
zu ihm: Was höre ich da von dir? Gib Rechenschaft über deine Ver-
waltung; denn du kannst hinfort nicht Verwalter sein. [3]Der Verwalter
sprach bei sich selbst: Was soll ich tun? Mein Herr nimmt mir das
Amt; graben kann ich nicht, auch schäme ich mich zu betteln. [4]Ich
weiß, was ich tun will, damit sie mich in ihre Häuser aufnehmen,
wenn ich von dem Amt abgesetzt werde. [5]Und er rief zu sich die
Schuldner seines Herrn, einen jeden für sich, und fragte den ersten:
Wieviel bist du meinem Herrn schuldig? [6]Er sprach: Hundert Eimer
Öl. Und er sprach zu ihm: Nimm deinen Schuldschein, setz dich hin
und schreib flugs fünfzig. [7]Danach fragte er den zweiten: Du aber, wie-

viel bist du schuldig? Er sprach: Hundert Sack Weizen. Und er sprach
zu ihm: Nimm deinen Schuldschein und schreib achtzig.
8Und der Herr lobte den ungetreuen Verwalter, weil er klug
gehandelt hatte; denn die Kinder dieser Welt sind unter ihresgleichen
klüger als die Kinder des Lichts. 9Und ich sage euch: Macht euch
Freunde mit dem ungerechten Mammon, damit, wenn er zu Ende
geht, sie euch aufnehmen in die ewigen Hütten.

Seid barmherzig!

19Es war aber ein reicher Mann, der kleidete sich in Purpur und kost-
bares Leinen und lebte alle Tage herrlich und in Freuden. 20Es war
aber ein Armer mit Namen Lazarus, der lag vor seiner Tür voll von
Geschwüren 21und begehrte, sich zu sättigen mit dem, was von des
Reichen Tisch fiel; dazu kamen auch die Hunde und leckten seine
Geschwüre. 22Es begab sich aber, daß der Arme starb, und er wurde
von den Engeln getragen in Abrahams Schoß. Der Reiche aber starb
auch und wurde begraben.
23Als er nun in der Hölle war, hob er seine Augen auf in seiner
Qual und sah Abraham von ferne und Lazarus in seinem Schoß.
24Und er rief: Vater Abraham, erbarme dich meiner und sende
Lazarus, damit er die Spitze seines Fingers ins Wasser tauche und mir
die Zunge kühle; denn ich leide Pein in diesen Flammen. 25Abraham
aber sprach: Gedenke, Sohn, daß du dein Gutes empfangen hast in
deinem Leben, Lazarus dagegen hat Böses empfangen; nun wird er
hier getröstet, und du wirst gepeinigt. 26Und überdies besteht
zwischen uns und euch eine große Kluft, daß niemand, der von hier
zu euch hinüber will, dorthin kommen kann und auch niemand von
dort zu uns herüber. 27Da sprach er: So bitte ich dich, Vater, daß du
ihn sendest in meines Vaters Haus; 28denn ich habe noch fünf Brüder,
die soll er warnen, damit sie nicht auch kommen an diesen Ort der
Qual. 29Abraham sprach: Sie haben Mose und die Propheten; die
sollen sie hören. 30Er aber sprach: Nein, Vater Abraham, sondern
wenn einer von den Toten zu ihnen ginge, so würden sie Buße tun.
31Er sprach zu ihm: Hören sie Mose und die Propheten nicht, so
werden sie sich auch nicht überzeugen lassen, wenn jemand von den
Toten auferstünde.

Einer hat etwas gemerkt

17 11Und es begab sich, als er nach Jerusalem wanderte, daß er
durch Samarien und Galiläa hin zog. 12Und als er in ein Dorf

kam, begegneten ihm zehn aussätzige Männer; die standen von ferne
13und erhoben ihre Stimme und sprachen: Jesus, lieber Meister,
erbarme dich unser! 14Und als er sie sah, sprach er zu ihnen: Geht hin
und zeigt euch den Priestern! Und es geschah, als sie hingingen, da
wurden sie rein. 15Einer aber unter ihnen, als er sah, daß er gesund
geworden war, kehrte er um und pries Gott mit lauter Stimme 16und
fiel nieder auf sein Angesicht zu Jesu Füßen und dankte ihm. Und das
war ein Samariter. 17Jesus aber antwortete und sprach: Sind nicht die
zehn rein geworden? Wo sind aber die neun? 18Hat sich sonst keiner
gefunden, der wieder umkehrte, um Gott die Ehre zu geben, als nur
dieser Fremde? 19Und er sprach zu ihm: Steh auf, geh hin; dein
Glaube hat dir geholfen.

Gott ist ganz nahe

20Als er aber von den Pharisäern gefragt wurde: Wann kommt das
Reich Gottes?, antwortete er ihnen und sprach: Das Reich Gottes
kommt nicht so, daß man's beobachten kann; 21man wird auch nicht
sagen: Siehe, hier ist es! oder: Da ist es! Denn siehe, das Reich Gottes
ist mitten unter euch.

Die Rechtlosen bekommen Recht

18 Er sagte ihnen aber ein Gleichnis darüber, daß sie allezeit beten
und nicht nachlassen sollten, 2und sprach: Es war ein Richter
in einer Stadt, der fürchtete sich nicht vor Gott und scheute sich vor
keinem Menschen. 3Es war aber eine Witwe in derselben Stadt, die
kam zu ihm und sprach: Schaffe mir Recht gegen meinen Widersacher! 4Und er wollte lange nicht. Danach aber dachte er bei sich
selbst: Wenn ich mich schon vor Gott nicht fürchte noch vor keinem
Menschen scheue, 5will ich doch dieser Witwe, weil sie mir soviel
Mühe macht, Recht schaffen, damit sie nicht zuletzt komme und mir
ins Gesicht schlage.

6Da sprach der Herr: Hört, was der ungerechte Richter sagt! 7Sollte
Gott nicht auch Recht schaffen seinen Auserwählten, die zu ihm Tag
und Nacht rufen, und sollte er's bei ihnen lange hinziehen? 8Ich sage
euch: Er wird ihnen Recht schaffen in Kürze. Doch wenn der
Menschensohn kommen wird, meinst du, er werde Glauben finden
auf Erden?

Zweierlei Gebete

9Er sagte aber zu einigen, die sich anmaßten, fromm zu sein, und
verachteten die andern, dies Gleichnis: 10Es gingen zwei Menschen
hinauf in den Tempel, um zu beten, der eine ein Pharisäer, der andere
ein Zöllner. 11Der Pharisäer stand für sich und betete so: Ich danke dir,
Gott, daß ich nicht bin wie die andern Leute, Räuber, Betrüger, Ehe-
brecher oder auch wie dieser Zöllner. 12Ich faste zweimal in der
Woche und gebe den Zehnten von allem, was ich einnehme. 13Der
Zöllner aber stand ferne, wollte auch die Augen nicht aufheben zum
Himmel, sondern schlug an seine Brust und sprach: Gott, sei mir
Sünder gnädig! 14Ich sage euch: Dieser ging gerechtfertigt hinab in
sein Haus, nicht jener. Denn wer sich selbst erhöht, der wird erniedrigt
werden; und wer sich selbst erniedrigt, der wird erhöht werden.

Kinder als Vorbild

15Sie brachten auch kleine Kinder zu ihm, damit er sie anrühren sollte.
Als das aber die Jünger sahen, fuhren sie sie an. 16Aber Jesus rief sie zu
sich und sprach: Lasset die Kinder zu mir kommen und wehret ihnen
nicht, denn solchen gehört das Reich Gottes. 17Wahrlich, ich sage
euch: Wer nicht das Reich Gottes annimmt wie ein Kind, der wird
nicht hineinkommen.

Eine folgenreiche Begegnung

19 Und er ging nach Jericho hinein und zog hindurch. 2Und
siehe, da war ein Mann mit Namen Zachäus, der war ein
Oberer der Zöllner und war reich. 3Und er begehrte, Jesus zu sehen,
wer er wäre, und konnte es nicht wegen der Menge; denn er war klein
von Gestalt. 4Und er lief voraus und stieg auf einen Maulbeerbaum,
um ihn zu sehen; denn dort sollte er durchkommen. 5Und als Jesus
an die Stelle kam, sah er auf und sprach zu ihm: Zachäus, steig eilend
herunter; denn ich muß heute in deinem Haus einkehren. 6Und er
stieg eilend herunter und nahm ihn auf mit Freuden. 7Als sie das
sahen, murrten sie alle und sprachen: Bei einem Sünder ist er ein-
gekehrt. 8Zachäus aber trat vor den Herrn und sprach: Siehe, Herr, die
Hälfte von meinem Besitz gebe ich den Armen, und wenn ich jeman-
den betrogen habe, so gebe ich es vierfach zurück. 9Jesus aber sprach
zu ihm: Heute ist diesem Hause Heil widerfahren, denn auch er ist
Abrahams Sohn. 10Denn der Menschensohn ist gekommen, zu
suchen und selig zu machen, was verloren ist.

18,10-14

Jesus sucht die Entscheidung in Jerusalem

28 Und als er das gesagt hatte, ging er voran und zog hinauf nach
Jerusalem.
36 Als er nun hinzog, breiteten sie ihre Kleider auf den Weg.
37 Und
als er schon nahe am Abhang des Ölbergs war, fing die ganze Menge
der Jünger an, mit Freuden Gott zu loben mit lauter Stimme über alle
Taten, die sie gesehen hatten,
38 und sprachen: Gelobt sei, der da
kommt, der König, in dem Namen des Herrn! Friede sei im Himmel
und Ehre in der Höhe!
39 Und einige Pharisäer in der Menge sprachen
zu ihm: Meister, weise doch deine Jünger zurecht!
40 Er antwortete
und sprach: Ich sage euch: Wenn diese schweigen werden, so werden
die Steine schreien.
41 Und als er nahe hinzukam, sah er die Stadt und weinte über sie
42 und sprach: Wenn doch auch du erkenntest zu dieser Zeit, was
zum Frieden dient! Aber nun ist's vor deinen Augen verborgen.
43 Denn es wird eine Zeit über dich kommen, da werden deine Feinde
um dich einen Wall aufwerfen, dich belagern und von allen Seiten bedrängen,
44 und werden dich dem Erdboden gleichmachen samt deinen Kindern in dir und keinen Stein auf dem andern lassen in dir, weil
du die Zeit nicht erkannt hast, in der du heimgesucht worden bist.
45 Und er ging in den Tempel und fing an, die Händler auszutreiben,
46 und sprach zu ihnen: Es steht geschrieben [Jesaja 56,7]:
»Mein Haus soll ein Bethaus sein«; ihr aber habt es zur Räuberhöhle
gemacht.
47 Und er lehrte täglich im Tempel. Aber die Hohenpriester
und Schriftgelehrten und die Angesehensten des Volkes trachteten
danach, daß sie ihn umbrächten,
48 und fanden nicht, wie sie es
machen sollten; denn das ganze Volk hing ihm an und hörte ihn.

DAS LEIDEN UND STERBEN JESU (KAPITEL 22–23)
(Mt 26–27; Mk 14–15; Joh 18–19)

Judas plant den Verrat

22 Es war aber nahe das Fest der Ungesäuerten Brote, das Passa
heißt.
2 Und die Hohenpriester und Schriftgelehrten trachteten
danach, wie sie ihn töten könnten; denn sie fürchteten sich vor dem
Volk.
3 Es fuhr aber der Satan in Judas, genannt Iskariot, der zur Zahl der
Zwölf gehörte.
4 Und er ging hin und redete mit den Hohenpriestern
und mit den Hauptleuten darüber, wie er ihn an sie verraten könnte.

5Und sie wurden froh und versprachen, ihm Geld zu geben. 6Und er
sagte es zu und suchte eine Gelegenheit, daß er ihn an sie verriete
ohne Aufsehen.

Das Festmahl am Abend vor dem Passa

7Es kam nun der Tag der Ungesäuerten Brote, an dem man das Passa-
lamm opfern mußte. 8Und er sandte Petrus und Johannes und
sprach: Geht hin und bereitet uns das Passalamm, damit wir's essen.
9Sie aber fragten ihn: Wo willst du, daß wir's bereiten? 10Er sprach zu
ihnen: Siehe, wenn ihr hineinkommt in die Stadt, wird euch ein
Mensch begegnen, der trägt einen Wasserkrug; folgt ihm in das Haus,
in das er hineingeht, 11und sagt zu dem Hausherrn: Der Meister läßt
dir sagen: Wo ist der Raum, in dem ich das Passalamm essen kann
mit meinen Jüngern? 12Und er wird euch einen großen Saal zeigen,
der mit Polstern versehen ist; dort bereitet es. 13Sie gingen hin und
fanden's, wie er ihnen gesagt hatte, und bereiteten das Passalamm.

14Und als die Stunde kam, setzte er sich nieder und die Apostel mit
ihm. 15Und er sprach zu ihnen: Mich hat herzlich verlangt, dies Passa-
lamm mit euch zu essen, ehe ich leide. 16Denn ich sage euch, daß ich
es nicht mehr essen werde, bis es erfüllt wird im Reich Gottes. 17Und
er nahm den Kelch, dankte und sprach: Nehmt ihn und teilt ihn unter
euch; 18denn ich sage euch: Ich werde von nun an nicht trinken von
dem Gewächs des Weinstocks, bis das Reich Gottes kommt.

19Und er nahm das Brot, dankte und brach's und gab's ihnen und
sprach: Das ist mein Leib, der für euch gegeben wird; das tut zu mei-
nem Gedächtnis. 20Desgleichen auch den Kelch nach dem Mahl und
sprach: Dieser Kelch ist der neue Bund in meinem Blut, das für euch
vergossen wird!

21Doch siehe, die Hand meines Verräters ist mit mir am Tisch.
22Denn der Menschensohn geht zwar dahin, wie es beschlossen ist;
doch weh dem Menschen, durch den er verraten wird! 23Und sie
fingen an, untereinander zu fragen, wer es wohl wäre unter ihnen, der
das tun würde.

Die Jünger verstehen Jesus nicht

24Es erhob sich auch ein Streit unter ihnen, wer von ihnen als der
Größte gelten solle. 25Er aber sprach zu ihnen: Die Könige herrschen
über ihre Völker, und ihre Machthaber lassen sich Wohltäter nennen.
26Ihr aber nicht so! Sondern der Größte unter euch soll sein wie der
Jüngste, und der Vornehmste wie ein Diener. 27Denn wer ist größer:

der zu Tisch sitzt oder der dient? Ist's nicht der, der zu Tisch sitzt? Ich
aber bin unter euch wie ein Diener.
28 Ihr aber seid's, die ihr ausgeharrt habt bei mir in meinen Anfech-
tungen. 29 Und ich will euch das Reich zueignen, wie mir's mein Vater
zugeeignet hat, 30 daß ihr essen und trinken sollt an meinem Tisch in
meinem Reich und sitzen auf Thronen und richten die zwölf Stämme
Israels.
31 Simon, Simon, siehe, der Satan hat begehrt, euch zu sieben wie
den Weizen. 32 Ich habe für dich gebeten, daß dein Glaube nicht auf-
höre. Und wenn du dereinst dich bekehrst, so stärke deine Brüder. 33 Er
aber sprach zu ihm: Herr, ich bin bereit, mit dir ins Gefängnis und in
den Tod zu gehen. 34 Er aber sprach: Petrus, ich sage dir: Der Hahn
wird heute nicht krähen, ehe du dreimal geleugnet hast, daß du mich
kennst.
35 Und er sprach zu ihnen: Als ich euch ausgesandt habe ohne
Geldbeutel, ohne Tasche und ohne Schuhe, habt ihr da je Mangel
gehabt? Sie sprachen: Niemals. 36 Da sprach er zu ihnen: Aber nun,
wer einen Geldbeutel hat, der nehme ihn, desgleichen auch die
Tasche, und wer's nicht hat, verkaufe seinen Mantel und kaufe ein
Schwert. 37 Denn ich sage euch: Es muß das an mir vollendet werden,
was geschrieben steht [Jesaja 53,12]: »Er ist zu den Übeltätern
gerechnet worden.« Denn was von mir geschrieben ist, das wird voll-
endet. 38 Sie sprachen aber: Herr, siehe, hier sind zwei Schwerter. Er
aber sprach zu ihnen: Es ist genug.

22,45

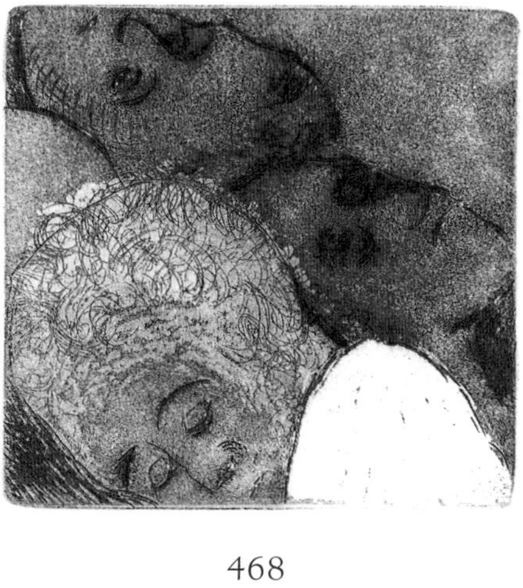

In Gethsemane

39Und er ging nach seiner Gewohnheit hinaus an den Ölberg. Es
folgten ihm aber auch die Jünger. 40Und als er dahin kam, sprach er
zu ihnen: Betet, damit ihr nicht in Anfechtung fallt! 41Und er riß sich
von ihnen los, etwa einen Steinwurf weit, und kniete nieder, betete
42und sprach: Vater, willst du, so nimm diesen Kelch von mir; doch
nicht mein, sondern dein Wille geschehe!

43Es erschien ihm aber ein Engel vom Himmel und stärkte ihn.
44Und er rang mit dem Tode und betete heftiger. Und sein Schweiß
wurde wie Blutstropfen, die auf die Erde fielen. 45Und er stand auf
von dem Gebet und kam zu seinen Jüngern und fand sie schlafend
vor Traurigkeit 46und sprach zu ihnen: Was schlaft ihr? Steht auf und
betet, damit ihr nicht in Anfechtung fallt!

Jesus wird verhaftet

47Als er aber noch redete, siehe, da kam eine Schar; und einer von
den Zwölfen, der mit dem Namen Judas, ging vor ihnen her und nahte
sich zu Jesus, um ihn zu küssen. 48Jesus aber sprach zu ihm: Judas,
verrätst du den Menschensohn mit einem Kuß? 49Als aber, die um
ihn waren, sahen, was geschehen würde, sprachen sie: Herr, sollen wir
mit dem Schwert dreinschlagen? 50Und einer von ihnen schlug nach
dem Knecht des Hohenpriesters und hieb ihm sein rechtes Ohr ab.
51Da sprach Jesus: Laßt ab! Nicht weiter! Und er rührte sein Ohr an
und heilte ihn.

52Jesus aber sprach zu den Hohenpriestern und Hauptleuten des
Tempels und den Ältesten, die zu ihm hergekommen waren: Ihr seid
wie gegen einen Räuber mit Schwertern und mit Stangen ausgezogen.
53Ich bin täglich bei euch im Tempel gewesen, und ihr habt nicht
Hand an mich gelegt. Aber dies ist eure Stunde und die Macht der
Finsternis.

Auch Petrus läßt Jesus im Stich

54Sie ergriffen ihn aber und führten ihn ab und brachten ihn in das
Haus des Hohenpriesters. Petrus aber folgte von ferne. 55Da zündeten
sie ein Feuer an mitten im Hof und setzten sich zusammen; und
Petrus setzte sich mitten unter sie. 56Da sah ihn eine Magd am Feuer
sitzen und sah ihn genau an und sprach: Dieser war auch mit ihm.
57Er aber leugnete und sprach: Frau, ich kenne ihn nicht. 58Und nach
einer kleinen Weile sah ihn ein anderer und sprach: Du bist auch

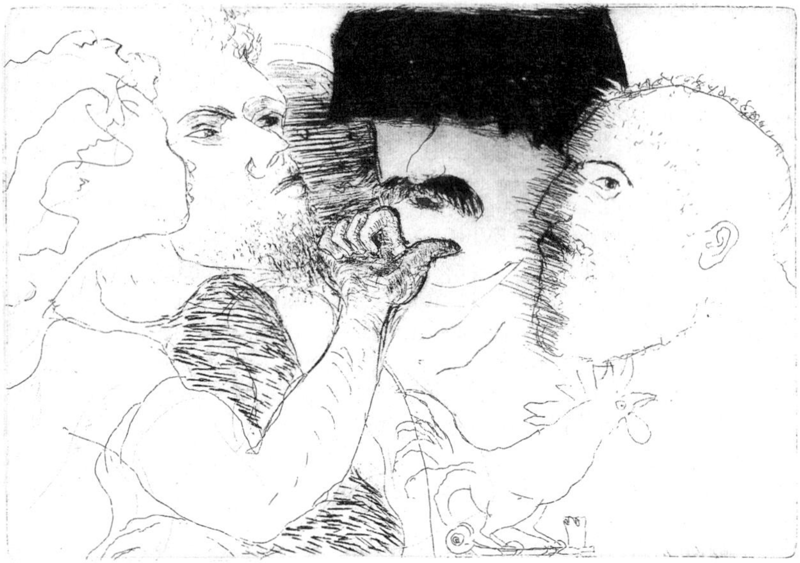

einer von denen. Petrus aber sprach: Mensch, ich bin's nicht. 59Und
nach einer Weile, etwa nach einer Stunde, bekräftigte es ein anderer
und sprach: Wahrhaftig, dieser war auch mit ihm; denn er ist ein
Galiläer. 60Petrus aber sprach: Mensch, ich weiß nicht, was du sagst.
Und alsbald, während er noch redete, krähte der Hahn. 61Und der
Herr wandte sich und sah Petrus an. Und Petrus gedachte an des
Herrn Wort, wie er zu ihm gesagt hatte: Ehe heute der Hahn kräht,
wirst du mich dreimal verleugnen. 62Und Petrus ging hinaus und
weinte bitterlich.

Vor dem Religionsgericht

63Die Männer aber, die Jesus gefangenhielten, verspotteten ihn und
schlugen ihn, 64verdeckten sein Angesicht und fragten: Weissage, wer
ist's, der dich schlug? 65Und noch mit vielen andern Lästerungen
schmähten sie ihn.

66 Und als es Tag wurde, versammelten sich die Ältesten des
Volkes, die Hohenpriester und Schriftgelehrten und führten ihn vor
ihren Rat 67 und sprachen: Bist du der Christus, so sage es uns! Er
sprach aber zu ihnen: Sage ich's euch, so glaubt ihr's nicht; 68 frage ich
aber, so antwortet ihr nicht. 69 Aber von nun an wird der Menschen-
sohn sitzen zur Rechten der Kraft Gottes. 70 Da sprachen sie alle: Bist
du denn Gottes Sohn? Er sprach zu ihnen: Ihr sagt es, ich bin es. 71 Sie
aber sprachen: Was bedürfen wir noch eines Zeugnisses? Wir haben's
selbst gehört aus seinem Munde.

Pilatus und Herodes wollen kein Todesurteil

23 Und die ganze Versammlung stand auf, und sie führten ihn
vor Pilatus 2 und fingen an, ihn zu verklagen, und sprachen:
Wir haben gefunden, daß dieser unser Volk aufhetzt und verbietet,
dem Kaiser Steuern zu geben, und spricht, er sei Christus, ein König.
3 Pilatus aber fragte ihn und sprach: Bist du der Juden König? Er ant-
wortete ihm und sprach: Du sagst es. 4 Pilatus sprach zu den Hohen-
priestern und zum Volk: Ich finde keine Schuld an diesem Menschen.
5 Sie aber wurden noch ungestümer und sprachen: Er wiegelt das
Volk auf damit, daß er lehrt hier und dort in ganz Judäa, angefangen
von Galiläa bis hierher. 6 Als aber Pilatus das hörte, fragte er, ob der
Mensch aus Galiläa wäre. 7 Und als er vernahm, daß er ein Untertan
des Herodes war, sandte er ihn zu Herodes, der in diesen Tagen auch
in Jerusalem war.
8 Als aber Herodes Jesus sah, freute er sich sehr; denn er hätte ihn
längst gerne gesehen; denn er hatte von ihm gehört und hoffte, er
würde ein Zeichen von ihm sehen. 9 Und er fragte ihn viel. Er aber
antwortete ihm nichts. 10 Die Hohenpriester aber und Schriftgelehrten
standen dabei und verklagten ihn hart. 11 Aber Herodes mit seinen
Soldaten verachtete und verspottete ihn, legte ihm ein weißes
Gewand an und sandte ihn zurück zu Pilatus. 12 An dem Tag wurden
Herodes und Pilatus Freunde; denn vorher waren sie einander feind.

Pilatus läßt sich umstimmen

13 Pilatus aber rief die Hohenpriester und die Oberen und das Volk
zusammen 14 und sprach zu ihnen: Ihr habt diesen Menschen zu mir
gebracht als einen, der das Volk aufwiegelt; und siehe, ich habe
ihn vor euch verhört und habe an diesem Menschen keine Schuld
gefunden, deretwegen ihr ihn anklagt; 15 Herodes auch nicht, denn er
hat ihn uns zurückgesandt. Und siehe, er hat nichts getan, was den

Tod verdient. 16Darum will ich ihn schlagen lassen und losgeben.
18Da schrien sie alle miteinander: Hinweg mit diesem, gib uns
Barabbas los! 19Der war wegen eines Aufruhrs, der in der Stadt
geschehen war, und wegen eines Mordes ins Gefängnis geworfen
worden. 20Da redete Pilatus abermals auf sie ein, weil er Jesus los-
geben wollte. 21Sie riefen aber: Kreuzige, kreuzige ihn! 22Er aber
sprach zum dritten Mal zu ihnen: Was hat denn dieser Böses getan?
Ich habe nichts an ihm gefunden, was den Tod verdient; darum will
ich ihn schlagen lassen und losgeben. 23Aber sie setzten ihm zu mit
großem Geschrei und forderten, daß er gekreuzigt würde. Und ihr
Geschrei nahm überhand. 24Und Pilatus urteilte, daß ihre Bitte erfüllt
werde, 25und ließ den los, der wegen Aufruhr und Mord ins Gefängnis
geworfen war, um welchen sie baten; aber Jesus übergab er ihrem
Willen.

Jesus wird gekreuzigt

26Und als sie ihn abführten, ergriffen sie einen Mann, Simon von
Kyrene, der vom Feld kam, und legten das Kreuz auf ihn, daß er's
Jesus nachtrüge.
27Es folgte ihm aber eine große Volksmenge und Frauen, die klag-
ten und beweinten ihn. 28Jesus aber wandte sich um zu ihnen und
sprach: Ihr Töchter von Jerusalem, weint nicht über mich, sondern
weint über euch selbst und über eure Kinder. 29Denn siehe, es wird
die Zeit kommen, in der man sagen wird: Selig sind die Unfrucht-
baren und die Leiber, die nicht geboren haben, und die Brüste, die
nicht genährt haben! 30Dann werden sie anfangen, zu sagen zu den
Bergen: Fallt über uns! und zu den Hügeln: Bedeckt uns! 31Denn
wenn man das tut am grünen Holz, was wird am dürren werden?
32Es wurden aber auch andere hingeführt, zwei Übeltäter, daß sie
mit ihm hingerichtet würden.
33Und als sie kamen an die Stätte, die da heißt Schädelstätte, kreu-
zigten sie ihn dort und die Übeltäter mit ihm, einen zur Rechten und
einen zur Linken. 34Jesus aber sprach: Vater, vergib ihnen; denn sie
wissen nicht, was sie tun! Und sie verteilten seine Kleider und warfen
das Los darum. 35Und das Volk stand da und sah zu. Aber die
Oberen spotteten und sprachen: Er hat andern geholfen; er helfe sich
selber, ist er der Christus, der Auserwählte Gottes. 36Es verspotteten
ihn auch die Soldaten, traten herzu und brachten ihm Essig 37und
sprachen: Bist du der Juden König, so hilf dir selber! 38Es war aber
über ihm auch eine Aufschrift: Dies ist der Juden König.
39Aber einer der Übeltäter, die am Kreuz hingen, lästerte ihn und

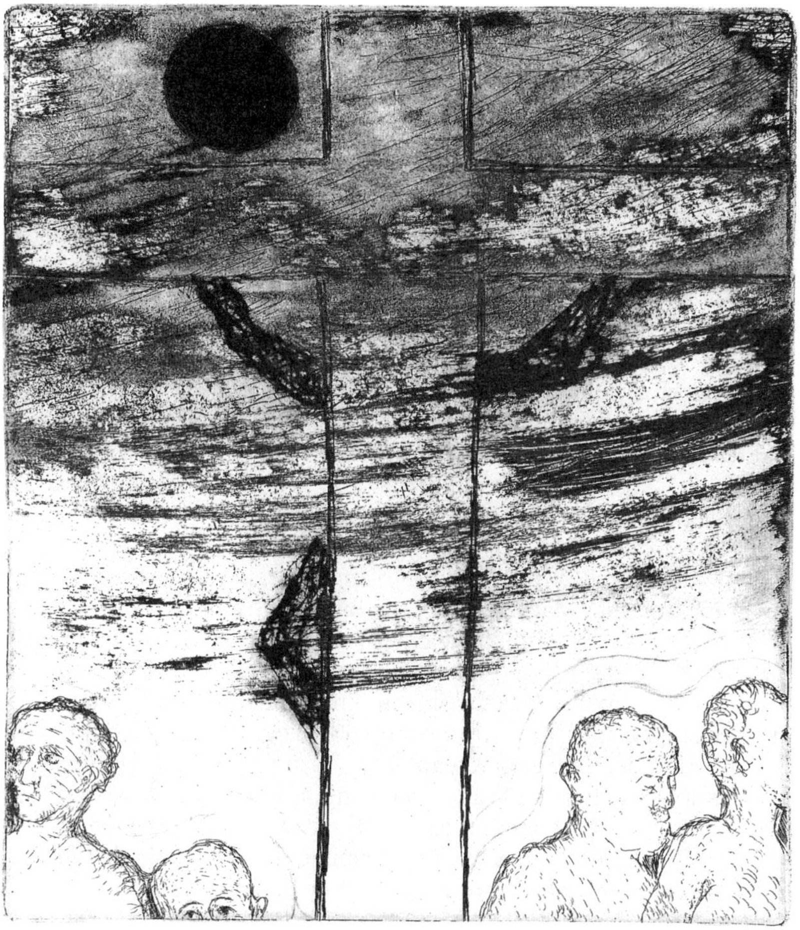

23,48

sprach: Bist du nicht der Christus? Hilf dir selbst und uns! 40Da wies
ihn der andere zurecht und sprach: Und du fürchtest dich auch nicht
vor Gott, der du doch in gleicher Verdammnis bist? 41Wir sind es zwar
mit Recht, denn wir empfangen, was unsre Taten verdienen; dieser
aber hat nichts Unrechtes getan. 42Und er sprach: Jesus, gedenke an
mich, wenn du in dein Reich kommst! 43Und Jesus sprach zu ihm:
Wahrlich, ich sage dir: Heute wirst du mit mir im Paradies sein.

Jesus stirbt

44Und es war schon um die sechste Stunde, und es kam eine Finster-
nis über das ganze Land bis zur neunten Stunde, 45und die Sonne
verlor ihren Schein, und der Vorhang des Tempels riß mitten entzwei.
46Und Jesus rief laut: Vater, ich befehle meinen Geist in deine Hände!
Und als er das gesagt hatte, verschied er.

47Als aber der Hauptmann sah, was da geschah, pries er Gott und
sprach: Fürwahr, dieser ist ein frommer Mensch gewesen! 48Und
als alles Volk, das dabei war und zuschaute, sah, was da geschah,
schlugen sie sich an ihre Brust und kehrten wieder um. 49Es standen
aber alle seine Bekannten von ferne, auch die Frauen, die ihm aus
Galiläa nachgefolgt waren, und sahen das alles.

Ein Freund begräbt Jesus

50Und siehe, da war ein Mann mit Namen Josef, ein Ratsherr, der war
ein guter, frommer Mann 51und hatte ihren Rat und ihr Handeln nicht
gebilligt. Er war aus Arimathäa, einer Stadt der Juden, und wartete auf
das Reich Gottes. 52Der ging zu Pilatus und bat um den Leib Jesu
53und nahm ihn ab, wickelte ihn in ein Leinentuch und legte ihn in
ein Felsengrab, in dem noch nie jemand gelegen hatte. 54Und es war
Rüsttag, und der Sabbat brach an.

55Es folgten aber die Frauen nach, die mit ihm gekommen waren
aus Galiläa, und beschauten das Grab und wie sein Leib hineingelegt
wurde. 56Sie kehrten aber um und bereiteten wohlriechende Öle und
Salben. Und den Sabbat über ruhten sie nach dem Gesetz.

Jesus ist auferstanden

24 Aber am ersten Tag der Woche sehr früh kamen sie zum Grab
und trugen bei sich die wohlriechenden Öle, die sie bereitet
hatten. 2Sie fanden aber den Stein weggewälzt von dem Grab 3und
gingen hinein und fanden den Leib des Herrn Jesus nicht. 4Und als

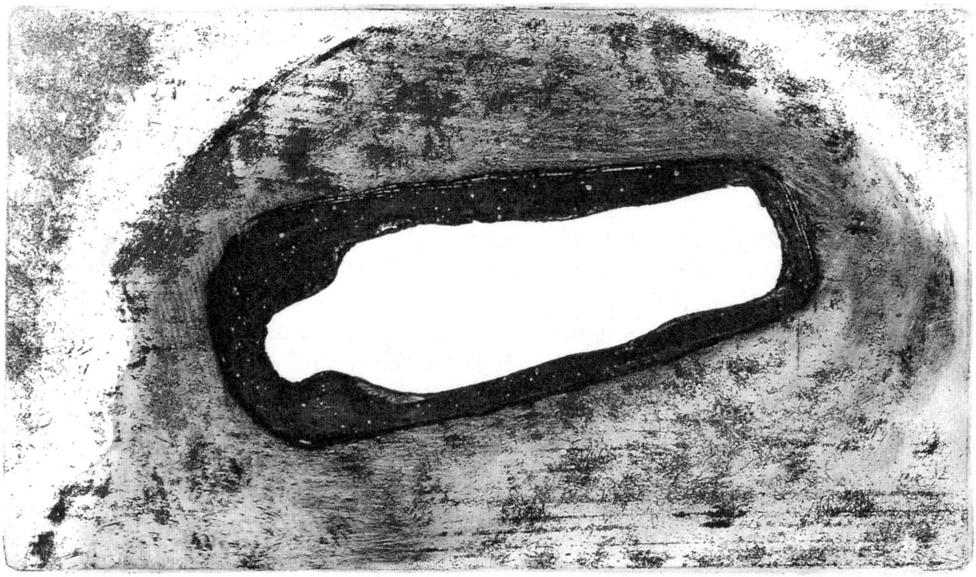

sie darüber bekümmert waren, siehe, da traten zu ihnen zwei Männer
mit glänzenden Kleidern. 5Sie aber erschraken und neigten ihr
Angesicht zur Erde. Da sprachen die zu ihnen: Was sucht ihr den
Lebenden bei den Toten? 6Er ist nicht hier, er ist auferstanden.
Gedenkt daran, wie er euch gesagt hat, als er noch in Galiläa war:
7Der Menschensohn muß überantwortet werden in die Hände der
Sünder und gekreuzigt werden und am dritten Tage auferstehen.
8Und sie gedachten an seine Worte.

9Und sie gingen wieder weg vom Grab und verkündigten das alles
den elf Jüngern und den andern allen. 10Es waren aber Maria von
Magdala und Johanna und Maria, des Jakobus Mutter, und die andern
mit ihnen; die sagten das den Aposteln. 11Und es erschienen ihnen

diese Worte, als wär's Geschwätz, und sie glaubten ihnen nicht.
12 Petrus aber stand auf und lief zum Grab und bückte sich hinein und
sah nur die Leinentücher und ging davon und wunderte sich über
das, was geschehen war.

Der Auferstandene geht mit

13 Und siehe, zwei von ihnen gingen an demselben Tage in ein Dorf,
das war von Jerusalem etwa zwei Wegstunden entfernt; dessen Name
ist Emmaus. 14 Und sie redeten miteinander von allen diesen
Geschichten. 15 Und es geschah, als sie so redeten und sich mitein-
ander besprachen, da nahte sich Jesus selbst und ging mit ihnen.
16 Aber ihre Augen wurden gehalten, daß sie ihn nicht erkannten.

17 Er sprach aber zu ihnen: Was sind das für Dinge, die ihr mitein-
ander verhandelt unterwegs? Da blieben sie traurig stehen. 18 Und der
eine, mit Namen Kleopas, antwortete und sprach zu ihm: Bist du der
einzige unter den Fremden in Jerusalem, der nicht weiß, was in diesen
Tagen dort geschehen ist? 19 Und er sprach zu ihnen: Was denn? Sie
aber sprachen zu ihm: Das mit Jesus von Nazareth, der ein Prophet
war, mächtig in Taten und Worten vor Gott und allem Volk; 20 wie ihn
unsre Hohenpriester und Oberen zur Todesstrafe überantwortet
und gekreuzigt haben. 21 Wir aber hofften, er sei es, der Israel erlösen
werde. Und über das alles ist heute der dritte Tag, daß dies geschehen
ist. 22 Auch haben uns erschreckt einige Frauen aus unserer Mitte, die
sind früh bei dem Grab gewesen, 23 haben seinen Leib nicht gefunden,
kommen und sagen, sie haben eine Erscheinung von Engeln gesehen,
die sagen, er lebe. 24 Und einige von uns gingen hin zum Grab und
fanden's so, wie die Frauen sagten; aber ihn sahen sie nicht.

25 Und er sprach zu ihnen: O ihr Toren, zu trägen Herzens, all dem
zu glauben, was die Propheten geredet haben! 26 Mußte nicht Christus
dies erleiden und in seine Herrlichkeit eingehen? 27 Und er fing an bei
Mose und allen Propheten und legte ihnen aus, was in der ganzen
Schrift von ihm gesagt war.

28 Und sie kamen nahe an das Dorf, wo sie hingingen. Und er
stellte sich, als wollte er weitergehen. 29 Und sie nötigten ihn und
sprachen: Bleibe bei uns; denn es will Abend werden, und der Tag hat
sich geneigt. Und er ging hinein, bei ihnen zu bleiben.

30 Und es geschah, als er mit ihnen zu Tisch saß, nahm er das Brot,
dankte, brach's und gab's ihnen. 31 Da wurden ihre Augen geöffnet,
und sie erkannten ihn. Und er verschwand vor ihnen. 32 Und sie
sprachen untereinander: Brannte nicht unser Herz in uns, als er mit
uns redete auf dem Wege und uns die Schrift öffnete?

[33]Und sie standen auf zu derselben Stunde, kehrten zurück nach
Jerusalem und fanden die Elf versammelt und die bei ihnen waren;
[34]die sprachen: Der Herr ist wahrhaftig auferstanden und Simon
erschienen. [35]Und sie erzählten ihnen, was auf dem Wege geschehen
war und wie er von ihnen erkannt wurde, als er das Brot brach.

Der Auftrag an die Jünger

[36]Als sie aber davon redeten, trat er selbst, Jesus, mitten unter sie und
sprach zu ihnen: Friede sei mit euch! [37]Sie erschraken aber und
fürchteten sich und meinten, sie sähen einen Geist. [38]Und er sprach
zu ihnen: Was seid ihr so erschrocken, und warum kommen solche
Gedanken in euer Herz? [39]Seht meine Hände und meine Füße, ich
bin's selber. Faßt mich an und seht; denn ein Geist hat nicht Fleisch
und Knochen, wie ihr seht, daß ich sie habe. [40]Und als er das gesagt
hatte, zeigte er ihnen die Hände und Füße. [41]Als sie aber noch nicht
glaubten vor Freude und sich verwunderten, sprach er zu ihnen: Habt
ihr hier etwas zu essen? [42]Und sie legten ihm ein Stück gebratenen
Fisch vor. [43]Und er nahm's und aß vor ihnen.

[44]Er sprach aber zu ihnen: Das sind meine Worte, die ich zu euch
gesagt habe, als ich noch bei euch war: Es muß alles erfüllt werden,
was von mir geschrieben steht im Gesetz des Mose, in den Propheten
und in den Psalmen. [45]Da öffnete er ihnen das Verständnis, so daß sie
die Schrift verstanden, [46]und sprach zu ihnen: So steht's geschrieben,
daß Christus leiden wird und auferstehen von den Toten am dritten
Tage; [47]und daß gepredigt wird in seinem Namen Buße zur Ver-
gebung der Sünden unter allen Völkern. Fangt an in Jerusalem, [48]und
seid dafür Zeugen. [49]Und siehe, ich will auf euch herabsenden, was
mein Vater verheißen hat. Ihr aber sollt in der Stadt bleiben, bis ihr
ausgerüstet werdet mit Kraft aus der Höhe.

Der Anfang der christlichen Gemeinde

[50]Er führte sie aber hinaus bis nach Betanien und hob die Hände auf
und segnete sie. [51]Und es geschah, als er sie segnete, schied er von
ihnen und fuhr auf gen Himmel. [52]Sie aber beteten ihn an und
kehrten zurück nach Jerusalem mit großer Freude [53]und waren
allezeit im Tempel und priesen Gott.

DAS EVANGELIUM NACH JOHANNES

Gott kommt zu den Menschen

1 Im Anfang war das Wort, und das Wort war bei Gott, und Gott
war das Wort. 2 Dasselbe war im Anfang bei Gott. 3 Alle Dinge sind
durch dasselbe gemacht, und ohne dasselbe ist nichts gemacht,
was gemacht ist. 4 In ihm war das Leben, und das Leben war das Licht
der Menschen. 5 Und das Licht scheint in der Finsternis, und die
Finsternis hat's nicht ergriffen.

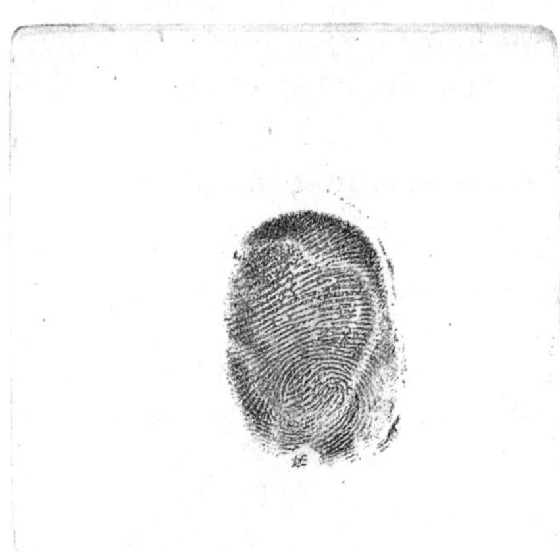

[6]Es war ein Mensch, von Gott gesandt, der hieß Johannes. [7]Der
kam zum Zeugnis, um von dem Licht zu zeugen, damit sie alle durch
ihn glaubten. [8]Er war nicht das Licht, sondern er sollte zeugen von
dem Licht.

[9]Das war das wahre Licht, das alle Menschen erleuchtet, die in
diese Welt kommen. [10]Er war in der Welt, und die Welt ist durch ihn
gemacht; aber die Welt erkannte ihn nicht. [11]Er kam in sein Eigentum;
und die Seinen nahmen ihn nicht auf. [12]Wie viele ihn aber auf-
nahmen, denen gab er Macht, Gottes Kinder zu werden, denen, die an
seinen Namen glauben, [13]die nicht aus dem Blut noch aus dem
Willen des Fleisches noch aus dem Willen eines Mannes, sondern
von Gott geboren sind.

[14]Und das Wort ward Fleisch und wohnte unter uns, und wir
sahen seine Herrlichkeit, eine Herrlichkeit als des eingeborenen
Sohnes vom Vater, voller Gnade und Wahrheit. [15]Johannes gibt
Zeugnis von ihm und ruft: Dieser war es, von dem ich gesagt habe:
Nach mir wird kommen, der vor mir gewesen ist; denn er war eher als
ich. [16]Und von seiner Fülle haben wir alle genommen Gnade um
Gnade. [17]Denn das Gesetz ist durch Mose gegeben; die Gnade und
Wahrheit ist durch Jesus Christus geworden. [18]Niemand hat Gott je
gesehen; der Eingeborene, der Gott ist und in des Vaters Schoß ist,
der hat ihn uns verkündigt.

Johannes der Täufer weist auf Jesus hin

[19]Und dies ist das Zeugnis des Johannes, als die Juden zu ihm sand-
ten Priester und Leviten von Jerusalem, daß sie ihn fragten: Wer bist
du? [20]Und er bekannte und leugnete nicht, und er bekannte: Ich bin
nicht der Christus. [21]Und sie fragten ihn: Was dann? Bist du Elia? Er
sprach: Ich bin's nicht. Bist du der Prophet? Und er antwortete: Nein.
[22]Da sprachen sie zu ihm: Wer bist du dann? daß wir Antwort geben
denen, die uns gesandt haben. Was sagst du von dir selbst? [23]Er
sprach: »Ich bin eine Stimme eines Predigers in der Wüste: Ebnet den
Weg des Herrn!«, wie der Prophet Jesaja gesagt hat [Jesaja 40,3].

Jesus sammelt Jünger um sich

[35]Am nächsten Tag stand Johannes abermals da und zwei seiner
Jünger; [36]und als er Jesus vorübergehen sah, sprach er: Siehe, das ist
Gottes Lamm! [37]Und die zwei Jünger hörten ihn reden und folgten
Jesus nach. [38]Jesus aber wandte sich um und sah sie nachfolgen, und
sprach zu ihnen: Was sucht ihr? Sie aber sprachen zu ihm: Rabbi –

das heißt übersetzt: Meister –, wo ist deine Herberge? 39Er sprach zu
ihnen: Kommt und seht! Sie kamen und sahen's und blieben diesen
Tag bei ihm. Es war aber um die zehnte Stunde.

40Einer von den zweien, die Johannes gehört hatten und Jesus
nachgefolgt waren, war Andreas, der Bruder des Simon Petrus. 41Der
findet zuerst seinen Bruder Simon und spricht zu ihm: Wir haben den
Messias gefunden, das heißt übersetzt: der Gesalbte. 42Und er führte
ihn zu Jesus. Als Jesus ihn sah, sprach er: Du bist Simon, der Sohn des
Johannes; du sollst Kephas heißen, das heißt übersetzt: Fels.

43Am nächsten Tag wollte Jesus nach Galiläa gehen und findet
Philippus und spricht zu ihm: Folge mir nach! 44Philippus aber war
aus Betsaida, der Stadt des Andreas und Petrus. 45Philippus findet
Nathanael und spricht zu ihm: Wir haben den gefunden, von dem
Mose im Gesetz und die Propheten geschrieben haben, Jesus, Josefs
Sohn, aus Nazareth. 46Und Nathanael sprach zu ihm: Was kann aus
Nazareth Gutes kommen! Philippus spricht zu ihm: Komm und sieh
es! 47Jesus sah Nathanael kommen und sagt von ihm: Siehe, ein
rechter Israelit, in dem kein Falsch ist. 48Nathanael spricht zu ihm:
Woher kennst du mich? Jesus antwortete und sprach zu ihm: Bevor
Philippus dich rief, als du unter dem Feigenbaum warst, sah ich dich.
49Nathanael antwortete ihm: Rabbi, du bist Gottes Sohn, du bist der
König von Israel!

Jesus setzt ein Zeichen

2 Und am dritten Tage war eine Hochzeit in Kana in Galiläa, und
die Mutter Jesu war da. 2Jesus aber und seine Jünger waren auch
zur Hochzeit geladen. 3Und als der Wein ausging, spricht die Mutter
Jesu zu ihm: Sie haben keinen Wein mehr. 4Jesus spricht zu ihr: Was
geht's dich an, Frau, was ich tue? Meine Stunde ist noch nicht
gekommen. 5Seine Mutter spricht zu den Dienern: Was er euch sagt,
das tut. 6Es standen aber dort sechs steinerne Wasserkrüge für die
Reinigung nach jüdischer Sitte, und in jeden gingen zwei oder drei
Maße. 7Jesus spricht zu ihnen: Füllt die Wasserkrüge mit Wasser!
Und sie füllten sie bis obenan. 8Und er spricht zu ihnen: Schöpft nun
und bringt's dem Speisemeister! Und sie brachten's ihm. 9Als aber der
Speisemeister den Wein kostete, der Wasser gewesen war, und nicht
wußte, woher er kam – die Diener aber wußten's, die das Wasser
geschöpft hatten –, ruft der Speisemeister den Bräutigam 10und
spricht zu ihm: Jedermann gibt zuerst den guten Wein und, wenn sie
betrunken werden, den geringeren; du aber hast den guten Wein bis
jetzt zurückbehalten.

11Das ist das erste Zeichen, das Jesus tat, geschehen in Kana in
Galiläa, und er offenbarte seine Herrlichkeit. Und seine Jünger
glaubten an ihn.
13Und das Passafest der Juden war nahe, und Jesus zog hinauf nach
Jerusalem. 23Als er aber am Passafest in Jerusalem war, glaubten
viele an seinen Namen, da sie die Zeichen sahen, die er tat. 24Aber
Jesus vertraute sich ihnen nicht an; denn er kannte sie alle 25und
bedurfte nicht, daß ihm jemand Zeugnis gab vom Menschen; denn
er wußte, was im Menschen war.

Ein Gespräch in der Nacht

3 Es war aber ein Mensch unter den Pharisäern mit Namen
Nikodemus, einer von den Oberen der Juden. 2Der kam zu Jesus
bei Nacht und sprach zu ihm: Meister, wir wissen, du bist ein Lehrer,
von Gott gekommen; denn niemand kann die Zeichen tun, die du
tust, es sei denn Gott mit ihm. 3Jesus antwortete und sprach zu ihm:
Wahrlich, wahrlich, ich sage dir: Es sei denn, daß jemand von neuem
geboren werde, so kann er das Reich Gottes nicht sehen. 4Nikodemus
spricht zu ihm: Wie kann ein Mensch geboren werden, wenn er alt
ist? Kann er denn wieder in seiner Mutter Leib gehen und geboren
werden?
5Jesus antwortete: Wahrlich, wahrlich, ich sage dir: Es sei denn,
daß jemand geboren werde aus Wasser und Geist, so kann er nicht in
das Reich Gottes kommen. 6Was vom Fleisch geboren ist, das ist
Fleisch; und was vom Geist geboren ist, das ist Geist. 7Wundere dich
nicht, daß ich dir gesagt habe: Ihr müßt von neuem geboren werden.
8Der Wind bläst, wo er will, und du hörst sein Sausen wohl; aber du
weißt nicht, woher er kommt und wohin er fährt. So ist es bei jedem,
der aus dem Geist geboren ist. 9Nikodemus antwortete und sprach zu
ihm: Wie kann dies geschehen? 10Jesus antwortete und sprach zu
ihm: Bist du Israels Lehrer und weißt das nicht? 11Wahrlich, wahrlich,
ich sage dir: Wir reden, was wir wissen, und bezeugen, was wir
gesehen haben; ihr aber nehmt unser Zeugnis nicht an. 12Glaubt ihr
nicht, wenn ich euch von irdischen Dingen sage, wie werdet ihr
glauben, wenn ich euch von himmlischen Dingen sage? 13Und
niemand ist gen Himmel aufgefahren außer dem, der vom Himmel
herabgekommen ist, nämlich der Menschensohn.
14Und wie Mose in der Wüste die Schlange erhöht hat, so muß der
Menschensohn erhöht werden, 15damit alle, die an ihn glauben, das
ewige Leben haben. 16Denn also hat Gott die Welt geliebt, daß er
seinen eingeborenen Sohn gab, damit alle, die an ihn glauben, nicht

verloren werden, sondern das ewige Leben haben. 17 Denn Gott hat
seinen Sohn nicht in die Welt gesandt, daß er die Welt richte, sondern
daß die Welt durch ihn gerettet werde.
18 Wer an ihn glaubt, der wird nicht gerichtet; wer aber nicht glaubt,
der ist schon gerichtet, denn er glaubt nicht an den Namen des ein-
geborenen Sohnes Gottes. 19 Das ist aber das Gericht, daß das Licht in
die Welt gekommen ist, und die Menschen liebten die Finsternis mehr
als das Licht, denn ihre Werke waren böse. 20 Wer Böses tut, der haßt
das Licht und kommt nicht zu dem Licht, damit seine Werke nicht
aufgedeckt werden. 21 Wer aber die Wahrheit tut, der kommt zu dem
Licht, damit offenbar wird, daß seine Werke in Gott getan sind.

Eine Begegnung in Samarien

4 Als nun Jesus erfuhr, daß den Pharisäern zu Ohren gekommen
war, daß er mehr zu Jüngern machte und taufte als Johannes
2 – obwohl Jesus nicht selber taufte, sondern seine Jünger –, 3 verließ
er Judäa und ging wieder nach Galiläa. 4 Er mußte aber durch Sama-
rien reisen.
5 Da kam er in eine Stadt Samariens, die heißt Sychar. 6 Es war aber
dort Jakobs Brunnen. Weil nun Jesus müde war von der Reise, setzte
er sich am Brunnen nieder; es war um die sechste Stunde. 7 Da kommt
eine Frau aus Samarien, um Wasser zu schöpfen. Jesus spricht zu ihr:
Gib mir zu trinken! 8 Denn seine Jünger waren in die Stadt gegangen,
um Essen zu kaufen. 9 Da spricht die samaritische Frau zu ihm: Wie,
du bittest mich um etwas zu trinken, der du ein Jude bist und ich eine
samaritische Frau? Denn die Juden haben keine Gemeinschaft mit
den Samaritern. – 10 Jesus antwortete und sprach zu ihr: Wenn du
erkenntest die Gabe Gottes und wer der ist, der zu dir sagt:
Gib mir zu trinken!, du bätest ihn, und der gäbe dir lebendiges
Wasser.
11 Spricht zu ihm die Frau: Herr, hast du doch nichts, womit du
schöpfen könntest, und der Brunnen ist tief; woher hast du dann
lebendiges Wasser? 12 Bist du mehr als unser Vater Jakob, der uns
diesen Brunnen gegeben hat? Und er hat daraus getrunken und seine
Kinder und sein Vieh. 13 Jesus antwortete und sprach zu ihr: Wer von
diesem Wasser trinkt, den wird wieder dürsten; 14 wer aber von dem
Wasser trinken wird, das ich ihm gebe, den wird in Ewigkeit nicht
dürsten, sondern das Wasser, das ich ihm geben werde, das wird in
ihm eine Quelle des Wassers werden, das in das ewige Leben quillt.
15 Spricht die Frau zu ihm: Herr, gib mir solches Wasser, damit
mich nicht dürstet und ich nicht herkommen muß, um zu schöpfen!

16Jesus spricht zu ihr: Geh hin, ruf deinen Mann und komm wieder
her! 17Die Frau antwortete und sprach zu ihm: Ich habe keinen Mann.
Jesus spricht zu ihr: Du hast recht geantwortet: Ich habe keinen
Mann. 18Fünf Männer hast du gehabt, und der, den du jetzt hast, ist
nicht dein Mann; das hast du recht gesagt.
19Die Frau spricht zu ihm: Herr, ich sehe, daß du ein Prophet bist.
20Unsere Väter haben auf diesem Berge angebetet, und ihr sagt, in
Jerusalem sei die Stätte, wo man anbeten soll. 21Jesus spricht zu ihr:
Glaube mir, Frau, es kommt die Zeit, daß ihr weder auf diesem Berge
noch in Jerusalem den Vater anbeten werdet. 22Ihr wißt nicht, was ihr
anbetet; wir wissen aber, was wir anbeten; denn das Heil kommt von
den Juden. 23Aber es kommt die Zeit und ist schon jetzt, in der die
wahren Anbeter den Vater anbeten werden im Geist und in der Wahr-
heit; denn auch der Vater will solche Anbeter haben. 24Gott ist Geist,
und die ihn anbeten, die müssen ihn im Geist und in der Wahrheit
anbeten.

25 Spricht die Frau zu ihm: Ich weiß, daß der Messias kommt, der
da Christus heißt. Wenn dieser kommt, wird er uns alles verkündigen.
26 Jesus spricht zu ihr: Ich bin's, der mit dir redet.

27 Unterdessen kamen seine Jünger, und sie wunderten sich, daß er
mit einer Frau redete; doch sagte niemand: Was fragst du? oder: Was
redest du mit ihr? 28 Da ließ die Frau ihren Krug stehen und ging in
die Stadt und spricht zu den Leuten: 29 Kommt, seht einen Menschen,
der mir alles gesagt hat, was ich getan habe, ob er nicht der Christus
sei! 30 Da gingen sie aus der Stadt heraus und kamen zu ihm.

31 Inzwischen mahnten ihn die Jünger und sprachen: Rabbi, iß! 32 Er
aber sprach zu ihnen: Ich habe eine Speise zu essen, von der ihr nicht
wißt. 33 Da sprachen die Jünger untereinander: Hat ihm jemand zu
essen gebracht? 34 Jesus spricht zu ihnen: Meine Speise ist die, daß ich
tue den Willen dessen, der mich gesandt hat, und vollende sein Werk.
35 Sagt ihr nicht selber: Es sind noch vier Monate, dann kommt die
Ernte? Siehe, ich sage euch: Hebt eure Augen auf und seht auf die
Felder, denn sie sind reif zur Ernte. 36 Wer erntet, empfängt schon
seinen Lohn und sammelt Frucht zum ewigen Leben, damit sich
miteinander freuen, der da sät und der da erntet. 37 Denn hier ist der
Spruch wahr: Der eine sät, der andere erntet. 38 Ich habe euch gesandt
zu ernten, wo ihr nicht gearbeitet habt; andere haben gearbeitet, und
euch ist ihre Arbeit zugute gekommen.

39 Es glaubten aber an ihn viele der Samariter aus dieser Stadt um der
Rede der Frau willen, die bezeugte: Er hat mir alles gesagt, was ich
getan habe. 40 Als nun die Samariter zu ihm kamen, baten sie ihn, bei
ihnen zu bleiben; und er blieb zwei Tage da. 41 Und noch viel mehr
glaubten um seines Wortes willen 42 und sprachen zu der Frau: Von
nun an glauben wir nicht mehr um deiner Rede willen; denn wir
haben selber gehört und erkannt: Dieser ist wahrlich der Welt
Heiland.

Zusammenstoß am Sabbat

5 Danach war ein Fest der Juden, und Jesus zog hinauf nach
Jerusalem. 2 Es ist aber in Jerusalem beim Schaftor ein Teich, der
heißt auf hebräisch Betesda. Dort sind fünf Hallen; 3 in denen lagen
viele Kranke, Blinde, Lahme, Ausgezehrte. 5 Es war aber dort ein
Mensch, der lag achtunddreißig Jahre krank. 6 Als Jesus den liegen sah
und vernahm, daß er schon so lange gelegen hatte, spricht er zu ihm:
Willst du gesund werden? 7 Der Kranke antwortete ihm: Herr, ich

habe keinen Menschen, der mich in den Teich bringt, wenn das
Wasser sich bewegt; wenn ich aber hinkomme, so steigt ein anderer
vor mir hinein. 8Jesus spricht zu ihm: Steh auf, nimm dein Bett und
geh hin! 9Und sogleich wurde der Mensch gesund und nahm sein
Bett und ging hin.

Es war aber an dem Tag Sabbat. 10Da sprachen die Juden zu dem,
der gesund geworden war: Es ist heute Sabbat; du darfst dein Bett
nicht tragen. 11Er antwortete ihnen: Der mich gesund gemacht hat,
sprach zu mir: Nimm dein Bett und geh hin! 12Da fragten sie ihn: Wer
ist der Mensch, der zu dir gesagt hat: Nimm dein Bett und geh hin?
13Der aber gesund geworden war, wußte nicht, wer es war; denn Jesus
war entwichen, da so viel Volk an dem Ort war. 14Danach fand ihn
Jesus im Tempel und sprach zu ihm: Siehe, du bist gesund geworden;
sündige hinfort nicht mehr, daß dir nicht etwas Schlimmeres wider-
fahre. 15Der Mensch ging hin und berichtete den Juden, es sei Jesus,
der ihn gesund gemacht habe.

16Darum verfolgten die Juden Jesus, weil er dies am Sabbat getan
hatte. 17Jesus aber antwortete ihnen: Mein Vater wirkt bis auf diesen
Tag, und ich wirke auch. 18Darum trachteten die Juden noch viel mehr
danach, ihn zu töten, weil er nicht allein den Sabbat brach, sondern
auch sagte, Gott sei sein Vater, und machte sich selbst Gott gleich.

19Da antwortete Jesus und sprach zu ihnen: Wahrlich, wahrlich, ich
sage euch: Der Sohn kann nichts von sich aus tun, sondern nur, was
er den Vater tun sieht; denn was dieser tut, das tut gleicherweise auch
der Sohn. 20Denn der Vater hat den Sohn lieb und zeigt ihm alles, was
er tut, und wird ihm noch größere Werke zeigen, so daß ihr euch
verwundern werdet. 21Denn wie der Vater die Toten auferweckt und
macht sie lebendig, so macht auch der Sohn lebendig, welche er will.
22Denn der Vater richtet niemand, sondern hat alles Gericht dem
Sohn übergeben, 23damit sie alle den Sohn ehren, wie sie den Vater
ehren. Wer den Sohn nicht ehrt, der ehrt den Vater nicht, der ihn
gesandt hat. 24Wahrlich, wahrlich, ich sage euch: Wer mein Wort hört
und glaubt dem, der mich gesandt hat, der hat das ewige Leben und
kommt nicht in das Gericht, sondern er ist vom Tode zum Leben
hindurchgedrungen.

Er soll unser König sein!

Die Speisung der Fünftausend

(Mk 6,30–44)

6 Danach fuhr Jesus weg über das Galiläische Meer, das auch See
von Tiberias heißt. 2Und es zog ihm viel Volk nach, weil sie die

Zeichen sahen, die er an den Kranken tat. [3]Jesus aber ging auf einen
Berg und setzte sich dort mit seinen Jüngern. [4]Es war aber kurz vor
dem Passa, dem Fest der Juden.

[5]Da hob Jesus seine Augen auf und sieht, daß viel Volk zu ihm
kommt, und spricht zu Philippus: Wo kaufen wir Brot, damit diese zu
essen haben? [6]Das sagte er aber, um ihn zu prüfen; denn er wußte
wohl, was er tun wollte. [7]Philippus antwortete ihm: Für zweihundert
Silbergroschen Brot ist nicht genug für sie, daß jeder ein wenig
bekomme. [8]Spricht zu ihm einer seiner Jünger, Andreas, der Bruder
des Simon Petrus: [9]Es ist ein Kind hier, das hat fünf Gerstenbrote und
zwei Fische; aber was ist das für so viele? [10]Jesus aber sprach: Laßt
die Leute sich lagern. Es war aber viel Gras an dem Ort. Da lagerten
sich etwa fünftausend Männer. [11]Jesus aber nahm die Brote, dankte
und gab sie denen, die sich gelagert hatten; desgleichen auch von den
Fischen, soviel sie wollten. [12]Als sie aber satt waren, sprach er zu
seinen Jüngern: Sammelt die übrigen Brocken, damit nichts um-
kommt. [13]Da sammelten sie und füllten von den fünf Gerstenbroten
zwölf Körbe mit Brocken, die denen übrigblieben, die gespeist worden
waren.

[14]Als nun die Menschen das Zeichen sahen, das Jesus tat, sprachen
sie: Das ist wahrlich der Prophet, der in die Welt kommen soll. [15]Als
Jesus nun merkte, daß sie kommen würden und ihn ergreifen, um ihn
zum König zu machen, entwich er wieder auf den Berg, er selbst
allein.

Jesus – das lebendige Brot Gottes

[22]Am nächsten Tag sah das Volk, das am andern Ufer des Sees stand,
daß kein anderes Boot da war als das eine und daß Jesus nicht mit
seinen Jüngern in das Boot gestiegen war, sondern seine Jünger waren
allein weggefahren. [23]Es kamen aber andere Boote von Tiberias nahe
an den Ort, wo sie das Brot gegessen hatten unter der Danksagung
des Herrn. [24]Als nun das Volk sah, daß Jesus nicht da war und
seine Jünger auch nicht, stiegen sie in die Boote und fuhren nach
Kapernaum und suchten Jesus. [25]Und als sie ihn fanden am andern
Ufer des Sees, fragten sie ihn: Rabbi, wann bist du hergekommen?

[26]Jesus antwortete ihnen und sprach: Wahrlich, wahrlich, ich sage
euch: Ihr sucht mich nicht, weil ihr Zeichen gesehen habt, sondern
weil ihr von dem Brot gegessen habt und satt geworden seid. [27]Schafft
euch Speise, die nicht vergänglich ist, sondern die bleibt zum ewigen
Leben. Die wird euch der Menschensohn geben; denn auf dem ist das
Siegel Gottes des Vaters.

[28]Da fragten sie ihn: Was sollen wir tun, daß wir Gottes Werke
wirken? [29]Jesus antwortete und sprach zu ihnen: Das ist Gottes
Werk, daß ihr an den glaubt, den er gesandt hat. [30]Da sprachen sie zu
ihm: Was tust du für ein Zeichen, damit wir sehen und dir glauben?
Was für ein Werk tust du? [31]Unsre Väter haben in der Wüste das
Manna gegessen, wie geschrieben steht [Psalm 79,24]: »Er gab ihnen
Brot vom Himmel zu essen.« [32]Da sprach Jesus zu ihnen: Wahrlich,
wahrlich, ich sage euch: Nicht Mose hat euch das Brot vom Himmel
gegeben, sondern mein Vater gibt euch das wahre Brot vom Himmel.
[33]Denn Gottes Brot ist das, das vom Himmel kommt und gibt der
Welt das Leben. [34]Da sprachen sie zu ihm: Herr, gib uns allezeit
solches Brot.

[35]Jesus aber sprach zu ihnen: Ich bin das Brot des Lebens. Wer zu
mir kommt, den wird nicht hungern; und wer an mich glaubt, den
wird nimmermehr dürsten.

[51]Ich bin das lebendige Brot, das vom Himmel gekommen ist. Wer
von diesem Brot ißt, der wird leben in Ewigkeit. Und dieses Brot ist
mein Fleisch, das ich geben werde für das Leben der Welt.

[52]Da stritten die Juden untereinander und sagten: Wie kann der
uns sein Fleisch zu essen geben? [53]Jesus sprach zu ihnen: Wahrlich,
wahrlich, ich sage euch: Wenn ihr nicht das Fleisch des Menschen-
sohns eßt und sein Blut trinkt, so habt ihr kein Leben in euch. [54]Wer
mein Fleisch ißt und mein Blut trinkt, der hat das ewige Leben, und
ich werde ihn am Jüngsten Tage auferwecken. [55]Denn mein Fleisch ist
die wahre Speise, und mein Blut ist der wahre Trank. [56]Wer mein
Fleisch ißt und mein Blut trinkt, der bleibt in mir und ich in ihm.
[57]Wie mich der lebendige Vater gesandt hat und ich lebe um des
Vaters willen, so wird auch, wer mich ißt, leben um meinetwillen.
[58]Dies ist das Brot, das vom Himmel gekommen ist. Es ist nicht wie
bei den Vätern, die gegessen haben und gestorben sind. Wer dies Brot
ißt, der wird leben in Ewigkeit.

Jesus fordert eine Entscheidung

[60]Viele nun seiner Jünger, die das hörten, sprachen: Das ist eine harte
Rede; wer kann sie hören?

[66]Von da an wandten sich viele seiner Jünger ab und gingen hinfort
nicht mehr mit ihm. [67]Da fragte Jesus die Zwölf: Wollt ihr auch weg-
gehen? [68]Da antwortete ihm Simon Petrus: Herr, wohin sollen wir
gehen? Du hast Worte des ewigen Lebens; [69]und wir haben geglaubt
und erkannt: Du bist der Heilige Gottes. [70]Jesus antwortete ihnen:
Habe ich nicht euch Zwölf erwählt? Und einer von euch ist ein Teufel.

71 Er redete aber von Judas, dem Sohn des Simon Iskariot. Der verriet
ihn hernach und war einer der Zwölf.

Streit um Jesus

7 Danach zog Jesus umher in Galiläa; denn er wollte nicht in Judäa
umherziehen, weil ihm die Juden nach dem Leben trachteten. 2 Es
war aber nahe das Laubhüttenfest der Juden.
10 Als aber seine Brüder hinaufgegangen waren zum Fest, da ging
auch er hinauf, nicht öffentlich, sondern heimlich. 11 Da suchten ihn
die Juden auf dem Fest und fragten: Wo ist er? 12 Und es war ein
großes Gemurmel über ihn im Volk. Einige sprachen: Er ist gut;
andere aber sprachen: Nein, sondern er verführt das Volk. 13 Niemand
aber redete offen über ihn aus Furcht vor den Juden.
14 Aber mitten im Fest ging Jesus hinauf in den Tempel und lehrte.
15 Und die Juden verwunderten sich und sprachen: Wie kann dieser
die Schrift verstehen, wenn er es doch nicht gelernt hat? 16 Jesus ant-
wortete ihnen und sprach: Meine Lehre ist nicht von mir, sondern von
dem, der mich gesandt hat. 17 Wenn jemand dessen Willen tun will,
wird er innewerden, ob diese Lehre von Gott ist oder ob ich von mir
selbst aus rede. 18 Wer von sich selbst aus redet, der sucht seine eigene
Ehre; wer aber die Ehre dessen sucht, der ihn gesandt hat, der ist
wahrhaftig, und keine Ungerechtigkeit ist in ihm.
30 Da suchten sie ihn zu ergreifen; aber niemand legte Hand an ihn,
denn seine Stunde war noch nicht gekommen.
37 Aber am letzten Tag des Festes, der der höchste war, trat Jesus auf
und rief: Wen da dürstet, der komme zu mir und trinke! 38 Wer an
mich glaubt, wie die Schrift sagt, von dessen Leib werden Ströme
lebendigen Wassers fließen. 39 Das sagte er aber von dem Geist, den
die empfangen sollten, die an ihn glaubten; denn der Geist war noch
nicht da; denn Jesus war noch nicht verherrlicht.

Alle brauchen Vergebung

8 2 Und frühmorgens kam er wieder in den Tempel, und alles Volk
kam zu ihm, und er setzte sich und lehrte sie.
3 Aber die Schriftgelehrten und Pharisäer brachten eine Frau zu
ihm, beim Ehebruch ergriffen, und stellten sie in die Mitte 4 und
sprachen zu ihm: Meister, diese Frau ist auf frischer Tat beim Ehe-
bruch ergriffen worden. 5 Mose aber hat uns im Gesetz geboten,
solche Frauen zu steinigen. Was sagst du? 6 Das sagten sie aber, ihn zu
versuchen, damit sie ihn verklagen könnten. Aber Jesus bückte sich

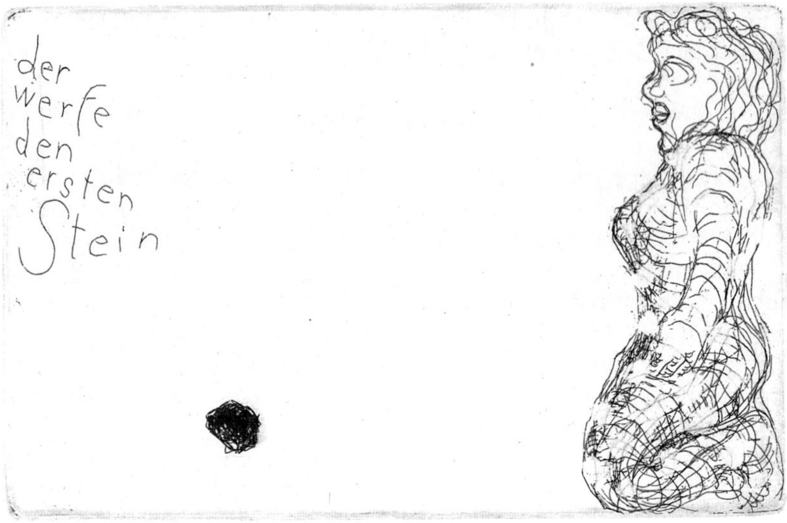

und schrieb mit dem Finger auf die Erde. 7Als sie nun fortfuhren, ihn
zu fragen, richtete er sich auf und sprach zu ihnen: Wer unter euch
ohne Sünde ist, der werfe den ersten Stein auf sie. 8Und er bückte sich
wieder und schrieb auf die Erde. 9Als sie aber das hörten, gingen sie
weg, einer nach dem andern, die Ältesten zuerst; und Jesus blieb allein
mit der Frau, die in der Mitte stand. 10Jesus aber richtete sich auf und
fragte sie: Wo sind sie, Frau? Hat dich niemand verdammt? 11Sie antwortete: Niemand, Herr. Und Jesus sprach: So verdamme ich dich
auch nicht; geh hin und sündige hinfort nicht mehr.

Jesus – das Licht der Welt

12 Da redete Jesus abermals zu ihnen und sprach: Ich bin das Licht der
Welt. Wer mir nachfolgt, der wird nicht wandeln in der Finsternis,
sondern wird das Licht des Lebens haben. 13 Da sprachen die
Pharisäer zu ihm: Du gibst Zeugnis von dir selbst; dein Zeugnis ist
nicht wahr. 14 Jesus antwortete und sprach zu ihnen: Auch wenn ich
von mir selbst zeuge, ist mein Zeugnis wahr; denn ich weiß, woher
ich gekommen bin und wohin ich gehe; ihr aber wißt nicht, woher ich
komme oder wohin ich gehe.

30 Als er das sagte, glaubten viele an ihn. 31 Da sprach nun Jesus zu
den Juden, die an ihn glaubten: Wenn ihr bleiben werdet an meinem
Wort, so seid ihr wahrhaftig meine Jünger 32 und werdet die Wahrheit
erkennen, und die Wahrheit wird euch frei machen. 33 Da antworteten
sie ihm: Wir sind Abrahams Kinder und sind niemals jemandes
Knecht gewesen. Wie sprichst du dann: Ihr sollt frei werden? 34 Jesus
antwortete ihnen und sprach: Wahrlich, wahrlich, ich sage euch: Wer
Sünde tut, der ist der Sünde Knecht. 35 Der Knecht bleibt nicht ewig
im Haus; der Sohn bleibt ewig. 36 Wenn euch nun der Sohn frei macht,
so seid ihr wirklich frei.

Jesus öffnet die Augen

9 Und Jesus ging vorüber und sah einen Menschen, der blind
geboren war. 2 Und seine Jünger fragten ihn und sprachen:
Meister, wer hat gesündigt, dieser oder seine Eltern, daß er blind
geboren ist? 3 Jesus antwortete: Es hat weder dieser gesündigt noch
seine Eltern, sondern es sollen die Werke Gottes offenbar werden an
ihm. 4 Wir müssen die Werke dessen wirken, der mich gesandt hat,
solange es Tag ist; es kommt die Nacht, da niemand wirken kann.
5 Solange ich in der Welt bin, bin ich das Licht der Welt. 6 Als er das
gesagt hatte, spuckte er auf die Erde, machte daraus einen Brei und
strich den Brei auf die Augen des Blinden. 7 Und er sprach zu ihm:
Geh zum Teich Siloah – das heißt übersetzt: gesandt – und wasche
dich! Da ging er hin und wusch sich und kam sehend wieder.

8 Die Nachbarn nun und die, die ihn früher als Bettler gesehen hat-
ten, sprachen: Ist das nicht der Mann, der dasaß und bettelte? 9 Einige
sprachen: Er ist's; andere: Nein, aber er ist ihm ähnlich. Er selbst aber
sprach: Ich bin's. 10 Da fragten sie ihn: Wie sind deine Augen aufgetan
worden? 11 Er antwortete: Der Mensch, der Jesus heißt, machte einen
Brei und strich ihn auf meine Augen und sprach: Geh zum Teich
Siloah und wasche dich! Ich ging hin und wusch mich und

wurde sehend. 12Da fragten sie ihn: Wo ist er? Er antwortete: Ich weiß
es nicht.

Jesus – der gute Hirte

39Und Jesus sprach: Ich bin zum Gericht in diese Welt gekommen,
damit, die nicht sehen, sehend werden, und die sehen, blind werden.
40Das hörten einige der Pharisäer, die bei ihm waren, und fragten ihn:
Sind wir denn auch blind? 41Jesus sprach zu ihnen: Wärt ihr blind, so
hättet ihr keine Sünde; weil ihr aber sagt: Wir sind sehend, bleibt eure
Sünde.

10 Wahrlich, wahrlich, ich sage euch: Wer nicht zur Tür hinein-
geht in den Schafstall, sondern steigt anderswo hinein, der ist
ein Dieb und ein Räuber. 2Der aber zur Tür hineingeht, der ist der
Hirte der Schafe. 3Dem macht der Türhüter auf, und die Schafe hören
seine Stimme; und er ruft seine Schafe mit Namen und führt sie
hinaus. 4Und wenn er alle seine Schafe hinausgelassen hat, geht er vor
ihnen her, und die Schafe folgen ihm nach; denn sie kennen seine
Stimme. 5Einem Fremden aber folgen sie nicht nach, sondern fliehen
vor ihm; denn sie kennen die Stimme der Fremden nicht. 6Dies
Gleichnis sagte Jesus zu ihnen; sie verstanden aber nicht, was er
ihnen damit sagte.

7Da sprach Jesus wieder: Wahrlich, wahrlich, ich sage euch: Ich bin
die Tür zu den Schafen. 8Alle, die vor mir gekommen sind, die sind
Diebe und Räuber; aber die Schafe haben ihnen nicht gehorcht. 9Ich
bin die Tür; wenn jemand durch mich hineingeht, wird er selig
werden und wird ein- und ausgehen und Weide finden. 10Ein Dieb
kommt nur, um zu stehlen, zu schlachten und umzubringen. Ich bin
gekommen, damit sie das Leben und volle Genüge haben sollen.

11Ich bin der gute Hirte. Der gute Hirte läßt sein Leben für die
Schafe. 12Der Mietling aber, der nicht Hirte ist, dem die Schafe nicht
gehören, sieht den Wolf kommen und verläßt die Schafe und flieht –
und der Wolf stürzt sich auf die Schafe und zerstreut sie –, 13denn er
ist ein Mietling und kümmert sich nicht um die Schafe. 14Ich bin der
gute Hirte und kenne die Meinen, und die Meinen kennen mich, 15wie
mich mein Vater kennt, und ich kenne den Vater. Und ich lasse mein
Leben für die Schafe. 16Und ich habe noch andere Schafe, die sind
nicht aus diesem Stall; auch sie muß ich herführen, und sie werden
meine Stimme hören, und es wird eine Herde und ein Hirte werden.

27Meine Schafe hören meine Stimme, und ich kenne sie, und sie
folgen mir; 28und ich gebe ihnen das ewige Leben, und sie werden
nimmermehr umkommen, und niemand wird sie aus meiner Hand

reißen. 29Mein Vater, der mir sie gegeben hat, ist größer als alles, und
niemand kann sie aus des Vaters Hand reißen. 30Ich und der Vater
sind eins.

Jesus ruft Widerspruch hervor

31Da hoben die Juden Steine auf, um ihn zu steinigen. 32Jesus sprach
zu ihnen: Viele gute Werke habe ich euch erzeigt vom Vater; um
welches dieser Werke willen wollt ihr mich steinigen? 33Die Juden
antworteten ihm und sprachen: Um eines guten Werkes willen
steinigen wir dich nicht, sondern um der Gotteslästerung willen, denn
du bist ein Mensch und machst dich selbst zu Gott.

34Jesus antwortete ihnen: 37Tue ich nicht die Werke meines Vaters,
so glaubt mir nicht; 38tue ich sie aber, so glaubt doch den Werken,
wenn ihr mir nicht glauben wollt, damit ihr erkennt und wißt, daß der
Vater in mir ist und ich in ihm. 39Da suchten sie abermals, ihn zu
ergreifen. Aber er entging ihren Händen.

40Dann ging er wieder fort auf die andere Seite des Jordans an den
Ort, wo Johannes zuvor getauft hatte, und blieb dort. 41Und viele
kamen zu ihm und sprachen: Johannes hat kein Zeichen getan; aber
alles, was Johannes von diesem gesagt hat, das ist wahr. 42Und es
glaubten dort viele an ihn.

Ein Toter wird zum Zeichen des Lebens

11 Es lag aber einer krank, Lazarus aus Betanien, dem Dorf Marias
und ihrer Schwester Marta. 2Maria aber war es, die den Herrn
mit Salböl gesalbt und seine Füße mit ihrem Haar getrocknet hatte.
Deren Bruder Lazarus war krank. 3Da sandten die Schwestern zu
Jesus und ließen ihm sagen: Herr, siehe, der, den du liebhast, liegt
krank. 4Als Jesus das hörte, sprach er: Diese Krankheit ist nicht zum
Tode, sondern zur Verherrlichung Gottes, damit der Sohn Gottes
dadurch verherrlicht werde. 5Jesus aber hatte Marta lieb und ihre
Schwester und Lazarus. 6Als er nun hörte, daß er krank war, blieb er
noch zwei Tage an dem Ort, wo er war; 7danach spricht er zu seinen
Jüngern: Laßt uns wieder nach Judäa ziehen!

11Das sagte er, und danach spricht er zu ihnen: Lazarus, unser
Freund, schläft, aber ich gehe hin, ihn aufzuwecken. 12Da sprachen
seine Jünger: Herr, wenn er schläft, wird's besser mit ihm. 13Jesus aber
sprach von seinem Tode; sie meinten aber, er rede vom leiblichen
Schlaf. 14Da sagte es ihnen Jesus frei heraus: Lazarus ist gestorben;
15und ich bin froh um euretwillen, daß ich nicht dagewesen bin,

damit ihr glaubt. Aber laßt uns zu ihm gehen! 16Da sprach Thomas,
der Zwilling genannt wird, zu den Jüngern: Laßt uns mit ihm gehen,
daß wir mit ihm sterben!

17Als Jesus kam, fand er Lazarus schon vier Tage im Grabe liegen.
18Betanien aber war nahe bei Jerusalem, etwa eine halbe Stunde ent-
fernt. 19Und viele Juden waren zu Marta und Maria gekommen, sie zu
trösten wegen ihres Bruders.

20Als Marta nun hörte, daß Jesus kommt, geht sie ihm entgegen;
Maria aber blieb daheim sitzen. 21Da sprach Marta zu Jesus: Herr,
wärst du hier gewesen, mein Bruder wäre nicht gestorben. 22Aber
auch jetzt weiß ich: Was du bittest von Gott, das wird dir Gott geben.
23Jesus spricht zu ihr: Dein Bruder wird auferstehen. 24Marta
spricht zu ihm: Ich weiß wohl, daß er auferstehen wird – bei der
Auferstehung am Jüngsten Tage. 25Jesus spricht zu ihr: Ich bin die
Auferstehung und das Leben. Wer an mich glaubt, der wird leben,
auch wenn er stirbt; 26und wer da lebt und glaubt an mich, der wird
nimmermehr sterben. Glaubst du das? 27Sie spricht zu ihm: Ja, Herr,
ich glaube, daß du der Christus bist, der Sohn Gottes, der in die Welt
gekommen ist.

28Und als sie das gesagt hatte, ging sie hin und rief ihre Schwester
Maria heimlich und sprach zu ihr: Der Meister ist da und ruft dich.
29Als Maria das hörte, stand sie eilend auf und kam zu ihm. 30Jesus
aber war noch nicht in das Dorf gekommen, sondern war noch dort,
wo ihm Marta begegnet war. 31Als die Juden, die bei ihr im Hause
waren und sie trösteten, sahen, daß Maria eilend aufstand und hin-
ausging, folgten sie ihr, weil sie dachten: Sie geht zum Grab, um dort
zu weinen.

32Als nun Maria dahin kam, wo Jesus war, und sah ihn, fiel sie ihm
zu Füßen und sprach zu ihm: Herr, wärst du hier gewesen, mein
Bruder wäre nicht gestorben. 33Als Jesus sah, wie sie weinte und wie
auch die Juden weinten, die mit ihr gekommen waren, ergrimmte er
im Geist und wurde sehr betrübt 34und sprach: Wo habt ihr ihn hin-
gelegt? Sie antworteten ihm: Herr, komm und sieh es! 35Und Jesus
gingen die Augen über. 36Da sprachen die Juden: Siehe, wie hat er ihn
liebgehabt! 37Einige aber unter ihnen sprachen: Er hat dem Blinden
die Augen aufgetan; konnte er nicht auch machen, daß dieser nicht
sterben mußte?

38Da ergrimmte Jesus abermals und kam zum Grab. Es war aber
eine Höhle, und ein Stein lag davor. 39Jesus sprach: Hebt den Stein
weg! Spricht zu ihm Marta, die Schwester des Verstorbenen: Herr, er
stinkt schon; denn er liegt seit vier Tagen. 40Jesus spricht zu ihr: Habe
ich dir nicht gesagt: Wenn du glaubst, wirst du die Herrlichkeit Gottes

11,39

sehen? 41Da hoben sie den Stein weg. Jesus aber hob seine Augen auf
und sprach: Vater, ich danke dir, daß du mich erhört hast. 42Ich weiß,
daß du mich allezeit hörst; aber um des Volkes willen, das um-
hersteht, sage ich's, damit sie glauben, daß du mich gesandt hast.
43Als er das gesagt hatte, rief er mit lauter Stimme: Lazarus, komm
heraus! 44Und der Verstorbene kam heraus, gebunden mit Grab-
tüchern an Füßen und Händen, und sein Gesicht war verhüllt mit
einem Schweißtuch. Jesus spricht zu ihnen: Löst die Binden und laßt
ihn gehen!

45Viele nun von den Juden, die zu Maria gekommen waren und
sahen, was Jesus tat, glaubten an ihn.

Einer soll für alle sterben

46 Einige aber von ihnen gingen hin zu den Pharisäern und sagten
ihnen, was Jesus getan hatte. 47 Da versammelten die Hohenpriester
und die Pharisäer den Hohen Rat und sprachen: Was tun wir? Dieser
Mensch tut viele Zeichen. 48 Lassen wir ihn so, dann werden sie alle
an ihn glauben, und dann kommen die Römer und nehmen uns
Land und Leute. 49 Einer aber von ihnen, Kaiphas, der in dem Jahr
Hoherpriester war, sprach zu ihnen: Ihr wißt nichts; 50 ihr bedenkt
auch nicht: Es ist besser für euch, ein Mensch sterbe für das Volk, als
daß das ganze Volk verderbe. 51 Das sagte er aber nicht von sich aus,
sondern weil er in dem Jahr Hoherpriester war, weissagte er. Denn
Jesus sollte sterben für das Volk, 52 und nicht für das Volk allein,
sondern auch, um die verstreuten Kinder Gottes zusammenzu-
bringen. 53 Von dem Tage an war es für sie beschlossen, daß sie ihn
töteten.

Der Weg zum Leben geht durch den Tod

12 12 Als die große Menge, die aufs Fest gekommen war, hörte, daß
Jesus nach Jerusalem käme, 13 nahmen sie Palmzweige und
gingen hinaus ihm entgegen und riefen: Hosianna! Gelobt sei, der da
kommt in dem Namen des Herrn, der König von Israel! 14 Jesus aber
fand einen jungen Esel und ritt darauf, wie geschrieben steht [Sacharja
9,9]: 15 »Fürchte dich nicht, du Tochter Zion! Siehe, dein König kommt
und reitet auf einem Eselsfüllen.« 16 Das verstanden seine Jünger
zuerst nicht; doch als Jesus verherrlicht war, da dachten sie daran, daß
dies von ihm geschrieben stand und man so mit ihm getan hatte.

20 Es waren aber einige Griechen unter denen, die herauf-
gekommen waren, um anzubeten auf dem Fest. 21 Die traten zu
Philippus, der von Betsaida aus Galiläa war, und baten ihn und
sprachen: Herr, wir wollten Jesus gerne sehen. 22 Philippus kommt
und sagt es Andreas, und Philippus und Andreas sagen's Jesus weiter.
23 Jesus aber antwortete ihnen und sprach: Die Zeit ist gekommen,
daß der Menschensohn verherrlicht werde. 24 Wahrlich, wahrlich, ich
sage euch: Wenn das Weizenkorn nicht in die Erde fällt und erstirbt,
bleibt es allein; wenn es aber erstirbt, bringt es viel Frucht. 25 Wer sein
Leben liebhat, der wird's verlieren; und wer sein Leben auf dieser
Welt haßt, der wird's erhalten zum ewigen Leben. 26 Wer mir dienen
will, der folge mir nach; und wo ich bin, da soll mein Diener auch
sein. Und wer mir dienen wird, den wird mein Vater ehren.

27 Jetzt ist meine Seele betrübt. Und was soll ich sagen? Vater, hilf

12,13

mir aus dieser Stunde? Doch darum bin ich in diese Stunde gekom-
men. 28 Vater, verherrliche deinen Namen! Da kam eine Stimme vom
Himmel: Ich habe ihn verherrlicht und will ihn abermals verherr-
lichen.

Ein Herr, der seinen Knechten dient

13 Vor dem Passafest aber erkannte Jesus, daß seine Stunde
gekommen war, daß er aus dieser Welt ginge zum Vater; und
wie er die Seinen geliebt hatte, die in der Welt waren, so liebte er sie
bis ans Ende. 2 Und beim Abendessen, als schon der Teufel dem Judas,
Simons Sohn, dem Iskariot, ins Herz gegeben hatte, ihn zu verraten,
3 Jesus aber wußte, daß ihm der Vater alles in seine Hände gegeben
hatte und daß er von Gott gekommen war und zu Gott ging, 4 da

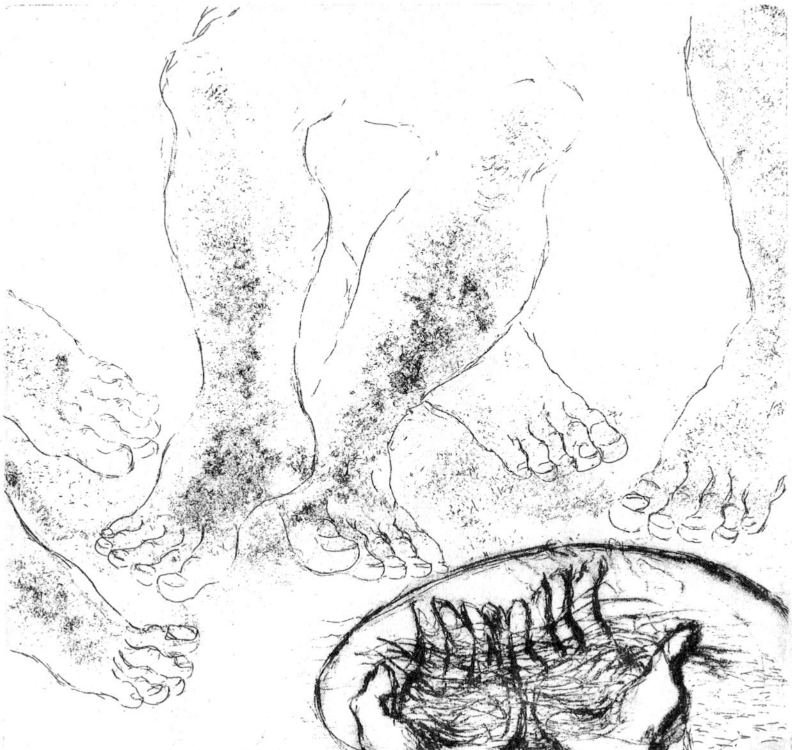

stand er vom Mahl auf, legte sein Obergewand ab und nahm einen
Schurz und umgürtete sich. 5Danach goß er Wasser in ein Becken,
fing an, den Jüngern die Füße zu waschen, und trocknete sie mit dem
Schurz, mit dem er umgürtet war. 6Da kam er zu Simon Petrus; der
sprach zu ihm: Herr, solltest du mir die Füße waschen? 7Jesus ant-
wortete und sprach zu ihm: Was ich tue, das verstehst du jetzt nicht;
du wirst es aber hernach erfahren. 8Da sprach Petrus zu ihm:
Nimmermehr sollst du mir die Füße waschen! Jesus antwortete ihm:
Wenn ich dich nicht wasche, so hast du kein Teil an mir. 9Spricht zu
ihm Simon Petrus: Herr, nicht die Füße allein, sondern auch die
Hände und das Haupt! 11Spricht Jesus zu ihm: Wer gewaschen ist,
bedarf nichts, als daß ihm die Füße gewaschen werden; denn er ist
ganz rein. Und ihr seid rein, aber nicht alle. 11Denn er kannte seinen
Verräter; darum sprach er: Ihr seid nicht alle rein.

12Als er nun ihre Füße gewaschen hatte, nahm er seine Kleider und
setzte sich wieder nieder und sprach zu ihnen: Wißt ihr, was ich euch
getan habe? 13Ihr nennt mich Meister und Herr und sagt es mit Recht,
denn ich bin's auch. 14Wenn nun ich, euer Herr und Meister, euch die
Füße gewaschen habe, so sollt auch ihr euch untereinander die Füße
waschen. 15Ein Beispiel habe ich euch gegeben, damit ihr tut, wie ich
euch getan habe. 16Wahrlich, wahrlich, ich sage euch: Der Knecht ist
nicht größer als sein Herr und der Apostel nicht größer als der, der ihn
gesandt hat. 17Wenn ihr dies wißt – selig seid ihr, wenn ihr's tut.

Jesus weiß, daß er verraten wird

21Als Jesus das gesagt hatte, wurde er betrübt im Geist und bezeugte
und sprach: Wahrlich, wahrlich, ich sage euch: Einer unter euch wird
mich verraten. 22Da sahen sich die Jünger untereinander an, und
ihnen wurde bange, von wem er wohl redete. 23Es war aber einer
unter seinen Jüngern, den Jesus liebhatte, der lag bei Tisch an der
Brust Jesu. 24Dem winkte Simon Petrus, daß er fragen sollte, wer es
wäre, von dem er redete. 25Da lehnte der sich an die Brust Jesu und
fragte ihn: Herr, wer ist's? 26Jesus antwortete: Der ist's, dem ich den
Bissen eintauche und gebe. Und er nahm den Bissen, tauchte ihn ein
und gab ihn Judas, dem Sohn des Simon Iskariot. 27Und als der den
Bissen nahm, fuhr der Satan in ihn. Da sprach Jesus zu ihm: Was du
tust, das tue bald! 28Aber niemand am Tisch wußte, wozu er ihm das
sagte. 29Einige meinten, weil Judas den Beutel hatte, spräche Jesus zu
ihm: Kaufe, was wir zum Fest nötig haben!, oder daß er den Armen
etwas geben sollte. 30Als er nun den Bissen genommen hatte, ging er
alsbald hinaus. Und es war Nacht.

36Spricht Simon Petrus zu ihm: Herr, wo gehst du hin? Jesus ant-
wortete ihm: Wo ich hingehe, kannst du mir diesmal nicht folgen;
aber du wirst mir später folgen. 37Petrus spricht zu ihm: Herr, warum
kann ich dir diesmal nicht folgen? Ich will mein Leben für dich lassen.
38Jesus antwortete ihm: Du willst dein Leben für mich lassen? Wahr-
lich, wahrlich, ich sage dir: Der Hahn wird nicht krähen, bis du mich
dreimal verleugnet hast.

Jesus – der Weg, die Wahrheit und das Leben

14 Euer Herz erschrecke nicht! Glaubt an Gott und glaubt an
mich! 2In meines Vaters Hause sind viele Wohnungen. Wenn's
nicht so wäre, hätte ich dann zu euch gesagt: Ich gehe hin, euch
die Stätte zu bereiten? 3Und wenn ich hingehe, euch die Stätte zu
bereiten, will ich wiederkommen und euch zu mir nehmen, damit ihr
seid, wo ich bin. 4Und wo ich hingehe, den Weg wißt ihr.

5Spricht zu ihm Thomas: Herr, wir wissen nicht, wo du hingehst;
wie können wir den Weg wissen? 6Jesus spricht zu ihm: Ich bin der
Weg und die Wahrheit und das Leben; niemand kommt zum Vater
denn durch mich. 7Wenn ihr mich erkannt habt, so werdet ihr auch
meinen Vater erkennen. Und von nun an kennt ihr ihn und habt ihn
gesehen.

8Spricht zu ihm Philippus: Herr, zeige uns den Vater, und es genügt
uns. 9Jesus spricht zu ihm: So lange bin ich bei euch, und du kennst
mich nicht, Philippus? Wer mich sieht, der sieht den Vater!

16Und ich will den Vater bitten, und er wird euch einen andern
Tröster geben, daß er bei euch sei in Ewigkeit: 17den Geist der Wahr-
heit, den die Welt nicht empfangen kann, denn sie sieht ihn nicht und
kennt ihn nicht. Ihr kennt ihn, denn er bleibt bei euch und wird in
euch sein. 18Ich will euch nicht als Waisen zurücklassen; ich komme
zu euch. 19Es ist noch eine kleine Zeit, dann wird mich die Welt nicht
mehr sehen. Ihr aber sollt mich sehen, denn ich lebe, und ihr sollt
auch leben. 26Aber der Tröster, der heilige Geist, den mein Vater
senden wird in meinem Namen, der wird euch alles lehren und euch
an alles erinnern, was ich euch gesagt habe.

27Den Frieden lasse ich euch, meinen Frieden gebe ich euch. Nicht
gebe ich euch, wie die Welt gibt. Euer Herz erschrecke nicht und
fürchte sich nicht. 28Ihr habt gehört, daß ich euch gesagt habe: Ich
gehe hin und komme wieder zu euch. Hättet ihr mich lieb, so würdet
ihr euch freuen, daß ich zum Vater gehe; denn der Vater ist größer als
ich.

Jesus – der Weinstock

15 Ich bin der wahre Weinstock, und mein Vater der Weingärtner.
2Eine jede Rebe an mir, die keine Frucht bringt, wird er weg-
nehmen; und eine jede, die Frucht bringt, wird er reinigen, daß sie
mehr Frucht bringe. 3Ihr seid schon rein um des Wortes willen, das
ich zu euch geredet habe. 4Bleibt in mir und ich in euch. Wie die Rebe
keine Frucht bringen kann aus sich selbst, wenn sie nicht am Wein-
stock bleibt, so auch ihr nicht, wenn ihr nicht in mir bleibt. 5Ich bin
der Weinstock, ihr seid die Reben. Wer in mir bleibt und ich in ihm,
der bringt viel Frucht; denn ohne mich könnt ihr nichts tun. 6Wer
nicht in mir bleibt, der wird weggeworfen wie eine Rebe und verdorrt,
und man sammelt sie und wirft sie ins Feuer, und sie müssen
brennen. 7Wenn ihr in mir bleibt und meine Worte in euch bleiben,
werdet ihr bitten, was ihr wollt, und es wird euch widerfahren. 8Darin
wird mein Vater verherrlicht, daß ihr viel Frucht bringt und werdet
meine Jünger.

Jesus will Freunde, keine Knechte

9Wie mich mein Vater liebt, so liebe ich euch auch. Bleibt in meiner
Liebe! 10Wenn ihr meine Gebote haltet, so bleibt ihr in meiner Liebe,
wie ich meines Vaters Gebote halte und bleibe in seiner Liebe. 11Das
sage ich euch, damit meine Freude in euch bleibe und eure Freude
vollkommen werde.

12Das ist mein Gebot, daß ihr euch untereinander liebt, wie ich
euch liebe. 13Niemand hat größere Liebe als die, daß er sein Leben
läßt für seine Freunde. 14Ihr seid meine Freunde, wenn ihr tut, was ich
euch gebiete. 15Ich sage hinfort nicht, daß ihr Knechte seid; denn ein
Knecht weiß nicht, was sein Herr tut. Euch aber habe ich gesagt, daß
ihr Freunde seid; denn alles, was ich von meinem Vater gehört habe,
habe ich euch kundgetan.

16Nicht ihr habt mich erwählt, sondern ich habe euch erwählt und
bestimmt, daß ihr hingeht und Frucht bringt und eure Frucht bleibt,
damit, wenn ihr den Vater bittet in meinem Namen, er's euch gebe.

17Das gebiete ich euch, daß ihr euch untereinander liebt.

18Wenn euch die Welt haßt, so wißt, daß sie mich vor euch gehaßt
hat. 19Wäret ihr von der Welt, so hätte die Welt das Ihre lieb. Weil ihr
aber nicht von der Welt seid, sondern ich euch aus der Welt erwählt
habe, darum haßt euch die Welt.

Jesus tröstet seine Jünger

16 12 Ich habe euch noch viel zu sagen; aber ihr könnt es jetzt
nicht ertragen. 13 Wenn aber jener, der Geist der Wahrheit,
kommen wird, wird er euch in alle Wahrheit leiten. Denn er wird nicht
aus sich selber reden; sondern was er hören wird, das wird er reden,
und was zukünftig ist, wird er euch verkündigen.

16 Noch eine kleine Weile, dann werdet ihr mich nicht mehr sehen;
und abermals eine kleine Weile, dann werdet ihr mich sehen. 21 Eine
Frau, wenn sie gebiert, so hat sie Schmerzen, denn ihre Stunde ist
gekommen. Wenn sie aber das Kind geboren hat, denkt sie nicht
mehr an die Angst um der Freude willen, daß ein Mensch zur Welt
gekommen ist. 22 Und auch ihr habt nun Traurigkeit; aber ich will
euch wiedersehen, und euer Herz soll sich freuen, und eure Freude
soll niemand von euch nehmen.

33 Das habe ich mit euch geredet, damit ihr in mir Frieden habt. In
der Welt habt ihr Angst; aber seid getrost, ich habe die Welt überwunden.

Jesus bittet für seine Jünger

17 So redete Jesus, und hob seine Augen auf zum Himmel und
sprach: Vater, die Stunde ist da; verherrliche deinen Sohn,
damit der Sohn dich verherrliche; 2 denn du hast ihm Macht gegeben
über alle Menschen, damit er das ewige Leben gebe allen, die du ihm
gegeben hast. 3 Das ist aber das ewige Leben, daß sie dich, der du
allein wahrer Gott bist, und den du gesandt hast, Jesus Christus,
erkennen.

6 Ich habe deinen Namen den Menschen offenbart, die du mir aus
der Welt gegeben hast. Sie waren dein, und du hast sie mir gegeben,
und sie haben dein Wort bewahrt.

16 Sie sind nicht von der Welt, wie auch ich nicht von der Welt bin.
17 Heilige sie in der Wahrheit; dein Wort ist die Wahrheit. 18 Wie du
mich gesandt hast in die Welt, so sende ich sie auch in die Welt.
19 Ich heilige mich selbst für sie, damit auch sie geheiligt seien in der
Wahrheit.

20 Ich bitte aber nicht allein für sie, sondern auch für die, die durch
ihr Wort an mich glauben werden, 21 damit sie alle eins seien. Wie du,
Vater, in mir bist und ich in dir, so sollen auch sie in uns sein, damit
die Welt glaube, daß du mich gesandt hast.

Das Leiden und Sterben Jesu (Kapitel 18-19)

(Mt 26–27; Mk 14–15; Lk 22–23)

Jesus wird verhaftet

18 Als Jesus das geredet hatte, ging er hinaus mit seinen Jüngern
über den Bach Kidron; da war ein Garten, in den gingen Jesus
und seine Jünger. 2Judas aber, der ihn verriet, kannte den Ort auch,
denn Jesus versammelte sich oft dort mit seinen Jüngern.
3Als nun Judas die Schar der Soldaten mit sich genommen hatte
und Knechte von den Hohenpriestern und Pharisäern, kommt er
dahin mit Fackeln, Lampen und mit Waffen. 4Da nun Jesus alles
wußte, was ihm begegnen sollte, ging er hinaus und sprach zu ihnen:
Wen sucht ihr? 5Sie antworteten ihm: Jesus von Nazareth. Er spricht
zu ihnen: Ich bin's! Judas aber, der ihn verriet, stand auch bei ihnen.
6Als nun Jesus zu ihnen sagte: Ich bin's!, wichen sie zurück und fielen
zu Boden. 7Da fragte er sie abermals: Wen sucht ihr? Sie aber
sprachen: Jesus von Nazareth. 8Jesus antwortete: Ich habe euch
gesagt, daß ich es bin. Sucht ihr mich, so laßt diese gehen! 9Damit
sollte das Wort erfüllt werden, das er gesagt hatte: Ich habe keinen
von denen verloren, die du mir gegeben hast.
10Simon Petrus aber hatte ein Schwert und zog es und schlug nach
dem Knecht des Hohenpriesters und hieb ihm sein rechtes Ohr ab.
Und der Knecht hieß Malchus. 11Da sprach Jesus zu Petrus: Steck
dein Schwert in die Scheide! Soll ich den Kelch nicht trinken, den mir
mein Vater gegeben hat?

Vor dem Religionsgericht

Petrus läßt Jesus im Stich

12Die Schar aber und ihr Anführer und die Knechte der Juden nahmen
Jesus und banden ihn 13und führten ihn zuerst zu Hannas; der war
der Schwiegervater des Kaiphas, der in jenem Jahr Hoherpriester war.
14Kaiphas aber war es, der den Juden geraten hatte, es wäre gut, ein
Mensch stürbe für das ganze Volk.
15Simon Petrus aber folgte Jesus nach und ein anderer Jünger.
Dieser Jünger war dem Hohenpriester bekannt und ging mit Jesus
hinein in den Palast des Hohenpriesters. 16Petrus aber stand draußen
vor der Tür. Da kam der andere Jünger, der dem Hohenpriester
bekannt war, heraus und redete mit der Türhüterin und führte Petrus
hinein. 17Da sprach die Magd, die Türhüterin, zu Petrus: Bist du nicht

auch einer von den Jüngern dieses Menschen? Er sprach: Ich bin's
nicht. [18]Es standen aber die Knechte und Diener und hatten ein
Kohlenfeuer gemacht, denn es war kalt, und sie wärmten sich. Aber
auch Petrus stand bei ihnen und wärmte sich.

[19]Der Hohepriester befragte nun Jesus über seine Jünger und über
seine Lehre. [20]Jesus antwortete ihm: Ich habe frei und offen vor aller
Welt geredet. Ich habe allezeit gelehrt in der Synagoge und im Tempel,
wo alle Juden zusammenkommen, und habe nichts im Verborgenen
geredet. [21]Was fragst du mich? Frage die, die gehört haben, was ich zu
ihnen geredet habe. Siehe, sie wissen, was ich gesagt habe. [22]Als er so
redete, schlug einer von den Knechten, die dabeistanden, Jesus ins
Gesicht und sprach: Sollst du dem Hohenpriester so antworten?
[23]Jesus antwortete: Habe ich übel geredet, so beweise, daß es böse ist;
habe ich aber recht geredet, was schlägst du mich? [24]Und Hannas
sandte ihn gebunden zu dem Hohenpriester Kaiphas.

[25]Simon Petrus aber stand da und wärmte sich. Da sprachen sie zu
ihm: Bist du nicht einer seiner Jünger? Er leugnete und sprach: Ich
bin's nicht. [26]Spricht einer von den Knechten des Hohenpriesters, ein
Verwandter dessen, dem Petrus das Ohr abgehauen hatte: Sah ich
dich nicht im Garten bei ihm? [27]Da leugnete Petrus abermals, und als-
bald krähte der Hahn.

Pilatus will Jesus freilassen

[28]Da führten sie Jesus von Kaiphas zum Prätorium; es war früh am
Morgen. Und sie gingen nicht hinein, damit sie nicht unrein würden,
sondern das Passamahl essen könnten. [29]Da kam Pilatus zu ihnen
heraus und fragte: Was für eine Klage bringt ihr gegen diesen
Menschen vor? [30]Sie antworteten und sprachen zu ihm: Wäre dieser
nicht ein Übeltäter, wir hätten ihn dir nicht überantwortet. [31]Da
sprach Pilatus zu ihnen: So nehmt ihr ihn hin und richtet ihn nach
eurem Gesetz. Da sprachen die Juden zu ihm: Wir dürfen niemand
töten. [32]So sollte das Wort Jesu erfüllt werden, das er gesagt hatte, um
anzuzeigen, welchen Todes er sterben würde.

[33]Da ging Pilatus wieder hinein ins Prätorium und rief Jesus und
fragte ihn: Bist du der König der Juden? [34]Jesus antwortete: Sagst du
das von dir aus, oder haben dir's andere über mich gesagt? [35]Pilatus
antwortete: Bin ich ein Jude? Dein Volk und die Hohenpriester haben
dich mir überantwortet. Was hast du getan? [36]Jesus antwortete: Mein
Reich ist nicht von dieser Welt. Wäre mein Reich von dieser Welt,
meine Diener würden darum kämpfen, daß ich den Juden nicht über-
antwortet würde; nun aber ist mein Reich nicht von dieser Welt. [37]Da

18,38

fragte ihn Pilatus: So bist du dennoch ein König? Jesus antwortete: Du
sagst es, ich bin ein König. Ich bin dazu geboren und in die Welt
gekommen, daß ich die Wahrheit bezeugen soll. Wer aus der Wahr-
heit ist, der hört meine Stimme. 38Spricht Pilatus zu ihm: Was ist
Wahrheit?

Und als er das gesagt hatte, ging er wieder hinaus zu den Juden
und spricht zu ihnen: Ich finde keine Schuld an ihm. 39Es besteht
aber die Gewohnheit bei euch, daß ich euch einen zum Passafest
losgebe; wollt ihr nun, daß ich euch den König der Juden losgebe?
40Da schrien sie wiederum: Nicht diesen, sondern Barabbas!
Barabbas aber war ein Räuber.

19 Da nahm Pilatus Jesus und ließ ihn geißeln. 2Und die Soldaten
flochten eine Krone aus Dornen und setzten sie auf sein Haupt
und legten ihm ein Purpurgewand an 3und traten zu ihm und
sprachen: Sei gegrüßt, König der Juden! und schlugen ihm ins
Gesicht. 4Da ging Pilatus wieder hinaus und sprach zu ihnen: Seht,
ich führe ihn heraus zu euch, damit ihr erkennt, daß ich keine Schuld
an ihm finde. 5Und Jesus kam heraus und trug die Dornenkrone und
das Purpurgewand. Und Pilatus spricht zu ihnen: Seht, welch ein
Mensch!

Pilatus läßt sich umstimmen

6Als ihn die Hohenpriester und die Knechte sahen, schrien sie:
Kreuzige! kreuzige! Pilatus spricht zu ihnen: Nehmt ihr ihn hin und
kreuzigt ihn, denn ich finde keine Schuld an ihm. 7Die Juden ant-
worteten ihm: Wir haben ein Gesetz, und nach dem Gesetz muß er
sterben, denn er hat sich selbst zu Gottes Sohn gemacht. 8Als Pilatus
dies Wort hörte, fürchtete er sich noch mehr 9und ging wieder hinein
in das Prätorium und spricht zu Jesus: Woher bist du? Aber Jesus gab
ihm keine Antwort. 10Da sprach Pilatus zu ihm: Redest du nicht mit
mir? Weißt du nicht, daß ich Macht habe, dich loszugeben, und Macht
habe, dich zu kreuzigen? 11Jesus antwortete: Du hättest keine Macht
über mich, wenn es dir nicht von oben her gegeben wäre. Darum: der
mich dir überantwortet hat, der hat größere Sünde. 12Von da an
trachtete Pilatus danach, ihn freizulassen.

Die Juden aber schrien: Läßt du diesen frei, so bist du des Kaisers
Freund nicht; denn wer sich zum König macht, der ist gegen den
Kaiser. 13Als Pilatus diese Worte hörte, führte er Jesus heraus und
setzte sich auf den Richterstuhl an der Stätte, die da heißt Stein-
pflaster, auf hebräisch Gabata. 14Es war aber am Rüsttag für das Passa-
fest um die sechste Stunde. Und er spricht zu den Juden: Seht, das ist

euer König! 15Sie schrien aber: Weg, weg mit dem! Kreuzige ihn!
Spricht Pilatus zu ihnen: Soll ich euren König kreuzigen? Die Hohen-
priester antworteten: Wir haben keinen König als den Kaiser. 16Da
überantwortete er ihnen Jesus, daß er gekreuzigt würde.

Jesus wird gekreuzigt

Sie nahmen ihn aber, 17und er trug sein Kreuz und ging hinaus zur
Stätte, die da heißt Schädelstätte, auf hebräisch Golgatha. 18Dort
kreuzigten sie ihn und mit ihm zwei andere zu beiden Seiten, Jesus
aber in der Mitte. 19Pilatus aber schrieb eine Aufschrift und setzte sie
auf das Kreuz; und es war geschrieben: Jesus von Nazareth, der König
der Juden. 20Diese Aufschrift lasen viele Juden, denn die Stätte,
wo Jesus gekreuzigt wurde, war nahe bei der Stadt. Und es war
geschrieben in hebräischer, lateinischer und griechischer Sprache.
21Da sprachen die Hohenpriester der Juden zu Pilatus: Schreib nicht:
Der König der Juden, sondern, daß er gesagt hat: Ich bin der König der
Juden. 22Pilatus antwortete: Was ich geschrieben habe, das habe ich
geschrieben.

23Als aber die Soldaten Jesus gekreuzigt hatten, nahmen sie seine
Kleider und machten vier Teile, für jeden Soldaten einen Teil, dazu
auch das Gewand. Das war aber ungenäht, von oben an gewebt in
einem Stück. 24Da sprachen sie untereinander: Laßt uns das nicht
zerteilen, sondern darum losen, wem es gehören soll. So sollte die
Schrift erfüllt werden, die sagt [Psalm 22,19]: »Sie haben meine
Kleider unter sich geteilt und haben über mein Gewand das Los
geworfen.« Das taten die Soldaten.

Jesus stirbt

25Es standen aber bei dem Kreuz Jesu seine Mutter und seiner Mutter
Schwester, Maria, die Frau des Klopas, und Maria von Magdala. 26Als
nun Jesus seine Mutter sah und bei ihr den Jünger, den er liebhatte,
spricht er zu seiner Mutter: Frau, siehe, das ist dein Sohn! 27Danach
spricht er zu dem Jünger: Siehe, das ist deine Mutter! Und von der
Stunde an nahm sie der Jünger zu sich.

28Danach, als Jesus wußte, daß schon alles vollbracht war, spricht
er, damit die Schrift erfüllt würde: Mich dürstet. 29Da stand ein Gefäß
voll Essig. Sie aber füllten einen Schwamm mit Essig und steckten ihn
auf ein Ysoprohr und hielten es ihm an den Mund. 30Als nun Jesus
den Essig genommen hatte, sprach er: Es ist vollbracht! und neigte
das Haupt und verschied.

[31]Weil es aber Rüsttag war und die Leichname nicht am Kreuz
bleiben sollten den Sabbat über – denn dieser Sabbat war ein hoher
Festtag –, baten die Juden Pilatus, daß ihnen die Beine gebrochen und
sie abgenommen würden. [32]Da kamen die Soldaten und brachen
dem ersten die Beine und auch dem andern, der mit ihm gekreuzigt
war. [33]Als sie aber zu Jesus kamen und sahen, daß er schon gestorben
war, brachen sie ihm die Beine nicht; [34]sondern einer der Soldaten
stieß mit dem Speer in seine Seite, und sogleich kam Blut und Wasser
heraus. [35]Und der das gesehen hat, der hat es bezeugt, und sein
Zeugnis ist wahr, und er weiß, daß er die Wahrheit sagt, damit auch
ihr glaubt. [36]Denn das ist geschehen, damit die Schrift erfüllt würde
[2.Mose 12,46]: »Ihr sollt ihm kein Bein zerbrechen.« [37]Und
wiederum sagt die Schrift an einer andern Stelle [Sacharja 12,10]:
»Sie werden den sehen, den sie durchbohrt haben.«

Ein Freund begräbt Jesus

[38]Danach bat Josef von Arimathäa, der ein Jünger Jesu war, doch
heimlich, aus Furcht vor den Juden, den Pilatus, daß er den Leichnam
Jesu abnehmen dürfe. Und Pilatus erlaubte es. Da kam er und nahm
den Leichnam Jesu ab. [39]Es kam aber auch Nikodemus, der vormals
in der Nacht zu Jesus gekommen war, und brachte Myrrhe gemischt
mit Aloe, etwa hundert Pfund. [40]Da nahmen sie den Leichnam
Jesu und banden ihn in Leinentücher mit wohlriechenden Ölen, wie
die Juden zu begraben pflegen. [41]Es war aber an der Stätte, wo er
gekreuzigt wurde, ein Garten und im Garten ein neues Grab, in das
noch nie jemand gelegt worden war. [42]Dahin legten sie Jesus wegen
des Rüsttags der Juden, weil das Grab nahe war.

Die Jünger verstehen nichts

20 Am ersten Tag der Woche kommt Maria von Magdala früh, als
es noch finster war, zum Grab und sieht, daß der Stein vom
Grab weg war. [2]Da läuft sie und kommt zu Simon Petrus und zu dem
andern Jünger, den Jesus liebhatte, und spricht zu ihnen: Sie haben
den Herrn weggenommen aus dem Grab, und wir wissen nicht, wo
sie ihn hingelegt haben.

[3]Da ging Petrus und der andere Jünger hinaus, und sie kamen zum
Grab. [4]Es liefen aber die zwei miteinander, und der andere Jünger lief
voraus, schneller als Petrus, und kam zuerst zum Grab, [5]schaut hinein
und sieht die Leinentücher liegen; er ging aber nicht hinein. [6]Da kam
Simon Petrus ihm nach und ging in das Grab hinein und sieht die

20,14

Leinentücher liegen, [7]aber das Schweißtuch, das Jesus um das Haupt
gebunden war, nicht bei den Leinentüchern liegen, sondern daneben,
zusammengewickelt an einem besonderen Ort. [8]Da ging auch der
andere Jünger hinein, der zuerst zum Grab gekommen war, und sah
und glaubte. [9]Denn sie verstanden die Schrift noch nicht, daß er von
den Toten auferstehen müßte. [10]Da gingen die Jünger wieder heim.

Maria von Magdala wird angesprochen

[11]Maria aber stand draußen vor dem Grab und weinte. Als sie nun
weinte, schaute sie in das Grab [12]und sieht zwei Engel in weißen
Gewändern sitzen, einen zu Häupten und den andern zu den Füßen,
wo sie den Leichnam Jesu hingelegt hatten. [13]Und die sprachen zu
ihr: Frau, was weinst du? Sie spricht zu ihnen: Sie haben meinen
Herrn weggenommen, und ich weiß nicht, wo sie ihn hingelegt haben.
[14]Und als sie das sagte, wandte sie sich um und sieht Jesus stehen
und weiß nicht, daß es Jesus ist. [15]Spricht Jesus zu ihr: Frau, was
weinst du? Wen suchst du? Sie meint, es sei der Gärtner, und spricht
zu ihm: Herr, hast du ihn weggetragen, so sage mir, wo du ihn hinge-
legt hast; dann will ich ihn holen. [16]Spricht Jesus zu ihr: Maria! Da
wandte sie sich um und spricht zu ihm auf hebräisch: Rabbuni!, das
heißt: Meister! [17]Spricht Jesus zu ihr: Rühre mich nicht an! denn ich
bin noch nicht aufgefahren zum Vater. Geh aber hin zu meinen Brü-
dern und sage ihnen: Ich fahre auf zu meinem Vater und zu eurem
Vater, zu meinem Gott und zu eurem Gott.

[18]Maria von Magdala geht und verkündigt den Jüngern: Ich habe
den Herrn gesehen, und das hat er zu mir gesagt.

Der Auftrag an die Jünger

[19]Am Abend aber dieses ersten Tages der Woche, als die Jünger ver-
sammelt und die Türen verschlossen waren aus Furcht vor den Juden,
kam Jesus und trat mitten unter sie und spricht zu ihnen: Friede sei
mit euch! [20]Und als er das gesagt hatte, zeigte er ihnen die Hände und
seine Seite. Da wurden die Jünger froh, daß sie den Herrn sahen. [21]Da
sprach Jesus abermals zu ihnen: Friede sei mit euch! Wie mich der
Vater gesandt hat, so sende ich euch. [22]Und als er das gesagt hatte,
blies er sie an und spricht zu ihnen: Nehmt hin den heiligen Geist!
[23]Welchen ihr die Sünden erlaßt, denen sind sie erlassen; und
welchen ihr sie behaltet, denen sind sie behalten.

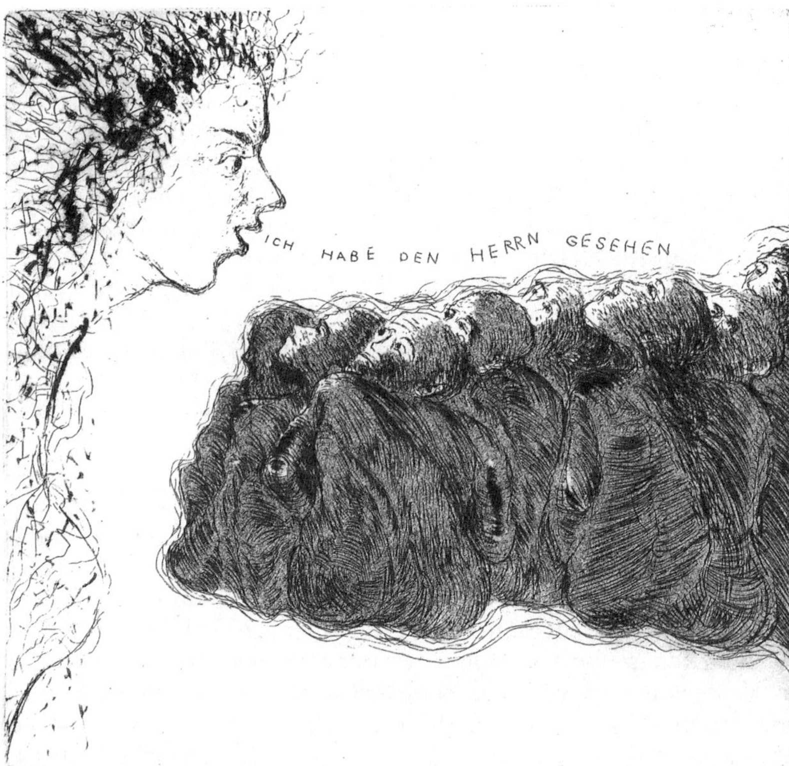
ICH HABE DEN HERRN GESEHEN

Der Zweifel wird in Glauben verwandelt

24Thomas aber, der Zwilling genannt wird, einer der Zwölf, war nicht
bei ihnen, als Jesus kam. 25Da sagten die andern Jünger zu ihm: Wir
haben den Herrn gesehen. Er aber sprach zu ihnen: Wenn ich nicht in
seinen Händen die Nägelmale sehe und meinen Finger in die Nägel-
male lege und meine Hand in seine Seite lege, kann ich's nicht
glauben.

26Und nach acht Tagen waren seine Jünger abermals drinnen
versammelt, und Thomas war bei ihnen. Kommt Jesus, als die Türen
verschlossen waren, und tritt mitten unter sie und spricht: Friede sei
mit euch! 27Danach spricht er zu Thomas: Reiche deinen Finger her
und sieh meine Hände und reiche deine Hand her und lege sie in
meine Seite, und sei nicht ungläubig, sondern gläubig! 28Thomas ant-
wortete und sprach zu ihm: Mein Herr und mein Gott! 29Spricht
Jesus zu ihm: Weil du mich gesehen hast, Thomas, darum glaubst du.
Selig sind, die nicht sehen und doch glauben!

30Noch viele andere Zeichen tat Jesus vor seinen Jüngern, die nicht
geschrieben sind in diesem Buch. 31Diese aber sind geschrieben,
damit ihr glaubt, daß Jesus der Christus ist, der Sohn Gottes, und
damit ihr durch den Glauben das Leben habt in seinem Namen.

Aus Traurigkeit wird Freude

21 Danach offenbarte sich Jesus abermals den Jüngern am See
Tiberias. Er offenbarte sich aber so: 2Es waren beieinander
Simon Petrus und Thomas, der Zwilling genannt wird, und Nathanael
aus Kana in Galiläa und die Söhne des Zebedäus und zwei andere
seiner Jünger. 3Spricht Simon Petrus zu ihnen: Ich will fischen gehen.
Sie sprechen zu ihm: So wollen wir mit dir gehen. Sie gingen hinaus
und stiegen in das Boot, und in dieser Nacht fingen sie nichts. 4Als es
aber schon Morgen war, stand Jesus am Ufer, aber die Jünger wußten
nicht, daß es Jesus war. 5Spricht Jesus zu ihnen: Kinder, habt ihr nichts
zu essen? Sie antworteten ihm: Nein. 6Er aber sprach zu ihnen: Werft
das Netz aus zur Rechten des Bootes, so werdet ihr finden. Da warfen
sie es aus und konnten's nicht mehr ziehen wegen der Menge der
Fische. 7Da spricht der Jünger, den Jesus liebhatte, zu Petrus: Es ist der
Herr! Als Simon Petrus hörte, daß es der Herr war, gürtete er sich das
Obergewand um, denn er war nackt, und warf sich ins Wasser.

8Die andern Jünger aber kamen mit dem Boot, denn sie waren
nicht fern vom Land, nur etwa zweihundert Ellen, und zogen das Netz
mit den Fischen. 9Als sie nun ans Land stiegen, sahen sie ein Kohlen-

feuer und Fische darauf und Brot. 10 Spricht Jesus zu ihnen: Bringt von
den Fischen, die ihr jetzt gefangen habt! 11 Simon Petrus stieg hinein
und zog das Netz an Land, voll großer Fische, hundertdreiundfünfzig.
Und obwohl es so viele waren, zerriß doch das Netz nicht. 12 Spricht
Jesus zu ihnen: Kommt und haltet das Mahl! Niemand aber unter den
Jüngern wagte, ihn zu fragen: Wer bist du? Denn sie wußten, daß es
der Herr war. 13 Da kommt Jesus und nimmt das Brot und gibt's ihnen,
desgleichen auch die Fische. 14 Das ist nun das dritte Mal, daß Jesus
den Jüngern offenbart wurde, nachdem er von den Toten auferstanden
war.

15 Als sie nun das Mahl gehalten hatten, spricht Jesus zu Simon
Petrus: Simon, Sohn des Johannes, hast du mich lieber, als mich diese
haben? Er spricht zu ihm: Ja, Herr, du weißt, daß ich dich liebhabe.
Spricht Jesus zu ihm: Weide meine Lämmer! 16 Spricht er zum zweiten
Mal zu ihm: Simon, Sohn des Johannes, hast du mich lieb? Er spricht
zu ihm: Ja, Herr, du weißt, daß ich dich liebhabe. Spricht Jesus zu ihm:
Weide meine Schafe! 17 Spricht er zum dritten Mal zu ihm: Simon,
Sohn des Johannes, hast du mich lieb? Petrus wurde traurig, weil er
zum dritten Mal zu ihm sagte: Hast du mich lieb?, und sprach zu ihm:
Herr, du weißt alle Dinge, du weißt, daß ich dich liebhabe. Spricht
Jesus zu ihm: Weide meine Schafe!

18 Wahrlich, wahrlich, ich sage dir: Als du jünger warst, gürtetest du
dich selbst und gingst, wo du hin wolltest; wenn du aber alt wirst,
wirst du deine Hände ausstrecken, und ein anderer wird dich gürten
und führen, wo du nicht hin willst. 19 Das sagte er aber, um anzu-
zeigen, mit welchem Tod er Gott preisen würde. Und als er das gesagt
hatte, spricht er zu ihm: Folge mir nach!

20 Petrus aber wandte sich um und sah den Jünger folgen, den Jesus
liebhatte, der auch beim Abendessen an seiner Brust gelegen und
gesagt hatte: Herr, wer ist's, der dich verrät? 21 Als Petrus diesen sah,
spricht er zu Jesus: Herr, was wird aber mit diesem? 22 Jesus spricht zu
ihm: Wenn ich will, daß er bleibt, bis ich komme, was geht es dich an?
Folge du mir nach! 23 Da kam unter den Brüdern die Rede auf: Dieser
Jünger stirbt nicht. Aber Jesus hatte nicht zu ihm gesagt: Er stirbt
nicht, sondern: Wenn ich will, daß er bleibt, bis ich komme, was geht
es dich an?

24 Dies ist der Jünger, der dies alles bezeugt und aufgeschrieben hat,
und wir wissen, daß sein Zeugnis wahr ist. 25 Es sind noch viele
andere Dinge, die Jesus getan hat. Wenn aber eins nach dem andern
aufgeschrieben werden sollte, so würde, meine ich, die Welt die
Bücher nicht fassen, die zu schreiben wären.

DIE APOSTELGESCHICHTE DES LUKAS

Jesus Christus gibt seinen Jüngern zum Abschied ein Versprechen

1 Den ersten Bericht habe ich gegeben, lieber Theophilus, von all
dem, was Jesus von Anfang an tat und lehrte 2bis zu dem Tag, an
dem er aufgenommen wurde, nachdem er den Aposteln, die er
erwählt hatte, durch den heiligen Geist Weisung gegeben hatte.
3Ihnen zeigte er sich nach seinem Leiden durch viele Beweise als der
Lebendige und ließ sich sehen unter ihnen vierzig Tage lang und
redete mit ihnen vom Reich Gottes.

4Und als er mit ihnen zusammen war, befahl er ihnen, Jerusalem
nicht zu verlassen, sondern zu warten auf die Verheißung des Vaters,
die ihr, so sprach er, von mir gehört habt; 5denn Johannes hat mit
Wasser getauft, ihr aber sollt mit dem heiligen Geist getauft werden
nicht lange nach diesen Tagen.

6Die nun zusammengekommen waren, fragten ihn und sprachen:
Herr, wirst du in dieser Zeit wieder aufrichten das Reich für Israel? 7Er
sprach aber zu ihnen: Es gebührt euch nicht, Zeit oder Stunde zu
wissen, die der Vater in seiner Macht bestimmt hat; 8aber ihr werdet
die Kraft des heiligen Geistes empfangen, der auf euch kommen wird,
und werdet meine Zeugen sein in Jerusalem und in ganz Judäa und
Samarien und bis an das Ende der Erde.

9Und als er das gesagt hatte, wurde er zusehends aufgehoben, und
eine Wolke nahm ihn auf vor ihren Augen weg. 10Und als sie ihm
nachsahen, wie er gen Himmel fuhr, siehe, da standen bei ihnen zwei
Männer in weißen Gewändern. 11Die sagten: Ihr Männer von Galiläa,
was steht ihr da und seht zum Himmel? Dieser Jesus, der von euch
weg gen Himmel aufgenommen wurde, wird so wiederkommen, wie
ihr ihn habt gen Himmel fahren sehen.

12Da kehrten sie nach Jerusalem zurück von dem Berg, der heißt
Ölberg und liegt nahe bei Jerusalem, einen Sabbatweg entfernt. 13Und
als sie hineinkamen, stiegen sie hinauf in das Obergemach des Hauses,
wo sie sich aufzuhalten pflegten: Petrus, Johannes, Jakobus und
Andreas, Philippus und Thomas, Bartholomäus und Matthäus,
Jakobus, der Sohn des Alphäus, und Simon der Zelot und Judas, der
Sohn des Jakobus. 14Diese alle waren stets beieinander einmütig im
Gebet samt den Frauen und Maria, der Mutter Jesu, und seinen Brüdern.

2,4

Erfüllt vom Geist Gottes

2 Und als der Pfingsttag gekommen war, waren sie alle an einem
Ort beieinander. 2Und es geschah plötzlich ein Brausen vom
Himmel wie von einem gewaltigen Wind und erfüllte das ganze Haus,
in dem sie saßen. 3Und es erschienen ihnen Zungen zerteilt, wie von
Feuer; und er setzte sich auf einen jeden von ihnen, 4und sie wurden
alle erfüllt von dem heiligen Geist und fingen an, zu predigen in
andern Sprachen, wie der Geist ihnen gab auszusprechen. 5Es
wohnten aber in Jerusalem Juden, die waren gottesfürchtige Männer
aus allen Völkern unter dem Himmel.

6Als nun dieses Brausen geschah, kam die Menge zusammen und
wurde bestürzt; denn ein jeder hörte sie in seiner eigenen Sprache
reden. 7Sie entsetzten sich aber, verwunderten sich und sprachen: Sie-
he, sind nicht diese alle, die da reden, aus Galiläa? 8Wie hören wir
denn jeder seine eigene Muttersprache? 9Parther und Meder und
Elamiter und die wir wohnen in Mesopotamien und Judäa, Kappa-
dozien, Pontus und der Provinz Asien, 10Phrygien und Pamphylien,
Ägypten und der Gegend von Kyrene in Libyen und Einwanderer aus
Rom, 11Juden und Judengenossen, Kreter und Araber: wir hören sie in
unsern Sprachen von den großen Taten Gottes reden. 12Sie entsetzten
sich aber alle und wurden ratlos und sprachen einer zu dem andern:
Was will das werden? 13Andere aber hatten ihren Spott und sprachen:
Sie sind voll von süßem Wein.

14Da trat Petrus auf mit den Elf, erhob seine Stimme und redete zu
ihnen: Ihr Juden, liebe Männer und alle, die ihr in Jerusalem wohnt,
das sei euch kundgetan, und laßt meine Worte zu euren Ohren
eingehen! 15Denn diese sind nicht betrunken, wie ihr meint, ist es
doch erst die dritte Stunde am Tage; 16sondern das ist's, was durch
den Propheten Joel gesagt worden ist [Joel 3,1-5]: 17»Und es soll
geschehen in den letzten Tagen, spricht Gott, da will ich ausgießen
von meinem Geist auf alles Fleisch; und eure Söhne und eure Töchter
sollen weissagen, und eure Jünglinge sollen Gesichte sehen, und eure
Alten sollen Träume haben; 18und auf meine Knechte und auf meine
Mägde will ich in jenen Tagen von meinem Geist ausgießen, und sie
sollen weissagen.«

22Ihr Männer von Israel, hört diese Worte: Jesus von Nazareth, von
Gott unter euch ausgewiesen durch Taten und Wunder und Zeichen,
die Gott durch ihn in eurer Mitte getan hat, wie ihr selbst wißt – 23die-
sen Mann, der durch Gottes Ratschluß und Vorsehung dahingegeben
war, habt ihr durch die Hand der Heiden ans Kreuz geschlagen und
umgebracht. 32Diesen Jesus hat Gott auferweckt; dessen sind wir alle

Zeugen. [33]Da er nun durch die rechte Hand Gottes erhöht ist und
empfangen hat den verheißenen heiligen Geist vom Vater, hat er
diesen ausgegossen, wie ihr hier seht und hört. [36]So wisse nun das
ganze Haus Israel gewiß, daß Gott diesen Jesus, den ihr gekreuzigt
habt, zum Herrn und Christus gemacht hat.

Gottes Geist schafft neue Gemeinschaft

[37]Als sie aber das hörten, ging's ihnen durchs Herz, und sie sprachen
zu Petrus und den andern Aposteln: Ihr Männer, liebe Brüder, was
sollen wir tun? [38]Petrus sprach zu ihnen: Tut Buße, und jeder von
euch lasse sich taufen auf den Namen Jesu Christi zur Vergebung
eurer Sünden, so werdet ihr empfangen die Gabe des heiligen Geistes.
[39]Denn euch und euren Kindern gilt diese Verheißung, und allen, die
fern sind, so viele der Herr, unser Gott, herzurufen wird. [40]Auch mit
vielen andern Worten bezeugte er das und ermahnte sie und sprach:
Laßt euch erretten aus diesem verkehrten Geschlecht! [41]Die nun sein
Wort annahmen, ließen sich taufen; und an diesem Tage wurden
hinzugefügt etwa dreitausend Menschen.

[42]Sie blieben aber beständig in der Lehre der Apostel und in der
Gemeinschaft und im Brotbrechen und im Gebet. [43]Es kam aber
Furcht über alle Seelen, und es geschahen auch viele Wunder und
Zeichen durch die Apostel. [44]Alle aber, die gläubig geworden waren,
waren beieinander und hatten alle Dinge gemeinsam. [45]Sie verkauften
Güter und Habe und teilten sie aus unter alle, je nachdem es einer
nötig hatte. [46]Und sie waren täglich einmütig beieinander im Tempel
und brachen das Brot hier und dort in den Häusern, hielten die Mahl-
zeiten mit Freude und lauterem Herzen [47]und lobten Gott und fanden
Wohlwollen beim ganzen Volk. Der Herr aber fügte täglich zur
Gemeinde hinzu, die gerettet wurden.

Petrus heilt im Auftrag Jesu Christi

3 Petrus aber und Johannes gingen hinauf in den Tempel um die
neunte Stunde, zur Gebetszeit. [2]Und es wurde ein Mann herbei-
getragen, lahm von Mutterleibe; den setzte man täglich vor die Tür
des Tempels, die da heißt die Schöne, damit er um Almosen bettelte
bei denen, die in den Tempel gingen. [3]Als er nun Petrus und Johannes
sah, wie sie in den Tempel hineingehen wollten, bat er um ein
Almosen. [4]Petrus aber blickte ihn an mit Johannes und sprach: Sieh
uns an! [5]Und er sah sie an und wartete darauf, daß er etwas von
ihnen empfinge. [6]Petrus aber sprach: Silber und Gold habe ich nicht;

was ich aber habe, das gebe ich dir: Im Namen Jesu Christi von
Nazareth steh auf und geh umher! 7Und er ergriff ihn bei der rechten
Hand und richtete ihn auf. Sogleich wurden seine Füße und Knöchel
fest, 8er sprang auf, konnte gehen und stehen und ging mit ihnen in
den Tempel, lief und sprang umher und lobte Gott.

9Und es sah ihn alles Volk umhergehen und Gott loben. 10Sie
erkannten ihn auch, daß er es war, der vor der Schönen Tür des Tem-
pels gesessen und um Almosen gebettelt hatte; und Verwunderung
und Entsetzen erfüllte sie über das, was ihm widerfahren war. 11Als er
sich aber zu Petrus und Johannes hielt, lief alles Volk zu ihnen in die
Halle, die da heißt Salomos, und sie wunderten sich sehr.

12Als Petrus das sah, sprach er zu dem Volk: Ihr Männer von Israel,
was wundert ihr euch darüber, oder was seht ihr auf uns, als hätten
wir durch eigene Kraft oder Frömmigkeit bewirkt, daß dieser gehen
kann? 13Der Gott Abrahams und Isaaks und Jakobs, der Gott unsrer
Väter, hat seinen Knecht Jesus verherrlicht, den ihr überantwortet und
verleugnet habt vor Pilatus, als der ihn loslassen wollte. 14Ihr aber
habt den Heiligen und Gerechten verleugnet und darum gebeten, daß
man euch den Mörder schenke; 15aber den Fürsten des Lebens habt
ihr getötet. Den hat Gott auferweckt von den Toten; dessen sind wir
Zeugen. 26Für euch zuerst hat Gott seinen Knecht Jesus erweckt und
hat ihn zu euch gesandt, euch zu segnen, daß ein jeder sich bekehre
von seiner Bosheit.

Petrus und Johannes reden ohne Angst

4 Während sie zum Volk redeten, traten zu ihnen die Priester und
der Hauptmann des Tempels und die Sadduzäer, 2die verdroß,
daß sie das Volk lehrten und verkündigten an Jesus die Auferstehung
von den Toten. 3Und sie legten Hand an sie und setzten sie gefangen
bis zum Morgen; denn es war schon Abend.

5Als nun der Morgen kam, versammelten sich ihre Oberen und
Ältesten und Schriftgelehrten in Jerusalem, 6auch Hannas, der Hohe-
priester, und Kaiphas und Johannes und Alexander und alle, die vom
Hohenpriestergeschlecht waren; 7und sie stellten sie vor sich und
fragten sie: Aus welcher Kraft oder in welchem Namen habt ihr das
getan?

8Petrus, voll des heiligen Geistes, sprach zu ihnen: Ihr Oberen des
Volkes und ihr Ältesten! 9Wenn wir heute verhört werden wegen
dieser Wohltat an dem kranken Menschen, durch wen er gesund
geworden ist, 10so sei euch und dem ganzen Volk Israel kundgetan:
Im Namen Jesu Christi von Nazareth, den ihr gekreuzigt habt, den

Gott von den Toten auferweckt hat; durch ihn steht dieser hier
gesund vor euch. 11Das ist der Stein, von euch Bauleuten verworfen,
der zum Eckstein geworden ist. 12Und in keinem andern ist das
Heil, auch ist kein andrer Name unter dem Himmel den Menschen
gegeben, durch den wir sollen selig werden.

13Sie sahen aber den Freimut des Petrus und Johannes und
wunderten sich; denn sie merkten, daß sie ungelehrte und einfache
Leute waren, und wußten auch von ihnen, daß sie mit Jesus gewesen
waren. 14Sie sahen aber den Menschen, der gesund geworden war, bei
ihnen stehen und wußten nichts dagegen zu sagen. 15Da hießen sie
sie hinausgehen aus dem Hohen Rat und verhandelten miteinander
und sprachen: 16Was wollen wir mit diesen Menschen tun? Denn daß
ein offenkundiges Zeichen durch sie geschehen ist, ist allen bekannt,
die in Jerusalem wohnen, und wir können's nicht leugnen. 17Aber
damit es nicht weiter einreiße unter dem Volk, wollen wir ihnen
drohen, daß sie hinfort zu keinem Menschen in diesem Namen reden.
18Und sie riefen sie und geboten ihnen, keinesfalls zu reden oder zu
lehren in dem Namen Jesu. 19Petrus aber und Johannes antworteten
und sprachen zu ihnen: Urteilt selbst, ob es vor Gott recht ist, daß wir
euch mehr gehorchen als Gott. 20Wir können's ja nicht lassen, von
dem zu reden, was wir gesehen und gehört haben. 21Da drohten sie
ihnen und ließen sie gehen um des Volkes willen.

23Und als man sie hatte gehen lassen, kamen sie zu den Ihren und
berichteten, was die Hohenpriester und Ältesten zu ihnen gesagt
hatten.

Ein mutiges Bekenntnis

5 12Es geschahen aber viele Zeichen und Wunder im Volk durch
die Hände der Apostel; und sie waren alle in der Halle Salomos
einmütig beieinander. 13Von den andern aber wagte keiner, ihnen zu
nahe zu kommen; doch das Volk hielt viel von ihnen.

17Es erhoben sich aber der Hohepriester und alle, die mit ihm
waren, nämlich die Partei der Sadduzäer, von Eifersucht erfüllt, 18und
legten Hand an die Apostel und warfen sie in das öffentliche Gefäng-
nis. 19Aber der Engel des Herrn tat in der Nacht die Türen des Gefäng-
nisses auf und führte sie heraus und sprach: 20Geht hin und tretet
im Tempel auf und redet zum Volk alle Worte des Lebens. 21Als
sie das gehört hatten, gingen sie frühmorgens in den Tempel und
lehrten.

26Da ging der Hauptmann mit den Knechten hin und holte sie,
doch nicht mit Gewalt; denn sie fürchteten sich vor dem Volk, daß sie

gesteinigt würden. 27Und sie brachten sie und stellten sie vor den
Hohen Rat. Und der Hohepriester fragte sie 28und sprach: Haben wir
euch nicht streng geboten, in diesem Namen nicht zu lehren? Und
seht, ihr habt Jerusalem erfüllt mit eurer Lehre und wollt das Blut
dieses Menschen über uns bringen.

29Petrus aber und die Apostel antworteten und sprachen: Man
muß Gott mehr gehorchen als den Menschen. 30Der Gott unsrer
Väter hat Jesus auferweckt, den ihr an das Holz gehängt und getötet
habt. 31Den hat Gott durch seine rechte Hand erhöht zum Fürsten
und Heiland, um Israel Buße und Vergebung der Sünden zu geben.
32Und wir sind Zeugen dieses Geschehens und mit uns der heilige
Geist, den Gott denen gegeben hat, die ihm gehorchen.

33Als sie das hörten, ging's ihnen durchs Herz, und sie wollten sie
töten. 34Da stand aber im Hohen Rat ein Pharisäer auf mit Namen
Gamaliel, ein Schriftgelehrter, vom ganzen Volk in Ehren gehalten,
und ließ die Männer für kurze Zeit hinausführen. 35Und er sprach zu
ihnen: Ihr Männer von Israel, seht genau zu, was ihr mit diesen
Menschen tun wollt. 38Laßt ab von diesen Menschen und laßt sie
gehen! Ist dies Vorhaben oder dies Werk von Menschen, so wird's
untergehen; 39ist es aber von Gott, so könnt ihr sie nicht vernichten –
damit ihr nicht dasteht als solche, die gegen Gott streiten wollen. Da
stimmten sie ihm zu 40und riefen die Apostel herein, ließen sie
geißeln und geboten ihnen, sie sollten nicht mehr im Namen Jesu
reden, und ließen sie gehen.

41Sie gingen aber fröhlich von dem Hohen Rat fort, weil sie würdig
gewesen waren, um Seines Namens willen Schmach zu leiden, 42und
sie hörten nicht auf, alle Tage im Tempel und hier und dort in den
Häusern zu lehren und zu predigen das Evangelium von Jesus
Christus.

Helfer werden ernannt

6 In diesen Tagen aber, als die Zahl der Jünger zunahm, erhob sich
ein Murren unter den griechischen Juden in der Gemeinde gegen
die hebräischen, weil ihre Witwen übersehen wurden bei der täg-
lichen Versorgung. 2Da riefen die Zwölf die Menge der Jünger zusam-
men und sprachen: Es ist nicht recht, daß wir für die Mahlzeiten
sorgen und darüber das Wort Gottes vernachlässigen. 3Darum, ihr
lieben Brüder, seht euch um nach sieben Männern in eurer Mitte, die
einen guten Ruf haben und voll heiligen Geistes und Weisheit sind,
die wir bestellen wollen zu diesem Dienst. 4Wir aber wollen ganz
beim Gebet und beim Dienst des Wortes bleiben.

[5]Und die Rede gefiel der ganzen Menge gut; und sie wählten
Stephanus, einen Mann voll Glaubens und heiligen Geistes, und
Philippus und Prochorus und Nikanor und Timon und Parmenas und
Nikolaus, den Judengenossen aus Antiochia. [6]Diese Männer stellten
sie vor die Apostel; die beteten und legten die Hände auf sie. [7]Und
das Wort Gottes breitete sich aus, und die Zahl der Jünger wurde sehr
groß in Jerusalem. Es wurden auch viele Priester dem Glauben
gehorsam.

Stephanus wird gesteinigt

[8]Stephanus aber, voll Gnade und Kraft, tat Wunder und große
Zeichen unter dem Volk. [9]Da standen einige auf und stritten mit
Stephanus. [10]Doch sie vermochten nicht zu widerstehen der Weisheit
und dem Geist, in dem er redete. [11]Da stifteten sie einige Männer an,
die sprachen: Wir haben ihn Lästerworte reden hören gegen Mose
und gegen Gott. [12]Und sie brachten das Volk und die Ältesten und die
Schriftgelehrten auf, traten herzu und ergriffen ihn und führten ihn
vor den Hohen Rat [13]und stellten falsche Zeugen auf, die sprachen:
Dieser Mensch hört nicht auf, zu reden gegen diese heilige Stätte und
das Gesetz. [14]Denn wir haben ihn sagen hören: Dieser Jesus von
Nazareth wird diese Stätte zerstören und die Ordnungen ändern, die
uns Mose gegeben hat. [15]Und alle, die im Rat saßen, blickten auf ihn
und sahen sein Angesicht wie eines Engels Angesicht.
7 Da fragte der Hohepriester: Ist das so?
[2]Er aber sprach: [51]Ihr Halsstarrigen, mit verstockten Herzen und
tauben Ohren, ihr widerstrebt allezeit dem heiligen Geist, wie eure
Väter, so auch ihr. [52]Welchen Propheten haben eure Väter nicht ver-
folgt? Und sie haben getötet, die zuvor verkündigten das Kommen
des Gerechten, dessen Verräter und Mörder ihr nun geworden seid.
[53]Ihr habt das Gesetz empfangen durch Weisung von Engeln und
habt's nicht gehalten.

[54]Als sie das hörten, ging's ihnen durchs Herz, und sie knirschten
mit den Zähnen über ihn. [55]Er aber, voll heiligen Geistes, sah auf zum
Himmel und sah die Herrlichkeit Gottes und Jesus stehen zur
Rechten Gottes [56]und sprach: Siehe, ich sehe den Himmel offen und
den Menschensohn zur Rechten Gottes stehen. [57]Sie schrien aber laut
und hielten sich ihre Ohren zu und stürmten einmütig auf ihn ein,
[58]stießen ihn zur Stadt hinaus und steinigten ihn.

Und die Zeugen legten ihre Kleider ab zu den Füßen eines jungen
Mannes, der hieß Saulus, [59]und sie steinigten Stephanus; der rief den
Herrn an und sprach: Herr Jesus, nimm meinen Geist auf! [60]Er fiel auf

die Knie und schrie laut: Herr, rechne ihnen diese Sünde nicht an!
Und als er das gesagt hatte, verschied er.
8,1Saulus aber hatte Gefallen an seinem Tode.

Die Gemeinde wird verfolgt – und wächst

8 Es erhob sich aber an diesem Tag eine große Verfolgung über
die Gemeinde in Jerusalem; da zerstreuten sich alle in die
Länder Judäa und Samarien, außer den Aposteln. 2Es bestatteten aber
den Stephanus gottesfürchtige Männer und hielten eine große Klage
über ihn. 3Saulus aber suchte die Gemeinde zu zerstören, ging von
Haus zu Haus, schleppte Männer und Frauen fort und warf sie ins
Gefängnis.

4Die nun zerstreut worden waren, zogen umher und predigten das
Wort. 5Philippus aber kam hinab in die Hauptstadt Samariens und
predigte ihnen von Christus.

Die Botschaft von Jesus Christus kommt nach Afrika

26Aber der Engel des Herrn redete zu Philippus und sprach: Steh auf
und geh nach Süden auf die Straße, die von Jerusalem nach Gaza
hinabführt und öde ist. 27Und er stand auf und ging hin. Und siehe,
ein Mann aus Äthiopien, ein Kämmerer und Mächtiger am Hof der
Kandake, der Königin von Äthiopien, welcher ihren ganzen Schatz
verwaltete, der war nach Jerusalem gekommen, um anzubeten. 28Nun
zog er wieder heim und saß auf seinem Wagen und las den
Propheten Jesaja.

29Der Geist aber sprach zu Philippus: Geh hin und halte dich zu
diesem Wagen! 30Da lief Philippus hin und hörte, daß er den
Propheten Jesaja las, und fragte: Verstehst du auch, was du liest? 31Er
aber sprach: Wie kann ich, wenn mich nicht jemand anleitet? Und er
bat Philippus, aufzusteigen und sich zu ihm zu setzen. 32Der Inhalt
aber der Schrift, die er las, war dieser [Jesaja 53,7.8]: »Wie ein Schaf,
das zur Schlachtung geführt wird, und wie ein Lamm, das vor seinem
Scherer verstummt, so tut er seinen Mund nicht auf. 33In seiner
Erniedrigung wurde sein Urteil aufgehoben. Wer kann seine Nachkommen aufzählen? Denn sein Leben wird von der Erde weggenommen.« 34Da antwortete der Kämmerer dem Philippus und sprach: Ich
bitte dich, von wem redet der Prophet das, von sich selber oder von
jemand anderem? 35Philippus aber tat seinen Mund auf und fing mit
diesem Wort der Schrift an und predigte ihm das Evangelium von
Jesus.

36Und als sie auf der Straße dahinfuhren, kamen sie an ein Wasser.
Da sprach der Kämmerer: Siehe, da ist Wasser; was hindert's, daß ich
mich taufen lasse? 38Und er ließ den Wagen halten, und beide stiegen
in das Wasser hinab, Philippus und der Kämmerer, und er taufte ihn.
39Als sie aber aus dem Wasser heraufstiegen, entrückte der Geist des
Herrn den Philippus, und der Kämmerer sah ihn nicht mehr; er zog
aber seine Straße fröhlich.

Vom Verfolger zum Zeugen – Paulus wird berufen

9 Saulus [= Paulus] aber schnaubte noch mit Drohen und Morden
gegen die Jünger des Herrn und ging zum Hohenpriester 2und
bat ihn um Briefe nach Damaskus an die Synagogen, damit er
Anhänger des neuen Weges, Männer und Frauen, wenn er sie dort
fände, gefesselt nach Jerusalem führe.
3Als er aber auf dem Wege war und in die Nähe von Damaskus
kam, umleuchtete ihn plötzlich ein Licht vom Himmel; 4und er fiel
auf die Erde und hörte eine Stimme, die sprach zu ihm: Saul, Saul, was
verfolgst du mich? 5Er aber sprach: Herr, wer bist du? Der sprach: Ich
bin Jesus, den du verfolgst. 6Steh auf und geh in die Stadt; da wird
man dir sagen, was du tun sollst. 7Die Männer aber, die seine Gefähr-
ten waren, standen sprachlos da; denn sie hörten zwar die Stimme,
aber sahen niemanden. 8Saulus aber richtete sich auf von der Erde;
und als er seine Augen aufschlug, sah er nichts. Sie nahmen ihn aber
bei der Hand und führten ihn nach Damaskus; 9und er konnte drei
Tage nicht sehen und aß nicht und trank nicht.
10Es war aber ein Jünger in Damaskus mit Namen Hananias; dem
erschien der Herr und sprach: Hananias! Und er sprach: Hier bin ich,
Herr. 11Der Herr sprach zu ihm: Steh auf und geh in die Straße, die die
Gerade heißt, und frage in dem Haus des Judas nach einem Mann mit
Namen Saulus von Tarsus. Denn siehe, er betet 12und hat in einer
Erscheinung einen Mann gesehen mit Namen Hananias, der zu ihm
hereinkam und die Hand auf ihn legte, damit er wieder sehend werde.
13Hananias aber antwortete: Herr, ich habe von vielen gehört über
diesen Mann, wieviel Böses er deinen Heiligen in Jerusalem angetan
hat; 14und hier hat er Vollmacht von den Hohenpriestern, alle
gefangenzunehmen, die deinen Namen anrufen. 15Doch der Herr
sprach zu ihm: Geh nur hin; denn dieser ist mein auserwähltes Werk-
zeug, daß er meinen Namen trage vor Heiden und vor Könige und vor
das Volk Israel. 16Ich will ihm zeigen, wieviel er leiden muß um
meines Namens willen. 17Und Hananias ging hin und kam in das
Haus und legte die Hände auf ihn und sprach: Lieber Bruder Saul, der

Herr hat mich gesandt, Jesus, der dir auf dem Wege hierher
erschienen ist, daß du wieder sehend und mit dem heiligen Geist
erfüllt werdest. [18]Und sogleich fiel es von seinen Augen wie
Schuppen, und er wurde wieder sehend; und er stand auf, ließ sich
taufen [19]und nahm Speise zu sich und stärkte sich.

Saulus blieb aber einige Tage bei den Jüngern in Damaskus. [20]Und
alsbald predigte er in den Synagogen von Jesus, daß dieser Gottes
Sohn sei. [21]Alle aber, die es hörten, entsetzten sich und sprachen: Ist
das nicht der, der in Jerusalem alle vernichten wollte, die diesen
Namen anrufen, und ist er nicht deshalb hierhergekommen, daß er sie
gefesselt zu den Hohenpriestern führe? [22]Saulus aber gewann immer
mehr an Kraft und trieb die Juden in die Enge, die in Damaskus
wohnten, und bewies, daß Jesus der Christus ist. [23]Nach mehreren
Tagen aber hielten die Juden Rat und beschlossen, ihn zu töten.
[24]Aber es wurde Saulus bekannt, daß sie ihm nachstellten. Sie
bewachten Tag und Nacht auch die Tore, um ihn zu töten. [25]Da
nahmen ihn seine Jünger bei Nacht und ließen ihn in einem Korb die
Mauer hinab.

[26]Als er aber nach Jerusalem kam, versuchte er, sich zu den
Jüngern zu halten; doch sie fürchteten sich alle vor ihm und glaubten
nicht, daß er ein Jünger wäre. [27]Barnabas aber nahm ihn zu sich und
führte ihn zu den Aposteln und erzählte ihnen, wie Saulus auf dem
Wege den Herrn gesehen und daß der mit ihm geredet und wie er in
Damaskus im Namen Jesu frei und offen gepredigt hätte. [28]Und er
ging bei ihnen in Jerusalem ein und aus und predigte im Namen des
Herrn frei und offen. [29]Er redete und stritt auch mit den griechischen
Juden; aber sie stellten ihm nach, um ihn zu töten. [30]Als das die
Brüder erfuhren, geleiteten sie ihn nach Cäsarea und schickten ihn
weiter nach Tarsus.

[31]So hatte nun die Gemeinde Frieden in ganz Judäa und Galiläa
und Samarien und baute sich auf und lebte in der Furcht des Herrn
und mehrte sich unter dem Beistand des heiligen Geistes.

Petrus lernt dazu

10 Es war aber ein Mann in Cäsarea mit Namen Kornelius, ein
Hauptmann der Abteilung, die die Italische genannt wurde.
[2]Der war fromm und gottesfürchtig mit seinem ganzen Haus und gab
dem Volk viele Almosen und betete immer zu Gott. [3]Der hatte eine
Erscheinung um die neunte Stunde am Tage und sah deutlich einen
Engel Gottes bei sich eintreten; der sprach zu ihm: Kornelius! [4]Er
aber sah ihn an, erschrak und fragte: Herr, was ist? Der sprach zu ihm:

9,8

Deine Gebete und deine Almosen sind vor Gott gekommen, und er
hat ihrer gedacht. 5Und nun sende Männer nach Joppe und laß holen
Simon mit dem Beinamen Petrus. 6Der ist zu Gast bei einem Gerber
Simon, dessen Haus am Meer liegt. 7Und als der Engel, der mit ihm
redete, hinweggegangen war, rief Kornelius zwei seiner Knechte und
einen frommen Soldaten von denen, die ihm dienten, 8und erzählte
ihnen alles und sandte sie nach Joppe.

9Am nächsten Tag, als diese auf dem Weg waren und in die Nähe
der Stadt kamen, stieg Petrus auf das Dach, zu beten um die sechste
Stunde. 10Und als er hungrig wurde, wollte er essen. Während sie ihm
aber etwas zubereiteten, geriet er in Verzückung 11und sah den
Himmel aufgetan und etwas wie ein großes leinenes Tuch herab-
kommen, an vier Zipfeln niedergelassen auf die Erde. 12Darin waren
allerlei vierfüßige und kriechende Tiere der Erde und Vögel des
Himmels. 13Und es geschah eine Stimme zu ihm: Steh auf, Petrus,
schlachte und iß! 14Petrus aber sprach: O nein, Herr; denn ich habe
noch nie etwas Verbotenes und Unreines gegessen. 15Und die Stimme
sprach zum zweitenmal zu ihm: Was Gott rein gemacht hat, das
nenne du nicht verboten. 16Und das geschah dreimal; und alsbald
wurde das Tuch wieder hinaufgenommen gen Himmel.

17Als aber Petrus noch ratlos war, was die Erscheinung bedeute, die
er gesehen hatte, siehe, da fragten die Männer, von Kornelius gesandt,
nach dem Haus Simons und standen an der Tür, 18riefen und fragten,
ob Simon mit dem Beinamen Petrus hier zu Gast wäre. 19Während
aber Petrus nachsann über die Erscheinung, sprach der Geist zu ihm:
Siehe, drei Männer suchen dich; 20so steh auf, steig hinab und geh mit
ihnen und zweifle nicht, denn ich habe sie gesandt.

21Da stieg Petrus hinab zu den Männern und sprach: Siehe, ich
bin's, den ihr sucht; warum seid ihr hier? 22Sie aber sprachen: Der
Hauptmann Kornelius, ein frommer und gottesfürchtiger Mann mit
gutem Ruf bei dem ganzen Volk der Juden, hat Befehl empfangen von
einem heiligen Engel, daß er dich sollte holen lassen in sein Haus und
hören, was du zu sagen hast. 23Da rief er sie herein und beherbergte
sie.

Am nächsten Tag machte er sich auf und zog mit ihnen, und einige
Brüder aus Joppe gingen mit ihm. 24Und am folgenden Tag kam er
nach Cäsarea. Kornelius aber wartete auf sie und hatte seine Ver-
wandten und nächsten Freunde zusammengerufen. 25Und als Petrus
hereinkam, ging ihm Kornelius entgegen und fiel ihm zu Füßen und
betete ihn an. 26Petrus aber richtete ihn auf und sprach: Steh auf, ich
bin auch nur ein Mensch. 27Und während er mit ihm redete, ging er
hinein und fand viele, die zusammengekommen waren. 28Und er

sprach zu ihnen: Ihr wißt, daß es einem jüdischen Mann nicht erlaubt
ist, mit einem Fremden umzugehen oder zu ihm zu kommen; aber
Gott hat mir gezeigt, daß ich keinen Menschen meiden oder unrein
nennen soll. [29]Darum habe ich mich nicht geweigert zu kommen, als
ich geholt wurde. So frage ich euch nun, warum ihr mich habt holen
lassen. [30]Kornelius sprach: Vor vier Tagen um diese Zeit betete
ich um die neunte Stunde in meinem Hause. Und siehe, da stand
ein Mann vor mir in einem leuchtenden Gewand [31]und sprach:
Kornelius, dein Gebet ist erhört, und deiner Almosen ist gedacht
worden vor Gott. [32]So sende nun nach Joppe und laß herrufen Simon
mit dem Beinamen Petrus, der zu Gast ist im Hause des Gerbers
Simon am Meer. [33]Da sandte ich sofort zu dir; und du hast recht
getan, daß du gekommen bist. Nun sind wir alle hier vor Gott
zugegen, um alles zu hören, was dir vom Herrn befohlen ist.

[34]Petrus aber tat seinen Mund auf und sprach: Nun erfahre ich in
Wahrheit, daß Gott die Person nicht ansieht; [35]sondern in jedem
Volk, wer ihn fürchtet und recht tut, der ist ihm angenehm. [36]Er hat
das Wort dem Volk Israel gesandt und Frieden verkündigt durch
Jesus Christus, welcher ist Herr über alle. [37]Ihr wißt, was in ganz Judäa
geschehen ist, angefangen von Galiläa nach der Taufe, die Johannes
predigte, [38]wie Gott Jesus von Nazareth gesalbt hat mit heiligem Geist
und Kraft; der ist umhergezogen und hat Gutes getan und alle gesund
gemacht, die in der Gewalt des Teufels waren, denn Gott war mit ihm.
[39]Und wir sind Zeugen für alles, was er getan hat im jüdischen Land
und in Jerusalem. Den haben sie an das Holz gehängt und getötet.
[40]Den hat Gott auferweckt am dritten Tag und hat ihn erscheinen
lassen, [41]nicht dem ganzen Volk, sondern uns, den von Gott vorher
erwählten Zeugen, die wir mit ihm gegessen und getrunken haben,
nachdem er auferstanden war von den Toten. [42]Und er hat uns
geboten, dem Volk zu predigen und zu bezeugen, daß er von Gott
bestimmt ist zum Richter der Lebenden und der Toten. [43]Von diesem
bezeugen alle Propheten, daß durch seinen Namen alle, die an ihn
glauben, Vergebung der Sünden empfangen sollen.

[44]Während Petrus noch diese Worte redete, fiel der heilige Geist
auf alle, die dem Wort zuhörten. [45]Und die gläubig gewordenen
Juden, die mit Petrus gekommen waren, entsetzten sich, weil auch auf
die Heiden die Gabe des heiligen Geistes ausgegossen wurde; [46]denn
sie hörten, daß sie in Zungen redeten und Gott hoch priesen. Da ant-
wortete Petrus: [47]Kann auch jemand denen das Wasser zur Taufe ver-
wehren, die den heiligen Geist empfangen haben ebenso wie wir?
[48]Und er befahl, sie zu taufen in dem Namen Jesu Christi. Da baten
sie ihn, noch einige Tage dazubleiben.

11 Es kam aber den Aposteln und Brüdern in Judäa zu Ohren, daß
auch die Heiden Gottes Wort angenommen hatten. 2Und als
Petrus hinaufkam nach Jerusalem, stritten die gläubig gewordenen
Juden mit ihm 3und sprachen: Du bist zu Männern gegangen, die
nicht Juden sind, und hast mit ihnen gegessen! 4Petrus aber fing an
und erzählte es ihnen der Reihe nach und sprach: 17Wenn nun Gott
ihnen die gleiche Gabe gegeben hat wie auch uns, die wir zum
Glauben gekommen sind an den Herrn Jesus Christus: wer war ich,
daß ich Gott wehren konnte? 18Als sie das hörten, schwiegen sie still
und lobten Gott und sprachen: So hat Gott auch den Heiden die
Umkehr gegeben, die zum Leben führt!

In Antiochia (Syrien) entsteht eine Christengemeinde

19Die aber zerstreut waren wegen der Verfolgung, die sich wegen
Stephanus erhob, gingen bis nach Phönizien und Zypern und
Antiochia und verkündigten das Wort niemandem als allein den
Juden. 20Es waren aber einige unter ihnen, Männer aus Zypern und
Kyrene, die kamen nach Antiochia und redeten auch zu den Griechen
und predigten das Evangelium vom Herrn Jesus. 21Und die Hand des
Herrn war mit ihnen, und eine große Zahl wurde gläubig und
bekehrte sich zum Herrn.

22Es kam aber die Kunde davon der Gemeinde von Jerusalem zu
Ohren; und sie sandten Barnabas, daß er nach Antiochia ginge.
25Barnabas aber zog aus nach Tarsus, Saulus zu suchen. 26Und als er
ihn fand, brachte er ihn nach Antiochia. Und sie blieben ein ganzes
Jahr bei der Gemeinde und lehrten viele. In Antiochia wurden die
Jünger zuerst Christen genannt.

27In diesen Tagen kamen Propheten von Jerusalem nach Antiochia.
28Und einer von ihnen mit Namen Agabus trat auf und sagte durch
den Geist eine große Hungersnot voraus, die über den ganzen Erd-
kreis kommen sollte; dies geschah unter dem Kaiser Klaudius. 29Aber
unter den Jüngern beschloß ein jeder, nach seinem Vermögen den
Brüdern, die in Judäa wohnten, eine Gabe zu senden. 30Das taten sie
auch und schickten sie zu den Ältesten durch Barnabas und Saulus.

Petrus wird gerettet

12 Um diese Zeit legte der König Herodes Hand an einige von der
Gemeinde, sie zu mißhandeln. 2Er tötete aber Jakobus, den
Bruder des Johannes, mit dem Schwert.

3Und als er sah, daß es den Juden gefiel, fuhr er fort und nahm

auch Petrus gefangen. Es waren aber eben die Tage der Ungesäuerten
Brote. 4Als er ihn nun ergriffen hatte, warf er ihn ins Gefängnis und
überantwortete ihn vier Wachen von je vier Soldaten, ihn zu
bewachen. Denn er gedachte, ihn nach dem Fest vor das Volk zu
stellen. 5So wurde nun Petrus im Gefängnis festgehalten; aber die
Gemeinde betete ohne Aufhören für ihn zu Gott.

6Und in jener Nacht, als ihn Herodes vorführen lassen wollte,
schlief Petrus zwischen zwei Soldaten, mit zwei Ketten gefesselt, und
die Wachen vor der Tür bewachten das Gefängnis. 7Und siehe, der
Engel des Herrn kam herein, und Licht leuchtete auf in dem Raum;
und er stieß Petrus in die Seite und weckte ihn und sprach: Steh
schnell auf! Und die Ketten fielen ihm von seinen Händen. 8Und der
Engel sprach zu ihm: Gürte dich und zieh deine Schuhe an! Und er
tat es. Und er sprach zu ihm: Wirf deinen Mantel um und folge mir!
9Und er ging hinaus und folgte ihm und wußte nicht, daß ihm das
wahrhaftig geschehe durch den Engel, sondern meinte, eine Erschei-
nung zu sehen. 10Sie gingen aber durch die erste und zweite Wache
und kamen zu dem eisernen Tor, das zur Stadt führt; das tat sich
ihnen von selber auf. Und sie traten hinaus und gingen eine Straße
weit, und alsbald verließ ihn der Engel. 11Und als Petrus zu sich
gekommen war, sprach er: Nun weiß ich wahrhaftig, daß der Herr
seinen Engel gesandt und mich aus der Hand des Herodes errettet hat
und von allem, was das jüdische Volk erwartete.

12Und als er sich besonnen hatte, ging er zum Haus Marias, der
Mutter des Johannes mit dem Beinamen Markus, wo viele beieinander
waren und beteten. 13Als er aber an das Hoftor klopfte, kam eine
Magd mit Namen Rhode, um zu hören, wer da wäre. 14Und als sie die
Stimme des Petrus erkannte, tat sie vor Freude das Tor nicht auf, lief
hinein und verkündete, Petrus stünde vor dem Tor. 15Sie aber
sprachen zu ihr: Du bist von Sinnen. Doch sie bestand darauf, es wäre
so. Da sprachen sie: Es ist sein Engel. 16Petrus aber klopfte weiter an.
Als sie nun aufmachten, sahen sie ihn und entsetzten sich. 17Er aber
winkte ihnen mit der Hand, daß sie schweigen sollten, und erzählte
ihnen, wie ihn der Herr aus dem Gefängnis geführt hatte, und sprach:
Verkündet dies dem Jakobus und den Brüdern. Dann ging er hinaus
und zog an einen andern Ort.

24Und das Wort Gottes wuchs und breitete sich aus. 25Barnabas
und Saulus aber kehrten zurück, nachdem sie in Jerusalem die Gabe
überbracht hatten, und nahmen mit sich Johannes, der den Beinamen
Markus hat.

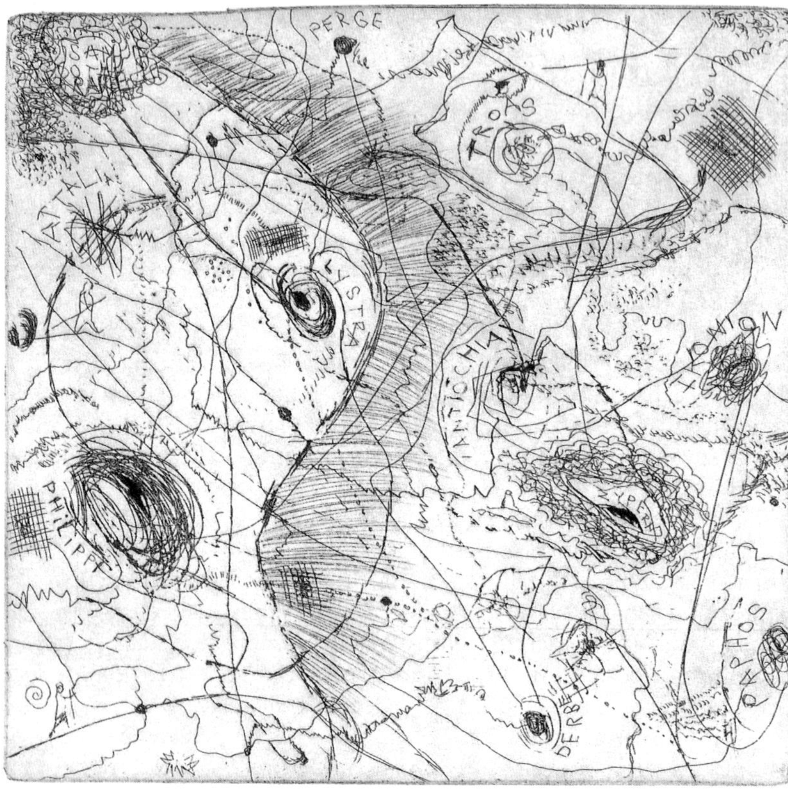

ERSTE REISE DES PAULUS (KAPITEL 13–14)

Als Missionar unterwegs

13 Es waren aber in Antiochia in der Gemeinde Propheten und
Lehrer, nämlich Barnabas und Simeon, genannt Niger, und
Luzius von Kyrene und Manaën, der mit dem Landesfürsten Herodes
erzogen worden war, und Saulus. 2Als sie aber dem Herrn dienten
und fasteten, sprach der heilige Geist: Sondert mir aus Barnabas und
Saulus zu dem Werk, zu dem ich sie berufen habe. 3Da fasteten sie
und beteten und legten die Hände auf sie und ließen sie ziehen.

4Nachdem sie nun ausgesandt waren vom heiligen Geist, kamen
sie nach Seleuzia und von da zu Schiff nach Zypern. 5Und als sie in
die Stadt Salamis kamen, verkündigten sie das Wort Gottes in den
Synagogen der Juden; sie hatten aber auch Johannes als Gehilfen bei
sich.

Paulus predigt in Antiochia (Pisidien)

[13]Paulus aber und die um ihn waren, fuhren von Paphos ab und
kamen nach Perge in Pamphylien. Johannes aber trennte sich von
ihnen und kehrte zurück nach Jerusalem. [14]Sie aber zogen von Perge
weiter und kamen nach Antiochia in Pisidien und gingen am Sabbat
in die Synagoge und setzten sich. [15]Nach der Lesung des Gesetzes
und der Propheten aber schickten die Vorsteher der Synagoge zu
ihnen und ließen ihnen sagen: Liebe Brüder, wollt ihr etwas reden
und das Volk ermahnen, so sagt es.

[16]Da stand Paulus auf und winkte mit der Hand und sprach: Ihr
Männer von Israel und ihr Gottesfürchtigen, hört zu! [17]Der Gott dieses
Volkes Israel hat unsre Väter erwählt und das Volk groß gemacht, als
sie Fremdlinge waren im Lande Ägypten, und mit starkem Arm führte
er sie von dort heraus. [18]Und vierzig Jahre lang ertrug er sie in der
Wüste. [20]Danach gab er ihnen Richter bis zur Zeit des Propheten
Samuel. [21]Und von da an baten sie um einen König; und Gott gab
ihnen Saul, den Sohn des Kisch, einen Mann aus dem Stamm
Benjamin, für vierzig Jahre. [22]Und als er diesen verstoßen hatte, erhob
er David zu ihrem König. [23]Aus dessen Geschlecht hat Gott, wie er
verheißen hat, Jesus kommen lassen als Heiland für das Volk Israel.

[26]Ihr Männer, liebe Brüder, ihr Söhne aus dem Geschlecht
Abrahams und ihr Gottesfürchtigen, uns ist das Wort dieses Heils
gesandt. [27]Denn die Einwohner von Jerusalem und ihre Oberen
haben, weil sie Jesus nicht erkannten, die Worte der Propheten, die an
jedem Sabbat vorgelesen werden, mit ihrem Urteilsspruch erfüllt.
[28]Und obwohl sie nichts an ihm fanden, das den Tod verdient hätte,
baten sie doch Pilatus, ihn zu töten. [29]Und als sie alles vollendet
hatten, was von ihm geschrieben steht, nahmen sie ihn von dem Holz
und legten ihn in ein Grab. [30]Aber Gott hat ihn auferweckt von den
Toten; [31]und er ist an vielen Tagen denen erschienen, die mit ihm von
Galiläa hinauf nach Jerusalem gegangen waren; die sind jetzt seine
Zeugen vor dem Volk. [32]Und wir verkündigen euch die Verheißung,
die an die Väter ergangen ist, [33]daß Gott sie uns, ihren Kindern, erfüllt
hat, indem er Jesus auferweckte; wie denn im zweiten Psalm
geschrieben steht [Psalm 2,7]: »Du bist mein Sohn, heute habe ich
dich gezeugt.«

[38]So sei euch nun kundgetan, liebe Brüder, daß euch durch ihn
Vergebung der Sünden verkündigt wird; und in all dem, worin ihr
durch das Gesetz des Mose nicht gerecht werden konntet, [39]ist der
gerecht gemacht, der an ihn glaubt.

[42]Als sie aber aus der Synagoge hinausgingen, baten die Leute, daß

sie am nächsten Sabbat noch einmal von diesen Dingen redeten.
43 Und als die Gemeinde auseinanderging, folgten viele Juden und
gottesfürchtige Judengenossen dem Paulus und Barnabas. Diese
sprachen mit ihnen und ermahnten sie, daß sie bleiben sollten in der
Gnade Gottes.

44 Am folgenden Sabbat aber kam fast die ganze Stadt zusammen,
das Wort Gottes zu hören. 45 Als aber die Juden die Menge sahen,
wurden sie neidisch und widersprachen dem, was Paulus sagte, und
lästerten. 46 Paulus und Barnabas aber sprachen frei und offen: Euch
mußte das Wort Gottes zuerst gesagt werden; da ihr es aber von euch
stoßt und haltet euch selbst nicht für würdig des ewigen Lebens,
siehe, so wenden wir uns zu den Heiden. 47 Denn so hat uns der Herr
geboten [Jesaja 49,6]: »Ich habe dich zum Licht der Heiden gemacht,
damit du das Heil seist bis an die Enden der Erde.«

48 Als das die Heiden hörten, wurden sie froh und priesen das Wort
des Herrn, und alle wurden gläubig, die zum ewigen Leben bestimmt
waren. 49 Und das Wort des Herrn breitete sich aus in der ganzen
Gegend. 50 Aber die Juden hetzten die gottesfürchtigen vornehmen
Frauen und die angesehensten Männer der Stadt auf und stifteten eine
Verfolgung an gegen Paulus und Barnabas und vertrieben sie aus
ihrem Gebiet. 51 Sie aber schüttelten den Staub von ihren Füßen zum
Zeugnis gegen sie und kamen nach Ikonion.

In Ikonion und Lystra

14 Es geschah aber in Ikonion, daß sie wieder in die Synagoge der
Juden gingen und so predigten, daß eine große Menge Juden
und Griechen gläubig wurde. 2 Die Juden aber, die ungläubig blieben,
stifteten Unruhe und hetzten die Seelen der Heiden auf gegen die
Brüder. 5 Als sich aber ein Sturm erhob bei den Heiden und Juden und
ihren Oberen und sie sie mißhandeln und steinigen wollten,
6 merkten sie es und entflohen in die Städte Lykaoniens, nach Lystra
und Derbe, und in deren Umgebung 7 und predigten dort das Evan-
gelium.

8 Und es war ein Mann in Lystra, der hatte schwache Füße und
konnte nur sitzen; er war gelähmt von Mutterleib an und hatte noch
nie gehen können. 9 Der hörte Paulus reden. Und als dieser ihn ansah
und merkte, daß er glaubte, ihm könne geholfen werden, 10 sprach er
mit lauter Stimme: Stell dich aufrecht auf deine Füße! Und er sprang
auf und ging umher. 11 Als aber das Volk sah, was Paulus getan hatte,
erhoben sie ihre Stimme und riefen auf lykaonisch: Die Götter sind
den Menschen gleich geworden und zu uns herabgekommen. 12 Und

sie nannten Barnabas Zeus und Paulus Hermes, weil er das Wort
führte. 13Und der Priester des Zeus aus dem Tempel vor ihrer Stadt
brachte Stiere und Kränze vor das Tor und wollte opfern samt dem
Volk. 14Als das die Apostel Barnabas und Paulus hörten, zerrissen sie
ihre Kleider und sprangen unter das Volk und schrien: 15Ihr Männer,
was macht ihr da? Wir sind auch sterbliche Menschen wie ihr und
predigen euch das Evangelium, daß ihr euch bekehren sollt von
diesen falschen Göttern zu dem lebendigen Gott, der Himmel und
Erde und das Meer und alles, was darin ist, gemacht hat. 18Und
obwohl sie das sagten, konnten sie kaum das Volk davon abbringen,
ihnen zu opfern.

19Es kamen aber von Antiochia und Ikonion Juden dorthin und
überredeten das Volk und steinigten Paulus und schleiften ihn zur
Stadt hinaus und meinten, er wäre gestorben. 20Als ihn aber die
Jünger umringten, stand er auf und ging in die Stadt.

Barnabas und Paulus kehren zurück nach Antiochia (Syrien)

Am nächsten Tag zog er mit Barnabas weiter nach Derbe; 21und sie
predigten dieser Stadt das Evangelium und machten viele zu Jüngern.
Dann kehrten sie zurück nach Lystra und Ikonion und Antiochia,
22stärkten die Seelen der Jünger und ermahnten sie, im Glauben zu
bleiben, und sagten: Wir müssen durch viele Bedrängnisse in das
Reich Gottes eingehen. 23Und sie setzten in jeder Gemeinde Älteste
ein, beteten und fasteten und befahlen sie dem Herrn, an den sie
gläubig geworden waren. 24Und sie zogen durch Pisidien und kamen
nach Pamphylien 25und sagten das Wort in Perge und zogen hinab
nach Attalia.

26Und von da fuhren sie mit dem Schiff nach Antiochia, wo sie der
Gnade Gottes befohlen worden waren zu dem Werk, das sie nun
ausgerichtet hatten. 27Als sie aber dort ankamen, versammelten sie
die Gemeinde und verkündeten, wieviel Gott durch sie getan und wie
er den Heiden die Tür des Glaubens aufgetan hätte. 28Sie blieben aber
dort eine nicht geringe Zeit bei den Jüngern.

Streit unter den Aposteln

15 Und einige kamen herab von Judäa und lehrten die Brüder:
Wenn ihr euch nicht beschneiden laßt nach der Ordnung des
Mose, könnt ihr nicht selig werden. 2Als nun Zwietracht entstand und
Paulus und Barnabas einen nicht geringen Streit mit ihnen hatten,

ordnete man an, daß Paulus und Barnabas und einige andre von
ihnen nach Jerusalem hinaufziehen sollten zu den Aposteln und
Ältesten um dieser Frage willen. 3 Und sie wurden von der Gemeinde
geleitet und zogen durch Phönizien und Samarien und erzählten von
der Bekehrung der Heiden und machten damit allen Brüdern große
Freude.

4 Als sie aber nach Jerusalem kamen, wurden sie empfangen von
der Gemeinde und von den Aposteln und von den Ältesten. Und sie
verkündeten, wieviel Gott durch sie getan hatte. 5 Da traten einige von
der Partei der Pharisäer auf, die gläubig geworden waren, und
sprachen: Man muß sie beschneiden und ihnen gebieten, das Gesetz
des Mose zu halten. 6 Da kamen die Apostel und die Ältesten zusam-
men, über diese Sache zu beraten.

7 Als man sich aber lange gestritten hatte, stand Petrus auf und
sprach zu ihnen: Ihr Männer, liebe Brüder, ihr wißt, daß Gott vor
langer Zeit unter euch bestimmt hat, daß durch meinen Mund die
Heiden das Wort des Evangeliums hörten und glaubten. 8 Und Gott,
der die Herzen kennt, hat es bezeugt und ihnen den heiligen Geist
gegeben wie auch uns, 9 und er hat keinen Unterschied gemacht zwi-
schen uns und ihnen, nachdem er ihre Herzen gereinigt hatte durch
den Glauben. 10 Warum versucht ihr denn nun Gott dadurch, daß ihr
ein Joch auf den Nacken der Jünger legt, das weder unsre Väter noch
wir haben tragen können? 11 Vielmehr glauben wir, durch die Gnade
des Herrn Jesus selig zu werden, ebenso wie auch sie.

12 Da schwieg die ganze Menge still und hörte Paulus und Barnabas
zu, die erzählten, wie große Zeichen und Wunder Gott durch sie
getan hatte unter den Heiden.

13 Danach, als sie schwiegen, antwortete Jakobus und sprach: Ihr
Männer, liebe Brüder, hört mir zu! 14 Simon hat erzählt, wie Gott zum
ersten Mal die Heiden gnädig heimgesucht hat, um aus ihnen ein Volk
für seinen Namen zu gewinnen. 15 Und dazu stimmen die Worte der
Propheten. 19 Darum meine ich, daß man denen von den Heiden, die
sich zu Gott bekehren, nicht Unruhe mache, 20 sondern ihnen
vorschreibe, daß sie sich enthalten sollen von Befleckung durch
Götzen und von Unzucht und vom Erstickten und vom Blut.

22 Und die Apostel und Ältesten beschlossen samt der ganzen
Gemeinde, aus ihrer Mitte Männer auszuwählen und mit Paulus und
Barnabas nach Antiochia zu senden, nämlich Judas mit dem Bei-
namen Barsabbas und Silas, angesehene Männer unter den Brüdern.
23 Und sie gaben ein Schreiben in ihre Hand, also lautend:

Wir, die Apostel und Ältesten, eure Brüder, wünschen Heil den
Brüdern aus den Heiden in Antiochia und Syrien und Zilizien. 24 Weil

wir gehört haben, daß einige von den Unsern, denen wir doch nichts
befohlen hatten, euch mit Lehren irre gemacht und eure Seelen
verwirrt haben, 25so haben wir, einmütig versammelt, beschlossen,
Männer auszuwählen und zu euch zu senden, mit unsern geliebten
Brüdern Barnabas und Paulus, 26Männer, die ihr Leben eingesetzt
haben für den Namen unseres Herrn Jesus Christus. 27So haben wir
Judas und Silas gesandt, die euch mündlich dasselbe mitteilen
werden. 28Denn es gefällt dem heiligen Geist und uns, euch weiter
keine Last aufzuerlegen als nur diese notwendigen Dinge: 29daß ihr
euch enthaltet vom Götzenopfer und vom Blut und vom Erstickten
und von Unzucht. Wenn ihr euch davor bewahrt, tut ihr recht.
Lebt wohl!

30Als man sie hatte gehen lassen, kamen sie nach Antiochia und
versammelten die Gemeinde und übergaben den Brief. 31Als sie ihn
lasen, wurden sie über den Zuspruch froh. 35Paulus und Barnabas
aber blieben in Antiochia, lehrten und predigten mit vielen andern
das Wort des Herrn.

Zweite Reise des Paulus (Kapitel 16–18)

Wieder unterwegs

36Nach einigen Tagen sprach Paulus zu Barnabas: Laß uns wieder
aufbrechen und nach unsern Brüdern sehen in allen Städten, in denen
wir das Wort des Herrn verkündigt haben, wie es um sie steht.
37Barnabas aber wollte, daß sie auch Johannes mit dem Beinamen
Markus mitnähmen. 38Paulus aber hielt es nicht für richtig, jemanden
mitzunehmen, der sie in Pamphylien verlassen hatte und nicht mit
ihnen ans Werk gegangen war. 39Und sie kamen scharf aneinander, so
daß sie sich trennten. Barnabas nahm Markus mit sich und fuhr nach
Zypern. 40Paulus aber wählte Silas und zog fort, von den Brüdern der
Gnade Gottes befohlen. 41Er zog aber durch Syrien und Zilizien und
stärkte die Gemeinden.

Paulus und Timotheus bringen das Evangelium nach Europa

16 Er kam auch nach Derbe und Lystra; und siehe, dort war ein
Jünger mit Namen Timotheus, der Sohn einer jüdischen Frau,
die gläubig war, und eines griechischen Vaters. 2Der hatte einen guten
Ruf bei den Brüdern in Lystra und Ikonion. 3Diesen wollte Paulus mit

sich ziehen lassen, und er nahm ihn und beschnitt ihn wegen der
Juden, die in jener Gegend waren; denn sie wußten alle, daß sein
Vater ein Grieche war. 4Als sie aber durch die Städte zogen, über-
gaben sie ihnen die Beschlüsse, die von den Aposteln und Ältesten in
Jerusalem gefaßt worden waren, damit sie sich daran hielten. 5Da
wurden die Gemeinden im Glauben gefestigt und nahmen täglich zu
an Zahl.

6Sie zogen aber durch Phrygien und das Land Galatien, da ihnen
vom heiligen Geist verwehrt wurde, das Wort zu predigen in der
Provinz Asien. 7Als sie aber bis nach Mysien gekommen waren, ver-
suchten sie, nach Bithynien zu reisen; doch der Geist Jesu ließ es
ihnen nicht zu. 8Da zogen sie durch Mysien und kamen hinab nach
Troas.

9Und Paulus sah eine Erscheinung bei Nacht: ein Mann aus
Mazedonien stand da und bat ihn: Komm herüber nach Mazedonien
und hilf uns! 10Als er aber die Erscheinung gesehen hatte, da suchten
wir sogleich nach Mazedonien zu reisen, gewiß, daß uns Gott dahin
berufen hatte, ihnen das Evangelium zu predigen.

11Da fuhren wir von Troas ab und kamen geradewegs nach
Samothrake, am nächsten Tag nach Neapolis 12und von da nach
Philippi, das ist eine Stadt des ersten Bezirks von Mazedonien, eine
römische Kolonie. Wir blieben aber einige Tage in dieser Stadt.

Ereignisse in Philippi

13Am Sabbattag gingen wir hinaus vor die Stadt an den Fluß, wo wir
dachten, daß man zu beten pflegte, und wir setzten uns und redeten
mit den Frauen, die dort zusammenkamen.

14Und eine gottesfürchtige Frau mit Namen Lydia, eine Purpur-
händlerin aus der Stadt Thyatira, hörte zu; der tat der Herr das Herz
auf, so daß sie darauf achthatte, was von Paulus geredet wurde. 15Als
sie aber mit ihrem Hause getauft war, bat sie uns und sprach: Wenn
ihr anerkennt, daß ich an den Herrn glaube, so kommt in mein Haus
und bleibt da. Und sie nötigte uns.

16Es geschah aber, als wir zum Gebet gingen, da begegnete uns
eine Magd, die hatte einen Wahrsagegeist und brachte ihren Herren
viel Gewinn ein mit ihrem Wahrsagen. 17Die folgte Paulus und uns
überall hin und schrie: Diese Menschen sind Knechte des aller-
höchsten Gottes, die euch den Weg des Heils verkündigen. 18Das tat
sie viele Tage lang. Paulus war darüber so aufgebracht, daß er sich
umwandte und zu dem Geist sprach: Ich gebiete dir im Namen Jesu
Christi, daß du von ihr ausfährst. Und er fuhr aus zu derselben

Stunde. 19Als aber ihre Herren sahen, daß damit ihre Hoffnung auf
Gewinn ausgefahren war, ergriffen sie Paulus und Silas, schleppten sie
auf den Markt vor die Oberen 20und führten sie den Stadtrichtern vor
und sprachen: Diese Menschen bringen unsre Stadt in Aufruhr; sie
sind Juden 21und verkünden Ordnungen, die wir weder annehmen
noch einhalten dürfen, weil wir Römer sind. 22Und das Volk wandte
sich gegen sie; und die Stadtrichter ließen ihnen die Kleider herunter-
reißen und befahlen, sie mit Stöcken zu schlagen.

23Nachdem man sie hart geschlagen hatte, warf man sie ins
Gefängnis und befahl dem Aufseher, sie gut zu bewachen. 24Als er
diesen Befehl empfangen hatte, warf er sie in das innerste Gefängnis
und legte ihre Füße in den Block.

25Um Mitternacht aber beteten Paulus und Silas und lobten Gott.
Und die Gefangenen hörten sie. 26Plötzlich aber geschah ein großes
Erdbeben, so daß die Grundmauern des Gefängnisses wankten. Und
sogleich öffneten sich alle Türen, und von allen fielen die Fesseln ab.
27Als aber der Aufseher aus dem Schlaf auffuhr und sah die Türen des
Gefängnisses offenstehen, zog er das Schwert und wollte sich selbst
töten; denn er meinte, die Gefangenen wären entflohen. 28Paulus aber
rief laut: Tu dir nichts an; denn wir sind alle hier! 29Da forderte der
Aufseher ein Licht und stürzte hinein und fiel zitternd Paulus und
Silas zu Füßen. 30Und er führte sie heraus und sprach: Liebe Herren,
was muß ich tun, daß ich gerettet werde? 31Sie sprachen: Glaube an
den Herrn Jesus, so wirst du und dein Haus selig! 32Und sie sagten
ihm das Wort des Herrn und allen, die in seinem Hause waren. 33Und
er nahm sie zu sich in derselben Stunde der Nacht und wusch ihnen
die Striemen. Und er ließ sich und alle die Seinen sogleich taufen
34und führte sie in sein Haus und deckte ihnen den Tisch und freute
sich mit seinem ganzen Hause, daß er zum Glauben an Gott gekom-
men war.

35Als es aber Tag geworden war, sandten die Stadtrichter die Amts-
diener und ließen sagen: Laß diese Männer frei! 36Und der Aufseher
überbrachte Paulus diese Botschaft: Die Stadtrichter haben her-
gesandt, daß ihr frei sein sollt. Nun kommt heraus und geht hin in
Frieden! 37Paulus aber sprach zu ihnen: Sie haben uns ohne Recht
und Urteil öffentlich geschlagen, die wir doch römische Bürger sind,
und in das Gefängnis geworfen, und sollten uns nun heimlich fort-
schicken? Nein! Sie sollen selbst kommen und uns hinausführen!
38Die Amtsdiener berichteten diese Worte den Stadtrichtern. Da
fürchteten sie sich, als sie hörten, daß sie römische Bürger seien,
39und kamen und redeten ihnen zu, führten sie heraus und baten sie,
die Stadt zu verlassen. 40Da gingen sie aus dem Gefängnis und gingen

zu der Lydia. Und als sie die Brüder gesehen und sie getröstet hatten,
zogen sie fort.

Zustimmung und Widerspruch in Thessalonich und Beröa

17 Nachdem sie aber durch Amphipolis und Apollonia gereist
waren, kamen sie nach Thessalonich; da war eine Synagoge der
Juden. 2Wie nun Paulus gewohnt war, ging er zu ihnen hinein und
redete mit ihnen an drei Sabbaten von der Schrift, 3tat sie ihnen auf
und legte ihnen dar, daß Christus leiden mußte und von den Toten
auferstehen und daß dieser Jesus, den ich – so sprach er – euch ver-
kündige, der Christus ist. 4Einige von ihnen ließen sich überzeugen
und schlossen sich Paulus und Silas an, auch ein große Menge von
gottesfürchtigen Griechen, dazu nicht wenige von den angesehensten
Frauen.

5Aber die Juden ereiferten sich und holten sich einige üble Männer
aus dem Pöbel, rotteten sich zusammen und richteten einen Aufruhr
in der Stadt an und zogen vor das Haus Jasons und suchten sie, um
sie vor das Volk zu führen. 6Sie fanden sie aber nicht. Da schleiften sie
Jason und einige Brüder vor die Oberen der Stadt und schrien: Diese,
die den ganzen Weltkreis erregen, sind jetzt auch hierher gekommen;
7die beherbergt Jason. Und diese alle handeln gegen des Kaisers
Gebote und sagen, ein anderer sei König, nämlich Jesus. 8So brachten
sie das Volk auf und die Oberen der Stadt, die das hörten. 9Und erst
nachdem ihnen von Jason und den andern Bürgschaft geleistet war,
ließen sie sie frei.

10Die Brüder aber schickten noch in derselben Nacht Paulus und
Silas nach Beröa. Als sie dahin kamen, gingen sie in die Synagoge der
Juden. 11Diese aber waren freundlicher als die in Thessalonich; sie
nahmen das Wort bereitwillig auf und forschten täglich in der Schrift,
ob sich's so verhielte. 12So glaubten nun viele von ihnen, darunter
nicht wenige von den vornehmen griechischen Frauen und Männern.
13Als aber die Juden von Thessalonich erfuhren, daß auch in Beröa
das Wort Gottes von Paulus verkündigt wurde, kamen sie und erreg-
ten Unruhe und verwirrten auch dort das Volk. 14Da schickten die
Brüder Paulus sogleich weiter bis an das Meer; Silas und Timotheus
aber blieben zurück. 15Die aber Paulus geleiteten, brachten ihn bis
nach Athen. Und nachdem sie den Auftrag empfangen hatten, daß
Silas und Timotheus so schnell wie möglich zu ihm kommen sollten,
kehrten sie zurück.

17,16

Paulus in Athen

16Als aber Paulus in Athen auf sie wartete, ergrimmte sein Geist in
ihm, als er die Stadt voller Götzenbilder sah. 17Und er redete zu den
Juden und den Gottesfürchtigen in der Synagoge und täglich auf
dem Markt zu denen, die sich einfanden. 18Einige Philosophen aber,
Epikureer und Stoiker, stritten mit ihm. Und einige von ihnen
sprachen: Was will dieser Schwätzer sagen? Andere aber: Es sieht so
aus, als wolle er fremde Götter verkündigen. Er hatte ihnen nämlich
das Evangelium von Jesus und von der Auferstehung verkündigt.
19Sie nahmen ihn aber mit und führten ihn auf den Areopag und
sprachen: Können wir erfahren, was das für eine neue Lehre ist, die
du lehrst? 20Denn du bringst etwas Neues vor unsere Ohren; nun
wollen wir gerne wissen, was das ist. 21Alle Athener nämlich, auch die
Fremden, die bei ihnen wohnten, hatten nichts anderes im Sinn, als
etwas Neues zu sagen oder zu hören.

22Paulus aber stand mitten auf dem Areopag und sprach: Ihr
Männer von Athen, ich sehe, daß ihr die Götter in allen Stücken sehr
verehrt. 23Ich bin umhergegangen und habe eure Heiligtümer an-
gesehen und fand einen Altar, auf dem stand geschrieben: Dem un-
bekannten Gott. Nun verkündige ich euch, was ihr unwissend verehrt.
24Gott, der die Welt gemacht hat und alles, was darin ist, er, der Herr
des Himmels und der Erde, wohnt nicht in Tempeln, die mit Händen
gemacht sind. 25Auch läßt er sich nicht von Menschenhänden dienen,
wie einer, der etwas nötig hätte, da er doch selber jedermann Leben
und Odem und alles gibt. 26Und er hat aus einem Menschen das gan-
ze Menschengeschlecht gemacht, damit sie auf dem ganzen Erdboden
wohnen, und er hat festgesetzt, wie lange sie bestehen und in welchen
Grenzen sie wohnen sollen, 27damit sie Gott suchen sollen, ob sie ihn
wohl fühlen und finden könnten; und fürwahr, er ist nicht ferne von
einem jeden unter uns. 28Denn in ihm leben, weben und sind wir; wie
auch einige Dichter bei euch gesagt haben: Wir sind seines
Geschlechts. 29Da wir nun göttlichen Geschlechts sind, sollen wir
nicht meinen, die Gottheit sei gleich den goldenen, silbernen und stei-
nernen Bildern, durch menschliche Kunst und Gedanken gemacht.
30Zwar hat Gott über die Zeit der Unwissenheit hinweggesehen; nun
aber gebietet er den Menschen, daß alle an allen Enden Buße tun.
31Denn er hat einen Tag festgesetzt, an dem er den Erdkreis richten
will mit Gerechtigkeit durch einen Mann, den er dazu bestimmt hat,
und hat jedermann den Glauben angeboten, indem er ihn von den
Toten auferweckt hat.

32Als sie von der Auferstehung der Toten hörten, begannen die

einen zu spotten; die andern aber sprachen: Wir wollen dich darüber
ein andermal weiter hören. 33 So ging Paulus von ihnen. 34 Einige
Männer schlossen sich ihm an und wurden gläubig; unter ihnen war
auch Dionysius, einer aus dem Rat, und eine Frau mit Namen
Damaris und andere mit ihnen.

Paulus bleibt längere Zeit in Korinth

18 Danach verließ Paulus Athen und kam nach Korinth 2 und fand
einen Juden mit Namen Aquila, aus Pontus gebürtig; der war
mit seiner Frau Priszilla kürzlich aus Italien gekommen, weil Kaiser
Klaudius allen Juden geboten hatte, Rom zu verlassen. Zu denen ging
Paulus. 3 Und weil er das gleiche Handwerk hatte, blieb er bei ihnen
und arbeitete mit ihnen; sie waren nämlich von Beruf Zeltmacher.
4 Und er lehrte in der Synagoge an allen Sabbaten und überzeugte
Juden und Griechen. 5 Als aber Silas und Timotheus aus Mazedonien
kamen, richtete sich Paulus ganz auf die Verkündigung des Wortes
und bezeugte den Juden, daß Jesus der Christus ist.

9 Es sprach aber der Herr durch eine Erscheinung in der Nacht zu
Paulus: Fürchte dich nicht, sondern rede und schweige nicht! 10 Denn
ich bin mit dir, und niemand soll sich unterstehen, dir zu schaden;
denn ich habe ein großes Volk in dieser Stadt. 11 Er blieb aber dort ein
Jahr und sechs Monate und lehrte unter ihnen das Wort Gottes.

12 Als aber Gallio Statthalter in Achaja war, empörten sich die Juden
einmütig gegen Paulus und führten ihn vor den Richterstuhl 13 und
sprachen: Dieser Mensch überredet die Leute, Gott zu dienen dem
Gesetz zuwider. 14 Als aber Paulus den Mund auftun wollte, sprach
Gallio zu den Juden: Wenn es um einen Frevel oder ein Vergehen
ginge, ihr Juden, so würde ich euch anhören, wie es recht ist; 15 weil es
aber Fragen sind über Lehre und Namen und das Gesetz bei euch,
so seht ihr selber zu; ich gedenke, darüber nicht Richter zu sein.
16 Und er trieb sie weg von dem Richterstuhl. 17 Da ergriffen sie alle
Sosthenes, den Vorsteher der Synagoge, und schlugen ihn vor dem
Richterstuhl, und Gallio kümmerte sich nicht darum.

Paulus kommt nach Antiochia (Syrien) zurück

18 Paulus aber blieb noch eine Zeitlang dort. Danach nahm er
Abschied von den Brüdern und wollte nach Syrien fahren und mit
ihm Priszilla und Aquila. Zuvor ließ er sich in Kenchreä sein Haupt
scheren, denn er hatte ein Gelübde getan. 19 Und sie kamen nach
Ephesus, und er ließ die beiden dort zurück; er aber ging in die

Synagoge und redete mit den Juden. [20]Sie baten ihn aber, daß er
längere Zeit bei ihnen bleibe. Doch er willigte nicht ein, [21]sondern
nahm Abschied von ihnen und sprach: Will's Gott, so will ich wieder
zu euch kommen. Und er fuhr weg von Ephesus [22]und kam nach
Cäsarea und ging hinauf nach Jerusalem und grüßte die Gemeinde
und zog hinab nach Antiochia.

DRITTE REISE DES PAULUS (KAPITEL 19–20)

Erneuter Aufbruch

[23]Und nachdem er einige Zeit geblieben war, brach er wieder auf und
durchzog nacheinander das galatische Land und Phrygien und stärkte
alle Jünger.

Aufruhr in Ephesus

19 Es geschah aber, daß Paulus durch das Hochland zog und nach
Ephesus kam und einige Jünger fand. [2]Zu denen sprach er:
Habt ihr den heiligen Geist empfangen, als ihr gläubig wurdet? Sie
sprachen zu ihm: Wir haben noch nie gehört, daß es einen heiligen
Geist gibt. [3]Und er fragte sie: Worauf seid ihr denn getauft? Sie ant-
worteten: Auf die Taufe des Johannes. [4]Paulus aber sprach: Johannes
hat getauft mit der Taufe der Buße und dem Volk gesagt, sie sollten an
den glauben, der nach ihm kommen werde, nämlich an Jesus. [5]Als sie
das hörten, ließen sie sich taufen auf den Namen des Herrn Jesus.
[6]Und als Paulus die Hände auf sie legte, kam der heilige Geist auf sie,
und sie redeten in Zungen und weissagten.

[8]Er ging aber in die Synagoge und predigte frei und offen drei
Monate lang. [20]So breitete sich das Wort aus durch die Kraft des
Herrn und wurde mächtig.

[21]Als das geschehen war, nahm sich Paulus im Geist vor, durch
Mazedonien und Achaja zu ziehen und nach Jerusalem zu reisen, und
sprach: Wenn ich dort gewesen bin, muß ich auch Rom sehen.

[23]Es erhob sich aber um diese Zeit eine nicht geringe Unruhe über
den neuen Weg. [24]Denn einer mit Namen Demetrius, ein Gold-
schmied, machte silberne Tempel der Diana und verschaffte denen
vom Handwerk nicht geringen Gewinn. [25]Diese und die Zuarbeiter
dieses Handwerks versammelte er und sprach: Liebe Männer, ihr
wißt, daß wir großen Gewinn von diesem Gewerbe haben; [26]und ihr
seht und hört, daß nicht allein in Ephesus, sondern auch fast in der

ganzen Provinz Asien dieser Paulus viel Volk abspenstig macht, über-
redet und spricht: Was mit Händen gemacht ist, das sind keine Götter.
[27]Aber es droht nicht nur unser Gewerbe in Verruf zu geraten,
sondern auch der Tempel der großen Göttin Diana wird für nichts
geachtet werden, und zudem wird ihre göttliche Majestät untergehen,
der doch die ganze Provinz Asien und der Weltkreis Verehrung
erweist. [28]Als sie das hörten, wurden sie von Zorn erfüllt und schrien:
Groß ist die Diana der Epheser! [29]Und die ganze Stadt wurde voll
Getümmel; sie stürmten einmütig zum Theater und ergriffen Gajus
und Aristarch aus Mazedonien, die Gefährten des Paulus.

[30]Als aber Paulus unter das Volk gehen wollte, ließen's ihm die
Jünger nicht zu. [31]Auch einige der Oberen der Provinz Asien, die ihm
freundlich gesinnt waren, sandten zu ihm und ermahnten ihn, sich
nicht zum Theater zu begeben. [32]Dort schrien die einen dies, die
andern das, und die Versammlung war in Verwirrung, und die meisten
wußten nicht, warum sie zusammengekommen waren. [33]Einige aber
aus der Menge unterrichteten den Alexander, den die Juden vor-
schickten. Alexander aber winkte mit der Hand und wollte sich vor
dem Volk verantworten. [34]Als sie aber innewurden, daß er ein Jude
war, schrie alles wie aus einem Munde fast zwei Stunden lang: Groß
ist die Diana der Epheser!

[35]Als aber der Kanzler das Volk beruhigt hatte, sprach er: Ihr
Männer von Ephesus, wo ist ein Mensch, der nicht weiß, daß die Stadt
Ephesus eine Hüterin der großen Diana ist und ihres Bildes, das vom
Himmel gefallen ist? [36]Weil das nun unwidersprechlich ist, sollt ihr
euch ruhig verhalten und nichts Unbedachtes tun. [37]Ihr habt diese
Menschen hergeführt, die weder Tempelräuber noch Lästerer unserer
Göttin sind. [38]Haben aber Demetrius und die mit ihm vom Hand-
werk sind einen Anspruch an jemanden, so gibt es Gerichte und Statt-
halter; da laßt sie sich untereinander verklagen. [39]Wollt ihr aber
darüber hinaus noch etwas, so kann man es in einer ordentlichen Ver-
sammlung entscheiden. [40]Denn wir stehen in Gefahr, wegen der
heutigen Empörung verklagt zu werden, ohne daß ein Grund vor-
handen ist, mit dem wir diesen Aufruhr entschuldigen könnten. Und
als er dies gesagt hatte, ließ er die Versammlung gehen.

20 Als nun das Getümmel aufgehört hatte, rief Paulus die Jünger
zu sich und tröstete sie, nahm Abschied und brach auf, um
nach Mazedonien zu reisen. [2]Und als er diese Gegenden durchzogen
und die Gemeinden mit vielen Worten ermahnt hatte, kam er nach
Griechenland [3]und blieb dort drei Monate. Da ihm aber die Juden
nachstellten, als er zu Schiff nach Syrien fahren wollte, beschloß er,
durch Mazedonien zurückzukehren.

Paulus nimmt Abschied

16 Paulus hatte beschlossen, an Ephesus vorüberzufahren, um in der
Provinz Asien keine Zeit zu verlieren; denn er eilte, am Pfingsttag in
Jerusalem zu sein, wenn es ihm möglich wäre.
17 Aber von Milet sandte er nach Ephesus und ließ die Ältesten der
Gemeinde rufen. 18 Als aber die zu ihm kamen, sprach er zu ihnen: Ihr
wißt, wie ich mich vom ersten Tag an, als ich in die Provinz Asien
gekommen bin, die ganze Zeit bei euch verhalten habe, 19 wie ich
dem Herrn gedient habe in aller Demut und mit Tränen und unter
Anfechtungen, die mir durch die Nachstellungen der Juden wider-
fahren sind. 20 Ich habe euch nichts vorenthalten, was nützlich ist, daß
ich's euch nicht verkündigt und gelehrt hätte, öffentlich und in den
Häusern, 21 und habe Juden und Griechen bezeugt die Umkehr zu
Gott und den Glauben an unsern Herrn Jesus. 22 Und nun siehe,
durch den Geist gebunden, fahre ich nach Jerusalem und weiß nicht,
was mir dort begegnen wird, 23 nur daß der heilige Geist in allen
Städten mir bezeugt, daß Fesseln und Bedrängnisse auf mich warten.
24 Aber ich achte mein Leben nicht der Rede wert, wenn ich nur
meinen Lauf vollende und das Amt ausrichte, das ich von dem Herrn
Jesus empfangen habe, zu bezeugen das Evangelium von der Gnade
Gottes. 25 Und nun siehe, ich weiß, daß ihr mein Angesicht nicht mehr
sehen werdet, ihr alle, zu denen ich hingekommen bin und das Reich
gepredigt habe. 28 So habt nun acht auf euch selbst und auf die ganze
Herde, in der euch der heilige Geist eingesetzt hat zu Bischöfen, zu
weiden die Gemeinde Gottes, die er durch sein eigenes Blut erworben
hat.
36 Und als er das gesagt hatte, kniete er nieder und betete mit ihnen
allen. 37 Da begannen alle laut zu weinen, und sie fielen Paulus um
den Hals und küßten ihn, 38 am allermeisten betrübt über das Wort,
das er gesagt hatte, sie würden sein Angesicht nicht mehr sehen. Und
sie geleiteten ihn auf das Schiff.

Wieder in Jerusalem

21 Als wir uns nun von ihnen losgerissen hatten und abgefahren
waren, kamen wir geradewegs nach Kos und am folgenden
Tage nach Rhodos und von da nach Patara. 2 Und als wir ein Schiff
fanden, das nach Phönizien fuhr, stiegen wir ein und fuhren ab. 7 Wir
beendeten die Seefahrt und kamen von Tyrus nach Ptolemaïs,
begrüßten die Brüder und blieben einen Tag bei ihnen. 17 Als wir nun
nach Jerusalem kamen, nahmen uns die Brüder gerne auf.

18Am nächsten Tag aber ging Paulus mit uns zu Jakobus, und es
kamen die Ältesten alle dorthin. 19Und als er sie begrüßt hatte,
erzählte er eins nach dem andern, was Gott unter den Heiden durch
seinen Dienst getan hatte. 20Als sie aber das hörten, lobten sie Gott
und sprachen zu ihm: Bruder, du siehst, wieviel tausend Juden gläubig
geworden sind, und alle sind Eiferer für das Gesetz. 21Ihnen ist aber
berichtet worden über dich, daß du alle Juden, die unter den Heiden
wohnen, den Abfall von Mose lehrst und sagst, sie sollen ihre Kinder
nicht beschneiden und auch nicht nach den Ordnungen leben. 22Was
nun? Auf jeden Fall werden sie hören, daß du gekommen bist. 23So tu
nun das, was wir dir sagen. Wir haben vier Männer, die haben ein
Gelübde auf sich genommen; 24die nimm zu dir und laß dich
reinigen mit ihnen und trage die Kosten für sie, daß sie ihr Haupt
scheren können; so werden alle erkennen, daß es nicht so ist, wie
man ihnen über dich berichtet hat, sondern daß du selber auch nach
dem Gesetz lebst und es hältst. 25Wegen der gläubig gewordenen
Heiden aber haben wir beschlossen und geschrieben, daß sie sich
hüten sollen vor dem Götzenopfer, vor Blut, vor Ersticktem und vor
Unzucht. 26Da nahm Paulus die Männer zu sich und reinigte sich am
nächsten Tag mit ihnen und ging in den Tempel und zeigte an, daß die
Tage der Reinigung beendet sein sollten, sobald für jeden von ihnen
das Opfer dargebracht wäre.

Die Behörden greifen ein

27Als aber die sieben Tage zu Ende gingen, sahen ihn die Juden aus
der Provinz Asien im Tempel und erregten das ganze Volk, legten die
Hände an ihn 28und schrien: Ihr Männer von Israel, helft! Dies ist der
Mensch, der alle Menschen an allen Enden lehrt gegen unser Volk,
gegen das Gesetz und gegen diese Stätte; dazu hat er auch Griechen
in den Tempel geführt und diese heilige Stätte entweiht.

31Als sie ihn aber töten wollten, kam die Nachricht hinauf vor den
Oberst der Abteilung, daß ganz Jerusalem in Aufruhr sei. 32Der nahm
sogleich Soldaten und Hauptleute und lief hinunter zu ihnen. Als sie
aber den Oberst und die Soldaten sahen, hörten sie auf, Paulus zu
schlagen. 33Als nun der Oberst herangekommen war, nahm er ihn fest
und ließ ihn fesseln mit zwei Ketten und fragte, wer er wäre und was
er getan hätte. 34Einer aber rief dies, der andre das im Volk. Da er aber
nichts Gewisses erfahren konnte wegen des Getümmels, ließ er ihn in
die Burg führen.

39Paulus aber sprach: Ich bin ein jüdischer Mann aus Tarsus in
Zilizien, Bürger einer namhaften Stadt. Ich bitte dich, erlaube mir, zu

dem Volk zu reden. 40Als er es ihm aber erlaubte, trat Paulus auf die
Stufen und winkte dem Volk mit der Hand. Da entstand eine große
Stille, und er redete zu ihnen auf hebräisch und sprach:

22 3Ich bin ein jüdischer Mann, geboren in Tarsus in Zilizien,
aufgewachsen aber in dieser Stadt und mit aller Sorgfalt unter-
wiesen im väterlichen Gesetz zu Füßen Gamaliels, und war ein Eiferer
für Gott, wie ihr es heute alle seid. 4Ich habe die neue Lehre verfolgt
bis auf den Tod; ich band Männer und Frauen und warf sie ins
Gefängnis, 5wie mir auch der Hohepriester und alle Ältesten bezeu-
gen. Von ihnen empfing ich auch Briefe an die Brüder und reiste nach
Damaskus, um auch die, die dort waren, gefesselt nach Jerusalem zu
führen, damit sie bestraft würden.

6Es geschah aber, als ich dorthin zog und in die Nähe von
Damaskus kam, da umleuchtete mich plötzlich um die Mittagszeit ein
großes Licht vom Himmel. 7Und ich fiel zu Boden und hörte eine
Stimme, die sprach zu mir: Saul, Saul, was verfolgst du mich? 8Ich
antwortete aber: Herr, wer bist du? Und er sprach zu mir: Ich bin
Jesus von Nazareth, den du verfolgst. 9Die aber mit mir waren, sahen
zwar das Licht, aber die Stimme dessen, der mit mir redete, hörten sie
nicht. 10Ich fragte aber: Herr, was soll ich tun? Und der Herr sprach zu
mir: Steh auf und geh nach Damaskus. Dort wird man dir alles sagen,
was dir zu tun aufgetragen ist. 11Als ich aber, geblendet von der
Klarheit dieses Lichtes, nicht sehen konnte, wurde ich an der Hand
geleitet von denen, die bei mir waren, und kam nach Damaskus.

12Da war aber ein gottesfürchtiger Mann, der sich an das Gesetz
hielt, mit Namen Hananias, der einen guten Ruf bei allen Juden hatte,
die dort wohnten. 13Der kam zu mir, trat vor mich hin und sprach zu
mir: Saul, lieber Bruder, sei sehend. Und zur selben Stunde konnte ich
ihn sehen. 14Er aber sprach: Der Gott unserer Väter hat dich erwählt,
daß du seinen Willen erkennen sollst und den Gerechten sehen und
die Stimme aus seinem Munde hören; 15denn du wirst für ihn vor
allen Menschen Zeuge sein von dem, was du gesehen und gehört
hast. 16Und nun, was zögerst du? Steh auf und rufe seinen Namen an
und laß dich taufen und deine Sünden abwaschen.

17Es geschah aber, als ich wieder nach Jerusalem kam und im
Tempel betete, daß ich in Verzückung geriet 18und ihn sah. Da sprach
er zu mir: Eile und mach dich schnell auf aus Jerusalem; denn dein
Zeugnis von mir werden sie nicht annehmen. 19Und ich sprach: Herr,
sie wissen doch, daß ich die, die an dich glaubten, gefangennahm und
in den Synagogen geißeln ließ. 20Und als das Blut des Stephanus,
deines Zeugen, vergossen wurde, stand ich auch dabei und hatte

Gefallen daran und bewachte denen die Kleider, die ihn töteten.
21 Und er sprach zu mir: Geh hin; denn ich will dich in die Ferne zu
den Heiden senden.

22 Sie hörten ihm aber zu bis zu diesem Wort; dann erhoben sie
ihre Stimme und riefen: Hinweg mit diesem von der Erde! Denn er
darf nicht mehr leben. 23 Als sie aber schrien und ihre Kleider
abwarfen und Staub in die Luft wirbelten, 24 befahl der Oberst, ihn in
die Burg zu führen, und sagte, daß man ihn geißeln und verhören
sollte, um zu erfahren, aus welchem Grund sie so gegen ihn schrien.

25 Als man ihn aber zum Geißeln festband, sprach Paulus zu dem
Hauptmann, der dabeistand: Ist es erlaubt bei euch, einen Menschen,
der römischer Bürger ist, ohne Urteil zu geißeln? 29 Da ließen sogleich
von ihm ab, die ihn verhören sollten. Und der Oberst fürchtete sich,
als er vernahm, daß es ein römischer Bürger war, den er hatte fest-
binden lassen.

30 Am nächsten Tag wollte er genau erkunden, warum Paulus von
den Juden verklagt wurde. Er ließ ihn von den Ketten lösen und
befahl den Hohenpriestern und dem ganzen Hohen Rat zusammen-
zukommen und führte Paulus hinab und stellte ihn vor sie.

23 6 Als aber Paulus erkannte, daß ein Teil Sadduzäer war und der
andere Teil Pharisäer, rief er im Rat: Ihr Männer, liebe Brüder,
ich bin ein Pharisäer und ein Sohn von Pharisäern. Ich werde ange-
klagt um der Hoffnung und um der Auferstehung der Toten willen.
7 Als er aber das sagte, entstand Zwietracht zwischen Pharisäern und
Sadduzäern, und die Versammlung spaltete sich. 8 Denn die Saddu-
zäer sagen, es gebe keine Auferstehung noch Engel und Geister; die
Pharisäer aber lehren beides. 9 Es entstand aber ein großes Geschrei;
und einige Schriftgelehrte von der Partei der Pharisäer standen auf,
stritten und sprachen: Wir finden nichts Böses an diesem Menschen.

Paulus in römischer Schutzhaft

12 Als es aber Tag wurde, rotteten sich einige Juden zusammen und
verschworen sich, weder zu essen noch zu trinken, bis sie Paulus
getötet hätten. 13 Es waren aber mehr als vierzig, die diese Ver-
schwörung machten.

16 Als aber der Sohn der Schwester des Paulus von dem Anschlag
hörte, ging er und kam in die Burg und berichtete es Paulus. 17 Paulus
aber rief einen von den Hauptleuten zu sich und sprach: Führe diesen
jungen Mann zu dem Oberst, denn er hat ihm etwas zu sagen. 18 Der

nahm ihn und führte ihn zum Oberst und sprach: Der Gefangene
Paulus hat mich zu sich rufen lassen und mich gebeten, diesen jungen
Mann zu dir zu führen, der dir etwas zu sagen hat. 19Da nahm ihn der
Oberst bei der Hand und führte ihn beiseite und fragte ihn: Was ist's,
das du mir zu sagen hast? 20Er aber sprach: Die Juden sind über-
eingekommen, dich zu bitten, daß du Paulus morgen vor den Hohen
Rat hinunterbringen läßt, so als wollten sie ihn genauer verhören.
21Du aber traue ihnen nicht, denn mehr als vierzig Männer von ihnen
lauern ihm auf; die haben sich verschworen, weder zu essen noch zu
trinken, bis sie ihn getötet hätten; und jetzt sind sie bereit und warten
auf deine Zusage. 22Da ließ der Oberst den jungen Mann gehen und
gebot ihm, niemandem zu sagen, daß er ihm das eröffnet hätte.

23Und der Oberst [Lysias] rief zwei Hauptleute zu sich und sprach:
Rüstet zweihundert Soldaten, daß sie nach Cäsarea ziehen, und sieb-
zig Reiter und zweihundert Schützen für die dritte Stunde der Nacht;
24und haltet Tiere bereit, Paulus draufzusetzen und wohlverwahrt zu
bringen zum Statthalter Felix. 31Die Soldaten nahmen Paulus, wie
ihnen befohlen war, und führten ihn in der Nacht nach Antipatris.

24 Nach fünf Tagen kam der Hohepriester Hananias mit einigen
Ältesten und dem Anwalt Tertullus herab; die erschienen vor
dem Statthalter gegen Paulus. 22Felix aber zog die Sache hin, denn er
wußte recht gut um diese Lehre und sprach: Wenn der Oberst Lysias
herabkommt, so will ich eure Sache entscheiden. 23Er befahl aber
dem Hauptmann, Paulus gefangenzuhalten, doch in leichtem
Gewahrsam, und niemandem von den Seinen zu wehren, ihm zu
dienen.

24Nach einigen Tagen aber kam Felix mit seiner Frau Drusilla, die
eine Jüdin war, und ließ Paulus kommen und hörte ihn über den
Glauben an Christus Jesus. 25Als aber Paulus von Gerechtigkeit und
Enthaltsamkeit und von dem zukünftigen Gericht redete, erschrak
Felix und antwortete: Für diesmal geh! Zu gelegener Zeit will ich dich
wieder rufen lassen. 26Er hoffte aber nebenbei, daß ihm von Paulus
Geld gegeben werde; darum ließ er ihn auch oft kommen und
besprach sich mit ihm.

27Als aber zwei Jahre um waren, kam Porzius Festus als Nachfolger
des Felix. Felix aber wollte den Juden eine Gunst erweisen und ließ
Paulus gefangen zurück.

Paulus beruft sich auf kaiserliches Recht

25 Als nun Festus ins Land gekommen war, zog er nach drei
Tagen von Cäsarea hinauf nach Jerusalem. 2Da erschienen die

Hohenpriester und die Angesehensten der Juden vor ihm gegen
Paulus und drangen in ihn [3]und baten ihn um die Gunst, daß er
Paulus nach Jerusalem kommen ließe; denn sie wollten ihm einen
Hinterhalt legen, um ihn unterwegs umzubringen. [4]Da antwortete
Festus, Paulus werde weiter in Gewahrsam gehalten in Cäsarea; er
selber aber werde in Kürze wieder dahin ziehen. [5]Die nun unter euch
ermächtigt sind, sprach er, die laßt mit hinabziehen und den Mann
verklagen, wenn etwas Unrechtes an ihm ist.

[6]Nachdem aber Festus bei ihnen nicht mehr als acht oder zehn
Tage gewesen war, zog er hinab nach Cäsarea. Und am nächsten Tag
setzte er sich auf den Richterstuhl und ließ Paulus holen. [7]Als der
aber vor ihn kam, umringten ihn die Juden, die von Jerusalem herab-
gekommen waren, und brachten viele und schwere Klagen gegen ihn
vor, die sie aber nicht beweisen konnten. [8]Paulus aber verteidigte sich:
Ich habe mich weder am Gesetz der Juden noch am Tempel noch am
Kaiser versündigt.

[9]Festus aber wollte den Juden eine Gunst erweisen und antwortete
Paulus und sprach: Willst du hinauf nach Jerusalem und dich dort in
dieser Sache von mir richten lassen? [10]Paulus aber sprach: Ich stehe
vor des Kaisers Gericht; da muß ich gerichtet werden. Den Juden
habe ich kein Unrecht getan, wie auch du sehr wohl weißt. [11]Habe ich
aber Unrecht getan und todeswürdig gehandelt, so weigere ich mich
nicht zu sterben; ist aber nichts an dem, dessentwegen sie mich ver-
klagen, so darf mich ihnen niemand preisgeben. Ich berufe mich auf
den Kaiser! [12]Da besprach sich Festus mit seinen Ratgebern und ant-
wortete: Auf den Kaiser hast du dich berufen, zum Kaiser sollst du
ziehen.

Paulus wird nach Rom gebracht

27 Als es aber beschlossen war, daß wir nach Italien fahren
sollten, übergaben sie Paulus und einige andre Gefangene
einem Hauptmann mit Namen Julius von einer kaiserlichen
Abteilung. [2]Wir bestiegen aber ein Schiff aus Adramyttion, das die
Küstenstädte der Provinz Asien anlaufen sollte, und fuhren ab.

[7]Wir kamen aber viele Tage nur langsam vorwärts und gelangten
mit Mühe bis auf die Höhe von Knidos, denn der Wind hinderte uns.

[9]Da nun viel Zeit vergangen war und die Schiffahrt bereits gefähr-
lich wurde, weil auch die Fastenzeit schon vorüber war, ermahnte sie
Paulus [10]und sprach zu ihnen: Liebe Männer, ich sehe, daß diese
Fahrt nur mit Leid und großem Schaden vor sich gehen wird, nicht
allein für die Ladung und das Schiff, sondern auch für unser Leben.

11Aber der Hauptmann glaubte dem Steuermann und dem Schiffs-
herrn mehr als dem, was Paulus sagte. 12Und da der Hafen zum Über-
wintern ungeeignet war, bestanden die meisten von ihnen auf dem
Plan, von dort weiterzufahren und zu versuchen, ob sie zum Über-
wintern bis nach Phönix kommen könnten, einem Hafen auf Kreta,
der gegen Südwest und Nordwest offen ist.

13Als aber der Südwind wehte, meinten sie, ihr Vorhaben ausführen
zu können, lichteten die Anker und fuhren nahe an Kreta entlang.
14Nicht lange danach aber brach von der Insel her ein Sturmwind los,
den man Nordost nennt. 15Und da das Schiff ergriffen wurde und
nicht mehr gegen den Wind gerichtet werden konnte, gaben wir auf
und ließen uns treiben.

27Als aber die vierzehnte Nacht kam, seit wir in der Adria trieben,
wähnten die Schiffsleute um Mitternacht, sie kämen an ein Land.
28Und sie warfen das Senkblei aus und fanden es zwanzig Faden tief;
und ein wenig weiter loteten sie abermals und fanden es fünfzehn
Faden tief. 29Da fürchteten sie, wir würden auf Klippen geraten, und
warfen hinten vom Schiff vier Anker aus und wünschten, daß es Tag
würde.

33Und als es anfing hell zu werden, ermahnte Paulus sie alle,
Nahrung zu sich zu nehmen, und sprach: Es ist heute der vierzehnte
Tag, daß ihr wartet und ohne Nahrung geblieben seid und nichts zu
euch genommen habt. 34Darum ermahne ich euch, etwas zu essen;
denn das dient zu eurer Rettung; es wird keinem von euch ein Haar
vom Haupt fallen. 35Und als er das gesagt hatte, nahm er Brot, dankte
Gott vor ihnen allen und brach's und fing an zu essen. 36Da wurden
sie alle guten Mutes und nahmen auch Nahrung zu sich. 37Wir waren
aber alle zusammen im Schiff zweihundertsechsundsiebzig. 38Und
nachdem sie satt geworden waren, erleichterten sie das Schiff und
warfen das Getreide in das Meer.

39Als es aber Tag wurde, kannten sie das Land nicht; eine Bucht
aber wurden sie gewahr, die hatte ein flaches Ufer. Dahin wollten sie
das Schiff treiben lassen, wenn es möglich wäre. 40Und sie hieben die
Anker ab und ließen sie im Meer, banden die Steuerruder los und
richteten das Segel nach dem Wind und hielten auf das Ufer zu.
41Und als sie auf eine Sandbank gerieten, ließen sie das Schiff auf-
laufen, und das Vorderschiff bohrte sich ein und saß fest, aber das
Hinterschiff zerbrach unter der Gewalt der Wellen. 42Die Soldaten
aber hatten vor, die Gefangenen zu töten, damit niemand fort-
schwimmen und entfliehen könne. 43Aber der Hauptmann wollte
Paulus am Leben erhalten und wehrte ihrem Vorhaben und ließ die,
die schwimmen konnten, als erste ins Meer springen und sich ans

Land retten, [44]die andern aber einige auf Brettern, einige auf dem, was
noch vom Schiff da war. Und so geschah es, daß sie alle gerettet ans
Land kamen.

28 Und als wir gerettet waren, erfuhren wir, daß die Insel Malta
hieß. [2]Die Leute aber erwiesen uns nicht geringe Freund-
lichkeit, zündeten ein Feuer an und nahmen uns alle auf wegen des
Regens, der über uns gekommen war, und wegen der Kälte.

[11]Nach drei Monaten aber fuhren wir ab mit einem Schiff aus
Alexandria, das bei der Insel überwintert hatte und das Zeichen der
Zwillinge führte. [12]Und als wir nach Syrakus kamen, blieben wir drei
Tage da. [13]Von da fuhren wir die Küste entlang und kamen nach
Rhegion; und da am nächsten Tag der Südwind sich erhob, kamen
wir in zwei Tagen nach Puteoli. [14]Dort fanden wir Brüder und wurden
von ihnen gebeten, sieben Tage da zu bleiben. Und so kamen wir
nach Rom. [15]Dort hatten die Brüder von uns gehört und kamen uns
entgegen bis Forum Appii und Tres-Tabernae. Als Paulus sie sah,
dankte er Gott und gewann Zuversicht. [16]Als wir nun nach Rom
hineinkamen, wurde dem Paulus erlaubt, für sich allein zu wohnen
mit dem Soldaten, der ihn bewachte.

Paulus wartet in Rom auf seinen Prozeß

[17]Es geschah aber nach drei Tagen, daß Paulus die Angesehensten der
Juden bei sich zusammenrief. Als sie zusammengekommen waren,
sprach er zu ihnen: Ihr Männer, liebe Brüder, ich habe nichts getan
gegen unser Volk und die Ordnungen der Väter und bin doch als
Gefangener aus Jerusalem überantwortet in die Hände der Römer.
[18]Diese wollten mich losgeben, nachdem sie mich verhört hatten, weil
nichts gegen mich vorlag, das den Tod verdient hätte. [19]Da aber die
Juden widersprachen, war ich genötigt, mich auf den Kaiser zu
berufen, nicht als hätte ich mein Volk wegen etwas zu verklagen.
[20]Aus diesem Grund habe ich darum gebeten, daß ich euch sehen
und zu euch sprechen könnte; denn um der Hoffnung Israels willen
trage ich diese Ketten. [21]Sie aber sprachen zu ihm: Wir haben
deinetwegen weder Briefe aus Judäa empfangen noch ist ein Bruder
gekommen, der über dich etwas Schlechtes berichtet oder gesagt
hätte. [22]Doch wollen wir von dir hören, was du denkst; denn von
dieser Sekte ist uns bekannt, daß ihr an allen Enden widersprochen
wird.

[23]Und als sie ihm einen Tag bestimmt hatten, kamen viele zu ihm
in die Herberge. Da erklärte und bezeugte er ihnen das Reich Gottes

und predigte ihnen von Jesus aus dem Gesetz des Mose und aus den
Propheten vom frühen Morgen bis zum Abend. 24Die einen stimmten
dem zu, was er sagte, die andern aber glaubten nicht.

30Paulus aber blieb zwei volle Jahre in seiner eigenen Wohnung
und nahm alle auf, die zu ihm kamen, 31predigte das Reich Gottes
und lehrte von dem Herrn Jesus Christus mit allem Freimut
ungehindert.

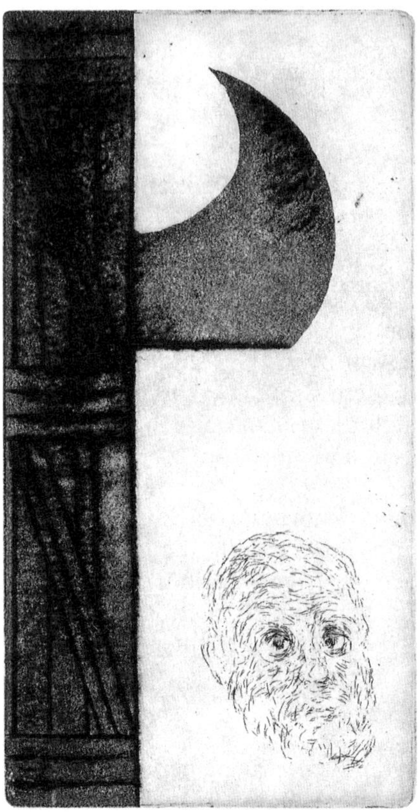

DER BRIEF DES PAULUS AN DIE RÖMER

Das Evangelium gilt allen Völkern

1 Paulus, ein Knecht Christi Jesu, berufen zum Apostel, ausgesondert, zu predigen das Evangelium Gottes, 2 das er zuvor verheißen hat durch seine Propheten in der heiligen Schrift, 3 von seinem Sohn Jesus Christus, unserm Herrn, der geboren ist aus dem Geschlecht Davids nach dem Fleisch, 4 und nach dem Geist, der heiligt, eingesetzt ist als Sohn Gottes in Kraft durch die Auferstehung von den Toten. 5 Durch ihn haben wir empfangen Gnade und Apostelamt, in seinem Namen den Gehorsam des Glaubens aufzurichten unter allen Heiden, 6 zu denen auch ihr gehört, die ihr berufen seid von Jesus Christus.

7 An alle Geliebten Gottes und berufenen Heiligen in Rom: Gnade sei mit euch und Friede von Gott, unserm Vater, und dem Herrn Jesus Christus!

Ich möchte auch euch das Evangelium verkündigen

8 Zuerst danke ich meinem Gott durch Jesus Christus für euch alle, daß man von eurem Glauben in aller Welt spricht.

13 Ich will euch aber nicht verschweigen, liebe Brüder, daß ich mir oft vorgenommen habe, zu euch zu kommen – wurde aber bisher gehindert –, damit ich auch unter euch Frucht schaffe wie unter andern Heiden. 14 Ich bin ein Schuldner der Griechen und der Nichtgriechen, der Weisen und der Nichtweisen; 15 darum, soviel an mir liegt, bin ich willens, auch euch in Rom das Evangelium zu predigen.

16 Denn ich schäme mich des Evangeliums nicht; denn es ist eine Kraft Gottes, die selig macht alle, die daran glauben, die Juden zuerst und ebenso die Griechen. 17 Denn darin wird offenbart die Gerechtigkeit, die vor Gott gilt, welche kommt aus Glauben in Glauben; wie geschrieben steht [Habakuk 2,4]: »Der Gerechte wird aus Glauben leben.«

Wir leben alle von der Gnade Gottes

2 11 Es ist kein Ansehen der Person vor Gott. 12 Alle, die ohne Gesetz gesündigt haben, werden auch ohne Gesetz verlorengehen; und

alle, die unter dem Gesetz gesündigt haben, werden durchs Gesetz
verurteilt werden. [13]Denn vor Gott sind nicht gerecht, die das Gesetz
hören, sondern die das Gesetz *tun,* werden gerecht sein. [14]Denn wenn
Heiden, die das Gesetz nicht haben, doch von Natur tun, was das
Gesetz fordert, so sind sie, obwohl sie das Gesetz nicht haben, sich
selbst Gesetz. [15]Sie beweisen damit, daß in ihr Herz geschrieben ist,
was das Gesetz fordert, zumal ihr Gewissen es ihnen bezeugt, dazu
auch die Gedanken, die einander anklagen oder auch entschuldigen –
[16]an dem Tag, an dem Gott das Verborgene der Menschen durch
Christus Jesus richten wird, wie es mein Evangelium bezeugt.

3 [9]Was sagen wir denn nun? Haben wir Juden einen Vorzug? Gar
keinen. Denn alle, Juden wie Griechen, sind unter der Sünde. [12]Sie
sind alle abgewichen und allesamt verdorben. Da ist keiner, der Gutes
tut, auch nicht einer [Psalm 14,1-3].

[21]Nun aber ist ohne Zutun des Gesetzes die Gerechtigkeit, die vor
Gott gilt, offenbart, bezeugt durch das Gesetz und die Propheten.
[22]Ich rede aber von der Gerechtigkeit vor Gott, die da kommt durch
den Glauben an Jesus Christus zu allen, die glauben. Denn es ist hier
kein Unterschied: [23]sie sind allesamt Sünder und ermangeln des
Ruhmes, den sie bei Gott haben sollten, [24]und werden ohne Verdienst
gerecht aus seiner Gnade durch die Erlösung, die durch Christus Jesus
geschehen ist.

[28]So halten wir nun dafür, daß der Mensch gerecht wird ohne des
Gesetzes Werke, allein durch den Glauben. [29]Oder ist Gott allein der
Gott der Juden? Ist er nicht auch der Gott der Heiden? Ja gewiß, auch
der Heiden. [30]Denn es ist der eine Gott, der gerecht macht die Juden
aus dem Glauben und die Heiden durch den Glauben.

Wir haben durch den Glauben Frieden mit Gott

5 Da wir nun gerecht geworden sind durch den Glauben, haben wir
Frieden mit Gott durch unsern Herrn Jesus Christus; [2]durch ihn
haben wir auch den Zugang im Glauben zu dieser Gnade, in der wir
stehen, und rühmen uns der Hoffnung der zukünftigen Herrlichkeit,
die Gott geben wird. [3]Nicht allein aber das, sondern wir rühmen
uns auch der Bedrängnisse, weil wir wissen, daß Bedrängnis
Geduld bringt, [4]Geduld aber Bewährung, Bewährung aber Hoffnung,
[5]Hoffnung aber läßt nicht zuschanden werden; denn die Liebe Gottes
ist ausgegossen in unsre Herzen durch den heiligen Geist, der uns
gegeben ist.

6Denn Christus ist schon zu der Zeit, als wir noch schwach waren,
für uns Gottlose gestorben. 7Nun stirbt kaum jemand um eines
Gerechten willen; um des Guten willen wagt er vielleicht sein Leben.
8Gott aber erweist seine Liebe zu uns darin, daß Christus für uns
gestorben ist, als wir noch Sünder waren.

Mit Christus sterben und leben wir

12Wie durch *einen* Menschen die Sünde in die Welt gekommen ist
und der Tod durch die Sünde, so ist der Tod zu allen Menschen
durchgedrungen, weil sie alle gesündigt haben. 18Wie nun durch die
Sünde des Einen die Verdammnis über alle Menschen gekommen
ist, so ist auch durch die Gerechtigkeit des Einen für alle Menschen
die Rechtfertigung gekommen, die zum Leben führt. 19Denn wie
durch den Ungehorsam des einen Menschen die Vielen zu Sündern
geworden sind, so werden auch durch den Gehorsam des Einen die
Vielen zu Gerechten.

20Das Gesetz aber ist dazwischen hineingekommen, damit die
Sünde mächtiger würde. Wo aber die Sünde mächtig geworden ist, da
ist doch die Gnade noch viel mächtiger geworden, 21damit, wie die
Sünde geherrscht hat zum Tode, so auch die Gnade herrsche durch
die Gerechtigkeit zum ewigen Leben durch Jesus Christus, unsern
Herrn.

6 3Wißt ihr nicht, daß alle, die wir auf Christus Jesus getauft sind,
die sind in seinen Tod getauft? 4So sind wir ja mit ihm begraben
durch die Taufe in den Tod, damit, wie Christus auferweckt ist von
den Toten durch die Herrlichkeit des Vaters, auch wir in einem neuen
Leben wandeln. 5Denn wenn wir mit ihm verbunden und ihm gleich-
geworden sind in seinem Tod, so werden wir ihm auch in der Auf-
erstehung gleich sein.

7 6Nun aber sind wir vom Gesetz frei geworden und ihm abge-
storben, das uns gefangenhielt, so daß wir dienen im neuen
Wesen des Geistes und nicht im alten Wesen des Buchstabens.

Ich verzweifle an mir – wer wird mich erlösen?

7Was sollen wir denn nun sagen? Ist das Gesetz Sünde? Das sei ferne!
Aber die Sünde erkannte ich nicht außer durchs Gesetz.

14Denn wir wissen, daß das Gesetz geistlich ist; ich aber bin
fleischlich, unter die Sünde verkauft. 15Denn ich weiß nicht, was ich
tue. Denn ich tue nicht, was ich will; sondern was ich hasse, das tue
ich. 16Wenn ich aber das tue, was ich nicht will, so gebe ich zu, daß

das Gesetz gut ist. 17 So tue nun nicht ich es, sondern die Sünde, die in
mir wohnt.

18 Denn ich weiß, daß in mir, das heißt in meinem Fleisch, nichts
Gutes wohnt. Wollen habe ich wohl, aber das Gute vollbringen kann
ich nicht. 19 Denn das Gute, das ich will, das tue ich nicht; sondern das
Böse, das ich nicht will, das tue ich. 20 Wenn ich aber tue, was ich nicht
will, so tue nicht ich es, sondern die Sünde, die in mir wohnt. 21 So
finde ich nun das Gesetz, daß mir, der ich das Gute tun will, das Böse
anhängt. 22 Denn ich habe Lust an Gottes Gesetz nach dem in-
wendigen Menschen. 23 Ich sehe aber ein anderes Gesetz in meinen
Gliedern, das widerstreitet dem Gesetz in meinem Gemüt und
hält mich gefangen im Gesetz der Sünde, das in meinen Gliedern ist.

24 Ich elender Mensch! Wer wird mich erlösen von diesem tod-
verfallenen Leibe? 25 Dank sei Gott durch Jesus Christus, unsern
Herrn.

8 So gibt es nun keine Verdammnis für die, die in Christus Jesus
sind.

Durch Jesus Christus sind wir befreit worden

2 Das Gesetz des Geistes, der lebendig macht in Christus Jesus, hat
dich frei gemacht von dem Gesetz der Sünde und des Todes. 14 Denn
welche der Geist Gottes treibt, die sind Gottes Kinder. 15 Denn ihr habt
nicht einen knechtischen Geist empfangen, daß ihr euch abermals
fürchten müßtet; sondern ihr habt einen kindlichen Geist empfangen,
durch den wir rufen: Abba, lieber Vater! 16 Der Geist selbst gibt Zeug-
nis unserm Geist, daß wir Gottes Kinder sind. 17 Sind wir aber Kinder,
so sind wir auch Erben, nämlich Gottes Erben und Miterben Christi,
wenn wir denn mit ihm leiden, damit wir auch mit zur Herrlichkeit
erhoben werden.

18 Denn ich bin überzeugt, daß dieser Zeit Leiden nicht ins Gewicht
fallen gegenüber der Herrlichkeit, die an uns offenbart werden soll.
19 Denn das ängstliche Harren der Kreatur wartet darauf, daß die
Kinder Gottes offenbar werden. 20 Die Schöpfung ist ja unterworfen
der Vergänglichkeit – ohne ihren Willen, sondern durch den, der sie
unterworfen hat –, doch auf Hoffnung; 21 denn auch die Schöpfung
wird frei werden von der Knechtschaft der Vergänglichkeit zu der
herrlichen Freiheit der Kinder Gottes. 22 Denn wir wissen, daß die
ganze Schöpfung bis zu diesem Augenblick mit uns seufzt und sich
ängstet.

23 Nicht allein aber sie, sondern auch wir selbst, die wir den Geist
als Erstlingsgabe haben, seufzen in uns selbst und sehnen uns nach

der Kindschaft, der Erlösung unseres Leibes. 24Denn wir sind zwar
gerettet, doch auf Hoffnung. Die Hoffnung aber, die man sieht, ist nicht
Hoffnung; denn wie kann man auf das hoffen, was man sieht?
25Wenn wir aber auf das hoffen, was wir nicht sehen, so warten wir
darauf in Geduld.

Nichts kann uns von Gottes Liebe trennen

26Desgleichen hilft auch der Geist unsrer Schwachheit auf. Denn wir
wissen nicht, was wir beten sollen, wie sich's gebührt; sondern der
Geist selbst vertritt uns mit unaussprechlichem Seufzen.

28Wir wissen aber, daß denen, die Gott lieben, alle Dinge zum
Besten dienen, denen, die nach seinem Ratschluß berufen sind.
29Denn die er ausersehen hat, die hat er auch vorherbestimmt, daß
sie gleich sein sollten dem Bild seines Sohnes, damit dieser der Erst-
geborene sei unter vielen Brüdern. 30Die er aber vorherbestimmt hat,
die hat er auch berufen; die er aber berufen hat, die hat er auch
gerecht gemacht; die er aber gerecht gemacht hat, die hat er auch ver-
herrlicht.

31Was wollen wir nun hierzu sagen? Ist Gott für uns, wer kann
wider uns sein? 32Der auch seinen eigenen Sohn nicht verschont hat,
sondern hat ihn für uns alle dahingegeben – wie sollte er uns mit ihm
nicht alles schenken? 33Wer will die Auserwählten Gottes beschul-
digen? Gott ist hier, der gerecht macht. 34Wer will verdammen?
Christus Jesus ist hier, der gestorben ist, ja vielmehr, der auch auf-
erweckt ist, der zur Rechten Gottes ist und uns vertritt. 35Wer will uns
scheiden von der Liebe Christi? Trübsal oder Angst oder Verfolgung
oder Hunger oder Blöße oder Gefahr oder Schwert? 36wie ge-
schrieben steht [Psalm 44,23]: »Um deinetwillen werden wir getötet
den ganzen Tag; wir sind geachtet wie Schlachtschafe.«

37Aber in dem allen überwinden wir weit durch den, der uns
geliebt hat. 38Denn ich bin gewiß, daß weder Tod noch Leben, weder
Engel noch Mächte noch Gewalten, weder Gegenwärtiges noch
Zukünftiges, 39weder Hohes noch Tiefes noch eine andere Kreatur
uns scheiden kann von der Liebe Gottes, die in Christus Jesus ist,
unserm Herrn.

Ich weiß, Gott bleibt seinem Volk treu

9 Ich sage die Wahrheit in Christus und lüge nicht, wie mir mein
Gewissen bezeugt im heiligen Geist, 2daß ich große Traurigkeit
und Schmerzen ohne Unterlaß in meinem Herzen habe. 3Ich selber

wünschte, verflucht und von Christus getrennt zu sein für meine
Brüder, die meine Stammverwandten sind nach dem Fleisch, 4die
Israeliten sind, denen die Kindschaft gehört und die Herrlichkeit und
der Bund und das Gesetz und der Gottesdienst und die Verhei-
ßungen, 5denen auch die Väter gehören und aus denen Christus
herkommt nach dem Fleisch, der da ist Gott über alles, gelobt in
Ewigkeit. Amen.

10 Liebe Brüder, meines Herzens Wunsch ist, und ich flehe auch
zu Gott für sie, daß sie gerettet werden. 2Denn ich bezeuge
ihnen, daß sie Eifer für Gott haben, aber ohne Einsicht. 3Denn sie
erkennen die Gerechtigkeit nicht, die vor Gott gilt, und suchen ihre
eigene Gerechtigkeit aufzurichten und sind so der Gerechtigkeit
Gottes nicht untertan. 4Denn Christus ist des Gesetzes Ende; wer an
den glaubt, der ist gerecht.

9Wenn du mit deinem Munde bekennst, daß Jesus der Herr ist,
und in deinem Herzen glaubst, daß ihn Gott von den Toten auf-
erweckt hat, so wirst du gerettet. 12Es ist hier kein Unterschied
zwischen Juden und Griechen; es ist über alle derselbe Herr, reich für
alle, die ihn anrufen. 13Denn »wer den Namen des Herrn anrufen
wird, soll gerettet werden« [Joel 3,5].

11 So frage ich nun: Hat denn Gott sein Volk verstoßen? Das sei
ferne! Denn ich bin auch ein Israelit, vom Geschlecht
Abrahams, aus dem Stamm Benjamin. 2Gott hat sein Volk nicht ver-
stoßen, das er zuvor erwählt hat.

25Ich will euch, liebe Brüder, dieses Geheimnis nicht verhehlen,
damit ihr euch nicht selbst für klug haltet: Verstockung ist einem Teil
Israels widerfahren, so lange bis die Fülle der Heiden zum Heil gelangt
ist; 26und so wird ganz Israel gerettet werden, wie geschrieben steht
[Jesaja 59,20; Jeremia 31,33]: »Es wird kommen aus Zion der Erlöser,
der abwenden wird alle Gottlosigkeit von Jakob. 27Und dies ist mein
Bund mit ihnen, wenn ich ihre Sünden wegnehmen werde.« 28Im
Blick auf das Evangelium sind sie zwar Feinde um euretwillen; aber
im Blick auf die Erwählung sind sie Geliebte um der Väter willen.
29Denn Gottes Gaben und Berufung können ihn nicht gereuen.

33O welch eine Tiefe des Reichtums, beides, der Weisheit und der
Erkenntnis Gottes! Wie unbegreiflich sind seine Gerichte und un-
erforschlich seine Wege! 34Denn »wer hat des Herrn Sinn erkannt,
oder wer ist sein Ratgeber gewesen?« [Jesaja 40,13]. 35Oder »wer hat
ihm etwas zuvor gegeben, daß Gott es ihm vergelten müßte?«
[Hiob 41,3]. 36Denn von ihm und durch ihn und zu ihm sind alle
Dinge. Ihm sei Ehre in Ewigkeit! Amen.

Wie wir von Gottes Liebe leben können

12 Ich ermahne euch nun, liebe Brüder, durch die Barmherzigkeit
Gottes, daß ihr eure Leiber hingebt als ein Opfer, das lebendig,
heilig und Gott wohlgefällig ist. Das sei euer vernünftiger Gottes-
dienst. 2Und stellt euch nicht dieser Welt gleich, sondern ändert euch
durch Erneuerung eures Sinnes, damit ihr prüfen könnt, was Gottes
Wille ist, nämlich das Gute und Wohlgefällige und Vollkommene.

9Die Liebe sei ohne Falsch. Haßt das Böse, hängt dem Guten an.
10Die brüderliche Liebe untereinander sei herzlich. Einer komme dem
andern mit Ehrerbietung zuvor. 11Seid nicht träge in dem, was ihr tun
sollt. Seid brennend im Geist. Dient dem Herrn. 12Seid fröhlich in
Hoffnung, geduldig in Trübsal, beharrlich im Gebet. 13Nehmt euch der
Nöte der Heiligen an. Übt Gastfreundschaft. 14Segnet, die euch ver-
folgen; segnet, und flucht nicht. 15Freut euch mit den Fröhlichen und
weint mit den Weinenden. 16Seid eines Sinnes untereinander. Trachtet
nicht nach hohen Dingen, sondern haltet euch herunter zu den
geringen. Haltet euch nicht selbst für klug. 17Vergeltet niemand Böses
mit Bösem. Seid auf Gutes bedacht gegenüber jedermann.

18Ist's möglich, soviel an euch liegt, so habt mit allen Menschen
Frieden. 19Rächt euch nicht selbst, meine Lieben, sondern gebt Raum
dem Zorn Gottes; denn es steht geschrieben [5.Mose 32,35]: »Die
Rache ist mein; ich will vergelten, spricht der Herr.« 20Vielmehr,
»wenn deinen Feind hungert, gib ihm zu essen; dürstet ihn, gib ihm
zu trinken. Wenn du das tust, so wirst du feurige Kohlen auf sein
Haupt sammeln« [Sprüche 25,21.22]. 21Laß dich nicht vom Bösen
überwinden, sondern überwinde das Böse mit Gutem.

Verachtet die bestehende Ordnung nicht!

13 Jedermann sei untertan der Obrigkeit, die Gewalt über ihn hat.
Denn es ist keine Obrigkeit außer von Gott; wo aber Obrigkeit
ist, die ist von Gott angeordnet. 2Wer sich nun der Obrigkeit wider-
setzt, der widerstrebt der Anordnung Gottes; die ihr aber wider-
streben, ziehen sich selbst das Urteil zu.

3Denn vor denen, die Gewalt haben, muß man sich nicht fürchten
wegen guter, sondern wegen böser Werke. Willst du dich aber nicht
fürchten vor der Obrigkeit, so tue Gutes; so wirst du Lob von ihr
erhalten. 4Denn sie ist Gottes Dienerin, dir zugut. Tust du aber Böses,
so fürchte dich; denn sie trägt das Schwert nicht umsonst: sie ist
Gottes Dienerin und vollzieht das Strafgericht an dem, der Böses tut.
5Darum ist es notwendig, sich unterzuordnen, nicht allein um der

Strafe, sondern auch um des Gewissens willen. 6Deshalb zahlt ihr ja
auch Steuer; denn sie sind Gottes Diener, auf diesen Dienst beständig
bedacht. 7So gebt nun jedem, was ihr schuldig seid: Steuer, dem die
Steuer gebührt; Zoll, dem der Zoll gebührt; Furcht, dem die Furcht
gebührt; Ehre, dem die Ehre gebührt.

Nehmt die Liebe zum Maßstab

8Seid niemand etwas schuldig, außer, daß ihr euch untereinander
liebt; denn wer den andern liebt, der hat das Gesetz erfüllt. 9Denn was
da gesagt ist [2.Mose 20,13-17]: »Du sollst nicht ehebrechen; du
sollst nicht töten; du sollst nicht stehlen; du sollst nicht begehren«,
und was da sonst an Geboten ist, das wird in diesem Wort zusam-
mengefaßt [3.Mose 19,18]: »Du sollst deinen Nächsten lieben wie
dich selbst.« 10Die Liebe tut dem Nächsten nichts Böses. So ist nun
die Liebe des Gesetzes Erfüllung.

11Und das tut, weil ihr die Zeit erkennt, nämlich daß die Stunde da
ist, aufzustehen vom Schlaf, denn unser Heil ist jetzt näher als zu der
Zeit, da wir gläubig wurden. 12Die Nacht ist vorgerückt, der Tag aber
nahe herbeigekommen. So laßt uns ablegen die Werke der Finsternis
und anlegen die Waffen des Lichts.

14 7Denn unser keiner lebt sich selber, und keiner stirbt sich
selber. 8Leben wir, so leben wir dem Herrn; sterben wir, so
sterben wir dem Herrn. Darum: wir leben oder sterben, so sind wir
des Herrn. 9Denn dazu ist Christus gestorben und wieder lebendig
geworden, daß er über Tote und Lebende Herr sei.

10Du aber, was richtest du deinen Bruder? Oder du, was verachtest
du deinen Bruder? Wir werden alle vor den Richterstuhl Gottes
gestellt werden. 13Darum laßt uns nicht mehr einer den andern
richten; sondern richtet vielmehr darauf euren Sinn, daß niemand sei-
nem Bruder einen Anstoß oder Ärgernis bereite.

15 5Der Gott aber der Geduld und des Trostes gebe euch, daß ihr
einträchtig gesinnt seid untereinander, Christus Jesus gemäß,
6damit ihr einmütig mit einem Munde Gott lobt, den Vater unseres
Herrn Jesus Christus. 7Darum nehmt einander an, wie Christus euch
angenommen hat zu Gottes Lob.

Der Gott des Friedens sei mit uns allen

14Ich weiß aber selbst sehr wohl von euch, liebe Brüder, daß auch ihr
selber voll Güte seid, erfüllt mit aller Erkenntnis, so daß ihr euch

untereinander ermahnen könnt. [15]Ich habe es aber dennoch gewagt
und euch manches geschrieben, um euch zu erinnern kraft der
Gnade, die mir von Gott gegeben ist, [16]damit ich ein Diener Christi
Jesu unter den Heiden sei, um das Evangelium Gottes priesterlich
auszurichten, damit die Heiden ein Opfer werden, das Gott wohl-
gefällig ist, geheiligt durch den heiligen Geist.

[19]So habe ich von Jerusalem aus ringsumher bis nach Illyrien das
Evangelium von Christus voll ausgerichtet. [20]Dabei habe ich meine
Ehre darein gesetzt, das Evangelium zu predigen, wo Christi Name
noch nicht bekannt war, damit ich nicht auf einen fremden Grund
baute. [22]Das ist auch der Grund, warum ich so viele Male daran
gehindert worden bin, zu euch zu kommen.

[23]Nun aber habe ich keine Aufgabe mehr in diesen Ländern, habe
aber seit vielen Jahren das Verlangen, zu euch zu kommen, [24]wenn
ich nach Spanien reisen werde. Denn ich hoffe, daß ich bei euch
durchreisen und euch sehen kann und von euch dorthin weitergelei-
tet werde, doch so, daß ich mich zuvor ein wenig an euch erquicke.

[25]Jetzt aber fahre ich hin nach Jerusalem, um den Heiligen zu
dienen. [26]Denn die in Mazedonien und Achaja haben willig eine
gemeinsame Gabe zusammengelegt für die Armen unter den Heiligen
in Jerusalem. [28]Wenn ich das nun ausgerichtet und ihnen diesen
Ertrag zuverlässig übergeben habe, will ich von euch aus nach
Spanien ziehen.

[30]Ich ermahne euch aber, liebe Brüder, durch unsern Herrn Jesus
Christus und durch die Liebe des Geistes, daß ihr mir kämpfen helft
durch eure Gebete für mich zu Gott, [31]damit ich errettet werde von
den Ungläubigen in Judäa und mein Dienst, den ich für Jerusalem tue,
den Heiligen willkommen sei, [32]damit ich mit Freuden zu euch
komme nach Gottes Willen und mich mit euch erquicke. [33]Der Gott
des Friedens aber sei mit euch allen! Amen.

DER ERSTE BRIEF DES PAULUS AN DIE KORINTHER

Ich bitte euch, beendet euren Streit!

1 10 Ich ermahne euch aber, liebe Brüder, im Namen unseres Herrn
Jesus Christus, daß ihr alle mit einer Stimme redet und laßt keine
Spaltungen unter euch sein, sondern haltet aneinander fest in einem
Sinn und in einer Meinung. 11 Denn es ist mir bekanntgeworden über
euch, liebe Brüder, durch die Leute der Chloë, daß Streit unter euch
ist. 12 Ich meine aber dies, daß unter euch der eine sagt: Ich gehöre zu
Paulus, der andere: Ich zu Apollos, der dritte: Ich zu Kephas, der
vierte: Ich zu Christus. 13 Wie? Ist Christus etwa zerteilt? Ist denn
Paulus für euch gekreuzigt? Oder seid ihr auf den Namen des Paulus
getauft? 14 Ich danke Gott, daß ich niemand unter euch getauft habe
außer Krispus und Gajus, 15 damit nicht jemand sagen kann, ihr wäret
auf meinen Namen getauft. 16 Ich habe aber auch Stephanas und sein

Haus getauft; sonst weiß ich nicht, ob ich noch jemand getauft habe.
17Denn Christus hat mich nicht gesandt zu taufen, sondern das
Evangelium zu predigen – nicht mit klugen Worten, damit nicht das
Kreuz Christi zunichte werde.

Ich verkündige euch einen Retter, der am Kreuz starb

18Denn das Wort vom Kreuz ist eine Torheit denen, die verloren
werden; uns aber, die wir selig werden, ist's eine Gotteskraft. 19Denn
es steht geschrieben [Jesaja 29,14]: »Ich will zunichte machen die
Weisheit der Weisen, und den Verstand der Verständigen will ich
verwerfen.« 20Wo sind die Klugen? Wo sind die Schriftgelehrten? Wo
sind die Weisen dieser Welt? Hat nicht Gott die Weisheit der Welt
zur Torheit gemacht? 21Denn weil die Welt, umgeben von der Weis-
heit Gottes, Gott durch ihre Weisheit nicht erkannte, gefiel es Gott
wohl, durch die Torheit der Predigt selig zu machen, die daran
glauben.

22Denn die Juden fordern Zeichen, und die Griechen fragen nach
Weisheit, 23wir aber predigen den gekreuzigten Christus, den Juden
ein Ärgernis und den Griechen eine Torheit; 24denen aber, die berufen
sind, Juden und Griechen, predigen wir Christus als Gottes Kraft und
Gottes Weisheit.

26Seht doch, liebe Brüder, auf eure Berufung. Nicht viele Weise
nach dem Fleisch, nicht viele Mächtige, nicht viele Angesehene sind
berufen. 27Sondern was töricht ist vor der Welt, das hat Gott erwählt,
damit er die Weisen zuschanden mache; und was schwach ist vor der
Welt, das hat Gott erwählt, damit er zuschanden mache, was stark ist;
28und das Geringe vor der Welt und das Verachtete hat Gott erwählt,
das, was nichts ist, damit er zunichte mache, was etwas ist, 29damit
sich kein Mensch vor Gott rühme.

2 Auch ich, liebe Brüder, als ich zu euch kam, kam ich nicht mit
hohen Worten und hoher Weisheit, euch das Geheimnis Gottes
zu verkündigen. 2Denn ich hielt es für richtig, unter euch nichts zu
wissen als allein Jesus Christus, den Gekreuzigten. 3Und ich war bei
euch in Schwachheit und in Furcht und mit großem Zittern; 4und
mein Wort und meine Predigt geschahen nicht mit überredenden
Worten menschlicher Weisheit, sondern in Erweisung des Geistes
und der Kraft, 5damit euer Glaube nicht stehe auf Menschenweisheit,
sondern auf Gottes Kraft.

Schaut auf Christus, nicht auf uns!

3 5 Wer ist nun Apollos? Wer ist Paulus? Diener sind sie, durch die
ihr gläubig geworden seid, und das, wie es der Herr einem jeden
gegeben hat: 6 Ich habe gepflanzt, Apollos hat begossen; aber Gott hat
das Gedeihen gegeben. 7 So ist nun weder der pflanzt noch der
begießt etwas, sondern Gott, der das Gedeihen gibt. 8 Der aber pflanzt
und der begießt, sind einer wie der andere. Jeder aber wird seinen
Lohn empfangen nach seiner Arbeit.

9 Denn wir sind Gottes Mitarbeiter; ihr seid Gottes Ackerfeld und
Gottes Bau. 10 Ich nach Gottes Gnade, die mir gegeben ist, habe den
Grund gelegt als ein weiser Baumeister; ein anderer baut darauf. Ein
jeder aber sehe zu, wie er darauf baut. 11 Einen andern Grund kann
niemand legen als den, der gelegt ist, welcher ist Jesus Christus.

21 Darum rühme sich niemand eines Menschen; denn alles ist euer:
22 es sei Paulus oder Apollos oder Kephas, es sei Welt oder Leben
oder Tod, es sei Gegenwärtiges oder Zukünftiges, alles ist euer, 23 ihr
aber seid Christi, Christus aber ist Gottes.

Nehmt Rücksicht auf die Ängstlichen unter euch!

8 4 Was nun das Essen von Götzenopferfleisch angeht, so wissen
wir, daß es keinen Götzen gibt in der Welt und keinen Gott als
den einen. 5 Und obwohl es solche gibt, die Götter genannt werden, es
sei im Himmel oder auf Erden, wie es ja viele Götter und viele Herren
gibt, 6 so haben wir doch nur *einen* Gott, den Vater, von dem alle Dinge
sind und wir zu ihm; und *einen* Herrn, Jesus Christus, durch den alle
Dinge sind und wir durch ihn.

7 Aber nicht jeder hat die Erkenntnis. Denn einige, weil sie bisher an
die Götzen gewöhnt waren, essen's als Götzenopfer; dadurch wird ihr
Gewissen, weil es schwach ist, befleckt. 8 Aber Speise wird uns nicht
vor Gottes Gericht bringen. Essen wir nicht, so werden wir darum
nicht weniger gelten, essen wir, so werden wir darum nicht besser
sein.

9 Seht aber zu, daß diese eure Freiheit für die Schwachen nicht zum
Anstoß wird! 10 Denn wenn jemand dich, der du die Erkenntnis
hast, im Götzentempel zu Tisch sitzen sieht, wird dann nicht sein
Gewissen, da er doch schwach ist, verleitet, das Götzenopfer zu
essen? 11 Und so wird durch deine Erkenntnis der Schwache zugrunde
gehen, der Bruder, für den doch Christus gestorben ist. 12 Wenn ihr
aber so sündigt an den Brüdern und verletzt ihr schwaches Gewissen,
so sündigt ihr an Christus. 13 Darum, wenn Speise meinen Bruder zu

Fall bringt, will ich nie mehr Fleisch essen, damit ich meinen Bruder
nicht zu Fall bringe.

10 15Ich rede doch zu verständigen Menschen; beurteilt ihr, was
ich sage. 16Der gesegnete Kelch, den wir segnen, ist der nicht
die Gemeinschaft des Blutes Christi? Das Brot, das wir brechen, ist das
nicht die Gemeinschaft des Leibes Christi? 17Denn *ein* Brot ist's: So
sind wir viele *ein* Leib, weil wir alle an *einem* Brot teilhaben.

23Alles ist erlaubt, aber nicht alles dient zum Guten. Alles ist
erlaubt, aber nicht alles baut auf. 24Niemand suche das Seine, sondern
was dem andern dient.

Feiert das Abendmahl in würdiger Form!

11 17Dies aber muß ich befehlen: Ich kann's nicht loben, daß
ihr nicht zu eurem Nutzen, sondern zu eurem Schaden
zusammenkommt. 18Zum ersten höre ich: Wenn ihr in der Gemeinde
zusammenkommt, sind Spaltungen unter euch; und zum Teil glaube
ich's. 19Denn es müssen ja Spaltungen unter euch sein, damit die
Rechtschaffenen unter euch offenbar werden. 20Wenn ihr nun zu-
sammenkommt, so hält man da nicht das Abendmahl des Herrn.
21Denn ein jeder nimmt beim Essen sein eigenes Mahl vorweg, und
der eine ist hungrig, der andere ist betrunken. 22Habt ihr denn nicht
Häuser, wo ihr essen und trinken könnt? Oder verachtet ihr die
Gemeinde Gottes und beschämt die, die nichts haben? Was soll ich
euch sagen? Soll ich euch loben? Hierin lobe ich euch nicht.

23Denn ich habe von dem Herrn empfangen, was ich euch weiter-
gegeben habe: Der Herr Jesus, in der Nacht, da er verraten ward,
nahm er das Brot, 24dankte und brach's und sprach: Das ist mein
Leib, der für euch gegeben wird; das tut zu meinem Gedächtnis.
25Desgleichen nahm er auch den Kelch nach dem Mahl und sprach:
Dieser Kelch ist der neue Bund in meinem Blut; das tut, sooft ihr
daraus trinkt, zu meinem Gedächtnis. 26Denn sooft ihr von diesem
Brot eßt und aus dem Kelch trinkt, verkündigt ihr den Tod des Herrn,
bis er kommt.

28Der Mensch prüfe aber sich selbst, und so esse er von diesem
Brot und trinke aus diesem Kelch. 29Denn wer so ißt und trinkt, daß
er den Leib des Herrn nicht achtet, der ißt und trinkt sich selber zum
Gericht. 33Darum, meine lieben Brüder, wenn ihr zusammenkommt,
um zu essen, so wartet aufeinander. 34Hat jemand Hunger, so esse er
daheim, damit ihr nicht zum Gericht zusammenkommt.

Das andre will ich ordnen, wenn ich komme.

12,19

Als Gemeinde unseres Herrn gehören wir zusammen

12 Über die Gaben des Geistes aber will ich euch, liebe Brüder,
nicht in Unwissenheit lassen. 4Es sind verschiedene Gaben;
aber es ist *ein* Geist. 5Und es sind verschiedene Ämter; aber es ist *ein*
Herr. 6Und es sind verschiedene Kräfte; aber es ist *ein* Gott, der da
wirkt alles in allen.

12Denn wie der Leib *einer* ist und doch viele Glieder hat, alle
Glieder des Leibes aber, obwohl sie viele sind, doch *ein* Leib sind: so
auch Christus. 13Denn wir sind durch *einen* Geist alle zu *einem* Leib
getauft, wir seien Juden oder Griechen, Sklaven oder Freie, und sind
alle mit *einem* Geist getränkt.

14Denn auch der Leib ist nicht *ein* Glied, sondern viele. 15Wenn
aber der Fuß spräche: Ich bin keine Hand, darum bin ich nicht Glied
des Leibes, sollte er deshalb nicht Glied des Leibes sein? 16Und wenn
das Ohr spräche: Ich bin kein Auge, darum bin ich nicht Glied des
Leibes, sollte es deshalb nicht Glied des Leibes sein? 17Wenn der
ganze Leib Auge wäre, wo bliebe das Gehör? Wenn er ganz Gehör
wäre, wo bliebe der Geruch? 18Nun aber hat Gott die Glieder ein-
gesetzt, ein jedes von ihnen im Leib, so wie er gewollt hat. 19Wenn
aber alle Glieder *ein* Glied wären, wo bliebe der Leib? 20Nun aber sind
es viele Glieder, aber der Leib ist *einer*. 21Das Auge kann nicht sagen

zu der Hand: Ich brauche dich nicht; oder auch das Haupt zu den
Füßen: Ich brauche euch nicht. 22 Vielmehr sind die Glieder des
Leibes, die uns die schwächsten zu sein scheinen, die nötigsten.
26 Und wenn *ein* Glied leidet, so leiden alle Glieder mit, und wenn *ein*
Glied geehrt wird, so freuen sich alle Glieder mit.

27 Ihr aber seid der Leib Christi und jeder von euch ein Glied.
28 Und Gott hat in der Gemeinde eingesetzt erstens Apostel, zweitens
Propheten, drittens Lehrer, dann Wundertäter, dann Gaben, gesund zu
machen, zu helfen, zu leiten und mancherlei Zungenrede. 29 Sind alle
Apostel? Sind alle Propheten? Sind alle Lehrer? Sind alle Wunder-
täter? 30 Haben alle die Gabe, gesund zu machen? Reden alle in
Zungen? Können alle auslegen? 31 Strebt aber nach den größeren
Gaben!

Der Geist der Liebe soll euch leiten

31 Ich will euch einen noch besseren Weg zeigen.
13 Wenn ich mit Menschen- und mit Engelzungen redete und
hätte die Liebe nicht, so wäre ich ein tönendes Erz oder eine
klingende Schelle. 2 Und wenn ich prophetisch reden könnte und
wüßte alle Geheimnisse und alle Erkenntnis und hätte allen Glauben,
so daß ich Berge versetzen könnte, und hätte die Liebe nicht, so
wäre ich nichts. 3 Und wenn ich alle meine Habe den Armen gäbe
und ließe meinen Leib verbrennen, und hätte die Liebe nicht, so
wäre mir's nichts nütze.

4 Die Liebe ist langmütig und freundlich, die Liebe eifert nicht, die
Liebe treibt nicht Mutwillen, sie bläht sich nicht auf, 5 sie verhält sich
nicht ungehörig, sie sucht nicht das Ihre, sie läßt sich nicht erbittern,
sie rechnet das Böse nicht zu, 6 sie freut sich nicht über die Ungerech-
tigkeit, sie freut sich aber an der Wahrheit; 7 sie erträgt alles, sie glaubt
alles, sie hofft alles, sie duldet alles.

8 Die Liebe hört niemals auf, wo doch das prophetische Reden auf-
hören wird und das Zungenreden aufhören wird und die Erkenntnis
aufhören wird. 9 Denn unser Wissen ist Stückwerk, und unser
prophetisches Reden ist Stückwerk. 10 Wenn aber kommen wird das
Vollkommene, so wird das Stückwerk aufhören. 11 Als ich ein Kind
war, da redete ich wie ein Kind und dachte wie ein Kind und war klug
wie ein Kind; als ich aber ein Mann wurde, tat ich ab, was kindlich
war. 12 Wir sehen jetzt durch einen Spiegel ein dunkles Bild; dann aber
von Angesicht zu Angesicht. Jetzt erkenne ich stückweise; dann aber
werde ich erkennen, wie ich erkannt bin.

13 Nun aber bleiben Glaube, Hoffnung, Liebe, diese drei; aber die
Liebe ist die größte unter ihnen.

14,34

Schafft Ordnung in euren Versammlungen!

14 Strebt nach der Liebe! Bemüht euch um die Gaben des Geistes,
am meisten aber um die Gabe der prophetischen Rede! 2 Denn
wer in Zungen redet, der redet nicht für Menschen, sondern für Gott;
denn niemand versteht ihn, vielmehr redet er im Geist von Geheim-
nissen. 3 Wer aber prophetisch redet, der redet den Menschen zur
Erbauung und zur Ermahnung und zur Tröstung. 4 Wer in Zungen
redet, der erbaut sich selbst; wer aber prophetisch redet, der erbaut
die Gemeinde.

18 Ich danke Gott, daß ich mehr in Zungen rede als ihr alle. 19 Aber
ich will in der Gemeinde lieber fünf Worte reden mit meinem Ver-
stand, damit ich auch andere unterweise, als zehntausend Worte in
Zungen.

31 Ihr könnt alle prophetisch reden, doch einer nach dem andern,
damit alle lernen und alle ermahnt werden. 32 Die Geister der Pro-
pheten sind den Propheten untertan. 33 Denn Gott ist nicht ein Gott
der Unordnung, sondern des Friedens.

Wie in allen Gemeinden der Heiligen 34 sollen die Frauen
schweigen in der Gemeindeversammlung; denn es ist ihnen nicht
gestattet zu reden, sondern sie sollen sich unterordnen, wie auch das
Gesetz sagt. 35 Wollen sie aber etwas lernen, so sollen sie daheim ihre
Männer fragen. Es steht der Frau schlecht an, in der Gemeinde zu
reden. 36 Oder ist das Wort Gottes von euch ausgegangen? Oder ist's
allein zu euch gekommen?

Die Verse 33b-36 sind vielleicht erst nachträglich in den Brief eingefügt worden. An anderer Stelle (Kap. 11,2-16; hier nicht abgedruckt) hat Paulus keine Einwendung dagegen, daß Frauen im Gottesdienst Gebete sprechen und prophetisch reden, sondern besteht nur darauf, daß sie dabei der Sitte gemäß das Haupt bedecken.

Unser Glaube steht und fällt mit der Auferstehung Christi

15 Ich erinnere euch aber, liebe Brüder, an das Evangelium, das ich euch verkündigt habe, das ihr auch angenommen habt, in dem ihr auch fest steht, 2durch das ihr auch selig werdet, wenn ihr's festhaltet in der Gestalt, in der ich es euch verkündigt habe; es sei denn, daß ihr umsonst gläubig geworden wärt.

3Denn als erstes habe ich euch weitergegeben, was ich auch empfangen habe: Daß Christus gestorben ist für unsre Sünden nach der Schrift; 4und daß er begraben worden ist; und daß er auferstanden ist am dritten Tage nach der Schrift; 5und daß er gesehen worden ist von Kephas, danach von den Zwölfen. 6Danach ist er gesehen worden von mehr als fünfhundert Brüdern auf einmal, von denen die meisten noch heute leben, einige aber sind entschlafen. 7Danach ist er gesehen worden von Jakobus, danach von allen Aposteln.

8Zuletzt von allen ist er auch von mir als einer unzeitigen Geburt gesehen worden. 9Denn ich bin der geringste unter den Aposteln, der ich nicht wert bin, daß ich ein Apostel heiße, weil ich die Gemeinde Gottes verfolgt habe. 10Aber durch Gottes Gnade bin ich, was ich bin. Und seine Gnade an mir ist nicht vergeblich gewesen, sondern ich habe viel mehr gearbeitet als sie alle; nicht aber ich, sondern Gottes Gnade, die mit mir ist. 11Es sei nun ich oder jene: so predigen wir, und so habt ihr geglaubt.

12Wenn aber Christus gepredigt wird, daß er von den Toten auferstanden ist, wie sagen dann einige unter euch: Es gibt keine Auferstehung der Toten? 13Gibt es keine Auferstehung der Toten, so ist auch Christus nicht auferstanden. 14Ist aber Christus nicht auferstanden, so ist unsre Predigt vergeblich, so ist auch euer Glaube vergeblich. 16Denn wenn die Toten nicht auferstehen, so ist Christus auch nicht auferstanden. 17Ist Christus aber nicht auferstanden, so ist euer Glaube nichtig, so seid ihr noch in euren Sünden; 18so sind auch die, die in Christus entschlafen sind, verloren. 19Hoffen wir allein in diesem Leben auf Christus, so sind wir die elendesten unter allen Menschen.

Wie Christus auferstanden ist, so werden auch wir auferstehen

[20]Nun aber ist Christus auferstanden von den Toten als Erstling unter
denen, die entschlafen sind. [21]Denn da durch einen Menschen der
Tod gekommen ist, so kommt auch durch einen Menschen die Auf-
erstehung der Toten. [22]Denn wie sie in Adam alle sterben, so werden
sie in Christus alle lebendig gemacht werden. [23]Ein jeder aber in
seiner Ordnung: als Erstling Christus; danach, wenn er kommen wird,
die, die Christus angehören; [24]danach das Ende, wenn er das Reich
Gott, dem Vater, übergeben wird, nachdem er alle Herrschaft und alle
Macht und Gewalt vernichtet hat. [25]Denn er muß herrschen, bis Gott
ihm »alle Feinde unter seine Füße legt« [Psalm 110,1]. [26]Der letzte
Feind, der vernichtet wird, ist der Tod. [28]Wenn aber alles ihm untertan
sein wird, dann wird auch der Sohn selbst untertan sein dem, der ihm
alles unterworfen hat, damit Gott sei alles in allem.

[35]Es könnte aber jemand fragen: Wie werden die Toten auf-
erstehen, und mit was für einem Leib werden sie kommen? [36]Du
Narr: Was du säst, wird nicht lebendig, wenn es nicht stirbt. [42]Es wird
gesät verweslich und wird auferstehen unverweslich. [43]Es wird gesät
in Niedrigkeit und wird auferstehen in Herrlichkeit. Es wird gesät in
Armseligkeit und wird auferstehen in Kraft. [44]Es wird gesät ein natür-
licher Leib und wird auferstehen ein geistlicher Leib.

[54]Wenn aber dies Verwesliche anziehen wird die Unverweslichkeit
und dies Sterbliche anziehen wird die Unsterblichkeit, dann wird
erfüllt werden das Wort, das geschrieben steht [Jesaja 25,8; Hosea
13,14]: »Der Tod ist verschlungen vom Sieg. [55]Tod, wo ist dein Sieg?
Tod, wo ist dein Stachel?« [56]Der Stachel des Todes aber ist die Sünde,
die Kraft aber der Sünde ist das Gesetz. [57]Gott aber sei Dank, der uns
den Sieg gibt durch unsern Herrn Jesus Christus!

Ich bitte euch um Unterstützung für Jerusalem

16 Was aber die Sammlung für die Heiligen angeht: wie ich in den
Gemeinden in Galatien angeordnet habe, so sollt auch ihr tun!
[2]An jedem ersten Tag der Woche lege ein jeder von euch bei sich
etwas zurück und sammle an, soviel ihm möglich ist, damit die
Sammlung nicht erst dann geschieht, wenn ich komme. [3]Wenn ich
aber gekommen bin, will ich die, die ihr für bewährt haltet, mit Briefen
senden, damit sie eure Gabe nach Jerusalem bringen.

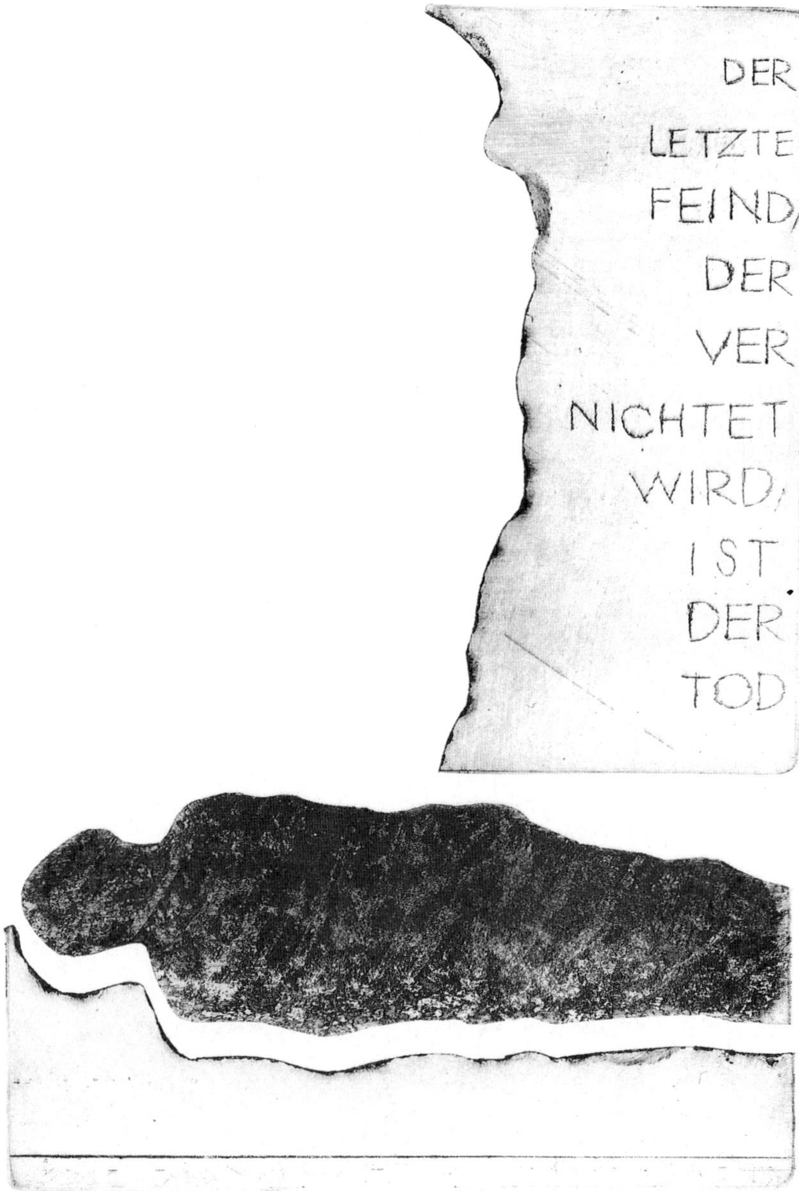
DER
LETZTE
FEIND,
DER
VER
NICHTET
WIRD,
IST
DER
TOD

Ich will bald zu euch kommen

[5]Ich will aber zu euch kommen, sobald ich durch Mazedonien
gezogen bin; denn durch Mazedonien werde ich nur durchreisen. [6]Bei
euch aber werde ich, wenn möglich, eine Weile bleiben oder auch den
Winter zubringen, damit ihr mich dann dahin geleitet, wohin ich
ziehen werde.

[19]Es grüßen euch die Gemeinden in der Provinz Asien. Es grüßen
euch vielmals in dem Herrn Aquila und Priska samt der Gemeinde in
ihrem Hause. [20]Es grüßen euch alle Brüder. Grüßt euch untereinander
mit dem heiligen Kuß.

[21]Hier mein, des Paulus, eigenhändiger Gruß. [22]Wenn jemand den
Herrn nicht liebhat, der sei verflucht. Maranata! [23]Die Gnade des
Herrn Jesus sei mit euch! [24]Meine Liebe ist mit euch allen in Christus
Jesus!

DER ZWEITE BRIEF DES PAULUS AN DIE KORINTHER

Was wir sind, verdanken wir Gott allein

1 Paulus, ein Apostel Christi Jesu durch den Willen Gottes, und
Timotheus, unser Bruder, an die Gemeinde Gottes in Korinth samt
allen Heiligen in ganz Achaja: [2]Gnade sei mit euch und Friede von
Gott, unserm Vater, und dem Herrn Jesus Christus!

[3]Gelobt sei Gott, der Vater unseres Herrn Jesus Christus, der Vater
der Barmherzigkeit und Gott allen Trostes, [4]der uns tröstet in aller
unserer Trübsal, damit wir auch trösten können, die in allerlei Trübsal
sind, mit dem Trost, mit dem wir selber getröstet werden von Gott.

[8]Denn wir wollen euch, liebe Brüder, nicht verschweigen die
Bedrängnis, die uns in der Provinz Asien widerfahren ist, wo wir über
die Maßen beschwert waren und über unsere Kraft, so daß wir auch
am Leben verzagten [9]und es bei uns selbst für beschlossen hielten,
wir müßten sterben. Das geschah aber, damit wir unser Vertrauen
nicht auf uns selbst setzten, sondern auf Gott, der die Toten auf-
erweckt, [10]der uns aus solcher Todesnot errettet hat und erretten
wird.

3 [5]Nicht daß wir tüchtig sind von uns selber, uns etwas zuzu-
rechnen als von uns selber; sondern daß wir tüchtig sind, ist von
Gott, [6]der uns auch tüchtig gemacht hat zu Dienern des neuen
Bundes, nicht des Buchstabens, sondern des Geistes. Denn der Buch-
stabe tötet, aber der Geist macht lebendig.

[17]Der Herr ist der Geist; wo aber der Geist des Herrn ist, da ist
Freiheit!

4 [5]Wir predigen nicht uns selbst, sondern Jesus Christus, daß er
der Herr ist, wir aber eure Knechte um Jesu willen. [6]Denn Gott,
der sprach: Licht soll aus der Finsternis hervorleuchten, der hat einen
hellen Schein in unsre Herzen gegeben, daß durch uns entstünde die
Erleuchtung zur Erkenntnis der Herrlichkeit Gottes in dem Angesicht
Jesu Christi.

Mit meinem Leiden weise ich auf Christus hin

[7]Wir haben aber diesen Schatz in irdenen Gefäßen, damit die über-
schwengliche Kraft von Gott sei und nicht von uns. [8]Wir sind von

allen Seiten bedrängt, aber wir ängstigen uns nicht. Uns ist bange, aber
wir verzagen nicht. 9Wir leiden Verfolgung, aber wir werden nicht
verlassen. Wir werden unterdrückt, aber wir kommen nicht um. 10Wir
tragen allezeit das Sterben Jesu an unserm Leibe, damit auch das
Leben Jesu an unserm Leibe offenbar werde.

16Darum werden wir nicht müde; sondern wenn auch unser
äußerer Mensch verfällt, so wird doch der innere von Tag zu Tag
erneuert. 17Denn unsre Trübsal, die zeitlich und leicht ist, schafft eine
ewige und über alle Maßen gewichtige Herrlichkeit.

5 6So sind wir denn allezeit getrost und wissen: solange wir im
Leibe wohnen, weilen wir fern von dem Herrn; 7denn wir
wandeln im Glauben und nicht im Schauen. 8Wir sind aber getrost
und haben vielmehr Lust, den Leib zu verlassen und daheim zu sein
bei dem Herrn. 9Darum setzen wir auch unsre Ehre darein, ob wir
daheim sind oder in der Fremde, daß wir ihm wohlgefallen. 10Denn
wir müssen alle offenbar werden vor dem Richterstuhl Christi, damit
jeder seinen Lohn empfange für das, was er getan hat bei Lebzeiten,
es sei gut oder böse.

Im Dienst der Versöhnung

17Ist jemand in Christus, so ist er eine neue Kreatur; das Alte ist
vergangen, siehe, Neues ist geworden. 18Aber das alles von Gott, der
uns mit sich selber versöhnt hat durch Christus und uns das Amt
gegeben, das die Versöhnung predigt. 19Denn Gott war in Christus
und versöhnte die Welt mit sich selber und rechnete ihnen ihre
Sünden nicht zu und hat unter uns aufgerichtet das Wort von der
Versöhnung. 20So sind wir nun Botschafter an Christi Statt, denn Gott
ermahnt durch uns; so bitten wir nun an Christi Statt: Laßt euch
versöhnen mit Gott!

6 Als Mitarbeiter aber ermahnen wir euch, daß ihr die Gnade Got-
tes nicht vergeblich empfangt. 3Und wir geben in nichts irgend-
einen Anstoß, damit unser Amt nicht verlästert werde; 4sondern in
allem erweisen wir uns als Diener Gottes: in großer Geduld, in
Trübsalen, in Nöten, in Ängsten, 5in Schlägen, in Gefängnissen, in
Verfolgungen, in Mühen, im Wachen, im Fasten, 6in Lauterkeit, in
Erkenntnis, in Langmut, in Freundlichkeit, im heiligen Geist, in un-
gefärbter Liebe, 7in dem Wort der Wahrheit, in der Kraft Gottes, mit
den Waffen der Gerechtigkeit zur Rechten und zur Linken, 8in Ehre
und Schande; in bösen Gerüchten und guten Gerüchten, als Verführer
und doch wahrhaftig; 9als die Unbekannten, und doch bekannt; als
die Sterbenden und siehe, wir leben; als die Gezüchtigten, und doch

nicht getötet; 10 als die Traurigen, aber allezeit fröhlich; als die Armen,
aber die doch viele reich machen; als die nichts haben, und doch alles
haben.

Manche unter euch schätzen mich falsch ein

11 12 Was ich aber tue, das will ich auch weiterhin tun und denen
den Anlaß nehmen, die einen Anlaß suchen, sich zu rühmen,
sie seien wie wir. 13 Denn solche sind falsche Apostel, betrügerische
Arbeiter und verstellen sich als Apostel Christi.

17 Was ich jetzt rede, das rede ich nicht dem Herrn gemäß, sondern
wie in Torheit, weil wir so ins Rühmen gekommen sind. 18 Da viele
sich rühmen nach dem Fleisch, will ich mich auch rühmen. 19 Denn
ihr ertragt gerne die Narren, ihr, die ihr klug seid! 20 Ihr ertragt es,
wenn euch jemand knechtet, wenn euch jemand ausnützt, wenn euch
jemand gefangennimmt, wenn euch jemand erniedrigt, wenn euch
jemand ins Gesicht schlägt. 21 Zu meiner Schande muß ich sagen,
dazu waren wir zu schwach!

Wo einer kühn ist – ich rede in Torheit –, da bin ich auch kühn.
22 Sie sind Hebräer – ich auch! Sie sind Israeliten – ich auch! Sie sind
Abrahams Kinder – ich auch! 23 Sie sind Diener Christi – ich rede
töricht: ich bin's weit mehr! Ich habe mehr gearbeitet, ich bin öfter
gefangen gewesen, ich habe mehr Schläge erlitten, ich bin oft in
Todesnöten gewesen. 24 Von den Juden habe ich fünfmal erhalten
vierzig Geißelhiebe weniger einen; 25 ich bin dreimal mit Stöcken
geschlagen, einmal gesteinigt worden; dreimal habe ich Schiffbruch
erlitten, einen Tag und eine Nacht trieb ich auf dem tiefen Meer. 26 Ich
bin oft gereist, ich bin in Gefahr gewesen durch Flüsse, in Gefahr unter
Räubern, in Gefahr unter Juden, in Gefahr unter Heiden, in Gefahr in
Städten, in Gefahr in Wüsten, in Gefahr auf dem Meer, in Gefahr unter
falschen Brüdern; 27 in Mühe und Arbeit, in viel Wachen, in Hunger
und Durst, in viel Fasten, in Frost und Blöße; 28 und außer all dem
noch das, was täglich auf mich einstürmt, und die Sorge für alle
Gemeinden. 29 Wer ist schwach, und ich werde nicht schwach? Wer
wird zu Fall gebracht, und ich brenne nicht?

30 Wenn ich mich denn rühmen soll, will ich mich meiner
Schwachheit rühmen. 31 Gott, der Vater des Herrn Jesus, der gelobt sei
in Ewigkeit, weiß, daß ich nicht lüge. 32 In Damaskus bewachte der
Statthalter des Königs Aretas die Stadt der Damaszener und wollte
mich gefangennehmen, 33 und ich wurde in einem Korb durch ein
Fenster die Mauer hinuntergelassen und entrann seinen Händen.

Gerade in meiner Schwachheit ist Gott am Werk

12 Gerühmt muß werden; wenn es auch nichts nützt, so will ich
doch kommen auf die Erscheinungen und Offenbarungen des
Herrn. 2Ich kenne einen Menschen in Christus; vor vierzehn Jahren –
ist er im Leib gewesen? ich weiß es nicht; oder ist er außer dem Leib
gewesen? ich weiß es auch nicht; Gott weiß es –, da wurde derselbe
entrückt bis in den dritten Himmel. 3Und ich kenne denselben
Menschen – ob er im Leib oder außer dem Leib gewesen ist, weiß ich
nicht; Gott weiß es –, 4der wurde entrückt in das Paradies und hörte
unaussprechliche Worte, die kein Mensch sagen kann. 5Für den-
selben will ich mich rühmen; für mich selbst aber will ich mich nicht
rühmen, außer meiner Schwachheit. 6Und wenn ich mich rühmen
wollte, wäre ich nicht töricht; denn ich würde die Wahrheit sagen. Ich
enthalte mich aber dessen, damit nicht jemand mich höher achte, als
er an mir sieht oder von mir hört.

7Und damit ich mich wegen der hohen Offenbarungen nicht über-
hebe, ist mir gegeben ein Pfahl ins Fleisch, nämlich des Satans Engel,
der mich mit Fäusten schlagen soll, damit ich mich nicht überhebe.
8Seinetwegen habe ich dreimal zum Herrn gefleht, daß er von mir
weiche. 9Und er hat zu mir gesagt: Laß dir an meiner Gnade genügen;
denn meine Kraft ist in den Schwachen mächtig. Darum will ich mich
am allerliebsten rühmen meiner Schwachheit, damit die Kraft Christi
bei mir wohne. 10Darum bin ich guten Mutes in Schwachheit, in
Mißhandlungen, in Nöten, in Verfolgungen und Ängsten, um Christi
willen; denn wenn ich schwach bin, so bin ich stark.

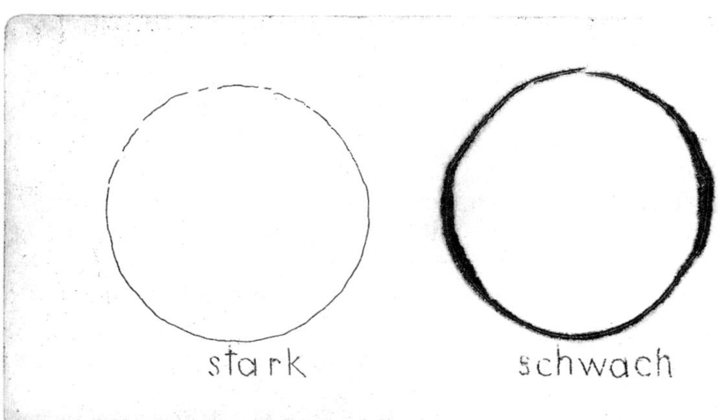

DER BRIEF DES PAULUS AN DIE GALATER

Mein Auftrag kommt nicht von Menschen

1 Paulus, ein Apostel nicht von Menschen, auch nicht durch einen
Menschen, sondern durch Jesus Christus und Gott, den Vater, der
ihn auferweckt hat von den Toten, 2und alle Brüder, die bei mir sind,
an die Gemeinden in Galatien:
3Gnade sei mit euch und Friede von Gott, unserm Vater, und dem
Herrn Jesus Christus, 4der sich selbst für unsre Sünden dahingegeben
hat, daß er uns errette von dieser gegenwärtigen, bösen Welt nach
dem Willen Gottes, unseres Vaters; 5dem sei Ehre von Ewigkeit zu
Ewigkeit! Amen.

Ich habe das Wort Gottes gepredigt, nichts anderes!

6Mich wundert, daß ihr euch so bald abwenden laßt von dem, der
euch berufen hat in die Gnade Christi, zu einem andern Evangelium,
7obwohl es doch kein andres gibt; nur daß einige da sind, die euch
verwirren und wollen das Evangelium Christi verkehren. 8Aber auch
wenn wir oder ein Engel vom Himmel euch ein Evangelium predigen
würden, das anders ist, als wir es euch gepredigt haben, der sei verflucht.
10Predige ich denn jetzt Menschen oder Gott zuliebe? Oder suche
ich Menschen gefällig zu sein? Wenn ich noch Menschen gefällig
wäre, so wäre ich Christi Knecht nicht.
11Denn ich tue euch kund, liebe Brüder, daß das Evangelium, das
von mir gepredigt ist, nicht von menschlicher Art ist. 12Denn ich habe
es nicht von einem Menschen empfangen oder gelernt, sondern durch
eine Offenbarung Jesu Christi.

Gott hat mein Leben völlig verändert

13Denn ihr habt ja gehört von meinem Leben früher im Judentum, wie
ich über die Maßen die Gemeinde Gottes verfolgte und sie zu zerstören suchte 14und übertraf im Judentum viele meiner Altersgenossen in meinem Volk weit und eiferte über die Maßen für die
Satzungen der Väter.
15Als es aber Gott wohlgefiel, der mich von meiner Mutter Leib an

ausgesondert und durch seine Gnade berufen hat, 16daß er seinen
Sohn offenbarte in mir, damit ich ihn durchs Evangelium verkündigen
sollte unter den Heiden, da besprach ich mich nicht erst mit Fleisch
und Blut, 17ging auch nicht hinauf nach Jerusalem zu denen, die vor
mir Apostel waren, sondern zog nach Arabien und kehrte wieder zu-
rück nach Damaskus.

18Danach, drei Jahre später, kam ich hinauf nach Jerusalem, um
Kephas kennenzulernen, und blieb fünfzehn Tage bei ihm. 19Von den
andern Aposteln aber sah ich keinen außer Jakobus, des Herrn
Bruder. 20Was ich euch aber schreibe – siehe, Gott weiß, ich lüge
nicht! 21Danach kam ich in die Länder Syrien und Zilizien. 22Ich war
aber unbekannt von Angesicht den christlichen Gemeinden in Judäa.
23Sie hatten nur gehört: Der uns früher verfolgte, der predigt jetzt den
Glauben, den er früher zu zerstören suchte, 24und priesen Gott über
mir.

Wie habe ich um die Freiheit vom jüdischen Gesetz gekämpft!

2 Danach, vierzehn Jahre später, zog ich abermals hinauf nach
Jerusalem mit Barnabas und nahm auch Titus mit mir. 2Ich zog
aber hinauf aufgrund einer Offenbarung und besprach mich mit
ihnen über das Evangelium, das ich predige unter den Heiden,
besonders aber mit denen, die das Ansehen hatten, damit ich nicht
etwa vergeblich liefe oder gelaufen wäre. 3Aber selbst Titus, der bei
mir war, ein Grieche, wurde nicht gezwungen, sich beschneiden zu
lassen. 4Denn es hatten sich einige falsche Brüder mit eingedrängt
und neben eingeschlichen, um unsere Freiheit auszukundschaften,
die wir in Christus Jesus haben, und uns zu knechten. 5Denen wichen
wir auch nicht eine Stunde und unterwarfen uns ihnen nicht, damit
die Wahrheit des Evangeliums bei euch bestehen bliebe.

6Von denen aber, die das Ansehen hatten – was sie früher gewesen
sind, daran liegt mir nichts; denn Gott achtet das Ansehen der
Menschen nicht –, mir haben die, die das Ansehen hatten, nichts
weiter auferlegt. 7Im Gegenteil, da sie sahen, daß mir anvertraut war
das Evangelium an die Heiden so wie Petrus das Evangelium an die
Juden 8– denn der in Petrus wirksam gewesen ist zum Apostelamt
unter den Juden, der ist auch in mir wirksam gewesen unter den
Heiden –, 9und da sie die Gnade erkannten, die mir gegeben war,
gaben Jakobus und Kephas und Johannes, die als Säulen angesehen
werden, mir und Barnabas die rechte Hand und wurden mit uns eins,
daß wir unter den Heiden, sie aber unter den Juden predigen sollten,

[10]nur daß wir an die Armen dächten, was ich mich auch eifrig bemüht
habe zu tun.
[11]Als aber Kephas nach Antiochia kam, widerstand ich ihm ins
Angesicht, denn es war Grund zur Klage gegen ihn. [12]Denn bevor
einige von Jakobus kamen, aß er mit den Heiden; als sie aber kamen,
zog er sich zurück und sonderte sich ab, weil er die aus dem Juden-
tum fürchtete. [13]Und mit ihm heuchelten auch die andern Juden,
so daß selbst Barnabas verführt wurde, mit ihnen zu heucheln. [14]Als
ich aber sah, daß sie nicht richtig handelten nach der Wahrheit des
Evangeliums, sprach ich zu Kephas öffentlich vor allen: Wenn du, der
du ein Jude bist, heidnisch lebst und nicht jüdisch, warum zwingst du
dann die Heiden, jüdisch zu leben?

Nur der Glaube kann uns retten

[15]Wir sind von Geburt Juden und nicht Sünder aus den Heiden.
[16]Doch weil wir wissen, daß der Mensch durch Werke des Gesetzes
nicht gerecht wird, sondern durch den Glauben an Jesus Christus,
sind auch wir zum Glauben an Christus Jesus gekommen.
[19]Ich bin mit Christus gekreuzigt. [20]Ich lebe, doch nun nicht ich,
sondern Christus lebt in mir. Denn was ich jetzt lebe im Fleisch, das
lebe ich im Glauben an den Sohn Gottes, der mich geliebt hat und
sich selbst für mich dahingegeben. [21]Ich werfe nicht weg die Gnade
Gottes; denn wenn die Gerechtigkeit durch das Gesetz kommt, so ist
Christus vergeblich gestorben.

3 O ihr unverständigen Galater! Wer hat euch bezaubert, denen
doch Jesus Christus vor die Augen gemalt war als der Gekreu-
zigte? [2]Das allein will ich von euch erfahren: Habt ihr den Geist
empfangen durch des Gesetzes Werke oder durch die Predigt vom
Glauben? [11]Daß aber durchs Gesetz niemand gerecht wird vor Gott,
ist offenbar; denn »der Gerechte wird aus Glauben leben«.
[23]Ehe aber der Glaube kam, waren wir unter dem Gesetz verwahrt
und verschlossen auf den Glauben hin, der dann offenbart werden
sollte. [24]So ist das Gesetz unser Zuchtmeister gewesen auf Christus
hin, damit wir durch den Glauben gerecht würden. [25]Nachdem aber
der Glaube gekommen ist, sind wir nicht mehr unter dem Zucht-
meister. [26]Denn ihr seid alle durch den Glauben Gottes Kinder in
Christus Jesus. [27]Denn ihr alle, die ihr auf Christus getauft seid, habt
Christus angezogen. [28]Hier ist nicht Jude noch Grieche, hier ist nicht
Sklave noch Freier, hier ist nicht Mann noch Frau; denn ihr seid
allesamt einer in Christus Jesus.

Laßt euch eure Freiheit nicht nehmen!

4 4 Als aber die Zeit erfüllt war, sandte Gott seinen Sohn, geboren
von einer Frau und unter das Gesetz getan, 5 damit er die, die
unter dem Gesetz waren, erlöste, damit wir die Kindschaft empfingen.
6 Weil ihr nun Kinder seid, hat Gott den Geist seines Sohnes gesandt
in unsre Herzen, der da ruft: Abba, lieber Vater! 7 So bist du nun nicht
mehr Knecht, sondern Kind; wenn aber Kind, dann auch Erbe durch
Gott.

5 Zur Freiheit hat uns Christus befreit! So steht nun fest und laßt
euch nicht wieder das Joch der Knechtschaft auflegen! 2 Siehe, ich,
Paulus, sage euch: Wenn ihr euch beschneiden laßt, so wird euch
Christus nichts nützen. 6 In Christus Jesus gilt weder Beschneidung
noch Unbeschnittensein etwas, sondern der Glaube, der durch die
Liebe tätig ist. 14 Denn das ganze Gesetz ist in einem Wort erfüllt, in
dem [3.Mose 19,18]: »Liebe deinen Nächsten wie dich selbst!«

Werdet nicht müde, einander zu helfen

6 Liebe Brüder, wenn ein Mensch etwa von einer Verfehlung ereilt
wird, so helft ihm wieder zurecht mit sanftmütigem Geist, ihr, die
ihr geistlich seid; und sieh auf dich selbst, daß du nicht auch versucht
werdest. 2 Einer trage des andern Last, so werdet ihr das Gesetz Christi
erfüllen.

7 Irret euch nicht! Gott läßt sich nicht spotten. Denn was der
Mensch sät, das wird er ernten. 8 Wer auf sein Fleisch sät, der wird von
dem Fleisch das Verderben ernten; wer aber auf den Geist sät, der
wird von dem Geist das ewige Leben ernten. 9 Laßt uns aber Gutes
tun und nicht müde werden; denn zu seiner Zeit werden wir auch
ernten, wenn wir nicht nachlassen. 10 Darum, solange wir noch Zeit
haben, laßt uns Gutes tun an jedermann, allermeist aber an des
Glaubens Genossen.

11 Seht, mit wie großen Buchstaben ich euch schreibe mit eigener
Hand! 17 Hinfort mache mir niemand weiter Mühe; denn ich trage die
Malzeichen Jesu an meinem Leibe.

18 Die Gnade unseres Herrn Jesus Christus sei mit eurem Geist,
liebe Brüder! Amen.

DER BRIEF DES PAULUS AN DIE EPHESER

Das Geheimnis der christlichen Gemeinde

1 3Gelobt sei Gott, der Vater unseres Herrn Jesus Christus, der uns
gesegnet hat mit allem geistlichen Segen im Himmel durch
Christus.

9Gott hat uns wissen lassen das Geheimnis seines Willens nach
seinem Ratschluß, den er zuvor in Christus gefaßt hatte, 10um ihn
auszuführen, wenn die Zeit erfüllt wäre, daß alles zusammengefaßt
würde in Christus, was im Himmel und auf Erden ist. 22Alles hat er
unter seine Füße getan und hat ihn gesetzt der Gemeinde zum Haupt
über alles, 23welche sein Leib ist.

2 11Darum denkt daran, daß ihr, die ihr von Geburt einst Heiden
wart und Unbeschnittene genannt wurdet von denen, die äußer-
lich beschnitten sind, 12daß ihr zu jener Zeit ohne Christus wart,
ausgeschlossen vom Bürgerrecht Israels und Fremde außerhalb des
Bundes der Verheißung; daher hattet ihr keine Hoffnung und wart
ohne Gott in der Welt. 13Jetzt aber in Christus Jesus seid ihr, die ihr
einst Ferne wart, Nahe geworden durch das Blut Christi.

14Denn er ist unser Friede, der aus beiden *eines* gemacht hat und
den Zaun abgebrochen hat, der dazwischen war. 18Denn durch ihn
haben wir alle beide in *einem* Geist den Zugang zum Vater. 19So seid
ihr nun nicht mehr Gäste und Fremdlinge, sondern Mitbürger der
Heiligen und Gottes Hausgenossen, 20erbaut auf den Grund der
Apostel und Propheten, da Jesus Christus der Eckstein ist.

4 So ermahne ich euch nun, ich, der Gefangene in dem Herrn, daß
ihr der Berufung würdig lebt, mit der ihr berufen seid, 2in aller
Demut und Sanftmut, in Geduld. Ertragt einer den andern in Liebe
3und seid darauf bedacht, zu wahren die Einigkeit im Geist durch das
Band des Friedens: 4*ein* Leib und *ein* Geist, wie ihr auch berufen seid
zu *einer* Hoffnung eurer Berufung; 5*ein* Herr, *ein* Glaube, *eine* Taufe;
6*ein* Gott und Vater aller, der da ist über allen und durch alle und in
allen.

15Laßt uns aber wahrhaftig sein in der Liebe und wachsen in allen
Stücken zu dem hin, der das Haupt ist, Christus.

So soll das Zusammenleben von Christen aussehen

25 Darum legt die Lüge ab und redet die Wahrheit, ein jeder mit
seinem Nächsten, weil wir untereinander Glieder sind. 26 Zürnt ihr, so
sündigt nicht; laßt die Sonne nicht über eurem Zorn untergehen,
27 und gebt nicht Raum dem Teufel. 28 Wer gestohlen hat, der stehle
nicht mehr, sondern arbeite und schaffe mit eigenen Händen das
nötige Gut, damit er dem Bedürftigen abgeben kann. 29 Laßt kein
faules Geschwätz aus eurem Mund gehen, sondern redet, was gut ist,
was erbaut und was notwendig ist, damit es Segen bringe denen,
die es hören. 30 Und betrübt nicht den heiligen Geist Gottes, mit dem
ihr versiegelt seid für den Tag der Erlösung. 31 Alle Bitterkeit und
Grimm und Zorn und Geschrei und Lästerung seien fern von euch
samt aller Bosheit. 32 Seid aber untereinander freundlich und herzlich
und vergebt einer dem andern, wie auch Gott euch vergeben hat in
Christus.

5 8 Lebt als Kinder des Lichts; 9 die Frucht des Lichts ist lauter Güte
und Gerechtigkeit und Wahrheit. 10 Prüft, was dem Herrn wohl-
gefällig ist, 11 und habt nicht Gemeinschaft mit den unfruchtbaren
Werken der Finsternis; deckt sie vielmehr auf. 12 Denn was von ihnen
heimlich getan wird, davon auch nur zu reden ist schändlich. 13 Das

4,26

alles aber wird offenbar, wenn's vom Licht aufgedeckt wird; [14]denn
alles, was offenbar wird, das ist Licht. Darum heißt es: Wach auf, der
du schläfst, und steh auf von den Toten, so wird dich Christus
erleuchten.
[15]So seht nun sorgfältig darauf, wie ihr euer Leben führt, nicht als
Unweise, sondern als Weise, [16]und kauft die Zeit aus; denn es ist böse
Zeit. [17]Darum werdet nicht unverständig, sondern versteht, was der
Wille des Herrn ist. [18]Und sauft euch nicht voll Wein, woraus ein
unordentliches Wesen folgt, sondern laßt euch vom Geist erfüllen.
[19]Ermuntert einander mit Psalmen und Lobgesängen und geistlichen
Liedern, singt und spielt dem Herrn in eurem Herzen [20]und sagt
Dank Gott, dem Vater, allezeit für alles, im Namen unseres Herrn
Jesus Christus.

Das Leben in Ehe und Familie

[21]Ordnet euch einander unter in der Furcht Christi. [22]Ihr Frauen,
ordnet euch euren Männern unter wie dem Herrn. [23]Denn der Mann
ist das Haupt der Frau, wie auch Christus das Haupt der Gemeinde
ist, die er als seinen Leib erlöst hat. [24]Aber wie nun die Gemeinde sich
Christus unterordnet, so sollen sich auch die Frauen ihren Männern
unterordnen in allen Dingen.
[25]Ihr Männer, liebt eure Frauen, wie auch Christus die Gemeinde
geliebt hat und hat sich selbst für sie dahingegeben, [26]um sie zu
heiligen. Er hat sie gereinigt durch das Wasserbad im Wort, damit er
[27]sie vor sich stelle als eine Gemeinde, die herrlich sei und keinen
Flecken oder Runzel oder etwas dergleichen habe, sondern die heilig
und untadelig sei. [28]So sollen auch die Männer ihre Frauen lieben wie
ihren eigenen Leib. Wer seine Frau liebt, der liebt sich selbst. [29]Denn
niemand hat je sein eigenes Fleisch gehaßt; sondern er nährt und
pflegt es, wie auch Christus die Gemeinde. [30]Denn wir sind Glieder
seines Leibes. [31]»Darum wird ein Mann Vater und Mutter verlassen
und an seiner Frau hängen, und die zwei werden ein Fleisch sein«
[1.Mose 2,24]. [32]Dies Geheimnis ist groß; ich deute es aber auf
Christus und die Gemeinde. [33]Darum auch ihr: ein jeder habe lieb
seine Frau wie sich selbst; die Frau aber ehre den Mann.
6 Ihr Kinder, seid gehorsam euren Eltern in dem Herrn; denn das
ist recht. [2]»Ehre Vater und Mutter«, das ist das erste Gebot, das
eine Verheißung hat: [3]»auf daß dir's wohlgehe und du lange lebest
auf Erden« [5.Mose 5,16].
[4]Und ihr Väter, reizt eure Kinder nicht zum Zorn, sondern erzieht
sie in der Zucht und Ermahnung des Herrn.

Die Ausrüstung der Christen

[10]Zuletzt: Seid stark in dem Herrn und in der Macht seiner Stärke.
[14]So steht nun fest, umgürtet an euren Lenden mit Wahrheit und
angetan mit dem Panzer der Gerechtigkeit, [15]bereit, einzutreten für
das Evangelium des Friedens. [16]Vor allen Dingen aber ergreift den
Schild des Glaubens, mit dem ihr auslöschen könnt alle feurigen
Pfeile des Bösen, [17]und nehmt den Helm des Heils und das Schwert
des Geistes, welches ist das Wort Gottes.

DER BRIEF DES PAULUS AN DIE PHILIPPER

Ich bete für euch

1 Paulus und Timotheus, Knechte Christi Jesu, an alle Heiligen in
Christus Jesus in Philippi samt den Bischöfen und Diakonen:
2Gnade sei mit euch und Friede von Gott, unserm Vater, und dem
Herrn Jesus Christus!

3Ich danke meinem Gott, sooft ich euer gedenke – 4was ich allezeit
tue in allen meinen Gebeten für euch alle, und ich tue das Gebet mit
Freuden –, 5für eure Gemeinschaft am Evangelium vom ersten Tage
an bis heute; 6und ich bin darin guter Zuversicht, daß der in euch
angefangen hat das gute Werk, der wird's auch vollenden bis an den
Tag Christi Jesu.

7Wie es denn recht und billig ist, daß ich so von euch allen denke,
weil ich euch in meinem Herzen habe, die ihr alle mit mir an der
Gnade teilhabt in meiner Gefangenschaft und wenn ich das Evange-
lium verteidige und bekräftige. 8Denn Gott ist mein Zeuge, wie mich
nach euch allen verlangt von Herzensgrund in Christus Jesus. 9Und
ich bete darum, daß eure Liebe immer noch reicher werde an
Erkenntnis und aller Erfahrung, 10so daß ihr prüfen könnt, was das
Beste sei, damit ihr lauter und unanstößig seid für den Tag Christi,
11erfüllt mit Frucht der Gerechtigkeit durch Jesus Christus zur Ehre
und zum Lobe Gottes.

Für Christus bin ich im Gefängnis

12Ich lasse euch aber wissen, liebe Brüder: Wie es um mich steht,
das ist nur mehr zur Förderung des Evangeliums geraten. 13Denn
daß ich meine Fesseln für Christus trage, das ist im ganzen Prätorium
und bei allen andern offenbar geworden, 14und die meisten Brüder in
dem Herrn haben durch meine Gefangenschaft Zuversicht gewonnen
und sind um so kühner geworden, das Wort zu reden ohne
Scheu.

15Einige zwar predigen Christus aus Neid und Streitsucht, einige
aber auch in guter Absicht: 16diese aus Liebe, denn sie wissen, daß ich
zur Verteidigung des Evangeliums hier liege; 17jene aber verkündigen
Christus aus Eigennutz und nicht lauter, denn sie möchten mir
Trübsal bereiten in meiner Gefangenschaft. 18Was tut's aber? Wenn

nur Christus verkündigt wird auf jede Weise, es geschehe zum
Vorwand oder in Wahrheit, so freue ich mich darüber.
Aber ich werde mich auch weiterhin freuen; 19denn ich weiß, daß
mir dies zum Heil ausgehen wird durch euer Gebet und durch den
Beistand des Geistes Jesu Christi, 20wie ich sehnlich warte und hoffe,
daß ich in keinem Stück zuschanden werde, sondern daß frei und
offen, wie allezeit so auch jetzt, Christus verherrlicht werde an
meinem Leibe, es sei durch Leben oder durch Tod.
21Denn Christus ist mein Leben, und Sterben ist mein Gewinn.
22Wenn ich aber weiterleben soll im Fleisch, so dient mir das dazu,
mehr Frucht zu schaffen; und so weiß ich nicht, was ich wählen soll.
23Denn es setzt mir beides hart zu: ich habe Lust, aus der Welt zu
scheiden und bei Christus zu sein, was auch viel besser wäre; 24aber
es ist nötiger, im Fleisch zu bleiben, um euretwillen. 25Und in solcher
Zuversicht weiß ich, daß ich bleiben und bei euch allen sein werde,
euch zur Förderung und zur Freude im Glauben, 26damit euer
Rühmen in Christus Jesus größer werde durch mich, wenn ich wieder
zu euch komme.

Lebt, wie Christus es uns gezeigt hat

2 5Seid so unter euch gesinnt, wie es auch der Gemeinschaft in
Christus Jesus entspricht:

6Er, der in göttlicher Gestalt war,
hielt es nicht für einen Raub, Gott gleich zu sein,
7sondern entäußerte sich selbst
und nahm Knechtsgestalt an,
ward den Menschen gleich
und der Erscheinung nach als Mensch erkannt.
8Er erniedrigte sich selbst
und ward gehorsam bis zum Tode,
ja zum Tode am Kreuz.
9Darum hat ihn auch Gott erhöht
und hat ihm den Namen gegeben, der über alle
Namen ist,
10daß in dem Namen Jesu sich beugen sollen
aller derer Knie,
die im Himmel und auf Erden und unter der Erde sind,
11und alle Zungen bekennen sollen,
daß Jesus Christus der Herr ist,
zur Ehre Gottes, des Vaters.

12 Also, meine Lieben, – wie ihr allezeit gehorsam gewesen seid,
nicht allein in meiner Gegenwart, sondern jetzt noch viel mehr in
meiner Abwesenheit, – schaffet, daß ihr selig werdet, mit Furcht und
Zittern. 13 Denn Gott ist's, der in euch wirkt beides, das Wollen und
das Vollbringen, nach seinem Wohlgefallen.

Jetzt sehe ich vieles ganz anders

3 Weiter, liebe Brüder: Freut euch in dem Herrn! Daß ich euch
immer dasselbe schreibe, verdrießt mich nicht und macht euch
um so gewisser.
2 Nehmt euch in acht vor den Hunden, nehmt euch in acht vor den
böswilligen Arbeitern, nehmt euch in acht vor der Zerschneidung!
3 Denn wir sind die Beschneidung, die wir im Geist Gottes dienen und
uns Christi Jesu rühmen und uns nicht verlassen auf Fleisch, 4 obwohl
ich mich auch des Fleisches rühmen könnte. Wenn ein anderer meint,
er könne sich auf Fleisch verlassen, so könnte ich es viel mehr, 5 der
ich am achten Tag beschnitten bin, aus dem Volk Israel, vom Stamm
Benjamin, ein Hebräer von Hebräern, nach dem Gesetz ein Pharisäer,
6 nach dem Eifer ein Verfolger der Gemeinde, nach der Gerechtigkeit,
die das Gesetz fordert, untadelig gewesen.
7 Aber was mir Gewinn war, das habe ich um Christi willen für
Schaden erachtet. 8 Ja, ich erachte es noch alles für Schaden gegenüber
der überschwenglichen Erkenntnis Christi Jesu, meines Herrn. Um
seinetwillen ist mir das alles ein Schaden geworden, und ich erachte
es für Dreck, damit ich Christus gewinne 9 und in ihm gefunden
werde, daß ich nicht habe meine Gerechtigkeit, die aus dem Gesetz
kommt, sondern die durch den Glauben an Christus kommt, nämlich
die Gerechtigkeit, die von Gott dem Glauben zugerechnet wird. 10 Ihn
möchte ich erkennen und die Kraft seiner Auferstehung und die
Gemeinschaft seiner Leiden und so seinem Tode gleichgestaltet
werden, 11 damit ich gelange zur Auferstehung von den Toten.

Schaut nach vorne!

12 Nicht, daß ich's schon ergriffen habe oder schon vollkommen sei;
ich jage ihm aber nach, ob ich's wohl ergreifen könnte, weil ich von
Christus Jesus ergriffen bin. 13 Meine Brüder, ich schätze mich selbst
noch nicht so ein, daß ich's ergriffen habe. Eins aber sage ich: Ich ver-
gesse, was dahinten ist, und strecke mich aus nach dem, was da vorne
ist, 14 und jage nach dem vorgesteckten Ziel, dem Siegespreis der
himmlischen Berufung Gottes in Christus Jesus.

15 Wie viele nun von uns vollkommen sind, die laßt uns so gesinnt
sein. Und solltet ihr in einem Stück anders denken, so wird euch Gott
auch das offenbaren. 16 Nur, was wir schon erreicht haben, darin laßt
uns auch leben.

17 Folgt mir, liebe Brüder, und seht auf die, die so leben, wie ihr uns
zum Vorbild habt. 18 Denn viele leben so, daß ich euch oft von ihnen
gesagt habe, nun aber sage ich's auch unter Tränen: sie sind die
Feinde des Kreuzes Christi. 19 Ihr Ende ist die Verdammnis, ihr Gott ist
der Bauch, und ihre Ehre ist in ihrer Schande; sie sind irdisch gesinnt.
20 Unser Bürgerrecht aber ist im Himmel; woher wir auch erwarten
den Heiland, den Herrn Jesus Christus, 21 der unsern nichtigen Leib
verwandeln wird, daß er gleich werde seinem verherrlichten Leibe
nach der Kraft, mit der er sich alle Dinge untertan machen kann.

Wir haben Grund zur Freude

4 Also, meine lieben Brüder, nach denen ich mich sehne, meine
Freude und meine Krone, steht fest in dem Herrn, ihr Lieben.
4 Freuet euch in dem Herrn allewege, und abermals sage ich: Freuet
euch! 5 Eure Güte laßt kund sein allen Menschen! Der Herr ist nahe!
6 Sorgt euch um nichts, sondern in allen Dingen laßt eure Bitten in
Gebet und Flehen mit Danksagung vor Gott kundwerden! 7 Und der
Friede Gottes, der höher ist als alle Vernunft, bewahre eure Herzen
und Sinne in Christus Jesus.

8 Weiter, liebe Brüder: Was wahrhaftig ist, was ehrbar, was gerecht,
was rein, was liebenswert, was einen guten Ruf hat, sei es eine Tugend,
sei es ein Lob – darauf seid bedacht! 9 Was ihr gelernt und empfangen
und gehört und gesehen habt an mir, das tut; so wird der Gott des
Friedens mit euch sein.

21 Grüßt alle Heiligen in Christus Jesus. Es grüßen euch die Brüder,
die bei mir sind. 22 Es grüßen euch alle Heiligen, besonders aber die
aus dem Haus des Kaisers. 23 Die Gnade des Herrn Jesus Christus sei
mit eurem Geist!

DER BRIEF DES PAULUS AN DIE KOLOSSER

Christus ist Herr über alle Mächte

1 2An die Heiligen in Kolossä, die gläubigen Brüder in Christus:
Gnade sei mit euch und Friede von Gott, unserm Vater!
12Mit Freuden sagt Dank dem Vater. 13Er hat uns errettet von der
Macht der Finsternis und hat uns versetzt in das Reich seines lieben
Sohnes, 14in dem wir die Erlösung haben, nämlich die Vergebung der
Sünden.

15Er ist das Ebenbild des unsichtbaren Gottes,
der Erstgeborene vor aller Schöpfung.
16Denn in ihm ist alles geschaffen,
was im Himmel und auf Erden ist,
das Sichtbare und das Unsichtbare,
es seien Throne oder Herrschaften
oder Mächte oder Gewalten;
es ist alles durch ihn und zu ihm geschaffen.
17Und er ist vor allem,
und es besteht alles in ihm.
18Und er ist das Haupt des Leibes, nämlich der Gemeinde.

Er ist der Anfang,
der Erstgeborene von den Toten,
damit er in allem der Erste sei.
19Denn es hat Gott wohlgefallen,
daß in ihm alle Fülle wohnen sollte
20und er durch ihn alles mit sich versöhnte,
es sei auf Erden oder im Himmel,
indem er Frieden machte durch sein Blut am Kreuz.

28Den verkündigen wir und ermahnen alle Menschen und lehren
alle Menschen in aller Weisheit, damit wir einen jeden Menschen in
Christus vollkommen machen. 29Dafür mühe ich mich auch ab und
ringe in der Kraft dessen, der in mir kräftig wirkt.
2 8Seht zu, daß euch niemand einfange durch Philosophie und
leeren Trug, gegründet auf die Lehre von Menschen und auf die
Mächte der Welt und nicht auf Christus. 9Denn in ihm wohnt die

ganze Fülle der Gottheit leibhaftig, 10 und an dieser Fülle habt ihr teil
in ihm, der das Haupt aller Macht und Gewalten ist. 15 Er hat die
Mächte und Gewalten ihrer Macht entkleidet und sie öffentlich zur
Schau gestellt und hat einen Triumph aus ihnen gemacht in Christus.

DER ERSTE BRIEF DES PAULUS AN DIE THESSALONICHER

Erinnert euch daran, wie alles anfing

1 Paulus und Silvanus und Timotheus an die Gemeinde in Thessa-
lonich in Gott, dem Vater, und dem Herrn Jesus Christus: Gnade sei
mit euch und Friede!

2 Ihr wißt selbst, liebe Brüder, wie wir Eingang gefunden haben bei
euch: Es war nicht vergeblich; 2 denn obgleich wir zuvor in
Philippi gelitten hatten und mißhandelt worden waren, wie ihr wißt,
fanden wir dennoch in unserm Gott den Mut, bei euch das Evange-
lium Gottes zu sagen unter viel Kampf. 3 Denn unsre Ermahnung kam
nicht aus betrügerischem oder unlauterem Sinn, noch geschah sie mit
List, 4 sondern weil Gott uns für wert geachtet hat, uns das Evange-
lium anzuvertrauen, darum reden wir, nicht, als wollten wir den
Menschen gefallen, sondern Gott, der unsere Herzen prüft.

5 Denn wir sind nie mit Schmeichelworten umgegangen, wie ihr
wißt, noch mit versteckter Habsucht – Gott ist Zeuge –; 6 wir haben
auch nicht Ehre gesucht bei den Leuten, weder bei euch noch bei
andern 7 – obwohl wir unser Gewicht als Christi Apostel hätten ein-
setzen können –, sondern wir sind unter euch mütterlich gewesen:
Wie eine Mutter ihre Kinder pflegt, 8 so hatten wir Herzenslust
an euch und waren bereit, euch nicht allein am Evangelium Gottes
teilzugeben, sondern auch an unserm Leben; denn wir hatten euch
liebgewonnen. 9 Ihr erinnert euch doch, liebe Brüder, an unsre Arbeit
und unsre Mühe; Tag und Nacht arbeiteten wir, um niemand unter
euch zur Last zu fallen, und predigten unter euch das Evangelium
Gottes.

17 Wir aber, liebe Brüder, nachdem wir eine Weile von euch
geschieden waren – von Angesicht, nicht im Herzen –, haben wir uns
um so mehr bemüht, euch von Angesicht zu sehen, mit großem Ver-
langen. 18 Darum wollten wir zu euch kommen, ich, Paulus, einmal
und noch einmal, doch der Satan hat uns gehindert. 19 Denn wer ist
unsre Hoffnung oder Freude oder unser Ruhmeskranz – seid nicht
auch ihr es vor unserm Herrn Jesus, wenn er kommt? 20 Ihr seid ja
unsre Ehre und Freude.

Auch unsere Toten gehören zu Jesus Christus

4 13 Wir wollen euch aber, liebe Brüder, nicht im Ungewissen lassen
über die, die entschlafen sind, damit ihr nicht traurig seid wie die
andern, die keine Hoffnung haben. 14 Denn wenn wir glauben, daß
Jesus gestorben und auferstanden ist, so wird Gott auch die, die ent-
schlafen sind, durch Jesus mit ihm einherführen.
15 Denn das sagen wir euch mit einem Wort des Herrn, daß wir, die
wir leben und übrigbleiben bis zur Ankunft des Herrn, denen nicht
zuvorkommen werden, die entschlafen sind. 16 Denn er selbst, der
Herr, wird, wenn der Befehl ertönt, wenn die Stimme des Erzengels
und die Posaune Gottes erschallen, herabkommen vom Himmel, und
zuerst werden die Toten, die in Christus gestorben sind, auferstehen.
17 Danach werden wir, die wir leben und übrigbleiben, zugleich mit
ihnen entrückt werden auf den Wolken in die Luft, dem Herrn ent-
gegen; und so werden wir bei dem Herrn sein allezeit. 18 So tröstet
euch mit diesen Worten untereinander.

Denkt jeden Tag daran, daß Christus kommt!

5 Von den Zeiten und Stunden aber, liebe Brüder, ist es nicht nötig,
euch zu schreiben; 2 denn ihr selbst wißt genau, daß der Tag des
Herrn kommen wird wie ein Dieb in der Nacht. 3 Wenn sie sagen
werden: Es ist Friede, es hat keine Gefahr –, dann wird sie das Ver-
derben schnell überfallen wie die Wehen eine schwangere Frau, und
sie werden nicht entfliehen.
4 Ihr aber, liebe Brüder, seid nicht in der Finsternis, daß der Tag wie
ein Dieb über euch komme. 5 Denn ihr alle seid Kinder des Lichtes
und Kinder des Tages. Wir sind nicht von der Nacht noch von der
Finsternis. 6 So laßt uns nun nicht schlafen wie die andern, sondern
laßt uns wachen und nüchtern sein.
14 Wir ermahnen euch aber, liebe Brüder: Weist die Unordentlichen
zurecht, tröstet die Kleinmütigen, tragt die Schwachen, seid geduldig
gegen jedermann. 15 Seht zu, daß keiner dem andern Böses mit Bösem
vergelte, sondern jagt allezeit dem Guten nach untereinander und
gegen jedermann.
16 Seid allezeit fröhlich, 17 betet ohne Unterlaß, 18 seid dankbar in
allen Dingen; denn das ist der Wille Gottes in Christus Jesus an euch.
19 Den Geist dämpft nicht. 20 Prophetische Rede verachtet nicht.
21 Prüft aber alles, und das Gute behaltet. 22 Meidet das Böse in jeder
Gestalt.
23 Er aber, der Gott des Friedens, heilige euch durch und durch und

bewahre euren Geist samt Seele und Leib unversehrt, untadelig für
die Ankunft unseres Herrn Jesus Christus. 24 Treu ist er, der euch ruft;
er wird's auch tun.

25 Liebe Brüder, betet auch für uns. 26 Grüßt alle Brüder mit dem
heiligen Kuß. 27 Ich beschwöre euch bei dem Herrn, daß ihr diesen
Brief lesen laßt vor allen Brüdern. 28 Die Gnade unseres Herrn Jesus
Christus sei mit euch!

DER ERSTE BRIEF DES PAULUS AN TIMOTHEUS

Dank für Gottes Barmherzigkeit

1 12 Ich danke unserm Herrn Christus Jesus, der mich stark gemacht
und für treu erachtet hat und in das Amt eingesetzt, 13 mich, der
ich früher ein Lästerer und ein Verfolger und ein Frevler war; aber mir
ist Barmherzigkeit widerfahren, denn ich habe es unwissend getan, im
Unglauben. 14 Es ist aber desto reicher geworden die Gnade unseres
Herrn samt dem Glauben und der Liebe, die in Christus Jesus ist.
15 Das ist gewißlich wahr und ein Wort, des Glaubens wert, daß
Christus Jesus in die Welt gekommen ist, die Sünder selig zu machen,
unter denen ich der erste bin. 16 Aber darum ist mir Barmherzigkeit
widerfahren, daß Christus Jesus an mir als erstem alle Geduld
erweise, zum Vorbild denen, die an ihn glauben sollten zum ewigen
Leben.

Durch das Evangelium soll allen geholfen werden

2 So ermahne ich nun, daß man vor allen Dingen tue Bitte, Gebet,
Fürbitte und Danksagung für alle Menschen, 2 für die Könige und
für alle Obrigkeit, damit wir ein ruhiges und stilles Leben führen
können in aller Frömmigkeit und Ehrbarkeit. 3 Dies ist gut und wohl-
gefällig vor Gott, unserm Heiland, 4 welcher will, daß allen Menschen
geholfen werde und sie zur Erkenntnis der Wahrheit kommen. 5 Denn
es ist *ein* Gott und *ein* Mittler zwischen Gott und den Menschen,
nämlich der Mensch Christus Jesus, 6 der sich selbst gegeben hat für
alle zur Erlösung, daß dies zu seiner Zeit gepredigt werde. 7 Dazu bin
ich eingesetzt als Prediger und Apostel – ich sage die Wahrheit und
lüge nicht –, als Lehrer der Heiden im Glauben und in der Wahrheit.

Warnung vor falschen Lehren

4 Der Geist aber sagt deutlich, daß in den letzten Zeiten einige von
dem Glauben abfallen werden und verführerischen Geistern und
teuflischen Lehren anhängen, 2 verleitet durch Heuchelei der Lügen-
redner, die ein Brandmal in ihrem Gewissen haben. 3 Sie gebieten,
nicht zu heiraten und Speisen zu meiden, die Gott geschaffen hat, daß
sie mit Danksagung empfangen werden von den Gläubigen und

denen, die die Wahrheit erkennen. 4Denn alles, was Gott geschaffen
hat, ist gut, und nichts ist verwerflich, was mit Danksagung emp-
fangen wird; 5denn es wird geheiligt durch das Wort Gottes und
Gebet.

DER BRIEF DES PAULUS AN PHILEMON

Ich freue mich, Gutes über dich zu hören

Paulus, ein Gefangener Christi Jesu, und Timotheus, der Bruder, an
Philemon, den Lieben, unsern Mitarbeiter, 2und an Aphia, die
Schwester, und Archippus, unsern Mitstreiter, und an die Gemeinde in
deinem Hause:

3Gnade sei mit euch und Friede von Gott, unserm Vater, und dem
Herrn Jesus Christus!

4Ich danke meinem Gott allezeit, wenn ich deiner gedenke in
meinen Gebeten 5– denn ich höre von der Liebe und dem Glauben,
die du hast an den Herrn Jesus und gegenüber allen Heiligen –, 6daß
der Glaube, den wir miteinander haben, in dir kräftig werde in
Erkenntnis all des Guten, das wir haben, in Christus. 7Denn ich hatte
große Freude und Trost durch deine Liebe, weil die Herzen der Heili-
gen erquickt sind durch dich, lieber Bruder.

Ich bitte dich für Onesimus

8Darum, obwohl ich in Christus volle Freiheit habe, dir zu gebieten,
was sich gebührt, 9will ich um der Liebe willen doch nur bitten, so
wie ich bin: Paulus, ein alter Mann, nun aber auch ein Gefangener
Christi Jesu. 10So bitte ich dich für meinen Sohn Onesimus, den ich
gezeugt habe in der Gefangenschaft, 11der dir früher unnütz war, jetzt
aber dir und mir sehr nützlich ist. 12Den sende ich dir wieder zurück
und damit mein eigenes Herz.

13Ich wollte ihn gern bei mir behalten, damit er mir an deiner Statt
diene in der Gefangenschaft, um des Evangeliums willen. 14Aber ohne
deinen Willen wollte ich nichts tun, damit das Gute dir nicht
abgenötigt wäre, sondern freiwillig geschehe. 15Denn vielleicht war er
darum eine Zeitlang von dir getrennt, damit du ihn auf ewig wieder-
hättest, 16nun nicht mehr als einen Sklaven, sondern als einen, der
mehr ist als ein Sklave: ein geliebter Bruder, besonders für mich,
wieviel mehr aber für dich, sowohl im leiblichen Leben wie auch in
dem Herrn.

17Wenn du mich nun für deinen Freund hältst, so nimm ihn auf
wie mich selbst. 18Wenn er aber dir Schaden angetan hat oder etwas
schuldig ist, das rechne mir an. 19Ich, Paulus, schreibe es mit eigener

Hand: Ich will's bezahlen; ich schweige davon, daß du dich selbst mir
schuldig bist. [20]Ja, lieber Bruder, gönne mir, daß ich mich an dir
erfreue in dem Herrn; erquicke mein Herz in Christus.

Ich weiß, du wirst meinen Wunsch erfüllen

[21]Im Vertrauen auf deinen Gehorsam schreibe ich dir; denn ich weiß,
du wirst mehr tun, als ich sage. [22]Zugleich bereite mir die Herberge;
denn ich hoffe, daß ich durch eure Gebete euch geschenkt werde.
[23]Es grüßt dich Epaphras, mein Mitgefangener in Christus Jesus,
[24]Markus, Aristarch, Demas, Lukas, meine Mitarbeiter. [25]Die Gnade
des Herrn Jesus Christus sei mit eurem Geist!

DER ERSTE BRIEF DES PETRUS

Wir sind durch Christus erlöst

1 3Gelobt sei Gott, der Vater unseres Herrn Jesus Christus, der uns
nach seiner großen Barmherzigkeit wiedergeboren hat zu einer
lebendigen Hoffnung durch die Auferstehung Jesu Christi von den
Toten.

13Seid nüchtern und setzt eure Hoffnung ganz auf die Gnade, die
euch angeboten wird in der Offenbarung Jesu Christi. 17Da ihr den als
Vater anruft, der ohne Ansehen der Person einen jeden richtet nach
seinem Werk, so führt euer Leben, solange ihr hier in der Fremde
weilt, in Gottesfurcht; 18denn ihr wißt, daß ihr nicht mit vergäng-
lichem Silber oder Gold erlöst seid, 19sondern mit dem teuren Blut
Christi als eines unschuldigen und unbefleckten Lammes.

2 So legt nun ab alle Bosheit und allen Betrug und Heuchelei und
Neid und alle üble Nachrede 2und seid begierig nach der
vernünftigen lauteren Milch wie die neugeborenen Kindlein, damit ihr
durch sie zunehmt zu eurem Heil, 3da ihr ja geschmeckt habt, daß der
Herr freundlich ist.

4Zu ihm kommt als zu dem lebendigen Stein, der von den

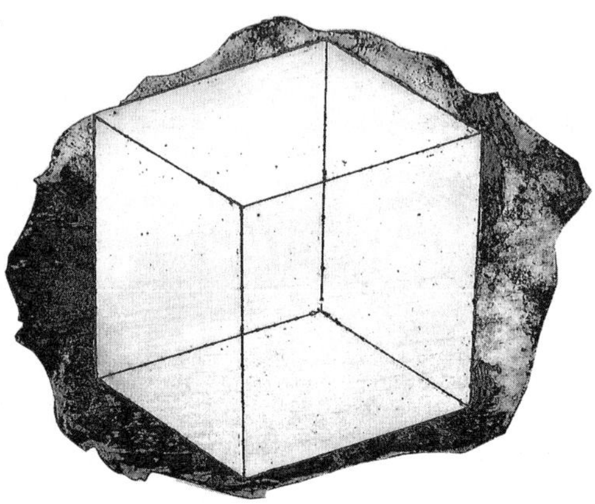

Menschen verworfen ist, aber bei Gott auserwählt und kostbar. [5]Und
auch ihr als lebendige Steine erbaut euch zum geistlichen Hause und
zur heiligen Priesterschaft, zu opfern geistliche Opfer, die Gott wohl-
gefällig sind durch Jesus Christus. [6]Darum steht in der Schrift [Jesaja
28,16]: »Siehe, ich lege in Zion einen auserwählten, kostbaren Eck-
stein; und wer an ihn glaubt, der soll nicht zuschanden werden.«

[7]Für euch nun, die ihr glaubt, ist er kostbar; für die Ungläubigen
aber ist »der Stein, den die Bauleute verworfen haben und der zum
Eckstein geworden ist, [8]ein Stein des Anstoßes und ein Fels des
Ärgernisses« [Psalm 118,22; Jesaja 8,14]; sie stoßen sich an ihm, weil
sie nicht an das Wort glauben, wozu sie auch bestimmt sind.

[9]Ihr aber seid das auserwählte Geschlecht, die königliche Priester-
schaft, das heilige Volk, das Volk des Eigentums, daß ihr verkündigen
sollt die Wohltaten dessen, der euch berufen hat von der Finsternis zu
seinem wunderbaren Licht; [10]die ihr einst »nicht ein Volk« wart, nun
aber »Gottes Volk« seid, und einst nicht in Gnaden wart, nun aber in
Gnaden seid [Hosea 2,25].

[20]Wenn ihr um guter Taten willen leidet und es ertragt, das
ist Gnade bei Gott. [21]Denn dazu seid ihr berufen, da auch Christus
gelitten hat für euch und euch ein Vorbild hinterlassen, daß ihr sollt
nachfolgen seinen Fußtapfen; [22]er, der keine Sünde getan hat und in
dessen Mund sich kein Betrug fand; [23]der nicht widerschmähte, als er
geschmäht wurde, nicht drohte, als er litt, er stellte es aber dem
anheim, der gerecht richtet; [24]der unsre Sünde selbst hinaufgetragen
hat an seinem Leibe auf das Holz, damit wir, der Sünde abgestorben,
der Gerechtigkeit leben. Durch seine Wunden seid ihr heil geworden.
[25]Denn ihr wart wie die irrenden Schafe; aber ihr seid nun bekehrt zu
dem Hirten und Bischof eurer Seelen.

Wie Christen leben

3 [8]Endlich aber seid allesamt gleichgesinnt, mitleidig, brüderlich,
barmherzig, demütig. [9]Vergeltet nicht Böses mit Bösem oder
Scheltwort mit Scheltwort, sondern segnet vielmehr, weil ihr dazu
berufen seid, daß ihr den Segen ererbt. [10]Denn »wer das Leben lieben
und gute Tage sehen will, der hüte seine Zunge, daß sie nichts Böses
rede, und seine Lippen, daß sie nicht betrügen. [11]Er wende sich ab
vom Bösen und tue Gutes; er suche Frieden und jage ihm nach.
[12]Denn die Augen des Herrn sehen auf die Gerechten, und seine
Ohren hören auf ihr Gebet; das Angesicht des Herrn aber steht wider
die, die Böses tun« [Psalm 34,13-17].

13 Und wer ist's, der euch schaden könnte, wenn ihr dem Guten
nacheifert? 14 Und wenn ihr auch leidet um der Gerechtigkeit willen,
so seid ihr doch selig. Fürchtet euch nicht vor ihrem Drohen und
erschreckt nicht; 15 heiligt aber den Herrn Christus in euren Herzen.
Seid allezeit bereit zur Verantwortung vor jedermann, der von euch
Rechenschaft fordert über die Hoffnung, die in euch ist.

4 10 Und dient einander, ein jeder mit der Gabe, die er empfangen
hat, als die guten Haushalter der mancherlei Gnade Gottes:
11 wenn jemand predigt, daß er's rede als Gottes Wort; wenn jemand
dient, daß er's tue aus der Kraft, die Gott gewährt, damit in allen
Dingen Gott gepriesen werde durch Jesus Christus. Sein ist die Ehre
und Gewalt von Ewigkeit zu Ewigkeit! Amen.

DER ZWEITE BRIEF DES PETRUS

Ein neuer Himmel und eine neue Erde

3 Dies ist nun der zweite Brief, den ich euch schreibe, ihr Lieben, in
welchem ich euren lauteren Sinn erwecke und euch erinnere,
2 daß ihr gedenkt an die Worte, die zuvor gesagt sind von den heiligen
Propheten, und an das Gebot des Herrn und Heilands, das verkündet
ist durch eure Apostel.

3 Ihr sollt vor allem wissen, daß in den letzten Tagen Spötter
kommen werden, die ihren Spott treiben, ihren eigenen Begierden
nachgehen 4 und sagen: Wo bleibt die Verheißung seines Kommens?
Denn nachdem die Väter entschlafen sind, bleibt es alles, wie es von
Anfang der Schöpfung gewesen ist. 5 Denn sie wollen nichts davon
wissen, daß der Himmel vorzeiten auch war, dazu die Erde, die
aus Wasser und durch Wasser Bestand hatte durch Gottes Wort;
6 dennoch wurde damals die Welt dadurch in der Sintflut vernichtet.
7 So werden auch der Himmel, der jetzt ist, und die Erde durch
dasselbe Wort aufgespart für das Feuer, bewahrt für den Tag des
Gerichts und der Verdammnis der gottlosen Menschen.

8 Eins aber sei euch nicht verborgen, ihr Lieben, daß *ein* Tag vor
dem Herrn wie tausend Jahre ist und tausend Jahre wie ein Tag. 9 Der
Herr verzögert nicht die Verheißung, wie es einige für eine Ver-
zögerung halten; sondern er hat Geduld mit euch und will nicht, daß
jemand verloren werde, sondern daß jedermann zur Buße finde. 10 Es
wird aber des Herrn Tag kommen wie ein Dieb; dann werden die
Himmel zergehen mit großem Krachen; die Elemente aber werden
vor Hitze schmelzen, und die Erde und die Werke, die darauf sind,
werden ihr Urteil finden.

11 Wenn nun das alles so zergehen wird, wie müßt ihr dann
dastehen in heiligem Wandel und frommem Wesen, 12 die ihr das
Kommen des Tages Gottes erwartet und erstrebt, an dem die Himmel
vom Feuer zergehen und die Elemente vor Hitze zerschmelzen
werden. 13 Wir warten aber auf einen neuen Himmel und eine neue
Erde nach seiner Verheißung, in denen Gerechtigkeit wohnt.

DER ERSTE BRIEF DES JOHANNES

Wir sind Gottes Kinder

1 Was von Anfang an war, was wir gehört haben, was wir gesehen
haben mit unsern Augen, was wir betrachtet haben und unsre
Hände betastet haben, vom Wort des Lebens, [3]das verkündigen wir
auch euch, damit auch ihr mit uns Gemeinschaft habt; und unsere
Gemeinschaft ist mit dem Vater und mit seinem Sohn Jesus Christus.
[4]Und das schreiben wir, damit unsere Freude vollkommen sei.

[5]Und das ist die Botschaft, die wir von ihm gehört haben und euch
verkündigen: Gott ist Licht, und in ihm ist keine Finsternis. [6]Wenn
wir sagen, daß wir Gemeinschaft mit ihm haben, und wandeln in der
Finsternis, so lügen wir und tun nicht die Wahrheit. [7]Wenn wir aber
im Licht wandeln, wie er im Licht ist, so haben wir Gemeinschaft
untereinander, und das Blut Jesu, seines Sohnes, macht uns rein von
aller Sünde.

2 [15]Habt nicht lieb die Welt noch was in der Welt ist. Wenn jemand
die Welt liebhat, in dem ist nicht die Liebe des Vaters. [16]Denn
alles, was in der Welt ist, des Fleisches Lust und der Augen Lust und
hoffärtiges Leben, ist nicht vom Vater, sondern von der Welt. [17]Und
die Welt vergeht mit ihrer Lust; wer aber den Willen Gottes tut, der
bleibt in Ewigkeit.

3 Seht, welch eine Liebe hat uns der Vater erwiesen, daß wir Gottes
Kinder heißen sollen – und wir sind es auch! Darum kennt uns
die Welt nicht; denn sie kennt ihn nicht. [2]Meine Lieben, wir sind
schon Gottes Kinder; es ist aber noch nicht offenbar geworden, was
wir sein werden. Wir wissen aber: wenn es offenbar wird, werden wir
ihm gleich sein; denn wir werden ihn sehen, wie er ist.

[13]Wundert euch nicht, meine Brüder, wenn euch die Welt haßt.
[14]Wir wissen, daß wir aus dem Tod in das Leben gekommen sind;
denn wir lieben die Brüder. Wer nicht liebt, der bleibt im Tod. [15]Wer
seinen Bruder haßt, der ist ein Totschläger, und ihr wißt, daß kein
Totschläger das ewige Leben bleibend in sich hat. [16]Daran haben wir
die Liebe erkannt, daß er sein Leben für uns gelassen hat; und wir
sollen auch das Leben für die Brüder lassen. [17]Wenn aber jemand
dieser Welt Güter hat und sieht seinen Bruder darben und schließt
sein Herz vor ihm zu, wie bleibt dann die Liebe Gottes in ihm?

[18]Meine Kinder, laßt uns nicht lieben mit Worten noch mit der Zunge,
sondern mit der Tat und mit der Wahrheit.

[19]Daran erkennen wir, daß wir aus der Wahrheit sind, und können
unser Herz vor ihm damit zum Schweigen bringen, [20]daß, wenn uns
unser Herz verdammt, Gott größer ist als unser Herz und erkennt alle
Dinge.

Gottes Liebe weitergeben

4 [7]Ihr Lieben, laßt uns einander liebhaben; denn die Liebe ist von
Gott, und wer liebt, der ist von Gott geboren und kennt Gott.
[8]Wer nicht liebt, der kennt Gott nicht; denn Gott ist die Liebe. [9]Darin
ist erschienen die Liebe Gottes unter uns, daß Gott seinen ein-
gebornen Sohn gesandt hat in die Welt, damit wir durch ihn leben
sollen. [10]Darin besteht die Liebe: nicht, daß wir Gott geliebt haben,
sondern daß er uns geliebt hat und gesandt seinen Sohn zur Ver-
söhnung für unsre Sünden.

[11]Ihr Lieben, hat uns Gott so geliebt, so sollen wir uns auch unter-
einander lieben. [12]Niemand hat Gott jemals gesehen. Wenn wir uns
untereinander lieben, so bleibt Gott in uns, und seine Liebe ist in uns
vollkommen. [13]Daran erkennen wir, daß wir in ihm bleiben und er
in uns, daß er uns von seinem Geist gegeben hat. [14]Und wir haben
gesehen und bezeugen, daß der Vater den Sohn gesandt hat als
Heiland der Welt. [15]Wer nun bekennt, daß Jesus Gottes Sohn ist, in
dem bleibt Gott und er in Gott. [16]Und wir haben erkannt und
geglaubt die Liebe, die Gott zu uns hat.

Gott ist die Liebe; und wer in der Liebe bleibt, der bleibt in Gott
und Gott in ihm. [17]Darin ist die Liebe bei uns vollkommen, daß wir
Zuversicht haben am Tag des Gerichts; denn wie er ist, so sind auch
wir in dieser Welt. [18]Furcht ist nicht in der Liebe, sondern die voll-
kommene Liebe treibt die Furcht aus; denn die Furcht rechnet mit
Strafe. Wer sich aber fürchtet, der ist nicht vollkommen in der Liebe.

[19]Laßt uns lieben, denn er hat uns zuerst geliebt. [20]Wenn jemand
spricht: Ich liebe Gott, und haßt seinen Bruder, der ist ein Lügner.
Denn wer seinen Bruder nicht liebt, den er sieht, wie kann er Gott
lieben, den er nicht sieht? [21]Und dies Gebot haben wir von ihm, daß,
wer Gott liebt, daß der auch seinen Bruder liebe.

DER BRIEF AN DIE HEBRÄER

Christus – das Ebenbild Gottes

1 Nachdem Gott vorzeiten vielfach und auf vielerlei Weise geredet
hat zu den Vätern durch die Propheten, 2 hat er in diesen letzten
Tagen zu uns geredet durch den Sohn, den er eingesetzt hat zum
Erben über alles, durch den er auch die Welt gemacht hat. 3 Er ist der
Abglanz seiner Herrlichkeit und das Ebenbild seines Wesens und
trägt alle Dinge mit seinem kräftigen Wort und hat vollbracht die
Reinigung von den Sünden und hat sich gesetzt zur Rechten der
Majestät in der Höhe 4 und ist so viel höher geworden als die Engel,
wie der Name, den er ererbt hat, höher ist als ihr Name.

Christus – das Opfer für die Menschen

4 14 Weil wir denn einen großen Hohenpriester haben, Jesus, den
Sohn Gottes, der die Himmel durchschritten hat, so laßt uns
festhalten an dem Bekenntnis. 15 Denn wir haben nicht einen Hohen-
priester, der nicht könnte mit leiden mit unserer Schwachheit,
sondern der versucht worden ist in allem wie wir, doch ohne Sünde.
16 Darum laßt uns hinzutreten mit Zuversicht zu dem Thron der
Gnade, damit wir Barmherzigkeit empfangen und Gnade finden zu
der Zeit, wenn wir Hilfe nötig haben.
9 11 Christus aber ist gekommen als ein Hoherpriester der zukünf-
tigen Güter durch die größere und vollkommenere Stiftshütte, die
nicht mit Händen gemacht ist, das ist: die nicht von dieser Schöpfung
ist. 12 Er ist auch nicht durch das Blut von Böcken oder Kälbern,
sondern durch sein eigenes Blut ein für allemal in das Heiligtum ein-
gegangen und hat eine ewige Erlösung erworben. 13 Denn wenn schon
das Blut von Böcken und Stieren und die Asche von der Kuh durch
Besprengung die Unreinen heiligt, so daß sie äußerlich rein sind, 14 um
wieviel mehr wird dann das Blut Christi, der sich selbst als Opfer
ohne Fehl durch den ewigen Geist Gott dargebracht hat, unser
Gewissen reinigen von den toten Werken, zu dienen dem lebendigen
Gott! 15 Und darum ist er auch der Mittler des neuen Bundes, damit
durch seinen Tod, der geschehen ist zur Erlösung von den Über-
tretungen unter dem ersten Bund, die Berufenen das verheißene
ewige Erbe empfangen.

24Denn Christus ist nicht eingegangen in das Heiligtum, das mit
Händen gemacht und nur ein Abbild des wahren Heiligtums ist,
sondern in den Himmel selbst, um jetzt für uns vor dem Angesicht
Gottes zu erscheinen; 25auch nicht, um sich oftmals zu opfern, wie
der Hohepriester alle Jahre mit fremdem Blut in das Heiligtum geht;
26sonst hätte er oft leiden müssen vom Anfang der Welt an. Nun aber,
am Ende der Welt, ist er ein für allemal erschienen, durch sein eigenes
Opfer die Sünde aufzuheben. 27Und wie den Menschen bestimmt ist,
einmal zu sterben, danach aber das Gericht: 28so ist auch Christus *ein-
mal* geopfert worden, die Sünden vieler wegzunehmen; zum zweiten-
mal wird er nicht der Sünde wegen erscheinen, sondern denen, die
auf ihn warten, zum Heil.

10 19Weil wir denn nun, liebe Brüder, durch das Blut Jesu die Frei-
heit haben zum Eingang in das Heiligtum, 20den er uns auf-
getan hat als neuen und lebendigen Weg durch den Vorhang, das ist:
durch das Opfer seines Leibes, 21und haben einen Hohenpriester
über das Haus Gottes, 22so laßt uns hinzutreten mit wahrhaftigem
Herzen in vollkommenem Glauben, besprengt in unsern Herzen und
los von dem bösen Gewissen und gewaschen am Leib mit reinem
Wasser.

Christus – der Grund und das Ziel des Glaubens

23Laßt uns festhalten an dem Bekenntnis der Hoffnung und nicht
wanken; denn er ist treu, der sie verheißen hat. 35Werft euer Ver-
trauen nicht weg, welches eine große Belohnung hat. 36Geduld aber
habt ihr nötig, damit ihr den Willen Gottes tut und das Verheißene
empfangt.

11 Es ist aber der Glaube eine feste Zuversicht auf das, was man
hofft, und ein Nichtzweifeln an dem, was man nicht sieht.
2Durch diesen Glauben haben die Vorfahren Gottes Zeugnis
empfangen. 3Durch den Glauben erkennen wir, daß die Welt durch
Gottes Wort geschaffen ist, so daß alles, was man sieht, aus nichts
geworden ist.

8Durch den Glauben wurde Abraham gehorsam, als er berufen
wurde, in ein Land zu ziehen, das er erben sollte; und er zog aus und
wußte nicht, wo er hinkäme. 9Durch den Glauben ist er ein Fremdling
gewesen in dem verheißenen Lande wie in einem fremden und
wohnte in Zelten mit Isaak und Jakob, den Miterben derselben Ver-
heißung. 10Denn er wartete auf die Stadt, die einen festen Grund hat,
deren Baumeister und Schöpfer Gott ist.

11Durch den Glauben empfing auch Sara, die unfruchtbar war,

Kraft, Nachkommen hervorzubringen trotz ihres Alters; denn sie hielt
den für treu, der es verheißen hatte. 12Darum sind auch von dem
einen, dessen Kraft schon erstorben war, so viele gezeugt worden wie
die Sterne am Himmel und wie der Sand am Ufer des Meeres, der
unzählbar ist.

17Durch den Glauben opferte Abraham den Isaak, als er versucht
wurde, und gab den einzigen Sohn dahin, als er schon die Verheißung
empfangen hatte. 19Er dachte: Gott kann auch von den Toten
erwecken; deshalb bekam er ihn auch als Gleichnis dafür wieder.

20Durch den Glauben segnete Isaak den Jakob und den Esau im
Blick auf die zukünftigen Dinge. 21Durch den Glauben segnete Jakob,
als er starb, die beiden Söhne Josefs und neigte sich anbetend über die
Spitze seines Stabes. 22Durch den Glauben redete Josef, als er starb,
vom Auszug der Israeliten und befahl, was mit seinen Gebeinen
geschehen solle.

23Durch den Glauben wurde Mose, als er geboren war, drei Monate
verborgen von seinen Eltern, weil sie sahen, daß er ein schönes Kind
war; und sie fürchteten sich nicht vor des Königs Gebot. 27Durch den
Glauben verließ er Ägypten und fürchtete nicht den Zorn des Königs;
denn er hielt sich an den, den er nicht sah, als sähe er ihn. 28Durch
den Glauben hielt er das Passa und das Besprengen mit Blut, damit
der Verderber ihre Erstgeburten nicht anrühre. 29Durch den Glauben
gingen sie durchs Rote Meer wie über trockenes Land; das versuchten
die Ägypter auch und ertranken.

30Durch den Glauben fielen die Mauern Jerichos, als Israel sieben
Tage um sie herumgezogen war. 31Durch den Glauben kam die Hure
Rahab nicht mit den Ungehorsamen um, weil sie die Kundschafter
freundlich aufgenommen hatte.

32Und was soll ich noch mehr sagen? Die Zeit würde mir zu kurz,
wenn ich erzählen sollte von Gideon und Barak und Simson und
Jeftah und David und Samuel und den Propheten. 33Diese haben
durch den Glauben Königreiche bezwungen, Gerechtigkeit geübt, Ver-
heißungen erlangt, Löwen den Rachen gestopft, 34des Feuers Kraft
ausgelöscht, sind der Schärfe des Schwerts entronnen, aus der
Schwachheit zu Kräften gekommen, sind stark geworden im Kampf
und haben fremde Heere in die Flucht geschlagen. 36Andere haben
Spott und Geißelung erlitten, dazu Fesseln und Gefängnis.

12 Darum auch wir: Weil wir eine solche Wolke von Zeugen um
uns haben, laßt uns ablegen alles, was uns beschwert, und die
Sünde, die uns ständig umstrickt, und laßt uns laufen mit Geduld in
dem Kampf, der uns bestimmt ist, 2und aufsehen zu Jesus, dem

Anfänger und Vollender des Glaubens, der, obwohl er hätte Freude
haben können, das Kreuz erduldete und die Schande geringachtete
und sich gesetzt hat zur Rechten des Thrones Gottes.

13 7Gedenkt an eure Lehrer, die euch das Wort Gottes gesagt
haben; ihr Ende schaut an und folgt ihrem Glauben nach.
8Jesus Christus gestern und heute und derselbe auch in Ewigkeit.
9Laßt euch nicht durch mancherlei und fremde Lehren umtreiben,
denn es ist ein köstlich Ding, daß das Herz fest werde, welches
geschieht durch Gnade.

10Wir haben einen Altar, von dem zu essen kein Recht haben, die
der Stiftshütte dienen. 11Denn die Leiber der Tiere, deren Blut durch
den Hohenpriester als Sündopfer in das Heilige getragen wird, werden
außerhalb des Lagers verbrannt. 12Darum hat auch Jesus, damit er das
Volk heilige durch sein eigenes Blut, gelitten draußen vor dem Tor.
13So laßt uns nun zu ihm hinausgehen aus dem Lager und seine
Schmach tragen. 14Denn wir haben hier keine bleibende Stadt,
sondern die zukünftige suchen wir. 15So laßt uns nun durch ihn Gott
allezeit das Lobopfer darbringen, das ist die Frucht der Lippen, die
seinen Namen bekennen. 16Gutes zu tun und mit andern zu teilen,
vergeßt nicht; denn solche Opfer gefallen Gott.

DER BRIEF DES JAKOBUS

Um den Glauben muß man kämpfen

1 Jakobus, ein Knecht Gottes und des Herrn Jesus Christus, an die
zwölf Stämme in der Zerstreuung: Gruß zuvor!
2 Meine lieben Brüder, erachtet es für lauter Freude, wenn ihr in
mancherlei Anfechtungen fallt, 3 und wißt, daß euer Glaube, wenn er
bewährt ist, Geduld wirkt.
12 Selig ist der Mann, der die Anfechtung erduldet; denn nachdem
er bewährt ist, wird er die Krone des Lebens empfangen, die Gott
verheißen hat denen, die ihn liebhaben.

Glauben und Tun gehören zusammen

19 Ihr sollt wissen, meine lieben Brüder: ein jeder Mensch sei schnell
zum Hören, langsam zum Reden, langsam zum Zorn. 20 Denn des
Menschen Zorn tut nicht, was vor Gott recht ist. 21 Darum legt ab alle
Unsauberkeit und alle Bosheit und nehmt das Wort an mit Sanftmut,
das in euch gepflanzt ist und Kraft hat, eure Seelen selig zu machen.
22 Seid aber Täter des Wortes und nicht Hörer allein; sonst betrügt ihr
euch selbst.
2 14 Was hilft's, liebe Brüder, wenn jemand sagt, er habe Glauben,
und hat doch keine Werke? Kann denn der Glaube ihn selig
machen? 15 Wenn ein Bruder oder eine Schwester Mangel hätte an
Kleidung und an der täglichen Nahrung 16 und jemand unter euch
spräche zu ihnen: Geht hin in Frieden, wärmt euch und sättigt euch!,
ihr gäbet ihnen aber nicht, was der Leib nötig hat – was könnte ihnen
das helfen? 17 So ist auch der Glaube, wenn er nicht Werke hat, tot in
sich selber.
18 Aber es könnte jemand sagen: Du hast Glauben, und ich habe
Werke. Zeige mir deinen Glauben ohne die Werke, so will ich dir meinen Glauben zeigen aus meinen Werken. 19 Du glaubst, daß nur einer
Gott ist? Du tust recht daran; die Teufel glauben's auch und zittern.
20 Willst du nun einsehen, du törichter Mensch, daß der Glaube ohne
Werke nutzlos ist? 24 So seht ihr nun, daß der Mensch durch Werke
gerecht wird, nicht durch Glauben allein.

Zum Glauben gehört das Gebet

5 13 Leidet jemand unter euch, der bete; ist jemand guten Mutes, der
singe Psalmen. 14 Ist jemand unter euch krank, der rufe zu sich die
Ältesten der Gemeinde, daß sie über ihm beten und ihn salben mit Öl
in dem Namen des Herrn. 15 Und das Gebet des Glaubens wird dem
Kranken helfen, und der Herr wird ihn aufrichten; und wenn er
Sünden getan hat, wird ihm vergeben werden. 16 Bekennt also ein-
ander eure Sünden und betet füreinander, daß ihr gesund werdet. Des
Gerechten Gebet vermag viel, wenn es ernstlich ist.

1,10

DIE OFFENBARUNG DES JOHANNES

Seht auf den, der kommen wird

1 Dies ist die Offenbarung Jesu Christi, die ihm Gott gegeben hat,
seinen Knechten zu zeigen, was in Kürze geschehen soll; und er
hat sie durch seinen Engel gesandt und seinem Knecht Johannes
kundgetan, 2der bezeugt hat das Wort Gottes und das Zeugnis von
Jesus Christus, alles, was er gesehen hat. 3Selig ist, der da liest und die
da hören die Worte der Weissagung und behalten, was darin
geschrieben ist; denn die Zeit ist nahe.

4Johannes an die sieben Gemeinden in der Provinz Asien: Gnade
sei mit euch und Friede von dem, der da ist und der da war und der
da kommt, und von den sieben Geistern, die vor seinem Thron
sind, 5und von Jesus Christus, welcher ist der treue Zeuge, der Erst-
geborene von den Toten und Herr über die Könige auf Erden! Ihm,
der uns liebt und uns erlöst hat von unsern Sünden mit seinem Blut
6und uns zu Königen und Priestern gemacht hat vor Gott, seinem
Vater, ihm sei Ehre und Gewalt von Ewigkeit zu Ewigkeit! Amen.

7Siehe, er kommt mit den Wolken, und es werden ihn sehen alle
Augen und alle, die ihn durchbohrt haben, und es werden wehklagen
um seinetwillen alle Geschlechter der Erde. Ja, Amen.

8Ich bin das A und das O, spricht Gott der Herr, der da ist und der
da war und der da kommt, der Allmächtige.

Jesus Christus – Herr über Leben und Tod

9Ich, Johannes, euer Bruder und Mitgenosse an der Bedrängnis und
am Reich und an der Geduld in Jesus, war auf der Insel, die Patmos
heißt, um des Wortes Gottes willen und des Zeugnisses von Jesus.
10Ich wurde vom Geist ergriffen am Tag des Herrn und hörte hinter
mir eine große Stimme wie von einer Posaune, 11die sprach: Was du
siehst, das schreibe in ein Buch und sende es an die sieben Gemein-
den: nach Ephesus und nach Smyrna und nach Pergamon und nach
Thyatira und nach Sardes und nach Philadelphia und nach Laodizea.

12Und ich wandte mich um, zu sehen nach der Stimme, die mit mir
redete. Und als ich mich umwandte, sah ich sieben goldene Leuchter
13und mitten unter den Leuchtern einen, der war einem Menschen-

sohn gleich, angetan mit einem langen Gewand und gegürtet um die
Brust mit einem goldenen Gürtel. 14Sein Haupt aber und sein Haar
war weiß wie weiße Wolle, wie der Schnee, und seine Augen wie eine
Feuerflamme 15und seine Füße wie Golderz, das im Ofen glüht, und
seine Stimme wie großes Wasserrauschen; 16und er hatte sieben
Sterne in seiner rechten Hand, und aus seinem Munde ging ein
scharfes, zweischneidiges Schwert, und sein Angesicht leuchtete, wie
die Sonne scheint in ihrer Macht.

17Und als ich ihn sah, fiel ich zu seinen Füßen wie tot; und er
legte seine rechte Hand auf mich und sprach zu mir: Fürchte dich
nicht! Ich bin der Erste und der Letzte 18und der Lebendige. Ich
war tot, und siehe, ich bin lebendig von Ewigkeit zu Ewigkeit und
habe die Schlüssel des Todes und der Hölle. 19Schreibe, was du gese-
hen hast und was ist und was geschehen soll danach. 20Das Ge-
heimnis der sieben Sterne, die du gesehen hast in meiner rechten
Hand, und der sieben goldenen Leuchter ist dies: Die sieben Sterne
sind Engel der sieben Gemeinden, und die sieben Leuchter sind
sieben Gemeinden.

Sieben Briefe im Auftrag Jesu Christi

2 Dem Engel der Gemeinde in *Ephesus* schreibe: Das sagt, der da
hält die sieben Sterne in seiner Rechten, der da wandelt mitten
unter den sieben goldenen Leuchtern: 2Ich kenne deine Werke und
deine Mühsal und deine Geduld und weiß, daß du die Bösen nicht
ertragen kannst; und du hast die geprüft, die sagen, sie seien Apostel,
und sind's nicht, und hast sie als Lügner befunden. 4Aber ich habe
gegen dich, daß du die erste Liebe verläßt. 5So denke nun daran,
wovon du abgefallen bist, und tue Buße und tue die ersten Werke!
Wenn aber nicht, werde ich über dich kommen und deinen Leuchter
wegstoßen. 7Wer Ohren hat, der höre, was der Geist den Gemeinden
sagt! Wer überwindet, dem will ich zu essen geben von dem Baum
des Lebens, der im Paradies Gottes ist.

8Und dem Engel der Gemeinde in *Smyrna* schreibe: Das sagt der
Erste und der Letzte, der tot war und ist lebendig geworden: 9Ich
kenne deine Bedrängnis und deine Armut – du bist aber reich – und
die Lästerung von denen, die sagen, sie seien Juden, und sind's nicht,
sondern sind die Synagoge des Satans. 10Fürchte dich nicht vor dem,
was du leiden wirst! Siehe, der Teufel wird einige von euch ins
Gefängnis werfen, damit ihr versucht werdet, und ihr werdet in
Bedrängnis sein zehn Tage. Sei getreu bis an den Tod, so will ich dir

die Krone des Lebens geben. [11]Wer Ohren hat, der höre, was der Geist
den Gemeinden sagt! Wer überwindet, dem soll kein Leid geschehen
von dem zweiten Tode.

[12]Und dem Engel der Gemeinde in *Pergamon* schreibe: Das sagt,
der da hat das scharfe, zweischneidige Schwert: [13]Ich weiß, wo du
wohnst: da, wo der Thron des Satans ist; und du hältst an meinem
Namen fest und hast den Glauben an mich nicht verleugnet, auch
nicht in den Tagen, als Antipas, mein treuer Zeuge, bei euch getötet
wurde, da, wo der Satan wohnt. [14]Aber einiges habe ich gegen dich:
du hast Leute dort, die sich an die Lehre Bileams halten, vom Götzen-
opfer zu essen und Hurerei zu treiben. [16]Tue Buße; wenn aber nicht,
so werde ich bald über dich kommen und gegen sie streiten mit dem
Schwert meines Mundes. [17]Wer Ohren hat, der höre, was der Geist
den Gemeinden sagt! Wer überwindet, dem will ich geben von dem
verborgenen Manna und will ihm geben einen weißen Stein; und auf
dem Stein ist ein neuer Name geschrieben, den niemand kennt als
der, der ihn empfängt.

[18]Und dem Engel der Gemeinde in *Thyatira* schreibe: Das sagt der
Sohn Gottes, der Augen hat wie Feuerflammen, und seine Füße sind
wie Golderz: [19]Ich kenne deine Werke und deine Liebe und deinen
Glauben und deinen Dienst und deine Geduld und weiß, daß du je
länger je mehr tust. [20]Aber ich habe gegen dich, daß du Isebel duldest,
diese Frau, die sagt, sie sei eine Prophetin, und lehrt und verführt
meine Knechte, Hurerei zu treiben und Götzenopfer zu essen. [24]Euch
aber sage ich, den andern in Thyatira, die solche Lehre nicht haben,
[25]was ihr habt, das haltet fest, bis ich komme. [29]Wer Ohren hat, der
höre, was der Geist den Gemeinden sagt!

3 Und dem Engel der Gemeinde in *Sardes* schreibe: Das sagt, der
die sieben Geister Gottes hat und die sieben Sterne: Ich kenne
deine Werke: Du hast den Namen, daß du lebst, und bist tot. [2]Werde
wach und stärke das andre, das sterben will, denn ich habe deine
Werke nicht als vollkommen befunden vor meinem Gott. [3]So denke
nun daran, wie du empfangen und gehört hast, und halte es fest und
tue Buße! Wenn du aber nicht wachen wirst, werde ich kommen wie
ein Dieb, und du wirst nicht wissen, zu welcher Stunde ich über dich
kommen werde. [4]Aber du hast einige in Sardes, die ihre Kleider nicht
besudelt haben; die werden mit mir einhergehen in weißen Kleidern,
denn sie sind's wert. [5]Wer überwindet, der soll mit weißen Kleidern
angetan werden, und ich werde seinen Namen nicht austilgen aus

dem Buch des Lebens, und ich will seinen Namen bekennen vor
meinem Vater und vor seinen Engeln. 6 Wer Ohren hat, der höre, was
der Geist den Gemeinden sagt!

7 Und dem Engel der Gemeinde in *Philadelphia* schreibe: Das sagt
der Heilige, der Wahrhaftige, der da hat den Schlüssel Davids, der auf-
tut, und niemand schließt zu, der zuschließt, und niemand tut auf:
8 Ich kenne deine Werke. Siehe, ich habe vor dir eine Tür aufgetan,
und niemand kann sie zuschließen; denn du hast eine kleine Kraft
und hast mein Wort bewahrt und hast meinen Namen nicht verleug-
net. 9 Siehe, ich werde schicken einige aus der Synagoge des Satans,
die sagen, sie seien Juden, und sind's nicht, sondern lügen; siehe, ich
will sie dazu bringen, daß sie kommen sollen und zu deinen Füßen
niederfallen und erkennen, daß ich dich geliebt habe. 10 Weil du mein
Wort von der Geduld bewahrt hast, will auch ich dich bewahren vor
der Stunde der Versuchung, die kommen wird über den ganzen Welt-
kreis, zu versuchen, die auf Erden wohnen. 11 Siehe, ich komme bald;
halte, was du hast, daß niemand deine Krone nehme! 12 Wer über-
windet, den will ich machen zum Pfeiler in dem Tempel meines Got-
tes, und er soll nicht mehr hinausgehen, und ich will auf ihn schreiben
den Namen meines Gottes und den Namen des neuen Jerusalem, der
Stadt meines Gottes, die vom Himmel herniederkommt von meinem
Gott, und meinen Namen, den neuen. 13 Wer Ohren hat, der höre, was
der Geist den Gemeinden sagt!

14 Und dem Engel der Gemeinde in *Laodizea* schreibe: Das sagt,
der Amen heißt, der treue und wahrhaftige Zeuge, der Anfang der
Schöpfung Gottes: 15 Ich kenne deine Werke, daß du weder kalt noch
warm bist. Ach, daß du kalt oder warm wärest! 16 Weil du aber lau bist
und weder warm noch kalt, werde ich dich ausspeien aus meinem
Munde. 17 Du sprichst: Ich bin reich und habe genug und brauche
nichts! und weißt nicht, daß du elend und jämmerlich bist, arm, blind
und bloß. 18 Ich rate dir, daß du Gold von mir kaufst, das im Feuer
geläutert ist, damit du reich werdest, und weiße Kleider, damit du sie
anziehst und die Schande deiner Blöße nicht offenbar werde, und
Augensalbe, deine Augen zu salben, damit du sehen mögest.
19 Welche ich liebhabe, die weise ich zurecht und züchtige ich. So sei
nun eifrig und tue Buße! 20 Siehe, ich stehe vor der Tür und klopfe an.
Wenn jemand meine Stimme hören wird und die Tür auftun, zu dem
werde ich hineingehen und das Abendmahl mit ihm halten und er mit
mir. 21 Wer überwindet, dem will ich geben, mit mir auf meinem Thron
zu sitzen, wie auch ich überwunden habe und mich gesetzt habe mit

meinem Vater auf seinen Thron. 22 Wer Ohren hat, der höre, was der
Geist den Gemeinden sagt!

Das Buch vom Ende der Welt wird geöffnet

4 Danach sah ich, und siehe, eine Tür war aufgetan im Himmel, und
die erste Stimme, die ich mit mir hatte reden hören wie eine
Posaune, die sprach: Steig herauf, ich will dir zeigen, was nach diesem
geschehen soll.

2 Alsbald wurde ich vom Geist ergriffen. Und siehe, ein Thron stand
im Himmel, und auf dem Thron saß einer. 3 Und der da saß, war
anzusehen wie der Stein Jaspis und Sarder; und ein Regenbogen war
um den Thron, anzusehen wie ein Smaragd.

6 Und vor dem Thron war es wie ein gläsernes Meer, gleich dem
Kristall, und in der Mitte am Thron und um den Thron vier himm-
lische Gestalten, voller Augen vorn und hinten. 7 Und die erste Gestalt
war gleich einem Löwen, und die zweite Gestalt war gleich einem
Stier, und die dritte Gestalt hatte ein Antlitz wie ein Mensch, und die
vierte Gestalt war gleich einem fliegenden Adler.

5 Und ich sah in der rechten Hand dessen, der auf dem Thron saß,
ein Buch, beschrieben innen und außen, versiegelt mit sieben
Siegeln. 2 Und ich sah einen starken Engel, der rief mit großer Stimme:
Wer ist würdig, das Buch aufzutun und seine Siegel zu brechen?

11 Und ich sah, und ich hörte eine Stimme vieler Engel um den
Thron und um die Gestalten und um die Ältesten her, und ihre Zahl
war vieltausendmal tausend; 12 die sprachen mit großer Stimme:
Das Lamm, das geschlachtet ist, ist würdig, zu nehmen Kraft und
Reichtum und Weisheit und Stärke und Ehre und Preis und Lob.

Blick in eine bedrohliche Zukunft

6 Und ich sah, daß das Lamm das erste der sieben Siegel auftat,
und ich hörte eine der vier Gestalten sagen wie mit einer Donner-
stimme: Komm! 2 Und ich sah, und siehe, ein weißes Pferd. Und der
darauf saß, hatte einen Bogen, und ihm wurde eine Krone gegeben,
und er zog aus sieghaft und um zu siegen.

3 Und als es das zweite Siegel auftat, hörte ich die zweite Gestalt
sagen: Komm! 4 Und es kam heraus ein zweites Pferd, das war feuer-
rot. Und dem, der darauf saß, wurde Macht gegeben, den Frieden von
der Erde zu nehmen, daß sie sich untereinander umbrächten, und
ihm wurde ein großes Schwert gegeben.

5 Und als es das dritte Siegel auftat, hörte ich die dritte Gestalt

sagen: Komm! Und ich sah, und siehe, ein schwarzes Pferd. Und der
darauf saß, hatte eine Waage in seiner Hand. 6Und ich hörte eine
Stimme mitten unter den vier Gestalten sagen: Ein Maß Weizen für
einen Silbergroschen und drei Maß Gerste für einen Silbergroschen;
aber dem Öl und Wein tu keinen Schaden!

7Und als es das vierte Siegel auftat, hörte ich die Stimme der
vierten Gestalt sagen: Komm! 8Und ich sah, und siehe, ein fahles
Pferd. Und der darauf saß, dessen Name war: Der Tod, und die Hölle
folgte ihm nach. Und ihnen wurde Macht gegeben über den vierten
Teil der Erde, zu töten mit Schwert und Hunger und Pest und durch
die wilden Tiere auf Erden.

9Und als es das fünfte Siegel auftat, sah ich unten am Altar die
Seelen derer, die umgebracht worden waren um des Wortes Gottes
und um ihres Zeugnisses willen. 10Und sie schrien mit lauter Stimme:
Herr, du Heiliger und Wahrhaftiger, wie lange richtest du nicht und
rächst nicht unser Blut an denen, die auf der Erde wohnen? 11Und
ihnen wurde gegeben einem jeden ein weißes Gewand, und ihnen
wurde gesagt, daß sie ruhen müßten noch eine kleine Zeit, bis voll-
zählig dazukämen ihre Mitknechte und Brüder, die auch noch getötet
werden sollten wie sie.

12Und ich sah: als es das sechste Siegel auftat, da geschah ein
großes Erdbeben, und die Sonne wurde finster wie ein schwarzer
Sack, und der ganze Mond wurde wie Blut, 13und die Sterne des
Himmels fielen auf die Erde, wie ein Feigenbaum seine Feigen abwirft,
wenn er von starkem Wind bewegt wird. 14Und der Himmel wich wie
eine Schriftrolle, die zusammengerollt wird, und alle Berge und Inseln
wurden wegbewegt von ihrem Ort. 15Und die Könige auf Erden und
die Großen und die Obersten und die Reichen und die Gewaltigen
und alle Sklaven und alle Freien verbargen sich in den Klüften und
Felsen der Berge 16und sprachen zu den Bergen und Felsen: Fallt über
uns und verbergt uns vor dem Angesicht dessen, der auf dem Thron
sitzt, und vor dem Zorn des Lammes! 17Denn es ist gekommen der
große Tag ihres Zorns, und wer kann bestehen?

Die zu Jesus Christus gehören, brauchen sich nicht zu fürchten

7 9Danach sah ich, und siehe, eine große Schar, die niemand zählen
konnte, aus allen Nationen und Stämmen und Völkern und
Sprachen; die standen vor dem Thron und vor dem Lamm, angetan
mit weißen Kleidern und mit Palmzweigen in ihren Händen, 10und
riefen mit großer Stimme: Das Heil ist bei dem, der auf dem Thron

sitzt, unserm Gott, und dem Lamm! [11]Und alle Engel standen rings
um den Thron und um die Ältesten und um die vier Gestalten und
fielen nieder vor dem Thron auf ihr Angesicht und beteten Gott an
[12]und sprachen: Amen, Lob und Ehre und Weisheit und Dank und
Preis und Kraft und Stärke sei unserm Gott von Ewigkeit zu Ewigkeit!
Amen.

[13]Und einer der Ältesten fing an und sprach zu mir: Wer sind diese,
die mit den weißen Kleidern angetan sind, und woher sind sie
gekommen? [14]Und ich sprach zu ihm: Mein Herr, du weißt es. Und er
sprach zu mir: Diese sind's, die gekommen sind aus der großen
Trübsal und haben ihre Kleider gewaschen und haben ihre Kleider
hell gemacht im Blut des Lammes. [15]Darum sind sie vor dem Thron
Gottes und dienen ihm Tag und Nacht in seinem Tempel; und der auf
dem Thron sitzt, wird über ihnen wohnen. [16]Sie werden nicht mehr
hungern noch dürsten; es wird auch nicht auf ihnen lasten die Sonne
oder irgendeine Hitze; [17]denn das Lamm mitten auf dem Thron wird
sie weiden und leiten zu den Quellen des lebendigen Wassers, und
Gott wird abwischen alle Tränen von ihren Augen.

8 Und als das Lamm das siebente Siegel auftat, entstand eine Stille
im Himmel etwa eine halbe Stunde lang. [2]Und ich sah die sieben
Engel, die vor Gott stehen, und ihnen wurden sieben Posaunen
gegeben.

11 [15]Und der siebente Engel blies seine Posaune; und es erhoben
sich große Stimmen im Himmel, die sprachen: Es sind die
Reiche der Welt unseres Herrn und seines Christus geworden, und er
wird regieren von Ewigkeit zu Ewigkeit. [16]Und die vierundzwanzig
Ältesten, die vor Gott auf ihren Thronen saßen, fielen nieder auf ihr
Angesicht und beteten Gott an [17]und sprachen: Wir danken dir, Herr,
allmächtiger Gott, der du bist und der du warst, daß du an dich
genommen hast deine große Macht und herrschest! [18]Und die Völker
sind zornig geworden; und es ist gekommen dein Zorn und die Zeit,
die Toten zu richten und den Lohn zu geben deinen Knechten, den
Propheten und den Heiligen und denen, die deinen Namen fürchten,
den Kleinen und den Großen, und zu vernichten, die die Erde ver-
nichten.

[19]Und der Tempel Gottes im Himmel wurde aufgetan, und
die Lade seines Bundes wurde in seinem Tempel sichtbar; und es
geschahen Blitze und Stimmen und Donner und Erdbeben und ein
großer Hagel.

Die bösen Mächte scheinen zu siegen

12 Und es erschien ein großes Zeichen am Himmel: eine Frau, mit
der Sonne bekleidet, und der Mond unter ihren Füßen und auf
ihrem Haupt eine Krone von zwölf Sternen. 2Und sie war schwanger
und schrie in Kindsnöten und hatte große Qual bei der Geburt.

3Und es erschien ein anderes Zeichen am Himmel, und siehe, ein
großer, roter Drache, der hatte sieben Häupter und zehn Hörner und
auf seinen Häuptern sieben Kronen, 4und sein Schwanz fegte den
dritten Teil der Sterne des Himmels hinweg und warf sie auf die Erde.
Und der Drache trat vor die Frau, die gebären sollte, damit er, wenn
sie geboren hätte, ihr Kind fräße. 5Und sie gebar einen Sohn, einen
Knaben, der alle Völker weiden sollte mit eisernem Stabe. Und ihr
Kind wurde entrückt zu Gott und seinem Thron. 6Und die Frau ent-
floh in die Wüste, wo sie einen Ort hatte, bereitet von Gott, daß sie
dort ernährt werde tausendzweihundertundsechzig Tage.

7Und es entbrannte ein Kampf im Himmel: Michael und seine
Engel kämpften gegen den Drachen. Und der Drache kämpfte und
seine Engel, 8und sie siegten nicht, und ihre Stätte wurde nicht mehr
gefunden im Himmel. 9Und es wurde hinausgeworfen der große
Drache, die alte Schlange, die da heißt: Teufel und Satan, der die ganze
Welt verführt, und er wurde auf die Erde geworfen, und seine Engel
wurden mit ihm dahin geworfen.

13Und als der Drache sah, daß er auf die Erde geworfen war, ver-
folgte er die Frau, die den Knaben geboren hatte. 16Aber die Erde half
der Frau und tat ihren Mund auf und verschlang den Strom, den der
Drache ausstieß aus seinem Rachen. 17Und der Drache wurde zornig
über die Frau und ging hin, zu kämpfen gegen die übrigen von ihrem
Geschlecht, die Gottes Gebote halten und haben das Zeugnis Jesu.
18Und er trat an den Strand des Meeres.

13 Und ich sah ein Tier aus dem Meer steigen, das hatte zehn
Hörner und sieben Häupter und auf seinen Hörnern zehn
Kronen und auf seinen Häuptern lästerliche Namen. 2Und das Tier,
das ich sah, war gleich einem Panther und seine Füße wie Bärenfüße
und sein Rachen wie ein Löwenrachen. Und der Drache gab ihm
seine Kraft und seinen Thron und große Macht. 3Und ich sah eines
seiner Häupter, als wäre es tödlich verwundet, und seine tödliche
Wunde wurde heil.

Und die ganze Erde wunderte sich über das Tier, 4und sie beteten
den Drachen an, weil er dem Tier die Macht gab, und beteten das Tier
an und sprachen: Wer ist dem Tier gleich, und wer kann mit ihm
kämpfen? 5Und es wurde ihm ein Maul gegeben, zu reden große

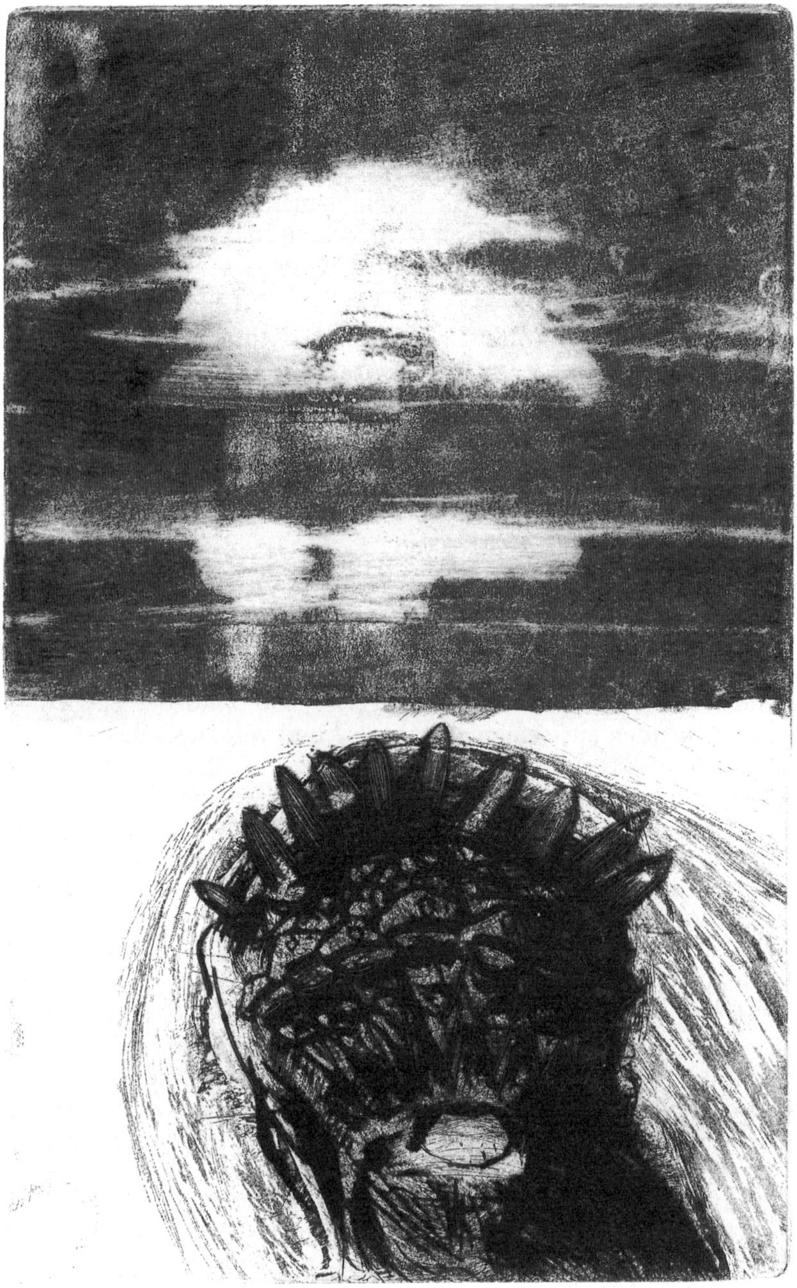

Dinge und Lästerungen, und ihm wurde Macht gegeben, es zu tun
zweiundvierzig Monate lang. 6Und es tat sein Maul auf zur Lästerung
gegen Gott, zu lästern seinen Namen und sein Haus und die im Him-
mel wohnen. 7Und ihm wurde Macht gegeben, zu kämpfen mit den
Heiligen und sie zu überwinden; und ihm wurde Macht gegeben über
alle Stämme und Völker und Sprachen und Nationen. 8Und alle, die
auf Erden wohnen, beten es an, deren Namen nicht vom Anfang der
Welt an geschrieben stehen in dem Lebensbuch des Lammes, das
geschlachtet ist. 9Hat jemand Ohren, der höre!

Es kommt eine Zeit der Ruhe

20 Und ich sah einen Engel vom Himmel herabfahren, der hatte
den Schlüssel zum Abgrund und eine große Kette in seiner
Hand. 2Und er ergriff den Drachen, die alte Schlange, das ist der Teufel
und der Satan, und fesselte ihn für tausend Jahre, 3und warf ihn in
den Abgrund und verschloß ihn und setzte ein Siegel oben darauf,
damit er die Völker nicht mehr verführen sollte, bis vollendet würden
die tausend Jahre. Danach muß er losgelassen werden eine kleine Zeit.

Die bösen Mächte werden endgültig vernichtet

7Und wenn die tausend Jahre vollendet sind, wird der Satan los-
gelassen werden aus seinem Gefängnis 8und wird ausziehen, zu ver-
führen die Völker an den vier Enden der Erde, Gog und Magog, und
sie zum Kampf zu versammeln; deren Zahl ist wie der Sand am Meer.
9Und sie stiegen herauf auf die Ebene der Erde und umringten das
Heerlager der Heiligen und die geliebte Stadt. Und es fiel Feuer vom
Himmel und verzehrte sie. 10Und der Teufel, der sie verführte, wurde
geworfen in den Pfuhl von Feuer und Schwefel, wo auch das Tier und
der falsche Prophet waren; und sie werden gequält werden Tag und
Nacht, von Ewigkeit zu Ewigkeit.

11Und ich sah einen großen, weißen Thron und den, der darauf
saß; vor seinem Angesicht flohen die Erde und der Himmel, und es
wurde keine Stätte für sie gefunden. 12Und ich sah die Toten, groß
und klein, stehen vor dem Thron, und Bücher wurden aufgetan. Und
ein andres Buch wurde aufgetan, welches ist das Buch des Lebens.
Und die Toten wurden gerichtet nach dem, was in den Büchern
geschrieben steht, nach ihren Werken. 13Und das Meer gab die Toten
heraus, die darin waren, und der Tod und sein Reich gaben die Toten
heraus, die darin waren; und sie wurden gerichtet, ein jeder nach
seinen Werken.

Gottes neue Welt beginnt

21 Und ich sah einen neuen Himmel und eine neue Erde;
denn der erste Himmel und die erste Erde sind vergangen, und
das Meer ist nicht mehr. 2Und ich sah die heilige Stadt, das neue
Jerusalem, von Gott aus dem Himmel herabkommen, bereitet wie
eine geschmückte Braut für ihren Mann. 3Und ich hörte eine große
Stimme von dem Thron her, die sprach: Siehe da, die Hütte Gottes bei
den Menschen! Und er wird bei ihnen wohnen, und sie werden sein
Volk sein, und er selbst, Gott mit ihnen, wird ihr Gott sein; 4und Gott
wird abwischen alle Tränen von ihren Augen, und der Tod wird nicht
mehr sein, noch Leid noch Geschrei noch Schmerz wird mehr sein;
denn das Erste ist vergangen.

5Und der auf dem Thron saß, sprach: Siehe, ich mache alles neu!
Und er spricht: Schreibe, denn diese Worte sind wahrhaftig und
gewiß! 6Und er sprach zu mir: Es ist geschehen. Ich bin das A und
das O, der Anfang und das Ende. Ich will dem Durstigen geben von
der Quelle des lebendigen Wassers umsonst. 7Wer überwindet, der
wird es alles ererben, und ich werde sein Gott sein, und er wird mein
Sohn sein.

9Und es kam zu mir einer von den sieben Engeln. 10Und er führte
mich hin im Geist auf einen großen und hohen Berg und zeigte mir
die heilige Stadt Jerusalem herniederkommen aus dem Himmel von
Gott, 11die hatte die Herrlichkeit Gottes; ihr Licht war gleich dem
alleredelsten Stein, einem Jaspis, klar wie Kristall; 12sie hatte eine
große und hohe Mauer und hatte zwölf Tore und auf den Toren zwölf
Engel und Namen darauf geschrieben, nämlich die Namen der zwölf
Stämme der Israeliten. 21Und die zwölf Tore waren zwölf Perlen, ein
jedes Tor war aus einer einzigen Perle, und der Marktplatz der Stadt
war aus reinem Gold wie durchscheinendes Glas.

22Und ich sah keinen Tempel darin; denn der Herr, der allmächtige
Gott, ist ihr Tempel, er und das Lamm. 23Und die Stadt bedarf keiner
Sonne noch des Mondes, daß sie ihr scheinen; denn die Herrlichkeit
Gottes erleuchtet sie, und ihre Leuchte ist das Lamm. 24Und die
Völker werden wandeln in ihrem Licht; und die Könige auf Erden
werden ihre Herrlichkeit in sie bringen. 25Und ihre Tore werden nicht
verschlossen am Tage; denn da wird keine Nacht sein. 26Und man
wird die Pracht und den Reichtum der Völker in sie bringen. 27Und
nichts Unreines wird hineinkommen und keiner, der Greuel tut und
Lüge, sondern allein, die geschrieben stehen in dem Lebensbuch des
Lammes.

22 Und er zeigte mir einen Strom lebendigen Wassers, klar wie
Kristall, der ausgeht von dem Thron Gottes und des Lammes;
2 mitten auf dem Platz und auf beiden Seiten des Stromes Bäume des
Lebens, die tragen zwölfmal Früchte, jeden Monat bringen sie ihre
Frucht, und die Blätter der Bäume dienen zur Heilung der Völker.
8 Und ich, Johannes, bin es, der dies gehört und gesehen hat. Und
als ich's gehört und gesehen hatte, fiel ich nieder, um anzubeten zu
den Füßen des Engels, der mir dies gezeigt hatte.

Christus spricht: Ich komme bald

10 Und er spricht zu mir: Versiegle nicht die Worte der Weissagung in
diesem Buch; denn die Zeit ist nahe! 12 Siehe, ich komme bald und
mein Lohn mit mir, einem jeden zu geben, wie seine Werke sind. 13 Ich
bin das A und das O, der Erste und der Letzte, der Anfang und das
Ende. 14 Selig sind, die ihre Kleider waschen, daß sie teilhaben an dem
Baum des Lebens und zu den Toren hineingehen in die Stadt.
15 Draußen sind die Hunde und die Zauberer und die Unzüchtigen
und die Mörder und die Götzendiener und alle, die die Lüge lieben
und tun.

16 Ich, Jesus, habe meinen Engel gesandt, euch dies zu bezeugen für
die Gemeinden.

17 Und der Geist und die Braut sprechen: Komm! Und wer es hört,
der spreche: Komm! Und wen dürstet, der komme; und wer da will,
der nehme das Wasser des Lebens umsonst.

20 Es spricht, der dies bezeugt: Ja, ich komme bald. – Amen, ja,
komm, Herr Jesus!

21 Die Gnade des Herrn Jesus sei mit allen!

Ich
komme
bald

Anhang

ZU DEN BILDERN

ALTES TESTAMENT

1.Mose

1,3 (Seite 2)
Um ein helles Zentrum herum tauchen spiralförmige Linien auf wie nach einer Explosion. Ein unverwechselbares Zeichen, der Fingerabdruck, schafft sich Raum.

1,27 (Seite 4/5)
Zunächst sind da tastende Linien, verknäult und verworren. Wird ein Gesicht daraus? Dann beginnen sich Konturen abzuheben: ein Gesicht – zwei Gesichter.

2,18/3 (Seite 6/7)
Mann und Frau wenden sich einander zu und wenden sich voneinander ab: zwei Formen der Beziehung.

2,8/3,22-23 (Seite 8/9)
Es beginnt mit lebendigen, freien Linien, Lebensspuren, einer Mitte zugeordnet. Und es endet mit harten Grenzen, die das Gewebe in ein Innen und ein Außen zerteilen, während die Mitte wie eine Wunde erscheint.

6,19 (Seite 13)
Im dunklen, chaotischen Bildraum treibt eine helle, klar umgrenzte Insel, Lebensraum und Schutzort für die Geschöpfe.

11,4 (Seite 17)
Das turmartige Gebilde trägt an seiner Spitze ein elektronisches Schaltsystem, das ins Dunkel ragt. Macht stellt sich nicht nur in Großbauten dar, sondern auch in unsichtbaren technischen Vernetzungen.

13,16 (Seite 19)
Da schaut einer mit verschattetem Gesicht auf den Planeten, der aus unzähligen Punkten besteht. Er sieht auf die grenzenlose Vermehrung seiner Art.

18,11-15 (Seite 21)
Das Leben hat seine Spuren in dieses Gesicht gegraben. Die Frau lächelt und schweigt.

24,14-15 (Seite 27)
Eine junge Frau hält einen großen Krug in ihren Händen, als wäre er ein Teil von ihr selbst, offen für das, was auf sie zukommt.

28,12 (Seite 35)
Schläft er, träumt er – wie in der Tiefe einer Schlucht? Über ihm hängt ein zartes Gebilde wie eine Strickleiter – Zeichen der Annäherung zwischen oben und unten.

37,24 (Seite 41)
Verzweifelt greift der Stürzende in die Leere des Brunnens, der einem bodenlosen Abgrund gleicht.

39,12 (Seite 44)
Aus dem verwirrenden Gewoge von Beinen, Armen und Tüchern befreit sich der Mann und entkommt der Verstrikkung.

43,30 (Seite 51)
In ihm liegen die beiden im Streit: der überlegene Amtsträger und der Mitfühlende.

2.Mose

2,5-9 (Seite 58)
Die ägyptische Prinzessin weist auf das verpackte Findelkind. Sie will es retten. Die Amme soll es beschützen, während im Fluß die Opfer des Pharao treiben.

3,6 (Seite 63)
Ein Mensch verhüllt sein Gesicht, die Falten des Tuches enthüllen seine Erregung. Er ist umgeben vom Widerschein eines Feuers, das nicht verbrennt.

12,37 (Seite 67)
Noch droht das Zeichen der Macht am Horizont. Aber schon löst sich der Bann: Die Befreiten gewinnen Gestalt.

15,21 (Seite 71)
Roß und Reiter der Verfolger versinken im Meer, damit Rettung möglich wird. Verlangt jede Befreiung ihre Opfer?

32,4 (Seite 79)
Das Stierbild: ein Zeichen der Macht oder der Ohnmacht? Von Menschen gemacht; eine hohle Gußform.

3.Mose

16,21-22 (Seite 82)
Auf dem Ausschnitt eines Tierkopfes krallen sich Arme fest: dem »Sündenbock« soll aufgeladen werden, was Menschen nicht tragen können, tragen wollen.

4.Mose

20,10 (Seite 89)
Mose steht zögernd vor dem Felsen. Soll er aus eigener Kraft für das zweifelnde Volk Wasser herausschlagen?

5.Mose

30,15 (Seite 94)
Das Bildquadrat steht unstabil auf der Spitze. Der Mensch erscheint im Schnittfeld von Leben und Tod. Er kann sich entscheiden.

Josua

2,4-6 (Seite 98)
Diese Frau setzt sich aus und rettet den beiden Männern, die unter dem Dach versteckt sind, das Leben.
7,25 (Seite 102)
Ein Arm ragt ins Bild. Wirft er einen Stein oder wehrt er ihn ab? Überall liegen die lebensbedrohenden Steine.
24,27 (Seite 105)
Dieser Gedenkstein steht für die Angebote und Zusagen Gottes und die Versprechungen des Volkes – zur Erinnerung für alle.

Rut

3,7 (Seite 117)
Die Ausländerin sitzt zu Füßen des schlafenden Mannes in gespannter Erwartung. Wird er sich ihr zuwenden und ihr helfen?

1.Samuel

3,4 (Seite 120)
War da eine Stimme? Er hört seinen Namen. Die Stimme kommt von außen, mitten in der Nacht.
15,27 (Seite 129)
Vergeblich packen die Hände das Tuch und wollen es festhalten; aber der Mantel wird weggerissen.
16,23 (Seite 131)
Töne und Rhythmen überfluten den Raum und dringen in den Kopf, der im Dunkel steckt. Er hört und wird gehalten.
17,38-39 (Seite 133)
Er versucht kläglich, schwer gerüstet zu gehen. Rüstung behindert.
17,51 (Seite 135)
Der jugendliche Sieger lehnt am Kopf des Besiegten, als wäre er ein Teil von ihm.
19,10 (Seite 137)
Die Lanze zerschneidet den Raum und fährt in die Wand. Der Spieler läßt die Harfe fallen und duckt sich, um sein Leben zu retten.
28,17 (Seite 143)
Eine Erscheinung dringt von links in die Szene. Der Mann stürzt und verliert, was er hat. Die Frau hat Mitleid mit ihm.

2.Samuel

12,7 (Seite 151)
Ein Mensch in zwei gleichen, nebeneinander stehenden Profilen: das linke, maskenhafte Profil rein, das rechte befleckt.

1.Könige

8,12 (Seite 161)
Über der Erde, in einem äußeren Raum, steht die Sonne am Himmel als sichtbares Zeichen des Schöpfers. Darunter öffnet sich ein innerer Raum, von dunklen, wolkenartigen Bewegungen erfüllt: Gottes unsichtbare Nähe bei den Menschen.
18,38 (Seite 170)
Von oben greifen Flammen herab, Zeichen heiliger Macht.
19,12 (Seite 172)
Hier sind die Flammen des vorigen Bildes umgekehrt: Das Feuer hat keine göttliche Bedeutung mehr.

2.Könige

5,14 (Seite 177)
Ein Mensch taucht ins Wasser, um seine Krankheit loszuwerden. Die Strömung treibt die Pusteln weg.
25,11 (Seite 188)
Die Stadtmauer ist eingerissen. Wie von einer Zange gepackt wird das Volk weggeführt.

Hiob

1 (Seite 193)
Die vier Unglücksbotschaften werden angezeigt und dringen tief in den Betroffenen ein. Sie zerstören seine Existenz.

Psalmen

1,3 (Seite 202)
Wo der Grund wasserreich und fruchtbar ist, da wächst ein kraftvoller Baum. Er steht fest und aufrecht, verzweigt sich in alle Richtungen, trägt Blätter und Früchte.
23,1-4 (Seite 209)
Über dem verschatteten und sorgenvollen Gesicht erscheint ein helles Bild der Ruhe und Geborgenheit: Der Mensch hofft auf Schutz und Frieden.
69,2-4 (Seite 219)
Der Körper des Menschen löst sich im Schlamm auf. Noch hält sich sein Kopf in Form von festen Konturen. Das Gesicht zeigt Protest und Hoffnung.
90 (Seite 224)
Vertrocknete, rissige Erde, einem Schädel ähnlich. – Ist der Mensch nur Erde?
104 (Seite 229)
Blick in die Weite einer Weltlandschaft: bergiges Land und Meer. Über beidem der Himmel wie ein schützendes Dach.

Sprüche

16,32 (Seite 241)
Ein Machtmensch steht breitspurig über einem unberührbaren Raum, darin eine Gestalt leise und ganz bei sich: Gewalt oder Geduld.
18,13 (Seite 242)
Eingeschlossen in den Kreislauf technischer Nachrichtensysteme können Menschen zu Robotern werden, die selbst nichts mehr sehen, hören und fühlen.
28,13 (Seite 243)
Die Spuren des Geschehenen lassen sich nicht auslöschen oder übertünchen.

Prediger

3,5 (Seite 246)
Die Zeit fließt. Herzen finden sich und treiben wieder auseinander.

Hoheslied

2,7 (Seite 251)
Unter einem schützenden Bogen finden die Liebenden im Spiel der Linien und Bewegungen zueinander.

Jesaja

5,8 (Seite 254)
Wohin man blickt, nichts als zugebautes Land. Dieses wird nur als Nutzfläche gesehen.
38,18 (Seite 260)
Tote sind stumm, können weder klagen noch danken: Der Mund ist leer.
53,3 (Seite 267)
Von verletzenden Spitzen wie von einem Strahlenkranz umgeben, zeigt sich das Bild des Gemarterten ohne Gesicht, aber nicht ohne Würde.

Jeremia

2,13 (Seite 275)
Wellen erfüllen den Bildraum; das lebendige Wasser ist überall. Aber die dunklen Brunnenlöcher, die da gegraben wurden, sind ausgetrocknet und leer.
26,11 (Seite 286)
Der Angeklagte sucht sich zu verbergen. Schlangenartige Arme spüren ihn auf, bohrende Finger zeigen ihn an.
28,13 (Seite 289)
Das Joch hält den Unterdrückten am Boden. Zeichen der kommenden Unterjochung.
31,5 (Seite 290/91)
Ein Berg zweimal: Der zerstörte Weinberg soll wieder bebaut werden und Früchte tragen.
37,17 (Seite 295)
Die Frage des Machthabers schlängelt sich in das Verlies und umgarnt den Häftling. Dieser scheint jenem gegenüber wissend – und frei.
39,7 (Seite 299)
Blindheit des Mächtigen: Seine Augenhöhlen sind leer.

Klagelieder

1,1 (Seite 303)
Eine öde Häuserfront, die Fensterhöhlen leer oder vergittert. Gewalt und Zerstörung hinterlassen immer wieder dieselben Spuren.

Daniel

5,25 (Seite 315)
Unverwischbar haben sich die Buch-

staben in die Wand eingegraben, um das schreckliche Ende anzukündigen.
6,17 (Seite 319)
Der Prophet in der Grube hat Angst, aber er steht im Licht. Die Löwen haben ihn eingekreist, aber ihre Augen scheinen wie verschlossen, ihre Mäuler wie vernäht.

Hosea

13,14 (Seite 324)
Eine Grabhöhle im Felsen. Ein Wort fährt hinein und verspricht, das Grab zu öffnen.

Joel

3,1 (Seite 326)
Gesichter tauchen auf und beginnen mit Macht zu sprechen.

Amos

3,8 (Seite 329)
Das Wort erscheint als Anweisung, die sich mit Urgewalt durch den Propheten hindurch Bahn bricht.

Jona

2,11 (Seite 335)
Das Tier aus der Tiefe speit den Propheten aus. Noch ist er nicht ganz im Freien. Es ist, als würde er zum zweitenmal geboren.

NEUES TESTAMENT

Matthäus

2,2 (Seite 346)
Ein Machtwechsel bereitet sich vor. Ein neugeborener König bedroht den alten Gewaltherrscher.
5,37 (Seite 353)
Ja sagen und Nein sagen schafft Klarheit. Dazwischen liegt das graue Feld von Ja-aber und Nein-aber. Zwischen den beiden verschlossenen Mündern steht es, vor- und rückwärts zu lesen: Nie jein!
6,23 (Seite 357)
Eine versteckte Gestalt mit verborgenem Blick: heimliche Niedertracht. Ein Spitzelsystem verdirbt die Gesellschaft im ganzen.
7,15 (Seite 358)
Außen Schaf und innen Wolf. Wieviel Brutalität kann oft hinter einem harmlosen Äußeren stecken!
9,9 (Seite 361)
Ein Mann hockt am Boden, verwachsen mit seiner Umgebung. Er soll sich daraus lösen und dem Ruf folgen.
14,30 (Seite 369)
Der Hilflose geht im Strudel der Wellen unter. In diesem Augenblick ist niemand erreichbar, der ihm helfen könnte.
16,20 (Seite 371)
Das lichte Gesicht des Mannes in der Mitte bleibt fast verborgen. Um so deutlicher zeigt sich eine Hand, die Schweigen gebietet. Trotzdem reden seine Anhänger nach links und nach rechts.
20,16 (Seite 373)
Ein »Kippbild«, das von oben wie von unten gesehen werden kann: Das Wort »VORNE« kann ebenso vorne wie hinten liegend gesehen werden. So kann die Stellung der Ersten zur Stellung der Letzten werden, und umgekehrt.
25,35-36 (Seite 379)
Eine nackte Figur hockt abgewandt in engem Raum. Sie trägt das Elend wie eine Tätowierung auf dem Rücken. Man kann vorbeigehen.
26,68 (Seite 383)
Die Schläger sind nicht im Bild, nur ihre Fäuste. Sie kommen aus der Richtung der Bildbetrachter.
27,35a (Seite 387)
Die Kreuzigung: Ganz nahe rückt der Vorgang des Folterns. Er zeigt sich aus der Nähe der technischen Handgriffe, die präzis ausgeführt werden.

Markus

1,9-11 (Seite 392)
Zwei Männer begegnen sich am Fluß. Der Rechte ist im Kommen. Als ob sich der Himmel öffnet, sprengt der Flügelschlag der Taube das Bildformat.
2,12 (Seite 395)
Einer geht frisch drauflos. Er trägt sich

und den Ort seiner lahmgelegten Vergangenheit ins Freie.

3,5 (Seite 397)
Die Finger der verdorrten Hand greifen über das Bildfeld hinaus in eine neue Lebenswirklichkeit.

6,25-28 (Seite 405)
Alles ist unauflösbar verflochten: der erstarrte Blick des Königs, die dunkle Macht der Mutter, die tänzelnde Bewegung der Tochter und in ihrem Schoß der abgeschlagene Kopf des Gefangenen. Alles ist unauflösbar verflochten: Schuld und Schicksal.

8,24 (Seite 411)
Nachdem die Augen geöffnet sind, zeigt sich im Blickfeld erst verschwommen, was draußen vorgeht.

14,3 (Seite 423)
Was geschieht hier wirklich? Weiß es die Frau, die einen Krug mit Salböl zerbricht? Oder der Mann, über dessen Haar das Öl sich ergießt? Der eine Begleiter schaut grimmig, der andere spöttisch auf den Vorgang.

14,51-52 (Seite 427)
Bewaffnete Männer jagen einen Unbewaffneten. Sie greifen sein Gewand. Er entflieht nackt. Alle fliehen, bis auf eine Frau. Sie bleibt stehen und sieht, was geschieht.

15,38 (Seite 432)
Der Vorhang im Tempel ist wie vom Blitz zerspalten. Zeichen der Katastrophe? Zeichen eines Anfangs?

15,40 (Seite 431)
Die Frauen sind geblieben. Allein stehen und kauern sie unter dem Kreuz. Der Gekreuzigte erscheint in lebendigen Linien.

Lukas

2,7 (Seite 438)
Ein harter Schnitt trennt den nächtlichen Himmel vom irdischen Raum: vielleicht die Dachschräge einer Hütte, vielleicht die Verkürzung einer Straße. Zarte Umrisse bezeichnen das Paar und schützen das Kind, das zum Leben kommt.

3,7-8 (Seite 441)
Ein verblassendes Foto aufgereihter Steine bildet den Hintergrund. Darauf erscheint in kräftigen, raumbeherrschenden Linien eine Zeichnung wie von einem kleinen Kind: Zeichen frisch aufbrechender Lebenskraft.

5,6 (Seite 445)
Weit beugen sich die beiden Fischer aus dem Boot. Ihre Arme ziehen das Netz nach oben, die Schwere des Netzes zieht nach unten.

7,38 (Seite 447)
Mit ihren Haaren bedeckt die Frau seine Füße. Sie will ihre Tränen wegwischen. Sie weiß nicht, daß ihn die Tränen nicht stören.

12,16-20 (Seite 453)
Die Welt als Börsenbericht. Nur Zahlen füllen den Kopf, in dem kein anderer Gedanke mehr Platz finden kann.

15,11-32 (Seite 460)
Der Vater schaut nach links, wo der Sohn von unten an seinen Ort zurückkehrt. Der andere Sohn hat sich nicht bewegt und verharrt an seinem dunklen Stammplatz.

18,10-14 (Seite 465)
Eine Gestalt von hinten beherrscht mit aufdringlich bewegtem Gewand das Bild. Daneben still, verhalten und groß ein Gesicht.

22,45 (Seite 468)
Sie sind nahe aneinandergerückt, um zu schlafen: drei Köpfe in verschiedener Richtung, überwältigt von Müdigkeit.

22,56 (Seite 470)
Der Blick und der Daumen der Frau zeigen es im Kreis der Leute: er wurde erkannt! Er sucht nach einem Ausweg, den es nicht gibt.

23,48 (Seite 473)
Die Leute verlassen die Stätte der Kreuzigung, die in Dunkelheit gehüllt ist. Jeder kehrt in seinen Alltag zurück. Es ist etwas Unbegreifliches geschehen.

24,6 (Seite 475)
Das Grab ist leer. Wo der Tote lag, ist das Bild offen: eine andere Dimension.

24,13-16 (Seite 477)
Drei unterwegs: Sie kommen aus einem Hohlweg und stehen vor einem hellen Land. Unten, in der Nähe, ist der Weg bekannt. Die Wege in die Weite der Welt sind sie noch nie gegangen.

Johannes

1,14 (Seite 479)
Die Darstellung besteht aus zwei Ebenen: eine für das Wort, die andere für das Bild.

Das Wort ist bei Gott; das Wort ist Fleisch geworden: Oben erscheint das Fleisch in Form des Wortes, unten in Form des Fingerabdrucks; der Fingerabdruck als Spur des Schöpfers.

4,6-7 (Seite 484)
Ein Gespräch am Brunnen. Die Frau hat den Krug vor sich stehen und vergißt, ihn zu füllen. Der Mann hat sie ins Gespräch gezogen, das sie miteinander verbindet.

8,7 (Seite 490)
Die Frau kniet ausweglos am Rand des Bildes. Der Raum ist offen. Nur der Stein ist unmittelbar da und das Wort, das auf die Steinewerfer zurückfällt und die Frau rettet.

11,39 (Seite 495)
Was die beiden verstörten Frauen wohl sehen? Sie stehen am Grab und begreifen nicht, daß da Leben ist.

12,13 (Seite 497)
Jemand reitet durch die jubelnde Menge. Hände recken sich, Palmblätter werden geschwungen. Aber die dunkle Gestalt auf dem Esel, von hinten gesehen, erfüllt nicht die Erwartungen an einen Triumphator.

13,5 (Seite 498)
Zwei offene Hände über der Schüssel mit Wasser, um die Füße zu waschen. Man muß sich dazu tief herunterbeugen, zu den Zehen, Fersen und Waden; keine angenehme Arbeit.

18,38 (Seite 505)
Was für jeden gelten kann: Der Mann blickt unentschieden in beide Richtungen. Er kann es nur einer Seite recht machen, wird aber schließlich seinen eigenen Interessen folgen. Er scheint gespalten und versucht, seine Hände in Unschuld zu waschen.

20,14 (Seite 509)
Die Frau ist am Weggehen in einen schwarzen Raum. Sie bleibt stehen, dreht sich um, als hätte sie jemand beim Namen gerufen, den sie noch nicht erkennt. Sie steht an einer Wende.

20,18 (Seite 511)
Dicht wie ein schwerer Klumpen zusammengekauert, hockt die Versammlung in einem grundlosen Raum. Eine erregte Frau kommt ins Bild und bringt mit ihrer Nachricht Licht in die verdüsterten Köpfe.

Apostelgeschichte

2,4 (Seite 515)
Linien gehen nach allen Richtungen über die Bildgrenzen. Sie kommen wie Sprechblasen aus Profilen mit geöffneten Mündern. Die Zwölf scheinen durch ein Kraftzentrum verbunden, von dem aus sich jeder seinen eigenen Weg sucht.

9,8 (Seite 525)
Ein Mann stürzt in seiner ganzen Länge. Aus dem Zusammenbruch löst sich erst ein verdunkeltes blickloses Gesicht, bis es dann klar und mit neuem Bewußtsein hervortritt.

Kap. 13–16 (Seite 530)
Spuren vieler Wege kreuz und quer, Orte, Grenzen zwischen Land und Meer. Eine Landkarte voller Leben.

17,16 (Seite 539)
Fremd, kraftvoll und bedrohlich steht die Gestalt unvermittelt zwischen den Nachbildern einer kraftlos gewordenen Kultur. Jede Kultur hat ihre Götzen.

28,17 (Seite 552)
Das Beil ragt drohend aus dem Rutenbündel. Der Blick des Mannes aber geht weit hinaus über dieses Zeichen der römischen Staatsgewalt, das ihn weder bedrohen noch beschützen kann.

1.Korinther

1,20 (Seite 562)
Eine dichte Volksmenge. Kluge Leute werden gesucht. Aber wann ist jemand klug? Das Suchbild gibt keine Anhaltspunkte für die Auswahl. Es könnte jeder sein.

12,19 (Seite 566)
Der Körper hat sich in seine Teile zerlegt, das Einzelne macht sich selbständig und läuft dem Ganzen davon: Spottbild auf einen verlorenen Zusammenhalt.

14,34 (Seite 568)
Die Frauen sind ruhig, bis eine endlich zu reden beginnt.

15,26 (Seite 571)
Die mumienartige Gestalt ist aus dem Bildfeld ausgeschnitten und verharrt in ihrer reglosen Lage. Die obere Platte wurde aufgerichtet wie ein Denkmal, ein Lebenszeichen.

2.Korinther

12,10 (Seite 576)
Was als zaghafter schwacher Kreis erscheint, heißt »stark«, und was kraftvoll erscheint, heißt »schwach«. Was verbirgt sich hinter dem, was man sieht?

Epheser

4,26 (Seite 582)
Ob der Mensch sich aus dem Schatten seines Zorns befreien kann? Noch macht die Sonne ihm den Himmel hell.

1.Petrus

2,6-7 (Seite 598)
Im rohen Fels erscheint die klare Form des Bausteins.

Offenbarung

1,10 (Seite 610)
Eine mächtige Welle geht durch den Raum. Unausweichlich ergreift sie den Menschen, der klein am Boden sitzt.
13 (Seite 619)
Aus der Tiefe taucht eine angsterregende Gestalt, saurierartig, waffenstarrend. Das Foto einer nuklearen Explosion vergegenwärtigt die reale Angst vor dem Ende.
22,20 (Seite 623)
In unbeholfener Schrift ist eine Botschaft hingekritzelt, auf ein Blatt, an eine Wand, in den Himmel. Ganz unten hockt eine winzige Gestalt und wartet.

WORT- UND SACHERKLÄRUNGEN

Das Zeichen → verweist auf weitere Erläuterungen unter dem darauffolgenden Wort, das Zeichen * auf nähere Angaben in den Zeittafeln.

Abba vertrauensvolle Anrede des Vaters.
abermals wieder.
Abfall, abfallen 1. Verrat (z. B. an Christus), Verrat üben; 2. Mißachtung, Ablehnung, z. B. der Gesetzesvorschriften der Mosebücher (→Mose).
Abglanz Spiegel, Spiegelung.
Abilene Land beim Hermon-Gebirge, nordöstlich des →Sees Genezareth.
abnötigen zu etwas drängen, zwingen.
Abraham, Abram Wichtige Gestalt aus altisraelitischer Zeit und »Vater« des Gottesvolkes, als Vorbild des Glaubens verehrt. Der Name Abraham (1.Mose 17,5) bedeutet auf hebräisch »Vater einer großen Menge«.
absterben von etwas frei werden.
abtrünnig treulos.
abtun ablegen, wegtun, überwinden.
Achaja römische Provinz im heutigen Südgriechenland.
achten 1. ansehen; 2. »geachtet sein«: für etwas gehalten werden.
Adam israelitisches bzw. →hebräisches Wort für »Mensch«; ursprünglich also kein Eigenname.
Adramyttion Hafenstadt in →Mysien, gegenüber Lesbos.
Adria zur Zeit des →Paulus Name des Meeres zwischen Sizilien und Kreta.
Älteste 1. »Ratsherren« für politische oder religiöse Fragen; 2. Leiter der ersten Christengemeinden; 3. himmlischer »Thronrat« Gottes.
Ärgernis etwas, worüber man sich empört. »Ärgernis nehmen«: sich ärgern, empören.
Äthiopien (auch Kusch) mächtiges Reich südlich von Ägypten, zur Zeit →Jesu von Königinnen mit dem Titel Kandake regiert.
Alexander Jude in →Ephesus, Gegner des →Paulus.
Alexandria Millionenstadt am Mittelmeer, an der Nilmündung, wichtiges Zentrum des Handels, der Schiffahrt, der Kunst und der Wissenschaften.
Allerheiligstes abgegrenzter, heiligster Raum im →Tempel in →Jerusalem; siehe auch →heilig.
allewege immer.
Almosen Spende(n), milde Gabe(n).
Aloe wohlriechendes Harz des Aloebaumes.
alsbald sofort, sogleich.
Altar 1. Opferstein, Opfertisch; 2. Umschreibung für Gottesdienststätte (→Tempel).
Alte 1. üblicher Wortsinn; 2. die Angehörigen des alten Gottesvolkes.
Amen Bestätigungswort (»So ist es!«).
Ammoniter Volk nordöstlich des Toten Meeres.
Amoriter vorjüdische Bevölkerung Palästinas.
Amphipolis wichtige Küstenstadt in →Mazedonien.
Amt Aufgabenbereich, Tätigkeit, Beruf.
an die Brust schlagen 1. trauern; 2. bereuen.
aneinanderkommen streiten.
Anfänger der Erste, der den Anfang macht.
Anfechtung Versuchung, Glaubenszweifel.
Angesicht 1. Gesicht; 2. Umschreibung für Gottes Zuwendung zum Menschen; 3. »von Angesicht sehen«: jemandem persönlich begegnen.
angetan sein bekleidet sein.
Anhänger des neuen Weges Umschreibung für die Christen.
anheimstellen übergeben, anvertrauen.

Anlauf, Anschlag Angriff.
Ansehen haben maßgeblich, bedeutend sein. »Ohne Ansehen der Person«: niemanden bevorzugend.
Anstoß siehe →Ärgernis.
Antiochia 1. in →Syrien: antike Weltstadt mit etwa 1/2 Mill. Einwohnern, nahe der östlichsten Mittelmeerküste der heutigen Türkei. Hier begann die christliche Mission unter Nichtjuden, hier begegnet erstmals der Name »Christen«. 2. in →Pisidien (Galatien): etwa 1100 m hoch gelegene, von vielen römischen Soldaten und Juden bewohnte Stadt im Südwesten der heutigen Türkei, etwa 150 km vom Mittelmeer entfernt.
Antipas Christ, der in →Pergamon um seines Glaubens willen getötet wurde.
Antlitz Angesicht, Gesicht.
anziehen (Christus) von Christus wie mit einem Kleid umhüllt sein.
Aphia und Archippus Christen, Mitarbeiter des →Paulus in →Kolossä.
Apollonia mazedonische Küstenstadt, etwa 45 km südwestlich von →Amphipolis.
Apollos aus →Alexandria, ursprünglich →Jünger von →Johannes dem Täufer, von →Aquila und Priszilla zum Christentum bekehrt, wichtiger Führer der ersten Christen.
Apostel griechisch »Gesandte«. 1. im engen Sinn die 12 →Jünger →Jesu; 2. allgemein: die urchristlichen Missionare; 3. Apostelamt: die besondere Beauftragung und Tätigkeit der Apostel.
Aquila und Priska (Priszilla) aus Rom als Juden vertriebene Zeltmacher in →Korinth, wo sie →Paulus aufnahmen. Später waren sie Missionare in →Ephesus.
Aram, Aramäer Volksgruppe, die ursprünglich im Gebiet nördlich von →Euphrat und Tigris lebte, von dort erst nach Süden, später nach Westen vorstieß. Sie bildete um →Damaskus ein Königreich, das häufig mit dem jüdischen Volk Krieg führte.
Areopag Bezeichnung für den Sitz des höchsten Religionsgerichtes von →Athen, aber auch für dieses Gericht selbst.
Aretas König der Nabatäer, eines Reiches östlich und südlich des jüdischen Landes.
Arimathäa nicht mehr genau feststellbarer Ort in der Küstenebene nordwestlich →Jerusalems.
Aristarch zeitweilig Begleiter des →Paulus, z.B. auf der Reise nach Rom.
Arm des Herrn, Gottes Umschreibung für die Macht Gottes.
Asasel nach alttestamentlichem Glauben in der Wüste lebender böser Geist.
Aschdod westlich →Jerusalems am Mittelmeer, nördlichste Stadt der →Philister.
Aschera im Alten Testament scharf abgelehnte Göttin, »Frau« des Baal. Ihre Anhänger erhofften sich von ihr Wachstum auf den Feldern und Fruchtbarkeit. **Ascherabilder**: Pfähle und Figuren der Göttin, die man anbetete.
Asia (Asien) römische Provinz im Westen der heutigen Türkei.
Assur, Assyrien Land im Norden des heutigen Irak, im 10. bis 6. Jahrhundert v. Chr. Großreich mit für ihre Grausamkeit berüchtigten Herrschern.
Astarte im Alten Testament scharf abgelehnte Göttin; siehe auch Aschera.
Athen zur Zeit des →Paulus freie Stadt im Römerreich, ein Zentrum der Künste und Wissenschaften.
Attalia Stadt in →Pamphylien, an der südlichen Mittelmeerküste der heutigen Türkei.
aufbringen aufhetzen.
auferlegen vorschreiben, anordnen.
aufgenommen werden Umschreibung für Christi Himmelfahrt.
aufrichten 1. aufstellen; 2. öffentlich bekanntmachen; 3. trösten.
Aufruhr Aufstand, Empörung.
aufsparen für das Feuer aufbewahren bis zum Jüngsten Gericht (dem »Reinigungsfeuer«); →Jüngster Tag.
auftun 1. öffnen; 2. erläutern.
aufwiegeln aufhetzen.
Augen gehen über weinen.
A und O Alpha und Omega, erster und letzter Buchstabe im griechischen Alphabet, Umschreibung für allumfassend.
ausersehen auswählen.
ausfahren verschwinden, verlassen.
Ausfall Angriff.

Ausgang 1. Weggang; 2. Heimatort, von dem man weggeht.
Ausgezehrte Menschen, die vermutlich an Tuberkulose erkrankt sind.
ausharren aushalten, durchstehen.
auslegen (die →heiligen →Schriften) erklären.
ausrichten 1. überbringen; 2. vollenden.
Aussatz (aussätzig) schwere, ansteckende Krankheit, bei der Teile des Körpers allmählich absterben.
aussondern auswählen.
austilgen vertilgen, vernichten.
ausweisen bestätigen; »sich ausweisen«: bestätigt werden.

Baal (Baale) sprich Ba-al; fremder Gott (→»Götze«) bzw. fremde Götter, die vor allem von nichtjüdischen Völkern angebetet wurden, so der »Baal-Berit«.
Babel, Babylon →hebräisch »Verwirrung«; einst große Stadt und Mittelpunkt des babylonischen Reiches am →Euphratstrom; im Neuen Testament Deckname für die römische Weltmacht als Reich großer Sündhaftigkeit; **Babylonier**: Bewohner von Babel.
Bahn (breite) Straße.
Bahre Tragbahre.
Balsam wohlriechendes Harz.
Bande Riemen, Fesseln.
Bann, Bannung 1. Zauberei, um Böses abzuwehren; 2. Erfüllung der Vorschrift, daß alle Beute (das »Gebannte«) eines (»Jahwe«-)Krieges an Gott als den eigentlichen Besitzer übergeben (geopfert; →Opfer) werden muß. Das geschieht z. B. durch Verbrennen oder Zerstören.
Barabbas jüdischer Widerstandskämpfer gegen die Römer.
Barak Heerführer in →Israel.
Barnabas urspr. →Levit, wichtiger urchristlicher Missionar, mit →Paulus zeitweise befreundet.
Baum des Lebens Umschreibung für Kraftquelle des Lebens bei Gott.
bedacht sein um etwas bemüht sein.
Bedrängnis Not, Angst.
Beelzebul sprich Be-elzebul, →hebräisch »Herr der Fliegen«, Oberster der →bösen Geister.
Beerscheba jüdischer Grenzort in der Negeb-Wüste im Süden →Palästinas.
beflecken, Befleckung verunreinigen; Verunreinigung.
(sich) begeben es ereignet sich.
begehren, Begierde, begierig sein etwas dringend haben wollen.
beharren aushalten, treu bleiben.
Beisasse fremder, von den Einheimischen nur geduldeter Siedler.
Beistand Hilfe.
benetzen anfeuchten, naß machen.
Benjamintor im Nordosten →Jerusalems gelegenes Stadttor.
bereiten 1. herrichten; 2. jemanden zu etwas fähig machen, z. B. den →Messias zum Retter →Israels.
Bergfeste 1. Befestigungen auf Bergen; 2. eine spezielle Burg →Davids.
Beröa Stadt etwa 70 km westlich von →Thessalonich.
berühren 1. anrühren; 2. Geschlechtsverkehr ausüben.
Berufene Menschen, die Gott zum ewigen Leben beruft.
bescheiden befehlen.
Beschneidung (beschneiden) Abtrennung der Vorhaut des männlichen Geschlechtsteils (Penis); für Juden Kennzeichen der Zugehörigkeit zum Gottesvolk.
beschwert sein schlimm daran sein.
besessen (sein), Besessener einen →unreinen Geist haben; →unrein.
besprengen →unreine Menschen und Gegenstände mit dem Blut von Opfertieren besprengen.
bestellen 1. berufen; 2. »das →Haus bestellen«: den Besitz in Erwartung des Todes ordnen.
betagt alt.
Betanien Ort etwa 3 km östlich von →Jerusalem.
Bethel Ort mit Heiligtum etwa 20 Kilometer nördlich →Jerusalems.
Bethlehem kleiner Ort 9 km südlich Jerusalems, von großer Bedeutung für die Familie →Davids.
Betsaida Ort am Nordufer des →Sees Genezareth.
(den) Beutel haben das Geld verwalten.
bezeugen weitersagen, bestätigen.
Bileam fremder →Prophet, der das Gottesvolk zum Abfall von seinem Glauben verführen möchte.

Bischof griechisch »Aufseher«, Leiter einer Christengemeinde.
Bithynien Landschaft in der heutigen Nordwesttürkei.
Bleilot Meßinstrument beim Bau.
Block zwei verbundene Holzbalken mit Aussparungen für Füße, Hände und Kopf, zur Fesselung und damit schmerzhaften Bestrafung Gefangener.
Blöße, bloß Nacktheit, Entbehrung, Schutzlosigkeit; nackt, arm.
Blut für das alte Gottesvolk Sitz des Lebens, deshalb Eigentum Gottes, über das Menschen nicht verfügen. Blut darf darum auch nicht gegessen werden. »Das Blut komme über jemanden«: Ihn wird Gott (als Strafe für eine Blutschuld) selbst vernichten.
Blutfluß Dauerblutung der Monatsregel bei Frauen.
Blutschuld Mordtat.
Böser Geist, böse Geister →Geist, 7.
Böses, Böser 1. üblicher Wortsinn; 2. »der Böse«: der Teufel.
Born Brunnen, Quelle.
Brandmal in die Haut eingebranntes Sklavenzeichen (→Sklave).
Brandopfer →Opfer, bei dem das ganze Opfertier verbrannt wird. Gegensatz: Lob- oder Dankopfer, bei dem der größte Teil des Tieres von den Opfernden verzehrt wird.
Braut 1. üblicher Wortsinn; 2. Umschreibung für Christengemeinde.
brennen 1. üblicher Wortsinn; 2. tief getroffen sein.
Brocken, Brosamen Essensreste, Krümel.
Brotbrechen Feier des Abendmahls.
Brüder 1. üblicher Wortsinn; 2. Christen (»Glaubensbrüder«).
Buch des Lebens in der Johannes-Offenbarung →Lebensbuch des Lammes.
(dem) Buchstaben (nach) 1. ganz genau; 2. genaue Einhaltung der alten Glaubensgesetze; →Gesetz, 2.
Bürden Lasten.
Bürgerrecht 1. Bürgerrecht →Israels: zum alten Gottesvolk gehören; 2. Bürgerrecht →Christi: zum neuen Gottesvolk gehören; 3. **römisches Bürgerrecht**: Recht, das Römern und Gleichgestellten besonderen Schutz bot, z.B. bei Klagen die Verhandlung vor einem kaiserlichen Gericht.
Bürgschaft leisten Geld hinterlegen.
Bund (schließen, aufrichten) das feierliche Versprechen (geben), jemandem beizustehen. Mit Bund wird häufig das besondere Verhältnis Gottes zu seinem Volk beschrieben. Vom »alten Bund« wird im Alten Testament erzählt, vom »Bund der Verheißung« und vom »neuen Bund« im Neuen Testament (→Stiftshütte, 2).
Bundeslade →heilige Truhe, galt als Thron des unsichtbaren Gottes (→Gnadenthron) und als Aufbewahrungsort der Tafeln der Zehn Gebote.
Burg Festung, »Kaserne« (→Jerusalems).

Cäsarea Stadt am Mittelmeer, etwa 80 km südwestlich vom →See Genezareth.
Cäsarea Philippi Stadt etwa 40 km nördlich vom →See Genezareth.
Chaldäer anderer Name für →Babylonier.
Cherubim Einzahl Cherub; tierähnliche Engelwesen (vgl. die »Sphinx«). Ihre Figuren schmückten die →Bundeslade.
Chloe sprich Clo-e, Christin in →Korinth.
Chorazin Ort wenige Kilometer nördlich vom →See Genezareth.
Christus →hebräisch »Messias«, der Gesalbte, der lange erwartete König und Erlöser.

dämpfen unterdrücken.
(sich) dahingeben (sich) opfern.
Dalmanuta nicht mehr bekannter Ort am →See Genezareth.
Damaris unbekannte Athenerin.
Damaskus Hauptstadt →Syriens, etwa 100 km nordöstlich vom →See Genezareth.
danken, Danksagung 1. sich bedanken; 2. ein Dankgebet sprechen.
darben große Not haben, in Not sein.
dareinsetzen darangeben, sich um etwas bemühen.
darstellen (dem Herrn) etwa sechs Wochen alte Knaben im →Tempel Gott weihen.
David* um 1000 v.Chr., Vater →Salomos, berühmtester König der Juden. Er

eroberte →Jerusalem, machte es zur Hauptstadt (Stadt Davids) und führte dort die Verehrung des Gottes Israels ein. David selbst oder einer seiner Nachkommen wurde später als (wiederkommender) Messias erwartet (→Christus).

Demas zeitweise Mitarbeiter von →Paulus.

Demetrius Silberschmied in →Ephesus.

demütig, Demut bereit sein zur Unterordnung.

Derbe Stadt in →Lykaonien, südöstlich →Lystra, im Süden der heutigen Türkei.

dereinst in ferner Zukunft.

desgleichen ebenso.

Diakon Mitarbeiter, Helfer in der Gemeinde.

dienen (dem Herrn) 1. das Leben nach dem Willen Gottes führen; 2. eine bestimmte Zeit in besonderer Weise mit → Fasten und Beten zubringen.

dies und das tun alles mögliche antun.

Dionysius Ratsherr in → Athen.

Drache Umschreibung für den Teufel.

Dritter Himmel Umschreibung für Paradies.

dünken scheinen, erscheinen.

durchbohren Umschreibung für kreuzigen.

Ebenbild jemandem gleich sein.

Eckstein Baustein, an dem der ganze Bau ausgerichtet wird.

Eden, Garten Eden →hebräisch »Üppigland«, Umschreibung für Paradies.

ehern aus Erz, Bronze.

ehrbar, Ehrbarkeit rechtschaffen; angesehen, anerkannt sein.

Eiche More →heiliger Baum bei →Sichem.

Eifer (eifern) 1. Gottes Eifer: sein teils bedrohlicher, teils beschützender Wille, daß sein Recht vom Menschen beachtet wird; 2. »eifern, Eifer haben«: sich eifrig bemühen um; 3. sich ereifern.

Eimer etwa 40 Liter fassendes Hohlmaß (Behälter), 1/10 →Sack.

Eingang finden aufgenommen werden.

eingeboren allein, als einziger geboren.

einherführen zu sich holen.

einmütig in allem übereinstimmen.

eitel sinnlos.

Elamiter Bewohner eines Landes und sehr alten Reiches im heutigen Grenzgebiet von Iran und Irak.

Elemente Grundbestandteile der Erde.

Elend Not; **Elende:** schutzlose Menschen in Not.

Elf die →Apostel ohne →Judas.

Elia* Prophet um 850 v.Chr., der vor allem in Nordisrael für Gott und gegen →Baal bzw. fremde Götter kämpfte. Elia wurde später sehr verehrt, man erwartete seine Wiederkunft vor dem →Jüngsten Tag.

Elle Längenmaß, etwa 50 cm.

(zu den) Enden der Erde überall hin.

Engel 1. Mensch oder überirdisches Wesen als Erscheinungsform oder Bote Gottes, aber auch des Teufels; 2. »Schutzengel« von Christengemeinden (Johannes-Offenbarung).

(sich) entäußern alles aufgeben.

(sich) enthalten verzichten; »Enthaltsamkeit«: ein bewußt bescheidenes Leben führen.

entrücken entfernen, wegbringen.

entschlafen sterben.

(sich) entsetzen stark erschrecken.

entweichen (entwich) fliehen (floh).

Epaphras von →Paulus sehr geschätzter Christ, wohl aus →Kolossä.

Ephesus Hauptstadt der Provinz →Asia, an der Westküste der heutigen Türkei, Zentrum für Handel, Kultur und Religion. Der herrliche →Tempel der Diana war eines der sieben Weltwunder.

Ephraim wichtigster →Stamm in →Israel, dem nördlichen Teilreich, daher auch Bezeichnung für das ganze Nordreich.

Epikuräer →Philosophen.

erachten für etwas halten.

erbauen 1. üblicher Wortsinn; 2. stärken; **Erbauung:** Stärkung.

Erdkreis, Erdreich die ganze Erde.

ererben erben, bekommen, erhalten.

ergrimmen zornig werden.

erheben, sich erheben 1. aufstehen; 2. über jemanden triumphieren; 3. lobpreisen.

erhöhen 1. üblicher Wortsinn; 2. im Johannes-Evangelium Umschreibung für die Kreuzigung, die hier zugleich als Offenbarung der Herrlichkeit Jesu verstanden wird.

erküren erwählen (Vergangenheit: erkoren).
erlösen retten, befreien; **Erlöser**: Retter, der als Anwalt Menschen vor Gott am →Jüngsten Tag freikämpfen wird (Buch Hiob; →Löser); **Erlösung**: Befreiung von Sünde und Schuld.
ermächtigt sein berechtigt sein.
ermangeln etwas nicht haben, verlieren.
erquicken erfrischen, stärken.
Erscheinung besondere Begegnung, meistens mit Gott oder einem Gottesboten (→Engel).
(das) Erste alles, was einmal war.
Erstgeborener, Erstgeburt 1. zuerst geborener Mensch; 2. zuerst geborenes Tier; 3. Erstgeborener der →Neuen Welt: →Jesus →Christus.
Ersticktes Fleisch von Tieren, die nicht geschächtet wurden, das heißt: beim Töten nicht ausgeblutet sind.
Erstling der Erste.
Erstlingsbrot, Erstlingsfrucht erster Laib von neugebackenem Brot oder erste geerntete Frucht, die Gott als (Dank-) →Opfer dargebracht wird.
Erstlingsgabe Anzahlung, Unterpfand.
erweisen gewähren, schenken.
Erzengel →Engel höheren Rangs.
Esau →hebräisch »der Behaarte«, Bruder →Jakobs.
etliche, etliches einige, einiges.
Euphrat und Tigris große Flüsse, die vom Südosten der heutigen Türkei in den Persischen Golf fließen.
Eva →hebräisch »die Lebenschaffende«, ursprünglich kein Eigenname, sondern allgemein Bezeichnung der Frau.
Evangelium 1. griechisch »frohe Botschaft«; 2. →Jesus →Christus als frohe Botschaft Gottes an die Menschen; 3. Bücher, die von Jesus Christus berichten.

Faden Maß für Wassertiefe, 180 cm.
fahl leichenfarben.
Fasten ganzes oder teilweises Verzichten auf Essen oder Trinken, damit Schuld von Gott vergeben wird.
Fasttag, Fastenzeit meist Bezeichnung des »Versöhnungstages«, eines hohen Feiertags (September/Oktober, 10 Tage nach dem jüdischen Neujahrsfest).
Fehl Makel, Fehler (eines Opfertieres).
fehlen 1. üblicher Wortsinn; 2. sündigen.
feilhalten zum Verkauf anbieten.
Feldzeichen Erkennungszeichen in der Schlacht (z. B. eine Fahne).
Felix 52–60 n. Chr. römischer →Statthalter →Palästinas.
Feste 1. Plural von Fest; 2. das feste Gewölbe am Himmel (»Firmament«).
(durch das) Feuer gehen durch Verbrennen geopfert werden.
feurige Kohlen sammeln beschämen, jemanden sich verpflichten.
Finsternis 1. üblicher Wortsinn; 2. Umschreibung für Verderben, Böses.
Fittich Flügel.
Fleisch 1. üblicher Wortsinn; 2. Umschreibung für den Körper des Menschen; 3. Umschreibung für den ganzen Menschen (auch: Fleisch und Blut); 4. Umschreibung für die Sünde des Menschen (»Fleischeslust«; Gegensatz: →Geist); 5. Umschreibung für die vergängliche Welt; 6. »Fleisch für seinen Arm halten«: sich nur auf Menschen verlassen.
fleischlich siehe →geistlich, 1.
flugs schnell.
Forum Appii, Tres-Tabernae Handelsorte 65 km bzw. 45 km südöstlich Roms.
Freimut Furchtlosigkeit.
Frevel, freveln schwerer Verstoß gegen Gottes Willen; **Frevler**: großer Sünder.
Friedfertige Menschen, die Frieden stiften.
frohlocken jubeln.
Frondienst Sklavendienst.
Fronvogt (Ober)Aufseher, Aufpasser.
Frucht der Lippen gesprochene Worte.
Fülle 1. Ganzheit (z. B. der Schöpfung Gottes); 2. Reichtum; 3. Vollendung.
Füllen junger Esel, junges Pferd.
Fünfter Steuer in Höhe von 20% des Verdienstes.
Fürbitte (tun) 1. ein gutes Wort einlegen; 2. für jemanden zu Gott beten.
für und für immer.
fürwahr ganz sicher, wirklich.
Füße decken die Notdurft verrichten.

Gajus Name mehrerer Mitarbeiter des →Paulus, u. a. in →Ephesus.

Galatien Landschaft und römische Provinz in der heutigen Zentral- und Südtürkei (→Lykaonien).

Galiläa zur Römerzeit wohlhabender und volkreicher Nordteil →Palästinas, zwischen Mittelmeer und →See Genezareth. Bewohner: »Galiläer«.

Galiläisches Meer →See Genezareth.

Gallio 51–52 n.Chr. →Statthalter der römischen Provinz →Achaja.

Gamaliel berühmter jüdischer →Rabbi (Glaubenslehrer).

Gaza Stadt südwestlich →Jerusalems, nahe der Mittelmeerküste.

Gazelle dem Reh ähnliches Steppen- und Wüstentier.

Gebanntes siehe →Bann.

Gebein 1. Knochen; 2. Gebeine: Leiche; 3. Umschreibung für den ganzen Körper; 4. »Gebein und →Fleisch«: Umschreibung für verwandt sein.

Gebetsriemen lange Lederriemen, mit denen nach jüdischer Vorschrift beim Beten Kapseln mit dem Gebetstext an Stirn und linkem Oberarm festgebunden werden müssen.

gebieten befehlen (Vergangenheit: gebot).

Gebrechen Behinderung, Krankheit. »Es gebricht (etwas)«: es fehlt.

gebühren zustehen.

Gefährte Kamerad, Freund, Begleiter.

geißeln 1. hart beschuldigen; 2. mit Peitschen (blutig) schlagen (Geißelhiebe, Geißelung).

Geist 1. göttlicher, →heiliger Geist; 2. überirdischer Diener Gottes; 3. vom →heiligen Geist erfüllter Mensch (Gegensatz: dem →»Fleisch« verfallen); 4. Lebenskraft des Menschen; 5. Denken des Menschen; 6. Wesen und Sinn einer Sache (z.B. des Friedens); 7. überirdisches böses Wesen, das von →»besessenen« Menschen Besitz ergreift; 8. Gespenst.

Geist der Wahrheit siehe →heiliger Geist.

Geist Gottes 1. Umschreibung für »der lebendige Gott«; 2. besondere Anwesenheit Gottes in Menschen oder unter Menschen.

geistlich 1. vom →heiligen Geist kommend, bestimmt (Gegensatz: fleischlich, vom sündigen Menschen stammend); 2. »geistlich arm sein«: sich auf nichts anderes berufen können als auf Gottes Barmherzigkeit.

geleiten feierlich begleiten.

geliebte Stadt Umschreibung für das neue →Jerusalem.

Gelübde feierliches Versprechen gegenüber Gott.

Gemach, Gemächer Wohnraum, Wohnung; Obergemach: 1. Stock.

Gemüt das ganze menschliche Denken und Wollen.

gen gegen, zu etwas hin.

Genosse jemand, mit dem man in einer Gemeinschaft verbunden ist.

Genüge haben alles haben, was man braucht.

Geräte 1. üblicher Wortsinn; 2. →heilige Gegenstände zum gottesdienstlichen Gebrauch, wie Opferschalen, Bestecke, Priestergewänder.

Gerasener Bewohner von Gerasa, Stadt etwa 55 km östlich vom →See Genezareth.

geraten gelingen.

gerecht (sein), Gerechtigkeit 1. unparteiisches Verhalten; 2. Verhalten, das Gott recht ist; 3. alles Unrechte (Schuld, Sünde) von Gott durch →Jesus →Christus vergeben bekommen (gerechtfertigt sein, Rechtfertigung); 4. »Gerechter«: Umschreibung für den →Heiland.

gereuen reuen, leid tun.

Gericht 1. Gerichtsverfahren; 2. Gottes Gericht am →Jüngsten Tag.

geringachten sich nichts daraus machen.

Gesalbter der zum König Geweihte; siehe auch »salben«.

geschätzt werden gezählt werden zur Volkszählung und Steuererhebung.

Geschick Schicksal.

Geschlecht 1. üblicher Wortsinn; 2. Abstammung; 3. Generation; 4. »dieses Geschlecht«: diese Menschheit; 5. »das auserwählte Geschlecht«: die Christengemeinde.

geschrieben stehen in den Büchern des Alten Testamentes stehen.

Gesetz 1. Rechtsbestimmung; 2. die Glaubensvorschriften des Judentums, die besonders seit dem 4. Jahrhundert v.Chr. als Zeichen des Gehorsams gegenüber Gott und als Hilfe zur

Lebensgestaltung streng einzuhalten sind; 3. die (das »Gesetz« enthaltenden) fünf Mosebücher (»Tora«); 4. Umschreibung für das ganze Alte Testament (auch: »das Gesetz und die Propheten«); 5. »Gesetz →Christi«: sein Beispiel, sein Wille.

Gesicht 1. üblicher Wortsinn; 2. was man in besonderen Erlebnissen sieht (z. B. im »Traumgesicht«).

Gespann ein Paar Zugtiere.

Gethsemane →hebräisch »Ölkelter«, Garten östlich von →Jerusalem.

Getümmel Lärm, Unruhe, Aufruhr, von einer Menschenmenge verursacht.

gewähren schenken, zur Verfügung stellen.

Gewahrsam Gefängnis.

Gewalten übermenschliche Kräfte und Lebewesen.

Gewicht einsetzen seine Macht einsetzen, seinen Anspruch geltend machen.

gewißlich sicher, ganz bestimmt.

gezüchtigt gequält, mißhandelt.

Gideon von Gottes →Geist erfüllter altisraelitischer Führer.

Gilgal Ort und Heiligtum in der Nähe des →Jordans bei →Jericho.

Gläubiger jemand, der Geld an einen Schuldner verliehen hat.

Gleichnis Vergleichsgeschichte, Beispiel.

Glied 1. Körperglied; 2. Generation; 3. Mitglied der Christengemeinde.

Gnadenjahr erhofftes, ersehntes Jahr, in dem Gott sein Volk rettet.

Gnadenthron die goldene Deckelplatte der →Bundeslade. Sie galt als Thronsitz Gottes und deshalb als besonders →heilig.

Götze fälschlich als Gott verehrte Person (oder Gegenstand). »Götzendiener«: Menschen, die Götzen anbeten. »Götzenopfer(fleisch)«; Götzen dargebrachtes →Opfer. »Götzentempel«: für Götzen errichteter →Tempel.

Gog und Magog Umschreibung für die Feinde, die in den letzten Tagen der Welt von überall her das neue →Jerusalem angreifen.

Golderz Gold.

Golgatha →hebräisch »Schädel«, Hinrichtungsstätte (westlich) von →Jerusalem.

Gottesfürchtig(e) Nichtjuden, die sich weitgehend an den jüdischen Glauben halten, ohne zu ihm überzutreten.

Gotteskasten 1. Opferstock im →Tempelvorhof; 2. Schatzkammer des →Tempels.

Gottessöhne himmlische »Dienerschaft« Gottes.

Gottgeweihte Männer, die sich Gott weihen und das durch eigene Kleidung und Lebensweise (z. B. lange Haare, Alkoholverzicht) zeigen. Die Weihe kann lebenslang oder auf Zeit sein; im letzteren Fall wird sie durch ein teures →Opfer beendet.

Gottheit Umschreibung für Gott.

Gott Israels (Jakobs), Gott der Väter Umschreibung für »unseren Gott«.

Grabtücher Stoffbinden, mit denen Tote umwickelt wurden.

Gram, (sich) grämen Ausdruck von Kummer.

Granat (Granatbaum) Obstbaum mit apfelähnlicher Frucht.

grauen Angst haben; **das Grauen:** etwas sehr Schlimmes, Schreckliches.

Greuel (greulich) schlimme Sünde, Böses (tun).

Grimm (»heiliger«) Zorn.

Grube 1. üblicher Wortsinn; 2. Grab.

Gründe 1. Äcker und Felder; 2. die →Grundfesten (»Wurzeln«) der Berge.

Grummet zweites Heu im Jahr.

Grundfesten die Kräfte, die die Welt tragen; siehe auch →Feste, 2.

Gürtel 1. üblicher Wortsinn; 2. schürzenartiges Kleidungsstück, z.B. zum Aufbewahren von Geld.

gürten (sich, die Lenden) sich fertig machen zum Aufbruch.

Gunst erweisen Geschenk machen.

gut dünken für richtig halten.

Gut, Güter Besitz.

guten Mutes glücklich, zufrieden sein.

Habe Besitz.

Hader; hadern (mit) Streit; streiten, jemandem böse sein.

hären aus rauhem Tierhaar.

Hain Mamre kleiner Wald bei →Hebron.

Halleluja →hebräischer Jubelruf: »Lobt und preist den Herrn!«.

Halle Salomos* östliche Säulenhalle im Vorhof des →Tempels.
halsstarrig eigensinnig, stur.
Hand an jemanden legen ergreifen.
harren auf jemanden oder etwas dringend warten.
hart zusetzen hart bedrängen.
Haufe Menschenmenge.
Haupt 1. Kopf; 2. Führer (z.B. des Volkes).
Hauptmann des Tempels Führer der Wachsoldaten des →Tempels.
Haupt verhüllen oder scheren 1. Zeichen der Trauer; 2. Haare schneiden nach einer Weihezeit (→Gottgeweihte).
Haus 1. Gebäude; 2. die ganze Familie mit Dienstpersonal; 3. die Verwandtschaft (z.B. »Haus →Davids«); 4. das ganze Volk (»Haus →Israel, →Jakob«); 5. das geistliche Haus: die christliche Gemeinde; 6. das Haus des →HERRN, Haus Gottes: der →Tempel (auch Umschreibung für ewige Herrlichkeit im Himmel); 7. »das Haus bestellen«: vor dem Tod seine Angelegenheiten ordnen; 8. »im Haus des Kaisers«: in kaiserlichem Dienst.
Hausgenosse (Gottes) in Gottes Gemeinschaft aufgenommen sein.
Haushalter verantwortlicher Verwalter.
heben 1. hochheben; 2. »sich wegheben, davonheben«: weggehen, »sich davonmachen«.
Hebräer, hebräisch Bezeichnung für Israelit und israelitisch (→ Israel).
Hebron alte Stadt etwa 30 km westlich des Toten Meers.
Heer, Heerscharen 1. Fülle (»das ganze Heer«, alles, was dazugehört); 2. Armee; 3. »Heer des Himmels, am Himmel«: die →Engel um Gottes Thron – aber auch die von der Bibel scharf abgelehnten heidnischen Sternengötter.
Heiden Menschen, die nicht zum Gottesvolk gehören oder nicht an den Gott der Bibel glauben.
Heil Rettung, Segen, ewige Freude.
Heiland Name für Gott und →Jesus →Christus (»der heil Machende«).
heilig Gott gehörend (auch →rein); »heiligen«: etwas durch im →Gesetz angegebene Handlungen vor Gott →rein machen; »das Heilige«: Umschreibung für den →Tempel in →Jerusalem (darin das →Allerheiligste); »heilige Priesterschaft«: Umschreibung für die christliche Gemeinde.
Heiliger 1. frommer Mensch; 2. bei Gott lebender →Engel; 3. Umschreibung für Christ (Heiliger in →Christus); 5. »Heiliger Israels«: Gott; 6. »Heiliger Gottes«: →Jesus →Christus.
heiliger Geist →Geist Gottes des Vaters und auch →Jesu →Christi.
heiliger Kuß »Bruderkuß« auf die Wange.
Heiligtum siehe →Stiftshütte.
heimsuchen 1. besuchen; 2. (wieder) zu jemandem kommen, sich zuwenden; 3. strafen.
Heller kleine Münze, Kaufkraft von etwa 15 Pfennigen.
Herberge Unterkunft; »Herberge bereiten«: Quartier besorgen.
Hermes altgriechischer Gott des Handels, Bote und Sprecher des →Zeus.
herniederkommen herabkommen.
Herodes 1. der Große*: zur Zeit der Geburt Jesu von Rom eingesetzter König in →Palästina; 2. Herodes Antipas*, dessen Sohn, um 30 n.Chr. von Rom eingesetzter König →Galiläas.
HERR Umschreibung für das →hebräische Wort »Jahwe« (Name Gottes), den die Juden aus Ehrfurcht nicht aussprechen; **HERR Zebaoth:** Herr der →Engel-Heere, der →»himmlischen Heerscharen«.
Herr 1. Gebieter; 2. Umschreibung für Gott.
Herrlichkeit (des HERRN, des Vaters, Gottes) Lichtglanz als Kennzeichen der Gegenwart Gottes.
Herrschaften Gebiete menschlicher oder übermenschlicher Macht.
Heschbon Ort östlich des →Jordans.
Heuchler falscher Mensch.
Himmel durchschreiten bis zu Gott kommen.
Himmelreich die mit →Jesus →Christus anbrechende →Neue Welt Gottes.
Himmelsfeste siehe →Feste, 2.
Himmelskönigin heidnische Mondgöttin.
himmlische Berufung ewiges Leben.
himmlische Heerscharen die Heere der →Engel.
Hinde Hirschkuh.

hinken (auf beiden Seiten) zugleich Gott und →Götzen verehren.
hinweggenommen werden sterben.
hochbetagt sehr alt.
Höchster Umschreibung für Gott.
Höhe 1. Anhöhe; 2. Götterheiligtum; 3. anderes Wort für Himmel.
Hölle 1. alle Toten; 2. Totenwelt, Totenreich; 3. Reich des →Bösen.
Hörner (des Altars) erhöhte Ecken am Altar.
hoffärtig hochmütig, überheblich.
Hoherpriester 1. oberster Priester in →Jerusalem, der allein das →Allerheiligste im →Tempel betreten durfte, Vorsitzender des →Hohen Rates; 2. Bezeichnung für →Jesus →Christus (→Stiftshütte, 2).
Hoher Rat oberster Rat der Juden, mit 71 Mitgliedern (den angesehensten Priestern, →Schriftgelehrten und Ältesten; →Älteste, 1).
Holz, ans Holz hängen Umschreibung für Kreuz, kreuzigen.
Horeb anderer Name für den Berg →Sinai in der Wüste südlich Palästinas.
Horn (Ölhorn) Salbhorn (→Salben).
Hort Schutz; Beschützer.
Hosianna →hebräischer Gebetsruf: »Hilf, Herr!«, »Schenke uns Heil!«.
Hürden Schafpferch.
Hütte Gottes bei den Menschen Umschreibung der Aussage: »Gott will immer bei den Menschen sein«.
huldigen anbeten, verehren.
Hure Frau, die sich für den Geschlechtsverkehr bezahlen läßt.
Hurerei 1. üblicher Wortsinn; 2. Umschreibung für z.T. mit sexuellen Ausschweifungen verbundenen Götzendienst der →Heiden.

Idumäa Gebiet südlich von →Judäa.
Ikonion heute Konya, reiche Stadt in →Lykaonien (Galatien, Süden der heutigen Türkei), etwa 150 km von der Mittelmeerküste entfernt.
Illyrien Land ungefähr im Bereich des heutigen Albanien.
im Herrn, in dem Herrn in der Gemeinschaft →Jesu →Christi leben.
inwendiger Mensch das Innere des Menschen, seine Gedanken.
irden, Irdenes aus Ton oder Lehm; zerbrechlich.
irdisch weltlich, zur Welt gehörend.
Isaak →hebräisch »Gott lacht«: 1. Sohn →Abrahams; 2. Umschreibung für Volk Gottes.
Isai Vater von König →David.
Isebel gestorben um 845 v. Chr., Frau des Königs Ahab* von Israel, Verehrerin des →Baal, Feindin des Propheten →Elia; später Beispiel einer Frau, die zum falschen Glauben verführt.
Iskariot Beiname des →Jesus-Verräters →Judas bzw. seines Vaters.
Israel →hebräisch »Gott kämpft«: 1. anderer Name für →Jakob; 2. Name für das ganze jüdische Volk (Israeliten); 3. nach →Salomo Name für das nördliche Teilreich (Nordreich); 4. Bezeichnung für jüdische Soldaten (selten).
Ituräa Land nordöstlich →Galiläas, bei den Quellen des →Jordans.

Jafo heute Jaffa am Mittelmeer, nordwestlich →Jerusalems.
Jakob →hebräisch »der Hinterlistige«, anderer Name →Israels, Sohn →Isaaks.
Jakobus Bruder →Jesu, einer der Führer der Christen in →Jerusalem.
jammern (es jammert einen) Mitleid haben.
Jason Christ und Gastgeber des Paulus in →Thessalonich.
Jaspis und Sarder undurchsichtige bzw. rot-braun leuchtende Edelsteine; Umschreibung für Gottes Vollkommenheit, Weisheit und Schönheit.
Jeftah von Gottes →Geist erfüllter altisraelitischer Held.
Jericho alte Stadt am →Jordan, etwa 30 km nordöstlich von →Jerusalem.
Jerusalem alte von →David eroberte Stadt, Hauptstadt →Judas, nordwestlich des Toten Meers; **neues Jerusalem:** Umschreibung für Gottes →Neue Welt, das künftige Paradies.
Jesus →hebräisch »Gott hilft«.
Joch 1. Zugholz, das Tieren auf den Nacken gebunden wurde, um den Wagen zu ziehen; 2. ein Paar, z. B. Rinder; 3. übertragen: Last auferlegen.
Johannes 1. der Täufer*, →»Prophet« und »Vorläufer« →Jesu, der um 28 n. Chr. am →Jordan Jünger sammelte,

das Kommen des Messias verkündete und Menschen taufte, die ihre Sünden bereuten (auch Jesus). Der Täufer wurde von König →Herodes Antipas verhaftet und hingerichtet. 2. der →Apostel Johannes, später auch als Verfasser des 4. Evangeliums bezeichnet; 3. der Verfasser des Buches der Offenbarung; 4. der Vater des Petrus; 5. Johannes Markus, zeitweiliger Mitarbeiter von →Paulus.

Joppe →Jafo.

Jordan Fluß, der nördlich vom →See Genezareth entspringt und durch diesen zum Toten Meer fließt.

Juda 1. Sohn →Abrahams und Leas; 2. Name eines hebräischen →Stammes; 3. nach →Salomo südliches Teilreich (→Judäa).

Judäa zur Römerzeit der südliche Teil →Palästinas um →Jerusalem (→Juda).

Judas 1. Verräter →Jesu; 2. Judas Barsabbas, wichtige Persönlichkeit und →Prophet unter den Christen in →Jerusalem.

Judengenossen Nichtjuden, die rechtsgültig zum jüdischen Glauben übergetreten sind.

Jünger vertraute, ergebene Anhänger, vor allem →Jesu →Christi.

Jüngster Tag Tag des Untergangs der alten und des Beginns der →Neuen Welt.

Kämmerer Verwalter des Staatsschatzes (»Schatzminister«).

Kalb 1. kostbares Speise- und Opfertier; 2. Spottbezeichnung für die Darstellung Gottes als Stier (»goldenes Kalb«).

Kana Dorf in der Mitte zwischen →See Genezareth und Mittelmeer.

Kandake Königin (→Äthiopien).

Kanzlei Verwaltung, Dienststelle.

Kanzler »Bürgermeister« (von →Ephesus).

Kapernaum kleine Stadt am Nordwestufer vom →See Genezareth, ein Hauptwirkungsort →Jesu.

Kappadozien Land mit alter Kultur im Zentrum der heutigen Türkei, östlich von Ankara.

kargen knausern, sparen.

Karmel Gebirge im Norden Palästinas, bis 546 m hoch, zwischen →Jordan und Meer.

Kebar Seitenkanal des →Euphrats bei Babel.

Kelch Becher.

Kelter Presse für Trauben oder Körner; »keltern«: Wein bereiten.

Kenchreä Hafen von →Korinth.

Kephas aramäisch (→Aram) »Fels«; Beiname des Apostels Simon Petrus (»Petrus« griechisch ebenfalls »Fels«).

Kidron Bach zwischen →Jerusalem und dem östlich davon gelegenen →Ölberg.

kleinmütig verzagt, ängstlich.

Kleinod kostbarer Schmuck.

Klippdachs hasenähnliches Tier.

Klüfte Felsspalten.

Knidos Stadt an der Küste zwischen →Kos und →Rhodos.

Königin des Südens zur Zeit →Salomos sagenhaft reiche Königin des südarabischen Landes Saba.

köstlich Ding herrliche Sache.

Kolonie (römische) Siedlung römischer Bürger und Soldaten außerhalb des heutigen Italien.

Kolossä einst durch Textilindustrie reiche Stadt etwa 180 km östlich von →Ephesus.

Korinth alte Stadt, etwa 100 km westlich von →Athen, römische Provinzhauptstadt, Zentrum von Kultur und Religion.

Kos kleine Insel vor der Südwestküste der heutigen Türkei.

Kreatur alles von Gott Geschaffene.

Kreis der Erde Erdkreis, ganze Erde.

Krispus Leiter der →Synagoge in →Korinth, von →Paulus getauft.

Krone (des Lebens) das ewige Leben als Siegespreis.

Kundschafter Späher der Israeliten (→Israel), die →Palästina erkundet haben.

Kusch siehe →Äthiopien.

Kyrene Küstenstadt im heutigen Libyen, genau südlich von Griechenland.

Kyrus* persischer Großkönig um 500 v. Chr. (→Persien).

laben, sich laben stärkende Speise reichen, zu sich nehmen.

Lade siehe →Bundeslade.
Lästerer Spötter; »lästern«: spotten, verhöhnen; »Lästerung«: üble Nachrede.
Land 1. üblicher Wortsinn; 2. Umschreibung für die im Land lebenden Menschen.
Laodizea Stadt in →Phrygien, etwa 15 km westlich von →Kolossä.
Laubhüttenfest hat den Namen von der Errichtung von Laubhütten; großes Erntefest, eines der drei jüdischen Hauptfeste. Es wird eine Woche lang im Oktober gefeiert.
Lauf Lebenslauf, Leben.
lauter, Lauterkeit rein, klar, aufrichtig; Aufrichtigkeit; »lautere Milch«: Umschreibung für »wahren Glauben«.
(das) Leben lassen sterben.
lebendiges Wasser Umschreibung für die Kraft, die ewiges Leben schenkt.
Lebensbuch des Lammes bildliche Umschreibung für die Zugehörigkeit zu den von →Christus Geretteten.
Legion 1. 6000 römische Soldaten; 2. Umschreibung für »große Zahl«.
Lehre des Bileam siehe →Bileam.
Lehrer in der ersten Christenheit mit besonderem Geist begabte Gemeindeglieder. Sie legten die Christusbotschaft aus oder sagten sie weiter.
Leib 1. Körper, menschliche Gestalt; 2. Umschreibung für die Christenheit (»Leib →Christi«); 3. »den Leib geben«: das Leben opfern.
leibhaftig wirklich, tatsächlich.
Leibwache die spezielle Schutzmannschaft des Königs.
Lenden Hüften. »Lenden gürten«: sich zum Aufbruch rüsten (sich den Gurt um die Lenden legen).
lesen 1. üblicher Wortsinn; 2. auflesen (aufsammeln) von Getreide.
letzte Tage die letzte Zeit vor dem Weltende, dem →Jüngsten Gericht.
Levit Mitglied der jüdischen Priestergemeinschaft (»Stamm der Leviten«).
Licht aus der Höhe Umschreibung für das Kommen Gottes.
Lichtschere Schere zum Abschneiden verbrannter Lichtdochte.
Lobgesang feierlicher Gesang, z.B. am →Sabbat oder →Passafest.
Lobopfer siehe →Opfer.
Löser ein Verwandter, der gesetzlich verpflichtet ist, in Not geratene Angehörige zu »er-lösen«, d.h. freizukaufen. Dieses Tun wird z.T. auf das Handeln Gottes und →Christi übertragen (→Erlöser).
Los 1. Schicksal; 2. **Los werfen:** auslosen, um Gottes Willen zu erfahren, aber auch: etwas verlosen.
lossagen sich trennen.
Lot etwa 12 Gramm.
loten messen (→Senkblei).
Lukas Mitarbeiter des →Paulus, der ihn zeitweise auf den Reisen begleitete.
Lykaonien Hochland im Süden der heutigen Türkei (→Galatien), mit kriegerischer Bevölkerung.
Lysias siehe →Oberst.
Lystra Stadt in →Lykaonien.

Machwerk von Menschen (schlecht) Geschaffenes.
Mächte übermenschliche Kräfte und Lebewesen, z.B. →Engel.
Maien Laubzweige.
Makel Fehler.
Malta Insel südlich Siziliens.
Malzeichen Jesu Wunden, wie →Jesus sie hatte.
Mammon Geld als Götze; unehrlich erworbener Reichtum.
mancherlei vielerlei, vielfältig.
Man hu, Manna eine Art Honig, von Schildläusen abgesondert; »verborgenes Manna«: Speise des ewigen Lebens.
Maranata Ausruf im Gottesdienst der ersten Christen: »Unser Herr, komm!«, »Unser Herr kommt!«
Markus Mitarbeiter des →Paulus, vielleicht auch →Johannes Markus.
Maß Inhalt eines Eimers von z.T. etwa 7, z.T. etwa 40 Litern (Johannes 2,6).
Maulbeerbaum Obstbaum mit schwarzen Früchten.
Maulbeeren eine Art kleiner, minderwertiger Feigen.
Mazedonien Landschaft, Reich und später römische Provinz im Norden des heutigen Griechenland.
Meder, Medien Volk, das mit →Assyrien und →Babylonien etwa von 800 bis 550 v.Chr. um die Vorherrschaft im Gebiet des heutigen Irak kämpfte. Später von Persien (→Perser) unterworfen, wird es manchmal mit ihm gleichgesetzt.

Meile Längenmaß, etwa 1500 Meter.
Meister höfliche Anrede von Gelehrten zur Zeit →Jesu, wie →Rabbi.
Menschensohn vom jüdischen Volk erwarteter Retter, nach dem Neuen Testament in →Jesus →Christus erschienen.
Mesopotamien Land zwischen den Flüssen →Euphrat und Tigris.
Messias →Christus.
Meßschnur Maßband.
Michael Führer der →Engel im Kampf gegen den Teufel.
Mietling nur angemieteter Arbeiter.
Milet reiche Hafenstadt an der Westküste der heutigen Türkei.
Missetat böse Tat.
Mitgenosse →Genosse.
Mittler →Jesus →Christus, der als »neuer →Hoherpriester« die Verbindung zwischen Gott und Menschen wieder herstellt (»neu vermittelt«); →Stiftshütte, 2.
Mohr Schwarzer (Neger).
Mond 1. Himmelsgestirn; 2. Monat.
mondsüchtig sein schlafwandeln.
Morgenland anderes Wort für Osten.
Mose wohl wichtigste Gestalt aus altisraelitischer Zeit, Führer des Gottesvolkes beim Auszug aus Ägypten und während der Wüstenwanderung, verehrt als »Gesetzgeber« am →Sinai.
Mühlstein einer der zwei Steine, zwischen denen Getreide gemahlen wird.
Mühsal qualvolle Arbeit, Mühe.
Mundschenk Getränkeverwalter am (königlichen) Hof.
murren aufbegehren, sich beklagen.
Myrrhe wohlriechendes Harz.
Myrthe Strauch mit wohlriechenden Blättern.
Mysien Landschaft in der Provinz →Asia (heutige Nordwesttürkei).

Nachkomme Kind, Enkel.
Nachrede über jemanden reden.
Nachtwache Zwischen Sonnenuntergang und -aufgang wurde die Nacht in drei bzw. vier »Nachtwachen« (je 3 bzw. 4 Stunden) eingeteilt.
Nägelmale von den Nägeln bei der Kreuzigung →Jesu verursachte Wunden.
Nahasch →hebräisch »Schlange«, Name eines Königs der →Ammoniter.
Nain Stadt südwestlich vom →See Genezareth.
Name 1. üblicher Wortsinn; 2. Name Gottes: Umschreibung für die Hinwendung Gottes zum Menschen (so auch Umschreibung für Gott selbst).
Nardenöl wohlriechendes Salböl.
Natur 1. Wesen (des Menschen); 2. »von Natur aus«: aus eigenem Antrieb, Empfinden heraus.
Nazareth Ort zwischen →See Genezareth und →Karmel.
Nazoräer an den Ort Nazareth anklingende Bezeichnung für die Bedeutung Jesu als Nachkomme →Davids oder als →gottgeweihter Mensch.
Neapolis Hafenstadt von →Philippi.
Nebukadnezar* um 600 v. Chr., wohl berühmtester König →Babels. Er kämpfte gegen Ägypten und eroberte 597 bzw. 587 v. Chr. →Jerusalem, aus dem er viele Bewohner verschleppte (»Babylonisches Exil«).
(der) neue Weg Umschreibung für den christlichen Glauben.
Neue Welt in diesen Erklärungen Umschreibung für die künftige, von Gott geschaffene Welt (»neuer Himmel und neue Erde«, »neues Jerusalem«).
nichtig nicht vorhanden, nicht existierend.
Nieren 1. inneres Organ von Lebewesen; 2. Umschreibung für das innere Wesen oder Gewissen des Menschen (zum Teil in Verbindung mit »Herz«).
Ninive Hauptstadt von →Assur.
nötigen dringend bitten, auffordern.
Not Notlage.
not wichtig, notwendig.

Obergemach kleiner Raum auf dem Flachdach orientalischer Häuser.
Oberst (der Abteilung) Lysias, Führer der römischen Soldaten in →Jerusalem.
Obrigkeit Regierung, Staat, Verwaltung, öffentliche Ordnung.
Odem (des Lebens) lebendiger Atem.
Ölberg Anhöhe östlich gegenüber →Jerusalem.
offenbaren, offenbar werden sichtbar machen bzw. werden; **Offenbarung:**

1. →Erscheinung; 2. Mitteilung, besonders von Gott oder durch Gott.

Oheim Onkel.

Onesimus griechisch »der Nützliche«, von →Paulus getaufter Sklave, wohl aus →Kolossä.

Opfer Gabe an Gott, um ihm zu danken (Dankopfer), ihn zu loben (Lobopfer), ihn um Hilfe zu bitten oder von ihm Schuld vergeben zu bekommen (Sündopfer, Schuldopfer). Geopfert wurden vor allem Wein (Trankopfer), Feldfrüchte und Brot (Speisopfer), Edelharz (Räucheropfer, Rauchopfer) oder Tiere bzw. Teile von ihnen; dabei wurde beim Brandopfer das ganze Tier (doch ohne Haut und Blut) verbrannt, beim Schlachtopfer verbrannte man nur die inneren Organe, während ein Teil des Fleisches von den Opfernden, ein Teil vom Priester verzehrt wurde.

Opferhöhen auf Anhöhen liegende Opferplätze fremder Götter.

Ordnung (des Abija) eine der 24 Priestergruppen, die abwechselnd am →Tempel in →Jerusalem Dienst taten.

Palästina das Land zwischen Mittelmeer, Libanongebirge, →Jordan und der Sinai-Wüste.

Pamphylien altes Land an der Südküste der heutigen Türkei.

Paphos Hafenstadt an der Südwestküste Zyperns.

Parther Bewohner eines Landes und von den Römern gefürchteten Reiches im Nordwesten des heutigen Iran (→Persien).

Passa(fest), Passalamm hohes jüdisches Fest, bei dem man ohne Sauerteig gebackenes Brot ißt (»ungesäuert«) und früher ein Ziegen- oder Schafböckchen (Passalamm) opferte. Der Speisungs- und Opfergedanke des Passa wird im Abendmahl aufgenommen.

Patara Hafenstadt im Südwesten der heutigen Türkei.

Patmos Insel vor der heutigen Südwesttürkei.

Pauken trommelähnliche Musikinstrumente.

Paulus geboren in →Tarsus, um das Jahr 64 in Rom wegen seines Glaubens hingerichtet; von Beruf »Zeltmacher« (ein lederverarbeitendes Handwerk), theologischer Schüler →Gamaliels, wichtigster urchristlicher Missionar, erster großer christlicher Glaubenslehrer. Sein jüdischer Name lautet Saulus.

Peiniger 1. Mensch, der andere quält; 2. Folterknecht.

Pergamon Hafenstadt im Nordwesten der heutigen Türkei.

Perge etwa 15 km vom Mittelmeer entfernter Ort in →Pamphylien (Süden der heutigen Türkei).

Perser Volk im Gebiet des heutigen Iran, von etwa 650 bis 330 v.Chr. Großreich (wichtiger König: →Kyros d.Gr.* um 550 v.Chr.).

Pfahl im Fleisch Umschreibung für schweres körperliches Leiden.

Pflugschar in alttestamentlicher Zeit eisenbeschlagener Holzstift, mit dem die Erde umgepflügt wurde.

Pforten der Hölle Durchgangsort zur Welt des Todes (des Bösen), an dem alle Menschen vorbei müssen.

Pfuhl See mit brennendem Schwefel, Umschreibung für →Hölle, 3.

Pfund Gewicht von etwa 600 Gramm.

Pharao Titel des als Gott verehrten Königs von Ägypten.

Pharisäer eine eng mit den →Schriftgelehrten verbundene, einflußreiche religiöse Gemeinschaft zur Zeit →Jesu. Sie forderte vor allem die genaueste Einhaltung der Glaubensgesetze (→Gesetz, 2). Sich dabei zeigende Lieblosigkeit oder Selbstgerechtigkeit wurde von Jesus scharf verurteilt.

Philadelphia Stadt etwa 100 km östlich von →Smyrna.

Philemon Freund und Mitarbeiter des →Paulus, wohl in →Kolossä.

Philippi Stadt in →Mazedonien, nahe der Mittelmeerküste, stark von Geist und Kultur Roms geprägt.

Philister Volk unbekannter Herkunft an der palästinischen Küste. Unter seiner Übermacht hatten die →Israeliten vor allem vor →David lange zu leiden.

Philosophen (Philosophie) nach dem Neuen Testament Weisheitslehrer, die ohne Kenntnis der Bibel über den Sinn des Lebens nachdenken und dazu Lehren (Philosophien) entwickeln. Die Stoiker lehren z.B., sich durch nichts erschüttern zu lassen, die Epikuräer, das Leben zu genießen.

Phönix Hafen im Südwesten Kretas.

Phönizien altes Reich und Land im Bereich des heutigen Libanon.

Phrygien altes Land in der heutigen Westtürkei.

Pilatus, Pontius Pilatus* 26–36 n.Chr. römischer →Statthalter →Palästinas.

Pisidien Landschaft im Süden der heutigen Türkei (→Galatien).

Pöbel charakterlose, gottlose Leute.

Pontus Land im Bereich der heutigen Türkei, am Schwarzen Meer.

Porzius Festus* 60–62 n.Chr. als Nachfolger des →Felix römischer →Statthalter Palästinas.

Posaune Widderhorn (→Widder), das einen dumpfen, durchdringenden Ton gibt, geblasen zur Versammlung des Volks und als Alarmsignal.

Prätorium Amtssitz hoher römischer Beamter (z.B. des →Pilatus).

prassen den Besitz verschleudern.

Preis 1. Kaufpreis; 2. Lobpreis; 3. »preisen«: verehren.

Prophet(en) 1. Verkünder des Gotteswillens, selten auch des Glaubens an fremde Götter; 2. weissagende Mitglieder der ersten Christenheit, oft zusammen mit den →»Lehrern« genannt; 3. Umschreibung für die Schriften der Propheten, z.B. im Ausdruck: »Gesetz und Propheten«; 4. **prophetisch**: der Botschaft bzw. dem Auftrag Gottes entsprechend.

Psalm Lied, Lobgesang (→Psalter).

Psalter 1. Saiteninstrument; 2. Buch der →Psalmen.

Ptolemais (Akko) Hafen- und Handelsstadt am Mittelmeer westlich des →Sees Genezareth.

Purpur 1. dunkelrote, wertvollste Farbe des Altertums; 2. Umschreibung für den purpurroten Königsmantel (»Purpurmantel«, »Purpurgewand«).

Puteoli alte Hafenstadt nahe dem heutigen Neapel in Italien.

Quasten nach jüdischer Vorschrift müssen vier Quasten am Mantel an Gottes Gebote erinnern.

quellen (es quillt) herausströmen.

Rabb(un)i →Lehrer in Glaubensfragen.

Rabschake hoher Beamter in →Assur.

Rama Ort 8 km nördlich →Jerusalems.

Ratschluß Entschluß, Plan.

Raub, Gott gleich zu sein Göttlichkeit wird als Beute verstanden, die man nicht mehr hergibt.

räuchern Rauchopfer bringen, meist durch Verbrennen von Edelharz (→Opfer).

Räucheropfer Rauchopfer (→räuchern).

Rauchopfersäule Altaraufsatz, zum Verbrennen von Edelharz, manchmal auch Bezeichnung für das Verbrennen (In-Rauch-aufgehen-lassen) von Opfergaben.

Raum geben Macht einräumen.

Rechenschaft fordern fordern, daß man sich verantwortet.

Rechte 1. Mehrzahl von Recht; 2. die rechte Hand; 3. »zur Rechten«: Platz des Stellvertreters, z.B. Gottes, der »Majestät in der Höhe«.

rechten ums Recht kämpfen.

Rechtfertigung siehe →gerecht, 2, 3.

rechtschaffen bewährt, tüchtig.

Reich (Gottes) die mit →Jesus angebrochene und mit seiner Wiederkunft am →Jüngsten Tag vollendete Herrschaft Gottes.

Reinheit, rein 1. den jüdischen Glaubensvorschriften entsprechend (→Gesetz); 2. Voraussetzung für die Teilnahme an Gottesdiensten.

reinigen, Reinigung 1. ein Vollbad nehmen, wenn gegen Reinheitsvorschriften des jüdischen Glaubens verstoßen wurde; 2. Händewaschen vor dem Essen.

Reis junger Zweig.

Rhegion Stadt an der Meerenge zwischen Italien und Sizilien.

Rhodos Insel vor der Südwestküste der heutigen Türkei.

richten 1. Gericht halten; 2. das Volk als Richter (→Richter, 2) regieren.

Richter 1. üblicher Wortsinn; 2. von Gott in besonderer Weise begnadete Führer des jüdischen Volkes; 3. Weltenrichter am →Jüngsten Tag.

Richterstuhl Umschreibung für Gericht.

Rotes Meer Meer zwischen Ägypten und Sinaihalbinsel, →Palästina.
Rotte Gruppe von (bösen) Menschen; »sich zusammenrotten«: sich zusammentun.
ruchlos gewissenlos, schamlos.
(sich) rühmen prahlen, angeben.
Rüsttag (Vor-)Tag, an dem man sich auf den →Sabbat oder auf das →Passafest vorbereitet.
Ruhmeskranz Umschreibung der Belohnung für eine Tat oder ein Verhalten, worauf man stolz sein kann.
Ruhmredige Menschen, die mit Gottes Weisheit prahlen.

Sabbat siebter Wochentag, Ruhetag; für die Juden Gott geweihter Tag. Seine Einhaltung (»Heiligung«) ist wichtiges Kennzeichen des jüdischen Glaubens.
Sabbatweg Strecke, die am →Sabbat zu gehen erlaubt war (rund 900 m).
Sache führen das Recht eines Menschen vertreten.
Sack 1. etwa 400 Liter fassender Behälter; 2. Kleidungsstück, als Zeichen der Trauer und Reue (in »Sack und Asche« gehen).
Sadduzäer Gruppe jüdischer Vornehmer und Priester. Sie lehnte den Glauben an die Auferstehung der Toten ab und vertrat eine freiere Auslegung der Glaubensgesetze als die →Pharisäer.
Säulen 1. üblicher Wortsinn; 2. Leiter (»Stützen«) der Christengemeinde von →Jerusalem.
Saiten, Saitenspiel Musikinstrument, der Zither ähnlich.
Salamis alte Hafenstadt an der Ostküste Zyperns.
salben 1. (sich) schmücken; 2. mit besonderen Salben oder Öl zum Begräbnis zubereiten; 3. durch Bestreichen mit kostbaren Salben zum König weihen. Der lange ersehnte göttliche Gesalbte ist der Messias (→Christus).
Salböl meist wohlriechend gemachtes Olivenöl.
Salomo* um 960 v. Chr., Sohn →Davids, für Weisheit und Reichtum berühmter König in →Jerusalem, Erbauer des dortigen →Tempels.
Samaria, Samarien Hauptstadt und Land in (Nord-)Israel, etwa 60 Kilometer nördlich von →Jerusalem, oft mit (Nord-)Israel gleichgesetzt.
Samariter Bewohner von →Samaria bzw. Samariens. Sie lagen zur Zeit Jesu mit den religiösen Führern →Judäas im Streit.
Samothrake Insel im Nordosten des Meeres zwischen dem heutigen Griechenland und der Türkei.
Samuel* »Gott ist der Herr«, altisraelitischer →Prophet um 1050 v. Chr.
sanftmütig, Sanftmut nachsichtig, geduldig sein.
Saphir bläulicher Edelstein.
Sardes Stadt etwa 80 km östlich von →Smyrna.
Sarepta Stadt am Mittelmeer, nordwestlich vom →See Genezareth.
Satan Teufel.
Satzung Gesetzesbestimmungen.
schändlich schlimm, arg.
Schätzung siehe »geschätzt werden«.
Schaftor ein wohl im Nordosten →Jerusalems gelegenes Stadttor.
Schakal für sein Geheul bekannter »Wüstenhund«.
Scharlach dunkelrote Farbe.
Schaubrot Opferbrot (→Opfer).
scheel (sehen) neidisch (sein).
Scheffel Hohlmaß für Getreide; im Alten Testament 22, im Neuen 9 Liter.
Scheidebrief Scheidungsurkunde.
Schelle Lärminstrument.
schelten anklagen, (be)schimpfen; **Scheltwort:** Schimpfwort.
Schenk Getränkeverwalter.
Scherbentor auf der Westseite →Jerusalems gelegenes Stadttor.
Scheu Ängstlichkeit, Zurückhaltung.
schier fast, beinahe.
Schinar anderes Wort für →Babylon.
Schirm Bezeichnung für Schutz.
Schlachtopfer siehe →Opfer.
Schläuche aus Leder gefertigte Gefäße, um Getränke, vor allem Wein, aufzubewahren.
schlagen 1. üblicher Wortsinn; 2. Umschreibung für strafen.
Schlüssel Davids Schlüssel, der die Tore zum »Himmlischen →Jerusalem« öffnet.
Schmach Schande.
schmähen verspotten.
Schößling junger Trieb des Baumes.

Schoß 1. Schoß der Mutter; 2. »Schoß« Abrahams oder Gottes: Umschreibung für Himmel.
Schoten Früchte vom Johannisbrotbaum, ähnlich Erbsenschoten.
Schrecken des HERRN →heilige Erregung, die Menschen befällt.
Schrift, Schriften 1. etwas Geschriebenes; 2. Gesamtzeugnis des Alten Testamentes.
Schriftgelehrte meist zusammen mit →Pharisäern genannt; theologisch, philosophisch und juristisch ausgebildete →Lehrer, die über den jüdischen Glauben wachten (→Gesetz, 2).
Schriftrolle Vorform unserer Bücher, meist 8–10 Meter lang, aus Schilfmark (Papyrus) oder Tierhaut (Pergament) zusammengefügt. Sie wurde in Spalten beschrieben und gelesen, indem man die Rolle jeweils weiterdrehte.
schürzen, sich schürzen die Arbeit beginnen (sich die Schürze umbinden).
Schuldiger, Schuldner jemand, der etwas schuldig ist, →Gläubiger.
Schweißtuch eine Art Handtuch.
Schwemme Reinigungsbad für Tiere.
Sebulon und Naftali zwei Volksstämme westlich vom →See Genezareth.
See, See Genezareth, See Tiberias vom →Jordan durchflossener See im Norden →Palästinas (→Galiläa), etwa doppelt so groß wie der Chiemsee.
Seele 1. Lebenskraft des Menschen; 2. das »innere Ich« des Menschen mit seinem Denken, Fühlen und Wollen; 3. Umschreibung für Mensch.
Seher Verkünder des Gotteswillens; siehe auch →Prophet.
Sekte kleine Glaubensgemeinschaft.
Seleuzia Hafenstadt →Antiochias (→Syrien), am Nordostufer des Mittelmeers.
Senfkorn das winzige Samenkorn der Senfstaude (etwa 1 mm groß).
Senkblei Schnur mit Bleigewicht, zum Messen der Wassertiefe.
Serafim Engelwesen, ähnlich wie →Cherubim.
Sichem alte Stadt etwa 60 km nordwestlich vom Toten Meer, wichtiges Zentrum der jüdischen Stämme (→Stamm).
Sidon Stadt am Mittelmeer, westlich vom Libanongebirge.
sieben Geister Umschreibung für den vollkommenen →Geist Gottes.
Siegel Briefverschluß mit einer hartwerdenden Masse, in die ein Zeichen eingeprägt wird; »Siegel auftun, brechen«: den Brief öffnen.
Silas (Silvanus) wichtiger Führer der Christen in →Jerusalem, →Prophet, zeitweilig Begleiter des →Paulus.
Silbergroschen »Denar«, Münze, etwa der Tageslohn eines Arbeiters.
Silberling vielleicht gleich dem Silbergroschen, vielleicht viermal so viel wert.
Siloah 1. Teich in →Jerusalem; 2. Kanal, der das Wasser in diesen Teich leitet.
Silvanus siehe →Silas.
Simson altisraelischer Held, →Gottgeweihter mit übermenschlicher Kraft ausgestattet.
Sintflut große Wasserflut, in alter Zeit von Gott wegen ihrer Sünden über die Menschen geschickt.
Sippe Verwandtschaft im weitesten Sinn und zugleich Untergruppe eines →Stammes.
sitzen zur Rechten den Ehrenplatz haben, Stellvertreter sein.
Sklave Mensch, der an einen anderen verkauft wurde.
Skorpion spinnenartiges, bis 18 cm langes Tier mit giftigem Stachel.
Smaragd grün leuchtender Edelstein.
Smyrna Hafenstadt etwa in der Mitte der Westküste der heutigen Türkei.
Sodom und Gomorra Städte, einst wohl am Südufer des Toten Meeres gelegen, gelten als Beispiel für die Bosheit der Menschen.
Sohn 1. üblicher Wortsinn; 2. Nachkomme (z. B. Jesus als »Sohn →Davids«). **Sohn Gottes:** →Jesus →Christus; im übertragenen Sinn: der Getaufte.
Sold Lohn von Soldaten.
Spätregen Regen im März/April, für die Ernte besonders wichtig.
Spanne Längenmaß, etwa 23 cm.
Speisemeister der für ein Festmahl Verantwortliche.
Speisopfer siehe →Opfer.
Spezerei kostbare Gewürze.
sprengen besprühen, beträufeln.
Sproß Nachkomme.
Stätte Platz, Ort, Heimat.

Stamm 1. zusammengehörige Volksgruppe (z.B. »Stamm Juda«); 2. **Stämme in der Zerstreuung:** die unter Andersgläubigen verstreut lebenden Christen; 3. **Stammverwandte:** Menschen des eigenen Volkes (»Stammes«).
Statthalter Stellvertreter, Verwalter eines Königs oder Kaisers.
(in) Staub und Asche gehen Buße tun; Zeichen der Trauer, Vergänglichkeit.
steinigen, Steinigung Todesstrafe für schwere Gotteslästerung, durch Stürzen über Felsen bzw. eine Mauer, oder durch einen schweren Stein.
Steinmal Gedenkstein.
Stephanas einer der ersten von →Paulus in →Korinth getauften Christen.
Steuermünze →Silbergroschen mit Bild und Inschrift des Kaisers; römisches Geldstück.
Stiftshütte 1. heiliges Zelt, in dem die →Bundeslade aufbewahrt wurde; 2. Umschreibung für das himmlische →Heiligtum (→Tempel, →Allerheiligstes), an dem der Messias (→Christus) sein Rettungswerk vollbringt. Das geschieht dadurch, daß er sich dort als wahrer →Hoherpriester selbst zum Opfer bringt. Dadurch schließt er den neuen →Bund zwischen Gott und den Menschen.
Stoiker siehe →Philosophen.
stracks direkt, geradewegs.
straucheln stolpern.
Strom großer Fluß.
Stückwerk unvollkommenes Tun.
Stuhl des Mose Ehrensitz in der →Synagoge, auf dem die offiziellen Ausleger der Heiligen →Schriften sitzen.
Stunden Man zählte die Stunden ab Sonnenaufgang; erste Stunde: etwa 6 Uhr, sechste Stunde: etwa 12 Uhr, neunte Stunde: etwa 15 Uhr usw.
Sünder siehe →Zöllner.
Sündopfer siehe →Opfer.
Sychar Ort etwa in der Mitte zwischen →See Genezareth und →Jerusalem.
Synagoge 1. Jüdisches Versammlungsgebäude und Gemeindezentrum, in dem am Vormittag des →Sabbats Gottesdienst gehalten wird; 2. »Synagoge des →Satans«: »Kirche« des Teufels.
Syrakus Hafenstadt an der Ostküste Siziliens.
Syrien vorderasiatisches Land nördlich von →Palästina zwischen →Euphrat und Mittelmeer mit uralter Geschichte.
Syrisch-Ephraimitischer Krieg Gemeinsamer Kriegszug der Syrer (→Aramäer) und Nordisraels (→Ephraim) gegen Juda 733 v.Chr., um König Ahas* zum Beitritt zu einem antiassyrischen Bündnis zu zwingen. Ahas setzte auf die Hilfe des Assyrerkönigs (→Assur), dem er sich unterwarf; der →Prophet Jesaja rief ihn zum alleinigen Vertrauen auf Gott auf (Jesaja 7).

Tag Christi (des Gerichts, Gottes, des Herrn, Jesu, des Zornes) der →Jüngste Tag, Tag des Weltgerichts, des Untergangs der alten Welt und des Beginns der →Neuen Welt Gottes.
Tage der Reinigung Nach Geburten mußten Frauen mehrere Wochen zu Hause bleiben, bis sie nach einem →Opfer wieder →rein wurden.
Tagelöhner Arbeiter, der nur tageweise angestellt wurde.
Tagereise etwa 40 Kilometer weit.
Tarsis phönizischer Ort (→Phönizien) in Südspanien.
Tarsus Heimatstadt des →Paulus, nahe der östlichen Mittelmeerküste der heutigen Türkei.
Teil 1. Stück eines Ganzen; 2. Anteil, z.B. an der Beute.
teilgeben, -haben Anteil geben, haben.
Tempel 1. allgemein: Gottesdienstgebäude; 2. von →Salomo in →Jerusalem gebautes Heiligtum mit Vorhalle (etwa 5 mal 10 Meter), Heiligem (Raum von etwa 20 mal 10 m Länge) und dem mit einem Vorhang abgeteilten →Allerheiligsten (Raum von 10 mal 10 m Länge). Dieses enthielt die →Bundeslade und durfte nur vom →Hohenpriester einmal im Jahr betreten werden, um dort zu opfern. Der Tempel war von einem inneren und einem äußeren Vorhof umgeben. Er wurde 587 v.Chr. von den →Babyloniern zerstört, bis 515 v.Chr. wieder in einfacher Ausstattung aufgebaut und kurz vor Jesu Geburt durch →Herodes den Großen in prächtiger Form erneuert (siehe auch →Stiftshütte, 2). 3. Tempel der Diana (→Ephesus).

Tempel Gottes im Himmel Umschreibung für die ewige →Herrlichkeit Gottes.

Theophilus griechisch »Freund Gottes«, Unbekannter, dem das Evangelium und die Apostelgeschichte des Lukas gewidmet sind.

Thessalonich wichtige Hafen- und Hauptstadt →Mazedoniens.

Thron der Gnade Ort, an dem Gott den Menschen ewiges Heil schenkt.

Thron des Satans Ort, an dem das Böse herrscht.

Thyatira Stadt etwa in der Mitte der Provinz →Asia, im Westen der heutigen Türkei.

Tiefe, große Tiefe Weltmeer, auf dem nach alter Ansicht die Erde ruht.

Timotheus wichtiger Mitarbeiter des →Paulus, aus →Lystra.

bei Tisch liegen zur Zeit Jesu aß man bei Festessen seitlich liegend.

Titus zeitweise wichtiger Mitarbeiter und Vertrauter des →Paulus.

Tochter Juda, Jerusalem, Zion Umschreibungen für Reich →Juda bzw. für →Jerusalem.

tönendes Erz Lärminstrument.

töricht, Torheit einfältig, dumm; Unsinn, Dummheit.

Tor 1. Narr; 2. große Türe; 3. Gerichtsplatz; 4. allgemeiner Treffpunkt der Bewohner einer Stadt.

Trachonitis Land nordöstlich des →Sees Genezareth.

trachten nach etwas streben.

trägen Herzens sein 1. sich mit etwas schwertun; 2. etwas unwillig tun.

Trankopfer siehe →Opfer.

Traum 1. üblicher Wortsinn; 2. besondere Weissagungen und Erkenntnisse, die im Schlaf empfangen werden.

treiben leiten, bestimmen.

Tres-Tabernae siehe →Forum Appii.

Triumph machen jemanden als Besiegten in einem öffentlichen Triumphzug vorführen.

Troas Hafenstadt im Nordwesten der heutigen Türkei.

Tröster Fürsprecher, →heiliger Geist.

Troß Versorgungstruppe der Soldaten.

Trost Israels andere Bezeichnung für den →Heiland →Israels.

Trübsal große Not, Elend, Trauer.

Trug Betrug.

Tüpfelchen Pünktchen eines Buchstabens; »Tüpfelchen vom Gesetz«: Umschreibung für geringste Kleinigkeit vom jüdischen Gesetz (→Gesetz, 2).

Türhüter(in) Türwächter(in).

Türkis blaugrüner Edelstein.

Tyrus Stadt am Mittelmeer, nordwestlich vom →See Genezareth.

überantworten ausliefern.

über die Maßen bis zum äußersten.

überhandnehmen sich durchsetzen.

(sich) überheben sich etwas einbilden.

überschlagen (der Kosten) die Kosten abschätzen.

überschwenglich alles übersteigend.

überwinden siegen, besiegen, durchhalten.

umstricken fesseln.

unbefleckt 1. rein; 2. Umschreibung für »ohne Sünde«.

unbeschnitten die Vorhaut des männlichen Geschlechtsteils (Penis) nicht abgetrennt, für die Juden ein Zeichen von Unglauben. Die Abtrennung wird →Beschneidung genannt.

unfruchtbar kein Kind haben können.

ungefärbte Liebe aufrichtige Liebe.

ungesäuert ohne Sauerteig bereitete Brote und andere Backwaren (→Passafest).

unlauter Gegenteil von →lauter.

unmündig unwissend, rechtlos.

unrein, Unreiner 1. was bzw. wer nicht den jüdischen Glaubensvorschriften entspricht (siehe auch rein); 2. **unreiner, Geist**: siehe →Geist.

untadelig gut, recht, vollkommen.

unter die Füße tun unterwerfen.

Unterlaß Unterlassung, Beendigung, Unterbrechung.

untertan untergeben.

unterweisen (be)lehren.

unzeitige Geburt spätgeboren.

Unzucht sexuelle Verfehlungen, vor allem Geschlechtsverkehr mit Prostituierten und mit nahen Verwandten; **Unzüchtige:** die solche Verfehlungen begehen.

Vater 1. leiblicher Vater; 2. Gott Vater (→Jesu); 3. →Väter.

Väter 1. die großen Gestalten des

Glaubens wie →Abraham und →Jakob; 2. Vorfahren (»Vater →David«); 3. die früheren Generationen des Gottesvolkes (»sich zu ihnen legen«: sterben); 4. die ersten Christen.
väterliches Gesetz siehe →Gesetz, 2.
Verdammnis ewiges Verlorensein.
Verderber der Teufel.
Verdienst eigene Leistung, eigenes Tun.
Verdorren der Rechten (Hand) Bekräftigungsspruch (»Da soll doch die Hand abfallen!«).
verdrießen (verdroß) sich ärgern.
Verfehlung Schuld, schlimme Tat.
verheißen, Verheißung versprechen; Versprechung, Ankündigung.
verherrlichen 1. in Gottes Herrlichkeit aufnehmen; 2. preisen (→Preis, 3); 3. **Verherrlichung:** in Gottes Herrlichkeit aufgenommen werden oder sein.
verkehren ins Gegenteil (ver)drehen.
Verklärung →Herrlichkeit.
verkündigen Gottes Wort weitersagen.
verlästern (etwas) schlechtmachen.
verleugnen 1. verraten; 2. auf alles verzichten.
verscheiden (»er verschied«) sterben.
verschmachten verhungern.
versiegeln feierlich verschließen, sicher aufbewahren (→Siegel).
Versöhnung Überwindung von allem, was Menschen untereinander, aber auch von Gott trennt.
verstockt, Verstockung uneinsichtig an Unrecht festhalten; »das Herz verstocken«: jemanden dazu bringen, am Unrecht festzuhalten.
versuchen 1. probieren; 2. auf die Probe stellen.
vertilgen ausrotten, vernichten.
vertraut sein »verlobt« sein, die Ehe versprochen haben.
verwahrt und verschlossen sein gefangen, eingesperrt sein.
verwerflich schlecht, abzulehnen.
verweslich vergänglich.
Verzückung vom →heiligen Geist ergriffen werden.
vier Enden der Erde rund um die Erde.
vier Winde die vier Himmelsrichtungen.
Vögte Aufpasser, Aufseher.
Vollmacht 1. von →Geist und Kraft Gottes erfüllt sein; 2. freie Hand haben.
vor alters früher, einstmals.
Vorbild hinterlassen Beispiel geben, hinterlassen.
Vorhaben Plan.
Vorhang (des Tempels) siehe Tempel.
Vorhof, Vorhöfe siehe →Tempel.
Vornehme (Israels) Einflußreiche des Volkes.
vorzeiten früher, in der Vergangenheit.

Wachteln kleine, eßbare Vögel.
währen 1. dauern; 2. lang anhalten.
Wahrheit 1. üblicher Wortsinn; 2. Zuverlässigkeit, Treue; 3. Umschreibung für →Jesus →Christus; 4. »aus der Wahrheit sein«: in der Gemeinschaft Jesu Christi leben.
wahrlich wirklich, ganz bestimmt.
Wahrsagegeist Fähigkeit, die Zukunft vorherzusagen.
wallen 1. gehen, ziehen; 2. brodeln (von Wasser).
walten wirken (lassen).
wandeln gehen; **Wandel:** Lebensweise; »vor Gott wandeln«: nach seinem Willen leben.
Warte Beobachtungsturm.
Wasser des Lebens siehe →lebendiges Wasser.
Wasserbad Umschreibung für Taufe.
weben handeln, arbeiten.
Weberbaum großer Querbalken an Webstühlen.
Wechsler 1. Bankkaufmann; 2. Geldhändler, der das normale Geld zum Zweck der Zahlung der Religionssteuer in ein besonderes Tempelgeld wechseln mußte.
Weggeführte 597–587 v. Chr. nach →Babel verschleppte Juden.
wehren hindern, behindern.
weichen verschwinden; »er wich«: er verschwand.
Weihrauch Rauch beim Verbrennen eines wohlriechenden weißen Baumharzes.
weilen sich aufhalten, leben, sein.
Weise 1. kluge Menschen; 2. Sterndeuter.
weissagen zukünftige Ereignisse vorhersagen; **Weissagung:** Voraussage.
Weisung Gebot, →Gesetze (Gottes).
Welt 1. die ganze Erde; 2. Reich des Bösen; 3. »alle Welt«: alle Menschen.

Welt Enden alles, was auf Erden ist; »bis an der Welt Enden«: überall.
Weltkreis die ganze Erde.
Werke 1. Taten (die erkennen lassen, was ein Mensch ist und glaubt); 2. »Werke des Gesetzes«: Erfüllung des Gesetzes (→Gesetz, 2).
Wermut bitterer Trank.
Wesen Charaker, gesamtes Verhalten des Menschen.
Wetter Gewittersturm.
Widder männliches Schaf.
wider gegen.
widerfahren (etwas widerfährt) etwas geschieht mit jemandem.
Widersacher Gegner.
widerschmähen eine Verspottung zurückgeben.
(sich) widersetzen, widerstreben dagegen sein, ablehnen.
widerstehen (ins Angesicht) offen dagegen sein.
wiedergeboren werden, Wiedergeburt (durch die Taufe) in die →Neue Welt Gottes kommen bzw. gekommen sein.
wirken machen, tun.
wohlgefällig sein recht sein.
Wolke von Zeugen von vielen Glaubenszeugen umgeben sein.
Wonne große Freude.
worfeln (Worfschaufel) Getreide (mit einer Schaufel) in die Luft werfen, um es von der Spreu zu trennen.
Wort 1. Gesagtes; 2. Gottes ewiger →Sohn (→Jesus →Christus); 3. Botschaft Gottes und Jesu Christi.
wüst verlassen, leer, zerstört; **Wüstenei:** Ort der Verwüstung.
Wundertäter Christen mit der Gabe, im Namen Christi Wunder zu wirken.

Ysoprohr Zweig eines dem Majoran ähnlichen Busches.

zagen verzagen, verzweifeln.
Zebaoth siehe →Herr.
Zeder (Libanons) großer, der Kiefer ähnlicher Baum (im Libanongebirge), der zwei- bis dreitausend Jahre alt werden kann.
Zehn Städte Städtebund zur Zeit →Jesu, östlich von →Jordan und →See Genezareth.
Zehnter Steuer in Höhe von 10% des Verdienstes.
Zehrung Essen.
Zeichen 1. ein auf etwas hinweisendes Ereignis; 2. auf die Gottheit Jesu weisendes Geschehen (Wunder).
Zeichen der Zwillinge Sternbild, Name des Schiffes, mit dem →Paulus von Malta nach Rom gebracht wurde.
Zeichendeuter Wahrsager.
Zeit 1. Zeitraum, Zeitspanne zwischen zwei Ereignissen; 2. Ende, »Erfüllung« der Zeit: →Jüngster Tag, Beginn der →Neuen Welt; 3. »die Zeit auskaufen«: die Zeit ausnützen.
Zentner etwa 35 kg.
Zepter Herrscherstab.
Zerreißen der Kleider Zeichen höchster Erregung oder Trauer; »Zerreißen des Herzens«: von Herzen betrübt sein.
Zerschneidung Zertrennung, abfällige Umschreibung von →Beschneidung.
Zerstreuung siehe →Stamm, 2.
Zeuge, zeugen 1. Zeuge vor Gericht; 2. →Jesus →Christus als Zeuge Gottes; 3. Bote Jesu Christi; 4. von Jesus Christus berichten; 5. ein Kind zeugen; 6. Umschreibung für: jemanden für das Christentum gewinnen.
Zeugnis 1. Beweis; 2. Weitergabe der Botschaft von →Jesus →Christus.
Zeus höchster altgriechischer Gott.
Zilizien Landschaft am Nordostende des Mittelmeeres.
Zimbeln Schlaginstrument in Tellerform.
Zinne oberste Mauer am →Tempel.
Zion 1. die Burg →Jerusalems (auch Stadt →Davids); 2. Umschreibung für die Stadt Jerusalem und ihre Bewohner; 3. Umschreibung des Tempelberges in Jerusalem; 4. Umschreibung für das himmlische Jerusalem, die →Neue Welt.
Zisterne mit Lehm ausgestrichenes unterirdisches Sammelbecken für Regenwasser, meist mit Wasser von schlechter Qualität.
Zöllner (und Sünder) Beide werden meist zusammen genannt. Die Zöllner, die jeweils bestimmte Zollbezirke gepachtet hatten und dabei in die eigene Tasche wirtschafteten, waren verhaßt und wurden als Handlanger der Römer für →unrein, damit für Sünder gehalten.

Zucht Erziehung, Ordnung.
Zuchtmeister Erzieher, Lehrer.
züchtigen hart bestrafen.
zueignen geben, schenken.
(die) Zunge gelöst bekommen sprechen können.
Zungenreden, mit neuen Zungen reden reden in unverstehbaren Lauten; Zeichen dafür, vom →heiligen Geist berührt zu sein.
zunichte machen vernichten.
zuschanden machen, werden zugrunde richten, (unter dem Spott der Feinde) zugrunde gehen.
zu tun pflegen üblicherweise tun.
zweiter Tod ewiges Getrenntsein von Gott.
Zweiundsiebzig 72 →Jünger →Jesu.
Zwietracht Streit.
Zwölf(e) die 12 →Apostel.
Zyperblume bis vier Meter hoher Strauch mit wohlriechenden Blüten.
Zypresse hoher, der Thuja ähnlicher Baum.

ZEITTAFEL

ALTTESTAMENTLICHE ZEIT

Das Alte Testament enthält viele Zeitangaben. Sie lassen sich jedoch nur zum Teil in unsere Zeitrechnung einordnen. Vor allem im Blick auf die Frühzeit des alten Gottesvolkes muß vieles dunkel bleiben. Erst ab der Zeit der altisraelitischen Könige lassen sich die Ereignisse genauer datieren, doch ergeben sich auch dann noch Unstimmigkeiten dadurch, daß die Königsjahre z.T. verschieden gezählt wurden. Dazu haben sich wohl einige Fehler in die Überlieferung eingeschlichen.

Bis 926 v. Chr.: Frühzeit. Davidisches Großreich

vor 1200	Bildung israelitischer Stämme
etwa 1200–1012	Zeit der »Richter« bis Samuel; Kämpfe mit den Philistern
1012–1004	Saul
1004–998	David König in Hebron
997–965	David König in Jerusalem
965–926	Salomo König in Jerusalem
962–955	Bau des Tempels in Jerusalem
926	Auseinanderbrechen des Reiches

926–722 v. Chr.: Das geteilte Reich

	Juda		*Israel*		*Nachbarländer*
926–910	Rehabeam	926–907	Jerobeam I.	922	Schischak von Ägypten führt Krieg in Palästina
910–908	Abija	907–906	Nadab		
908–868	Asa	906–883	Bascha		
		883–882	Ela		
		882–878	Kampf zwischen Tibni und Omri		
		882–871	Omri		
		876	Gründung Samarias		
868–847	Joschafat	871–852	Ahab, Elia	873–842	Ittobaal von Tyrus
852	Joram Mitkönig	852–851	Ahasja		
		851–845	Joram	858–824	Salamanassar III. von Assur
847–845	Joram				
845	Ahasja	845	Aufstand Jehus		
845–840	Atalja	845–818	Jehu	845–801	Hasaël von Damaskus
		841	Jehu unterwirft sich dem König Salmanassar III.		
840–801	Joasch				
		818–802	Joahas		
		802–787	Joasch		
801–773	Amazja				

Juda	Israel	Nachbarländer
um 788 Kampf Amazjas mit Joasch		
787–736 Usija	787–747 Jerobeam II.; Amos, Hosea	
756–741 Jotam Mitkönig, anschließend König	747–738 Menahem	
741–725 Ahas Mitkönig, anschließend König	738 Menahem unterstellt sich Tiglat-Pileser III.	745–727 Tiglat-Pileser III. von Assur
	737–736 Pekachja	
736 Tod Usijas, Berufung Jesajas	735–732 Pekach	
733 Syrisch-Ephraimitischer Krieg (s. Sacherkl.)	732–723 Hoschea	734–732 Tiglat-Pileser III. kämpft gegen die Philister, Damaskus und Israel
		726–722 Salmanassar V. von Assur
725–697 Hiskia		
	722 Eroberung Samarias, Ende des Reiches Israel	

722–560 v. Chr.: Juda bis zur Zeit des zerstörten Jerusalems

Juda	Nachbarvölker
725–697 Hiskia	
	704–681 Sanherib von Assur
701 Belagerung Jerusalems durch Sanherib; Micha	
696–642 Manasse	
	680–669 Asar-Haddon von Assur, Sohn Sanheribs, erobert 671 Ägypten
641–640 Amon	
639–609 Josia; Zefanja	
628 Beginn der Glaubensreform Josias	
627 Berufung Jeremias	
622 Auffindung eines Buches mit den alten Glaubensvorschriften; Befehl, daß nur noch im Jerusalemer Tempel Opfergottesdienste gehalten werden dürfen	612 Eroberung Ninives durch Babylonier und Meder
609 Josia fällt im Kampf gegen Necho; Joahas König	609–594 Pharao Necho von Ägypten
608–598 Jojakim	
605 Aufzeichnung der Reden Jeremias	
604 Jojakim unterwirft sich dem König Nebukadnezar	604–562 Nebukadnezar von Babel, 604 Feldzug gegen Syrien
601 Jojakim fällt von Nebukadnezar ab	601 Krieg Nebukadnezars gegen Ägypten endet unentschieden
598–597 Jojachin	

Juda	*Nachbarländer*
16. 3. 597 Eroberung Jerusalems, Gefangennahme Jojachins, 1. Verschleppung Jerusalemer Bürger nach Babel	597 Feldzug Nebukadnezars gegen Jerusalem
597–587 Zedekia	
594 Verschwörung gegen Babel	594–588 Pharao Psammetich II. von Ägypten
593 Berufung Hesekiels	
589 erneuter Abfall von Babel	
Anfang 588 Nebukadnezar beginnt Jerusalem zu belagern	
588 Die Ägypter werden von den Babyloniern zurückgeschlagen	588–569 Pharao Hofra von Ägypten
Mitte 587 erneute Eroberung Jerusalems, 2. Verschleppung Jerusalemer Bürger	
560 Freilassung Jojachins	

560–400 v. Chr.: Juda und Jerusalem in persischer Zeit

Juda	*Nachbarvölker*
um 540 Deuterojesaja (Jesaja 40–55)	559–529 Kyrus König von Persien, seit 553 König von Medien
	29.10.539 Einzug von Kyrus in Babel, 538–530 dort König
538 Kyrus erlaubt die Rückkehr der nach Babel verschleppten Juden, Beginn des Wiederaufbaus des Jerusalemer Tempels	529–522 Kambyses, erobert 525 Ägypten
um 520 Haggai und Sacharja	
1.4.515 Einweihung des neuen Tempels	
um 515 Maleachi	
	485–465 Xerxes
445–433 Neubau der Jerusalemer Stadtmauer; Nehemia	464–424 Artaxerxes
um 420 Esra (oder 458?)	

400–63 v. Chr.: Die Zwischenzeit zwischen Altem und Neuem Testament

Palästina	*Ägypten*	*Europa/Kleinasien*
		356–323 Alexander der Große
		336 Alexander König von Mazedonien
332 Alexander in Jerusalem		332 Eroberung von Tyrus, Syrien und Ägypten
332–323 Palästina unter mazedonischer Herrschaft		331 Gründung Alexandrias, Eroberung Babels

ZEITTAFEL

Palästina	*Ägypten*	*Europa/Kleinasien*
323 – 312 Palästina unter der Herrschaft der Nachfolger Alexanders	323 – 283 Ptolemäus I., Begründer des Ptolemäischen Herrscherhauses, das bis 30 v. Chr. regiert	323 – 301 Verwaltung und Aufteilung des Alexanderreiches durch seine Nachfolger, die »Diadochen«

Palästina	*Europa/Kleinasien*
312 – 198 Palästina meist unter ägyptischer Herrschaft	312 – 280 Seleukus I., Begründer des Seleuzidischen Herrscherhauses (bis 64 v. Chr.)
198 – 142 syrische Herrschaft über Palästina	190 Sieg der Römer über Antiochus III. von Syrien, von da ab stetes Vorrücken der Römer nach Osten
ab 169 Syrische Angriffe auf Jerusalem, auch gegen den Tempel und den jüdischen Glauben	175 – 164 Antiochus IV. von Syrien, der den Tempel in Jerusalem ausraubt und entweiht
ab 166 Beginn des jüdischen Aufstandes gegen die Syrer (Judas Makkabäus)	
142 Unabhängigkeit Judäas	
141 – 63 Jüdisches Herrscherhaus der Makkabäer (Hasmonäer)	133 Pergamon fällt an Rom
	86 Eroberung Athens durch die Römer
um 70 Pharisäer werden zur wichtigsten Partei	64 der römische Feldherr Pompejus macht die Reste des syrischen Staates zur römischen Provinz Syria
63 Pompejus erstürmt Jerusalem und seinen Tempel. Palästina unter römischer Herrschaft	

NEUTESTAMENTLICHE ZEIT

Die Zeit des Neuen Testamentes umfaßt nur eine kurze Spanne von rund 70 Jahren. Sie ist außerdem relativ gut erforscht. Dennoch sind viele Ereignisse zeitlich nicht eindeutig festzulegen. Ein Grund liegt zunächst darin, daß die entsprechenden Angaben des Neuen Testamentes nicht auf eine einheitliche Zeitrechnung, sondern auf z.T. unklare Regierungszeiten verschiedener Herrscher oder Verwalter von römischen Provinzen bezogen sind. Der Hauptgrund dürfte gewesen sein, daß die ersten Christen in der Erwartung eines baldigen Weltendes lebten und deshalb wohl nicht daran dachten, daß für spätere Generationen genaue Jahreszahlen wichtig sein könnten.

So sind vor allem die Zeitangaben für das Leben Jesu Christi unsicher. Weder das Geburts- noch das Todesjahr lassen sich eindeutig bestimmen. Wenn Jesus zu Lebzeiten von Herodes dem Großen geboren ist, dann ist der Geburtstermin etwa um das Jahr 7 »vor« Chr. anzusetzen. Von der Kreuzigung steht nur fest, daß sie in der Amtszeit von Pontius Pilatus (26 – 36 n. Chr.) erfolgte.

Auch bei der zeitlichen Bestimmung der in der Apostelgeschichte berichteten Ereignisse muß vieles offenbleiben. Die meisten Zeitangaben sind aus Rückrechnungen erschlossen, die im Einzelfall um bis zu fünf Jahre auseinandergehen.

Zeittafel

Rom/Römische Kaiser		*Palästina*		*Jesus/frühe Christenheit*	
30 v.–14 n.Chr.	Augustus	37–4 v.Chr.	Herodes der Große	etwa 7 v.Chr.	Geburt Jesu
		4 v.–6 n.Chr.	Archelaus Herrscher in Samarien, Judäa und dem Süden		
		4 v.–39 n.Chr.	Herodes Antipas Herrscher in Galiläa und Ostjordanland		
14–37	Tiberius	4 v.–34 n.Chr.	Philippus Herrscher östlich vom See Genezareth		
		4 v.–37 n.Chr.	Lysanias Herrscher nördlich Galiläas		
		6 n.Chr.	Archelaus abgesetzt, sein Land römische Provinz		
		26–36	Pontius Pilatus römischer Verwalter in Judäa und Samarien	28	Johannes der Täufer (Lukas 3,1)
				um 30	Tod Jesu
				35	Bekehrung des Paulus
37–41	Kaligula	37–44	Herodes Agrippa I., erhält von Rom u.a. 37 das Ostjordanland, 39 Galiläa, 41 Judäa und Samarien	37/38	Paulus in Jerusalem, dann in Syrien und Zilizien
41–54	Klaudius				
		44	die Länder von Herodes Agrippa I. werden nach seinem Tod wieder römische Provinz	43/44	Christenverfolgung in Jerusalem, Tod des Jakobus
				um 47	1. Missionsreise des Paulus
				48	Zusammenkunft der Apostel in Jerusalem
49	Vertreibung von Juden aus Rom			48/49	2. Missionsreise des Paulus
		50	Herodes Agrippa II. erhält von Rom die nördlichen und östlichen Länder; Samarien und Judäa bleiben römische Provinz	51	Paulus trifft in Korinth den römischen Provinzverwalter Gallio
54–68	Nero	52–60	Antonius Felix Verwalter Samariens und Judäas	52–55	3. Missionsreise des Paulus

Rom/Römische Kaiser		*Palästina*		*Jesus/frühe Christenheit*	
				57–60	Paulus in Jerusalem und Cäsarea gefangen
		60	Porzius Festus Nachfolger von Antonius Felix	60/61	Paulus wird nach Rom gebracht
				62	Ende des in der Apostelgeschichte dargestellten Zeitraums
64	Brand Roms (Nero); Christenverfolgungen	66	Beginn des jüdischen Aufstandes gegen die Römer		
		70	der spätere römische Kaiser Titus belagert und zerstört Jerusalem und seinen Tempel		

VERZEICHNIS DER AUSGEWÄHLTEN BIBELTEXTE

Kürzungen innerhalb von Einzelversen werden nicht berücksichtigt. Es wird jeweils der volle Vers angegeben.

ALTES TESTAMENT

1. Mose (Genesis)

1,1-31
2,1-10.15-25
3,1-24
4,1-16
6,5-8.13-22
7,1.11-24
8,1-22
9,1-6.8-15
11,1-9
12,1-9
13,2-18
15,1-6
17,1-5.10-12.15-16
18,1-33
19,1-17.24-28
21,2-4.8-20
22,1-19
23,1-6.17-20
24,1-4.10-29.31-38.49-67
25,8-11.21-34
27,1-45
28,10-22
29,1-6.10-31
30,22-26
31,17.18
32,4-12.14-32
33,1-20
35,22-29
37,2-35
39,1-16.19-23
41,1-16.25-49.53-57
42,1-38
43,1-34
44,1-34
45,1-10.21-28
46,1-6.28-30
47,1.5-12.28-31
49,29-33
50,1-8.14-21.24-26

2. Mose (Exodus)

1,6-17.22
2,1-21
3,1-17
4,10-20.27.29-31
5,1-9.22.23
7,1-5
12,1.3.6-8.10-14.28-39
13,17.18.21.22
14,5-31
15,1-11.20-22.27
16,1-4.12-21.31
17,1-16
18,1-3.5.7-12
19,1-9.16-20
20,1-19.21.22
21,12.18.19.23-27
22,20-26
23,1-12
24,3-8.12
25,1.10.11.17.18.20-22
32,1-16.19.20
33,7-14.18-23
34,1-10.29-32

3. Mose (Levitikus)

16,1.2.6-10.14.15.20-22.30.34
19,1-4.9-18.32-37

4. Mose (Numeri)

3,5-8.10
6,22-27
10,11.12.33.34
13,1.2.17-20.23.25-28.33
14,1-9
20,1-13
21,4-9

5. Mose (Deuteronomium)

1,3
6,1-25
15,1-15
18,9-15
23,25.26
24,19-22
26,1-11
30,11-20
31,7.8
32,48-51
34,1-10

Josua

1,1-5.9-11.16
2,1-9.11-23
6,1-9.11.14-21.25.27
7,1.19-26
11,16-19.23
18,1
20,1-6
21,43-45
24,1-28

Richter

2,6-8.10-12.18-22
4,1-10.12-16
5,1-5.9.10.13.19-20.22-26.31
6,1-6.11.12.14.33.34
7,2.3.8.9.16-21
8,22.23.32-35
9,1-16.21-23

Rut

1,1-11.14-20.22
2,1-12.14-20
3,1-4.6-12.14.16.18

1. Samuel

1,1-3.5-11.19.20.24
2,1-14.17.22-24.26
3,1-13.15-20
4,1-14.18
7,15-17
8,1-22
9,1-6.14-22.24-27
10,1.2.9.17-27
11,1-7.9-15
12,1-4.6.13.14
14,47.48.52
15,1-3.7-16.19-28.34-35
16,1-23
17,1-11.32-47.49-51
18,3-4.6-8.12-16
19,1-7.9.10
20,1-15.17-28.30-42
22,1.2

24,1.3-12.14-23
27,1.2
28,3-25
31,1-6

2. Samuel

1,1-4.11.12.17.19.20.
23-27
2,1.2.4
3,1
5,1-7.9-12.17-19.25
6,1.2.15.17-19
7,1-17.23-26
11,1-18.25-27
12,1-10.13-25
15,1-16.30
17,24.26
18,1.5-10.14.15.17.
21.31.32
19,1-16
22,1-7.17-20.50.51

1. Könige

2,1-4.10.12
3,5-7.9-28
5,2-7.14-25
6,1-5.9.16.21-23.27.
28.37.38
7,48-51
8,1.5.6.8-13.22-24.
27-30.54-58.
62.66
9,1-9
10,1-7.9.10.13.23-25
11,1.2.5-9.11-13.
29-33.38-40.
42.43
12,1-8.10-14.
16-20.25-30
13,34
14,21-23
15,1.2.8
16,29-33
17,1-24
18,1.2.17-46
19,1-21
21,1-11.15-21.
23.27-29

2. Könige

2,1.6-15
4,38.42-44
5,1-15
9,1-8.10-13.30.32.
33.35.36
16,1.2.5.7.9
17,1-14.22-24.27-29
18,1.2.4-7.13-17.
28-33.36
19,1.15.19.20.32-36
20,1-7.12-17.19
21,1-3.6.10-12
22,1-5.8-11
23,2-5.21-27.29.
34.35
24,1.6.7.10.12-17.20
25,1-12.22

Esra

1,1-7
2,64-69
3,1.3.4.8
6,14-18

Hiob (Jjob)

1,1-22
2,1-13
3,1-3.11.13.
20-22.25
4,1-8
5,6-8.17.18
6,1.2.4.9-13.25
7,11.16-21
8,1-6
9,1.16-22
11,1-3.7.8.13.15-18
12,1.2
13,2.5-7.15.17.18.
23-26
14,1.2.7-13
19,6.8.10.11.14-19.
25-27
29,1-5
30,1.9.10.19
31,6.16.17.19.24.29.
35-37
38,1-11.16-18.
33-35.41
39,1-4.19.20
40,2-10.12-14
42,1.2.5-13.15-17

Psalter/Psalmen

1
2
8,2-10
14
16,1.5-11
19,2-15
22,2-32
23
24,1-5.7-10
25,1-10
27
31,2-6.10-18
32,1-5
34,2-9
36,6-10
37,1-7
39,5-8
42,2-6
43
46,2-12
51,3-7.11-14.17-19
63,2-9
69,2-4.17-22.30.31
71,1-3.6.17-21
72,1-4.6.7.11.12.17
73,1-3.8-10.
21-26.28
84,2-5.11-13
90
91,1-6.9-16
92,2-6
98
100
103
104
118,1.5-9.16-29
119,41-48.
89-96.105
121
126
130
137,1-6
139
143,1.2.10-12
146
150

Sprüche (Sprichwörter)

1,1.5-7
3,1-6
8,1-3.5.12.14.17.
22-33
10,1.2.12
11,2.24
12,10.16.18.23.25
14,21.29.31.34
15,17.18.22.27
16,9.18.32
17,1.12.22
18,10.13.17.19
19,2
20,6.12.19
21,2
25,21.22
26,27
28,13
29,5
31,8.9

Prediger (Kohelet)

1,1-11.14.17.18
3,1-22
4,1-3
5,14
8,14.15
9,7-10
11,5-8

Hoheslied

2,2-7
3,1-4
4,1-5.7
5,10-16
7,2-7.11-13
8,4.6.7

Jesaja

1,1-20
2,1-5
5,1-9.20.21.23.24
6,1-13
7,1-4.10-16
9,1-6
10,20-21
11,1-10
12,1-6
28,14-18
31,1-5
35,1.3-10
38,1-5.9-13.16-20
40,1-15.17-23.25-31
41,8-14
42,1-8
43,1-5.10-13.22-25
44,21-24.28
45,1-7
49,1-6.13-15
50,4-9
52,7-10.13.15
53,1-12
54,7.8.10
55,1-13

56,1.2
58,4-9.11.12
60,1-3.11.14.19.20
61,1.2.4.9-11
65,17-25
66,10.12.13.22

Jeremia

1,1-19
2,1-9.13
4,5-8
7,1-11
8,21-23
9,1-5
15,5.6.10.15-20
16,1-5.8-13
17,5-10.13.14
18,1-8
19,1-4.10.11.14.15
20,1-15.18
21,1-10
22,1-5.13-19
23,1-6.16.17.21.22.25-29
25,1-3.8-13
26,1-16
27,1-8.12.16.17.19.21.22
28,1-17
29,1-7.10-14
31,2-6.29-34
32,1.2.6-15
36,1-24.27-32
37,5-8.11-21
38,1-20.28
39,1.2.4-14
40,2-6
41,1-3.17
42,1-3.7.10-13.16
43,1-6
44,1.7.8.15-20.26-28

Klagelieder

1,1-6
2,1-5
3,1-3.19-26.31.32
5,1-3.7.19-22

Hesekiel (Ezechiel)

1,1.2.4-6.10.11.15-19.22.26.28
2,1-4.6.9.10
3,1-4.14-17
5,5-9
6,1-3.6
11,1.2.5.8-10.13-21
12,21-25
13,1-3.7-9
18,1-4.21-23
34,1-16.23.24
37,1-14
40,1.2
43,2-7
48,35

Daniel

1,1-6.17.20
5,1-13.16-30
6,1-29
7,1-27
12,1-4

Hosea

4,1-3
5,10.11.15
6,1-6
8,4-7.11-14
11,1-9
13,4-6.9-14

Joel

2,1-3.10-21.27
3,1-5

Amos

1,1.2
2,4-12
3,1-11
4,1-5
5,1-6.11-15.18-24
7,1-17
8,1-12
9,8-11.13.15

Jona

Kapitel 1 – 4

Micha

3,5-7.9-12
4,1-5
5,1.3.4
6,1.2.6-8

Habakuk

1,1-6.9.11.12
2,1-4

Zefanja

3,12-17

Sacharja

1,1-3
7,7.9-14
8,3-8.13.16.17
9,9.10

NEUES TESTAMENT

Matthäus

1,1.18-25
2,1-23
3,13-17
4,1-13.17-25
5,1-48
6,1-34
7,1-29
8,5-13.18-27
9,9-13.27-38
10,1-20.28-40
11,2-30
12,38-42
13,1-17.19-52
14,22-33
16,13-20
18,1-5.15-35
19,27-30
20,1-16
21,1-17
22,15-22.35-40
23,1-13.23-28.33-35
25,1-46
26,1-75
27,1-8.11-66
28,1-20

Markus

Kapitel 1–16
(die fehlenden Verse 7,16; 9,44.46; 11,26; 15,28; 16,9-20 gehören nicht zum ursprünglichen Text)

Lukas

1,1-80
2,1-51
3,1-22
4,1-30
5,1-11
6,17.20-23.27-36
7,11-17.36-50
8,1-3
9,51-62
10,1-12.16-42
11,1-10.14-26
12,13-21.35-59
13,1-17.22-35
14,1.7-35
15,1-32
16,1-9.19-31
17,11-21
18,1-17
19,1-10.28.36-48
22,1-71
23,1-56
24,1-53

Johannes

1,1-23.35-49
2,1-13.23-25
3,1-21
4,1-42
5,1-24
6,1-15.22-35.51-58.60.66-71
7,1.2.10-18.30.37-39
8,2-14.30-36
9,1-12.39-41
10,1-16.27-34.37-42
11,1-7.11-53
12,12-16.20-28
13,1-17.21-30.36-38
14,1-9.16-19.26-28
15,1-19
16,12.13.16.21.22.33

17,1-3.6.16-21
18,1-40
19,1-42
20,1-31
21,1-25

Apostelgeschichte

1,1-14
2,1-18.22.23.32.33.
36-47
3,1-15.26
4,1-3.5-21.23
5,12.13.17-21.26-35.
38-42
6,1-15
7,1.2.51-60
8,1-5.26-39
9,1-31
10,1-48
11,1-4.17-22.25-30
12,1-17.24.25
13,1-5.13-18.20-23.
26-33.38.39.
42-51
14,1.2.5.6.8-15.
18-28
15,1-15.19.20.22-31.
35-41
16,1-40
17,1-34
18,1-5.9-23
19,1-6.8.20-40
20,1-3.16-25.28.
36-38
21,1.2.7.17-28.
31-34.39.40
22,3-25.29.30
23,6-9.12.13.
16-24.31
24,1.22-27
25,1-12
27,1.2.7.9-15.27-29.
33-44
28,1.2.11-24.30.31

Römer

1,1-8.13-17
2,11-16
3,9.12.21-24.28-
30
5,1-8.12.18-21
6,3-5
7,6.7.14-25
8,1.2.14-26.28-39
9,1-5
10,1-4.9.12.13
11,1.2.25-29.33-36
12,1.2.9-21
13,1-12
14,7-10.13
15,5-7.14-16.19.20.
22-26.28.30-33

1. Korinther

1,10-24.26-29
2,1-5
3,5-11.21-23
8,4-13
10,15-17.23.24
11,17-26.28.29.
33.34
12,1.4-6.12-22.
26-31
13,1-13
14,1-4.18.19.31-36
15,1-14.16-26.28.
35.36.42-44.
54-57
16,1-3.5.6.19-24

2. Korinther

1,1-4.8-10
3,5.6.17
4,5-10.16.17
5,6-10.17-20
6,1.3-10
11,12.13.17-33
12,1-10

Galater

1,1-24
2,1-16.19-21
3,1.2.11.23-28
4,4-7
5,1.2.6.14
6,1.2.7-11.17.18

Epheser

1,3.9.10.22.23
2,11-14.18.19
4,1-6.15.25-32
5,8-33
6,1-4.10.14-17

Philipper

1,1-26
2,5-13
3,1-21
4,1.4-9,21-23

Kolosser

1,2.12-20.28.29
2,8-10.15

1. Thessalonicher

1,1
2,1-9.17-20
4,13-18
5,1-6.14-28

1. Timotheus

1,12-16
2,1-7
4,1-4

Philemon

Verse 1-25

1. Petrus

1,3.13.17-19
2,1-10.20-25
3,8-15
4,10.11

2. Petrus

3,1-13

1. Johannes

1,1.3-7
2,15-17
3,1.2.13-20
4,7-21

Hebräer

1,1-4
4,14-16
9,11-15.24-28
10,19-23.35.36
11,1-3.8-12.17.19-23.
27-34.36
12,1.2
13,7-16

Jakobus

1,1.2.12.19-22
2,14-20.24
5,13-16

Offenbarung

1,1-20
2,1.2.4.5.7-14.16-20.
24.25.29
3,1-22
4,1-3.6.7
5,1.2.11.12
6,1-17
8,1.2
11,15-19
12,1-9.13.16-18
13,1-9
20,1-3.7-13
21,1-7.9-12.21-27
22,1.2.8.10.12-17.
20.21

LANDKARTEN

Karte I

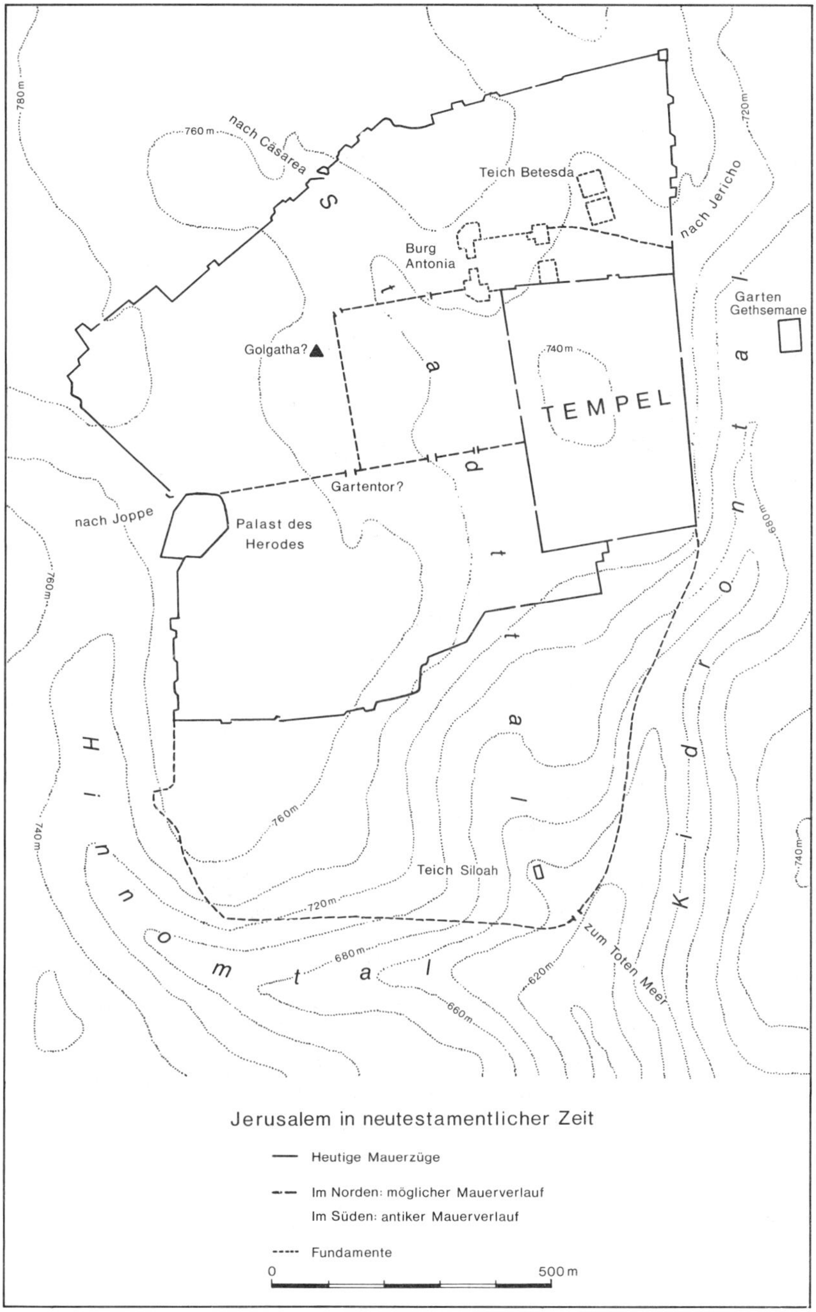
nach Cäsarea
Teich Betesda
Burg Antonia
Golgatha?
TEMPEL
Garten Gethsemane
nach Jericho
Gartentor?
nach Joppe
Palast des Herodes
Stadttal
Hinnomtal
Kidrontal
Teich Siloah
zum Toten Meer
780 m
760 m
740 m
720 m
700 m
680 m
660 m
620 m
Jerusalem in neutestamentlicher Zeit
Heutige Mauerzüge
Im Norden: möglicher Mauerverlauf
Im Süden: antiker Mauerverlauf
Fundamente
0
500 m

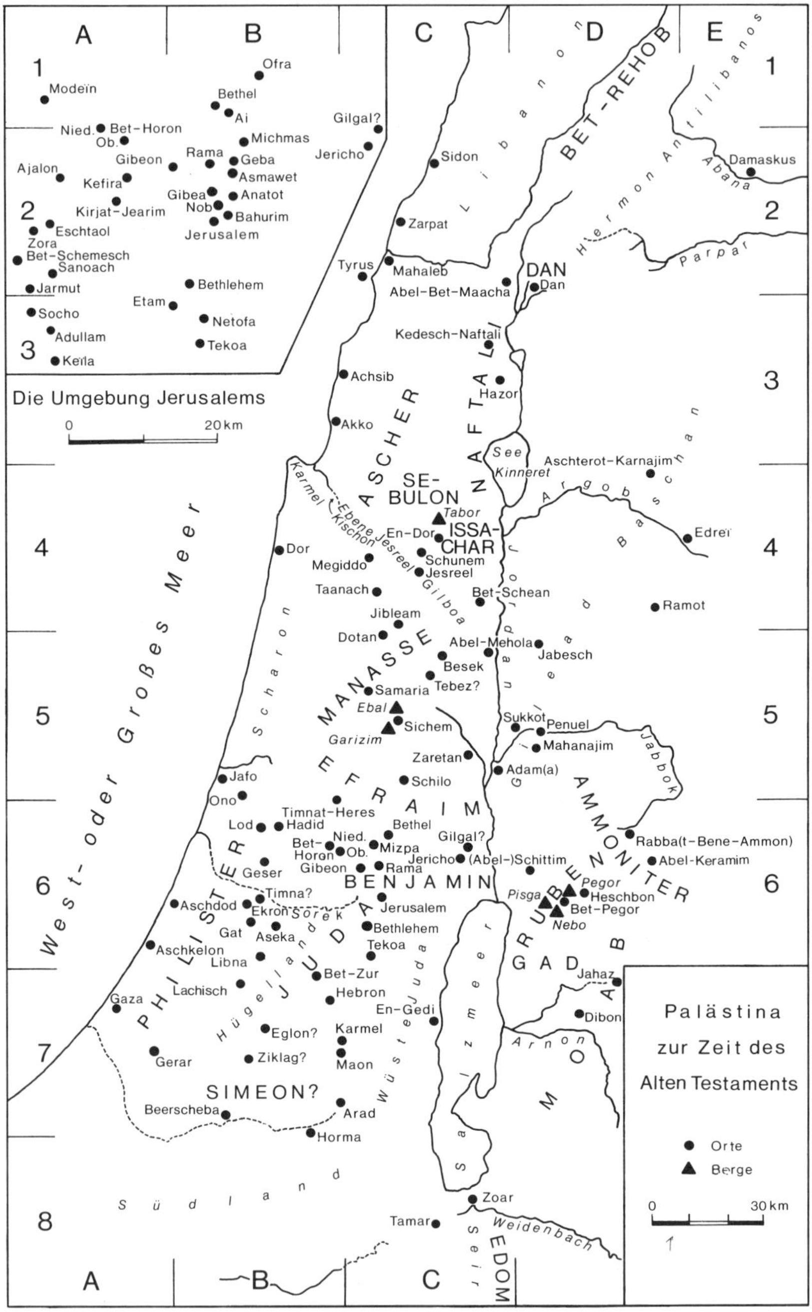
Die Umgebung Jerusalems
0 20 km
Modeïn
Ofra
Bethel
Ai
Gilgal?
Jericho
Nied. Bet-Horon
Ob.
Michmas
Gibeon
Rama
Geba
Asmawet
Ajalon
Kefira
Gibea
Anatot
Nob
Bahurim
Kirjat-Jearim
Jerusalem
Eschtaol
Zora
Bet-Schemesch
Sanoach
Jarmut
Bethlehem
Etam
Socho
Netofa
Adullam
Tekoa
Keïla
Palästina
zur Zeit des
Alten Testaments
Orte
Berge
0 30 km
West- oder Großes Meer
Sidon
Zarpat
Tyrus
Mahaleb
Abel-Bet-Maacha
DAN
Dan
Libanon
BET-REHOB
Hermon
Antilibanos
Damaskus
Abana
Parpar
Kedesch-Naftali
Achsib
Hazor
Akko
ASCHER
NAFTALI
See Kinneret
Aschterot-Karnajim
Argob
Baschan
SE-BULON
Tabor
ISSA-CHAR
En-Dor
Edreï
Karmel
Ebene Jesreel
Kischon
Dor
Megiddo
Schunem
Jesreel
Gilboa
Taanach
Bet-Schean
Ramot
Jibleam
Dotan
MANASSE
Abel-Mehola
Jabesch
Besek
Tebez?
Samaria
Ebal
Sichem
Garizim
Scharon
Gilead
Jordan
Sukkot
Penuel
Jabbok
Mahanajim
Zaretan
Adam(a)
Jafo
Schilo
Ono
EFRAIM
AMMONITER
Timnat-Heres
Lod
Hadid
Bethel
Gilgal?
Nied.
Bet-Horon
Ob.
Mizpa
Rabba(t-Bene-Ammon)
Abel-Keramim
Jericho
(Abel-)Schittim
Geser
Gibeon
Rama
BENJAMIN
Timna?
Pisga
Pegor
Heschbon
RUBEN
Aschdod
Ekron
Sorek
Jerusalem
Bet-Pegor
Nebo
Gat
Aseka
Bethlehem
Aschkelon
Tekoa
PHILISTER
JUDA
Libna
GAD
Jahaz
Bet-Zur
Lachisch
Hebron
Gaza
Hügelland
En-Gedi
Dibon
Salzmeer
Eglon?
Karmel
Arnon
Wüste Juda
Gerar
Ziklag?
Maon
MOAB
SIMEON?
Arad
Beerscheba
Horma
Südland
Zoar
Tamar
Weidenbach
Seïr
EDOM
A
B
C
D
E
1
2
3
4
5
6
7
8

KARTE III

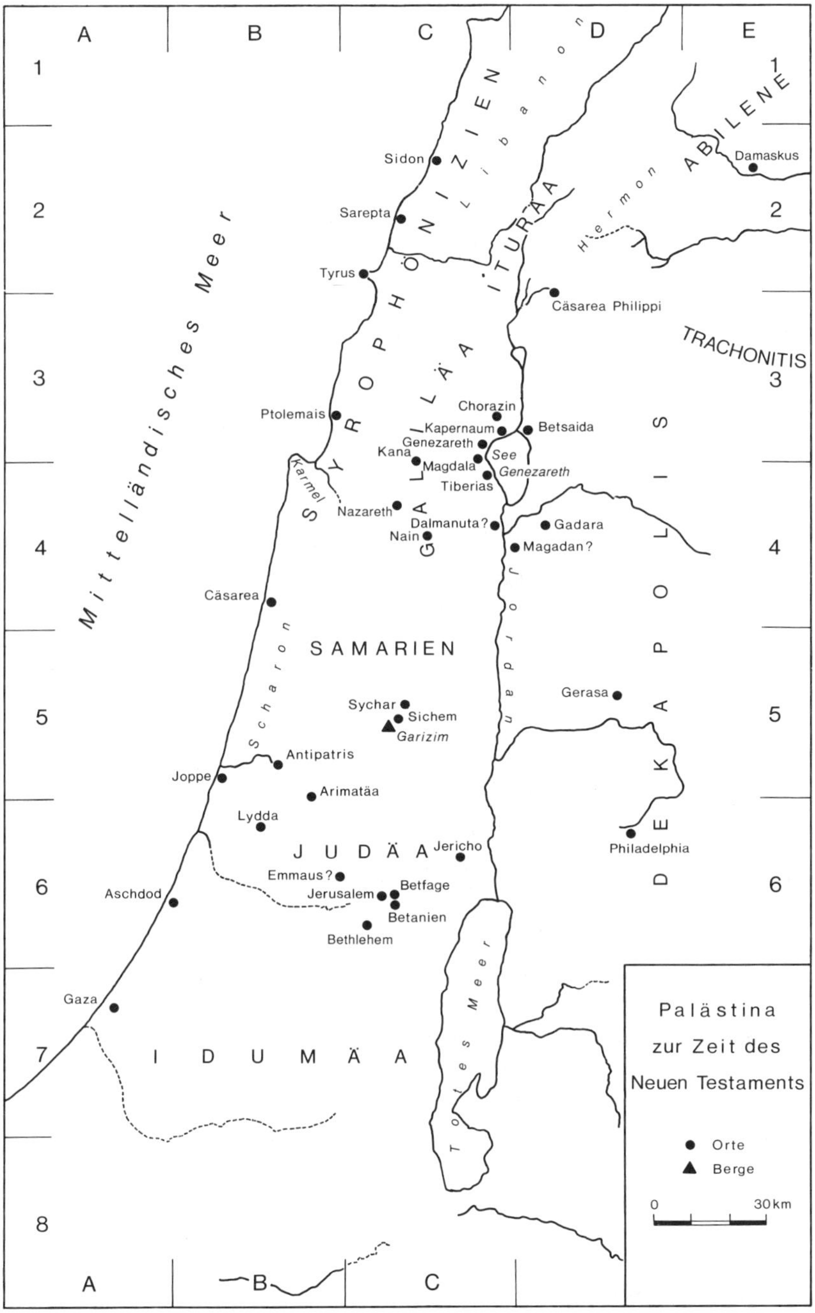
Palästina
zur Zeit des
Neuen Testaments
Orte
Berge
0
30km
Mittelländisches Meer
SYROPHÖNIZIEN
Libanon
ITURÄA
ABILENE
Hermon
TRACHONITIS
GALILÄA
SAMARIEN
JUDÄA
IDUMÄA
DEKAPOLIS
Jordan
Scharon
Karmel
Totes Meer
See
Genezareth
Sidon
Sarepta
Tyrus
Damaskus
Cäsarea Philippi
Ptolemais
Chorazin
Kapernaum
Betsaida
Genezareth
Kana
Magdala
Tiberias
Nazareth
Dalmanuta?
Gadara
Nain
Magadan?
Cäsarea
Gerasa
Sychar
Sichem
Garizim
Antipatris
Joppe
Arimatäa
Lydda
Jericho
Philadelphia
Emmaus?
Betfage
Jerusalem
Betanien
Bethlehem
Aschdod
Gaza
A
B
C
D
E
1
2
3
4
5
6
7
8

KARTE IV

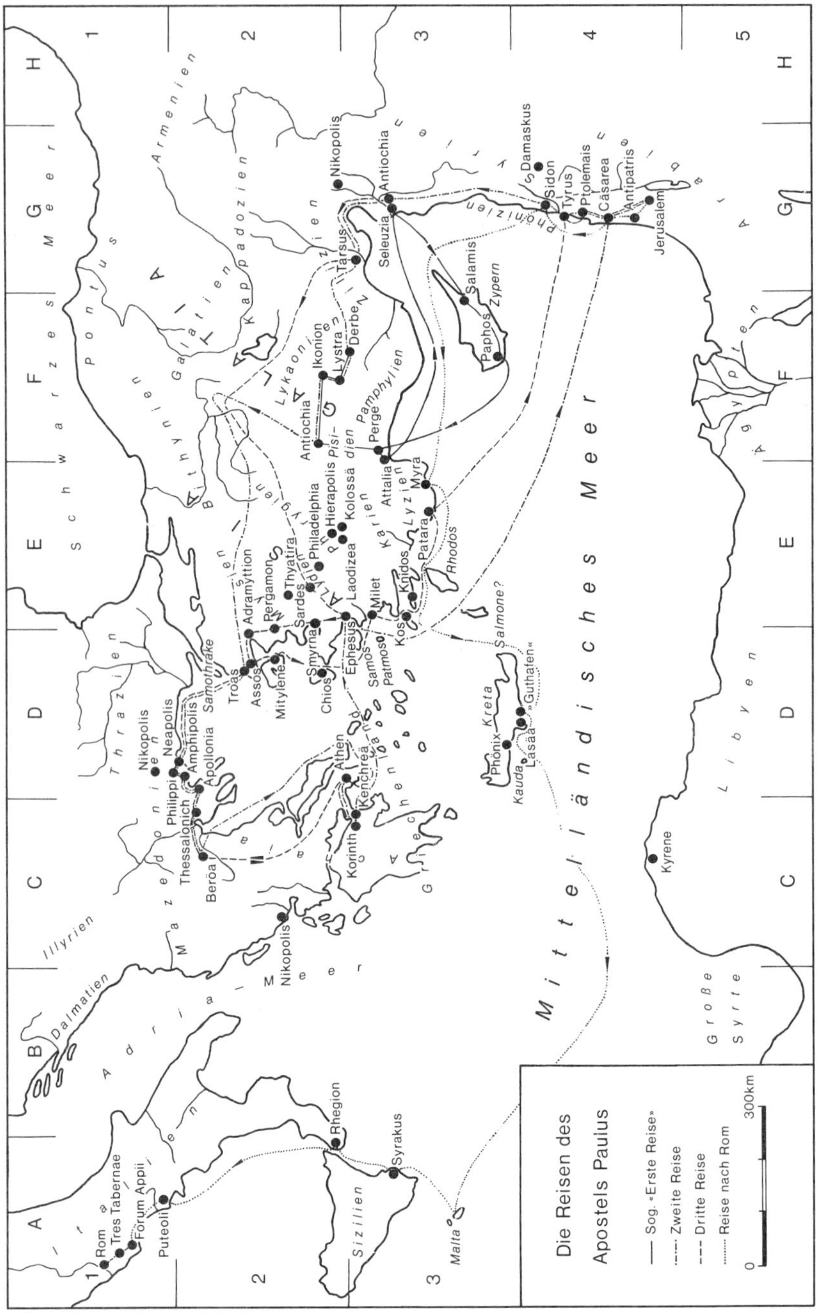
Die Reisen des Apostels Paulus
Sog. «Erste Reise»
Zweite Reise
Dritte Reise
Reise nach Rom
0
300km
Rom
Tres Tabernae
Forum Appii
Puteoli
Rhegion
Syrakus
Sizilien
Malta
Dalmatien
Illyrien
Adria
Meer
Nikopolis
Mazedonien
Thrazien
Beröa
Thessalonich
Philippi
Neapolis
Amphipolis
Apollonia
Samothrake
Troas
Assos
Mitylene
Chios
Samos
Patmos
Athen
Kenchreä
Korinth
Kreta
Phönix
Lasäa
»Guthafen«
Kauda
Salmone?
Kyrene
Große Syrte
Libyen
Mittelländisches Meer
Ägypten
Schwarzes Meer
Pontus
Bithynien
Galatien
Kappadozien
Armenien
Lykaonien
Pisidien
Pamphylien
Lyzien
Karien
Mysien
Phrygien
Adramyttion
Pergamon
Thyatira
Sardes
Smyrna
Ephesus
Milet
Kos
Knidos
Rhodos
Patara
Myra
Attalia
Perge
Antiochia
Ikonion
Lystra
Derbe
Tarsus
Seleuzia
Nikopolis
Antiochia
Laodizea
Kolossä
Hierapolis
Philadelphia
Zypern
Salamis
Paphos
Syrien
Phönizien
Damaskus
Sidon
Tyrus
Ptolemais
Cäsarea
Antipatris
Jerusalem
A
B
C
D
E
F
G
H
1
2
3
4
5